# 비트코인,

## 디지털 화폐의 미래를 열다

3판

# 비트코인,
## 디지털 화폐의 미래를 열다

안드레아스 M. 안토노풀로스
데이비드 A. 하딩

송주한 최은실 김도훈 옮김 | CPLABS 기술감수

KOREA
UNIVERSITY
PRESS
고려대학교
출판문화원

*Mastering Bitcoin: Programming the Open Blockchain*
3rd Edition

by Andreas M. Antonopoulos and David A. Harding



This translation is published by arrangement with O'Reilly Media, Inc.
through CPLABS, Inc., Seongnam.

나의 어머니 테레사(1946-2017)께 이 책을 바칩니다.

그녀는 저에게 책을 사랑하고 권위에 대해 의문을 가지도록 가르쳤습니다.

고맙습니다, 어머니.

—안드레아스

아만다,

당신을 만나고 나서야

내가 파라다이스에서 살고 있다는 사실을 깨달았습니다.

—데이브

옮긴이 서문

# 생성형 AI 시대와 함께 블록체인의 새로운 가능성이 확산되기를 기대하며

## 1. 비트코인의 과거와 현재, 그리고 미래를 향한 변화의 여정

《비트코인, 디지털 화폐의 미래를 열다》 제3판 한국어 번역본을 여러분께 선보이게 되어 무한한 기쁨과 책임감을 느낍니다. 비트코인이 세상에 처음 등장했을 때, 그 가능성을 이해한 사람은 극소수에 불과했습니다. 하지만 이제 비트코인과 블록체인은 단순한 기술적 혁신을 넘어 전 세계 경제와 사회를 변화시키고 있으며, 탈중앙화된 금융 및 신뢰 시스템의 핵심으로 자리 잡았습니다. 2015년 초판이 출간될 당시만 해도 비트코인에 대한 이해는 투자 수단에 국한되었으나, 현재 우리는 그 이상의 미래를 보고 있습니다.

## 2. 기술 진보와 산업 생태계의 진화

비트코인과 블록체인 기술은 매년 혁신적인 진화를 이루며, 다양한 산업과 생태계에 통합되고 있습니다. 2017년 이후 비트코인의 확장성 문제를 해결하기 위한 라이트닝 네트워크(Lightning Network)가 실용화되었고, 스마트 컨트랙트를 활용한 블록체인 플랫폼들이 등장하여 탈중앙화 금융(DeFi), 대체 불가능한 토큰(NFT)과 같은 새로운 경제 모델을 창출하고 있습니다. 이로 인해 블록체인은 단순한 금융 혁신을 넘어 예술, 게임, 엔터테인먼트 산업에까지 그 영향력을 확장하고 있습니다.

특히, 비트코인은 '디지털 금'으로서 안정적인 자산 가치로 인식되기 시작했으며, 수많은 금융 기관과 대기업들이 비트코인 투자 및 보유를 통해 이를 인정하고 있습니다. 이러한 변화는 비트코인이 단순한 투기성 자산이 아닌, 장기적인 가치 저장 수단으로서의 역할을 수행할 수 있음을 입증하고 있습니다.

또한 이더리움, 솔라나 등 스마트 컨트랙트를 지원하는 플랫폼들이 등장하면서 블록체인의 응용 범위는 더욱 확장되었습니다. 이를 통해 블록체인은 단순한 화폐를 넘어 더 복잡한 계약, 자산 관리, 그리고 새로운 형태의 경제 구조를 가능하게 만들고 있습니다. 이러한 혁신들은 현재 우리가 목격하고 있는 산업 생태계의 주요 변화 중 하나로 자리 잡고 있습니다.

## 3. 규제 환경과 법적 진전

암호화폐와 블록체인 기술의 발전은 규제 환경에도 큰 영향을 미치고 있습니다. 2021년 이후, 세계 각국은 암호화폐의 거래와 사용에 대한 법적 규제와 감시 체계를 강화하고 있으며, 이는 암호화폐 산업이 제도권 안에서 더욱 성장할 수 있는 발판을 마련하고 있습니다. 특히 한국을 비롯한 주요 국가들은 암호화폐와 디지털 자산 거래소에 대한 규제 강화를 통해 투명성과 신뢰성을 확보하는 데 주력하고 있습니다.

이와 함께, 각국의 중앙은행들이 중앙은행 디지털 화폐(CBDC)를 연구 및 개발하면서 블록체인 기술의 응용은 더욱 가속화되고 있습니다. CBDC는 블록체인 기술을 기반으로 하면서도 중앙화된 통제 구조를 유지하는 방식으로, 비트코인과 같은 탈중앙화 암호화폐와는 대조적인 발전을 보여주고 있습니다. 그러나 이러한 움직임 역시 블록체인 기술이 얼마나 중요한 역할을 하고 있는지를 보여주는 예시입니다.

## 4. 비트코인과 블록체인의 미래 비전

비트코인과 블록체인 기술의 미래는 여전히 무궁무진한 가능성을 품고 있습니다. 2024년 현재, 비트코인은 더 이상 단순한 디지털 자산에 그치지 않고, 글로벌 경제의 새로운 패러다임을 제시하고 있습니다. 레이어 2 솔루션과 라이트닝 네트워크의 발전을 통해 비트코인의 확장성 문제는 점차 해결되고 있으며, 이를 통해 비트코인은 실생활에서 더 많이 사용될 수 있는 기반을 갖추게 되었습니다.

탈중앙화 자율 조직(DAO), 탈중앙화 금융, 대체 불가능한 토큰 등은 블록체인 기술의 새로운 응용 사례로서, 경제, 사회, 정치적 구조를 변화시킬 잠재력을 가지고 있습니다. DAO는 중앙집중화된 의사 결정 구조를 탈피하고, 참여자들의 투표와 합의를 통해 운영되는 새로운 조직 운영 방식으로, 이는 기업 및 사회 구조에 큰 변화를 일으킬 가능성을 가지고 있습니다.

또한 비트코인은 단순한 기술적 혁신이 아니라, 중앙화된 금융 시스템에 대한 대안으로서 개인의 금융 주권을 강화하고, 전 세계의 금융 불균형 문제를 해결하는 데 중요한 역할을 할 수 있습니다. 이러한 철학적 핵심은 비트코인과 블록체인 기술의 본질을 더욱 빛나게 하며, 기술 그 이상의 가치를 제공합니다.

## 5. 새로운 디지털 문명으로의 진화를 위하여

이번 제3판 번역본은 비트코인의 기술적 진보뿐만 아니라, 현재의 산업 생태계와 규제 변화, 그리고 미래 비전을 함께 담았습니다. 여러분이 이 책을 통해 비트코인과 블록체인 기술에 대한 깊은 이해를 얻고, 더 나아가 새로운 기회를 탐구하는 데 도움이 되기를 바랍니다. 기술은 빠르게 변화하고 있으며, 이 변화의 흐름 속에서 블록체인과 비트코인은 여전히 혁신의 중심에 서 있습니다.

비트코인과 블록체인의 미래는 여러분의 손에 달려 있으며, 이 책이 여러분의 여정에 작은 등불이 되기를 진심으로 기원합니다. 이 놀라운 기술의 발전 속에서 여러분이 중요한 역할을 하게 될 것임을 확신합니다.

그리고, 이 책이 번역되어 출판되기까지는 많은 분들의 도움과 배려가 있었습니다. 특히, 3차 개정판 번역의 기획 단계부터 마지막 과정까지 도움을 주신 CPLABS(씨피랩스)의 어준선 대표, 윤호성 사장, 편집과 출판을 맡아 역자들의 여러 가지 요청을 친절히 응대해 주신 고려대학교출판문화원 관계자 분들께 심심한 감사의 마음을 전합니다.

2025. 2.

CPLABS(씨피랩스) 송주한

# 옮긴이 서문 비트코인과 블록체인이 만드는 멋진 신세계를 꿈꾸고 번역하며

2016년 겨울, CPLABS(씨피랩스)의 권유와 지원으로 《비트코인, 디지털 화폐의 미래를 열다》를 한국어로 옮겼다. 멋진 신세계를 만났다! 비트코인 프로토콜과 기술 자체도 흥미로웠지만, 인류 역사상 최초로 등장한 글로벌 통화, 가장 안전하고 완전무결한 디지털 자산의 태동은 번역가에게 큰 설렘으로 다가왔다. 기쁨이자 기적이었다.

하지만 당시 이러한 '깨달음'을 설파하면 주위의 경계와 걱정을 사기 일쑤였다. 2017년에는 코인 다단계 사기가 기승을 부렸고 언론에서는 연일 암호화폐 규제의 목소리를 높였다. 공무원과 정치인까지 나서서 암호화폐에 '사행성 도박'이라는 주홍글씨를 새겼다. 무지성 비판은 이어졌고 2017년 말부터 암호화폐 시세가 폭락하자 종말론은 힘을 얻었다.

하지만 비트코인과 블록체인 기술은 모진 풍파를 이겨 냈다. 이 책을 번역하고 있는 2024년 현재, 탈중앙화와 분산화 개념은 다양한 산업에 변혁을 가져왔고, 전통적인 금융 시스템을 보완하고 있다. 암호화폐에 대한 신뢰 역시 높아져 자산 시장의 한 축을 담당하고 있다. 국가에서도 '가상자산'으로 공인하고 있다. 머지않은 미래에 화폐 기능까지 충분히 담당할 것이다. 환전이 필요 없는, 위조나 도난이 불가능한 글로벌 디지털 통화의 등장, 설레지 않는가?

《비트코인, 디지털 화폐의 미래를 열다》 제3판에서는 이러한 혁신의 근본을 이루는 기술, 경제, 철학을 더욱 깊이 다루고 있으며, 최신 기술과 사회의 발전을 충분히 반영하고 보충했다. 비트코인 분산 네트워크, 설계, 보안, 라이트닝 네트워크, 비트코인 어플리케이션에 대한 상세한 설명을 추가했다. 궁극적으로는 화폐의 인터넷이 나아갈 방향을 가리키는 나침반을 자처한다.

번역을 진행하면서, 개발자와 엔지니어는 물론 비트코인과 블록체인에 매료된 투자자와 일반인도 화폐의 인터넷, 분산 네트워크에 대한 통찰을 얻을 수 있도록, 전문 용어는 국제적인 논의의 본질을 반영하기 위해 최대한 차용과 직역의 방식을 사용했다. 다만, 특정 용어에 대한 현지화가 필요한 경우 설명을 추가함으로써 독자의 이해를 돕고자 했다.

비트코인과 블록체인이 만들어 가고 있는 멋진 신세계로 독자 모두를 초대한다.

2025. 2.

김도훈 · 최은실

# 서문

## 비트코인 책을 내면서

2011년 중반 비트코인을 우연한 기회에 처음 알게 되었다. 비트코인을 접한 나의 첫 반응은 강도의 차이는 있겠지만 '흥! 범생이들이 뭐 하나 만들었군!'이었고 그 후 6개월 동안 존재 자체를 무시하면서 비트코인이 얼마나 중요한 개념인지 알아차리지 못했다. 내가 아는 똑똑한 사람들 중 대부분이 이러한 반응을 보여 왔던 터라 약간은 위안이 된다. 그러던 중 메일링 리스트에서 비트코인을 두 번째 접하고 나서는 권위 있는 자료를 통하여 비트코인이 도대체 어떤 것인지에 대해 알아보기 위해 사토시 나카모토(Satoshi Nakamoto)가 쓴 백서를 읽어 보기로 했다. 9쪽짜리 백서를 다 읽고 난 순간이 아직도 생생하게 기억난다. 비트코인은 단순한 디지털 화폐가 아니라 화폐 이상의 무엇을 제공해 줄 수 있는 신뢰 네트워크라는 점을 깨달았다. '비트코인은 돈이 아니라 분산화된 신뢰 네트워크다'라는 깨달음을 시작으로 4개월 동안 찾을 수 있는 비트코인에 대한 정보를 스크랩해서 죄다 읽어 버렸다. 나는 비트코인만 생각했고 빠져들게 되었다. 매일 12시간 이상을 모니터 앞에 붙어서 내가 할 수 있는 데까지 최대한 읽고 쓰고 코딩하며 배워 나갔다. 몰입 상태에서 벗어났을 때는 끼니를 제때 챙겨 먹지 못해서 체중이 9kg 이상 줄어 있었고, 비트코인에 대한 연구에 전념해야겠다고 결심했다.

비트코인과 관련된 서비스와 제품을 분석하기 위해 소규모 업체 여러 곳을 세운 뒤

2년이 지났을 무렵 첫 번째 책을 쓸 시기가 되었다고 생각했다. 비트코인은 나를 흥분의 도가니로 몰아넣고 나의 생각을 지배한 주제였다. 왜냐하면 비트코인은 인터넷 이후로 내가 접한 것들 중 가장 흥미진진한 기술이기 때문이었다. 바로 지금이 더 많은 독자들과 이 놀라운 기술에 대한 나의 열정을 공유할 때라고 생각한다.

## 예상 독자

이 책은 주로 컴퓨터 프로그래머(coder)를 대상으로 하고 있다. 프로그래밍 언어를 사용하는 독자에게 이 책은 암호화폐가 어떻게 운용되고 사용되는지, 비트코인을 사용하기 위한 소프트웨어를 어떻게 개발하는지 등에 대해 알려 줄 것이다. 처음 몇 장은 비트코인을 상세하게 소개하는 내용이기 때문에 비트코인과 암호화폐에 대한 내막을 이해하고자 하는, 컴퓨터 프로그래머가 아닌 독자들이 읽기에도 적절하다.

## 표지에 벌레 그림이 있는 이유

가위개미(leafcutter ant)는 초개체 무리 내에서 아주 복잡한 행동 양식을 보이는 종이지만, 각 개체는 사회적 상호 관계를 기반으로 정해진 단순한 규칙들과 화학적 신호(페로몬)의 작용에 따라 움직인다. 위키피디아에 따르면, 가위개미들은 인류 다음으로 지구에서 가장 크고 복잡한 동물 사회를 이루고 있다고 한다. 실제로 가위개미들은 잎을 먹지는 않지만 잎을 이용해서 균류를 재배한다. 균류는 개미 무리에서 주요한 식량원이다. 이해되는가? 가위개미들은 농사를 짓고 있는 것이다!

개미들이 계급 사회를 이루고 번식을 위해 여왕개미를 두고는 있지만 무리 내부에는 중앙 권력이나 지도자가 존재하지 않는다. 수백만 마리의 개체로 이루어진 무리에서 나타나는 고도로 지능화되고 정교한 행동 양식은 한 사회 네트워크 체제 내에서 각 구성원 간 상호작용을 통해 새롭게 생성된 속성이다.

분산화된 시스템의 경우에도 회복력이 있고 중앙 권력이나 계급, 복잡한 역할 분담 없이도 복잡성이 새롭게 만들어지며 믿기 힘들 정도의 정교함이 생길 수 있다는 사실이 자연을 통해 증명되었다.

비트코인은 매우 정교하게 분산화된 신뢰 네트워크로, 무수히 많은 금융거래를 지원할 수 있다. 하지만 비트코인 네트워크 내의 각 노드는 몇몇 간단한 수학 규칙을 따른다. 노드 간 상호작용을 통해 각 노드에 내재된 복잡성이나 신뢰성이 아닌 정교화된 행동 양식이 생겨나게 된다. 개미 무리와 마찬가지로 비트코인 네트워크는 어떠한 중앙 조직 없이도 놀랄 만한 성과를 함께 낼 수 있는 간단한 규칙을 따르는 단순한 노드로 구성된, 회복력이 있는 네트워크다.

## 이 책에 사용된 규칙

이 책은 아래에 나오는 작성 규칙이 적용되었다.

고딕체(영문 *Italic*)

새로운 용어, URL, 이메일 주소, 파일명, 파일 확장자 등에 사용

고정폭체(`Constant width`)

변수명이나 함수명, 데이터베이스, 데이터 유형, 환경 변수, 문(statement), 키워드 등 프로그램 요소를 나타내기 위해 프로그램 일람표에 사용(단락 내에서도 사용)

고정폭 볼드체(**`Constant width bold`**)

사용자가 문자 그대로 입력해야 하는 명령문이나 기타 텍스트임을 알려 주기 위해 사용

고정폭 이탤릭체(*`Constant width italic`*)

사용자가 제공한 값으로 대체되어야 하거나 맥락에 따라 결정된 값으로 입력해야 하는 텍스트를 알려 주기 위해 사용

이 아이콘은 팁이나 제안을 나타낸다

이 아이콘은 일반적인 메모를 나타낸다

이 아이콘은 경고나 주의를 나타낸다

## 코드 예시

코드 예시를 보여 주기 위해 파이선(Python)과 C++, Linux나 Mac OS X 등의 유닉스 계열 운영 시스템의 명령행을 이용한다. 모든 코드 조각은 주 보관소의 코드 서브디렉터리 내에 있는 GitHub 보관소에서 이용 가능하다. 북 코드를 분화하거나 코드 예시를 시행해 보거나 GitHub를 통해 수정 내용을 보낼 수 있다.

모든 코드 조각들은 명령어 번역 프로그램인 컴파일러와 인터프리터만 설치하면 대부분의 운영체제에 복제 가능하다. 필요한 경우, 이 책에서 기본적인 설치 지침과 이 지침에서 나온 결과값에 대한 단계별 예시를 제공한다.

코드 조각과 코드 출력값 중 일부는 인쇄를 위해 재포맷되었다. 그러한 모든 경우 명령행은 역슬래시 문자(\)로 분리되어 있고 그 뒤에 줄내림 문자(newline character)가 나온다. 이 예시들을 복사할 경우에는 역슬래시 문자와 줄내림 문자를 없애고 라인들을 다시 연결해 보라. 그러면 예시에 나왔던 결과물과 동일한 결과를 얻게 될 것이다.

이 책에 나오는 코드 조각들은 가능하면 실제로 사용하는 값과 계산 결과를 쓰고자 했다. 그래서 여러분은 이런저런 예시들을 빌드해 볼 수 있고, 동일한 결과값을 얻을 수 있을 것이다. 예를 들어, 이 책에 등장하는 개인키와 이에 대응하는 공개키, 비트코인 주소는 모두 실제로 존재하는 것들이다. 예로 든 거래나 블록, 블록체인 참조 역시 모두 실제 비트코인 블록체인에 존재하고 공개 장부에도 올라와 있다. 따라서 어떤 비트코인 시스템에서도 리뷰해 볼 수 있다.

## 코드 예시 사용하기

이 책은 여러분이 업무를 잘 수행할 수 있도록 도와준다. 여러분은 이 책에 일반적으로 나와 있는 예시 코드를 사용하는 프로그램이나 문서에서 활용할 수 있다. 코드의 중요한 부분을 복제하는 행위만 아니라면 굳이 코드 예시 사용 허가를 받기 위해 연락할 필요는 없다. 예를 들어, 이 책에 나온 여러 개의 코드를 사용한 프로그램을 제작하고자 할 때 허가를 받을 필요가 없다는 뜻이다. O'Reilly에서 펴낸 책에서 나온 예시가 담겨 있는 CD-ROM을 판매하거나 배포하는 경우에는 허가가 필요하다. 이 책을 인용하거나 책에 나와 있는 코드 예시를 사용해서 질문에 답을 하는 경우도 허가받을 필요가 없다. 이 책에서 많은 양의 코드 예시를 따와서 여러분이 작성하는 문서에 포함시키는 경우도 마찬가지다.

저작자 표시를 해 주면 좋겠지만 의무사항은 아니다. 귀속의 범위는 대개 책 제목, 저자, 출판사, ISBN 등이다. 예를 들어 '*Mastering Bitcoin* by Andreas M. Antonopoulos (O'Reilly). Copyright 2024 David A. Harding, ISBN 978-1-098-15009-9'이다.

이 책의 몇몇 편집본이 CC-BY-NC(*https://oreil.ly/RzUHE*) 등의 오픈 소스 라이선스 하에서 제공된다.

여러분의 코드 예시 사용이 공정한 사용이나 상기에서 언급한 허가 사항의 범위를 벗어난다고 판단되는 경우, *permissions@oreilly.com*으로 문의하기 바란다.

## 2판 이후의 변경 사항

3판의 주요 초점은 2017년 2판 내용과 2014년 1판 내용을 현대화하는 것이었다. 또한 2023년 현재 비트코인 개발과 관련된 많은 개념들이 추가되었다. 따라서 주요 변경 사항은 아래와 같다.

### 4장

주소 정보를 역사적 순서대로 재배열했다. P2PK('주소'가 'IP 주소'였던 때)에 대한 새로운 절을 추가하고, 기존의 P2PKH와 P2SH 절을 수정했으며, 세그윗/bech32와 테이프루트/bech32m에 대한 새로운 절도 추가했다.

### 구 6장과 7장

이전 버전의 6장 '거래'와 7장 '고급 거래'의 내용이 6장 '거래'(거래의 구조), 7장 '인가와 인증', 8장 '디지털 서명', 9장 '거래 수수료'와 같이 4개의 새로운 장으로 재배열되고 확장되었다.

### 6장

거래 구조에 대해 거의 새로운 내용이 추가되었다.

### 7장

MAST, P2C, 스크립트리스 다중서명, 탭루트, 탭스크립트에 대한 새로운 내용이 추가되었다.

### 8장

ECDSA 텍스트를 수정하고 슈노어 서명, 다중서명, 임곗값 서명에 대한 새로운 내용을 추가했다.

### 9장

수수료, RBF와 CPFP 수수료 범핑, 거래 고정, 패키지 릴레이, CPFP 카브아웃에 대한 거의 완전히 새로운 텍스트를 추가했다.

### 10장

컴팩트 블록 릴레이에 대한 텍스트를 추가하고, 블룸필터의 프라이버시 문제를 더 잘 설명하는 중요한 업데이트를 추가했으며, 컴팩트 블록 필터에 대한 새로운 내용을 추가했다.

### 11장

시그넷에 대한 텍스트를 추가했다.

### 12장

BIP-8과 스피디 트라이얼에 대한 텍스트를 추가했다.

### 부록

라이브러리 특정 부록을 삭제했다. 원본 백서를 포함한 부록 다음에 비트코인의 구현과 속성이 백서에서 제안된 것과 어떻게 다른지 설명하는 새로운 부록을 추가했다.

## 책 속에 등장하는 비트코인 주소와 거래

이 책에서 사용된 비트코인 주소, 거래, 키, QR 코드, 블록체인 데이터는 대부분 실제로 존재하는 것들이다. 즉, 블록체인을 탐색하고, 예시로 제공된 거래를 살펴보고, 자신의 스크립트나 프로그램으로 이를 검색할 수 있다. 그러나 주소를 구성하는 데 사용된 개인키는 이 책에 인쇄되어 있거나 '소각'되었다. 이는 이 주소들로 돈을 보내면, 그 돈이 영원히 손실되거나 일부 경우에는 이 책을 읽을 수 있는 모든 사람이 여기에 인쇄된 개인키를 사용하여 가져갈 수 있다는 것을 의미한다.

> 이 책에 있는 어떤 주소로도 돈을 보내지 마십시오.
> 귀하의 돈은 다른 독자가 가져가거나 영원히 분실될 것입니다.

## O'Reilly 온라인 학습

40년 이상 *O'Reilly Media*는 기업의 성공을 돕기 위해 기술 및 비즈니스 교육, 지식, 통찰력을 제공해 왔다.

우리의 독특한 전문가 및 혁신가 네트워크는 책, 기사, 온라인 학습 플랫폼을 통해 그들의 지식과 전문성을 공유한다. O'Reilly의 온라인 학습 플랫폼은 실시간 교육 과정, 심층 학습 경로, 대화형 코딩 환경, O'Reilly 및 200개 이상의 다른 출판사의 방대한 텍스트 및 비디오 컬렉션에 대한 주문형 액세스를 제공한다. 자세한 정보는 *https://oreilly.com*을 방문하길 바란다.

### 연락처

이 책에 대한 의견과 질문은 출판사로 보내 주길 바란다.

O'Reilly Media, Inc.
1005 Gravenstein Highway North
Sebastopol, CA 95472
800-889-8969(미국 또는 캐나다)
707-829-7019(국제 또는 지역)
707-829-0104(팩스)
*support@oreilly.com*
*https://www.oreilly.com/about/contact.html*

이 책에 대한 웹페이지가 있으며, 여기에 정오표, 예제, 추가 정보를 나열한다. 주소는 *https://oreil.ly/MasteringBitcoin3e*다.

우리의 책과 강좌에 대한 뉴스와 정보는 *https://oreilly.com*에 나와 있다.

LinkedIn 주소: *https://linkedin.com/company/oreilly-media*

Twitter 주소: *https://twitter.com/oreillymedia*

YouTube 주소: *https://youtube.com/oreillymedia*

## 저자 연락처

Andreas M. Antonopoulos에게 연락하려면 개인 사이트를 방문하면 된다. *https://antonopoulos.com*

Facebook 주소: *https://facebook.com/AndreasMAntonopoulos*

Twitter 주소: *https://twitter.com/aantonop*

LinkedIn 주소: *https://linkedin.com/company/aantonop*

월간 기부를 통해 Andreas의 작업을 지원하는 모든 후원자들에게 감사드린다. 그의 Patreon 페이지는 다음의 주소에서 팔로우할 수 있다. *https://patreon.com/aantonop*

*Mastering Bitcoin*에 대한 정보와 Andreas의 Open Edition 및 번역본은 *https://bitcoinbook.info*에서 확인할 수 있다.

David A. Harding에게 연락하려면 그의 개인 사이트를 방문하면 된다. *https://dtrt.org*

## 1판과 2판에 도움주신 분들에 대한 감사의 글

—안드레아스 M. 안토노풀로스

이 책을 위해 많은 분들이 노력하고 기여해 주셨습니다. 친구와 동료들, 심지어 아예 초면인 분들께서도 저의 작업에 기꺼이 동참해 주셨습니다. 그 결과 암호화폐와 비트코인을 주제로 거의 완벽에 가까운 기술 서적을 출판할 수 있었기에 그분들의 노력에 감사를 드리는 바입니다.

비트코인 기술과 비트코인 커뮤니티를 따로 떼어서 생각하는 것은 불가능한 일입니다. 이 책은 기술에 관련된 책이기도 하지만 비트코인 커뮤니티의 산물이기도 합니다. 책을 쓰기 시작한 그 순간부터 끝나는 순간까지 비트코인 커뮤니티 모두가 저에게 용기를 북돋아 주고 응원해 주었으며, 지지해 주고 재정적인 지원도 해 주셨습니다. 무엇보다도 이 책을 통해 2년 동안 훌륭한 커뮤니티의 일원이 될 수 있었습니다. 저를 받아 주신 데 무한한 감사를 전합니다. 또한 너무 많아서 일일이 이름을 나열할 수는 없지만 회의나 이벤트, 세미나, 모임, 피자 모임, 소규모 개인 모임 등에서 만난 많은 분들, 트위터나 레딧, *bitcointalk.org*, GitHub상에서 만난 분들 모두 이 책에 도움을 주셨습니다. 이 책에 나오는 모든 아이디어, 비유, 질문, 답변, 설명 등은 비트코인 커뮤니티와의 상호작용을 통해 영감을 얻고 확인을 받았으며 개선된 내용들입니다. 도와주신 모든 분들께 감사드립니다. 여러분들이 없었다면 아마 이 책은 출판되지 못했을 것입니다. 감사한 마음 영원히 간직하겠습니다.

작가가 되기 위한 여정은 첫 책을 쓰기로 마음먹기 훨씬 전부터 시작되었습니다. 저의 모국어는 그리스어로, 학교 교육도 그리스어로 받았기 때문에 대학교에 입학하고 첫 1년은 교정 영작 과정을 이수해야 했습니다. 제게 자신감을 심어 주시고 영작 기술을 길러 주셨던 Diana Kordas 선생님께 감사드립니다. 그 후 전문가로서 데이터 센터라는 주제로 기술적인 작문 능력을 발전시켜서 *Network World*라는 잡지에 글을 싣게 되었습니다. *Network World*에서 칼럼니스트로서 첫 발을 떼게 해 준 John Dix와 John Gallant에게 감사드리고, 편집자인 Michael Cooney와 제 칼럼을 편집하고 출판할 수 있도록 다듬어 준 동료 Johna Till Johnson에게도 감사 인사를 전합니다. 4년 동안 일주일에 500단어의 글을 쓴 경험 덕분에 작가에 대한 꿈을 꿀 수 있었습니다.

O'Reilly 출판사 측에 제 책에 대한 제안서를 제출했을 때 참고자료도 제시해 주시고 제안서도 검토해 주신 분들께도 감사의 인사를 전합니다. 특히 John Gallant, Gregory Ness, Richard Stiennon, Joel Snyder, Adam B. Levine, Sandra Gittlen, John Dix, Johna Till Johnson, Roger Ver, Jon Matonis에게 감사드립니다. 특히 제 제안서 초본을 검토해 주신 Richard Kagan과 Tymon Mattoszko, 제 제안서의 교열을 맡아 주신 Matthew Taylor에게도 심심한 감사의 인사 전합니다.

O'Reilly 출판사가 발간한 *DNS and BIND*의 저자 Cricket Liu에게 이 출판사를 소개해 줘서 고맙다고 말하고 싶습니다. O'Reilly에 근무하는 Michael Loukides와 Allyson MacDonald가 몇 달 동안 수고해 주었기 때문에 제 책이 출판될 수 있었습니다. 특히 Allyson은 제가 마감일을 몇 번이나 놓치고 여러 사정상 완성본이 계획된 일정보다 지연되었을 때에도 인내심을 보여 주었습니다.

처음에 나오는 몇 장의 초안은 상당히 어려웠습니다. 왜냐하면 비트코인이라는 주제가 이야기로 풀어내기에는 어려운 분야이기 때문입니다. 제가 비트코인 기술에 대해서 하나씩 실타래를 풀어 나가려고 할 때마다 전부를 다 풀어 헤쳐야만 했습니다. 계속해서 어찌할 바를 몰랐고 의기소침해지기도 했습니다. 비트코인이라는 주제를 쉽게 이해시키고 이 어려운 기술 분야에 대해 설명해 나가려는 작업이 고전을 면치 못했습니다. 그러던 중 비트코인을 사용하는 사람들의 일화로 비트코인의 이야기를 풀어내기로 했고, 전반적으로 책 쓰기가 한결 수월해졌습니다. 저의 친구이자 멘토인 Richard Kagan에게 이야기를 풀어 나갈 수 있도록 도와주고 슬럼프의 순간을 잘 지나가게 해 줘서 고맙다고 이야기하고 싶습니다. 각 장의 초안을 검토한 후 어려운 질문 공세를 통해 책의 질을 향상시켜 준 Pamela Morgan에게도 감사를 전합니다. San Francisco Bitcoin Developers Meetup 그룹의 개발자들과 Taariq Lewis와 Denise Terry에게도 초기 자료를 테스트할 수 있도록 도와준 데 대해 감사의 인사 전합니다.

책을 쓰면서 초안을 GitHub에 올려서 공개적으로 의견을 수렴했습니다. 100개 이상의 코멘트, 제안, 수정할 내용, 의견들을 보내 주셨습니다. 보내주신 의견들은 마땅히 인정받아야 하기에 저의 감사한 마음을 담아 25쪽에 '초기 배포본 초안(GitHub를 통한 의견)'에서 한 분 한 분 언급하겠습니다. 무엇보다도, GitHub에서 자원봉사 편집자로 활동해 준 Minh T. Nguyen(초판)과 Will Binns(개정판)에게 진심으로 감사드립니다. 그들은 GitHub에서 풀 리퀘스트(pull request)를 관리하고 해결하며, 이슈 보고서를 처리하고, 버그를 수정하는 일을 지치지 않고 열심히 수행해 주셨습니다.

이 책의 초안이 나온 이후 기술 검토를 여러 번 거쳤습니다. 꼼꼼하게 검토해 주시고 코멘트해 주시고 지원해 주신 Cricket Liu와 Lorne Lantz에게도 감사의 말 전합니다.

여러 분의 비트코인 개발자들도 코드 샘플이나 검토, 코멘트를 주시고 격려도 아끼지 않으셨습니다. 코드 조각 예시를 제공해 주시고 훌륭한 코멘트를 주신 Amir Taaki와 Eric Voskuil, 비트코어 부록을 도와주신 Chris Kleeschulte, 타원곡선 수학과 코드에 대한 의견을 주신 Vitalik Buterin과 Richard Kiss, 수정사항이나 코멘트를 제공해 주시고 격려해 주신 Gavin Andresen, 코멘트나 의견을 주시고 btcd 작성에 도움을 주신 Michalis Kargakis에게도 감사의 말 전합니다. 그리고 2쇄를 개선하는 오류 수정 제출에 대해 Robin Inge에게 감사드립니다. 2판에서는 다시 한번 많은 비트코인 코어 개발자들로부터 도움을 받았습니다. 분리 서명에 대해 명확히 설명해 준 Eric Lombrozo, 거래에 대한 내용을 개선하는 데 도움을 준 Luke Dashjr, 분리 서명과 다른 장들을 검토해 준 Johnson Lau를 포함한 많은 분들께 감사드립니다.

책과 언어에 대한 저의 사랑은 제 어머니 Theresa 덕분입니다. 벽마다 책이 가득 꽂혀 있는 집에서 저를 키우셨습니다. 저의 어머니는 자칭 신기술을 두려워하시는 분임에도 1982년 저에게 첫 컴퓨터를 사 주셨습니다. 제 아버지 Menelaos는 80세의 연세에 처음으로 책을 내신 토목 기사입니다. 그런 아버지로부터 논리적이고 분석적인 사고와 과학과 공학에 대한 사랑을 배웠습니다.

책을 쓰는 여정 내내 도와주신 모든 분들에게 감사의 마음을 전합니다.

## 3판에 대한 감사의 글

—데이비드 A. 하딩

277쪽에 나오는 '슈노어 서명'에서 시작하는 비대화형 슈노어 서명 프로토콜 소개는 먼저 대화형 슈노어 신원 프로토콜을 설명하는데, 이는 Gregory Maxwell과 Andrew Poelstra의 'Borrommean Ring Signatures'(2015)에서 해당 주제를 소개하는 방식에 크게 영향을 받았습니다. 지난 10년 동안 그들이 자유롭게 제공한 모든 도움에 대해 각자에게 깊은 감사를 드립니다.

이 원고의 초안에 대한 귀중한 기술 검토는 Jorge Lesmes, Olaoluwa Osuntokun, René Pickhardt, Mark "Murch" Erhardt가 제공했습니다. 특히 Murch의 믿을 수 없을

정도로 심도 있고 통찰력 있는 검토와, 같은 텍스트의 여러 반복을 평가하려는 그의 의지는 이 책의 품질을 제가 기대했던 것 이상으로 높였습니다.

또한 이 프로젝트를 제안해 준 Jimmy Song, 자신의 베스트셀러 텍스트를 업데이트할 수 있게 해준 공동 저자 Andreas, O'Reilly 저자 과정을 안내해 준 Angela Rufino, 그리고 3판 집필을 즐겁고 생산적인 경험으로 만들어 준 O'Reilly의 다른 모든 직원들에게 감사의 빚을 지고 있습니다.

마지막으로, 제가 사용하는 소프트웨어를 만들고, 그것이 어떻게 작동하는지 가르쳐 주고, 제가 얻은 작은 지식을 전달하는 데 도움을 준 모든 비트코인 기여자들에게 어떻게 감사를 표해야 할지 모르겠습니다. 여러분의 이름을 모두 나열하기에는 너무 많지만, 저는 여러분을 자주 생각하며 여러분이 저를 위해 해주신 모든 것 없이는 이 책에 대한 제 기여가 불가능했을 것임을 알고 있습니다.

## 초기 배포본 초안(GitHub를 통한 의견)

많은 분들께서 코멘트나 수정사항, 초기 배포본에 추가되어야 할 사항들에 대해 GitHub상에서 제안해 주셨습니다. 이 책을 위해 노력해 주신 모든 분들에게 감사드립니다. 아래에 나오는 목록은 의견을 제시해 주신 분들입니다. 괄호 안 내용은 GitHub의 ID입니다.

- Abdussamad Abdurrazzaq (AbdussamadA)
- Adán SDPC (aesedepece)
- Akira Chiku (achiku)
- Alex Waters (alexwaters)
- Andrew Donald Kennedy (grkvlt)
- Andrey Esaulov (andremaha)
- andronoob
- AnejaBK
- Appaji (CITIZENDOT)
- ariesunny
- Arthur O'Dwyer (Quuxplusone)
- bargitta
- Basem Alasi (Bamskki)
- bisqfan
- bitcoinctf

- blip151
- Bryan Gmyrek (physicsdude)
- Carlos Sims (simsbluebox)
- Casey Flynn (cflynn07)
- cclauss
- Chapman Shoop (belovachap)
- chrisd95
- Christie D'Anna (avocadobreath)
- Cihat Imamoglu (cihati)
- Cody Scott (Siecje)
- coinradar
- Cragin Godley (cgodley)
- Craig Dodd (cdodd)
- dallyshalla
- Dan Nolan (Dan-Nolan)
- Dan Raviv (danra)
- Darius Kramer (dkrmr)
- Darko Janković (trulex)
- David Huie (DavidHuie)
- didongke
- Diego Viola (diegoviola)
- Dimitris Tsapakidis (dimitris-t)
- Dirk Jäckel (biafra23)
- Dmitry Marakasov (AMDmi3)
- drakos (Jolly-Pirate)
- drstrangeM
- Ed Eykholt (edeykholt)
- Ed Leafe (EdLeafe)
- Edward Posnak (edposnak)
- Elias Rodrigues (elias19r)
- Eric Voskuil (evoskuil)
- Eric Winchell (winchell)
- Erik Wahlström (erikwam)
- effectsToCause (vericoin)
- Esteban Ordano (eordano)
- ethers
- Evlix
- fabienhinault
- Fan (whiteath)
- Felix Filozov (ffilozov)
- Francis Ballares (fballares)
- François Wirion (wirion)
- Frank Höger (francyi)
- Gabriel Montes (gabmontes)
- Gaurav Rana (bitcoinsSG)
- genjix
- Geremia
- Gerry Smith (Hermetic)
- gmr81
- Greg (in3rsha)
- Gregory Trubetskoy (grisha)
- Gus (netpoe)
- halseth
- harelw
- Harry Moreno (morenoh149)
- Hennadii Stepanov (hebasto)
- Holger Schinzel (schinzelh)
- Ioannis Cherouvim (cherouvim)
- Ish Ot Jr. (ishotjr)
- ivangreene
- James Addison (jayaddison)
- Jameson Lopp (jlopp)
- Jason Bisterfeldt (jbisterfeldt)
- Javier Rojas (fjrojasgarcia)
- Jordan Baczuk (JBaczuk)
- Jeremy Bokobza (bokobza)

- JerJohn15
- jerzybrzoska
- Jimmy DeSilva (jimmydesilva)
- Jo Wo (jowo-io)
- Joe Bauers (joebauers)
- joflynn
- Johnson Lau (jl2012)
- Jonathan Cross (jonathancross)
- Jorgeminator
- jwbats
- Kai Bakker (kaibakker)
- kollokollo
- krupawan5618
- kynnjo
- Liangzx
- lightningnetworkstores
- lilianrambu
- Liu Yue (lyhistory)
- Lobbelt
- Lucas Betschart (lclc)
- Matt Wesley (MatthewWesley)
- Magomed Aliev (30mb1)
- Mai-Hsuan Chia (mhchia)
- Marco Falke (MarcoFalke)
- María Martín (mmartinbar)
- Marcus Kiisa (mkiisa)
- Mark Erhardt (Xekyo)
- Mark Pors (pors)
- Martin Harrigan (harrigan)
- Martin Vseticka (MartyIX)
- Marzig (marzig76)
- Matt McGivney (mattmcgiv)
- Matthijs Roelink (Matthiti)
- Maximilian Reichel (phramz)
- MG-ng (MG-ng)
- Michalis Kargakis (kargakis)
- Michael C. Ippolito (michaelcippolito)
- Michael Galero (mikong)
- Michael Newman (michaelbnewman)
- Mihail Russu (MihailRussu)
- mikew (mikew)
- milansismanovic
- Minh T. Nguyen (enderminh)
- montvid
- Morfies (morfies)
- Nagaraj Hubli (nagarajhubli)
- Nekomata (nekomata-3)
- nekonenene
- Nhan Vu (jobnomade)
- Nicholas Chen (nickycutesc)
- Ning Shang (syncom)
- Oge Nnadi (ogennadi)
- Oliver Maerz (OliverMaerz)
- Omar Boukli-Hacene (oboukli)
- Óscar Nájera (Titan-C)
- Parzival (Parz-val)
- Paul Desmond Parker (sunwukonga)
- Philipp Gille (philippgille)
- ratijas
- rating89us
- Raul Siles (raulsiles)
- Reproducibility Matters (TheCharlatan)
- Reuben Thomas (rrthomas)
- Robert Furse (Rfurse)
- Roberto Mannai (robermann)

- Richard Kiss (richardkiss)
- rszheng
- Ruben Alexander (hizzvizz)
- Sam Ritchie (sritchie)
- Samir Sadek (netsamir)
- Sandro Conforto (sandroconforto)
- Sanjay Sanathanan (sanjays95)
- Sebastian Falbesoner (theStack)
- Sergei Tikhomirov (s-tikhomirov)
- Sergej Kotliar (ziggamon)
- Seiichi Uchida (topecongiro)
- shaysw
- Simon de la Rouviere (simondlr)
- simone-cominato
- sindhoor7
- Stacie (staciewaleyko)
- Stephan Oeste (Emzy)
- Stéphane Roche (Janaka-Steph)
- takaya-imai
- Thiago Arrais (thiagoarrais)
- Thomas Kerin (afk11)
- Tochi Obudulu (tochicool)
- Tosin (tkuye)
- Vasil Dimov (vasild)
- venzen
- Vlad Stan (motorina0)
- Vijay Chavda (VijayChavda)
- Vincent Déniel (vincentdnl)
- weinim
- wenxiaolong (QingShiLuoGu)
- wenzhenxiang
- Will Binns (wbnns)
- wintercooled
- wjx
- wll2007
- Wojciech Langiewicz (wlk)
- Yancy Ribbens (yancyribbens)
- yjjnls
- Yoshimasa Tanabe (emag)
- yuntai
- yurigeorgiev4
- Zheng Jia (zhengjia)
- Zhou Liang (zhouguoguo)

# 차례

## 7장 인가와 인증 219



## 8장 디지털 서명 271

1장

# 서론

비트코인이란 디지털 통화 생태계의 근간을 이루는 개념 및 기술을 아우르는 용어다. 비트코인이라는 이름의 통화 단위는 비트코인 네트워크상에 있는 참가자들 사이에서 가치를 보관하고 전송하는 데 사용된다. 비트코인 사용자들은 비트코인 프로토콜을 통해 서로 대화한다. 주로 인터넷을 이용하긴 하지만 다른 전송수단이 사용되기도 한다. 비트코인의 프로토콜 스택(stack)은 오픈 소스 소프트웨어로 이용 가능하며 노트북 컴퓨터, 스마트폰을 포함하여 다양한 컴퓨팅 기기에서 운용 가능하다. 이를 통해 비트코인 기술을 누구나 쉽게 이용할 수 있다.

> 이 책에서는 소문자 b로 표시되는 'bitcoin'은 화폐 단위를, 대문자 B로 표시되는 'Bitcoin'은 암호화폐 시스템인 비트코인을 의미한다.

비트코인 사용자들은 기존의 통화를 가지고 할 수 있는 일 대부분을 할 수 있다. 예를 들면, 상품을 매매하거나 사람이나 기관에 송금하거나 대출을 받을 수도 있다. 비트코인은 매매가 가능하며 비트코인 전문 거래소에서 다른 통화로 환전할 수도 있다. 비트코인은 신속하고 안전하며 국경을 뛰어넘는 통화 수단이기 때문에 어쩌면 통화의 완벽한 형태일지 모르겠다.

전통적인 통화와 달리 비트코인은 전적으로 가상화폐다. 실물 동전뿐만 아니라 전자 동전 자체도 존재하지 않는다. 비트코인은 송신자가 수신자에게 가치를 전송하는 거래 내에 존재한다. 비트코인 사용자들은 비트코인 네트워크상에서 일어나는 거래에 대한 소유권을 입증할 수 있는 키를 소유한다. 사용자들은 이 키를 이용해 서명하고 해당 가치에 대한 암호를 풀어 새로운 소유주에게 전송함으로써 비트코인을 소비할 수 있다. 이 키는 각 사용자의 컴퓨터나 스마트폰 내 디지털 지갑에 보관되기도 한다. 비트코인을 소비하고 전적으로 통제하려면 비트코인 사용자들은 거래에 서명할 수 있는 키만 가지고 있으면 된다.

비트코인은 분산화된 P2P 시스템이다. 그렇기 때문에 '중앙' 서버나 통제소가 없다. 비트코인은 일명 '채굴(mining)'이라는 과정을 통해 생성된다. 채굴 과정이란 비트코인 거래가 진행되는 동안 수학 문제에 대한 해답을 찾기 위해 서로 경쟁하는 작업이다. 비트코인 네트워크 내에 있는 어떤 참가자(즉, 풀 비트코인 프로토콜 스택을 운영하는 기기 사용자 누구나)든 채굴자로서 작업을 할 수 있고 거래를 확인하고 기록하기 위해 각자 컴퓨터의 처리 능력을 활용한다. 채굴자들은 평균 10분마다 누군가가 지난 10분 동안 발생시킨 거래들에 대해 입증하고 채굴에 성공하는 경우 새로 생성된 비트코인으로 보상받는다. 본질적으로 비트코인 채굴 과정은 화폐 발행 및 어음 결제라는 중앙은행의 역할을 분산하며 중앙은행의 역할을 대신한다.

비트코인 시스템 내 프로토콜에는 전 네트워크에 걸쳐 채굴 작업 기능을 규정하는 내장 알고리즘이 포함되어 있다. 채굴자들이 수행해야 하는 처리 작업에 대한 난이도는 동적으로 조절된다. 즉, 얼마나 많은 채굴자(와 채굴 작업)가 언제라도 경쟁할 수 있는지 여부와 상관없이 평균적으로 10분마다 누군가는 채굴에 성공하게 된다. 비트코인 프로토콜은 비트코인 공급량을 4년마다 절반으로 낮추고 총 비트코인 공급량을 2,100만 코인으로 정하고 제한한다. 그 결과, 유통되는 비트코인 수는 2140년까지 2,100만 코인에 도달할 것이라고 쉽게 예측 가능하다. 그 결과, 유통되는 비트코인의 수는 쉽게 예측 가능한 곡선을 따르게 된다. 곡선에 따르면 남아 있는 비트코인 중 절반이 4년마다 유통량에 추가된다. 2035년경에 생산될 것으로 예상되는 약

1,411,200개의 블록에서는 현존하는 모든 비트코인의 99%가 발행될 것이다. 비트코인(B)의 발행률이 떨어지면서 장기적으로 비트코인 통화는 디플레이션을 겪게 된다. 뿐만 아니라 예상 발행률 이상으로 새 화폐를 '찍어' 냄으로써 발생할 수 있는 인플레이션이 일어날 수 없다.

다른 관점에서 보면 비트코인은 프로토콜이나 네트워크, 분산 컴퓨팅 혁신을 가리키는 용어이기도 하다. 비트코인 통화는 실제로 이러한 발명품이 처음으로 적용된 사례다. 비트코인은 암호학과 분산 시스템에 대한 수십 년간의 연구에 정점을 찍는 결과물로, 독창적이고 강력한 조합을 통해 다음 네 가지 측면에서 혁신적인 특징을 보여 준다. 비트코인의 구성 요소는 다음과 같다.

- 분산화된 P2P 네트워크(비트코인 프로토콜)
- 공개 거래 장부(블록체인)
- 분산화된 수학적 결정론적 통화 발행(분산 채굴)
- 분산화된 거래 검증 시스템(거래 스크립트)

나는 개발자로서 비트코인을 화폐의 인터넷와 유사하며 분산 계산을 통해 화폐 가치를 보급하고 디지털 자산의 소유권을 안전하게 보호하는 네트워크라고 생각한다. 비트코인은 알면 알수록 무궁무진한 매력을 가지고 있다.

1장에서는 주요 개념과 용어를 설명하고 필요한 소프트웨어를 파악하며 간단한 거래에서 비트코인을 사용하는 방법을 소개할 예정이다. 다음 장에서는 비트코인 시스템을 가능하게 해 주는 여러 기술을 공개하고, 비트코인 네트워크와 프로토콜에 대한 내부를 들여다볼 것이다.

#### 비트코인 이전의 디지털 통화들

사용 가능한 디지털 머니가 등장한 것은 암호 기법의 출현과 밀접하게 연관되어 있다. 재화와 용역으로 교환할 수 있는 금전적 가치를 담기 위해 비트(bit)를 사용하는 것이 근본적으로 어려울 것이라는 판단은 놀라운 일이 아니다. 디지털 머니를 받는 사람들은 아래에 나오는 세 가지 기본적인 질문을 떠올린다.

- 이 디지털 머니가 위조가 아닌지 신뢰할 수 있는가?
- 이 디지털 머니가 한 번만 소비될 수 있다고 신뢰할 수 있는가? ('이중지불' 문제로 알려져 있음)
- 이 돈을 내가 아닌 자신의 소유라고 주장하는 사람이 나올 가능성이 있는가?

지폐 발행 기관들은 점점 정교하게 제작된 용지와 인쇄 기법을 이용해서 위조지폐 문제와 끊임없이 싸우고 있다. 동일한 지폐가 동시에 다른 두 장소에서 사용될 수 없기 때문에 종이 화폐는 이중지불 문제를 쉽게 해결한다. 물론 기존 화폐도 디지털상으로 보관되고 송금된다. 이 경우, 유통되고 있는 통화에 대해 전 세계적으로 영향력을 가지고 있는 중앙 기관을 통해 모든 전자 거래를 승인함으로써 위조지폐 문제와 이중지불 문제를 처리한다. 디지털 머니의 경우 비밀 잉크로 찍어 낸 그림이나 홀로그램 조각을 활용할 수 없기 때문에 사용자들이 디지털 머니의 가치에 대해 인정해 달라는 주장에 대한 정당성을 인정하는 데 암호 기법이 그 근간을 마련해 준다. 특히 암호화된 전자 서명은 사용자들로 하여금 디지털 자산 혹은 해당 자산에 대한 소유권을 제공하는 거래 시 서명을 가능하게 해 준다. 적절한 아키텍처가 존재한다면 디지털 서명 역시 이중지불 문제를 해결하는 데 사용될 수 있다.

1980년대 후반에는 암호 기법의 사용 범위가 넓어지고 이 기법을 이해하는 사람들이 늘면서 많은 연구진들이 암호 기법을 사용해서 디지털 통화를 만들고자 했다. 이러한 초기 디지털 통화 프로젝트를 통해 발행된 디지털 머니는 대개 국가 통화나 금 등의 귀금속에 밀려 제 기능을 하지 못했다.

초기에 등장한 디지털 통화가 제 기능을 하고 있었다 해도 중앙 통제 방식이었기 때문에 결과적으로는 다른 정부나 해커들로부터 공격받기 쉬웠다. 초기의 디지털 통화들은 전통적인 은행 시스템처럼 일정한 주기로 거래를 정산하기 위해 중앙 클리어링 하우스를 이용했다. 하지만 안타깝게도 각국 정부들의 염려 속에 초기 디지털 통화들은 표적이 되어 끝내 소송을 당하면서 사라지게 된다. 몇몇 디지털 통화들은 모기업이 갑자기 매각되는 극단적인 결과와 함께 실패했다. 합법적인 정부 세력이든 범죄 집단이든 비트코인에 적대적인 세력의 개입에 대응할 정도로 강력해지려면 분산화된 디지털 통화는 공격 개시점(single point of attack)을 하나로 두는 일은 피해야 했다. 비트코인은 설계 단계부터 분산되어 있는 시스템이기 때문에 공격이나 부패 가능성이 있는 중앙 당국이나 통제소가 없다.

## 비트코인의 역사

비트코인은 2008년 사토시 나카모토라는 필명으로 〈비트코인: 개인 간 전자화폐 시스템(Bitcoin: A Peer-to-Peer Electronic Cash System)〉이라는 제목의 보고서가 발간되면서 세상에 등장했다(부록 A 참조). 나카모토는 비머니(b-money)와 해시캐시(hashcash) 등 이전에 발명됐던 화폐들을 조합해서 완전히 분산화된 전자화폐 시스템을 창조했다. 비트코인 시스템은 통화 발행이나 거래에 대한 지불 및 검증을 위해 중앙 통제에 의존하지 않는다. 주요 혁신 사항으로는 전 세계적으로 매 10분마다 '투표'를 수행하기 위해, 분산 연산 시스템(즉 작업증명 알고리즘)을 사용함으로써 분산 네트워크가 각 거래 상태에 대해 합의(consensus)에 이를 수 있도록 했다는 점이다. 이러한 과정 덕분에 단일 통화 단위가 두 번 결제되어 발생하는 이중지불 문제를 손쉽게 해결한다. 예전에는 이중지불 문제가 디지털 통화의 약점이었고, 이를 해결하기 위해서 중앙 클리어링 하우스(청산소)를 통해 모든 거래에 대한 승인이 이루어졌다.

나카모토가 발표한 참조구현(reference implementation)을 기반으로 2009년에 시작된 비트코인 네트워크는 그 후 여러 프로그래머들에 의해 수정되었다. 비트코인에 보안성과 탄력성을 부여하는 작업증명 알고리즘(채굴)이 기하급수적으로 증가해서 현재 전 세계 최고 슈퍼컴퓨터들의 처리 능력 총량을 초과했다.

사토시 나카모토가 2011년 4월 대중으로부터 사라지면서 왕성하게 활동 중이던 자원 봉사자 그룹이 코드와 네트워크를 개발하고 있다. 비트코인 뒤에 숨겨진 개인이나 사용자들의 정체는 여전히 알려져 있지 않다. 하지만 비트코인 시스템은 완전히 투명한 수학 원리에 의해 운영되기 때문에 사토시 나카모토를 비롯한 그 누구도 이 시스템을 통제할 수 없다. 비트코인은 발명 그 자체만으로도 역사에 남을 만큼 획기적인 일이며 이미 분산 컴퓨팅, 경제학, 계량 경제학 등의 분야에서 새로운 학문 분야를 양산해 내고 있다.

> **분산 컴퓨팅 문제에 대한 해결책**
>
> 사토시 나카모토가 비트코인을 발명하면서 '비잔티움 장군 문제(Byzantine Generals' Problem)'로 알려져 있는, 분산 컴퓨팅 분야에서 예전부터 풀지 못했던 문제에 대한 실용적인 해결책이 마련되었다. 간단하게 설명하자면 비잔티움 장군 문제는 신뢰성이 없고 임시로 구성된 네트워크상에서 정보를 교환함으로써 행동 방침에 대해 동의를 구하고자 하는 과정에서 발생한다. 사토시 나카모토의 해결책은 신뢰성이 있는 중앙 기관의 존재가 없는 상태에서 네트워크의 동의를 얻기 위해서 작업증명 개념을 이용한다.

## 비트코인 시작하기

비트코인은 해당 프로토콜을 구현할 수 있는 클라이언트 어플리케이션을 이용해 접근 가능한 프로토콜의 일종이다. 웹 브라우저가 HTTP 프로토콜에서 가장 일반적인 사용자 인터페이스라면 '비트코인 지갑'은 비트코인 시스템에서 볼 수 있는 가장 흔한 유형의 사용자 인터페이스다. 웹 브라우저 유형(크롬, 사파리, 파이어폭스)이 다양한 것처럼 비트코인 지갑도 다양하게 구현되고 그 종류도 많다. 사람들마다 좋아하는 브라우저가 있는 것처럼 품질이나 성능, 보안, 프라이버시, 신뢰성의 측면에서 다양한 특성의 비트코인 지갑이 있다. '비트코인 코어(Bitcoin Core)'라고 알려진 지갑이 들어 있는 비트코인 프로토콜로 구성된 참조구현도 존재한다. 이 참조구현은 사토시 나카모토가 만든 기본 구현(original implementation)을 근간으로 만들어졌다.

### 비트코인 지갑 선택

비트코인 지갑은 비트코인 생태계에서 가장 활발하게 개발되고 있는 어플리케이션 중 하나다. 지갑 간 경쟁도 치열하다. 새로운 지갑이 지금 현재도 개발되고 있는 반면 작년에 출시된 지갑 중 몇 개는 현재 활발하게 지속되고 있지 않다. 많은 지갑들이 특정한 플랫폼이나 용도에 초점을 두고 있으며, 어떤 지갑은 입문자에게 더 적합하고 어떤 지갑은 고급 사용자들에게 적합한 특징들을 갖추고 있다. 어떤 지갑을 선택하느냐 하는 문제는 지극히 주관적이고 사용자 혹은 사용자가 보유한 전문 지식에 따라 달라진다. 따라서 특정 지갑을 추천하는 것은 불가능하다. 그렇지만 우선 이 책에서는 비트코인 지갑의 플랫폼과 기능에 따라 지갑을 분류하고 현존하는 여러 유형들을 명확하게 제시할 것이다. 비트코인 지갑 간 금액을 교환하는 작업은 쉽고 저렴하며 신속하게 이루어지기 때문에 여러분에게 필요한 기능이 들어 있는 지갑을 찾을 때까지 여러 개의 지갑을 시험적으로 사용해 보는 것도 좋다.

### 비트코인 지갑 유형

비트코인은 플랫폼에 따라 다음과 같이 분류될 수 있다.

#### 데스크톱 지갑

데스크톱 지갑은 참조구현으로 만들어진 첫 번째 비트코인 지갑으로, 자체의 특성과 자율성(autonomy), 제어 기능 때문에 많은 사람들이 이 지갑을 사용한다. 데스크톱 지갑의 플랫폼이 종종 불안정하거나 환경 설정이 제대로 이루어지지 않기 때문에 일반적으로 사용하는 운영체제인 윈도우나 맥 OS에서 데스크톱 지갑을 가동하게 되면 보안상 약점이 존재할 수 있다.

#### 모바일 지갑

모바일 지갑은 비트코인 지갑 중 가장 일반적인 형태다. 애플 iOS 및 안드로이드 등의 스마트폰 운영체제에서 구동하는 모바일 지갑은 비트코인 지갑을 처음 사용하는 사람들에게 좋은 선택이 될 수 있다. 단순하게 설계되어 사용하기 쉬운 모바일 지갑도 많지만 고급 사용자들을 위해 모든 기능이 탑재된 모바일 지갑도 나와 있다. 대량의 데이터를 다운로드하여 저장하지 않기 위해 대부분의 모바일 지갑은 원격 서버에서 정보를 검색하여 비트코인 주소와 잔액에 대한 정보를 제3자에게 공개함으로써 개인 정보를 보호한다.

### 웹 지갑

웹 지갑은 웹 브라우저상에서 사용할 수 있으며 사용자의 지갑을 제3자가 소유한 서버에 저장한다. 웹 지갑은 온전히 제3자의 서버에 의존한다는 점에서 웹메일과 유사하다. 몇몇 서비스들은 사용자들의 브라우저 내에서 구동되는 클라이언트사이드 코드(client-side code)로 운영되며, 이를 통해 비트코인 키를 사용자가 계속 통제하게 된다. 하지만 대부분의 서비스들은 사용의 용이성을 담보로 사용자들로부터 비트코인 키의 통제권을 가져오는 절충적인 형태로 운영된다. 따라서 제3자가 운영하는 시스템에 큰 금액의 비트코인을 저장하는 것은 그다지 권장하지 않는다.

### 하드웨어 서명 장치

하드웨어 서명 장치란 특수 목적의 하드웨어와 펌웨어를 사용하여 키를 저장하고 거래에 서명할 수 있는 장치다. 일반적으로 USB 케이블, 근거리 무선통신(NFC) 또는 QR 코드를 사용하는 카메라를 통해 데스크톱 지갑, 모바일 지갑, 웹 지갑에 연결된다. 이와 같이 특수한 하드웨어에서 비트코인 관련 작업을 처리함으로써 해당 지갑들은 다양한 유형의 공격에 대해 덜 취약하다. 하드웨어 서명 장치는 때때로 '하드웨어 지갑'이라고도 불리지만, 거래를 전송하고 수신하기 위해서는 완전한 기능이 장착된 지갑과 페어링되어야 한다. 이때, 페어링된 지갑이 제공하는 보안성과 프라이버시 정도에 따라 사용자가 하드웨어 서명 장치를 사용할 때 얻을 수 있는 보안성과 프라이버시가 결정된다.

## 풀 노드 vs. 라이트웨이트

비트코인 지갑을 분류하는 또 다른 방법은 자율성의 정도와 비트코인 네트워크와 상호 작용하는 방식에 따라 분류하는 것이다.

### 풀 노드

풀 노드는 비트코인 거래에 대한 역사 전체(현재까지의 모든 사용자에 대한 모든 거래)를 검증하는 프로그램이다. 선택적으로, 풀 노드는 이전에 검증된 거래를 저장하고 같은 컴퓨터 또는 인터넷을 통해 다른 비트코인 프로그램에 데이터를 제공할 수 있다. 풀 노드는 상당한 컴퓨터 자원을 사용하며, 하루 동안 발생하는 비트코인 거래를 처리하는 데는 한 시간짜리 스트리밍 비디오를 보는 것과 비슷한 양의 자원이 들어간다. 하지만 풀 노드는 사용자들에게 완전한 자율성을 제공한다.

**라이트웨이트 클라이언트(Lightweight client)**

단순 지불 검증(SPV)으로도 알려져 있는 라이트웨이트 클라이언트는 비트코인 거래 정보에 접근하기 위해 풀 노드 혹은 다른 원격 서버에 연결되지만, 사용자 지갑을 로컬에 저장하고, 수신한 거래를 부분적으로 검증하며, 독립적으로 송신 거래를 생성한다.

**제3자 API 클라이언트**

제3자 API 클라이언트는 비트코인 네트워크에 직접 접속하지 않고 응용 프로그래밍 인터페이스(API)라는 제3의 시스템을 통해 비트코인과 교류한다. 이 지갑의 경우 사용자 혹은 제3의 서버에 의해 저장될 수 있지만 모든 거래가 제3자를 통하는 것은 아니다.

> 비트코인은 P2P 네트워크다. 풀 노드는 피어로서의 역할을 하며, 각 피어는 개별적으로 확인된 모든 거래를 검증하고 사용자에게 완전한 권한으로 데이터를 제공할 수 있다. 라이트웨이트 지갑과 기타 소프트웨어는 클라이언트로서, 각 클라이언트는 유효한 데이터를 제공받기 위해 하나 이상의 피어에 의존한다. 비트코인 클라이언트는 수신한 일부 데이터를 이차적으로 검증하고, 단일 피어의 무결성에 대한 의존성을 줄이기 위해 여러 피어와 연결할 수 있지만, 클라이언트의 보안은 궁극적으로 해당 피어들의 무결성에 달려 있다.

## 누가 키를 제어하는가

추가로 고려해야 하는 중요한 사항 중 하나는 **누가 키를 제어하느냐**이다. 2장에도 나오겠지만 비트코인으로의 접근은 '개인키'에 의해 제어된다. 개인키는 매우 긴 PIN 번호와 유사하다. 이 개인키를 제어하는 주체가 오직 여러분 한 사람이라면, 여러분은 자신의 비트코인을 제어하고 있는 것이다. 반대로 여러분이 개인키를 제어하지 않는다면 제3자가 여러분을 대신하여 비트코인을 관리하게 된다. 주요한 관리 소프트웨어는 제어의 정도에 따라 두 가지로 분류된다. 하나는 여러분이 키를 제어하고 있는 지갑이고, 나머지 하나는 제3자가 키를 제어하는 보관소(custodian)의 자금 및 계좌다. 이러한 점을 강조하기 위해 안드레아스는 "**당신이 키라면 당신의 코인이고, 당신의 키가 아니라면 당신의 코인이 아니다**(*Your keys, your coins. Not your keys, not your coins.*)"라는 표현을 만들었다.

키 제어 여부에 따른 분류법을 기반으로 비트코인 지갑은 몇 가지 그룹으로 나눌 수 있다. 가장 일반적인 세 가지는 데스크톱 풀 노드(여러분이 키를 제어), 모바일 라이트웨이트 지갑(여러분이 키를 제어), 제3자가 관여하는 웹 기반 계좌(여러분이 키를 제어하지 않음)이다. 소프트웨어가 여러 플랫폼상에서 실행되고 네트워크와 상호 작용하는 방식이 다를 수 있기 때문에 이러한 분류법 간 경계가 모호해질 때도 있다.

## 들어가기

앨리스는 전문적인 사용자가 아니라 단지 최근에 친구인 조로부터 비트코인에 대해 들어 본 적이 있을 뿐이다. 파티가 진행되는 동안 조는 주변에 있는 사람들에게 열정적으로 다시 한번 더 비트코인에 대해 설명하고 시연도 보여 준다. 흥미를 느낀 앨리스가 어떻게 비트코인을 시작할 수 있는지 물었다. 조는 입문자들에게는 모바일 지갑이 가장 적합하다고 말하면서 그가 좋아하는 지갑 몇 개를 추천했다. 앨리스는 조가 추천해 준 지갑 중 하나를 다운로드받아 핸드폰에 설치했다.

지갑 어플리케이션을 처음 실행할 때, 앨리스는 새 비트코인 지갑을 생성하는 옵션을 선택한다. 앨리스가 선택한 지갑이 비수탁형(noncustodial) 지갑이기 때문에 앨리스가(그리고 오직 앨리스만이) 자신의 키를 제어하게 된다. 따라서 키를 잃어버리면 비트코인에 접근할 수 없기 때문에 키를 백업해 두어야 한다. 이 과정을 수월하게 하기 위해서 앨리스의 지갑은 복원 시 사용할 수 있는 복구 코드를 생성한다.

## 복구 코드

대부분의 최신 비수탁형 비트코인 지갑은 사용자가 백업할 수 있도록 복구 코드를 제공한다. 복구 코드는 일반적으로 소프트웨어에서 무작위로 선택된 숫자, 문자 또는 단어로 구성되며, 지갑에서 생성된 키의 기초로 사용된다. 예시는 표 1-1을 참조하라.

표 1-1. 복구 코드 샘플

| 지갑 | 복구 코드 |
|---|---|
| Bluewallet | (1) media (2) suspect (3) effort (4) dish (5) album (6) shaft (7) price (8) junk (9) pizza (10) situate (11) oyster (12) rib |
| Electrum | nephew dog crane clever quantum crazy purse traffic repeat fruit old clutch |
| Muun | LAFV TZUN V27E NU4D WPF4 BRJ4 ELLP BNFL |

> 복구 코드는 때때로 '니모닉(mnemonic)' 또는 '니모닉 문구(mnemonic phrase)'라고도 한다. 이는 해당 문구를 암기해야 한다는 의미를 내포하지만, 문구를 종이에 적어 두게 되면 더 간편하고 대부분 사람들의 기억력보다 신뢰할 수 있게 된다. 복구 코드의 또 다른 이름으로는 '시드 문구(seed phrase)'가 있으며, 이는 지갑의 모든 키를 생성하는 함수에 입력값('시드')을 복구 코드가 제공해 주기 때문에 붙은 명칭이다.

지갑에 문제가 생긴 경우, 앨리스는 새로운 지갑 소프트웨어를 다운로드해 복구 코드를 입력하여 지갑 데이터베이스를 재구성할 수 있다. 이 데이터베이스에는 그동안 송금 또는 수령한 모든 온체인(onchain) 거래 내역이 포함된다. 하지만 복구 코드를 사용하여 데이터베이스를 복구한다고 해도 앨리스의 지갑에 특정 주소나 거래에 대해 지정한 라벨 등의 추가 데이터가 자체적으로 복구되지는 않는다. 돈을 잃는 것보다 중요하지는 않지만 해당 메타데이터로의 접근 방법을 잃어버리는 것은 그 자체로 중요할 수 있다. 예를 들어, 과거의 은행 명세서나 신용카드 명세서를 검토하려고 하는데 지불한

업체의 이름(혹은 누가 지불했는지)이 모두 지워진 상태라고 보면 된다. 메타데이터의 손실을 방지하기 위해 다수의 지갑들에서는 복구 코드 이외의 추가적인 백업 기능을 제공한다.

일부 지갑에서는 이제 이러한 추가적인 백업 기능이 예전보다 더 중요해졌다. 많은 비트코인 결제가 현재 **오프체인**(*offchain*) 기술을 사용하여 이루어지기 때문이다. 오프체인 기술에서는 모든 결제가 공개 블록체인에 저장되지 않는다. 이는 사용자가 부담하는 비용을 줄이고 개인 정보 보호를 개선하는 등 여러 이점이 있다. 하지만 복구 코드와 같은 온체인 데이터에 의존하는 메커니즘이 모든 사용자의 비트코인을 완전히 복구할 수 없음을 의미하기도 한다. 오프체인 지원을 갖춘 어플리케이션에서는 지갑 데이터베이스에 대해 자주 백업을 해 두는 것이 중요하다.

흥미로운 점은 새로운 모바일 지갑에 최초로 자금을 수신할 때 많은 지갑들에서 사용자가 복구 코드를 안전하게 백업했는지 대개 다시 확인한다는 것이다. 이는 간단한 프롬프트에서부터 사용자로 하여금 코드를 수동으로 다시 입력하도록 요구하는 경우까지 다양할 수 있다.

> 복구가 합법적인 지갑들에서는 복구 코드를 다시 입력하라는 프롬프트를 표시할 수 있지만 여전히 악성 어플리케이션들도 많이 존재한다. 악성 앱들이 지갑의 디자인을 모방하고 사용자에게 복구 코드를 입력하도록 요구한 뒤, 입력된 코드를 악성 소프트웨어 개발자에게 전달하여 자금을 훔치는 사례가 존재할 수 있다. 이는 은행 비밀번호를 요구하는 피싱 웹사이트와 유사하다. 대부분의 지갑 어플리케이션들은 복구 코드를 요청하는 유일한 시점이 초기 설정 단계(아직 비트코인을 수령하기 전)과 복구 단계(기존 지갑으로의 접근이 차단된 후)이다. 만약 이 두 시점과 다른 시점에서 복구 코드를 요구한다면 전문가와 상담하여 피싱 행위 여부를 확인하는 것이 중요하다.

### 비트코인 주소

앨리스는 이제 새로운 비트코인 지갑을 사용할 준비가 되었다. 그녀의 지갑 어플리케이션은 무작위로 개인키(109쪽 '개인키' 참조)를 생성하며, 해당 개인키를 통해 그녀의 지갑으로 바로 연결되는 비트코인 주소를 얻을 수 있다. 이때 생성된 비트코인 주소는 비트코인 네트워크에 알려지지 않거나 비트코인 시스템 중 일부에 '등록'된다. 앨리스의 비트코인 주소는 돈에 대한 접근 권한을 통제하기 위해 그녀가 사용하는 키에 대응하는 숫자에 불과하다. 비트코인 주소는 참조 혹은 서비스 등록과는 별개로 생성된다.

비트코인 시스템 주소와 청구서 형식에는 여러 가지 종류가 있다. 여러 다른 비트코인 시스템 사용자들과 공유할 수 있는 주소 혹은 청구서의 경우, 이를 사용하여 직접 비트코인을 당신의 지갑으로 전송할 수 있다. 비트코인 주소나 청구서를 다른 사람들과 공유할 때, 비트코인의 보안을 걱정할 필요는 없다. 은행 계좌 번호와 달리, 누군가가 당신의 비트코인 주소 중 하나를 안다고 해서 당신의 지갑에서 돈을 인출할 수는 없다. 모든 지출은 당신이 직접 시작해야 하기 때문이다. 그러나 동일한 주소를 두 사람에게 제공하면, 그들은 다른 사람이 당신에게 보낸 비트코인의 수량을 볼 수 있다. 만약 당신의 주소가 여러 사람들에게 공개된다면 모두가 그 주소로 보낸 비트코인의 수량을 볼 수 있다. 개인 정보 보호를 위해 결제를 요청할 때마다 새로운 청구서를 생성하는 것이 좋다.

### 비트코인 수신

앨리스가 'Receive' 버튼을 눌리면 그림 1-1에 나와 있는 QR 코드가 생성된다.

앨리스의 QR 코드는 검은색과 흰색 점들의 패턴으로 이루어진 정사각형 모양이다. 이는 조의 스마트폰 카메라로 스캔할 수 있는 포맷의 형태로 동일한 정보를 포함한 바코드 형태로서 기능한다.

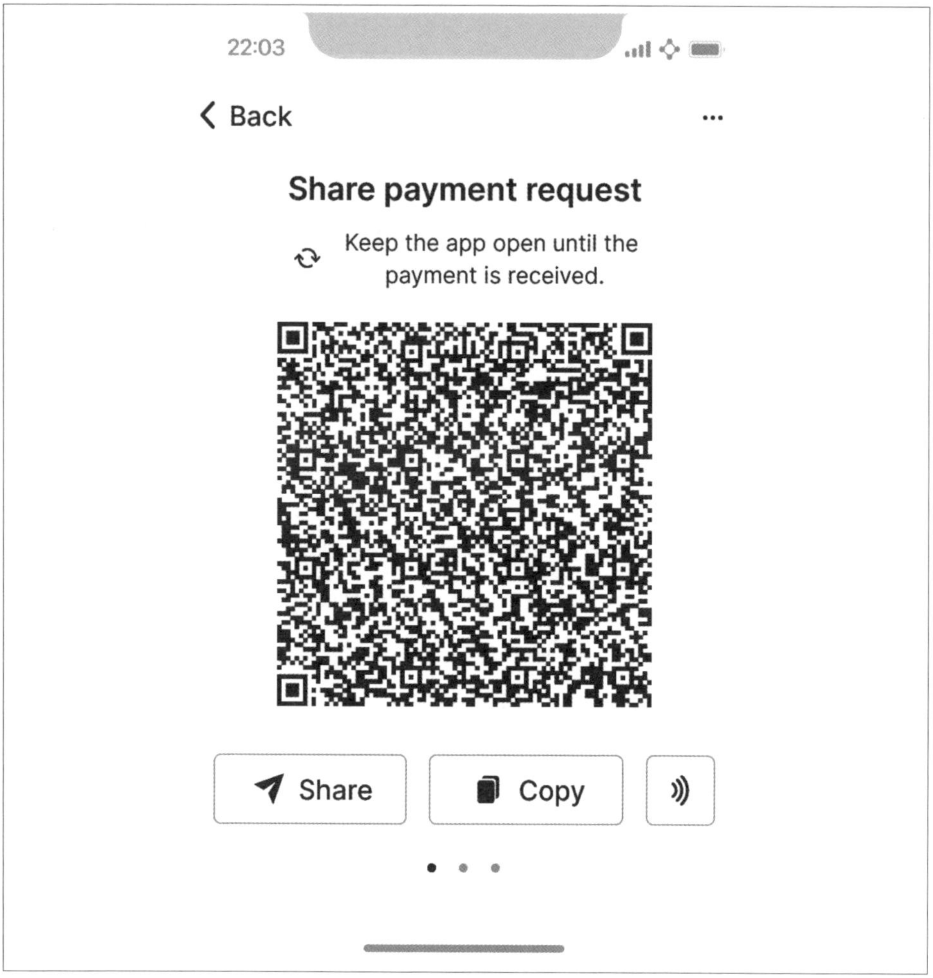


그림 1-1. 앨리스는 자신의 모바일 비트코인 지갑의 수신 화면을 사용하여 자신의 주소를 QR 코드 형식으로 표시한다.

비트코인(B)이 책에 있는 주소로 보낸 모든 자금은 손실될 수 있다. 비트코인을 전송해 보고 싶다면, 비트코인을 받아 주는 자선 단체에 기부하는 것을 고려해 보기 바란다.

## 첫 비트코인 장만

비트코인 입문자들이 가장 처음 해야 되는 작업이자 어쩌면 가장 어려운 작업은 비트코인을 습득하는 일이다.

비트코인 거래는 철회할 수 없다. 신용카드, 현금카드, 페이팔(PayPal), 계좌이체 등 대부분의 전자 지급 네트워크에서는 거래가 철회 가능하다. 이러한 특성은 비트코인 판매업자에게는 구매자가 비트코인을 받은 후 전자 결제를 취소하게 되는 매우 위험한 요소다. 즉, 판매업자가 사기를 당하게 되는 셈이다. 위와 같은 위험 요소를 완화하기 위해 비트코인을 전통적인 전자 지급 수단으로 판매하는 회사들의 경우 대개는 구매자의 신분 및 신용도 확인을 요구하는데, 이 과정이 짧게는 며칠 길게는 몇 주가 걸린다. 즉, 비트코인의 신규 사용자라면 비트코인을 신용카드를 이용해 바로 구매할 수는 없다는 것을 의미한다. 하지만 약간의 인내와 창의적인 사고만 있다면 그럴 필요가 없다.

아래에 신규로 비트코인을 획득하기 위한 여러 방법을 제시한다.

- 비트코인을 보유하고 있는 친구를 찾아서 직접 구매한다. 비트코인 사용자들 중 많은 수가 이 방법으로 비트코인 거래를 시작한다. 이 방법이 가장 간단하며, 비트코인을 보유하고 있는 사람들을 만나는 방법은 *Meetup.com*에 나와 있는 비트코인 지역 모임에 나가는 것이다.
- 비트코인을 받고 재화와 용역을 판매한다. 당신이 프로그래머라면 비트코인을 받고 프로그래밍 기술을 판매하고, 헤어 디자이너라면 비트코인을 받고 머리를 손질해 주라.
- 여러분이 거주하는 도시에 있는 비트코인 ATM기를 이용한다. 비트코인 ATM기는 현금을 넣으면 여러분의 스마트폰 비트코인 지갑으로 비트코인을 송금해 주는 기계다.
- 여러분의 은행 계좌와 연계되어 있는 비트코인 환전소를 이용한다. 현재 많은 국가에서는 비트코인을 사고파는 사람들이 각 국가의 화폐로 비트코인을 교환하는 시장을 제공하는 환전소를 보유하고 있다. BitcoinAverage(*https://bitcoinaverage.com*) 등의 환율 정보 제공 서비스에서는 각 국가의 화폐에 대한 비

트코인 환율 정보를 제공하기도 한다.

> 다른 결제 수단과 비교해서 비트코인이 가지는 장점 중 하나는 올바르게만 사용된다면 사용자들에게 조금 더 확실히 프라이버시를 제공해준다는 것이다. 비트코인의 획득, 소유, 지출 시 자신임을 알 수 있게 해주는 민감한 개인 정보를 제3자에게 누설할 필요가 없다. 하지만 비트코인이 환전 등의 전통적인 시스템을 만나게 되면 국가적/국제적 규제가 적용되기도 한다. 비트코인을 여러분의 국가 통화로 환전하기 위해서는 신분 확인과 함께 은행 정보를 제공해야 할 수도 있다. 비트코인 사용자라면 여러분의 비트코인 주소가 여러분의 신분과 연계가 되면 여러분과 관련된 모든 비트코인 거래 내역 역시 확인 및 추적이 용이해진다. 이 때문에 많은 사용자들이 지갑과 연계가 되어 있지 않는 거래소 전용 계좌를 두고 있다.

앨리스는 친구가 비트코인의 존재를 알려 주었기 때문에 비트코인을 처음 구매하는 쉬운 방법을 알고 있다. 이제 앨리스가 친구인 조로부터 비트코인을 어떻게 구매하고, 조가 해당 비트코인을 어떻게 앨리스의 지갑으로 전송하는지 알아보자.

### 비트코인 시가 책정

앨리스가 조에게서 비트코인을 구매하기 전에 우선 비트코인과 달러 간 **환율**에 대한 합의가 이루어져야 한다. 그렇다면 비트코인 입문자들에게 다음과 같은 질문이 생길 것이다. '누가 비트코인 가격을 정하는가?' 간단하게 답하면 시장에 의해 가격이 정해진다.

다른 화폐들과 마찬가지로 비트코인도 유동적인 환율을 보인다. 이는 다른 통화에 대한 비트코인의 가치가 다양한 거래 시장에서의 수요와 공급에 따라 등락을 거듭한다는 것을 의미한다. 예를 들어 비트코인의 '가격'을 달러로 계산하려면 각 시장에서 최근 거래된 비트코인과 달러의 가격에 따라 그 값이 달라진다. 따라서 비트코인 가격은 초 단위로 끊임없이 수십 번 오르고 내리는 경향을 보인다. 가격 책정 서비스는 여러 개의 시장에서 제시되는 가격을 모두 합산해서 비트코인 거래 시장에서의 각 통화에 대한 비트코인 환율(예: BTC/USD)을 나타내는 거래량 가중 평균을 계산할 것이다.

현재 시장에서의 환율을 제공해 줄 수 있는 어플리케이션과 웹사이트가 수백 개 존재한다. 그중 인기 있는 몇 가지를 소개한다.

**비트코인 애버리지(Bitcoin Average)**

각 통화에 대한 거래량 가중 평균을 간단하게 볼 수 있도록 제공하는 사이트 (*https://bitcoinaverage.com*)

**코인캡(CoinCap)**

시가총액과 비트코인 등 수백 개의 암호화폐 환율을 보여 주는 서비스(*https://coincap.io*)

**시카고 상업 거래소 비트코인 가격 기준(Bitcoin Reference Rate)**

기관 및 거래 참조용으로 시카고 상업 거래소에서 투자 정보 피드로 제공하는 참조 금리(*https://oreil.ly/ACieC*)

위와 같이 다양한 사이트 및 어플리케이션 외에도 대부분의 비트코인 지갑에서 자동적으로 비트코인과 다른 통화 간 금액이 변환된다.

## 비트코인의 송금과 수신

앨리스는 0.001비트코인을 구매하기로 결정했다. 앨리스와 조가 환율을 확인한 후, 그에 해당하는 현금을 조에게 전달한 앨리스는 자신의 모바일 지갑 어플리케이션을 열어 'Receive' 버튼을 선택한다. 화면에는 QR 코드와 함께 앨리스의 첫 번째 비트코인 주소가 나타난다.

그러면 조는 그의 스마트폰 지갑에서 'Send' 버튼을 선택하고 QR 코드 스캐너를 연다. 이를 통해 조는 앨리스의 비트코인 주소를 길게 입력할 필요 없이 스마트폰 카메라로 바코드를 스캔할 수 있다.

이제 조는 앨리스의 비트코인 주소를 수신자로 설정했다. 조는 금액을 0.001비트코인(BTC)로 입력한다(그림 1-2 참조). 일부 지갑에서는 금액이 다른 단위로 표시되어 있을 수 있다. 예를 들어, 0.001BTC는 1밀리비트코인(mBTC) 또는 100,000사토시(sats)로 표시될 수 있다.

일부 지갑의 경우, 조가 해당 거래에 대한 라벨을 입력하도록 제안할 수도 있다. 이때 조는 '앨리스'라고 입력한다. 이 과정을 통해 몇 주 혹은 몇 달이 지나도 조는 왜 0.001비트코인을 발송했는지에 대한 이유를 기억할 수 있을 것이다. 어떤 지갑에서는 조에게 수수료에 대해 안내할 수도 있다. 지갑 및 거래를 전송하는 방식에 따라 지갑이 조에게 거래 수수료 비율을 입력하거나 제안된 수수료(혹은 수수료 비율)를 알려줄 수 있다. 거래 수수료가 높을수록 더 빨리 승인될 수 있다(55쪽, '승인' 참조).

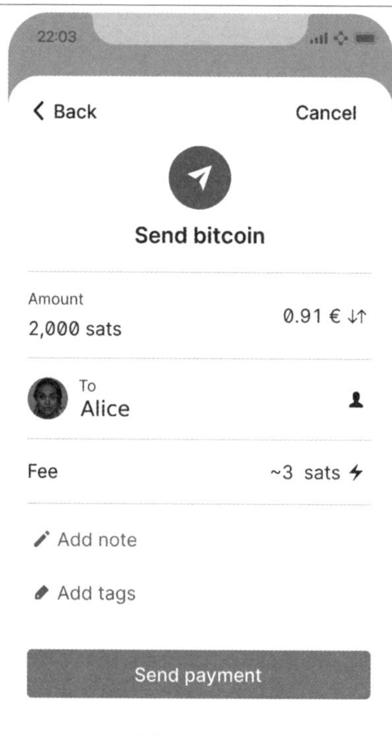


그림 1-2. 비트코인 지갑의 수신 화면

그다음 조는 정확하게 금액을 입력했는지 주의를 기울여 확인한다. 왜냐하면 송금 시 실수가 있어도 거래를 취소할 수 없기 때문이다. 비트코인 주소와 금액을 다시 한번 확인한 후 비트코인을 송금하기 위해 전송 버튼을 누른다. 조의 모바일 비트코인 지갑에서 앨리스가 제공한 주소로 0.001BTC을 전송하는 거래가 성립되면서 지갑에 있던 금액이 빠져나가고 조는 개인키로 해당 거래에 대해 서명한다. 이 과정이 끝나면 앨리스의 새 비트코인 주소로 송금이 허가되었다는 사실을 비트코인 네트워크에 알린다. 거래가 P2P 프로토콜을 통해 이루어졌기 때문에 해당 거래는 신속하게 비트코인 네트워크로 전송된다. 1초도 되지 않아 네트워크에 연결되어 있는 노드 대부분은 거래 내역을 받고 처음으로 앨리스의 주소를 보게 된다.

반면 앨리스의 지갑에서는 비트코인 네트워크상에 공개된 거래들을 계속 '탐색'해서 지갑 속 주소와 짝을 이루는 거래를 찾고 있다. 조의 지갑에서 해당 거래를 전송한 지 몇 초 후 앨리스의 지갑에서는 0.001BTC을 수신했다고 표시된다.

### 승인

처음에는 앨리스의 주소에 조와의 거래가 '미승인(Unconfirmed)'이라고 나올 것이다. 이는 해당 거래가 네트워크에 전송은 되었지만 블록체인이라는 비트코인 거래 장부에는 아직 기록되지 않았음을 의미한다. 거래가 승인되기 위해서는 블록 내에 포함되어 블록체인에 추가되어야 하며, 이 과정은 평균적으로 매 10분마다 일어난다. 전통적인 금융 용어로 이를 **청산**(*clearing*)이라고 한다. 비트코인의 전파, 검증, 청산(승인)에 대한 자세한 내용은 12장을 참고하라.

이제 앨리스는 소비 가능한 0.001BTC을 보유한 자랑스러운 소유주가 되었다. 그 후 며칠 동안 앨리스는 ATM과 거래소를 통해 더 많은 비트코인을 구매한다. 다음 장에서는 그녀가 비트코인으로 첫 구매를 진행하는 과정을 살펴보고, 기본 거래 및 전송 기술에 대해 더 자세히 알아볼 것이다.

# 2장
# 비트코인의 작동 원리

기존의 은행 업무 및 지불 체계와 달리 비트코인 시스템은 분산된 신뢰 네트워크를 기반으로 하고 있다. 비트코인 체제 내에서는 신뢰할 수 있는 중앙 통제 기관 대신 시스템 내의 다른 여러 참가자들의 상호작용을 통해 새로운 속성이 생기면서 신뢰가 쌓이게 된다. 2장에서는 비트코인 시스템 내에서 진행되는 거래 과정에서 상위 단계에 있는 비트코인을 추적해서 거래 한 건이 거래 내역 전부가 담긴 분산 장부인 블록체인에 최종적으로 기록되는 과정을 살펴볼 것이다. 다음 장들에서는 거래의 기술적인 측면, 네트워크, 채굴에 대해 자세히 다룰 예정이다.

## 비트코인 개요

비트코인 시스템은 키가 들어 있는 지갑, 네트워크를 통해 전파되는 거래, (경쟁적인 계산을 통해) 모든 거래 내역을 담고 있는 장부인 합의 블록체인을 생산하는 채굴자로 구성되어 있다.

각 예시는 하나의 지갑에서 다른 지갑으로 송금 시 사용자들 간의 상호작용을 시뮬레이션하는 비트코인 네트워크상에서 발생한 실제 거래를 기반으로 하고 있다. 비트코인 네트워크와 블록체인을 통해 거래를 추적하면서 각 단계를 눈으로 볼 수 있도록 **블록체인 탐색기**(*blockchain explorer*) 사이트를 이용할 것이다. 블록체인 탐색기는 비트코인 검색 엔진 역할을 하는 웹 어플리케이션으로, 이 서비스를 통해 비트코인 주소, 거래 내역, 블록 등을 찾아볼 수 있고 이들 간의 관계 및 흐름을 볼 수 있다.

인기 있는 블록체인 탐색기는 다음과 같다.

- 블록스트림 익스플로러(Blockstream Explorer, *https://blockstream.info*)
- 멤풀스페이스(Mempool.Space, *https://mempool.space*)
- 블록사이퍼 익스플로러(BlockCypher Explorer, *https://live.blockcypher.com*)

각 서비스는 비트코인 주소나 거래 해시, 블록 번호나 블록 해시 같은 정보로 검색하여 비트코인 네트워크와 블록체인상에서 관련 데이터를 찾아낼 수 있다. 각 예시를 통해 여러분이 바로 관련 항목에 접속할 수 있도록 URL을 제공할 것이다. 상세히 공부해 보길 바란다.

블록 탐색기 프라이버시 경고

블록 탐색기에서 정보를 검색하면 해당 운영자에게 당신이 그 정보에 관심이 있다는 사실을 노출할 수 있으며, 이를 통해 운영자는 그 정보를 당신의 IP 주소, 브라우저 세부 정보, 과거 검색 기록 또는 기타 식별 가능한 정보와 연관지을 수 있다. 이 책에 나오는 거래를 조회한다면 블록 탐색기 운영자는 당신이 얼마나 많은 비트코인을 수신했고, 사용했으며, 현재 보유하고 있는지 추측할 수 있다.

## 온라인 스토어에서 구매하기

1장에 등장했던 앨리스는 이제 막 처음으로 비트코인을 구매한 새로운 사용자가 되었다. 51쪽에 나와 있는 '첫 비트코인 장만'에서 앨리스는 친구인 조를 만나 현금을 비트코인으로 교환했다. 그 이후 앨리스는 추가로 비트코인을 구매했다. 이제 앨리스는 첫 지출 거래를 하려고 한다. 그녀는 밥의 온라인 스토어에서 프리미엄 팟캐스트 에피소드를 구매할 예정이다.

밥의 웹 스토어는 최근 웹사이트에 비트코인 옵션을 추가하여 비트코인 결제를 받기 시작했다. 밥의 스토어에서는 가격이 현지 통화(미국 달러)로 표시되지만, 결제 시 고객들은 달러나 비트코인 중 선택하여 지불할 수 있다.

앨리스는 구매하고 싶은 팟캐스트 에피소드를 검색한 후 결제 페이지로 넘어간다. 결제 페이지에서 그녀는 기존의 결제 옵션 외에 비트코인 지불 가능 옵션을 제공받는다. 장바구니에 담긴 상품에는 미국 달러로 표시된 가격과 함께 비트코인의 현재 환율을 적용한 비트코인(BTC) 가격도 표시된다.

밥의 전자 상거래 시스템은 청구서가 포함되어 있는 QR 코드를 자동으로 생성할 것이다(그림 2-1).

그림 2-1. 청구서 QR 코드

단순히 비트코인의 최종 목적지 주소만 포함하는 QR 코드와 달리, 위 청구서는 QR 코드로 인코딩된 URI이다. 해당 URI에는 목적지 주소, 지불 금액, 그리고 그에 대한 설명이 포함되어 있다. 이를 통해 비트코인 지갑 어플리케이션은 지불을 전송하는 데 사용되는 정보를 미리 채울 수 있으며, 동시에 사용자가 읽을 수 있는 형태의 설명을 보여줄 수 있다. 비트코인 지갑 어플리케이션으로 QR 코드를 스캔하면 앨리스가 볼 수 있는 내용을 확인할 수 있다.

```
bitcoin:bc1qk2g6u8p4qm2s2lh3gts5cpt2mrv5skcuu7u3e4?amount=0.01577764&
label=Bob%27s%20Store&
message=Purchase%20at%20Bob%27s%20Store

Components of the URI

A Bitcoin address: "bc1qk2g6u8p4qm2s2lh3gts5cpt2mrv5skcuu7u3e4"
The payment amount: "0.01577764"
A label for the recipient address: "Bob's Store"
A description for the payment: "Purchase at Bob's Store"
```

비트코인 주소와 금액이 얼마인지 알아보기 위해 여러분의 지갑을 이용해 스캔해 보라. 하지만 절대 돈을 송금하지는 말 것!

앨리스는 스마트폰을 이용해 나와 있는 바코드를 스캔한다. 스마트폰 화면을 통해 밥의 가게로 전송될 금액을 확인하고, 'send' 버튼을 눌러서 지불을 승인한다. 약 몇 초 후에(신용카드 승인에 걸리는 시간과 거의 유사) 밥은 계산대에서 거래가 완료되는 화면을 보게 될 것이다.

비트코인 네트워크에서는 아주 작은 금액을 가지고도 거래를 만들 수 있다. 예를 들어, 1밀리비트코인(1비트코인의 1,000분의 1)에서부터 사토시라고 알려진 0.00000001비트코인에 이르기까지 거래가 가능하다. 이 책에서는 1비트코인보다 큰 금액이나 소수점 표기법을 사용할 때, 달러를 비롯한 다른 여러 전통적인 통화에 적용되는 것과 동일한 복수형 규칙을 사용한다. 예를 들어, '10 bitcoins' 또는 '0.001 bitcoins'와 같이 표현한다. 이와 같은 규칙은 밀리비트코인 혹은 사토시와 같은 다른 비트코인 단위에도 동일하게 적용된다.

여러분은 블록 탐색기를 사용하여 앨리스의 거래에서 밥에게 이루어진 지불 등의 블록체인 데이터를 조사할 수 있다(*https://oreil.ly/hAeyh*).

다음 절에서는 비트코인 거래에 대해 더 자세히 살펴볼 것이다. 우선 앨리스의 지갑이 거래를 어떻게 성립시켰는지, 해당 거래가 네트워크를 통해 어떻게 전파되고 검증되었는지, 앨리스의 거래 다음에 발생하는 거래를 통해 밥이 어떻게 해당 금액을 소비할 수 있는지에 대한 내용을 다루게 될 것이다.

## 비트코인 거래

간단히 설명하자면, 거래란 비트코인을 보유한 소유주가 비트코인 일부를 다른 소유주에게 전송하는 것을 승인한다고 네트워크에 이야기해 주는 것과 같다. 소유권의 사슬 속에서 비트코인의 새로운 소유주는 또 다른 소유주에게로 비트코인이 전송되는 것을 승인하는 다른 거래를 만드는 과정을 반복함으로써 매수한 비트코인을 소비할 수 있다.

### 거래 입력값과 출력값

거래는 복식부기 장부에 나오는 대변과 차변으로 구성된다. 즉, 각 거래는 하나 이상의 '입력값' 즉 비트코인 계좌에서 빠져나가는 차변과, 거래의 또 다른 구성 요소로서 하나 이상의 '출력값' 즉 비트코인 계좌로 들어오는 대변으로 구성된다. 입력값과 출력값의 합계가 반드시 동일할 필요는 없다. 대신 출력값의 총합은 입력값의 총합보다 약간 작아야 하며, 이 차이값은 거래 속에 포함된 **거래 수수료**가 된다. 거래 수수료란 공개 장부에 거래를 포함시킨 채굴자가 수거하는 소액의 지불금이다. 비트코인 거래는 그림 2-2에서 보는 바와 같이 복식부기 장부의 항목과 유사하다.

또한 송금되는 비트코인의 금액(입력값) 각각에 대한 소유권을 소유주의 디지털 서명을 통해 증명하는 과정이 거래에 포함되며 누구든지 독립적으로 거래를 검증할 수 있다. 비트코인 용어로 '소비(spending)'라 함은 이전 거래에서 송금되었던 돈이 비트코인 주소에 의해 확인된 새로운 소유주에게로 전송되는 거래에 서명을 함으로써 이루어지는 작업을 말한다.

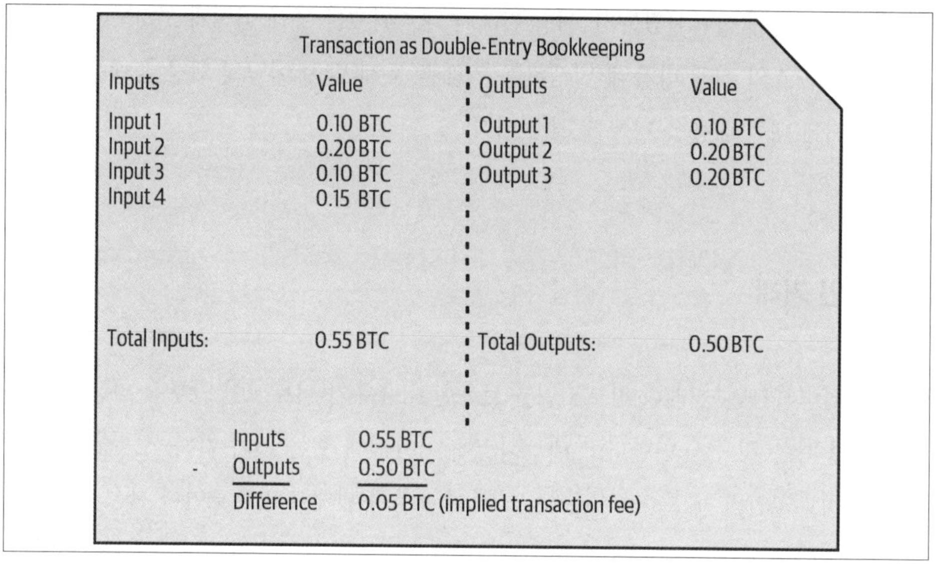


그림 2-2. 복식부기 형태의 거래

## 거래 체인

앨리스가 밥의 상점에 지불할 때는 이전 거래의 출력값을 입력값으로 사용한다. 1장에서 앨리스는 그녀의 친구인 조로부터 현금 대신 비트코인을 받았다. 이 책에서는 이 거래를 그림 2-3에서 '거래 1(*Transaction 1*, Tx1)'로 표시했다.

Tx1은 0.001 비트코인(100,000사토시)을 앨리스의 키가 잠가 놓은 출력값으로 송신한다. 앨리스가 밥의 상점에서 진행하는 새로운 거래(Tx2)는 이전 출력값을 입력값으로 참조한다. 그림 2-3에서는 화살표를 사용하여 해당 참조를 보여 주고 입력값을 'Tx1:0'으로 표시했다. 실제 거래에서 해당 참조는 앨리스가 조로부터 돈을 받은 거래에 대한 32바이트 크기의 거래 식별자(txid)다. ':0'은 앨리스가 돈을 받은 출력값의 위치를 나타낸다. 이 경우 첫 번째 위치(position 0)에 해당한다.

그림에 나와 있는 것처럼 실제 비트코인 거래는 입력값을 명시적으로 포함하지 않는다. 입력값을 결정하기 위해서는 소프트웨어가 입력값의 참조를 사용하여 소비되었던 이전 거래 출력값을 찾아야 한다.

앨리스의 Tx2는 2개의 새로운 출력값을 포함한다. 하나는 팟캐스트를 위해 75,000사

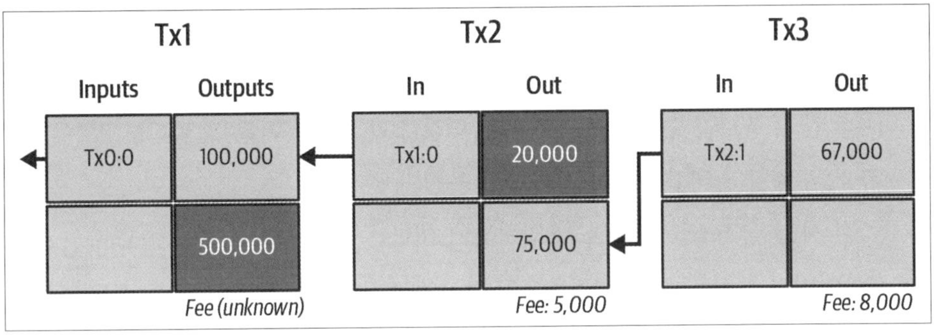


그림 2-3. 한 거래의 출력값이 다음에 일어나는 거래의 입력값이 되는 거래 체인

토시를 지불하는 것이고, 다른 하나는 앨리스에게 거스름돈으로 20,000사토시를 돌려주는 것이다.

> 소프트웨어가 거래를 전송하는 데 사용하는 데이터 형식인, 직렬화된 비트코인 거래에서는 온체인에서 규정한 가치 단위 중 가장 작은 단위의 정수로 인코딩한다. 비트코인이 처음 만들어졌을 때, 이 단위에는 이름이 없었고 일부 개발자들은 단순히 이를 '기본 단위'라고 불렀다. 그 후 많은 사용자들이 비트코인의 창시자를 기리며 이 단위를 **'사토시**(*satoshi*, sat)'라고 부르기 시작했다. 그림 2-3을 비롯해 여러 다른 그림들에서는 사토시 값을 사용한다. 이는 프로토콜 자체가 이 단위를 사용하기 때문이다.

## 잔액 지불

비트코인 수신자에게 지불하는 하나 이상의 출력 외에도 많은 거래에는 비트코인을 소비하는 사람에게 지불하는 출력값도 포함한다. 이를 **잔액** 출력값이라고 한다. 왜냐하면 다른 화폐의 지폐들처럼 거래 입력값 역시 쪼갤 수 없기 때문이다. 만약 상점에서 5달러짜리 물건을 구매하면서 20달러짜리 지폐를 내면 거스름돈으로 15달러를 받을 것이라고 예상한다. 이와 같은 개념이 비트코인 거래 입력값에도 적용된다. 즉, 5비트코인짜리 물건을 구매했지만 20비트코인에 대한 입력값만 가지고 있는 경우 5비트코인에 대한 출력값을 상점 주인에게 전송하고 나머지 15비트코인에 대한 출력값을 자신에게 (거래 수수료를 제외하고) 잔액으로 전송한다.

비트코인 프로토콜 수준에서는 잔액 출력값(그리고 **잔액 주소**라고 불리는 잔액이 지불되는 주소)과 지불 출력값 사이에는 아무런 차이가 없다.

중요한 사실은 거스름돈 주소가 입력값에 대한 주소와 동일할 필요는 없다는 것이며, 프라이버시를 이유로 종종 소유주의 지갑에서 새로운 주소를 쓰기도 한다는 것이다. 이상적인 상황에서는 이와 같이 두 가지 다른 용도의 출력값이 이전에 사용된 적이 없는 주소를 사용하는 동시에 외부에서 봤을 때 동일하게 보이도록 함으로써 제3자로 하여금 어떤 출력값이 잔액이고 어떤 출력값이 소비인지 판단하지 못하도록 한다. 하지만 독자들의 이해를 돕기 위해 그림 2-3에서는 잔액 출력값에 음영을 추가했다.

모든 거래에서 잔액 출력값이 발생하는 것은 아니다. 잔액 출력값이 없는 거래를 '**무잔액 거래**(*changeless transactions*)'라고 부르며, 이 경우 단 하나의 출력값만을 가진다. 거래 입력값에서 사용 가능한 금액에서 예상 거래 수수료를 뺀 금액이 지출 금액과 거의 동일한 경우에만 무잔액 거래가 실용적인 옵션이다. 그림 2-3에서 우리는 밥이 Tx2에서 받은 출력값을 사용하여 Tx3을 무잔액 거래로 생성하는 것을 볼 수 있다.

### 코인 선택

서로 다른 지갑들이 지불에 사용할 입력값을 선택할 때 다양한 전략을 사용하는 것을 '**코인 선택**(*coin selection*)'이라고 한다.

작은 입력값 여러 개를 합칠 수도 있고, 원하는 지불액과 동일하거나 더 큰 하나의 입력값을 사용할 수도 있다. 지갑이 지불해야 하는 금액과 거래 수수료의 합이 정확히 일치하도록 입력값을 합칠 수 없는 경우, 지갑은 잔액을 생성해야 할 것이다. 이는 사람들이 현금을 다루는 방식과 유사하다. 항상 주머니에 있는 고액권을 사용한다면 결국 주머니는 잔돈으로 가득 차게 될 것이다. 반대로 잔돈만 사용한다면 고액권만 남게 될 것이다. 사람들은 무의식적으로 이 양극단 사이에서 균형을 찾으며, 비트코인 지갑 개발자들도 이러한 균형을 프로그래밍하려고 노력한다.

## 일반적인 거래 유형

가장 흔하게 볼 수 있는 거래 유형은 단순 지불이다. 이러한 거래의 유형에서는 그림 2-4와 같이 하나의 입력값과 2개의 출력값이 발생한다.

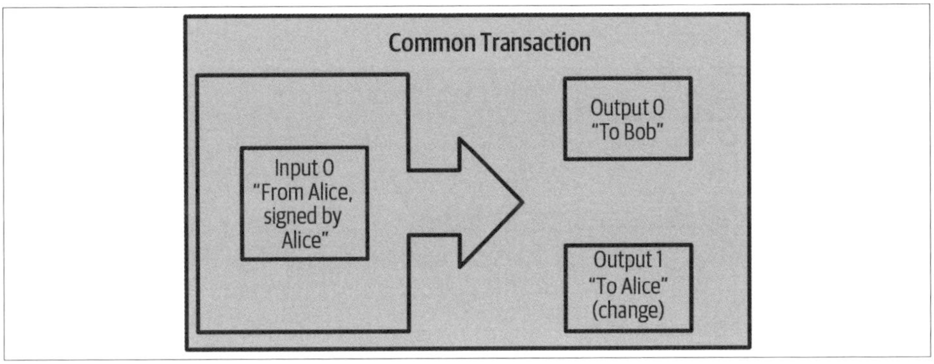


그림 2-4. 거래의 일반 유형

또 다른 일반적인 유형으로는 여러 개의 입력값을 하나의 출력값으로 합치는 **결합 거래**(*consolidation transaction*)다(그림 2-5 참조). 이 형태는 실제로 동전과 단위가 작은 지폐가 많이 있는 경우 큰 단위의 지폐 한 장으로 교환하는 행위와 동일하다. 지불 과정에서 잔액으로 받은 작은 단위의 금액을 정리하기 위해 지갑 어플리케이션에서 때때로 이 유형의 거래가 시행되기도 한다.

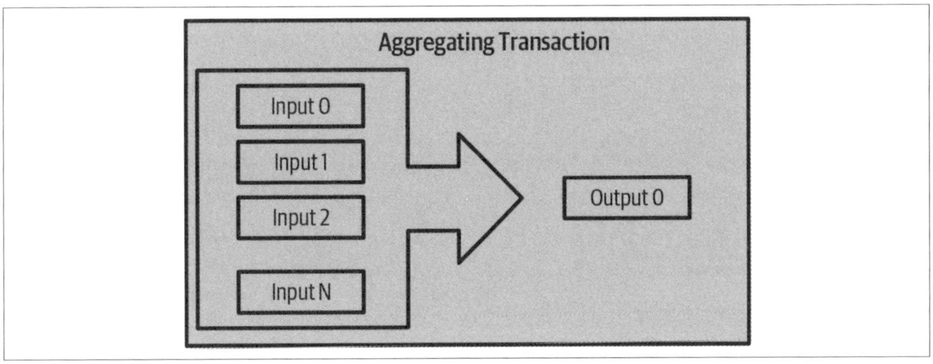


그림 2-5. 돈을 합산하는 거래

마지막으로, 비트코인 장부에서 종종 나타나는 일반적인 거래 유형은 하나의 입력값을 여러 명의 수취인에게 줄 수 있는 여러 개의 출력값으로 배분하는 **거래 배칭**(*payment batching*)이다(그림 2-6 참조). 이 거래 유형은 기업체에서 다수의 직원들에게 급여를 지불하는 등 돈을 분배해야 할 경우에 사용된다.

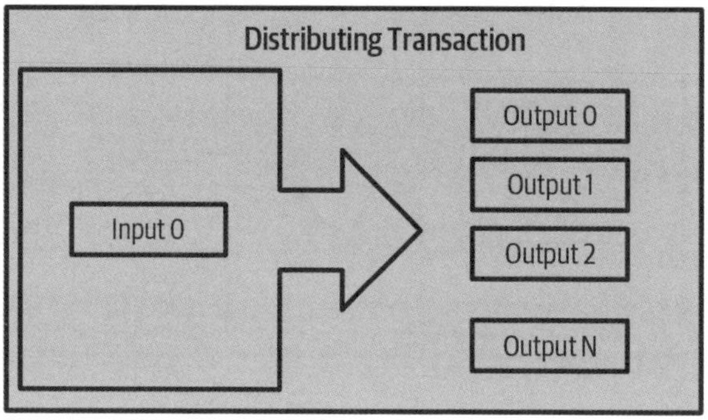


그림 2-6. 돈을 배분하는 거래

## 거래의 구성

앨리스의 지갑 어플리케이션에는 앨리스의 명세서대로 거래를 진행하기 위해 적절한 입력값과 출력값을 선택하는 데 필요한 모든 논리(logic)가 들어 있다. 앨리스가 해야 할 일은 송금 목적지와 금액을 명기하는 일뿐이다. 나머지는 앨리스가 자세한 사항을 지켜보고 있지 않아도 지갑 어플리케이션 내에서 진행된다. 더욱 중요한 사항은 완전히 오프라인 상태일 때도 지갑 어플리케이션을 통해 거래가 진행될 수 있다는 점이다. 마치 집에서 수표를 먼저 발행하고 나중에 봉투에 넣어 은행으로 우편 발송하는 것과 마찬가지로, 비트코인 거래도 굳이 비트코인 네트워크가 온라인에 접속해 있을 때 진행해서 서명할 필요는 없다. 단지 거래가 실행되어야 할 때 네트워크로 전송하기만 하면 된다.

## 올바른 입력값 얻기

우선 앨리스의 지갑 어플리케이션에서 밥에게 전송하기를 원하는 금액을 지불할 수 있도록 알맞은 입력값을 찾아야 할 것이다. 대부분의 지갑에서는 들어 있는 주소에 속해 있는 사용 가능한 출력값 전부를 기록하고 있다. 따라서 앨리스의 지갑에는 현금과 비트코인을 교환했던 조와의 거래에서 생성된 거래 출력값 복사본이 포함되어 있을 것이다(51쪽 '첫 비트코인 장만' 참조). 풀 노드에서 실행되는 비트코인 지갑 어플리케이션은 실제로 확인된 거래의 미사용 출력값인 **미사용 거래 출력값**(*unspent transaction outputs*, UTXOs)에 대한 사본을 포함하고 있다. 그러나 풀 노드의 경우 디스크 공간을 많이 차지하기 때문에 사용자 지갑 대부분에서는 사용자 자신의 UTXO만을 추적하는 라이트웨이트 클라이언트를 가동한다.

이 경우, 단일 UTXO만으로도 팟캐스트 지불이 가능하다. 불가능했다면 앨리스의 지갑 어플리케이션은 지갑에서 동전을 고르는 것처럼 여러 개의 작은 UTXO를 결합하여 팟캐스트 상품에 대한 지불을 위해 충분한 금액을 만들어야 할 수도 있었을 것이다. 두 경우 모두 잔액을 받아야 할 경우가 발생할 수 있다. 이 내용은 다음 절에서 지갑 어플리케이션이 거래 출력값(지불)을 생성하는 부분에서 다룰 것이다.

## 출력값 생성하기

거래 출력값은 '이 출력값은 밥의 공개키에 대응하는 키를 이용해 서명을 하는 누구에게나 지불 가능하다'라는 의미가 담겨 있는 스크립트와 함께 생성된다. 밥의 해당 비트코인 주소에 대응하는 키를 가진 지갑을 가진 사람은 밥뿐이기 때문에 밥의 지갑에서만 출력값을 가치로 사용할 수 있는 서명을 제공할 수 있다. 따라서 앨리스는 밥으로부터의 서명을 요구하는 조건으로 출력값을 **제한할** 것이다.

이 거래는 두 번째 출력값도 포함할 것이다. 왜냐하면 앨리스의 자금이 팟캐스트 비용보다 더 많기 때문이다. 앨리스의 잔액 출력값은 밥에게 지불하는 거래와 동일한 거래에서 생성된다. 본질적으로 앨리스의 지갑은 그녀의 자금을 2개의 출력값으로 쪼갠다. 하나는 밥에게, 다른 하나는 그녀에게 돌아온다. 그 이후 거래에서 해당 잔액 출력값을 소비할 수 있다.

마지막으로, 앨리스의 지갑 어플리케이션에서는 네트워크가 거래를 적시에 처리할 수 있도록 소액의 수수료를 추가할 것이다. 이 수수료가 거래에 명시적으로 기술되지는 않지만 입력값과 출력값의 차이로 알 수 있다. 해당 수수료는 채굴자가 블록체인상에 기록되는 블록에 거래를 포함시키는 대가로 받게 되는 것이다.

> 앨리스가 밥의 가게에 지불한 거래 내역 참조(*https://oreil.ly/GwBq1*).

### 거래 내역을 장부에 추가하기

앨리스의 지갑 어플리케이션에서 생성된 거래는 돈의 소유권을 확인하고 새로운 소유주를 배정하는 데 필요한 모든 정보를 포함하고 있다. 이제 해당 거래는 블록체인의 일부가 되기 위해 비트코인 네트워크로 전송되어야 한다. 이제 한 건의 거래가 어떻게 새로운 블록의 일부가 되며 그 블록이 어떻게 채굴되는지에 대해 살펴볼 것이다. 그리고 블록들이 계속적으로 추가되는 상황에서 새로운 블록이 블록체인에 추가된 후 어떻게 신뢰 네트워크를 유지할 수 있는지에 대해 알아볼 것이다.

#### 거래 전송하기

거래에 필요한 정보가 거래 자체에 모두 포함되어 있기 때문에 거래가 비트코인 네트워크로 전송되는 방법이나 장소는 중요하지 않다. 비트코인 네트워크는 P2P 네트워크로, 각각의 비트코인 고객이 여러 다른 비트코인 고객들에게 접속함으로써 네트워크에 참여하게 된다. 비트코인 네트워크의 목적은 거래 내역과 블록을 참여자 전원에게 전파하는 것이다.

#### 거래 전파하기

비트코인 P2P 네트워크의 피어들은 새로운 거래의 정확성을 완전히 검증하는 데 필요한 소프트웨어 로직과 데이터를 모두 갖추고 있는 프로그램들이다. 피어 간 연결은 종종 그래프에서 에지(선)로 시각화되며, 피어 자체는 노드(점)으로 표현된다. 이러한 이유로 비트코인 피어들을 주로 '**풀 검증 노드**(*full verification node*)', 줄여서 **풀 노드**(*full node*)라고 한다.

앨리스의 지갑 어플리케이션에서 유선, 와이파이, 휴대폰 등 어떠한 종류의 연결만 되어 있다면 어떠한 비트코인 노드로도 새로운 거래를 전송할 수 있다. 또한 거래 노드로 중계할 다른 프로그램(블록 탐색기 등)에 거래를 전송할 수도 있다. 앨리스의 비트코인 지갑이 밥의 비트코인 지갑에 직접 연결될 필요도 없으며, 밥이 제공하는 인터넷 연결을 사용할 필요도 없다. 물론 이 두 가지 옵션 모두 가능하다. 이전에는 없던 유효한 거래를 전송받은 비트코인 노드는 연결된 모든 다른 노드들에 해당 거래를 전송할 것이다. 이것이 바로 **가십**(*gossiping*)이라는 기술이다. 따라서 거래는 P2P 네트워크를 통해 빠르게 전파되어 수 초 내에 대부분의 노드에 도달하게 된다.

### 밥의 입장에서 거래 살펴보기

밥의 비트코인 지갑 어플리케이션이 앨리스의 지갑 어플리케이션에 직접 연결되어 있는 경우, 밥의 지갑 어플리케이션은 앨리스의 거래를 전송받은 첫 번째 노드가 될 수도 있다. 단, 앨리스의 지갑이 다른 노드를 통해 거래를 전송하게 되는 경우라도 밥의 지갑으로는 몇 초 안에 거래가 도달하게 될 것이다. 밥의 지갑에는 밥이 보유하고 있는 키를 이용해서 사용 가능한 출력값이 들어 있기 때문에 밥의 지갑은 앨리스의 거래가 전송되면 해당 거래를 통해 돈이 입금된다는 사실을 즉시 파악한다. 또한 밥의 지갑 어플리케이션은 거래가 잘 구성되어 있는지 독립적으로 확인할 수 있다. 만약 밥이 자신의 풀 노드를 사용하고 있다면 그의 지갑은 앨리스의 거래가 유효한 UTXO만을 사용하고 있는지 더 자세히 확인할 수 있다.

## 비트코인 채굴하기

이제 앨리스의 거래가 비트코인 네트워크상에 전파되었다. 하지만 이 거래가 검증되고 채굴(*mining*)이라는 과정을 거쳐 블록에 포함될 때까지는 블록체인의 일부가 되지 못한다. 자세한 설명은 12장을 참조하길 바란다.

비트코인의 위조 방지 시스템은 수학적 계산에 기반을 두고 있다. 각 거래는 블록 단위로 묶여 있다. 블록은 매우 작은 헤더를 가지고 있으며, 이 헤더는 아주 특정한 방식으로 형성되어야 한다. 이를 올바르게 만들기 위해서는 엄청난 양의 계산이 필요하지만, 정확한지 여부를 확인하는 데는 적은 양의 계산만 필요하다. 채굴 과정은 비트코인 시스템 내에서 두 가지 목적을 가지고 있다.

- 채굴 노드는 비트코인의 합의 규칙(*consensus rule*)을 참조해서 모든 거래를 입증한다. 따라서 채굴자들은 일반적으로 자신들의 블록과 그들이 구축하는 블록들에 유효한 거래만을 포함시키도록 동기가 부여된다. 이로 인해 사용자들은 선택적으로 블록 내의 모든 거래가 유효한 거래라는 신뢰 기반의 가정을 할 수 있다.
- 채굴 과정은 돈을 새로 발행하는 중앙은행처럼 각 블록 내에서 새 비트코인을 생성한다. 한 블록당 생성되는 비트코인의 양은 제한되어 있고 정해진 발행 일정에 따라 시간이 지나면서 줄어든다.

채굴은 비용과 보상 간 미묘한 균형을 이룬다. 채굴은 전기를 사용하여 계산 문제를 해결한다. 채굴에 성공하면 새 비트코인과 거래 수수료를 보상으로 받는다. 하지만 채굴자가 비트코인 프로토콜의 합의 규칙에 따라 유효한 거래만 포함했을 때에만 보상이 이루어진다. 이러한 미묘한 균형 덕분에 중앙 집중적인 권한이 없어도 비트코인의 보안을 담보할 수 있다.

채굴은 분산된 복권의 형식으로 설계되었다. 각 채굴자는 채굴하고자 하는 새로운 거래들과 몇 가지 추가 데이터 필드를 포함하는 후보 블록(*candidate block*)을 만들어 자신들만의 복권 티켓을 생성할 수 있다. 채굴자는 이 후보 블록을 특별히 설계된 알고리즘에 입력하여 데이터를 뒤섞어('해시') 입력 데이터와 전혀 다른 출력값을 생성한다. 이 해시 함수는 같은 입력값에 대해 항상 같은 출력값을 생성하지만 새로운 입력값에 대한 출력값이 어떤 결과일지는 아무도 예측할 수 없다. 심지어 이전 입력값과 약간만 다르더라도 예측 불가능한 결과가 나오는 것은 마찬가지다. 해시 함수의 출력값이 비트코인 프로토콜이 정한 템플릿과 일치하면 채굴자는 복권에 당첨되고 비트코인 사용자들은 해당 거래들을 포함한 블록을 유효한 블록으로 받아들이게 된다. 출력값과 템플릿이 일치하지 않은 경우, 채굴자는 자신의 후보 블록을 약간 변경하고 다시 시도한다. 이 책을 쓰는 시점 기준 채굴자들이 당첨 조합을 찾기 전에 시도해야 하는 후보 블록의 수는 약 1,680억 개다. 이는 해시 함수를 실행해야 하는 횟수를 의미하기도 한다.

그러나 일단 당첨 조합이 발견되면 누구나 해시 함수를 단 한 번만 실행하여 블록이 유효한지 검증할 수 있다. 이는 유효한 블록을 만드는 데는 엄청난 양의 작업이 필요하지만, 검증하는 데는 아주 적은 양의 작업만 필요하다는 것을 의미한다. 이 간단한 검증 과정은 그 작업이 수행되었다는 사실을 확률적으로 증명할 수 있으므로 그 증명을 생성하는 데 필요한 데이터(혹은 블록)를 **작업증명**(*Proof of work*, PoW)라고 한다.

최고 높은 수수료 비율과 몇 가지 다른 기준들을 고려한 우선순위에 따라 거래들이 새 블록에 추가된다. 각 채굴자는 이전 블록을 네트워크로부터 수신하자마자 새로운 후보 블록의 채굴 과정을 시작한다. 이때 채굴자들은 다른 채굴자들이 해당 복권의 회차에서 당첨되었다는 사실을 알게 된다. 채굴자들은 즉시 이전 블록에 대한 약정(commitment)을 포함한 새 후보 블록을 생성한 후 거래들로 채우고, 해당 후보 블록에 대한 작업증명 계산을 시작한다. 각 채굴자는 자신의 후보 블록에 특별한 거래를 포함시키는데, 이는 후보 블록에 포함된 거래 전체의 수수료와 블록 보상을 합친 금액을 자신의 비트코인 주소로 지불하는 거래를 말한다. 만약 후보 블록을 유효한 블록으로 만드는 해결책을 채굴자들이 찾으면 성공적인 블록이 전체 블록체인에 추가되고 그들이 포함시킨 보상 거래가 소비 가능하게 된 이후에 해당 보상을 받게 된다. 채굴 풀에 참여하는 채굴자들은 자신들의 풀 주소로 보상을 할당하는 후보 블록을 만들도록 소프트웨어를 설정한다. 그 후, 보상의 일부가 풀 채굴자들의 구성원들에게 그들이 약정한 작업량에 비례하여 배분된다.

앨리스의 거래가 네트워크에서 선택되어 미검증 거래들로 이루어진 채굴 풀에 포함되었다. 풀 노드에 의해 검증된 후 해당 거래는 후보 블록에 포함되었다. 앨리스의 지갑이 거래를 처음 전송한 지 약 5분 후, 한 채굴자가 블록에 대한 해결책을 찾아 네트워크에 발표했다. 당첨된 블록을 검증한 후 각 채굴자들은 다음 블록을 생성하기 위한 새로운 복권을 개시한다.

앨리스의 거래를 포함한 당첨 블록은 블록체인의 일부가 되었다. 앨리스의 거래를 포함한 블록은 해당 거래에 대해 한 번 **승인**된 것으로 간주된다. 앨리스의 거래를 포함하는 블록이 네트워크를 통해 전파된 후, 앨리스 거래의 다른 버전(예: 밥에게 지불하지 않는 거래)을 포함한 대안 블록을 생성하려면 비트코인 채굴자들 전체가 완전히 새로운 블록을 만드는 데 필요한 작업과 동일한 양의 작업을 수행해야 할 것이다. 선택 가능한 여러 개의 대안 블록이 있는 경우, 비트코인 전체 노드들은 가장 많은 총 PoW를 가진 유효한 블록들의 체인을 선택하며, 이를 **베스트 블록체인**(*best blockchain*)이라고 한다. 전체 네트워크가 대안 블록을 수락하려면, 그 대안 블록 위에 추가적인 새 블록이 채굴되어야 한다.

이는 채굴자들에게 선택권이 있다는 것을 의미한다. 그들은 앨리스와 함께 그녀가 밥에게 지불하는 거래의 대안 블록을 만들 수 있으며, 아마도 이전에 밥에게 지불한 돈의 일부를 앨리스가 채굴자들에게 지불할 수 있다. 이러한 부정직한 행동을 하려면 2개의 새 블록을 만드는 데 필요한 노력이 필요하다. 대신 정직하게 거래하는 채굴자들은 단일 새 블록을 만들고 그들이 포함시킨 거래에 대한 수수료 전부와 블록 보조금을 받을 수 있다. 일반적으로 적은 금액의 추가 지불을 위해 부정직하게 2개의 블록을 만드는 것보다 정직하게 새 블록을 만드는 것이 훨씬 수익성이 높기 때문에 승인된 거래가 의도적으로 변경될 가능성은 낮다. 이는 밥이 앨리스로부터의 지불을 신뢰할 수 있다고 믿을 수 있음을 의미한다.

앨리스의 거래가 포함된 블록 참조(*https://oreil.ly/7v_lH*).

앨리스의 거래를 포함한 블록이 전파된 후 약 19분 뒤, 다른 채굴자에 의해 새로운 블록이 채굴된다. 이 새 블록은 앨리스의 거래(앨리스의 거래에 두 번의 승인 제공)가 들어 있는 블록의 제일 위에 만들어졌기 때문에 이제 앨리스의 거래에서는 2개의 대안 블록이 채굴되고 그 위에 새 블록이 만들어져야만 변경될 수 있다. 즉, 앨리스가 밥에게 전송한 돈을 되찾으려면 총 3개의 블록이 채굴되어야 한다. 앨리스의 거래를 포함한 블록 위에 채굴되는 블록 각각은 추가적인 승인이 이루어진 것으로 간주된다. 블록들이 서로 위에 쌓여갈수록 거래를 되돌리는 일이 더 어려워지며, 이에 따라 밥은 앨리스의 지불이 안전하다는 사실에 대해 더 큰 확신을 가지게 된다.

그림 2-7을 살펴보면 앨리스의 거래가 들어 있는 블록을 볼 수 있다. 이 블록 밑으로 수십만 개의 블록들이 있으며, 이들은 서로 연결되어 **최초 블록**(*genesis block*)인 블록 #0까지 이어져 있는 블록 사슬(블록체인)을 형성한다. 시간이 흘러 새로운 블록의 '높이'가 높아지면 체인 전체의 계산 난이도도 함께 증가한다. 관례상 6회 이상의 승인이 이루어진 블록은 취소가 불가능하다. 왜냐하면 여섯 개의 블록(그리고 하나의 새로운 블록)을 다시 계산하려면 엄청난 양의 계산이 필요하기 때문이다. 12장에서 채굴 과정과 채굴을 통해 신뢰도를 구축하는 방법에 대해 더 자세히 다루도록 한다.

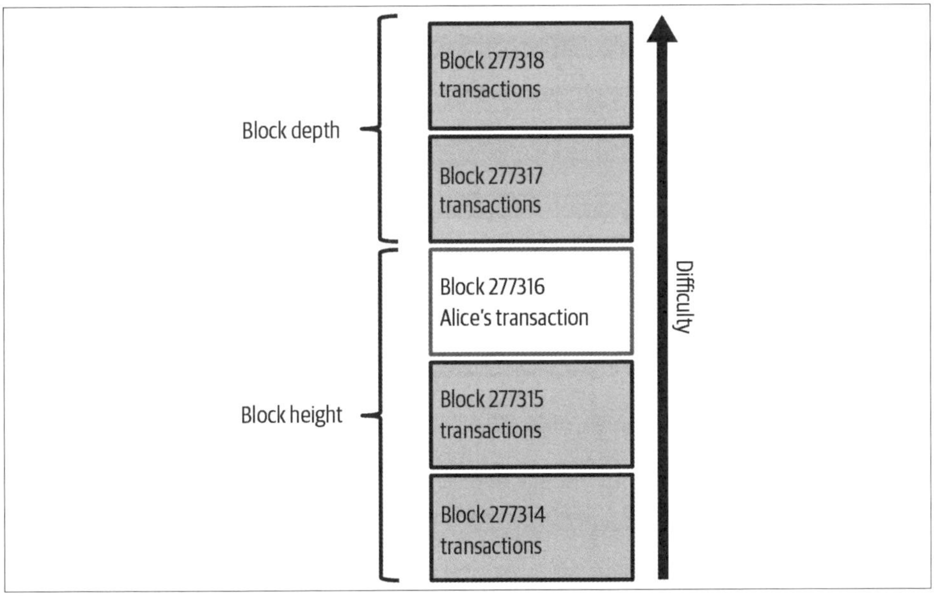


그림 2-7. 블록에 들어 있는 앨리스의 거래

## 거래 소비하기

앨리스의 거래는 블록의 구성 요소로서 블록체인에 끼워져 있기 때문에 비트코인 분산 장부의 구성 요소가 되며, 모든 비트코인 어플리케이션에서 확인할 수 있다. 각 비트코인의 풀 노드는 거래가 유효하고 사용 가능한지 독립적으로 검증할 수 있다. 풀 노드의 경우 비트코인이 블록 내에서 처음 발생하여 점차 이 거래에서 저 거래로 이동해서 최종적으로 밥의 비트코인 주소에 도달할 때까지 돈의 출처를 추적할 수 있다. 라이트웨이트 클라이언트의 경우 해당 거래가 블록체인 내에 존재하고 그 후 여러 블록이 채굴되었음을 확인함으로써 지불을 부분적으로 검증할 수 있다. 이는 채굴자들이 해당 거래를 승인하는 데 상당한 약정을 했다는 확신을 제공한다(330쪽 '라이트웨이트 클라이언트' 참조).

밥은 이제 앨리스와 그 외 여러 거래들의 출력값을 소비할 수 있다. 예를 들어, 밥은 앨리스가 커피 한 잔에 대해 지불한 금액을 새로운 소유주에게 전송함으로써 계약자나 공급업자에게 돈을 지불할 수 있다. 밥이 앨리스와 다른 고객들로부터 받은 지불을 소비함에 따라 해당 거래에 대한 사슬을 확장한다. 밥이 새로운 웹사이트를 만들기 위해 웹 디자이너인 고페시(Gopesh)에게 돈을 지불한다고 가정해 보자. 이제 거래 사슬은 그림 2-8과 같다.

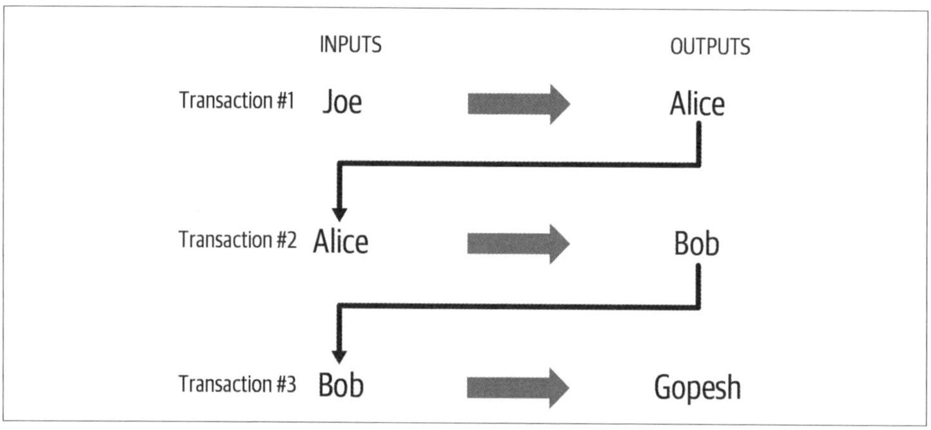


그림 2-8. 조에서 고페시에 이르기까지의 거래 사슬에서 일부를 구성하고 있는 앨리스의 거래

2장에서는 거래가 어떻게 한 명의 소유주에서 다른 소유주로 가치를 이동시키는 사슬을 구축하는지 살펴보았다. 또한 앨리스의 거래가 그녀의 지갑에서 생성되는 순간부터 비트코인 네트워크를 통해, 그리고 거래를 블록체인에 기록한 채굴자들에 이르기까지 추적했다. 다음 장들에서는 지갑, 주소, 서명, 거래, 네트워크, 그리고 마지막으로는 채굴과 관련된 구체적인 기술들을 살펴볼 것이다.

3장

# 비트코인 코어: 참조구현

사람들은 나중에 그 돈을 사용할 수 있다고 믿을 경우에만 자신의 가치 있는 상품과 서비스의 대가로 돈을 받아들인다. 위조되거나 예기치 않게 가치가 떨어진 돈은 나중에 쓰지 못할 수 있기 때문에 비트코인을 받는 사람 모두는 자신들이 받은 비트코인의 무결성을 검증하는 데 대해 강한 동기를 가진다. 당신의 컴퓨터상에서 실행되고 있는 소프트웨어가 위조, 가치 하락, 그 외 몇 가지 중요한 문제들을 완벽하게 방지할 수 있도록 비트코인 시스템은 설계되었다. 이러한 기능을 제공하는 소프트웨어를 **풀 검증 노드**라고 하는데, 이는 시스템의 모든 규칙에 대해 승인된 비트코인 거래 전부를 검증하기 때문이다. 풀 검증 노드, 줄여서 **풀 노드**의 경우, 비트코인이 어떻게 구동하는지와 현재 네트워크에서 무슨 일이 발생하고 있는지를 이해하기 위한 도구 및 데이터를 제공할 수 있다.

3장에서는 비트코인 네트워크가 시작된 시점부터 풀 노드 운영자 대부분이 사용해 온 구현인 비트코인 코어를 설치할 것이다. 그런 다음 믿을 만한 데이터인 당신의 노드에서 블록, 거래, 다른 데이터 등을 검사할 것이다. 이는 어떤 강력한 실체가 당신의 데이터를 믿을 만하다고 정했기 때문이 아니라 당신의 노드가 독립적으로 그 사실을 검증했기 때문이다. 다유 장들에서도 계속해서 비트코인 코어를 사용하여 블록체인 및 네트워크와 관련된 데이터를 생성하고 검색할 것이다.

## 비트코인에서 비트코인 코어까지

비트코인은 **오픈 소스**(*open source*) 프로젝트이며, 해당 소스 코드는 무료 다운로드 및 어떠한 용도로의 사용도 허가된 오픈(MIT) 라이선스하에서 사용 가능하다. 오픈 소스라 함은 단순히 무료 사용 이상의 의미를 가지고 있다. 또한 오픈 소스는 비트코인이 자원봉사자들로 구성된 개방 커뮤니티에 의해 성장했다는 의미기도 하다. 처음에 이 커뮤니티의 구성원은 사토시 나카모토뿐이었다. 하지만 2023년 기준 비트코인 소스 코드에는 1,000여 명의 기여자들이 참여하고 있으며, 약 12명의 개발자가 거의 풀 타임으로 코드 작업을 하고 있고, 10여 명이 파트 타임으로 참여하고 있다. 누구나 소스 코드를 약정할 수 있다. 이 책을 읽고 있는 여러분도 예외는 아니니다!

사토시 나카모토가 비트코인을 만들었을 당시 비트코인 소프트웨어는 부록 A에 수록된 백서가 작성되기 전에 이미 완성되어 있었다. 사토시는 비트코인에 대한 내용을 작성하기 전에 비트코인이 잘 돌아가는지 확인하고 싶어 했다. 그 당시 단순하게 '비트코인' 혹은 '사토시 클라이언트'라고 알려졌던 이 첫 구현은 크게 수정 및 개선되어 **비트코인 코어**(*Bitcoin Core*)로 진화한다. 비트코인 코어는 여러 다른 호환 가능한 구현들과는 구분되며, 비트코인 시스템의 **참조구현**이다. 즉, 기술의 각 부분이 어떻게 구현되어야 하는지에 대해 권위 있는 참조임을 의미한다. 비트코인 코어는 P2P 형식의 비트코인 네트워크 내에서 지갑, 거래, 블록 입증 엔진, 풀 네트워크 노드 등 비트코인의 모든 측면을 구현한다.

그림 3-1은 비트코인 코어의 아키텍처를 보여 준다.

비트코인 코어가 시스템의 주요 부분 대부분에서 참조구현으로 기능하지만, 비트코인 백서에서는 시스템 내 몇 가지 초기 부분에 대해 설명하고 있다. 2011년 이후 시스템의 주요 부분 대부분은 비트코인 개선 제안(BIPs)에 문서화되었다(*https://oreil.ly/BCXAQ*). 이 책에서는 BIP 사양을 그 번호로 참조한다. 예를 들어, BIP-9는 비트코인의 여러 주요 업그레이드에 사용된 메커니즘을 설명한다.

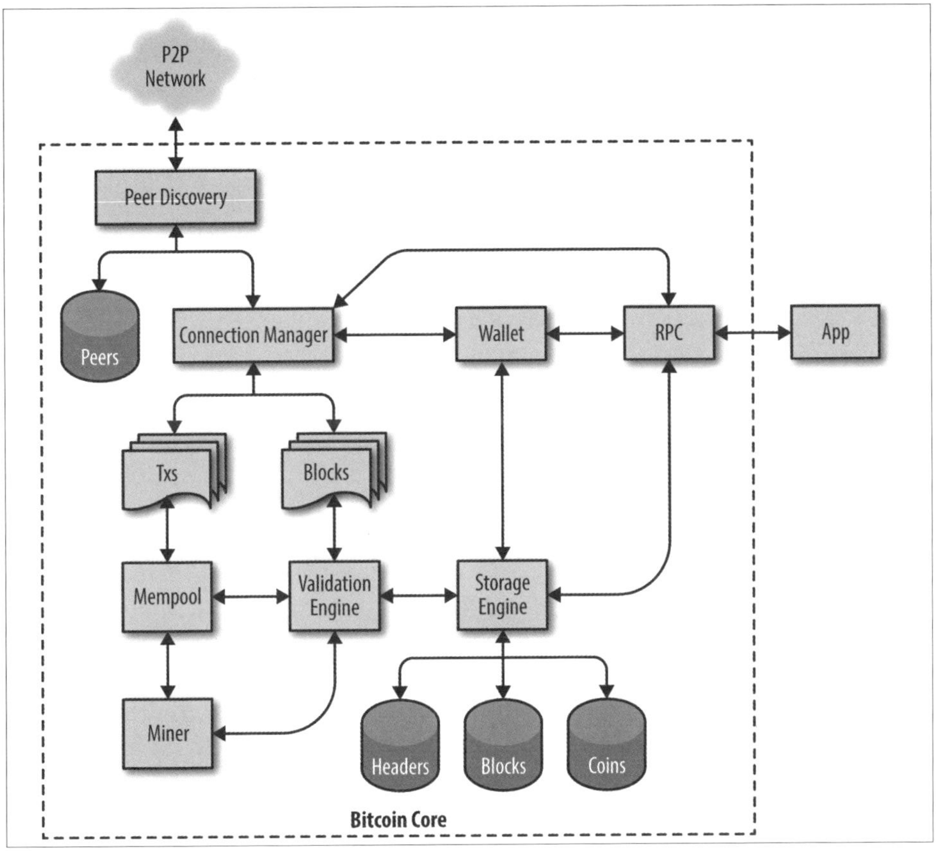

그림 3-1. 블록체인 코어의 아키텍처(출처: Eric Lombrozo)

## 비트코인 개발 환경

만약 당신이 개발자라면 비트코인 어플리케이션을 작성하기 위해 필요한 모든 툴과 라이브러리, 지원 소프트웨어를 이용해 개발 환경을 구축하고 싶을 것이다. 매우 전문적인 내용을 다루고 있는 3장에서는 이 구축 과정을 한 단계씩 제시할 것이다. 내용이 너무 복잡하다고 느낀다면(실제로 개발 환경을 구축하지 않는 경우) 더 일반적인 내용을 다루고 있는 다음 장으로 넘어가도 좋다.

## 소스 코드에서 비트코인 코어 컴파일 실행하기

비트코인 코어의 소스 코드는 아카이브로 다운로드하거나 GitHub에서 소스 보관소로부터 복사할 수 있다. 비트코인 코어 다운로드 페이지에서 가장 최신 버전을 선택하고 소스 코드의 압축 아카이브를 다운로드하라(*https://oreil.ly/hN9g1*). 또는 Git 명령행을 사용하여 GitHub 비트코인 페이지에서 소스 코드의 로컬 복사본을 만들면 된다(*https://oreil.ly/BdOwl*).

> 3장에 나오는 예시에서는 '터미널' 어플리케이션을 통해 접속 가능한, 운영 시스템의 명령행 인터페이스('셸'이라고 함)를 사용할 것이다. 셸에서는 우선 프롬프트 화면이 등장하고 명령어를 넣으면 몇 개의 텍스트가 뜨고 다음 명령을 위한 새로운 프롬프트가 생긴다. 프롬프트 화면이 여러분의 시스템에서의 화면과 다르게 보일 수는 있지만 아래에 나오는 예시들에서는 `$` 기호로 표시된다. 예시에서는 `$` 기호 뒤에 텍스트가 나오는 것을 볼 수 있지만, `$`를 입력하지 말고 바로 명령어를 입력 후 엔터키를 치면 명령어가 시행된다. 예시에서 각 명령어 아래에 나온 행들은 운영 시스템에서 각 명령어에 대해 응답한 것이다. 다음에 `$` 기호가 나오면 새로운 명령어라는 사실을 알 수 있고, 이 과정을 반복하면 된다.

아래에 나오는 예시에서는 소스 코드의 로컬 복사본('복제')을 만들기 위해 `git` 명령어를 사용한다.

```
$ git clone https://github.com/bitcoin/bitcoin.git
Cloning into 'bitcoin'...
remote: Enumerating objects: 245912, done.
remote: Counting objects: 100% (3/3), done.
remote: Compressing objects: 100% (2/2), done.
remote: Total 245912 (delta 1), reused 2 (delta 1), pack-reused 245909
Receiving objects: 100% (245912/245912), 217.74 MiB | 13.05 MiB/s, done.
Resolving deltas: 100% (175649/175649), done.
```

Git은 가장 일반적으로 사용되는 분산 버전의 통제 시스템으로 소프트웨어 개발자들에게는 필수적인 툴키트다. 여러분의 운영 시스템에 Git 명령어가 들어 있지 않다면 `git` 명령어를 입력하거나 Git 명령어를 실행하기 위한 그래픽 사용자 인터페이스(GUI)가 필요할 수 있다.

Git 복제 작업이 완료되면 소스 코드 보관소의 파일이 *bitcoin*이라는 로컬 디렉터리에 복사된다. 프롬프트에 `cd bitcoin`이라고 입력해서 이 디렉터리로 이동해 보자.

```
$ cd bitcoin
```

### 비트코인 코어 릴리즈 선택하기

기본적으로 로컬 복사본은 가장 최근 코드와 동기화된다. 이 코드는 불안정할 수도 있고 비트코인의 베타 버전일 수도 있다. 해당 코드를 컴파일하기 전에 릴리즈 **태그**를 통해서 특정 버전을 선택한다. 이를 통해 로컬 복사본과 키워드 태그로 찾을 수 있는 해당 코드 보관소에 대한 특정 스냅샷이 동기화될 것이다. 개발자들은 버전 번호에 따라 코드의 특정 릴리즈를 표시하기 위해 태그를 이용한다. 우선, 사용 가능한 태그를 찾기 위해 `git tag` 명령어를 사용한다.

```
$ git tag
v0.1.5
v0.1.6test1
v0.10.0
...
v0.11.2
v0.11.2rc1
v0.12.0rc1
v0.12.0rc2
...
```

태그 리스트는 비트코인의 릴리즈 버전 전부를 보여 준다. 관례상 테스트용 RC(*release candidates*) 버전은 끝에 'rc.'가 붙는다. 상용 시스템에서 가동 가능할 정도로 안정된 릴리즈는 접미사가 없다. 앞에 나온 목록에서 가장 높은 버전의 릴리즈를 선택한다. 이 책을 쓰는 시점에는 v24.0.1이다. 로컬코드와 이 버전을 동기화하기 위해 `git checkout` 명령어를 이용한다.

```
$ git checkout v24.0.1
Note: switching to 'v24.0.1'.

You are in 'detached HEAD' state. You can look around, make experimental
changes and commit them, and you can discard any commits you make in this
state without impacting any branches by switching back to a branch.

HEAD is now at b3f866a8d Merge bitcoin/bitcoin#26647: 24.0.1 final changes
```

`git status` 명령어를 입력해서 여러분이 원했던 버전으로 '변경'되었는지 확인할 수 있다.

```
HEAD detached at v24.0.1
nothing to commit, working tree clean
```

### 비트코인 코어 빌드 설정하기

소스 코드는 참고 문서들의 내용을 포함하고 있으며, 이는 많은 수의 파일 내에서 찾을 수 있다. 프롬프트에 비트코인 디렉터리 내의 *README.md*에 위치한 주요 참고 문서들의 내용을 검토하길 바란다. 3장에서는 리눅스상에서 `bitcoind`로 알려진 비트코인 코어 데몬(서버)을 빌드해볼 것이다. *doc/build-unix.md*라고 입력한 후 여러분의 플랫폼상에서 `bitcoind`의 명령행 클라이언트 컴파일링을 위한 설명을 확인해 보라. 대안적인 지침은 *doc* 디렉터리 내에서 찾을 수 있다. 이 책을 쓰는 시점 기준, Android, FreeBSD, Net BSD, OpenBSD, macOS(OSX), Unix, Window에 대한 지침이 제공되고 있다.

빌드 설치를 위한 전제 조건을 살펴보자. 이 전제 조건은 빌드 참고 문서들의 첫 번째 요소로서 비트코인 컴파일링 전에 시스템에 존재해야 하는 라이브러리다. 이러한 전제 조건들을 빠뜨리는 경우 빌드 프로세스는 에러가 나며 실패하게 될 것이다. 만약 전제 조건을 빠뜨려서 빌드 프로세스가 실패하는 경우, 해당 전제 조건을 설치해서 빠뜨린 부분부터 빌드 프로세스를 재개할 수 있다. 전제 조건이 설치되면 *autogen.sh* 스크립트를 이용해서 빌드 스크립트 한 세트를 생성함으로써 빌드 프로세스를 시작하게 된다.

```
$ ./autogen.sh
libtoolize: putting auxiliary files in AC_CONFIG_AUX_DIR, 'build-aux'.
libtoolize: copying file 'build-aux/ltmain.sh'
libtoolize: putting macros in AC_CONFIG_MACRO_DIRS, 'build-aux/m4'.
 ...
configure.ac:58: installing 'build-aux/missing'
src/Makefile.am: installing 'build-aux/depcomp'
parallel-tests: installing 'build-aux/test-driver'
```

올바른 설정 여부를 체크하기 위해 여러분의 시스템을 검색하고 코드 컴파일 실행에 필요한 라이브러리가 있는지 확인하는 역할을 하게 될 자동 설정 스크립트 세트가 *autogen.sh* 스크립트를 통해 생성된다. 이 과정에서 가장 중요한 것은 빌드 프로세스를 사용자가 지정할 수 있도록 여러 다른 옵션을 제공해 주는 configure 스크립트다. 다양한 옵션을 보려면 **--help** 플래그를 사용해 보라.

```
$ ./configure --help
`configure' configures Bitcoin Core 24.0.1 to adapt to many kinds of systems.

Usage: ./configure [OPTION]... [VAR=VALUE]...

...
Optional Features:
  --disable-option-checking ignore unrecognized --enable/--with options
  --disable-FEATURE do not include FEATURE (same as –enable-FEATURE=no)
  --enable-FEATURE[=ARG] include FEATURE [ARG=yes]
  --enable-silent-rules less verbose build output (undo: "make V=1")
  --disable-silent-rules verbose build output (undo: "make V=0")
...
```

configure 스크립트는 **--enable-FEATURE** 플래그와 **--disable-FEATURE** 플래그를 사용함으로써 **bitcoind**의 특정 기능들을 사용하거나 사용하지 않게 할 수 있다. 이 경우, 명령어 FEATURE가 도움말 출력값(help output)에 나열되어 있는 기능 이름으로 대체된다. 3장에서는 모든 디폴트(default) 기능을 가진 **bitcoind** 클라이언트를 빌드해 볼 것이다. 이 책에서는 설정 플래그(configuration flag)를 사용하지 않지만, 여러분은 어떠한 옵션 기능이 클라이언트에서 설정 가능한지 이해하기 위해 설정 플래그를 검토해야 한다. 지금 학교에서 실습을 하는 경우라면 컴퓨터실 자체의 제약 때문에 여러분의 홈 디렉터리(home directory) 내에 어플리케이션을 설치해야 할지도 모른다

(예: --prefix=$HOME 이용).

configure 스크립트의 디폴트 기능을 치환하기 위한 유용한 옵션의 종류는 다음과 같다.

--prexix=$HOME

이 옵션은 실행 가능한 결과값을 위한 디폴트 설치 위치(*/usr/local/*)를 치환한다. $HOME을 이용해서 홈 디렉터리 혹은 다른 경로에 어떤 것도 넣을 수 있다.

--disable-wallt

이 옵션은 참조 지갑 구현을 사용하지 못하게 할 때 쓰인다.

--with-incompatible-bdb

지갑을 빌드 중이라면 버클리 DB 라이브러리의 호환성이 없는 버전을 사용하도록 하라

--with-gui=no

QT 라이브러리가 필요한 그래픽 사용자 인터페이스를 빌드하지 말 것! 이 옵션은 서버와 명령형 비트코인만 빌드한다.

이제 configure 스크립트를 가동해서 자동적으로 필요한 모든 라이브러리를 찾고 여러분의 시스템에 적합한 맞춤형 빌드 스크립트를 생성하라.

```
$ ./configure
checking for pkg-config... /usr/bin/pkg-config
checking pkg-config is at least version 0.9.0... yes
checking build system type... x86_64-pc-linux-gnu
checking host system type... x86_64-pc-linux-gnu
checking for a BSD-compatible install... /usr/bin/install -c
...
[many pages of configuration tests follow]
...
```

여기까지 잘 진행되었다면 bitcoind를 컴파일링할 수 있도록 설정된 빌드 스크립트가 configure 명령어에 의해 생성된다. 라이브러리를 빼먹었거나 에러가 발생하는 경우 configure 명령어는 빌드 스크립트를 생성하는 대신 에러가 난 채로 종료된다. 에러가 발생하는 경우는 대부분 라이브러리를 빼먹었거나 호환성이 없는 경우다. 빌드 참고 문서들의 내용을 다시 한번 검토해서 전제 조건에 빠진 부분은 없는지 확인해 보라. 그 후 configure 명령어를 다시 한번 가동시켜서 에러가 고쳐졌는지 확인하면 된다.

### 실행 가능한 비트코인 코어 빌드하기

그다음 과정은 소스 코드를 컴파일링하는 것인데, CPU의 속도와 사용 가능한 메모리에 따라 완료까지 최대 1시간 정도 걸릴 수 있다. 컴파일링 과정 동안 몇 초 단위 혹은 몇 분 단위로 출력값을 관찰해야 한다. 그렇지 않으면 어떤 한 과정이 잘못돼서 에러가 날 수 있다. 에러가 발생하거나 컴파일링이 중단되는 경우라면 make를 입력해서 언제든지 컴파일링 과정을 다시 재개할 수 있다. 실행 가능한 어플리케이션 컴파일링을 시작하기 위해 make를 입력해 보라.

```
$ make
Making all in src
  CXX      bitcoind-bitcoind.o
  CXX      libbitcoin_node_a-addrdb.o
  CXX      libbitcoin_node_a-addrman.o
  CXX      libbitcoin_node_a-banman.o
  CXX      libbitcoin_node_a-blockencodings.o
  CXX      libbitcoin_node_a-blockfilter.o
[... many more compilation messages follow ...]
```

여러 개의 CPU로 구성되어 있는 빠른 시스템상에서는 병렬 컴파일 작업 수를 설정하고 싶을 수 있다. 예를 들어, make -j 2 명령어는 가능한 경우 2개의 코어를 사용할 것이다. 이 과정이 잘 진행된다면 이제 비트코인 코어는 컴파일링된다. make check 명령어로 유닛 테스트 스위트를 실행하여 연결된 라이브러리들이 손상되지 않았는지 명확하게 확인해야 한다. 마지막 단계는 make install 명령어를 이용해서 실행 가능한 파일을 시스템에 설치하는 일이다. 이때 사용자 비밀번호를 입력하라는 메시지가 뜰 수도 있다. 왜냐하면 이 단계에서 관리자 권한이 필요하기 때문이다.

```
$ make check && sudo make install
Password:
Making install in src
 ../build-aux/install-sh -c -d '/usr/local/lib'
libtool: install: /usr/bin/install -c bitcoind /usr/local/bin/bitcoind
libtool: install: /usr/bin/install -c bitcoin-cli /usr/local/bin/bitcoin-cli
libtool: install: /usr/bin/install -c bitcoin-tx /usr/local/bin/bitcoin-tx
...
```

bitcoind의 디폴트값 설치 경로는 */usr/local/bin*이다. 아래와 같이 두 가지 실행 파일의 경로에 대해서 시스템에 질문을 해서 비트코인 코어가 정확하게 설치되었는지 여부를 확인할 수 있다.

```
$ which bitcoind
/usr/local/bin/bitcoind

$ which bitcoin-cli
/usr/local/bin/bitcoin-cli
```

## 비트코인 코어 노드 실행하기

비트코인의 P2P 네트워크는 네트워크 '노드'로 구성되어 있으며 대부분 자원 봉사자들과 비트코인 어플리케이션 제작 기업들에 의해 실행된다. 이렇게 실행되는 비트코인 노드들은 비트코인 블록체인에 대한 직접적이고 신뢰할 만한 관점을 가지고 있다. 또한 노드의 자체 시스템에 의해 개별적으로 입증된 모든 거래 내역의 로컬 복사본도 가지고 있다. 노드를 실행시킴으로써 거래을 증명하기 위해 제3자에게 의존할 필요가 없어질 뿐 아니라 비트코인 네트워크를 더욱 견고하게 만듦으로써 비트코인 네트워크에 기여하게 된다.

그러나 노드를 실행하려면 초기에는 500GB 이상의 데이터를, 매일 약 400MB 크기의 비트코인 거래에 필요한 데이터를 다운로드하고 처리해야 한다. 이 수치는 2023년 기준이며, 시간이 지남에 따라 증가할 가능성이 있다. 노드를 종료하거나 며칠 동안 인터넷 연결이 끊어지면, 노드는 그동안 놓쳤던 데이터를 다운로드해야 한다. 예를 들어, 비트코인 코어를 10일 동안 닫으면 다음에 비트코인 코어를 시작할 때 약 4GB를 다운로드해야 한다.

모든 거래를 인덱싱하고 블록체인의 전체 사본을 유지할지 선택하는지에 따라 많은 디스크 공간이 필요할 수 있다. 비트코인 코어를 몇 년 동안 실행할 계획이라면 최소 1TB가 필요하다. 기본적으로 비트코인 노드는 비트코인 거래 및 블록을 다른 노드('피어')에도 전송하면서 업로드 인터넷 대역폭을 소모하기도 한다. 인터넷 연결이 제한적이거나, 데이터 용량이 적거나, 사용량에 따라 요금이 부과되는 경우(기가비트당 요금 부과), 아마도 비트코인 노드를 실행하지 않거나 대역폭을 제한하는 방식으로 노드를 실행해야 할 것이다(88쪽의 '비트코인 코어 노드 설정하기' 참조). 대신 블록스트림 새틀라이트(Blockstream Satellite)와 같은 무료 위성 데이터 제공업체와 같은 대체 네트워크에 노드를 연결할 수도 있다(*https://oreil.ly/cIwf3*).

비트코인 코어는 비트코인이 생겨난 2009년 이후 비트코인 네트워크에서 발생한 모든 거래가 들어 있는 블록체인의 전체 복사본을 보유하고 있다. 이 데이터 세트의 크기는 수십 기가바이트이기 때문에 CPU의 속도와 인터넷 연결 상태에 따라 다운로드에 며칠 혹은 몇 주가 걸린다. 비트코인 코어는 블록체인 데이터 세트 전부가 다운로드되기 전까지는 거래를 처리하거나 계좌 잔액을 업데이트할 수 없다. 초기 동기화를 완료하기 위해 디스크 공간과 대역폭, 시간이 충분한지 확인하라. 여러분은 오래된 블록을 폐기함으로써 비트코인 코어를 구성해서 블록체인의 크기를 줄일 수 있지만(91쪽 예시 3-2 참조) 여전히 전체 데이터 세트를 다운로드할 것이다.

이렇게 많은 자원이 필요함에도 불구하고 수천 명의 자원 봉사자들이 비트코인 노드를 실행하고 있다. 라즈베리 파이(Raspberry Pi, 35달러짜리 트럼프 카드 상자 크기의 컴퓨터)만큼 단순한 시스템에서 노드를 실행하는 경우도 있다.

그렇다면 사람들은 왜 노드를 실행하고 싶을까? 아래에 가장 일반적인 이유가 있다.

- 본인의 거래를 진행하거나 증명하기 위해 어떠한 3자의 개입도 원하지 않는 경우
- 제3자에게 어떤 거래가 여러분의 지갑에 속하는지 공개하고 싶지 않은 경우
- 비트코인 소프트웨어를 개발해서 네트워크 및 블록체인으로의 프로그래밍 가능한(API) 접근을 위해 비트코인 노드가 필요한 경우
- 비트코인 합의 규칙에 따라 거래를 증명해야 하는 어플리케이션을 빌드하는 경우, 비트코인 소프트웨어 기업에서는 보통 여러 개의 노드를 가동하고 있다
- 비트코인을 지원하고 싶은 경우, 노드를 실행하게 되면 비트코인 네트워크가 더 견고해지고 더 많은 지갑, 사용자, 거래를 수용할 수 있게 된다

이 책을 읽고 비트코인 소프트웨어 개발에 관심이 생겼다면 여러분이 직접 노드를 실행해야 할 것이다.

## 비트코인 코어 노드 설정하기

비트코인 코어는 매번 시작할 때마다 데이터 디렉터리 내에서 설정 파일을 찾는다. 이 절에서는 다양한 설정 옵션을 살펴보고, 설정 파일을 설정할 것이다. 설정 파일의 위치를 찾으려면 터미널에서 `bitcoind -printtoconsole` 명령어를 실행하고 처음 몇 줄을 확인해 보기 바란다.

```
$ bitcoind -printtoconsole
2023-01-28T03:21:42Z Bitcoin Core version v24.0.1
2023-01-28T03:21:42Z Using the 'x86_shani(1way,2way)' SHA256 implementation
2023-01-28T03:21:42Z Using RdSeed as an additional entropy source
2023-01-28T03:21:42Z Using RdRand as an additional entropy source
2023-01-28T03:21:42Z Default data directory /home/harding/.bitcoin
2023-01-28T03:21:42Z Using data directory /home/harding/.bitcoin
2023-01-28T03:21:42Z Config file: /home/harding/.bitcoin/bitcoin.conf
...
[a lot more debug output]
...
```

설정 파일의 위치를 확인했다면 Ctrl+C를 눌러 노드를 종료할 수 있다. 일반적으로 설정 파일은 사용자의 홈 디렉터리 아래에 있는 *.bitcoin* 데이터 디렉터리 내에 있다. 선호하는 편집기로 설정 파일을 열어 보라.

비트코인 코어는 네트워크 노드의 동작, 블록체인 저장, 그리고 운영의 다른 많은 측면을 수정하는 100개 이상의 설정 옵션을 제공한다. 이러한 옵션들의 목록을 보려면 `bitcoind -help`를 아래와 같이 실행해 보기 바란다.

```
$ bitcoind --help
Bitcoin Core version v24.0.1
Usage: bitcoind [options]                    Start Bitcoin Core

Options:

  -?
       Print this help message and exit

  -alertnotify=<cmd>
       Execute command when an alert is raised (%s in cmd is replaced by message)
...
[many more options]
```

설정 파일 내 혹은 `bitcoind`에 대한 명령행 매개변수로 둘 수 있는 가장 중요한 옵션들이 아래에 나와 있다.

**alternotify**

특정 명령어나 스크립트를 실행시켜 노드의 소유주에게 긴급 경보를 전송한다.

**conf**

설정 파일에 대한 다른 위치를 설정한다. 이 옵션이 참고하는 설정 파일 내부에 존재할 수 없기 때문에 `bitcoind`에 대한 명령행 매개변수로서 의미가 있다.

**datadir**

모든 블록체인 데이터를 담아 두는 디렉터리 및 파일 시스템을 선택한다. 기본적으로 이 옵션은 당신의 홈 디렉터리 내의 *.bitcoin* 하위 디렉터리다. 이 글을 쓰는 시점에서, 설정에 따라 약 10GB에서 거의 1TB까지의 용량을 사용할 수 있으며, 최대 크기는 매년 수백 기가바이트씩 증가할 것으로 예상된다.

**prune**

이전의 오래된 블록을 삭제함으로써 디스크 공간 요구치를 수십 메가바이트로 줄이는 옵션, 이 옵션은 풀 블록체인에는 적합하지 않은 자원 제한 노드상에서 사용한다. 시스템의 다른 부분들은 현재 정리할 수 없는 다른 디스크 공간을 사용할 것이므로, 여전히 *datadir* 옵션에서 언급된 최소한의 공간이 필요할 것이다.

**txindex**

모든 거래의 인덱스를 유지하라. 이를 통해 해당 거래를 포함한 블록이 삭제되지 않은 경우, 거래 ID를 통해 프로그래밍 방식으로 해당 거래를 검색할 수 있다.

**dbcache**

UTXO 캐시의 크기다. 기본값은 450메비바이트(MiB)다. 고성능 하드웨어에서는 이 크기를 늘려 디스크 읽기와 쓰기 빈도를 줄이거나, 저사양 하드웨어에서는 크기를 줄여 메모리를 절약하는 대신 디스크 사용 빈도를 높일 수 있다.

**blocksonly**

승인되지 않은 거래를 중계하는 대신 피어로부터 승인된 거래의 블록만 수용함으로써 대역폭 사용을 최소화한다.

**maxmempool**

거래 메모리풀을 설정한 메가바이트 크기로 제한, 메모리가 제한된 노드에서 메모리 사용량을 줄이는 데 사용하라.

> **거래 데이터베이스 인덱스와 txindex 옵션**
>
> 기본적으로 비트코인 코어는 사용자의 지갑과 관련된 거래만을 포함한 데이터베이스를 생성한다. `getrawtransaction` 등과 같은 명령어를 이용해서 데이터베이스에 포함되어 있지 않은 다른 거래로의 접근이 가능해지기를 원한다면(96쪽 '거래 내역 살펴보기 및 디코딩하기' 참조) 비트코인 코어를 설정해서 완전한 거래 인덱스를 생성해야 하고, 이때 `txindex` 옵션이 필요하다. 비트코인 코어 설정 파일에 매개변수값 `txindex`를 `1`로 입력하라. 처음부터 이 옵션을 실행하지 않고 나중에 풀 인덱싱을 위해 이 옵션을 실행하게 되면 해당 인덱스를 다시 빌드할 때까지 기다려야 한다.

예시 3-1에서는 풀인덱스 노드와 비트코인 어플리케이션에 적용되는 API 백엔드(backend)로 구동되는 이전 옵션들이 어떻게 결합되는지 보여 준다.

#### 예시 3-1. 풀 인덱스 노드 설정 샘플

```
alertnotify=myemailscript.sh "Alert: %s"
datadir=/lotsofspace/bitcoin
txindex=1
```

예시 3-2에서는 보다 규모가 작은 서버에서 구동되는 자원 제한 노드를 보여 준다.

#### 예시 3-2. 자원 제한 시스템의 설정 샘플

```
alertnotify=myemailscript.sh "Alert: %s"
maxconnections=15
prune=5000
dbcache=150
maxmempool=150
```

설정 파일을 편집하고 가장 필요한 옵션을 설정했다면 이 설정을 가지고 `bitcoind`를 테스트할 수 있다. `printtoconsole` 옵션을 가지고 비트코인 코어를 가동해서 출력값을 콘솔로 보내어 출력해 보자.

```
$ bitcoind -printtoconsole
2023-01-28T03:43:39Z Bitcoin Core version v24.0.1
2023-01-28T03:43:39Z Using the 'x86_shani(1way,2way)' SHA256 implementation
2023-01-28T03:43:39Z Using RdSeed as an additional entropy source
2023-01-28T03:43:39Z Using RdRand as an additional entropy source
2023-01-28T03:43:39Z Default data directory /home/harding/.bitcoin
2023-01-28T03:43:39Z Using data directory /lotsofspace/bitcoin
2023-01-28T03:43:39Z Config file: /home/harding/.bitcoin/bitcoin.conf
2023-01-28T03:43:39Z Config file arg: [main] blockfilterindex="1"
2023-01-28T03:43:39Z Config file arg: [main] maxuploadtarget="1000"
2023-01-28T03:43:39Z Config file arg: [main] txindex="1"
2023-01-28T03:43:39Z Setting file arg: wallet = ["msig0"]
2023-01-28T03:43:39Z Command-line arg: printtoconsole=""
2023-01-28T03:43:39Z Using at most 125 automatic connections
2023-01-28T03:43:39Z Using 16 MiB out of 16 MiB requested for signature cache
2023-01-28T03:43:39Z Using 16 MiB out of 16 MiB requested for script execution
2023-01-28T03:43:39Z Script verification uses 3 additional threads
2023-01-28T03:43:39Z scheduler thread start
2023-01-28T03:43:39Z [http] creating work queue of depth 16
2023-01-28T03:43:39Z Using random cookie authentication.
2023-01-28T03:43:39Z Generated RPC cookie /lotsofspace/bitcoin/.cookie
2023-01-28T03:43:39Z [http] starting 4 worker threads
2023-01-28T03:43:39Z Using wallet directory /lotsofspace/bitcoin/wallets
2023-01-28T03:43:39Z init message: Verifying wallet(s)…
2023-01-28T03:43:39Z Using BerkeleyDB version Berkeley DB 4.8.30
2023-01-28T03:43:39Z Using /16 prefix for IP bucketing
2023-01-28T03:43:39Z init message: Loading P2P addresses…
2023-01-28T03:43:39Z Loaded 63866 addresses from peers.dat 114ms
[... more startup messages ...]
```

올바른 설정이 로딩되고 예상대로 가동되어 만족한다면 Ctrl+C를 눌러서 해당 과정을 중단할 수 있다.

백그라운드에서 비트코인 코어를 가동하려면 `bitcoind -daemon`을 입력해서 daemon 옵션을 활용해 보라.

비트코인 노드의 진행 상황 및 런타임(runtime) 상태를 확인하고 싶다면 `bitcoin-cli getinfo` 명령어를 사용하라.

```
$ bitcoin-cli getblockchaininfo
{
  "chain": "main",
  "blocks": 0,
  "headers": 83999,
  "bestblockhash": "[...]19d6689c085ae165831e934ff763ae46a2a6c172b3f1b60a8ce26f",
  "difficulty": 1,
```

```
  "time": 1673379796,
  "mediantime": 1231006505,
  "verificationprogress": 3.783041623201835e-09,
  "initialblockdownload": true,
  "chainwork": "[...]000000000000000000000000000000000000000000000100010001",
  "size_on_disk": 89087,
  "pruned": false,
  "warnings": ""
}
```

위 프로그램은 블록체인 높이가 0개의 블록과 83,999개의 헤더를 가진 노드를 보여준다. 노드는 가장 많은 작업증명을 가진 블록체인을 찾기 위해 피어들로부터 블록 헤더를 가져온 다음 블록을 계속 다운로드하면서 검증한다.

당신이 선택한 설정 옵션이 만족스럽다면 운영 시스템 내의 스타트업 스크립트에 비트코인을 추가해야 한다. 그래야만 설정 옵션이 계속 가동이 되고 운영 시스템이 재시작할 때마다 재시작될 수 있다. *contrib/init* 경로에 있는 비트코인 소스 디렉터리 내의 다양한 운영 시스템에 적용되는 스타트업 스크립트 예시와 어떤 시스템에서 어떤 스크립트를 사용하는지를 보여 주는 *README.md* 파일을 볼 수 있다.

## 비트코인 코어 API

비트코인 코어 클라이언트는 JSON-RPC 인터페이스를 실행한다. 이 경우, `bitcoin-cli`이라는 명령행 헬퍼(helper)를 사용해서 JSON-RPC 인터페이스에 접속할 수도 있다. 명령행을 이용하면 API를 통해 프로그램적으로 사용 가능한 기능을 활용해 양방향으로 실험이 가능하다. 우선, 어떤 종류의 비트코인 RPC 명령어가 사용 가능한지에 대한 목록을 보기 위해서 `help` 명령어를 작동시켜 보자.

```
$ bitcoin-cli help
+== Blockchain ==
getbestblockhash
getblock "blockhash" ( verbosity )
getblockchaininfo
```

```
...
walletpassphrase "passphrase" timeout
walletpassphrasechange "oldpassphrase" "newpassphrase"
walletprocesspsbt "psbt" ( sign "sighashtype" bip32derivs finalize )
```

각 명령어들은 다양한 매개변수를 취할 수 있다. 추가적인 도움이나 상세한 설명, 매개변수에 대한 정보를 얻고 싶다면 `name after help` 명령어를 입력하라. 예를 들어, `getblockhash` RPC 명령어에 대해서 정보를 얻고 싶다면 다음 예시를 참고하길 바란다.

```
$ bitcoin-cli help getblockhash
getblockhash index

Returns hash of block in best-block-chain at index provided.

Arguments:
1. index         (numeric, required) The block index

Result:
"hash"          (string) The block hash

Examples:
> bitcoin-cli getblockhash 1000
> curl --user myusername --data-binary '{"jsonrpc": "1.0", "id":"curltest",
  "method": "getblockhash",
  "params": [1000] }' -H 'content-type: text/plain;' http://127.0.0.1:8332/
```

도움말 정보의 끝 부분에 보면 RPC 명령어에 대한 두 가지 예시가 나와 있다. 하나는 `bitcoin-cli` 헬퍼를 사용했고 다른 하나는 HTTP 클라이언트인 `curl`을 사용했다. 이 예시들을 통해 여러분이 명령어를 불러내는 방법을 알 수 있다. 첫 번째 예시를 복사해서 결과를 내 보기 바란다.

```
$ bitcoin-cli getblockhash 1000
00000000c937983704a73af28acdec37b049d214adbda81d7e2a3dd146f6ed09
```

이 결과값은 블록 해시이며 4장에 더욱 구체적으로 설명되어 있다. 하지만 여기에서는 이 명령어를 여러분의 시스템에서 사용하면 동일한 결과가 나와야 한다. 왜냐하면 동일한 결과의 의미가 비트코인 코어가 가동 중이고 명령어들을 수락했으며 당신에게 돌아갈 block 1,000에 대한 정보를 가지고 있다는 사실을 증명하는 것이기 때문이다.

이제 매우 유용한 RPC 명령어와 그에 따른 출력 예상값을 보여 줄 것이다.

### 비트코인 코어 클라이언트에서 정보 입수하기

비트코인 코어는 JSON-RPC 인터페이스를 통해 다양한 모듈에 대한 상태 보고서를 제공한다. 가장 중요한 명령어로는 `getblockchaininfo`, `getmempoolinfo`, `getnetworkinfo`, `getwalletinfo` 등이 있다.

비트코인의 `getblockchaininfo` RPC 명령어는 비트코인 네트워크 노드, 지갑, 블록체인 데이터베이스 등의 상태에 대한 기본적인 정보를 보여 준다. `bitcoin-cli`를 사용하여 `getnetworkinfo` RPC를 가동해 보자.

```
$ bitcoin-cli getnetworkinfo
{
  "version": 240001,
  "subversion": "/Satoshi:24.0.1/",
  "protocolversion": 70016,
  "localservices": "0000000000000409",
  "localservicesnames": [
    "NETWORK",
    "WITNESS",
    "NETWORK_LIMITED"
  ],
  "localrelay": true,
  "timeoffset": -1,
  "networkactive": true,
  "connections": 10,
  "connections_in": 0,
  "connections_out": 10,
  "networks": [
    "...detailed information about all networks..."
  ],
  "relayfee": 0.00001000,
  "incrementalfee": 0.00001000,
  "localaddresses": [
  ],
  "warnings": ""
}
```

이 데이터는 자바스크립트 객체 표기법(JavaScript Object Notation, JSON)으로 결과값을 보여 준다. JSON은 어떠한 프로그래밍 언어로도 쉽게 '소비' 가능하고 특히 사람도 쉽게 읽을 수 있다는 장점이 있다. 이 데이터 중에서 비트코인 코어 소프트웨어, 비트코인 프로토콜 등의 버전을 숫자로 표기한 것을 볼 수 있다. 또한 현재 연결 수와 비트코인 네트워크에 관한 다양한 정보, 노드와 관련된 설정 등을 볼 수 있다.

> `bitcoind` 클라이언트가 다른 비트코인 클라이언트로부터 여러 개의 블록을 다운로드받고 모든 거래를 검증하면서 현재의 블록체인 높이를 '따라잡는' 작업은 어느 정도의 시간이 소요될 것이다. 어쩌면 하루 이상이 걸릴 수도 있다. 이 책을 쓰는 시점 기준 거의 10억 건에 달하는 거래가 존재한다. 현재까지 로컬에 다운로드된 블록의 수를 알아보려면 `getblockinfo` 명령어를 입력해서 진행 상황을 체크할 수 있다. 3장에 나와 있는 나머지 예제들에서는 여러분이 최소한 775,072번째 블록에 도달했다고 가정한다. 비트코인 거래의 보안은 블록에 의존하기 때문에 앞으로 보게 될 예제들의 일부 정보는 여러분의 노드가 가진 블록 수에 따라 약간 다를 수 있다.

### 거래 내역 살펴보기 및 디코딩하기

58쪽의 '온라인 스토어에서 구매하기'에서 앨리스는 밥의 스토어에서 구매를 진행했다. 앨리스의 거래는 블록체인상에 기록되었다. API를 이용해 해당 거래 ID(txid)를 매개변수로 해서 해당 거래를 검색하고 검사해 보자.

```
$ bitcoin-cli getrawtransaction 466200308696215bbc949d5141a49a41\
38ecdfdfaa2a8029c1f9bcecd1f96177

01000000000101eb3ae38f27191aa5f3850dc9cad00492b88b72404f9da13569
8679268041c54a0100000000ffffffff02204e00000000000002251203b41daba
4c9ace578369740f15e5ec880c28279ee7f51b07dca69c7061e07068f8240100
000000001600147752c165ea7be772b2c0acb7f4d6047ae6f4768e0141cf5efe
2d8ef13ed0af21d4f4cb82422d6252d70324f6f4576b727b7d918e521c00b51b
e739df2f899c49dc267c0ad280aca6dab0d2fa2b42a45182fc83e81713010000
0000
```

> 거래가 승인되기 전까지 거래 ID(txid)는 효력을 발휘하지 못한다. 블록체인 내에 txid가 없다고 해서 거래가 진행되지 않음을 의미하는 것은 아니다. 이를 '거래 가변성(transaction malleability)'이라고 하는데, 한 블록 내에서 승인 전 txid가 변경될 수 있기 때문이다. 거래가 블록에 포함된 후에는, 해당 블록이 최선의 블록체인에서 제거되는 블록체인 재구성이 일어나지 않는 한 해당 거래의 txid는 변경될 수 없다. 거래가 여러 차례 승인을 받은 후에는 재구성이 잘 발생하지 않는다.

`gettransaction` 명령어를 입력하면 16진법의 일련화된 거래가 나온다. 해당 거래를 디코딩하기 위해 이 책에서는 헥스(hex) 데이터를 매개변수로 해서 `decoderawtransaction` 명령어를 사용하고 있다. `getrawtransaction` 명령어를 통해 얻은 헥스를 복사해서 `decoderawtransaction` 명령어에 매개변수로 붙여넣기할 수 있다.

```
$ bitcoin-cli decoderawtransaction 0100000000000101eb3ae38f27191aa5f3850dc9cad0\
0492b88b72404f9da135698679268041c54a0100000000ffffffff02204e0000000000000022512\
03b41daba4c9ace578369740f15e5ec880c28279ee7f51b07dca69c7061e07068f82401000000\
00001600147752c165ea7be772b2c0acb7f4d6047ae6f4768e0141cf5efe2d8ef13ed0af21d4f\
4cb82422d6252d70324f6f4576b727b7d918e521c00b51be739df2f899c49dc267c0ad280aca6\
dab0d2fa2b42a45182fc83e81713010000000

{
  "txid": "466200308696215bbc949d5141a49a4138ecdfdfaa2a8029c1f9bcecd1f96177",
  "hash": "f7cdbc7cf8b910d35cc69962e791138624e4eae7901010a6da4c02e7d238cdac",
  "version": 1,
  "size": 194,
  "vsize": 143,
  "weight": 569,
  "locktime": 0,
  "vin": [
    {
      "txid": "4ac541802679866935a19d4f40728bb89204d0cac90d85f3a51a19...aeb",
      "vout": 1,
      "scriptSig": {
        "asm": "",
        "hex": ""
      },
      "txinwitness": [
        "cf5efe2d8ef13ed0af21d4f4cb82422d6252d70324f6f4576b727b7d918e5...301"
      ],
      "sequence": 4294967295
```

```
      }
    ],
    "vout": [
      {
        "value": 0.00020000,
        "n": 0,
        "scriptPubKey": {
          "asm": "1 3b41daba4c9ace578369740f15e5ec880c28279ee7f51b07dca...068",
          "desc": "rawtr(3b41daba4c9ace578369740f15e5ec880c28279ee7f51b...6ev",
          "hex": "51203b41daba4c9ace578369740f15e5ec880c28279ee7f51b07d...068",
          "address": "bc1p8dqa4wjvnt890qmfws83te0v3qxzsfu7ul63kp7u56w8q...5qn",
          "type": "witness_v1_taproot"
        }
      },
      {
        "value": 0.00075000,
        "n": 1,
        "scriptPubKey": {
          "asm": "0 7752c165ea7be772b2c0acb7f4d6047ae6f4768e",
          "desc": "addr(bc1qwafvze0200nh9vkq4jmlf4sy0tn0ga5w0zpkpg)#qq404gts",
          "hex": "00147752c165ea7be772b2c0acb7f4d6047ae6f4768e",
          "address": "bc1qwafvze0200nh9vkq4jmlf4sy0tn0ga5w0zpkpg",
          "type": "witness_v0_keyhash"
        }
      }
    ]
  }
```

이 거래의 디코드는 거래의 입력값과 출력값 등 거래의 모든 구성 요소들을 보여 주고 있다. 이 경우, 한 개의 입력값을 사용해서 2개의 출력값이 생성된 것을 볼 수 있다. 이 거래의 입력값은 이전에 승인된 거래에서 나온 출력값이다(입력값 `txid`로 표시). 2개의 출력값 중, 하나의 입력값은 밥에게로의 지불액에 해당하는 것이고, 나머지 하나의 입력값은 앨리스에게 돌아가는 거스름돈에 해당한다.

또한 동일한 명령어(예: `getrawtransaction`)를 사용하여 이전 거래의 txid를 참조하여 해당 거래 정보를 블록체인에서 찾아볼 수 있다. 비트코인이 한 소유주 주소에서 다른 소유주 주소로 전송되면 각 거래를 넘나들면서 일련의 연결된 거래들을 추적할 수 있다.

## 블록 탐색하기

블록을 살펴보는 일은 거래를 살펴보는 일과 유사하다. 하지만 블록은 블록 높이나 블록 해시에 의해 참조될 수 있다. 우선 높이로 블록을 찾아보자. 이 때는 `getblockhash`

명령어를 사용하는데, 이 명령어는 블록 높이를 매개변수로 받아 해당 블록의 헤더 해시를 반환한다.

```
$ bitcoin-cli getblockhash 123456
0000000000002917ed80650c6174aac8dfc46f5fe36480aaef682ff6cd83c3ca
```

이제 우리가 선택한 블록의 헤더 해시를 알았으니, 해당 블록을 조회할 수 있다. getblock 명령어를 사용하며, 블록 해시가 매개변수로 제공된다.

```
$ bitcoin-cli getblock 0000000000002917ed80650c6174aac8dfc46f5fe36480aaef682f\
f6cd83c3ca

{
  "hash": "0000000000002917ed80650c6174aac8dfc46f5fe36480aaef682ff6cd83c3ca",
  "confirmations": 651742,
  "height": 123456,
  "version": 1,
  "versionHex": "00000001",
  "merkleroot": "0e60651a9934e8f0decd1c[...]48fca0cd1c84a21ddfde95033762d86c",
  "time": 1305200806,
  "mediantime": 1305197900,
  "nonce": 2436437219,
  "bits": "1a6a93b3",
  "difficulty": 157416.4018436489,
  "chainwork": "[...]00000000000000000000000000000000000000541788211ac227bc",
  "nTx": 13,
  "previousblockhash": "[...]60bc96a44724fd72daf9b92cf8ad00510b5224c6253ac40095",
  "nextblockhash": "[...]00129f5f02be247070bf7334d3753e4ddee502780c2acaecec6d66",
  "strippedsize": 4179,
  "size": 4179,
  "weight": 16716,
  "tx": [
    "5b75086dafeede555fc8f9a810d8b10df57c46f9f176ccc3dd8d2fa20edd685b",
    "e3d0425ab346dd5b76f44c222a4bb5d16640a4247050ef82462ab17e229c83b4",
    "137d247eca8b99dee58e1e9232014183a5c5a9e338001a0109df32794cdcc92e",
    "5fd167f7b8c417e59106ef5acfe181b09d71b8353a61a55a2f01aa266af5412d",
    "60925f1948b71f429d514ead7ae7391e0edf965bf5a60331398dae24c6964774",
    "d4d5fc1529487527e9873256934dfb1e4cdcb39f4c0509577ca19bfad6c5d28f",
    "7b29d65e5018c56a33652085dbb13f2df39a1a9942bfe1f7e78e97919a6bdea2",
    "0b89e120efd0a4674c127a76ff5f7590ca304e6a064fbc51adffbd7ce3a3deef",
    "603f2044da9656084174cfb5812feaf510f862d3addcf70cacce3dc55dab446e",
    "9a4ed892b43a4df916a7a1213b78e83cd83f5695f635d535c94b2b65ffb144d3",
    "dda726e3dad9504dce5098dfab5064ecd4a7650bfe854bb2606da3152b60e427",
    "e46ea8b4d68719b65ead930f07f1f3804cb3701014f8e6d76c4bdbc390893b94",
    "864a102aeedf53dd9b2baab4eeb898c5083fde6141113e0606b664c41fe15e1f"
  ]
}
```

confirmations 항목(entry)은 이 블록의 깊이를 알려 준다. 즉, 이 블록 위에 얼마나 많은 블록이 쌓였는지를 나타내며, 이는 해당 블록 내의 거래를 변경하는 것이 얼마나 어려운지를 보여 준다. height는 이 블록 이전에 몇 개의 블록이 있었는지 알려 준다. 우리는 블록의 버전, 생성 시간(채굴자 기준), 이 블록 이전 11개 블록의 중위 시간(채굴자가 조작하기 더 어려운 시간 측정), 그리고 세 가지 다른 측정 방식으로 나타낸 블록의 크기(레거시 방식의 축소된 크기(legacy stripped size), 전체 크기(full size), 가중치 단위로 표현한 크기(weight units))를 볼 수 있다. 또한 보안과 작업증명에 사용되는 일부 필드(머클 루트, 논스, 비트, 난이도, 체인워크)도 볼 수 있다. 이에 대해서는 12장에서 자세히 살펴볼 것이다.

### 비트코인 코어의 프로그램 인터페이스 사용하기

bitcoin-cli이라는 명령행 헬퍼는 비트코인 코어 API와 테스팅 기능을 살펴보는 데 매우 유용하다. 하지만 어플리케이션 프로그래밍 인터페이스의 주된 요점은 프로그램을 통해서 기능들에 접근하는 것이다. 이 절에서는 다른 프로그램에서 비트코인 코어로 접근하는 것을 보여 줄 것이다.

비트코인 코어의 API는 JSON-RPC 인터페이스다. JSON은 자바스크립트 객체 표기(JavaScript Object Notation)을 의미하며, 사람과 프로그램 모두가 쉽게 읽을 수 있는 데이터를 제공하는 편리한 방법이다. RPC는 원격 절차 호출(Remote Procedure Call)로 네트워크 프로토콜을 통해 (비트코인 코어 노드상에 있는) 원격으로 절차(기능)를 소환하는 것을 말한다. 이 경우 네트워크 프로토콜은 HTTP다.

명령어에 대한 도움을 받기 위해 bitcoin-cli 명령어를 사용했을 때 JSON-RPC 호출 중 하나를 구성하기 위한 다목적 명령행 HTTP인 curl을 사용한 예시가 나왔다.

```
$ curl --user myusername --data-binary '{"jsonrpc": "1.0", "id":"curltest",
  "method": "getblockchaininfo",
  "params": [] }' -H 'content-type: text/plain;' http://127.0.0.1:8332/
```

이 명령어에서는 curl이 디폴트 비트코인 포트(8332)에 접속되어 있는 로컬 호스트(127.0.0.1)에게 HTTP 요청을 보내고 text/plain 인코딩을 이용해서 getinfo 명령어에 대한 `jsonrpc` 요청을 보내고 있다.

`curl`이 요청과 함께 자격 증명을 보내 달라고 요구하는 것을 알아차릴 수 있을 것이다. 비트코인 코어는 시작할 때마다 임의의 비밀번호를 생성하고 이를 데이터 디렉터리의 `.cookie`라는 이름의 파일에 저장한다. `bitcoin-cli` 헬퍼는 데이터 디렉터리가 주어지면 이 비밀번호 파일을 읽을 수 있다. 마찬가지로 예시 3-3에서 볼 수 있듯이, 해당 비밀번호를 복사하여 `curl`(또는 다른 상위 레벨 비트코인 코어 RPC 래퍼)에 전달할 수 있다.

#### 예시 3-3. 비트코인 코어에서 쿠키 기반 인증 사용하기

```
$ cat .bitcoin/.cookie
  __cookie__:17c9b71cef21b893e1a019f4bc071950c7942f49796ed061b274031b17b19cd0

$ curl
  --user __cookie__:17c9b71cef21b893e1a019f4bc071950c7942f49796ed061b274031b17b19cd0
  --data-binary '{"jsonrpc": "1.0", "id":"curltest",
  "method": "getblockchaininfo",
  "params": [] }' -H 'content-type: text/plain;' http://127.0.0.1:8332/

{"result":{"chain":"main","blocks":799278,"headers":799278,
"bestblockhash":"0000000000000000000018387c50988ec705a95d6f765b206b6629971e6978879",
"difficulty":53911173001054.59,"time":1689703111,"mediantime":1689701260,
"verificationprogress":0.9999979206082515,"initialblockdownload":false,
"chainwork":"00000000000000000000000000000000000000004f3e111bf32bcb47f9dfad5b",
"size_on_disk":563894577967,"pruned":false,"warnings":""},"error":null,
"id":"curltest"}
```

대안으로, 비트코인 코어의 소스 디렉터리에 있는 *./share/rpcauth/rpcauth.py*에 제공된 헬퍼 스크립트를 사용하여 정적(static) 비밀번호를 생성할 수 있다.

자신의 프로그램에서 JSON-RPC 호출을 구현하는 경우, 앞서 살펴본 `curl` 예제와 유사하게 일반적인 HTTP 라이브러리를 사용하여 호출을 구성할 수 있다.

하지만 대부분의 프로그래밍 언어에는 이 과정을 보다 단순하게 만드는 방법으로 비트코인 코어 API를 '행갈이(wrap)'해 주는 라이브러리가 존재한다. 이 책에서는 `python-bircoinlib` 라이브러리를 사용해서 API 접근을 단순화할 것이다. 비트코인 코어 프로젝트의 일부가 아닌 해당 라이브러리는 일반적인 파이선 라이브러리 설치 방식으로 설치해야 한다. 이 작업을 하려면 JSON-RPC 호출을 하는 데 사용할, 가동 중인 비트코인 코어 인스턴트가 필요하다는 사실을 명심해야 한다.

예시 3-4에 나와 있는 파이썬 스크립트는 `getblockchaininfo` 요청을 단순하게 만들어서 비트코인 코어로부터 받은 데이터에서 나온 `block` 매개변수를 제시한다.

**예시 3-4. 비트코인 코어의 JSON-RPC API를 통해 getblockchaininfo 실행하기**

```
from bitcoin.rpc import RawProxy

# Create a connection to local Bitcoin Core node
p = RawProxy()

# Run the getblockchaininfo command, store the resulting data in info
info = p.getblockchaininfo()

# Retrieve the 'blocks' element from the info
print(info['blocks'])
```

실행 결과는 아래와 같다.

```
$ python rpc_example.py
773973
```

이 결과를 통해 로컬 비트코인 코어 노드는 블록체인 내에 블록을 가지고 있다는 사실을 알 수 있다. 굉장한 결과는 아니지만 비트코인 코어의 JSON-RPC API에 대한 단순 인터페이스로서의 라이브러리가 기본적으로 사용되는 경우를 보여 준다.

이제 `getrawtransaction` 요청과 `decodetransaction` 요청을 이용해서 앨리스가 밥에게 지불한 내용을 구체적으로 검색해 보자. 예시 3-5에서는 앨리스의 거래를 검색하고 거래의 출력값을 나열한다. 각 출력값에 대해 수신자 주소와 값을 표시한다. 다시 말해, 앨리스의 거래에는 밥에게 지불하는 하나의 출력값과 앨리스에게 잔액을 돌려주는 출력값이 존재한다.

**예시 3-5. 거래를 검색해서 출력값 반복하기**

```
from bitcoin.rpc import RawProxy

p = RawProxy()

# Alice's transaction ID
```

```
txid = "466200308696215bbc949d5141a49a4138ecdfdfaa2a8029c1f9bcecd1f96177"

# First, retrieve the raw transaction in hex
raw_tx = p.getrawtransaction(txid)

# Decode the transaction hex into a JSON object
decoded_tx = p.decoderawtransaction(raw_tx)
# Retrieve each of the outputs from the transaction
for output in decoded_tx['vout']:
    print(output['scriptPubKey']['addresses'], output['value'])
```

실행 결과는 다음과 같다.

```
$ python rpc_transaction.py
bc1p8dqa4wjvnt890qmfws83te0v3qxzsfu7ul63kp7u56w8qc0qwp5qv995qn 0.00020000
bc1qwafvze0200nh9vkq4jmlf4sy0tn0ga5w0zpkpg 0.00075000
```

앞에 나온 두 가지 예시 모두 간단하다. 프로그램을 실행할 필요 없이 `bitcoin-cli` 헬퍼를 쉽게 이용할 수 있다. 하지만 다음에 나오는 예시에서는 수백 개의 RPC 요청이 필요하고 프로그램 인터페이스의 사용이 한층 명확하게 제시될 것이다.

예시 3-6에서는 우선 블록 하나를 검색했고, 각 거래 ID를 참조해서 거래 각각을 검색했다. 그 후, 거래의 출력값 각각을 반복해서 해당되는 값을 추가했다.

#### 예시 3-6. 블록을 검색해서 모든 거래 출력값을 추가하기

```
from bitcoin.rpc import RawProxy

p = RawProxy()

# The block height where Alice's transaction was recorded
blockheight = 775072

# Get the block hash of the block at the given height
blockhash = p.getblockhash(blockheight)

# Retrieve the block by its hash
block = p.getblock(blockhash)

# Element tx contains the list of all transaction IDs in the block
transactions = block['tx']

block_value = 0
```

```
# Iterate through each transaction ID in the block
for txid in transactions:
    tx_value = 0
    # Retrieve the raw transaction by ID
    raw_tx = p.getrawtransaction(txid)
    # Decode the transaction
    decoded_tx = p.decoderawtransaction(raw_tx)
    # Iterate through each output in the transaction
    for output in decoded_tx['vout']:
      # Add up the value of each output
      tx_value = tx_value + output['value']

    # Add the value of this transaction to the total
    block_value = block_value + tx_value

print("Total value in block: ", block_value)
```

실행 결과는 다음과 같다.

```
$ python rpc_block.py

Total value in block: 10322.07722534
```

예시 코드가 해당 블록 내에서 거래되는 총 가치를 계산한 결과는10,322.07722534 BTC(25BTC의 보상금과 0.0909BTC의 거래 수수료 포함)이다. 블록 해시 혹은 블록 높이를 검색해서 블록 익스플로러 사이트가 제시하는 금액과 비교해 보라. 보상과 거래 수수료를 제외하고 총 금액을 말해 주는 사이트도 있다. 차이점을 찾아보자.

## 그 외 선택 가능한 클라이언트, 라이브러리, 툴키트

비트코인 시스템 내에는 다양한 클라이언트, 라이브러리, 툴키트, 심지어는 풀 노드 구현도 존재한다. 이들은 다양한 프로그래밍 언어하에서 실행되어 프로그래머들에게 선호하는 언어 내에서의 네이티브 인터페이스를 제공한다.

다음 절에서는 프로그래밍 언어별로 최적의 라이브러리, 클라이언트, 툴키트를 소개한다.

## C/C++

### 비트코인 코어

비트코인 참조구현(*https://oreil.ly/BdOwl*)

## 자바스크립트

### bcoin

API를 사용하는 모듈식 확장 가능 풀 노드 구현(*https://bcoin.io*)

### Bitcore

Bitpay의 풀 노드, API, 라이브러리(*https://bitcore.io*)

### BitcoinJS

node.js와 브라우저용 순수 자바스크립트 비트코인 라이브러리(*https://oreil.ly/4iqf2*)

## 자바

### bitcoinj

자바 풀 노드 클라이언트 라이브러리(*https://bitcoinj.github.io*)

## 파이선

### python-bitcoinlib

Peter Todd가 만든 파이선 비트코인 라이브러리, 합의 라이브러리, 노드(*https://oreil.ly/xn_rg*)

### pycoin

Richard Kiss가 만든 파이선 비트코인 라이브러리(*https://oreil.ly/wcpXP*)

## Go

### btcd

Go 언어의 풀 노드 비트코인 클라이언트(*https://oreil.ly/h5MEI*)

## Rust

### rust-bitcoin

직렬화, 파싱, API 호출용 러스트 비트코인 라이브러리(*https://oreil.ly/me6gf*)

## Scala

### bitcoin-s

Scala 내의 비트코인 실행(*https://bitcoin-s.org*)

## C#

### NBitcoin

.NET framework용 종합 비트코인 라이브러리(*https://oreil.ly/Qfjgq*)

이외에도 다른 프로그래밍 언어에 존재하는 라이브러리들이 있고, 지금도 더 많은 라이브러리들이 생겨나고 있다.

3장에서 제시하고 있는 예시를 따라 해 보았다면 이제 여러분은 비트코인 코어를 실행하고 있으며 자신의 전체 노드를 사용하여 네트워크와 블록체인을 탐색하기 시작했을 것이다. 이제부터 여러분은 자신이 제어하는 컴퓨터에서 자신이 제어하는 소프트웨어를 독립적으로 사용하여, 수신된 모든 비트코인이 외부 권위에 의존하지 않고 비트코인 시스템의 규칙을 따르는지 확인할 수 있다. 다음 장들에서는 시스템의 규칙, 노드와 지갑이 이를 어떻게 사용하여 당신의 돈을 보호하고, 프라이버시를 지키며, 지출과 수신을 편리하게 만드는지 더 자세히 알아볼 것이다.

4장

# 키와 주소

앨리스는 밥에게 지불하고 싶지만 그녀의 거래를 검증하게 될 수천 개의 비트코인 풀 노드는 앨리스나 밥이 누구인지 모른다. 그리고 그들의 프라이버시를 보호하기 위해 우리는 그렇게 유지되기를 바란다. 앨리스는 밥의 실제 신원이나 밥이 받는 다른 비트코인 지불에 대한 내용이 해당 거래의 어떤 측면과도 연결시키지 않은 채 밥이 그녀의 비트코인 중 일부를 수신해야 한다는 사실을 알려야 한다. 앨리스가 사용하는 방법은 오직 밥만이 그가 받은 비트코인을 나중에 소비할 수 있도록 보장해야 한다.

비트코인 백서에서는 이러한 목표를 달성하기 위한 매우 간단한 계획을 제시하고 있으며, 이는 그림 4-1에 나와 있다.

수신자에 해당하는 밥은 지출자(앨리스)가 서명한 거래에서 공개키로 비트코인을 수신한다. 앨리스가 지출하는 비트코인은 이전에 그녀의 공개키 중 하나를 이용해 받았던 것이며, 해당 공개키에 대응하는 개인키를 사용하여 서명을 생성한다. 전체 노드들은 앨리스의 서명이 밥의 공개키와 다른 거래의 세부 사항을 포함하는 해시 함수의 출력에 대한 약속임을 확인할 수 있다.

4장에서는 공개키, 개인키, 서명, 해시 함수를 살펴본 후, 이 모든 요소를 함께 사용하여 현재의 비트코인 소프트웨어에서 사용되는 주소를 설명할 것이다.

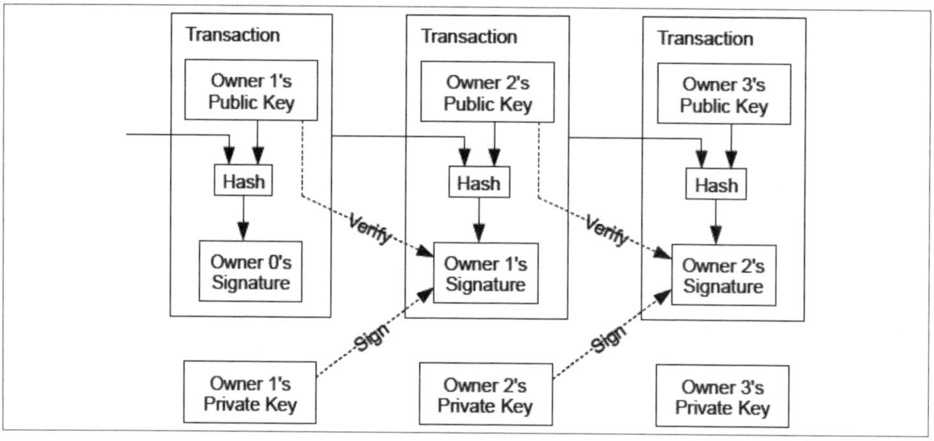


그림 4-1. 백서에서 제시하는 거래 체인

## 공개키의 암호학

공개키의 암호학은 1970년대에 발명되어 컴퓨터와 정보 보안의 수학적 토대가 되었다.

공개키의 암호학이 발명된 이후 소수 지수 함수, 타원곡선 곱셈 함수 등 몇 가지 적합한 수학 함수가 발견되었다. 이러한 수학 함수들은 실제로는 불가역성을 보인다. 즉, 한 방향으로 계산하는 것은 쉽지만 반대 방향으로 계산하는 것은 실행 불가능하다. 이러한 수학 함수들을 바탕으로 하고 있는 암호학은 디지털 비밀번호와 위조가 불가능한 디지털 서명을 가능하게 한다. 비트코인은 암호학을 기반으로 타원곡선 곱셈 함수를 사용한다.

비트코인에 접근하는 권한을 주는 한 쌍의 키를 생성하기 위해 공개키 암호학을 활용한다. 이 한 쌍의 키에는 개인키와 개인키에서 파생된 고유의 공개키로 구성되어 있다. 공개키는 비트코인을 전송받을 때 사용되며, 개인키는 전송받은 비트코인을 소비하기 위해 거래에 서명을 할 때 사용된다.

공개키와 개인키 간에는 수학적인 관계가 성립하는데, 이러한 관계 덕분에 메시지에 대한 서명을 할 때 개인키를 사용할 수 있다. 이 서명은 비밀키의 노출 없이 공개키만으로 유효성을 확인하는 것이 가능하다.

대부분의 지갑 구현에서는 개인키와 공개키가 편의를 위해 **한 쌍의 키** 형태로 함께 저장된다. 하지만 공개키는 개인키를 기반으로 계산할 수 있기 때문에 개인키만 저장하는 것도 가능하다.

비트코인 지갑에는 개인키와 공개키로 구성된 키 쌍들이 모여 있다. 개인키($k$)는 일반적으로 무작위로 선택된 숫자에서 파생된 숫자로 구성되어 있다. 개인키로부터 일방향 암호 함수인 타원곡선 곱셈 함수를 사용하여 공개키($K$)가 생성된다.

**왜 비대칭 암호학(공개키/개인키)을 사용할까?**

왜 비트코인에서는 비대칭 암호학을 사용할까? 이 암호학은 거래를 '암호화(남들이 모르도록)' 하기 위해 사용되는 것은 아니다. 그보다 비대칭 암호학의 유용한 특성은 **디지털 서명**을 생성하는 능력이다. 숫자 서명을 만들어 내기 위해 개인키가 디지털 지문에 적용되기도 한다. 이 경우 개인키에 대한 정보를 가진 사람만이 숫자 서명을 만들어 낼 수 있다. 하지만 공개키와 거래 지문에 접근이 가능하다면 이를 이용해 서명을 **입증**할 수 있다. 비대칭 암호학의 유용한 특성은 누구나 모든 거래에서 모든 서명을 입증하는 일이 가능한 동시에 개인키 소유주만이 유효한 서명을 만들어 낼 수 있다는 점이다.

### 개인키

개인키는 무작위로 추출한 숫자로 단순하게 구성되어 있다. 개인키에 대한 소유권 및 통제 여부는 해당 개인키에 대응하는 비트코인 주소와 연관된 모든 돈에 대한 사용자 통제의 핵심이다. 거래에서 사용되는 돈의 소유권을 증명하게 되면 비트코인을 소비할 수 있게 되는데, 이때 필요한 서명을 하기 위해 개인키를 사용한다. 개인키는 절대 다른 사람들에게 공개되어서는 안 된다. 왜냐하면 제3자에게 개인키를 공개하는 것은 해당 개인키로 보안이 걸려 있는 비트코인에 대한 통제권을 넘겨주는 것과 같기 때문이다. 또한 개인키를 실수로 분실한 경우에 대비해서 개인키를 백업하거나 보호해야 한다. 개인키를 한번 분실하게 되면 다시 찾을 수 없고 해당 개인키로 묶여 있는 돈 역시 영원히 찾을 수 없기 때문이다.

비트코인의 개인키는 숫자에 불과하다. 여러분은 단지 동전이나 연필, 종이를 가지고 무작위로 개인키의 숫자를 고를 수 있다. 예를 들면, 동전을 256회 위로 던져서 비트코인 지갑 내에서 사용할 수 있는 무작위 개인키를 구성하는 2진수를 결정하는 식이다. 그 후 개인키로 공개키를 생성할 수 있다.

키를 생성하는 과정 중 가장 첫 단계이자 중요한 단계는 보안이 철저한 **엔트로피** 소스, 즉 무작위성을 찾는 일이다. 비트코인 키를 생성하는 작업은 '1에서 $2^{256}$ 사이의 숫자를 선택하는 일'과 동일하다. 여러분이 선택한 숫자가 예측 또는 재현 가능하지 않다면 숫자 선택 시 어떤 방법을 사용했는지는 중요하지 않다. 비트코인 소프트웨어는 기본적인 운영체제의 난수 생성기(random number generator)를 이용해서 256비트의 엔트로피(무작위성)를 만들어 낸다.

보다 정확하게 설명하자면, 개인키는 0에서 $n - 1$ 사이의 어떠한 숫자로도 구성될 수 있다. 여기에서 $n$은 비트코인에 사용된 타원곡선의 위수(order)라고 정의된 상수($n = 1.1578 \times 10^{77}$, $2^{256}$보다 약간 작은 값)다(111쪽의 '타원곡선 암호학' 참조). 이러한 키를 생성하기 위해서 무작위로 256비트의 숫자를 선택하고 이 숫자가 $n$보다 작은지 체크한다. 프로그래밍 용어로 설명하면 암호학적으로 안전한 엔트로피 소스를 통해 수집된 무작위 비트 문자열 중에서 크기가 큰 것들을 SHA256 해시 알고리즘에 집어넣으면 편리하게 256비트의 숫자를 생성할 수 있다. 결과값이 $n$보다 작으면 알맞은 개인키가 생성됐다고 보면 된다. $n$보다 크면 다른 난수를 이용해서 다시 한번 시도하면 된다.

난수를 만들기 위해 자체 코드를 쓰거나 여러분의 프로그래밍 언어가 제공하는 '단순한' 난수 생성기를 사용하지 말 것. 충분한 엔트로피를 가지고 있는 소스로부터 얻은 시드(seed)를 이용해서 '암호학적으로 안전한 유사난수 생성기(CSPRNG)'를 사용하기를 바란다. 여러분이 선택한 난수 생성기 라이브러리에 대한 자료를 연구하라. 키의 보안성에 있어 올바른 CSPRNG를 구현하는 것은 중요하다.

다음은 16진법 포맷(각 4비트씩 64개의 16진수로 표현된 256비트)으로 구성된 무작위 생성 개인키($k$)다.

```
1E99423A4ED27608A15A2616A2B0E9E52CED330AC530EDCC32C8FFC6A526AEDD
```

> 비트코인의 개인키 공간 크기인 $2^{256}$은 헤아릴 수 없을 정도로 큰 수다. 10진법으로 표시하면 $10^{77}$ 정도다. 비교를 위해 언급하자면, 가시적인 우주는 $10^{80}$개의 원자로 구성되어 있다고 추정되고 있다.

### 타원곡선 암호학

이산 로그 문제를 기반으로 하는 타원곡선 암호학(ECC)은 비대칭 형식이거나 공개키 암호 형식으로, 타원곡선을 구성하는 여러 점들 위에서 덧셈 함수나 곱셈 함수로 표현된다.

그림 4-2는 타원곡선의 한 예로, 비트코인(B)에서 사용되는 것과 유사하다.

비트코인은 특정한 타원곡선과 여러 개의 수학 상수를 함께 사용하며, 이 내용은 미국립표준기술원(NIST)에서 개발한 `secp256k1`이라는 표준에 나와 있다. `secp256k1` 곡선은 타원곡선을 만들어 내는 아래의 함수로 정의된다.

$$y^2 = (x^3 + 7) \text{ over } (\mathbb{F}_p)$$

혹은

$$y^2 \bmod p = (x^3 + 7) \bmod p$$

*mod p*(모듈로 소수 p)는 위 곡선이 소수 위수(prime order) $p$의 유한체 체제에 존재한다는 사실을 보여 준다. $p$는 $\mathbb{F}_p$로 쓰기도 한다. 여기에서 $p$는 $2^{256} - 2^{32} - 2^9 - 2^8 - 2^7 - 2^6 - 2^4 - 1$로 매우 큰 소수다.

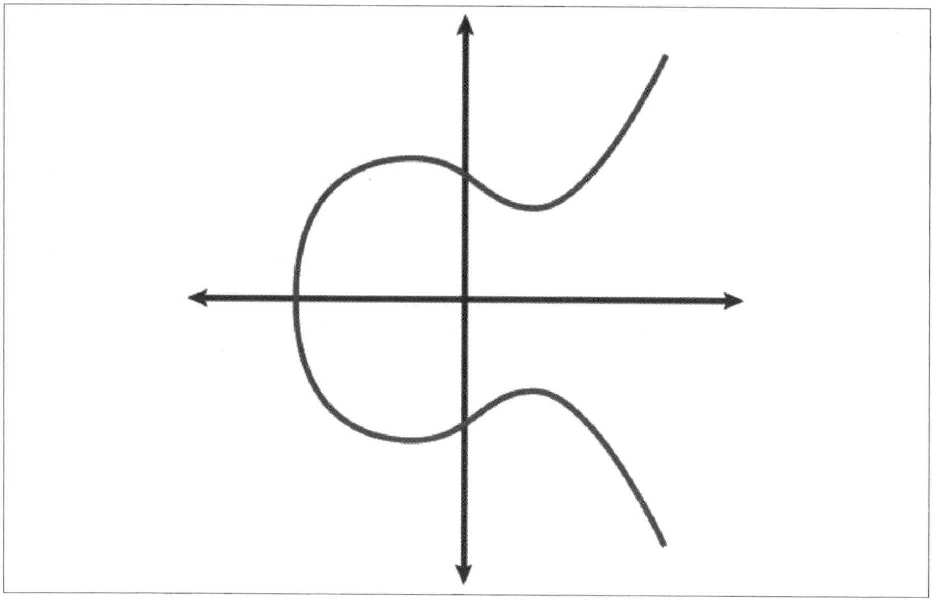

그림 4-2. 타원곡선

이 곡선이 실수 체제가 아닌 소수 위수의 유한체 체제에서 정의되기 때문에 2차원 그래프에 분포되어 있는 점들의 패턴이라 시각화하기가 쉽지 않은 것처럼 보이기도 한다. 하지만 사용되는 수학 방식은 실수 체제의 곡선과 동일하다. 한 예로 그림 4-3는 소수 위수가 17인 소규모 유한체에서 동일한 타원곡선을 보여 준다. 여기서 격자 그래프 위에 찍힌 점들의 패턴을 볼 수 있다. **secp256k1** 비트코인 타원곡선의 경우 상상할 수 없이 복잡한 대규모 격자 그래프 위에 더 복잡한 유형의 점들이 찍혀 있는 형태라고 생각하면 된다.

그래서 아래에 나오는 예시가 **secp256k1** 곡선 위의 한 점인 좌표(x, y)로 이루어진 포인트 P다.

```
P =
(55066263022277343669578718895168534326250603453777594175500187360389116729240,
32670510020758816978083085130507043184471273380659243275938904335757337482424)
```

파이선을 이용해서 예시 4-1과 같이 이 내용을 직접 확인할 수 있다.

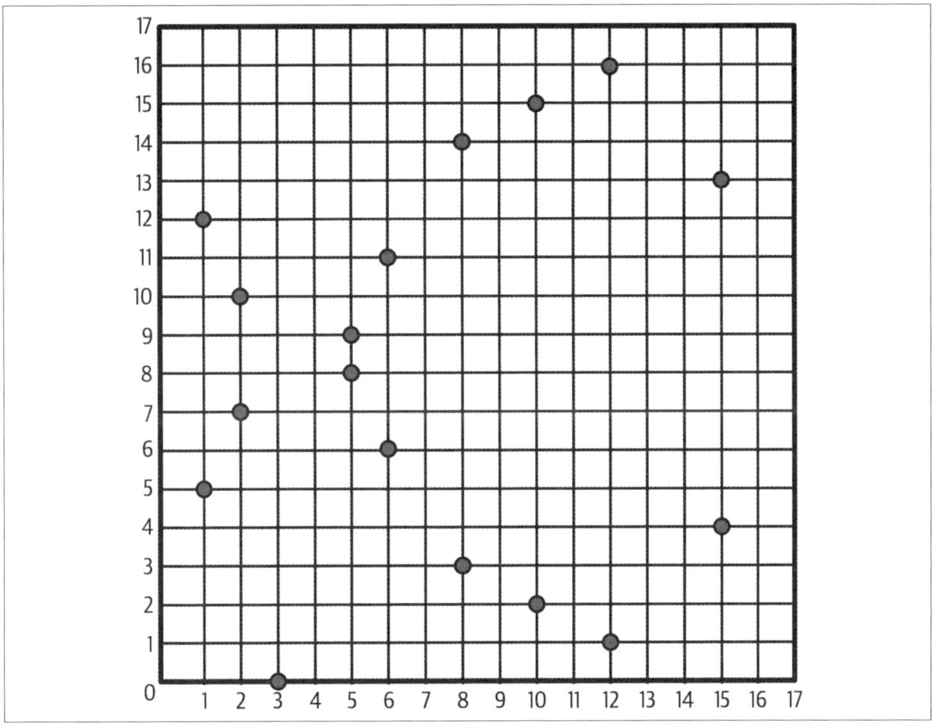


그림 4-3. 타원곡선 암호화: p=17인 경우 F(p)에 대한 타원곡선의 시각화

#### 예시 4-1. 점이 타원곡선상에 있는지 확인하기 위해 파이선 이용하기

```
Python 3.10.6 (main, Nov 14 2022, 16:10:14) [GCC 11.3.0] on linux
Type "help", "copyright", "credits" or "license" for more information.
> p = 115792089237316195423570985008687907853269984665640564039457584007908834671663
> x = 55066263022277343669578718895168534326250603453777594175500187360389116729240
> y = 32670510020758816978083085130507043184471273380659243275938904335757337482424
> (x ** 3 + 7 - y**2) % p
0
```

타원곡선 수학에서는 '무한원점(point at infinity)'이라는 점 하나가 있는데, 이는 덧셈에서 0의 역할과 거의 유사하다. 컴퓨터상에서는 x = y = 0이라는 식으로 가끔 표현되기도 한다(이 식이 타원곡선 방정식을 만족하지는 않지만 확인할 수 있는 쉬운 별개의 방법이다).

또한 '덧셈(addition)'이라고 불리는 + 연산자도 있다. 초등학교 학생들이 배우는 실수의 일반적인 덧셈이 가지는 특성과 유사하다. $P_1$과 $P_2$라는 2개의 포인트가 주어졌을 때, 곡선상에는 제3의 포인트인 $P_3 = P_1 + P_2$도 존재한다.

기하학적으로 $P_3$는 $P_1$과 $P_2$ 사이에 직선을 그어서 계산한다. 이 직선은 정확히 $P_1$과 $P_2$가 아닌 또 다른 한 점에서 이 곡선과 교차하게 되는데, 이 포인트를 $P_3' = (x, y)$라고 하자. 그 후 x축에 대칭시키면 $P_3 = (x, -y)$를 얻을 수 있다.

'무한원점'의 개념이 필요한 경우도 몇 가지 존재한다.

$P_1$과 $P_2$가 동일한 포인트인 경우, $P_1$과 $P_2$ 사이에 존재하는 직선은 $P_1$ 위 곡선의 접선으로 연장되어야 한다. 이 접선은 정확히 곡선의 다른 한 점과 만나게 된다. 이 경우 미적분학을 이용해 접선의 기울기를 계산해야 한다. 2개의 정수로 구성된 좌표가 있는 곡선상 좌표에만 관심을 가지고 있다 해도 미적분학을 이용한 방법은 신기하게도 제 역할을 한다.

어떤 경우(예를 들면 $P_1$과 $P_2$의 x값은 같지만 y값은 다른 경우)에는 접선이 x축에 평행한 수직선이 되는데, 이때 $P_3$가 '무한원점'이 된다.

$P_1$이 '무한원점'일 때는 $P_1 + P_2 = P_2$가 되고, $P_2$가 '무한원점'일 때는 $P_1 + P_2 = P_1$이 된다. 이 경우가 '무한원점'이 0의 역할을 어떻게 수행하는지를 잘 보여 준다.

여러 가지 경우를 종합해 봤을 때 +는 결합성(associative)을 가지고 있다. 이것이 의미하는 바는 $(A + B) + C = A + (B + C)$이다. 즉, 괄호 없이 $A + B + C$를 써도 애매모호하지 않다는 것이다.

덧셈에 대해서 살펴봤으니 덧셈까지 포괄할 수 있는 표준법으로 곱셈을 정의해 볼 수 있다. 타원곡선상에 위치한 포인트 P에 대해 k가 정수인 경우 $kP = P + P + P + \ldots + P$(k배)가 된다. 이 경우 때때로 k를 '지수(exponent)'라고 불러서 혼동을 일으킬 수 있으니 주의하자.

## 공개키

공개키는 타원곡선 곱셈 함수를 이용해서 개인키로부터 계산되며, 그 과정을 거꾸로 진행할 수는 없다. 즉 $K = k \times G$라는 식에서 $k$는 개인키, $G$는 **생성 포인트**라는 이름의 상수이며 $K$는 계산 결과로 나온 공개키다. '이산 로그(discrete logarithm) 찾기'로도 알려져 있는 역계산법은 $K$값을 안다는 가정하에 $k$값을 계산하는 과정인데, 가능한 $k$값을 모두 대입해 보는 것만큼 어렵다. 즉, 무차별적으로 값을 대입해서 찾는 식이다. 개인키로부터 공개키를 생성하는 방법을 설명하기 전에 타원곡선 암호학에 대해서 자세하게 알아보자.

> 타원곡선 곱셈법은 암호 사용자들이 '트랩 도어' 함수라고 부르는 함수의 일종이다. 이 함수는 한 방향으로의 계산(곱셈)은 쉬우나 반대 방향으로의 계산(나눗셈)은 불가능하다. 개인키 소유주들은 쉽게 공개키를 만들어서 전 세계와 공유한다. 사람들은 해당 함수의 역함수를 만들 수 없고 공개키로부터 개인키를 계산할 수 없다는 사실을 알고 있다. 이 수학적 트릭은 비트코인 자금의 소유권을 증명하는 디지털 서명을 위조 불가능하고 안전한 것으로 만들어 준다.

무작위로 생성된 숫자인 $k$라는 개인키를 출발점으로 해서 값에, 곡선 위에서 미리 정해진 값인 **생성 포인트** $G$를 곱해서 곡선상의 다른 곳에 위치한 포인트를 얻는다. 바로 이 포인트가 공개키인 $K$가 된다. 생성 포인트는 `secp256k1`의 일부로 명시되어 있고 비트코인의 모든 키에 대해 동일한 값을 가진다.

$$K = k \times G$$

여기에서 $k$는 개인키, $G$는 생성 포인트, $K$는 계산에 의해 나온 공개키로 곡선상의 한 점이다. 생성 포인트가 모든 비트코인 사용자들에게 항상 동일하기 때문에 개인키 $k$에 $G$를 곱하게 되면 항상 동일한 값의 공개키 $K$가 나오게 될 것이다. $k$와 $K$값의 관계는 고정되어 있지만, $k$값에서 $K$값 쪽으로의 일방향으로만 계산할 수 있다. 그래서 비트코인 주소($K$값에서 파생)는 누구와도 공유할 수 있지만 사용자의 개인키($k$)는 공유하지 않는다.

계산이 오직 한 방향으로만 작용하기 때문에 개인키는 공개키로 전환될 수 있지만 공개키는 개인키로 전환될 수 없다.

타원곡선 곱셈 함수를 실행하기 위해서는 이전에 계산되어 나온 값인 개인키 $k$값에 생성 포인트 $G$값을 곱해서 공개키 $K$를 구하면 된다.

```
K = 1E99423A4ED27608A15A2616A2B0E9E52CED330AC530EDCC32C8FFC6A526AEDD * G
```

공개키 $K$는 포인트 $K = (x, y)$으로 정의된다.

$$K = (x, y)$$

이 식에서,

```
where,

x = F028892BAD7ED57D2FB57BF33081D5CFCF6F9ED3D3D7F159C2E2FFF579DC341A
y = 07CF33DA18BD734C600B96A72BBC4749D5141C90EC8AC328AE52DDFE2E505BDB
```

정수 좌표인 한 점의 곱셈 함수를 가시화하기 위해서 실수 체계에서 사용하는 더 간단한 타원곡선을 사용하게 될 것이다. 계산법은 실수 체계와 동일하다는 점을 명심하라. 우리의 목적은 생성 포인트 $G$에 대해 여러 개의 $kG$를 찾는 것이다. $G$를 곡선에 대입한 후 계속해서 $k$번 더하는 과정은 동일하다. 곡선상 점을 대입시켜 해당 포인트에 대한 접선을 그려서 곡선과의 교차점을 찾고 x축에 대칭시킨다.

그림 4-4는 곡선상에서 기하학적인 방법을 통해 $G$, $2G$, $4G$를 구하는 과정이다.

많은 비트코인 구현체에서는 타원곡선 연산을 수행하기 위해 libsecp256k1 암호화 라이브러리(*https://oreil.ly/wD60m*)를 사용한다.

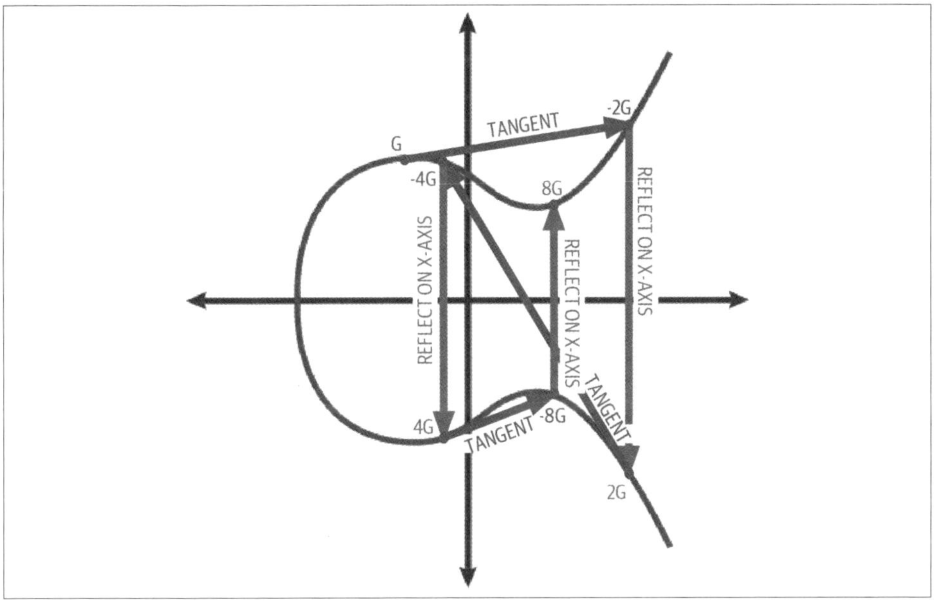


그림 4-4. 타원곡선 암호학: 곡선상에 있는 포인트 G와 정수 k의 곱을 가시화한 그림

## 출력값 스크립트와 입력값 스크립트

비트코인 백서에서 제시한 그림인 그림 4-1에서는 공개키(pubkeys)와 서명(sigs)이 직접 사용되는 것으로 보인다. 하지만 비트코인의 첫 번째 버전에서는 그 대신 **출력값 스크립트**(*output script*)라고 불리는 필드로 지불이 이루어지고, **입력값 스크립트**(*input script*)라고 불리는 필드로 비트코인의 사용이 승인되었다. 이 필드들은 서명이 공개키에 대응하는지 확인하는 작업 외에도(또는 대신에) 추가적인 연산을 수행할 수 있게 한다. 예를 들어, 출력값 스크립트는 2개의 공개키를 포함하고 지출 입력값 스크립트에 2개의 대응하는 서명이 필요하도록 요구할 수 있다.

나중에 219쪽의 '거래 스크립트와 스크립트 언어'에서 스크립트에 대해 자세히 배울 것이다. 지금은 비트코인이 공개키처럼 작동하는 출력값 스크립트로 받아지고, 비트코인 지출이 서명처럼 작동하는 입력값 스크립트에 의해 승인된다는 사실만 이해하면 된다.

## IP주소: 비트코인의 원 주소(P2PK)

앨리스가 자신의 비트코인 일부를 밥의 공개키 중 하나에 할당함으로써 밥에게 지불할 수 있다는 사실을 확인했다. 하지만 앨리스는 어떻게 밥의 공개키를 얻을 수 있을까? 밥이 그냥 복사본을 줄 수도 있지만, 114쪽의 '공개키'에서 다룬 공개키를 다시 살펴보자. 공개키가 꽤 길다는 사실을 알 수 있다. 밥이 그것을 앨리스에게 전화로 읽어 주려고 하는 장면을 상상해 보라.

```
x = F028892BAD7ED57D2FB57BF33081D5CFCF6F9ED3D3D7F159C2E2FFF579DC341A
y = 07CF33DA18BD734C600B96A72BBC4749D5141C90EC8AC328AE52DDFE2E505BDB
```

공개키를 직접 입력하는 대신, 초기 버전의 비트코인 소프트웨어에서는 그림 4-5에서 나와 있듯이 지불자가 수신자의 IP 주소를 입력할 수 있게 했다. IP 주소 사용에는 많은 문제가 있어서 이 기능은 나중에 제거되었지만 이에 대한 간단한 설명은 비트코인 프로토콜에 특정 기능들이 추가된 이유를 더 잘 이해하는 데 도움이 될 것이다.

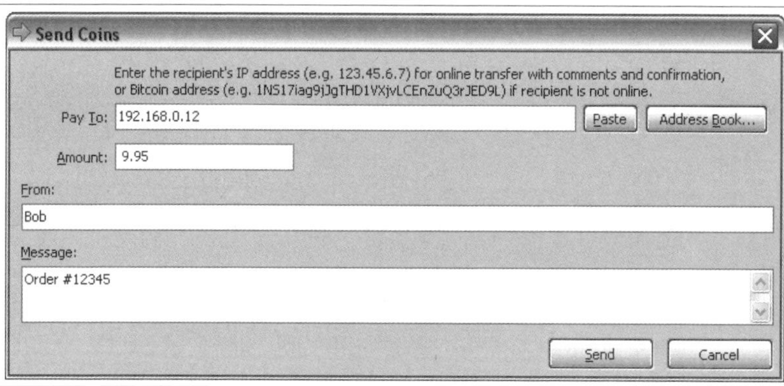


그림 4-5. 인터넷 아카이브를 통해 비트코인의 초기 버전에서 사용된 송금(전송) 화면

만약 앨리스가 비트코인 0.1 버전에서 밥의 IP 주소를 입력했다면, 그녀의 풀 노드는 밥의 전체 노드와의 연결을 설정하고 밥의 지갑으로부터 그의 노드가 이전에 누구에게도 주지 않았던 새로운 공개키를 받았을 것이다. 이것이 새로운 공개키라는 점은 중

요했다. 왜냐하면 이는 블록체인을 살펴보고 있던 누군가가 모든 거래가 동일한 공개키로 지불되었다는 사실을 알아차리고 밥에게 지불하는 서로 다른 거래들이 연결될 수 없도록 만들어 주기 때문이다.

밥의 노드로부터 받은 공개키를 사용하여, 앨리스의 지갑은 매우 간단한 출력값 스크립트를 지불하는 거래 출력값을 아래와 같이 구성할 것이다.

```
<Bob's public key> OP_CHECKSIG
```

밥은 나중에 그의 서명으로만 구성된 입력값 스크립트를 통해 해당 출력값을 사용할 수 있을 것이다.

```
<Bob's signature>
```

출력값 스크립트와 입력값 스크립트가 어떤 역할을 하는지 이해하기 위해, 당신은 그 둘을 함께 결합할 수 있다(입력값 스크립트 먼저). 그리고 각 데이터 조각(꺾쇠괄호로 표시)이 스택이라고 불리는 항목 목록의 맨 위에 놓이는 것에 주목하라. 스크립트가 연산코드(opcode)를 만나면 가장 위에 있는 항목부터 시작해서 스택의 항목들을 활용한다. 결합된 스크립트부터 시작하여 스크립트가 어떻게 작동하는지 살펴보자.

```
<Bob's signature> <Bob's public key> OP_CHECKSIG
```

위 스크립트에서, 밥의 서명이 스택에 놓이고, 그 위에 밥의 공개키가 놓인다. OP_CHECKSIG 연산은 두 요소를 소비하는데, 공개키부터 시작하여 서명을 따라가며 이들을 스택에서 제거한다. 이 연산은 서명이 공개키에 대응하는지 확인하고 거래의 다양한 필드들을 약정(서명)한다. 서명이 올바르면, OP_CHECKSIG는 자신을 스택에서 1의 값으로 대체하고, 서명이 올바르지 않으면 0으로 대체한다. 평가가 끝날 때 스택의 맨 위에 0이 아닌 항목이 있으면 스크립트가 통과한다. 거래의 모든 스크립트가 통과하고 거래에 대한 다른 모든 세부 사항이 유효하면, 전체 노드들은 해당 거래를 유효한 것으로 간주한다.

간단히 말해, 앞서 언급한 스크립트는 백서에서 설명된 것과 동일한 공개키와 서명을 사용하지만 2개의 스크립트 필드와 하나의 연산코드의 복잡성을 추가하게 된다. 여기서는 추가 작업처럼 보이지만, 다음 절에서 어떤 이점이 있는지 살펴볼 것이다.

이러한 유형의 출력값은 오늘날 '**공개키로의 지불**(*pay to public key*)' 또는 줄여서 P2PK로 알려져 있다. 이는 지불에 널리 사용된 적이 없으며, 널리 사용되는 프로그램 중에서도 IP 주소 지불을 지원하는 경우는 거의 10년 동안 없었다.

## P2PKH를 위한 레거시 주소

지불하고자 하는 사람의 IP 주소를 입력하는 것은 여러 가지 장점이 있지만, 단점도 존재한다. 한 가지 특별한 단점은 수신자가 자신의 IP 주소에서 지갑을 온라인 상태로 유지해야 하며, 외부 세계에서 접근 가능해야 한다는 것이다. 많은 사람들에게 이는 현실적으로 제약이 따른다. 그들은 밤에 컴퓨터를 끄고, 노트북은 절전 모드로 들어가며, 방화벽 뒤에 있거나 네트워크 주소 변환(NAT)을 사용하고 있다.

이는 다시 밥과 같은 수신자가 앨리스와 같은 지불자에게 긴 공개키를 제공해야 하는 문제로 돌아가게 한다. 초기 비트코인 개발자들이 알고 있던 가장 짧은 버전의 비트코인 공개키는 65바이트로, 16진수로 작성했을 때 130개의 문자가 나열됨을 의미한다. 그러나 비트코인 시스템의 다른 부분에서도 안전하게 참조되는 데 필요한 최소한의 데이터양을 사용한다 해도 이미 65바이트보다 훨씬 큰 여러 데이터 구조를 포함하고 있다.

비트코인은 이를 **해시 함수**로 해결한다. 해시 함수는 잠재적으로 큰 양의 데이터를 받아, 이를 뒤섞어(해시하여) 고정된 양의 데이터를 출력한다. 암호학적 해시 함수는 동일한 입력값이 주어졌을 때 항상 같은 출력값을 생성하며, 안전한 함수는 또한 누군가 이전에 본 출력값을 생성하는 다른 입력값을 선택하는 것을 실질적으로 불가능하게 만든다. 이는 출력값을 입력에 대한 **약정**으로 만든다. 즉, 오직 입력값 *x*만이 출력값 *X*

를 생성할 것이라는 약속인 셈이다.

예를 들어, 내가 당신에게 질문을 하고 동시에 당신은 그에 대한 답변을 바로 읽을 수 없는 형태로 하고 싶다고 상상해 보라. 질문이 "사토시 나카모토가 비트코인 작업을 시작한 연도는 언제인가요?"라고 가정해 보자. 이 질문에 대해 비트코인에서 가장 일반적으로 사용되는 함수인 SHA256 해시 함수의 출력값 형태로 다음과 같이 약정할 것이다.

```
94d7a772612c8f2f2ec609d41f5bd3d04a5aa1dfe3582f04af517d396a302e4e
```

그리고 당신은 위 질문에 대한 답을 추측해서 말한 후에 내 답변을 공개하고 나서, 해시 함수의 입력값으로 만들어진 내 답변이 내가 이전에 당신에게 준 것과 동일한 출력값을 정확하게 생성한다는 사실을 증명할 수 있다.

```
$ echo "2007. He said about a year and a half before Oct 2008" | sha256sum
94d7a772612c8f2f2ec609d41f5bd3d04a5aa1dfe3582f04af517d396a302e4e
```

이제 우리가 밥에게 "당신의 공개키는 무엇인가요?"라고 묻는다고 상상해 보라. 밥은 해시 함수를 사용하여 자신의 공개키에 대해 암호학적으로 안전한 약정을 우리에게 줄 수 있다. 나중에 그가 자신의 키를 공개하고, 우리가 그것이 이전에 그가 우리에게 준 약속과 같은 결과를 만들어 내는지 확인한다면, 우리는 그것이 이전 약정을 만드는 데 사용된 것과 정확히 같은 키라는 것을 확신할 수 있다.

SHA256 해시 함수는 매우 안전한 것으로 간주되며 256비트(32바이트)의 출력값을 생성하는데, 이는 원래 비트코인 공개키 크기의 절반 미만이다. 하지만 RIPEMD-160 해시 함수와 같이 약간 덜 안전하지만 더 작은 출력을 생성하는 다른 해시 함수들도 존재한다. RIPEMD-160 의 출력값은 160비트(20바이트)다.

사토시 나카모토가 그 이유를 밝히지 않은 채, 비트코인 시스템의 원래 버전은 먼저 SHA256으로 키를 해시하고 그 출력값을 RIPEMD-160 으로 다시 해시하여 공개키를 약정했다. 이로 인해 20바이트 크기의 공개키 약정을 생성했다. 이를 알고리즘의 관점에서 살펴볼 수 있다. 공개키 *K*로 시작하여, SHA256 해시를 계산한 다음 해당 결과의 RIPEMD-160 해시를 계산하여 160비트(20바이트)의 숫자를 다음과 같이 생성한다.

$$A = RIPEMD160(SHA256(K))$$

여기서 *K*는 공개키이고 *A*는 결과로 나온 약정이다.

이제 공개키에 대한 약정을 만드는 방법을 이해했으니, 이를 거래에서 어떻게 사용할지 알아내야 한다. 다음의 출력값 스크립트를 살펴보자.

```
OP_DUP OP_HASH160 <Bob's commitment> OP_EQUAL OP_CHECKSIG
```

그리고 다음과 같은 입력값 스크립트도 살펴보자.

```
<Bob's signature> <Bob's public key>
```

이와 함께 다음과 같은 스크립트도 형성한다.

```
<sig> <pubkey> OP_DUP OP_HASH160 <commitment> OP_EQUALVERIFY OP_CHECKSIG
```

118쪽의 "IP 주소: 비트코인의 원 주소(P2PK)"에서 했던 것처럼, 이제 스택 위에 항목들을 넣기 시작한다. 밥의 서명이 먼저 들어가고, 그의 공개키가 그 위에 놓인다. `OP_DUP` 연산은 최상위 항목을 복제하므로, 이제 스택의 최상위와 그 바로 아래 항목 모두가 밥의 공개키다. `OP_HASH160` 연산은 최상위 공개키를 소비(제거)하고 이를 `RIPEMD160(SHA256(K))`로 해싱한 결과로 대체한다. 따라서 이제 스택의 최상위에는 밥의 공개키의 해시가 있게 된다. 다음으로, 밥의 공개키에 대한 약정이 스택의 최상위에 추가된다. `OP_EQUALVERIFY` 연산은 최상위 두 항목을 소비하고 이들이 동일한지 확인한다. 이때, 밥이 입력값 스크립트에서 제공한 공개키가 앨리스가 지불한 출력값 스크립트의 약정을 만드는 데 사용된 것과 동일한 공개키여야 한다. OP_EQUALVERIFY가 실패하면 전체 스크립트가 실패한다. 마지막으로 밥의 서명과 그의 공개키만 포함하는 스택이 남게 된다. OP_CHECKSIG 연산코드는 이들이 서로 일치하는지, 그리고 서명이 해당 거래를 약정하는지 여부를 확인한다.

공개키 해시로의 지불(P2PKH) 과정이 복잡해 보일 수 있지만, 이는 앨리스가 밥에게 지불할 때 그의 공개키에 대한 20바이트 크기의 약정이 포함될 수 있게 한다. 비트코인 버전에서는 이 키가 65바이트였을 것이다. 이는 밥이 앨리스에게 전달해야 할 데이터가 훨씬 적다는 것을 의미한다.

하지만 이 책에서는 아직 밥이 어떻게 이 20바이트를 자신의 비트코인 지갑에서 앨리스의 지갑으로 전달하는지에 대해 이야기하지 않았다. 16진수처럼 바이트 값에 대해 일반적으로 사용되는 인코딩이 있긴 하지만, 약정을 복사하는 과정에서 어떤 실수가 발생하게 된다면 해당 비트코인이 사용 불가능한 출력값으로 전송되어 영원히 손실될 수 있다. 다음 절에서는 간결한 인코딩과 신뢰할 수 있는 검사합(checksum)에 대해 살펴보자.

## Base58check 인코딩

부호를 많이 사용하지 않는 컴퓨터 시스템 내에서 길이가 긴 숫자열을 압축해서 표현하려면 10 이상의 기저(혹은 기수)를 가진 숫자와 문자를 혼합해서 사용한다. 예를 들어, 전통적인 10진법 체계에서는 0에서 9까지 10개의 숫자를 사용하는 반면 16진법에서는 10개의 숫자와 6개의 부호(A에서 F까지) 등 총 16개를 사용한다. 16진법 포맷으로 표현된 숫자는 10진법으로 표현된 숫자보다 길이가 짧아진다. 여기서 더 숫자의 길이를 압축하려면 base64(64진법)로 표현하면 된다. base64는 소문자 26개와 대문자 26개, 숫자 10개, '+'와 '/' 등 특수문자 2개로 구성되어 2진법 데이터를 이메일 등 텍스트 기반 미디어로 전송하는 역할을 한다.

base64와 비슷한 base58은 대문자와 소문자, 숫자 등을 사용하지만 자주 실수가 발생하거나 특정 글자체에서는 동일하게 보일 가능성이 있는 몇몇 문자들은 생략한다. 즉, base58은 0(숫자 영), O(대문자 o), l(소문자 L), I(대문자 i)와 '+', '/' 등의 부호를 쓰지 않은 base64라고 생각하면 쉽다. 더 간단하게 설명하자면 위에서 언급한 네 가지 문자(0, O, l, I)를 제외한 대문자와 소문자, 숫자를 사용한다. 예시 4-2에서는 base58 알파벳 전체를 보여 준다.

**예시 4-2. 비트코인의 base58 알파벳**

```
123456789ABCDEFGHJKLMNPQRSTUVWXYZabcdefghijkmnopqrstuvwxyz
```

오자나 전사 오류에 대한 추가 보안을 설정하기 위해 base58check는 base58 알파벳으로 인코딩된 **검사합**을 포함한다. 검사합이란 인코딩되고 있는 데이터의 끝부분에 추가되는 4바이트 크기의 중복 검사다. 검사합은 인코딩된 데이터의 해시로부터 생성되기 때문에 데이터 입력 및 타이핑 오류를 감지하는 데 사용될 수 있다. base58check 코드가 제시되면, 디코딩 소프트웨어는 해당 데이터의 검사합을 계산하고 base58check 코드에 들어 있는 검사합과 비교하게 된다. 두 검사합 값이 일치하지 않으면 오류가 발생하고 해당 base58check 데이터는 유효하지 않게 된다. 이는 잘못 입력된 비트코인 주소가 지갑 소프트웨어에 의해 유효한 목적지로 받아들여지는 것을 방지하며, 그렇지 않으면 오류가 나서 자금 손실로 이어지게 된다.

데이터(숫자)를 base58check 포맷으로 전환하기 위해서는 우선 데이터에 '버전 바이트(version byte)'라고 불리는 접두부를 붙여야 한다. 버전 바이트의 역할은 인코딩된 데이터 유형을 쉽게 찾아볼 수 있도록 해 준다. 예를 들어 비트코인의 경우 접두부는 0(16진법으로는 0x00)이고, 개인키를 인코딩 할 때 사용된 접두부는 128(16진법으로는 0x80)이다. 예를 들어, 접두사 0(16진법으로 0x00)은 해당 데이터가 레거시 P2PKH 출력값 스크립트 내에서 약정(해시)으로 사용되어야 함을 나타낸다. 자주 사용되는 접두부 목록은 표 4-1에 나와 있다.

다음으로 '이중-SHA(double-SHA)' 검사합을 산출한다. 이 작업의 의미는 이전 결과값(접두부와 데이터)에 대해 SHA256 해시 알고리즘을 두 번 적용했다는 뜻이다.

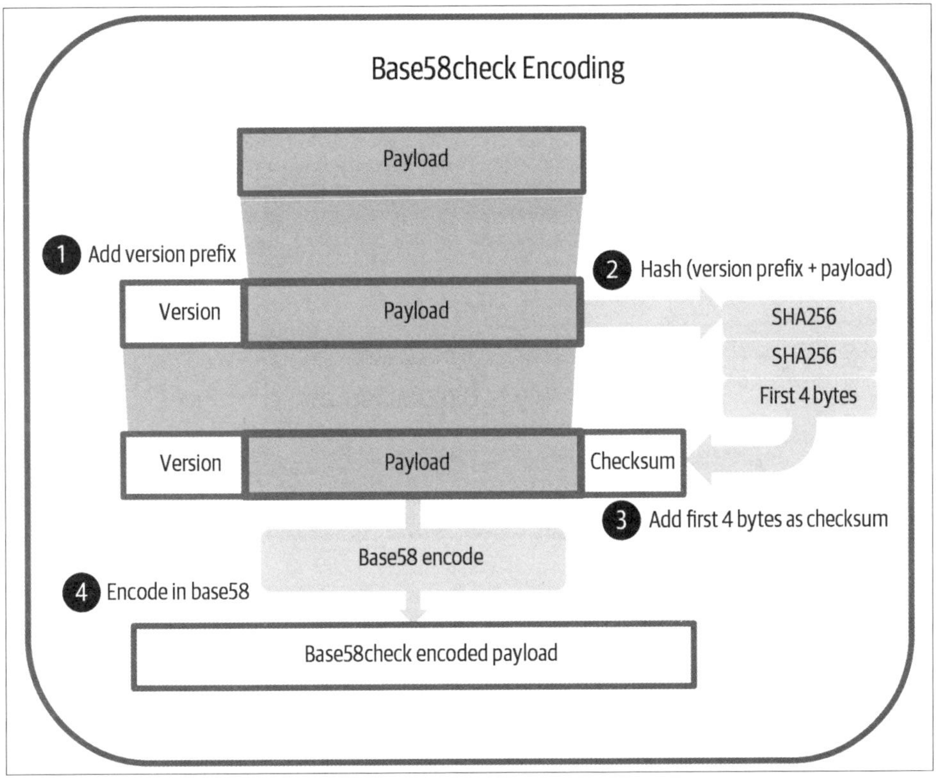


그림 4-6. Base58Check 인코딩: 분명하게 인코딩된 비트코인 데이터에 접두부와 검사합을 붙이는 Base58

```
checksum = SHA256(SHA256(prefix+data))
```

결과값으로 나온 32비트의 해시에서 첫 4바이트만을 따온다. 이 4바이트가 오류 검사 코드 즉 검사합 역할을 한다. 검사합을 끝부분에 연결한다(덧붙인다).

결과값은 접두부, 데이터, 검사합 이렇게 세 부분으로 구성된다. 이 결과값을 앞에서 설명한 base58 알파벳을 가지고 인코딩한다. 그림 4-6은 base58check의 인코딩 과정을 설명하고 있다.

비트코인에서 사용자들에게 제공되는 데이터는 대부분 간결하고 읽기 쉬우며 에러를 쉽게 발견하게 해 주는 base58check로 인코딩된다. base58check 인코딩에서 버전 접두부(version prefix)는 포맷을 쉽게 구분하기 위해서 사용되며, base58 내에서 인코딩되

표 4-1. base58check의 version prefix와 인코딩된 결과값 예시

| 유형 | 버전 접두부(16진법) | Base58 접두부 결과값 |
|---|---|---|
| 공개키 해시로의 지불(P2PKH) 주소 | 0x00 | 1 |
| 스크립트 해시로의 지불(P2SH) 주소 | 0x05 | 3 |
| P2PKH 테스트넷 주소 | 0x6F | m 혹은 n |
| P2SH 테스트넷 주소 | 0x80 | 2 |
| 개인키 WIF | 0x0142 | 5, K 혹은 L |
| BIP32 확장 공개키 | 0x0488B21E | xpub |

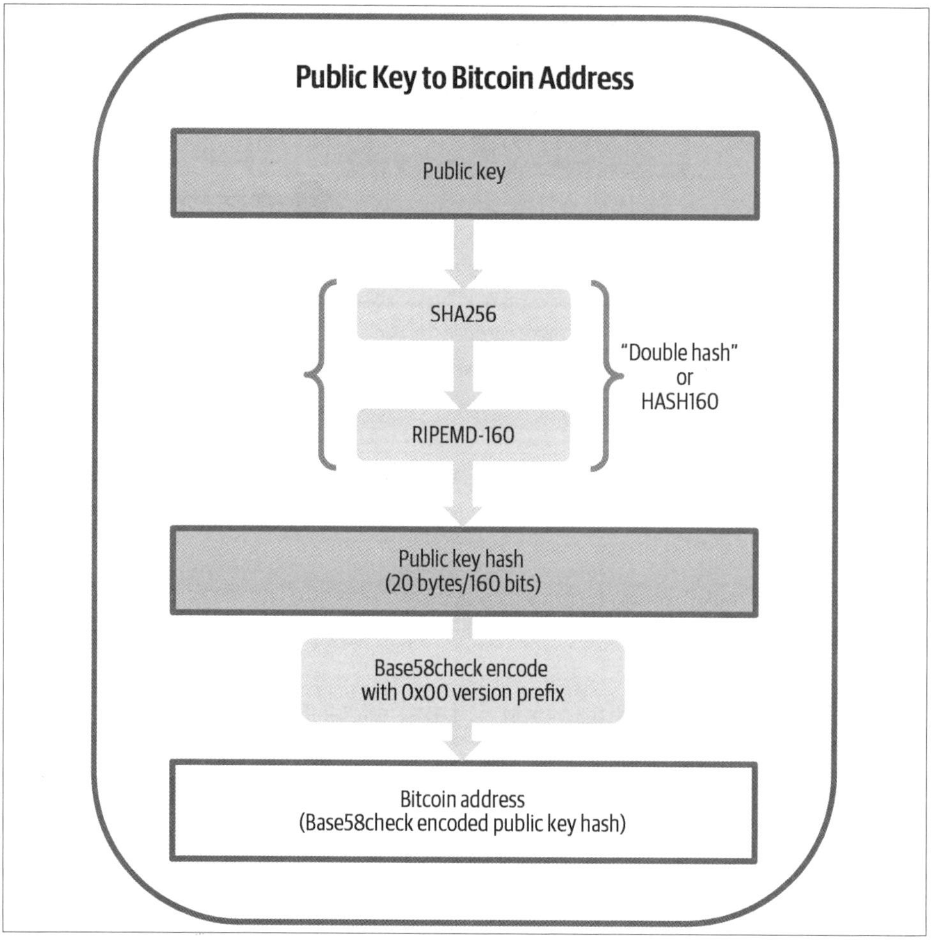


그림 4-7. 공개키에서 비트코인 주소까지: 공개키가 비트코인 주소로 전환되는 과정

는 경우 base58check로 인코딩된 페이로드의 시작 부분에 특정 문자를 포함하게 된다. 이 특정 문자들 덕분에 사용자들은 인코딩되는 데이터의 유형을 파악해서 어떻게 활용할지에 대해 파악할 수 있다. 예를 들어, 이 문자들을 보고 base58check로 인코딩된 비트코인 주소(1로 시작)와 base58check로 인코딩된 개인키 WIF(5로 시작)를 구분할 수 있다. 버전 접두부와 그 결과값인 base58 문자들의 몇 가지 예가 표 4-1에 나와 있다.

그림 4-7은 공개키, 해시 기반 약정, 그리고 base58check 인코딩을 결합하여 공개키가 비트코인 주소로 변환되는 과정이다.

## 압축 공개키

비트코인이 처음 만들어졌을 때, 개발자들은 65바이트 크기의 공개키만 만들 수 있었다. 그러나 나중에 한 개발자가 33바이트만 사용하는 대체 공개키 인코딩 방식을 알게 되었고, 이는 당시의 모든 비트코인 전체 노드와 하위 호환이 되어 비트코인 프로토콜을 변경할 필요가 없었다. 이 33바이트 크기의 공개키를 **압축 공개키**, 원래의 65바이트 크기의 공개키를 **비압축 공개키**라고 한다. 더 작은 크기의 공개키를 사용하면 거래 크기가 줄어들어 같은 블록에서 더 많은 지불이 가능해진다.

114쪽의 '공개키'에 나와 있는 내용처럼 공개키는 타원곡선상의 한 점(x, y)이다. 곡선은 수학 함수를 표현하고 있기 때문에 곡선상 존재하는 점은 해당 함수 방정식에 대한 답을 의미하기도 한다. 따라서 x좌표만 알면 방정식 $y^2 \bmod p = (x^3 + 7) \bmod p$를 풀어서 y좌표를 계산할 수 있다. 이러한 방식 덕분에 공개키 포인트의 x좌표만 저장하고 y좌표는 생략해서 공개키의 크기 및 공개키를 저장하는 데 필요한 공간 중 256비트를 줄일 수 있다. 모든 거래에서 크기가 약 50% 감소하게 되면 시간이 지날수록 많은 데이터 공간을 절약할 수 있다.

114쪽의 '공개키'에 나와 있는 것처럼, 이전에 생성된 개인키로 만들어지는 공개키는 아래와 같다.

```
x = F028892BAD7ED57D2FB57BF33081D5CFCF6F9ED3D3D7F159C2E2FFF579DC341A
y = 07CF33DA18BD734C600B96A72BBC4749D5141C90EC8AC328AE52DDFE2E505BDB
```

동일한 공개키가 520비트의 숫자 한 개(16진수 130개)와 접두부 `04` 그 뒤에 따라 나오는 x와 y(`04 x y` 형식)로 이루어진 좌표로 나와 있다.

```
K = 04F028892BAD7ED57D2FB57BF33081D5CFCF6F9ED3D3D7F159C2E2FFF579DC341A\
    07CF33DA18BD734C600B96A72BBC4749D5141C90EC8AC328AE52DDFE2E505BDB
```

비압축 공개키는 `04`를 접두부로 쓰는 반면 압축 공개키는 `02`나 `03`으로 시작한다. 왜 접두부를 두 가지로 쓸 수 있는지에 대해 살펴보자. 방정식의 왼쪽에는 $y^2$항이 있고 이것이 의미하는 바는 y값이 제곱근이라는 것이다. 즉, 양의 값과 음의 값을 동시에 가지기 때문에 접두부가 2개가 될 수 있다. 그래프상에서 보면 y값이 하나는 x축 위쪽에 있고 하나는 x축 아래쪽에 위치한다. 그림 4-2에 나와 있는 타원곡선 그래프에서도 볼 수 있지만, 이 타원곡선은 대칭을 이루고 있다. 즉, x축을 기준으로 거울처럼 반사된다. 따라서 *y*좌표를 생략할 수는 있지만 *y*값의 **부호**(양 혹은 음)는 저장해야 한다. 다시 말해 y값이 x축 위쪽에 있는지 아래쪽에 있는지 기억해야 한다. 왜냐하면 각각의 옵션에 따라 다른 포인트와 다른 공개키를 표현하기 때문이다. 소수 위수 p의 유한 체제상에서 2진법 연산의 타원곡선을 계산하는 경우 *y*좌표는 짝수이거나 홀수다. 이 값들은 위에서 설명한 양수/음수에 각각 대응된다. 따라서 *y*에 대해 가능한 두 가지 값을 구분하기 위해서 우리는 *y*값이 짝수일 경우에는 접두부를 `02`로, 음수일 경우에는 `03`으로 압축 공개키를 저장해서 소프트웨어가 *x*좌표로부터 *y*좌표를 정확하게 추론하고 공개키를 해당 포인트의 좌표로 다시 풀 수 있도록 한다. 공개키 압축 과정은 그림 4-8에 나와 있다.

114쪽의 '공개키'에서 생성된 키는 이전에 생성된 공개키와 동일한 것이다. 264비트(16진수 66개)의 압축 공개키로 접두부가 `03`이기 때문에 *y*좌표가 홀수라는 점을 알 수 있다.

```
K = 03F028892BAD7ED57D2FB57BF33081D5CFCF6F9ED3D3D7F159C2E2FFF579DC341A
```

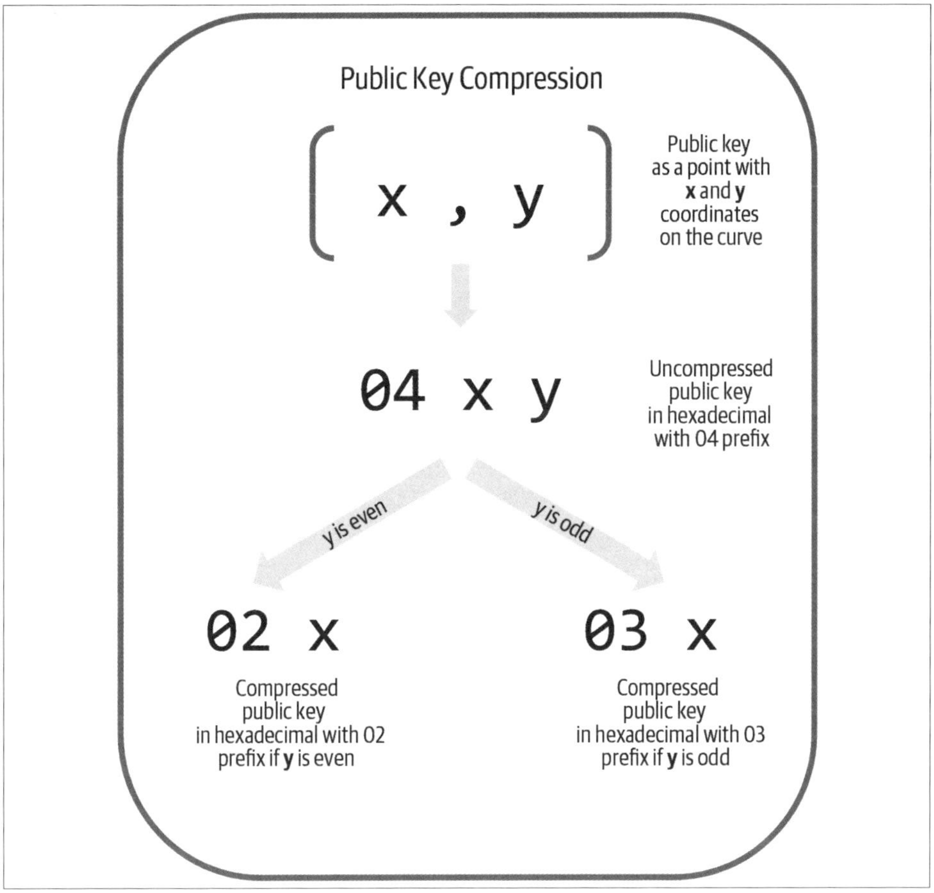


그림 4-8. 공개키 압축

이 압축 공개키는 동일한 개인키에 대응한다. 이는 동일한 개인키로부터 생성되었다는 것을 뜻한다. 하지만 압축 공개키는 비압축 공개키와 달라 보인다. 더욱 중요한 사실은 이 압축 공개키를 이중 해시 함수(`RIPEMD160(SHA256(K))`)를 이용해서 비트코인 주소로 전환하게 되면 비압축 공개키의 비트코인 주소와 **다르게** 생성될 것이다. 이 부분이 이해가 가지 않을 수도 있다. 왜냐하면 개인키 하나에서 두 가지 다른 포맷(압축과 비압축)으로 표현되는 공개키가 생성되고 그에 따라 두 가지 다른 비트코인 주소가 생성된다는 것을 의미하기 때문이다. 하지만 개인키는 이 두 가지 비트코인 주소에서 동일하다고 보면 된다.

압축 공개키는 현재 거의 모든 비트코인 소프트웨어에서 디폴트 값이며, 이후 프로토콜 업그레이드에서 추가된 특정 새로운 기능을 사용할 때 압축 공개키는 필수적이었다.

그러나 일부 소프트웨어, 예를 들어 오래된 지갑에서 개인키를 가져오는 지갑 어플리케이션과 같은 경우에는 여전히 비압축 공개키를 지원해야 한다. 새 지갑이 블록체인에서 오래된 P2PKH 출력값과 입력값을 스캔할 때, 65바이트 키(및 해당 키에 대한 약정)를 스캔해야 할지 33바이트 키(및 해당 약정)를 스캔해야 할지 알아야 한다. 올바른 유형을 스캔하지 못하면 사용자가 전체 잔액을 사용하지 못하게 될 수 있기 때문이다. 이 문제를 해결하기 위해, 지갑에서 개인키를 내보낼 때, 이를 나타내는 데 사용되는 WIF는 새로운 비트코인 지갑에서 약간 다르게 구현된다. 이는 해당 개인키가 압축 공개키를 생성하는 데 사용되었음을 나타낸다.

## 레거시 P2SH

앞선 절에서 보았듯이, 비트코인을 받는 사람(밥)은 자신에게 보내지는 지불에 특정 제약 조건을 출력값 스크립트에 포함하도록 요구할 수 있다. 해당 비트코인을 사용할 때 밥은 입력값 스크립트를 통해 이러한 제약 조건을 충족시켜야 한다. 118쪽의 "IP 주소: 비트코인의 원 주소(P2PK)"에서, 제약 조건은 단순히 입력값 스크립트가 적절한 서명을 제공해야 한다는 것이었다. 120쪽의 "P2PKH를 위한 레거시 주소"에서는 적절한 공개키도 제공되어야 했다.

지불자(앨리스)가 밥이 원하는 제약 조건을 그에게 지불하는 데 사용하는 출력값 스크립트에 포함시키려면, 밥은 이러한 제약 조건을 그녀에게 전달해야 한다. 이는 밥이 자신의 공개키를 앨리스에게 전달해야 하는 문제와 유사하다. 공개키의 크기가 상당히 클 수 있는 것처럼, 밥이 사용하는 제약 조건도 꽤 클 수 있다. 어쩌면 수천 바이트에 달할 수도 있다. 수천 바이트라 함은 앨리스에게 전달되어야 할 크기를 의미할 뿐만 아니라, 그녀가 밥에게 돈을 지불하고 싶을 때마다 지불해야 하는 거래 수수료에 대한 크기를 의미하기도 한다. 하지만 해시 함수를 사용하여 큰 양의 데이터에 대해 작은 크기의 약정을 만든다는 해결책이 여기에도 적용된다.

2012년의 BIP-16 비트코인 프로토콜 업그레이드는 출력값 스크립트가 **상환 스크립트**(**리딤 스크립트**)에 대한 약정을 포함할 수 있게 한다. 밥이 자신의 비트코인을 사용할 때, 그의 입력값 스크립트는 약정과 일치하는 리딤 스크립트를 제공해야 하며, 또한 리딤 스크립트를 만족시키는 데 필요한 모든 데이터(서명 등)를 제공해야 한다. 먼저 밥이 본인의 비트코인을 사용하기 위해 2개의 서명을 요구하길 원한다고 생각해 보자. 하나는 그의 데스크톱 지갑에서의 서명이고, 다른 하나는 하드웨어 서명 장치에서의 서명이다. 그는 이러한 조건들을 리딤 스크립트에 아래와 같이 포함시킨다.

```
<public key 1> OP_CHECKSIGVERIFY <public key 2> OP_CHECKSIG
```

그다음 밥은 P2PKH 약정에 사용된 것과 동일한 HASH160 메커니즘, 즉 `RIPEMD160(SHA256(script))`를 사용하여 리딤 스크립트에 대한 약정을 만든다. 해당 약정은 특별한 템플릿을 사용하여 다음과 같이 출력값 스크립트에 배치된다.

```
OP_HASH160 <commitment> OP_EQUAL
```

> 스크립트 해시로의 지불(P2SH)을 사용할 때, 출력값 스크립트에 추가 데이터나 조건 없이 특정 P2SH 템플릿을 정확히 사용해야 한다. 만약 출력값 스크립트가 정확히 `OP_HASH160` ⟨20바이트⟩ `OP_EQUAL`이 아니라면, 리딤 스크립트는 사용되지 않을 것이며, 비트코인은 사용 불가능하거나 누구나 사용할 수 있게 될 가능성이 있다(누구나 해당 금액을 가져갈 수 있다는 의미).

밥이 자신의 스크립트에 대한 약정으로 받은 지불을 사용하려 할 때, 그는 리딤 스크립트를 포함하는 입력값 스크립트를 사용하며, 해당 스크립트는 단일 데이터 요소로 직렬화된다. 또한 그는 리딤 스크립트를 만족시키는 데 필요한 서명들을 제공하며,

이들을 연산코드에 의해 소비될 순서대로 배치한다.

```
<signature2> <signature1> <redeem script>
```

비트코인 풀 노드들이 밥의 지출을 받으면, 그들은 직렬화된 리딤 스크립트의 해시가 약정과 동일한지 검증한다. 그런 다음 스택에서 이를 역직렬화된 값으로 대체한다.

```
<signature2> <signature1> <pubkey1> OP_CHECKSIGVERIFY <pubkey2> OP_CHECKSIG
```

스크립트가 실행되고, 만약 이것이 통과되고 다른 모든 거래의 세부사항이 올바르다면, 해당 거래는 유효하다.

P2SH를 위한 주소도 base58check로 생성된다. 버전 접두사는 5로 설정되며, 이는 3으로 시작하는 인코딩된 주소를 생성한다. P2SH 주소의 예는 `3F6i6kwkevjR7AsAd4te2YB2zZyASEm1HM`이다.

> P2SH가 반드시 다중서명 거래와 동일한 것은 아니다. P2SH 주소는 대부분 다중서명 스크립트를 나타내지만, 다른 유형의 거래를 인코딩하는 스크립트를 나타낼 수도 있다.

P2PKH와 P2SH는 base58check 인코딩과 함께 사용되는 유일한 두 가지 스크립트 템플릿이다. 이들은 이제 레거시 주소로 알려져 있으며 시간이 지남에 따라 덜 흔해졌다. 레거시 주소는 bech32 계열의 주소로 대체되었다.

#### P2SH 충돌 공격

해시 함수에 기반한 모든 주소는 이론적으로 공격자가 해시 함수 출력(약정)을 생성한 동일한 입력값을 독립적으로 찾아내는 취약점에 노출될 수 있다. 비트코인의 경우, 만약 공격자가 원래 사용자와 같은 방식으로 입력값을 찾아낸다면, 사용자의 개인키를 알게 되어 그 사용자의 비트코인을 사용할 수 있게 된다. 공격자가 독립적으로 기존 약정에 대한 입력값을 생성할 확률은 해시 알고리즘의 강도(strength)에 비례한다. HASH160과 같은 안전한 160비트 크기의 알고리즘의 경우, 그 확률은 $2^{160}$분의 1이다. 이를 **프리이미지 공격**(*preimage attack*)이라고 한다.

공격자가 동일한 약정을 생성하는 2개의 서로 다른 입력값(예: 리딤 스크립트)을 생성하려 할 수도 있다. 전적으로 단일 당사자에 의해 생성된 주소의 경우, 공격자가 기존 약정에 대해 다른 입력값을 생성할 확률도 HASH160 알고리즘에 대해 약 $2^{160}$분의 1이다. 이를 **제2의 프리이미지 공격**이라고 한다.

그러나 공격자가 원래의 입력값에 영향을 미칠 수 있을 때 이 확률은 변경된다. 예를 들어, 공격자가 다중서명 스크립트 생성에 참여하여 다른 모든 당사자의 공개키를 알게 된 후에야 자신의 공개키를 제출할 필요가 없게 되는 경우가 있다. 이때, 해시 알고리즘의 강도는 제곱근으로 감소한다. 따라서 HASH160의 경우, 확률은 $2^{80}$분의 1이 된다. 이를 **충돌 공격**(*collision attack*)이라고 한다.

이 수치들을 놓고 살펴보면, 2023년 초 기준으로 모든 비트코인 채굴자들을 합쳐 매시간 약 $2^{80}$개의 해시 함수가 실행된다. 그들은 HASH160과는 다른 해시 함수를 사용하므로 그들의 기존 하드웨어로는 HASH160에 대한 충돌 공격을 생성할 수 없지만, 비트코인 네트워크의 존재 자체가 HASH160과 같은 160비트 함수에 대한 충돌 공격이 실용적임을 증명한다. 비트코인 채굴자들은 특수 하드웨어에 수십억 달러에 해당하는 비용을 지출했으므로, 충돌 공격을 만드는 것이 저렴한 비용이 들었다고 할 수는 없지만 여러 당사자가 관여하는 프로세스로 생성된 주소로 수십억 달러의 비트코인을 받을 것으로 예상하는 조직들이 있기 때문에 이러한 공격은 수익성이 있을 수 있다.

충돌 공격을 방지하기 위해 잘 정립된 암호화 프로토콜이 있지만, 지갑 개발자들의 특별한 지식 없이도 활용할 수 있는 간단한 해결책은 더 강력한 해시 함수를 사용하는 것이다. 비트코인의 후속 업그레이드로 이 방법이 가능해졌고, 새로운 비트코인 주소는 최소 128비트의 충돌 저항성(collision resistance)을 제공한다. $2^{128}$개의 해시 연산을 수행하려면 현재의 모든 비트코인 채굴자들에게 약 320억 년이 걸릴 것이다.

새로운 P2SH 주소를 만드는 사람들에게 당장의 위협이 있다고 생각되지는 않지만, 모든 새로운 지갑이 주소 충돌 공격에 대한 우려를 없애기 위해 새로운 유형의 주소를 사용할 것을 권장한다.

## Bech32 주소

비트코인 프로토콜이 2017년 업그레이드되었다. 이를 통해, 지출하는 사용자(또는 여러 서명이 필요한 경우 서명자들의 정족수)의 동의 없이 거래 식별자(txids)가 변경되는 상황이 방지된다. **분리 서명**(*segregated witness*, 줄여서 **세그윗**)이라 불리는 이 업그레이드는 또한 블록 내 거래 데이터를 위한 추가 용량을 비롯한 여러 다른 이점을 제공했다. 그러나 세그윗의 이점에 직접 접근하고자 하는 사용자들은 새로운 출력값 스크립트로의 지불을 받아들여야 했다.

234쪽의 "Pay to Script Hash"에서 언급하겠지만 P2SH 출력값 유형의 장점 중 하나는 지출자(예: 앨리스)가 수신자(예: 밥)가 사용하는 스크립트의 세부 사항을 알 필요가 없다는 것이었다. 세그윗 업그레이드는 이 메커니즘을 사용하도록 설계되어, 사용자들이 P2SH 주소를 사용함으로써 즉시 많은 새로운 이점에 접근할 수 있게 했다. 하지만 밥이 이 모든 이점에 접근하려면, 앨리스의 지갑이 다른 유형의 스크립트를 사용하여 그에게 지불해야 할 것이다. 이는 앨리스의 지갑이 새로운 스크립트를 지원하도록 업그레이드해야 함을 의미한다.

처음에 비트코인 개발자들은 BIP-142를 제안했는데, 이는 P2SH 업그레이드와 유사하게 새로운 버전 바이트와 함께 base58check를 계속 사용하는 것이었다. 그러나 모든 지갑이 새로운 base58check 버전으로 새 스크립트로 업그레이드하도록 하는 것은 완전히 새로운 주소 형식으로 업그레이드하도록 하는 것만큼이나 많은 작업이 필요할 것으로 예상되었다. 그래서 여러 비트코인 기여자들이 가능한 최선의 주소 형식을 설계하기 시작했다. 그들은 base58check의 아래와 같은 여러 문제점을 확인했다.

- base58check의 대소문자 혼합 표현은 소리 내어 읽거나 전사하기에 불편했다. 4장에 나온 레거시 주소 중 하나를 친구에게 읽어 주고 그들이 받아 적게 해 보라. 각 글자 앞에 '대문자'와 '소문자'라는 단어를 붙여야 하는 것에 주목할 것. 또한, 손으로 직접 쓴 주소를 검토할 때 일부 글자의 대문자와 소문자 버전이 많은 사람들의 필체에서 유사하게 보일 수 있다는 점에 주목하라.

- base58check에서는 오류를 감지할 수 있지만, 사용자가 그 오류를 수정하는 데 도움을 줄 수는 없다. 예를 들어, 주소를 수동으로 입력할 때 실수로 두 문자의 위치를 바꾸면, 여러분의 지갑은 거의 확실히 실수가 있다고 경고할 것이다. 하지만 오류가 어디에 있는지 파악하는 데 도움을 주지는 않는다. 결국 그 실수를 발견하기까지 걸리는 몇 분 동안 좌절감을 맛볼 수 있다.
- 대소문자가 혼합된 알파벳은 QR 코드로 인코딩할 때 추가 공간을 필요로 한다. QR 코드는 지갑 간에 주소와 청구서를 공유하는 데 일반적으로 사용된다. 이 추가 공간으로 인해 QR 코드는 동일한 해상도에서 더 커져야 하거나, 그렇지 않으면 빠르게 스캔하기 어려워진다.
- P2SH, 세그윗 등과 같은 새로운 프로토콜 기능을 지원하기 위해서는 모든 지출자 지갑에서 업그레이드가 필요하다. 업그레이드 자체는 많은 코드를 필요로 하지 않을 수 있지만, 경험상 많은 지갑 개발자들이 다른 작업으로 바쁘기 때문에 때로는 수년 동안 업그레이드가 지연될 수 있다. 이는 새로운 기능을 사용하고자 하는 모든 사람들에게 불리한 영향을 미친다.

세그윗을 위한 주소 형식 개발에 참여한 개발자들은 bech32('ch'는 'besh thirty-two'처럼 부드럽게 발음)라고 불리는 새로운 주소 형식에서 이러한 문제들에 대한 해결책을 찾았다. 'bech'는 BCH를 나타내며, 이는 1959년과 1960년에 bech32의 기반이 되는 순환 코드를 발견한 세 사람의 이니셜이다. '32'는 bech32 알파벳의 문자 수를 나타낸다(base58check의 58과 유사).

- bech32는 숫자와 단일 대소문자의 문자만을 사용한다(가급적 소문자로 표시). bech32 알파벳의 크기가 base58check 알파벳의 거의 절반임에도 불구하고, '서명 공개키 해시로의 지불(P2WPKH)' 스크립트를 위한 bech32 주소는 동등한 P2PKH 스크립트를 위한 레거시 주소보다 조금 더 길 뿐이다.
- bech32는 오류를 감지하고 수정하는 데 도움을 줄 수 있다. 예상된 길이의 주소에서, 4개 이하의 문자에 영향을 미치는 어떤 오류도 감지할 수 있다고 계산상으

로는 보장된다. 이는 base58check보다 bech23을 더 신뢰할 수 있음을 의미한다. 길이가 더 긴 오류의 경우, 10억 분의 1 미만의 확률로 오류를 감지하지 못할 수 있는데, 이는 대략 base58check와 동일한 수준의 신뢰도다. 더욱 좋은 점은, 입력된 주소에 오류가 몇 개 없는 경우, 사용자에게 해당 오류가 발생한 위치를 알려줄 수 있어 사소한 전사 실수를 빠르게 수정할 수 있다. 오류가 포함된 주소 입력의 예시는 예시 4-3을 참조하라.

#### 예시 4-3. Bech32 오류 탐지

주소: *bc1p9nh05ha8wrljf7ru236awn4t2x0d5ctkkywmv9sclnm4t0av2vgs4k3au7*

감지된 오류는 굵은 글씨와 밑줄로 표시되며, bech32 주소 디코더 데모를 사용하여 생성되었다(*https://oreil.ly/paWIx*).

| | |
|---|---|
| bc1p9nh05ha | BC1P9NH05HA |
| 8wrljf7ru23 | 8WRLJF7RU23 |
| 6awm4t2x0d5 | 6AWM4T2X0D5 |
| ctkkywmu9sc | CTKKYWMU9SC |
| lnm4t0av2vg | LNM4T0AV2VG |
| s4k3au7 | S4K3AU7 |

그림 4-9. 동일한 bech32 주소가 소문자와 대문자로 QR 인코딩된 모습

- bech32는 소문자만 사용하여 작성하는 것이 선호되지만, QR 코드로 주소를 인코딩하기 전에 이 소문자들을 대문자로 대체할 수 있다. 이를 통해 더 적은 공간을 사용하는 특별한 QR 인코딩 모드를 사용할 수 있다. 그림 4-9에 동일한 주소에 대한 두 QR 코드의 크기와 복잡함의 차이가 나와 있다.
- bech32는 세그윗의 일부로 설계된 업그레이드 메커니즘을 활용하여 지출자 지갑이 아직 사용되지 않는 출력값 유형에도 지불할 수 있게 한다. 목표는 개발자들이 현재 bech32 주소로 지출할 수 있는 지갑을 만들고, 사용자들이 그 지갑을 통해

향후 프로토콜 업그레이드에서 추가되는 새로운 기능의 bech32 주소로도 계속 지출할 수 있게 하는 것이다. P2SH와 세그윗을 완전히 사용하기 위해 필요했던 시스템 전반의 업그레이드 주기를 다시 거치지 않아도 될 것이라는 기대도 있다.

### Bech32 주소의 문제점

bech32 주소는 한 가지 문제를 제외하고는 모든 면에서 성공적이었을 것이다. 오류를 감지하는 능력에 대한 수학적 보장은 지갑에 입력하는 주소의 길이가 원래 주소의 길이와 같을 때만 적용된다. 전사 과정에서 문자를 추가하거나 제거하면 이 보장이 적용되지 않기 때문에 지갑이 잘못된 주소로 자금을 보낼 수 있다. 하지만 이러한 보장이 없더라도, 사용자가 문자를 추가하거나 제거하여 유효한 검사합을 가진 문자열을 만들 가능성은 매우 낮을 것으로 판단되어 사용자의 자금이 안전할 것으로 간주되었다.

하지만 bech32 알고리즘의 상수 중 하나의 선택이 'p'로 끝나는 주소의 끝에서 두 번째 위치에 'q' 문자를 추가하거나 제거하는 것을 매우 쉽게 만들었다. 이 경우, 'q' 문자를 여러 번 추가하거나 제거할 수도 있다. 이는 때때로 검사합에 의해 감지되지만, bech32의 대체 오류(substitution error)에 대한 10억 분의 1이라는 확률보다 훨씬 더 자주 감지되지는 않는다. 예시 4-4를 참조하라.

예시 4-4. 검사합을 무효화하지 않고 bech32의 길이 연장

```
Intended bech32 address:
bc1pqqqsq9txsqp

Incorrect addresses with a valid checksum:
bc1pqqqsq9txsqqqqp
bc1pqqqsq9txsqqqqqqp
bc1pqqqsq9txsqqqqqqqqp
bc1pqqqsq9txsqqqqqqqqqp
bc1pqqqsq9txsqqqqqqqqqqqqp
```

세그윗의 초기 버전(버전 0)에서는 이것이 실질적인 문제가 되지 않았다. v0 세그윗 출력값에 대해서는 22바이트와 34바이트 이 두 가지의 유효한 길이만 규정되었다. 이는 42자 또는 62자 길이의 bech32 주소에 해당한다. 따라서 누군가가 지갑이 감지할

수 없는 잘못된 주소로 돈을 보내려면 bech32 주소의 끝에서 두 번째 위치에 'q' 문자를 20번 추가하거나 제거해야 한다. 하지만 만약 세그윗 기반의 업그레이드가 향후 구현된다면 이는 사용자들에게 문제가 될 수도 있다.

## Bech32m

bech32가 세그윗 v0에서 잘 작동했지만, 개발자들은 세그윗의 후속 버전에서 출력 크기를 불필요하게 제한하고 싶지 않았다. 제약 없이는 bech32 주소에서 단일 'q'를 추가하거나 제거하는 것이 사용자가 실수로 자금을 사용 불가능하거나 누구나 사용할 수 있는 출력으로 보내는 결과를 초래할 수 있었다. 개발자들은 bech32 문제를 철저히 분석하여 알고리즘의 단일 상수를 변경하면 이 문제를 해결할 수 있다는 사실을 발견했다. 이로써 최대 5개 문자를 추가하거나 삭제하면서 발생하는 오류를 감지해내지 못할 확률이 10억분의 1 미만이 될 것이라는 점을 보장한다.

단일 상수가 다른 bech32 버전은 '수정된 bech32(bech32m)'라고 한다. 동일한 기본 데이터에 대한 bech32와 bech32m 주소의 모든 문자는 마지막 6개(검사합)를 제외하고 동일하다. 이는 지갑이 검사합을 검증하기 위해 어떤 버전이 사용 중인지 알아야 한다는 것을 의미하지만, 두 주소 유형 모두 이를 쉽게 결정할 수 있게 하는 내부 버전 바이트를 포함한다.

bech32와 bech32m을 모두 다루기 위해, 우리는 bech32m 비트코인 주소의 인코딩 및 파싱 규칙(parsing rule)을 살펴볼 것이다. 이는 bech32 주소를 파싱하는 능력을 포함하며 현재 비트코인 지갑에 권장되는 주소 형식이기도 하다.

bech32m 주소는 사람이 읽을 수 있는 부분(HRP)으로 시작한다. BIP-173에는 자체 HRP를 만드는 규칙이 있지만, 비트코인의 경우 이미 선택된 HRP만 알면 된다. 이 내용은 표 4-2와 같다.

표 4-2. 비트코인의 Bech32 HRP

| HRPs | 네트워크 |
|---|---|
| bc | 비트코인 메인넷 |
| tb | 비트코인 테스트넷 |

HRP 다음에는 구분자인 숫자 '1'이 온다. 이전의 프로토콜 구분자 제안은 콜론을 사용했지만, 일부 운영 체제와 어플리케이션에서 사용자가 복사와 붙여넣기를 위해 단어를 더블 클릭하여 강조할 때 콜론까지 확장되지 않았다. 숫자를 사용하면 일반적으로 (다른 숫자들을 포함하는) bech32 문자열을 지원하는 모든 프로그램에서 더블 클릭 강조가 작동할 수 있다. '1'이 선택된 이유는 bech32 문자열이 숫자 '1'과 소문자 'l' 사이의 혼란을 방지하기 위해 다른 곳에서는 사용하지 않기 때문이다.

bech32m 주소의 나머지 부분을 '데이터 부분'이라고 한다. 이 부분은 세 가지 요소로 구성되어 있다.

#### 서명 버전

구분자 바로 뒤에 나오는 bech32m 비트코인 주소에서 단일 문자로 인코딩되는 단일 바이트다. 이 문자는 세그윗 버전을 나타낸다. 'q' 문자는 세그윗 v0의 '0'에 대한 인코딩으로, bech32 주소가 도입된 초기 세그윗 버전이다. 'p' 문자는 세그윗 v1(탭루트라고도 함)의 '1'에 대한 인코딩으로, bech32m이 사용되기 시작한 버전이다. 세그윗에는 17개의 가능한 버전이 있으며, 비트코인에서는 bech32m 데이터 부분의 첫 번째 바이트가 0부터 16까지(모두 포함)의 숫자로 디코딩되어야 한다.

#### 서명 프로그램

2바이트에서 40바이트까지의 크기. 세그윗 v0의 경우, 이 서명 프로그램은 반드시 20바이트 또는 32바이트 크기여야 한다. 왜냐하면 다른 길이는 유효하지 않기 때문이다. 세그윗 v1의 경우, 이 글을 쓰는 시점에서 규정된 유일한 길이는 32바이트이지만 나중에 다른 길이가 규정될 수 있다.

#### 검사합

정확히 6개의 문자로 구성. 이는 BCH 코드를 사용하여 생성되며, 이는 오류 정정 코드의 한 유형이다(비트코인 주소의 경우, 나중에 언급하겠지만 검사합을 오류 정정이 아닌 오류 감지에만 사용하는 것이 중요).

이러한 규칙들을 bech32와 bech32m 주소를 생성하는 예시를 통해 설명해 보자. 다음의 모든 예시에서, 우리는 파이선 용 bech32m 참조 코드를 사용할 것이다(*https://oreil.ly/gpTT6*).

먼저 4개의 출력값 스크립트를 생성할 것인데, 그중 하나는 출판 당시 사용 중인 각각 다른 세그윗 출력값이고, 나머지는 아직 정의된 의미가 없는 미래의 세그윗 버전을 위한 것이다. 이 스크립트들은 표 4-3에 나와 있다.

**표 4-3. 세그윗 출력값의 다양한 유형에 대한 스크립트**

| 출력값 유형 | 스크립트 예시 |
|---|---|
| P2WPKH | OP_0 2b626ed108ad00a944bb2922a309844611d25468 |
| P2WSH | OP_0 648a32e50b6fb7c5233b228f60a6a2ca4158400268844c4bc295ed5e8c3d626f |
| P2TR | OP_1 2ceefa5fa770ff24f87c5475d76eab519eda6176b11dbe1618fcf755bfac5311 |
| 미래 예시 | OP_16 0000 |

P2WPKH 출력값의 경우, 서명 프로그램은 120쪽의 "P2PKH를 위한 레거시 주소"에서 살펴본 P2PKH 출력값에 대한 약정과 정확히 같은 방식으로 구성된 약정을 포함한다. 공개키는 SHA256 해시 함수에 전달된다. 그 결과로 나온 32바이트 크기의 다이제스트(digest)는 그다음 RIPEMD-160 해시 함수에 전달된다. 해당 함수의 다이제스트(약정)가 서명 프로그램에 배치된다.

서명 스크립트 해시로의 지불(P2WSH) 출력값의 경우, P2SH 알고리즘을 사용하지 않는다. 대신 스크립트를 SHA256 해시 함수에 전달하고, 그 함수의 32바이트 다이제스트를 서명 프로그램에 사용한다. P2SH의 경우, SHA256 다이제스트는 RIPEMD-160으로 다시 해시되었지만, 일부 경우에는 안전하지 않을 수 있다. 자세한 내용은 132쪽의 'P2SH 충돌 공격'을 참조할 것. RIPEMD-160 없이 SHA256을 사용한 결과, P2WSH 약정은 20바이트(160비트) 대신 32바이트(256비트)가 된다.

탭루트로의 지불(P2TR)에 대한 출력값의 경우, 서명 프로그램은 secp256k1 곡선상의 한 점이다. 이는 단순한 공개키일 수 있지만, 대부분의 경우 일부 추가 데이터에 대한 약정을 포함하는 공개키여야 한다. 이 약정에 대해서는 266쪽의 '탭루트'에서 더 자세히 알아볼 것이다.

미래의 세그윗 버전에 대한 예시를 위해, 우선 가능한 가장 높은 세그윗 버전 번호(16)와 null 값을 가진 프로그램 중 허용되는 가장 작은 크기의 서명 프로그램(2바이트)을 사용한다.

이제 버전 번호와 서명 프로그램을 알았으니, 이들 각각을 bech32 주소로 변환할 수 있다. 파이선용 bech32m 참조 라이브러리를 사용하여 빠르게 이 주소들을 생성한 다음, 무슨 일이 일어날지에 대해 더 자세히 알아보자.

```
$ github="https://raw.githubusercontent.com"
$ wget $github/sipa/bech32/master/ref/python/segwit_addr.py

$ python
>>> from segwit_addr import *
>>> from binascii import unhexlify

>>> help(encode)
encode(hrp, witver, witprog)
    Encode a segwit address.

>>> encode('bc', 0, unhexlify('2b626ed108ad00a944bb2922a309844611d25468'))
'bc1q9d3xa5gg45q2j39m9y32xzvygcgay4rgc6aaee'
>>> encode('bc', 0,
unhexlify('648a32e50b6fb7c5233b228f60a6a2ca4158400268844c4bc295ed5e8c3d626f'))
'bc1qvj9r9egtd7mu2gemy28kpf4zefq4ssqzdzzycj7zjhk4arpavfhsct5a3p'
>>> encode('bc', 1,
unhexlify('2ceefa5fa770ff24f87c5475d76eab519eda6176b11dbe1618fcf755bfac5311'))
'bc1p9nh05ha8wrljf7ru236awm4t2x0d5ctkkywmu9sclnm4t0av2vgs4k3au7'
>>> encode('bc', 16, unhexlify('0000'))
'bc1sqqqqkfw08p'
```

*segwit_addr.py* 파일을 열어 코드가 무엇을 하고 있는지 살펴보면, bech32(세그윗 v0에 사용)와 bech32m(이후 세그윗 버전에 사용) 사이의 유일한 차이점이 상수라는 점을 바로 알 수 있다.

```
BECH32_CONSTANT = 1
BECH32M_CONSTANT = 0x2bc830a3
```

다음으로 우리는 검사합을 생성하는 코드를 확인한다. 검사합의 마지막 단계에서, 적절한 상수가 XOR 연산을 사용하여 값에 병합된다. 이 단일 값이 bech32와

bech32m 사이의 유일한 차이점이다.

검사합이 생성되면, 데이터 부분의 각 5비트 문자(서명 버전, 서명 프로그램, 검사합 포함)가 영문과 결합된 숫자로 변환된다.

출력값 스크립트로 다시 디코딩하기 위해서는 역순으로 작업하면 된다. 먼저 참조 라이브러리를 사용하여 이 책에서 제시하는 주소 중 2개를 디코딩해 볼 것이다.

```
>>> help(decode)
decode(hrp, addr)
    Decode a segwit address.

>>> _ = decode("bc", "bc1q9d3xa5gg45q2j39m9y32xzvygcgay4rgc6aaee")
>>> _[0], bytes(_[1]).hex()
(0, '2b626ed108ad00a944bb2922a309844611d25468')
>>> _ = decode("bc",
       "bc1p9nh05ha8wrljf7ru236awm4t2x0d5ctkkywmu9sclnm4t0av2vgs4k3au7")
>>> _[0], bytes(_[1]).hex()
(1, '2ceefa5fa770ff24f87c5475d76eab519eda6176b11dbe1618fcf755bfac5311')
```

이 단계에서 서명 버전과 서명 프로그램 모두를 돌려받으며, 이들은 우리의 출력값 스크립트 템플릿에 삽입될 수 있다.

```
<version> <program>
```

예시는 다음과 같다.

```
OP_0 2b626ed108ad00a944bb2922a309844611d25468
OP_1 2ceefa5fa770ff24f87c5475d76eab519eda6176b11dbe1618fcf755bfac5311
```

여기서 주의해야 할 한 가지 가능한 실수는, 0에 대한 서명 버전은 `OP_0`를 위한 것으로 0x00 바이트를 사용하지만, 1에 대한 서명 버전은 `OP_1`을 사용하며 0x51 바이트를 사용한다는 것이다. 서명 버전 2부터 16까지는 각각 0x52부터 0x60까지를 사용한다.

bech32m 인코딩 또는 디코딩을 구현할 때, BIP-350에서 제공하는 테스트 벡터를 사용할 것을 강력히 권장한다. 또한 아직 정의되지 않은 미래의 세그윗 버전에 대한 지불과 관련된 테스트 벡터도 성공적으로 완료되도록 코드를 작성하길 바란다. 이는 새로운 비트코인 기능이 사용 가능해지는 즉시 지원을 추가하지 못하더라도 앞으로 수년간 여러분의 소프트웨어를 사용할 수 있도록 하는 데 도움이 될 것이다.

## 개인키 포맷

개인키는 여러 다른 포맷으로 표현될 수 있으며 모든 경우에 동일한 256비트의 숫자에 대응된다. 표 4-4는 개인키를 표현하기 위해 공통적으로 사용되는 포맷이다. 다른 포맷은 다른 환경에서 사용된다. 16진법 포맷과 가공하지 않은 2진법 포맷은 소프트웨어 내부적으로 사용되거나 사용자들에게 거의 보이지 않는다. WIF 포맷은 지갑 간 엑스포트/임포트에 사용되거나 개인키의 QR 코드(바코드) 구현에 종종 사용되기도 한다.

> **개인키 포맷의 현대적 관련성**
>
> 초기 비트코인 지갑 소프트웨어는 새 사용자 지갑이 초기화될 때 하나 이상의 독립적인 개인키를 생성했다. 초기 키 세트가 모두 사용되면 지갑은 추가 개인키를 생성할 수 있었다. 개별 개인키는 내보내거나 가져올 수 있었다. 새로운 개인키가 생성되거나 그것을 가져올 때마다 지갑의 새로운 백업을 만들어야 했다.
>
> 이후의 비트코인 지갑들은 모든 개인키가 단일 시드 값에서 생성되는 결정적 지갑을 사용하기 시작했다. 이러한 지갑은 일반적인 온체인 사용을 위해 한 번만 백업하면 된다. 그러나 사용자가 이러한 지갑에서 단일 개인키를 내보내고 공격자가 해당 키와 지갑에 대한 일부 비개인 데이터를 획득하면, 잠재적으로 지갑의 모든 개인키를 유도할 수 있어 공격자가 모든 지갑 자금을 훔칠 수 있게 된다. 또한 결정적 지갑(deterministic wallet)으로 키를 가져올 수 없다. 이는 거의 모든 현대적 지갑이 개별 키를 내보내거나 가져오는 기능을 지원하지 않는다는 것을 의미한다.
>
> 이 절에 나와 있는 정보는 주로 초기 비트코인 지갑과의 호환성이 필요한 사람들에게 관련이 있다. 자세한 내용은 156쪽의 '계층적 결정(HD) 키 생성(BIP-32)'을 참조하라.

표 4-5는 이 세 가지 포맷 내에서 생성된 개인키를 보여 준다.

위 표현법은 동일한 개인키의 동일한 숫자를 다른 형식으로 표현한 것이다. 서로 달라 보이지만 셋 중 어떠한 포맷이라도 다른 2개의 포맷으로 쉽게 전환시킬 수 있다.

표 4-4. 개인키 표현법(인코딩 포맷)

| 유형 | 접두부 | 설명 |
|---|---|---|
| Hex | 없음 | 64개의 16진법 수 |
| WIF | 5 | Base58Check 인코딩: 버전 접두부 128과 32비트 검사합을 이용한 Base58 |
| WIF-압축형 | K 혹은 L | 위와 상동, 인코딩 전 접미부 0x01 추가 |

표 4-5. 예시: 다른 포맷을 가진 동일한 키

| 유형 | 개인키 |
|---|---|
| Hex | 1e99423a4ed27608a15a2616a2b0e9e52ced330ac530edcc32c8ffc6a526aedd |
| WIF | 5J3mBbAH58CpQ3Y5RNJpUKPE62SQ5tfcvU2JpbnkeyhfsYB1Jcn |
| WIF-압축형 | KxFC1jmwwCoACiCAWZ3eXa96mBM6tb3TYzGmf6YwgdGWZgawvrtJ |

## 압축 개인키

역설적이게도 '압축 개인키'라는 용어는 부적절하다. 왜냐하면 개인키가 WIF 압축 형태로 전송될 때 실제로 '비압축 개인키'보다 1바이트 더 길기 때문이다. 이러한 현상이 발생하는 이유는 1바이트 크기의 접미부가 추가(표 4-6에서 보면 16진법으로 01이 붙음)되기 때문이다. 이는 해당 압축 개인키가 신생 지갑에서 생성되었고 압축 공개키를 생성하는 데에만 사용되어야 한다는 사실을 보여 준다. 개인키는 그 자체로 압축되지 않고 압축될 수도 없다. '압축 개인키'라는 용어는 실제로 '압축 공개키만의 생성 출처가 되어야 하는 개인키'를 의미하는 반면 '비압축 개인키'는 '비압축 공개키만의 생성 출처가 되어야 하는 개인키'를 의미한다. 여러분은 엑스포트 포맷만을 'WIF-압축'이나

표 4-6. 예시: 다른 포맷으로 표현된 동일한 키

| 유형 | 개인키 |
|---|---|
| Hex | 1E99423A4ED27608A15A2616A2B0E9E52CED330AC530EDCC32C8FFC6A526AEDD |
| WIF | 5J3mBbAH58CpQ3Y5RNJpUKPE62SQ5tfcvU2JpbnkeyhfsYB1Jcn |
| Hex-압축형 | 1E99423A4ED27608A15A2616A2B0E9E52CED330AC530EDCC32C8FFC6A526AEDD01 |
| WIF-압축형 | KxFC1jmwwCoACiCAWZ3eXa96mBM6tb3TYzGmf6YwgdGWZgawvrtJ |

'WIF'라고 언급해야 하며 향후 발생할 수도 있는 혼란을 피하기 위해 개인키를 '압축'되었다고 표현해서는 안 된다.

표 4-6는 WIF와 WIF-압축형 포맷으로 인코딩된 동일한 키들을 보여 준다.

16진법으로 되어 있는 압축 개인키 포맷은 끝단에 1바이트(16진법에서는 01)가 추가된다는 사실에 주목하길 바란다. Base58 인코딩 버전의 접두부는 WIF 포맷이나 WIF-압축형 포맷 모두에서 동일하지만(0x80) 숫자의 끝부분에 1바이트가 추가됨으로써 Base58 인코딩의 첫 글자가 5에서 *K* 혹은 *L*로 바뀌게 된다. 이 현상을 10진법 인코딩에서 숫자 100과 99의 차이라고 생각해 보자. 100이라는 숫자는 99보다 한 자리가 더 길지만 접두부가 9가 아닌 1을 가지게 된다. 숫자의 길이가 변하면서 접두부에도 영향을 미친 것이다. Base 58에서도 숫자의 길이가 1바이트 늘어나면서 접두부가 5에서 *K*나 *L*로 변한 것이다.

이러한 포맷들은 호환 가능하지 **않다**. 압축 공개키 기능을 가지고 있는 새로운 지갑에서 개인키는 (접두부 *K* 혹은 *L*을 사용해서) WIF-압축형으로만 추출 가능하다. 지갑이 이전 구현이고 압축 공개키를 사용하지 않는 경우 개인키들은 (접두부 '5'를 사용해서) WIF형으로만 추출 가능하다. 이 작업의 목표는 개인키를 불러오는 지갑들에게 압축 공개키와 주소를 블록체인에서 찾아야 하는지, 아니면 비압축 공개키와 주소를 블록체인에서 찾아야 하는지 여부를 알려 주는 것이다.

비트코인 지갑이 압축 공개키를 실행할 수 있는 경우, 모든 거래에서 압축 공개키를 사용하게 될 것이다. 지갑 속에 들어 있는 개인키들은 타원곡선상에 있는 공개키 포인트를 얻는 데 사용되며 생성된 공개키는 압축되어 저장된다. 압축 공개키는 비트코인 주소를 생성하는 데 사용되고, 생성된 비트코인 주소들은 거래에서 사용될 것이다. 압축 공개키 기능을 가지고 있는 새로운 지갑에서 개인키를 추출하면, 개인키에 1바이트 크기의 접미부 `01`이 추가된 형태로 WIF가 변경된다. base58check로 인코딩된 개인키 결과값을 '압축형 WIF'라고 부르며, 이전 지갑에서 WIF로 인코딩된 (비압축) 키처럼 '5'로 시작하는 대신에 문자 *K*나 *L*로 시작한다.

## 고급키와 주소

다음 절에서는 꾸미기 주소, 종이 지갑 등 고급 형태의 키와 주소에 대해서 살펴보자.

### 꾸미기 주소

꾸미기 주소는 사람이 읽을 수 있는 메시지를 포함하는 유효 비트코인 주소다. 예를 들어, 1LoveBPzzD72PUXLzCkYAtGFYmK5vYNR33은 base58 글자 중 첫 네 글자를 'Love'라는 단어로 구성된 문자를 포함하는 유효 주소다. 꾸미기 주소는 원하는 유형의 비트코인 주소를 얻을 때까지 수십 억 개의 개인키 후보를 생성하고 테스트한다. 꾸미기 생성 알고리즘 내에 최적화된 개인키 몇 개가 있다고 할지라도 꾸미기 주소를 생성하는 과정에서는 무작위로 개인키를 골라서 공개키와 비트코인 주소를 생성하고 생성된 주소가 원하는 꾸미기 패턴에 맞는지 알아보는 작업이 반드시 수반되며, 딱 맞는 주소가 나올 때까지 수십억 회 이 과정이 반복된다.

원하는 패턴에 맞는 꾸미기 주소가 발견되면 주소가 생성된 근원인 개인키의 소유주가 다른 주소와 동일한 방식으로 비트코인을 소비하기 위해 그 주소를 사용하게 된다. 꾸미기 주소는 다른 어떠한 종류의 주소들과도 동등한 수준으로 안전하다. 꾸미기 주소도 다른 주소들처럼 타원곡선 암호함수(ECC)와 SHA를 기반으로 한다. 꾸미기 패턴을 가진 주소의 개인키를 찾는 작업은 다른 어떠한 주소의 개인키를 찾는 것보다 더 쉽지 않다(즉, 동일하다).

유지니아는 필리핀에서 아동 자선단체를 운영하고 있다. 유지니아는 비트코인 모금 행사를 준비하고 있고 꾸미기 비트코인 주소를 사용해서 이 행사를 홍보하고 싶어 한다. 유지니아는 아동 자선 모금 행사라는 점을 알리기 위해 '1Kids'라고 시작하는 꾸미기 주소를 생성하게 될 것이다. 이제 이 꾸미기 주소가 어떻게 생성되고 자선 단체(Eugenia's Charity)의 보안을 위해 꾸미기 주소가 무엇을 의미하는지 알아보자.

#### 꾸미기 주소 생성하기

비트코인 주소가 base58 알파벳 체계 내의 부호로 표현되는 숫자일 뿐이라는 점을 파악하는 것은 중요하다. '1Kids'라는 패턴을 검색하는 과정은 `1Kids11111111111111111111111111`부터 `1Kidszzzzzzzzzzzzzzzzzzzzzzzzzzzzz`에 이르는 범위 내에서 주소를 찾는 작업이라고 볼 수 있다. '1Kids'로 시작하는 주소는 약 $58^{29}$ ($1.4 \times 10^{51}$ 정도) 개다. 표 4-7은 접두부가 1Kids인 주소의 범위를 보여 준다.

**표 4-7 '1Kids'로 시작하는 꾸미기 주소의 범위**

| | |
|---|---|
| **시작지점** | 1Kids11111111111111111111111111111 |
| | 1Kids11111111111111111111111111112 |
| | 1Kids11111111111111111111111111113 |
| | ... |
| **끝지점** | 1Kidszzzzzzzzzzzzzzzzzzzzzzzzzzzzz |

**표 4-8. 꾸미기 패턴(1KidsCharity)의 빈도 및 데스크톱 PC의 평균 검색시간**

| 길이 | 패턴 | 빈도 | 평균 검색시간 |
|---|---|---|---|
| 1 | 1K | 58개 중 하나 | 1000분의 1초 미만 |
| 2 | 1Ki | 3,364개 중 하나 | 1000분의 50초 |
| 3 | 1Kid | 195,000개 중 하나 | 2초 미만 |
| 4 | 1Kids | 1100백만 개 중 하나 | 1분 |
| 5 | 1KidsC | 6억 5600만 개 중 하나 | 1시간 |
| 6 | 1KidsCh | 380억 개 중 하나 | 2일 |
| 7 | 1KidsCha | 2조 2천억 개 중 하나 | 3-4개월 |
| 8 | 1KidsChar | 128조 개 중 하나 | 13-18년 |
| 9 | 1KidsChari | 7000조 개 중 하나 | 800년 |
| 10 | 1KidsCharit | 40경 개 중 하나 | 46,000년 |
| 11 | 1KidsCharity | 2300경 개 중 하나 | 2억 5,000만 년 |

숫자의 개념으로 '1Kids'의 패턴을 살펴보고 비트코인 주소에서 이 패턴을 얼마나 자주 발견할 수 있는지 알아보자(표 4-8 참조). 평균적인 성능을 가진 데스크톱 컴퓨터에서 특수 하드웨어가 없는 경우 1초당 약 100,000개의 키를 검색할 수 있다.

보다시피 유지니아가 수천 대의 컴퓨터로 접속을 한다 해도 빠른 시간 내에 꾸미기 주소 '1KidsCharity'를 생성할 수 없을 것이다. 문자가 하나씩 추가될 때마다 58배씩 난이도는 증가한다. 일곱 글자 이상으로 구성되어 있는 패턴의 경우 대개 GPU가 들어 있는 주문제작 데스크톱 등의 특수 하드웨어로 작업한다.

꾸미기 주소를 검색하는 또 다른 방법은 꾸미기 풀(Pool)에 있는 것처럼 꾸미기 주소 채굴자들로 구성된 풀에 이 작업을 외주로 주는 것이다. 풀은 GPU를 보유하고 있는 채굴자들이 다른 사람들을 위해서 꾸미기 주소를 찾아준 대가로 비트코인을 받도록 해 주는 서비스다(*https://oreil.ly/99K81*). 수수료를 지불하면, 유지니아는 7개의 문자로 구성된 패턴의 꾸미기 주소 검색 작업을 위해 몇 달 동안 CPU 검색 엔진을 가동시키는 대신 외주를 줘서 몇 시간 만에 결과물을 얻을 수 있다.

꾸미기 주소를 생성하는 작업은 무차별적으로 값을 대입해 보는 방식이다. 무작위로 키를 만들어 보고 생성된 주소가 원하는 패턴과 일치하는지 확인한 후 성공적인 결과를 얻을 때까지 이 과정을 반복한다.

#### 꾸미기 주소의 보안 및 프라이버시

꾸미기 주소는 비트코인 초기에는 인기가 있었지만 2023년 현재는 거의 사용되지 않고 있다. 이러한 경향에는 아래와 같은 두 가지 주요 원인이 있다.

#### 결정적 지갑

47쪽의 '복구 코드'에서 보았듯이, 대부분의 현대 지갑에서는 몇 개의 단어나 문자만 적어 두면 모든 키를 백업할 수 있다. 이는 결정적 알고리즘을 사용하여 그 단어나 문자로부터 지갑의 모든 키를 도출함으로써 가능하다. 사용자가 생성하는 모든 꾸미기 주소에 대해 추가 데이터를 백업하지 않는 한, 결정적 지갑에서 꾸미기 주소를 사용하는 것은 불가능하다. 더 실용적으로, 결정적 키 생성을 사용하는 대부분의 지갑에서는 단순히 꾸미기 주소 생성기에서 개인키나 키 트윅(tweak)을 가져오는 것을 허용하지 않는다.

#### 주소 재사용 피하기

동일한 주소로 여러 번의 지불을 받기 위해 꾸미기 주소를 사용하면 모든 지불 내역 사이에 연결고리가 생성된다. 유지니아의 비영리 단체가 어차피 세무 당국에 수입과 지출을 보고해야 한다면 이는 허용될 수 있을 것이다. 하지만 이는 유지니아에게 지불하거나 그녀로부터 지불받는 사람들의 프라이버시를 줄이게 된다. 예를 들어, 앨리스는 익명으로 기부하기를 원할 수 있고, 밥은 자신의 다른 고객들이 유지니아에게 할인 가격을 제공한다는 사실을 알기를 원하지 않을 수 있는 것이다.

앞서 언급한 문제들이 해결되지 않는 한, 우리는 앞으로 꾸미기 주소를 많이 볼 수 없을지도 모른다.

## 종이 지갑

종이 지갑은 비트코인 개인키를 종이에 인쇄해 놓은 것이다. 때때로 편리성을 위해 개인키에 대응하는 비트코인 주소가 종이 지갑에 함께 들어 있는 경우도 있다. 하지만 개인키로부터 비트코인 주소가 생성될 수 있기 때문에 굳이 종이 지갑에 포함되어 있을 필요는 없다.

종이 지갑은 구식 기술이며 대부분의 사용자에게 위험하다. 종이 지갑을 생성하는 과정에는 많은 미묘한 함정이 존재하며, 그중 가장 큰 문제는 생성 코드가 '백도어(back door)'로 손상될 가능성이다. 이러한 방식으로 많은 비트코인이 도난당했다. 여기서 종이 지갑에 대해 언급한 것은 단지 정보 제공 목적일 뿐이며, 비트코인을 저장하는 데 사용해서는 안 된다. 키를 백업하려면 복구 코드를 사용하고, 가능하다면 키를 저장하고 거래에 서명하기 위해 하드웨어 서명 장치를 사용하라. 종이 지갑을 사용하지 말 것!

종이 지갑은 모양, 크기, 디자인이 다양하지만 기본적인 유형은 단순히 종이 위에 키와 주소가 인쇄되어 있는 형태다. 그림 4-10는 가장 단순한 종이 지갑 유형이다.

일부는 선물용으로 제작되어 크리스마스나 새해와 같은 계절적 테마를 가지고 있다. 어떤 종류는 은행이나 금고에 보관할 수 있도록 설계되었으며, 불투명한 스크래치 스티커를 붙이거나 위조 방지 접착 호일로 접거나 봉인하는 방식 등으로 개인키를 숨긴다. 그 외에 디자인적 특징으로는 입장권의 반쪽을 뜯어내는 것처럼 키와 주소의 복사본

그림 4-10. 단순한 형태의 종이 지갑 예시

을 떼어낼 수 있는 표의 형태로 만들어서 여러 개의 복사본을 서로 다른 공간에 저장해두면 화재나 홍수, 기타 자연재해로 인한 분실을 방지할 수 있다.

비트코인의 원 공개키 중심 설계에서부터 bech32m과 페이투탭루트(pay to taproot)와 같은 현대적인 주소 및 스크립트, 그리고 미래의 비트코인 업그레이드를 위한 주소에 이르기까지, 비트코인 프로토콜이 어떻게 지불자가 자신의 지불을 받아야 할 지갑을 식별할 수 있게 하는지에 대한 내용을 다루었다. 하지만 실제로 당신의 지갑에서 지불을 받을 때, 지갑 데이터에 문제가 생겨도 그 돈에 여전히 접근할 수 있다는 확신이 필요할 것이다. 5장에서는 비트코인 지갑이 다양한 위협으로부터 어떻게 자금을 보호하도록 설계되었는지 살펴보자.

# 5장

# 지갑 복구

개인키와 공개키 쌍을 생성하는 것은 비트코인 지갑이 비트코인을 받고 사용할 수 있게 하는 중요한 부분이다. 하지만 개인키에 대한 접근을 잃게 되면 해당 공개키로 받은 비트코인을 누구도 사용할 수 없게 될 수 있다. 수년간 지갑 및 프로토콜 개발자들은 문제 발생 후 사용자가 비트코인에 대한 접근을 복구할 수 있으면서도 평상시에는 보안을 손상시키지 않는 시스템을 설계하기 위해 노력해 왔다.

5장에서는 지갑들이 데이터 손실이 금전적 손실로 이어지는 것을 방지하기 위해 사용하는 다양한 방법들을 살펴볼 것이다. 일부 해결책들은 거의 단점이 없어 현대의 지갑들에서 보편적으로 채택되고 있다. 이 책에서는 이러한 해결책들을 단순히 모범 사례로 추천할 것이다. 다른 해결책들은 장단점이 모두 있어 지갑 개발자들마다 다른 절충안을 선택하게 된다. 이러한 경우에는 사용 가능한 다양한 옵션들을 설명할 것이다.

## 독립키 생성

실제 현금을 담는 지갑은 그 현금을 담고 있기 때문에, 많은 사람들이 비트코인 지갑도 비트코인을 담고 있다고 잘못 생각하는 것은 놀라운 일이 아니다. 사실, 많은 사람들이 비트코인 지갑이라고 부르는 것(우리는 이를 지갑 어플리케이션과 구분하기 위해 **지갑 데이터베이스**라고 부름)은 키만을 포함하고 있다. 이 키들은 블록체인에 기록된 비트코인과 연관되어 있다. 비트코인 풀 노드에 당신이 해당 키들을 통제하고 있음을 증명함으로써, 연관된 비트코인을 사용할 수 있는 것이다.

간단한 지갑 데이터베이스는 비트코인을 받는 데 사용되는 공개키와 그 비트코인을 사용하는 데 필요한 서명을 생성할 수 있는 개인키를 모두 포함한다. 다른 지갑의 데이터베이스는 공개키만 포함하거나, 지출 거래를 승인하는 데 필요한 개인키의 일부만 포함할 수 있다. 이러한 지갑 어플리케이션은 하드웨어 서명 장치나 다중서명 체계의 다른 지갑과 같은 외부 도구와 협력하여 필요한 서명을 생성한다.

그림 5-1에서 보여지듯이, 지갑 어플리케이션이 나중에 사용할 각 지갑 키를 독립적으로 생성하는 것이 가능하다. 초기의 모든 비트코인 지갑 어플리케이션들은 이렇게 했지만, 사용자들이 새로운 키를 생성하고 배포할 때마다 지갑 데이터베이스를 백업해야 했다. 새로운 지불을 받기 위해 새 주소를 생성할 때마다 이 작업을 해야 할 수도 있다. 제때 지갑 데이터베이스를 백업하지 않으면 백업되지 않은 키로 받은 자금에 대한 접근권을 잃을 수 있었기 때문이다.

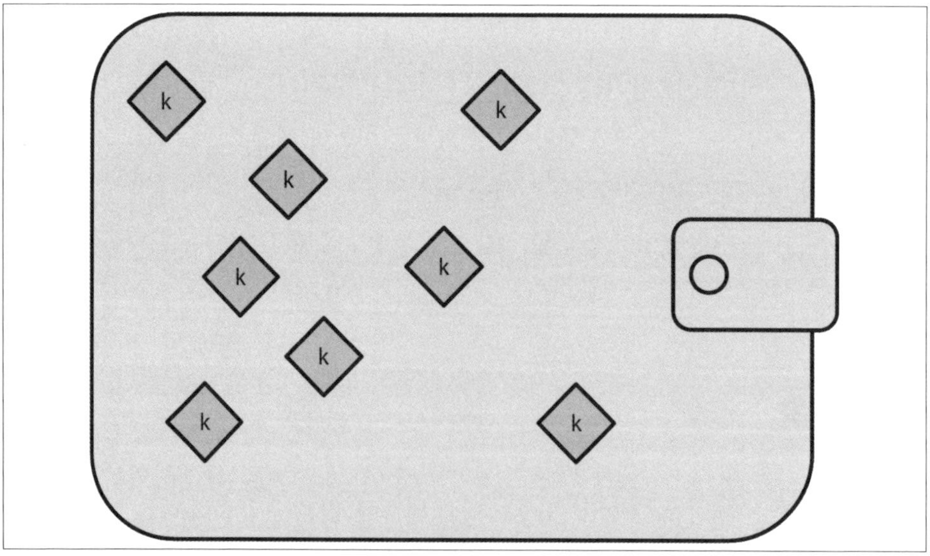


그림 5-1. 비결정적 키 생성: 지갑 데이터베이스 내에 저장되어 있는 독립적 생성 키들의 모임

독립적으로 생성된 각 키에 대해, 사용자는 오버헤드(overhead)를 포함하여 약 32바이트를 백업해야 했다. 일부 사용자와 지갑 어플리케이션은 백업해야 할 데이터의 양을 최소화하기 위해 단일키만 사용하려고 했다. 이는 안전할 수 있지만, 해당 사용자와 그들이 거래하는 모든 사람들의 프라이버시를 심각하게 위협한다. 자신과 동료들의 프라이버시를 중요하게 여기는 사람들은 각 거래마다 새로운 키 쌍을 생성했고, 이로 인해 디지털 미디어를 사용해야만 합리적으로 백업할 수 있는 지갑 데이터베이스가 만들어졌다.

현대의 지갑 어플리케이션들은 독립적으로 키를 생성하지 않고, 대신 단일 무작위 시드에서 반복 가능한(결정적) 알고리즘을 사용하여 키를 도출한다.

## 결정적 키 생성

해시 함수는 같은 입력값이 주어지면 항상 같은 출력값을 생성하지만, 입력값이 조금이라도 변경되면 출력값은 달라진다. 함수가 암호학적으로 안전하다면, 새로운 입력값을 알더라도 아무도 새로운 출력값을 예측할 수 없어야 한다.

이를 통해 하나의 무작위 값을 취하여 실질적으로 무제한의 유사 무작위 값들로 변환할 수 있다. 더욱 유용한 점은, 나중에 동일한 해시 함수를 같은 입력값(시드)과 함께 사용하면 다음과 같이 동일한 유사 무작위 값들이 생성된다는 것이다.

```
# Collect some entropy (randomness)
$ dd if=/dev/random count=1 status=none | sha256sum
f1cc3bc03ef51cb43ee7844460fa5049e779e7425a6349c8e89dfbb0fd97bb73 -

# Set our seed to the random value
$ seed=f1cc3bc03ef51cb43ee7844460fa5049e779e7425a6349c8e89dfbb0fd97bb73

# Deterministically generate derived values
$ for i in {0..2} ; do echo "$seed + $i" | sha256sum ; done
50b18e0bd9508310b8f699bad425efdf67d668cb2462b909fdb6b9bd2437beb3 -
a965dbcd901a9e3d66af11759e64a58d0ed5c6863e901dfda43adcd5f8c744f3 -
19580c97eb9048599f069472744e51ab2213f687d4720b0efc5bb344d624c3aa -
```

도출된 값들을 개인키로 사용한다면, 나중에 시드값과 이전에 사용했던 알고리즘을 사용하여 정확히 동일한 개인키들을 생성할 수 있다. 결정적 키 생성을 활용하는 사용자는 단순히 자신의 시드와 사용한 결정적 알고리즘에 대한 참조를 기록함으로써 지갑의 모든 키를 백업할 수 있는 것이다. 예를 들어, 앨리스가 백만 개의 다른 주소로 백만 비트코인을 받았다 하더라도, 나중에 이 비트코인들에 대한 접근권을 복구하기 위해 백업해야 할 것은 다음과 같다.

```
f1cc 3bc0 3ef5 1cb4 3ee7 8444 60fa 5049
e779 e742 5a63 49c8 e89d fbb0 fd97 bb73
```

기본적인 순차 결정적 키 생성의 논리적 다이어그램이 그림 5-2에 나와 있다. 하지만 현대의 지갑 어플리케이션에서는 더 똑똑한 방법으로 키를 생성할 수 있다. 공개키를 이에 대응하는 개인키와 별도로 도출할 수 있게 함으로써 공개키보다 개인키를 더 안전하게 저장할 수 있게 하는 방법이다.

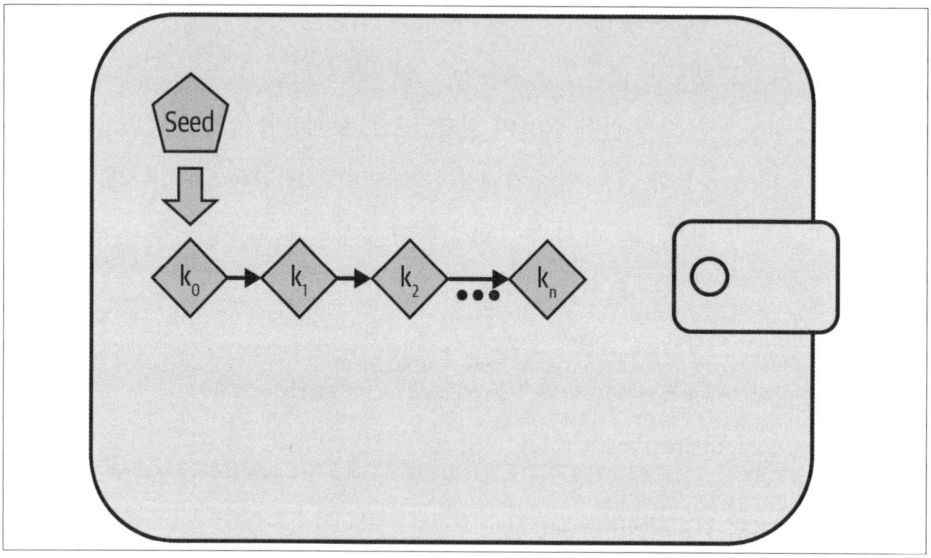


그림 5-2. 결정적 키 생성: 지갑 데이터베이스 내에 저장되어 있는 독립적 생성 키들의 모임

## 개인 자식키 유도

114쪽의 '공개키'에서 타원곡선 암호학(ECC)을 사용하여 개인키로부터 공개키를 생성

하는 방법에 대해 알아보았다. 타원곡선상의 연산이 직관적이지는 않지만, 이는 일반 산술에서 사용되는 덧셈, 뺄셈, 곱셈 연산과 유사하다. 다시 말해, 공개키에 더하거나 빼는 것, 또는 곱하는 것이 가능하다는 의미다. 59쪽의 '공개키'에서 생성 포인트($G$)를 사용하여 개인키($k$)로부터 공개키($K$)를 생성하는 데 사용한 연산을 다음과 같다.

$$K = k \times G$$

방정식의 양쪽에 동일한 값을 더함으로써 파생키 쌍, 즉 자식키 쌍을 만드는 것이 가능하다.

$$K + (123 \times G) == (k + 123) \times G$$

> 이 책 전반에 걸쳐 나오는 방정식에서, $K = k \times G$와 같이 변수의 값이 계산되는 연산에 대해 단일 등호를 사용한다. 이중 등호를 사용하는 것은 방정식의 양쪽이 동등함을 나타내거나, 두 쪽이 동등하지 않을 경우 연산이 거짓(참이 아님)을 반환해야 함을 보여 주기 위함이다.

이로 인한 흥미로운 결과는 공개키에 123을 더하는 것이 전적으로 공개 정보만을 사용하여 수행될 수 있다는 점이다. 예를 들어, 앨리스가 공개키 $K$를 생성하여 밥에게 제공한다. 밥은 개인키를 모르지만 전역 상수 $G$는 알고 있으므로, 공개키에 임의의 값을 더해 파생된 공개 자식키를 생성할 수 있다. 그런 다음 밥이 앨리스에게 공개키에 더한 값을 알려 주면, 앨리스는 개인키에 동일한 값을 더해 밥이 생성한 공개 자식키에 대응하는 파생 개인 자식키를 생성할 수 있다. 다시 말해, 부모 개인키에 대해 아무것도 모르더라도 자식 공개키를 생성하는 것이 가능하다.

공개키에 더해지는 값을 **키 트윅**(*key tweak*)이라고 한다. 키 트윅을 생성하는 데 결정적 알고리즘이 사용된다면, 개인키를 모르는 사람도 단일 공개 부모키로부터 사실상 무제한의 공개 자식키 시퀀스를 생성하는 것이 가능하다. 개인 부모키를 제어하는 사람은 그 후 동일한 키 트윅을 사용하여 그에 대응하는 개인 자식키 전부를 생성할 수 있다.

이 기술은 일반적으로 지갑 어플리케이션 프론트엔드(frontend, 개인키 필요 없음)와 서명 작업(개인키가 필요)을 분리하는 데 사용된다. 예를 들어, 앨리스의 프론트엔드는 그녀에게 지불하고자 하는 사람들에게 그녀의 공개키를 배포한다. 나중에 받은 돈을 사용하고 싶을 때, 그녀는 원래의 개인키를 안전하게 저장하는 **하드웨어 서명 장치**(때로는 혼동스럽게도 '**하드웨어 지갑**'이라고 불림)에 사용했던 키 트윅을 제공할 수 있다. 하드웨어 서명 장치는 이 트윅을 사용하여 필요한 자식 개인키를 도출하고, 이를 사용하여 거래에 서명한 다음, 해당 거래를 덜 안전한 프론트엔드로 반환하여 비트코인 네트워크에 전파한다.

공개 자식키 도출은 앞서 나왔던 그림 5-2와 유사한 선형 키 시퀀스를 생성할 수 있지만, 현대의 지갑 어플리케이션은 단일 시퀀스 대신 키의 트리를 제공하기 위해 한 가지 더 트릭을 사용한다. 이는 다음 절에서 상세히 다룰 예정이다.

### 계층적 결정(HD) 키 생성(BIP-32)

우리가 알고 있는 모든 현대적인 비트코인 지갑은 기본적으로 계층적 결정(HD) 키 생성을 사용한다. BIP-32에 정의된 이 표준은 결정적 키 생성과 선택적 공개 자식키 도출을 사용하며, 키의 트리를 생성하는 알고리즘을 사용한다. 이 트리에서 모든 키는 일련의 자식키의 부모가 될 수 있으며, 이러한 자식키들 중 어느 것이든 또 다른 일련의 자식키(원래 키의 손자)의 부모가 될 수 있다. 트리의 깊이에는 임의로 두는 제한이 없다. 이 트리 구조는 그림 5-3에 나와 있다.

이 트리 구조는 추가적인 조직적 의미를 표현하는 데 사용될 수 있다. 예를 들어, 특정 하위 키 브랜치가 들어오는 지불을 받는 데 사용되고 다른 브랜치는 나가는 지불의 잔돈을 받는 데 사용되는 경우다. 키의 브랜치는 각기 다른 브랜치를 각 부서, 자회사, 특정 행사나 회계 범주에 할당함으로써 회사 내 설정에서도 사용될 수 있다.

HD 지갑에 대한 자세한 설명은 175쪽의 '시드로부터 HD 지갑 생성하기' 에서 제공할 것이다.

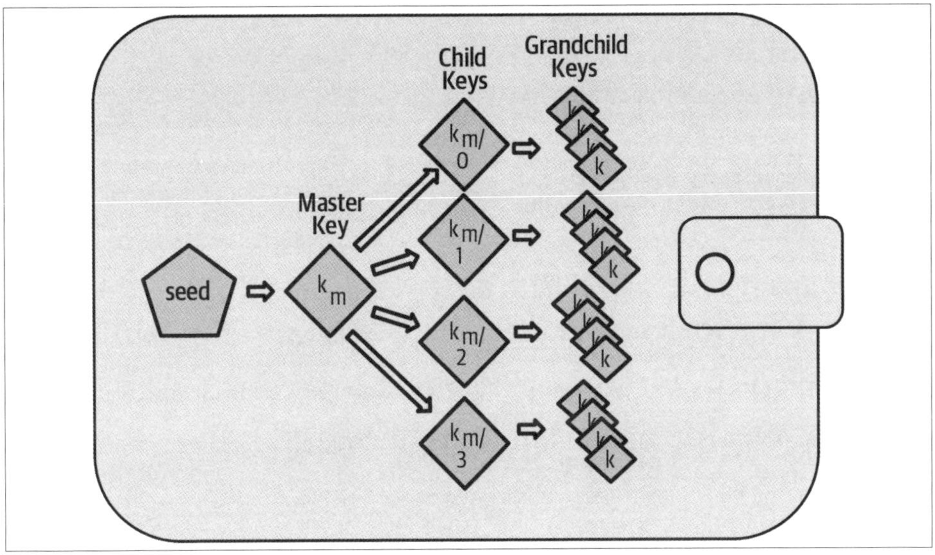

그림 5-3. HD 지갑: 단일 시드에서 생성된 키로 구성된 트리

### 시드와 복구 코드

HD 지갑은 단일 시드에서 파생된 많은 키를 관리하는 매우 강력한 메커니즘이다. 지갑 데이터베이스가 손상되거나 손실된 경우에도 원래의 시드를 사용하여 지갑에 들어 있는 모든 개인키를 재생성할 수 있다. 하지만 다른 사람이 당신의 시드를 얻게 되면, 그들도 모든 개인키를 생성할 수 있기 때문에 단일 서명 지갑의 모든 비트코인을 훔칠 수 있고 다중서명 지갑의 비트코인 보안을 약화시킬 수 있다. 이 절에서는 백업을 더 쉽고 안전하게 만들기 위한 여러 **복구 코드**를 살펴볼 것이다.

시드는 보통 128에서 256비트의 크기의 큰 무작위 숫자이지만, 대부분의 복구 코드는 인간 언어의 단어를 사용한다. 단어를 사용하게 된 주요 동기는 복구 코드를 쉽게 기억할 수 있게 하기 위해서였다. 예를 들어, 예시 5-1에서 16진수와 단어로 인코딩된 복구 코드를 살펴보자.

**예시 5-1. 16진수와 영어 단어로 인코딩된 시드**

```
Hex-encoded:
0C1E 24E5 9177 79D2 97E1 4D45 F14E 1A1A

Word-encoded:
army van defense carry jealous true
garbage claim echo media make crunch
```

복구 코드를 기억하는 것이 강력한 기능으로 작동하는 경우가 있을 수 있다. 예를 들어, 물리적 소지품(종이에 적힌 복구 코드 등)을 비트코인을 훔칠 수 있는 외부 당사자에 의해 압수되거나 검사되지 않고 운반할 수 없는 상황에서 그러하다. 하지만 대부분의 경우, 기억에만 의존하는 것은 다음과 같은 이유로 위험하다.

- 복구 코드를 잊어버리고 원래의 지갑 데이터베이스에 대한 접근을 잃으면, 당신은 비트코인을 영원히 찾지 못하게 될 수 있다.
- 당신이 사망하거나 심각한 부상을 입고, 당신의 상속인이 원래의 지갑 데이터베이스에 접근할 수 없다면, 그들은 당신의 비트코인을 상속받을 수 없을 것이다.
- 누군가가 당신이 비트코인에 접근할 수 있는 복구 코드를 기억하고 있다고 생각한다면, 그들이 당신에게 해당 코드를 공개하도록 강요할 수 있다. 이 글을 쓰는 시점에, 비트코인 기여자인 제임슨 롭(Jameson Lopp)은 비트코인 및 기타 디지털 자산의 추정 소유자들에 대한 100건 이상의 물리적 공격을 문서화했다(*https://oreil.ly/aw5XM*). 이에는 최소 3건의 사망 사건과 고문, 인질, 또는 가족이 위협받은 수많은 사례가 포함된다.

> 쉽게 암기할 수 있도록 설계된 복구 코드 유형을 사용하더라도, 이를 적어 두는 것을 매우 강력히 권장하는 바이다.

현재 널리 사용되고 있는 여러 가지 복구 코드 유형은 다음과 같다.

### BIP-39

지난 10년간 가장 인기 있는 복구 코드 생성 방법으로, BIP-39는 무작위 바이트 시퀀스를 생성하고, 검사합을 추가한 다음, 해당 데이터를 12에서 24개의 단어 시리즈로 인코딩한(사용자의 모국어로 현지화 가능) 이 단어들(그리고 선택적 암호문구)이 **키 스트레칭 함수**(*key-strecthing function*)를 통과하며 나온 출력값이 시드로 사용된다. BIP-39 복구 코드에는 몇 가지 단점이 있으며, 이후의 방식들은 이 문제를 해결하려고 시도하고 있다.

### 일렉트럼(Electrum) v2

일렉트럼 지갑(버전 2.0 이상)에서 사용되는 이 단어 기반 복구 코드는 BIP-39보다 몇 가지 장점이 있다. 모든 호환 프로그램의 모든 버전에서 구현해야 하는, 전 세계적으로 동일한 단어 목록에 의존하지 않으며, 복구 코드에 신뢰성과 효율성을 향상시키는 버전 번호가 포함되어 있다. BIP-39와 마찬가지로 선택적 암호문구(일렉트럼에서는 시드 확장이라고 함)를 지원하며 동일한 키 스트레칭 함수를 사용한다.

### Aezeed

LND 지갑에서 사용되는 이 방식은 BIP-39보다 개선된 점을 제공하는 또 다른 단어 기반 복구 코드다. 두 가지 버전 번호를 포함하는데, 하나는 내부 버전으로 지갑 어플리케이션 업그레이드와 관련된 여러 문제를 해결한다(일렉트럼 v2의 버전 번호와 유사). 다른 하나는 외부 버전으로, 복구 코드의 기본 암호화 속성을 변경하기 위해 증가시킬 수 있다. 또한 복구 코드에 **지갑 생성일**(사용자가 지갑 데이터베이스를 생성한 날짜에 대한 참조)이 포함된다. 이를 통해 전체 블록체인을 스캔하지 않고도 지갑과 관련된 모든 자금을 찾을 수 있어, 특히 프라이버시 중심의 라이트웨이트 클라이언트에 유용하다. 자금을 새 시드로 이동할 필요 없이 암호문구를 변경하거나 복구 코드의 다른 측면을 변경할 수 있는 기능을 지원한다. 이에 따라 사용자는 새 복구 코드만 백업하면 된다. 일렉트럼 v2와 비교했을 때 한 가지 단점은 BIP-39와 마찬가지로 백업과 복구 소프트웨어가 동일한 단어 목록을 지원해야 한다는 점이다.

### Muun

Muun 지갑에서 사용되며, 기본적으로 지출 거래에 여러 키의 서명을 요구한다. 이는 비단어 코드로, 추가 정보(현재 Muun에서 PDF로 제공)와 함께 제공되어야 한다. 이 복구 코드는 시드와는 무관하며, 대신 PDF에 포함된 개인키를 복호화하는 데 사용된다. BIP-39, 일렉트럼 v2, Aezeed 복구 코드에 비해 다루기 어렵지만, 라이트닝 네트워크(LN) 지원, 출력값 스크립트 디스크립터, 미니스크립트와 같이 새로운 지갑에서 점점 더 일반화되고 있는 새로운 기술과 표준을 지원한다.

### SLIP39

BIP-39의 후속 버전으로, 일부 같은 개발자들이 참여했다. SLIP39는 단일 시드를 여러 복구 코드로 분산하여 다른 장소(또는 다른 사람들)에 저장할 수 있게 한다. 복구 코드를 생성할 때, 시드를 복구하는 데 필요한 코드의 수를 지정할 수 있다. 예를 들어, 5개의 복구 코드를 생성하지만 시드를 복구하는 데는 그중 3개만 필요하도록 설정할 수 있다. SLIP39는 선택적 암호문구를 지원하고, 전 세계 단어 목록에 의존하며, 직접적인 버전 관리는 제공하지 않는다.

> 이 책을 집필하는 동안 SLIP39와 유사점이 있는 새로운 복구 코드 배포 시스템이 제안되었다. Codex32는 지침서, 가위, 정밀 칼(precision knife), 브래스 패스너, 펜만 있으면 복구 코드를 생성하고 검증할 수 있게 해 준다. 물론 개인 정보 보호와 몇 시간의 여유 시간도 필요하다. 또는 컴퓨터를 신뢰하는 사람들은 디지털 기기의 소프트웨어를 사용하여 즉시 복구 코드를 만들 수 있다. 서로 다른 장소에 보관할 복구 코드를 최대 31개까지 만들 수 있으며, 시드를 복구하는 데 필요한 코드의 수를 지정할 수 있다. 새로운 제안이기 때문에 이 책이 출판되기 전에 Codex32에 대한 세부 사항이 크게 변경될 수 있다. 따라서 분산 복구 코드에 관심 있는 독자들은 현재 상태를 조사해 볼 것을 권장한다(*https://oreil.ly/Xx_Zq*).

### 복구 코드 암호문구

BIP-39, 일렉트럼 v2, Aezeed, SLIP39 방식은 모두 선택적 암호문구와 함께 사용될 수 있다. 이 암호문구를 기억하게 되면 복구 코드를 암기할 때 생기는 장단점이 발생한다. 그러나 복구 코드에 의해 암호문구가 사용되는 경우에만 발생하는 장단점이 존재한다.

위에서 언급한 세 가지 방식(BIP-39, 일렉트럼 v2, SLIP39)에서는 데이터 입력 실수를 방지하기 위해 사용하는 검사합에 선택적 암호문구를 포함하지 않는다. 모든 암호문구(를 사용하지 않는 경우 포함)는 BIP-32 키 트리에 대한 시드를 생성하지만, 이 트리들은 서로 다르다. 다른 암호문구는 다른 키를 생성하는데, 이는 관점에 따라 긍정적일 수도 있고 부정적일 수도 있다.

- 긍정적인 면에서, 만약 누군가가 당신의 복구 코드를 알게 되는 경우(암호문구는 얻지 못한 상태) 그들은 유효한 BIP-32 키 트리를 보게 될 것이다. 만약 당신이 이러한 상황에 대비하여 비암호문구(nonpassphrase) 트리로 일부 비트코인을 보냈다면, 그들은 해당 금액을 훔칠 것이다. 일반적으로 비트코인의 일부가 도난당하는 것은 나쁜 일이지만, 이는 또한 당신의 복구 코드가 손상되었다는 경고를 제공하여 조사하고 시정 조치를 취할 수 있게 도와준다. 동일한 복구 코드에 대해 모두 유효해 보이는 여러 암호문구를 생성할 수 있는 능력은 일종의 '**그럴듯한 부인 가능성**(*plausible deniability*)'이다.
- 부정적인 면에서, 만약 당신이 공격 대상에게 (암호문구 유무와 관계없이) 복구 코드를 제공하도록 강요받았을 때 그들이 예상한 만큼의 비트코인이 나오지 않으면, 그들은 더 많은 비트코인에 접근할 수 있는 다른 암호문구를 제공할 때까지 계속해서 당신을 압박할 수 있다. '그럴듯한 부인 가능성'을 위한 설계는 공격자에게 모든 정보를 공개했다는 것을 증명할 방법이 없다는 것을 의미하므로, 그들은 당신의 모든 비트코인을 받은 후에도 계속해서 복구 코드 제공을 강요할 수 있다.
- 부정적인 면을 하나 더 추가하자면 오류 감지 건수가 감소할 수 있다는 점이다. 백업에서 복원할 때 약간 잘못된 암호문구를 입력하면, 지갑은 그 실수에 대해 경고할 수 없다. 잔액이 있을 것으로 예상했다면, 지갑 어플리케이션이 재생성된 키 트리에 대해 0의 잔액을 보여 줄 때 뭔가 잘못되었다는 사실을 알 수 있다. 그러나 초보 사용자들은 자신의 돈이 영구적으로 손실되었다고 생각하고 복구 코드를 버리는 등의 어리석은 행동을 할 가능성이 존재한다. 또는, 실제로 0의 잔액을 예상했다면, 실수를 했더라

도 올바른 암호문구로 복원하여 0의 잔액을 보는 시점까지 몇 년 동안 지갑 어플리케이션을 사용할 수 있다. 이전에 어떤 오타를 냈는지 알아내지 못하면, 당신의 자금은 사라지게 된다.

다른 방식들과 달리, Aezeed 시드 암호화 방식은 선택적 암호문구를 인증하고 잘못된 값을 제공하면 오류를 반환한다. 이는 '그럴듯한 부인 가능성'을 제거하고, 오류 감지를 추가하며, 암호문구가 공개되었음을 증명할 수 있게 한다.

많은 사용자와 개발자들은 어떤 접근 방식이 더 나은지에 대해 의견이 분분하다. 일부는 '그럴듯한 부인 가능성'을 강력히 지지하고, 다른 이들은 오류 감지가 초보 사용자와 압박하에 있는 사람들에게 제공하는 안전성 강화를 선호한다. 아마도 복구 코드가 널리 사용되는 한 이 논쟁이 계속될 것으로 예상한다.

## 키가 아닌 데이터 백업하기

지갑 데이터베이스에서 가장 중요한 데이터는 개인키다. 개인키에 대한 접근을 잃으면, 비트코인을 사용할 수 있는 능력을 잃게 된다. 결정적 키 생성과 복구 코드는 키와 그들이 제어하는 비트코인을 백업하고 복구하는 데 상당히 강력한 솔루션을 제공한다. 하지만 많은 지갑 데이터베이스가 키뿐만 아니라 송수신한 모든 거래에 대한 사용자 제공 정보도 저장한다는 점을 고려하는 것이 중요하다.

예를 들어, 밥이 앨리스에게 청구서를 보내는 과정에서 새 주소를 생성할 때, 그는 자신이 받는 다른 지불과 구별할 수 있도록 생성한 주소에 **라벨**을 추가한다. 앨리스가 밥의 주소로 지불할 때, 그녀도 같은 이유로 그 거래에 밥에게 지불한다는 라벨을 붙인다. 일부 지갑에서는 현재 환율과 같은 다른 유용한 정보도 거래에 추가하는데, 이는 일부 관할 구역에서 세금 계산에 유용할 수 있다. 이러한 라벨들은 전적으로 그들 자신의 지갑 내에 저장되며 네트워크와 공유되지는 않는다. 이는 그들의 프라이버시를 보

표 5-1. 라벨링 처리가 된 앨리스의 거래 내역

| 날짜 | 라벨 | BTC |
|---|---|---|
| 2023-01-01 | 조에게 구매한 비트코인 | +0.00100 |
| 2023-01-02 | 팟캐스트 구매를 위해 밥에게 지불 | -0.00075 |

호하고 불필요한 개인 데이터가 블록체인에 포함되는 것을 방지한다. 예시는 표 5-1을 참조하라.

그러나 주소와 거래 라벨은 각 사용자의 지갑 데이터베이스에만 저장되고 결정적이지 않기 때문에, 복구 코드만으로 복원할 수는 없다. 시드 기반으로 복구되는 경우, 사용자는 대략적인 거래 시간과 비트코인 금액 목록만 볼 수 있을 것이다. 이는 과거에 돈을 어떻게 사용했는지 파악하기 매우 어렵게 만들 수 있다. 1년 전의 은행이나 신용카드 명세서를 검토하는데, 모든 거래의 날짜와 금액은 나열되어 있지만 '설명'란이 비어 있는 상황을 상상해 보라.

지갑은 사용자에게 라벨 데이터를 백업할 수 있는 편리한 방법을 제공해야 한다. 이는 당연해 보이지만, 복구 코드를 쉽게 만들고 사용할 수 있게 하면서도 라벨 데이터를 백업하거나 복원할 방법을 제공하지 않는 널리 사용되는 지갑 어플리케이션들이 많이 존재한다.

또한 지갑 어플리케이션이 라벨을 내보내기 위한 표준화된 형식을 제공하여 다른 어플리케이션(예: 회계 소프트웨어)에서 사용할 수 있게 하면 유용할 수 있다. 이 형식에 대한 표준은 BIP-329에서 제안되고 있다.

기본적인 비트코인 지원을 넘어 추가 프로토콜을 구현하는 지갑 어플리케이션에서 다른 데이터도 저장해야 하거나 저장하고 싶을 수 있다. 예를 들어, 2023년 현재 점점 더 많은 어플리케이션이 라이트닝 네트워크(LN)를 통해 거래를 송수신하는 기능을 추가하고 있다. LN 프로토콜은 데이터 손실 시 자금을 복구하는 방법(**정적 채널 백업**(*static channel backup*)이라고 함)을 제공하지만, 결과를 보장할 수는 없다. 당신의 지갑이 연결하는 노드가 당신이 데이터를 잃었다는 것을 알아차리면, 그들이 당신으로부터 비트코인을 훔칠 수 있다. 만약 해당 노드가 당신과 동시에 지갑 데이터베이스를 잃고, 둘 다 적절한 백업이 없다면, 둘 다 자금을 잃게 될 것이다. 다시 말해, 이는 사용자와 지갑 어플리케이션이 단순히 복구 코드를 백업하는 것 이상의 작업을 수행해야 한다는 것을 의미한다.

몇몇 지갑 어플리케이션이 구현한 한 가지 해결책은 시드에서 파생된 키 중 하나로 암호화된 지갑 데이터베이스의 전체 백업을 자주 자동으로 생성하는 것이다. 비트코인키는 추측할 수 없어야 하고 현대의 암호화 알고리즘은 매우 안전한 것으로 간주되므로, 시드를 생성할 수 있는 사람 외에는 누구도 암호화된 백업을 열 수 없어야 한다. 이는 클라우드 호스팅 서비스나 심지어 무작위 네트워크 피어와 같은 신뢰할 수 없는 컴퓨터에 백업을 저장하는 것을 안전하게 만든다.

나중에 원본 지갑 데이터베이스가 손실되면, 사용자는 복구 코드를 지갑 어플리케이션에 입력하여 시드를 복원할 수 있다. 그런 다음 어플리케이션은 최신 백업 파일을 검색하고, 암호화 키를 재생성하고, 백업을 복호화하여 사용자의 모든 라벨과 추가 프로토콜 데이터를 복원할 수 있다.

### 키 유도 경로 백업하기

BIP-32 키 트리에는 1단계에 약 40억 개의 키가 존재한다. 각 키는 자체적으로 40억 개의 자식키를 가질 수 있고, 자식키들도 각각 40억 개의 자식키를 가질 수 있으며, 이 과정은 계속 진행된다. BIP-32 트리에서는 모든 가능한 키 중 지갑 어플리케이션이 작은 부분조차 생성하는 것이 불가능하다. 이는 데이터 손실로부터의 복구를 위해서는 복구 코드, 시드를 얻는 알고리즘(예: BIP-39), 결정적 키 파생 알고리즘(예: BIP-32)을 아는 것 이상이 필요하다는 것을 의미한다. 또한 지갑 어플리케이션이 특정 키를 생성하는 데 사용한 키 트리의 경로를 알아야 한다.

이 문제에 대해 두 가지 해결책이 채택되었다. 첫 번째는 표준 경로를 사용하는 것이다. 지갑 어플리케이션이 생성하고자 하는 주소와 관련된 변경이 있을 때마다, 누군가가 사용할 키 파생 경로를 정의하는 BIP를 만들게 된다. 예를 들어, BIP-44는 `m/44'/0'/0'`를 P2PKH 스크립트(레거시 주소)의 키에 사용할 경로로 정의한다. 이 표준을 구현하는 지갑 어플리케이션은 처음 시작할 때와 복구 코드로부터 복원한 후에

표 5-2. 다양한 BIP에 의해 정의된 암시적 경로

| 표준 | 스크립트 | BIP32 경로 |
|---|---|---|
| BIP-44 | P2PKH | `m/44'/0'/0'` |
| BIP-49 | 네스티드 P2WPKH | `m/49'/1'/0'` |
| BIP-84 | P2WPKH | `m/84'/0'/0'` |
| BIP-86 | P2TR 단일키 | `m/86'/0'/0'` |

이 경로의 키를 사용한다. 이 해결책을 '**암시적 경로**(*implicit path*)'라고 한다. BIP에 의해 정의된 몇 가지 인기 있는 암시적 경로가 표 5-2에 나와 있다.

두 번째 해결책은 복구 코드와 함께 경로 정보를 백업하는 것이다. 이를 통해 어떤 경로가 어떤 스크립트와 함께 사용되는지 명확히 알 수 있다. 이를 '**명시적 경로**(*explicit path*)'라고 한다.

암시적 경로의 장점은 사용자가 자신이 사용하는 경로에 대한 기록을 유지할 필요가 없다는 것이다. 사용자가 이전에 사용했던 것과 동일하거나 더 높은 버전의 동일한 지갑 어플리케이션에 복구 코드를 입력하면, 이전에 사용했던 동일한 경로에 대한 키가 자동으로 재생성된다.

암시적 스크립트의 단점은 유연성이 떨어진다는 것이다. 복구 코드가 입력되면 지갑 어플리케이션은 지원하는 모든 경로에 대한 키를 생성해야 하고, 해당 키와 관련된 거래를 블록체인에서 스캔해야 한다. 그렇지 않으면 사용자의 거래 전부를 찾지 못할 수도 있다. 사용자가 몇 가지 기능만 사용하는 경우, 각각 고유한 경로를 가진 많은 기능을 지원하는 지갑에서는 이러한 단계가 소모적이다.

BIP-39나 SLIP39와 같이 버전 번호를 포함하지 않는 암시적 경로 복구 코드의 경우, 이전 경로 지원을 중단한 지갑 어플리케이션의 새 버전에서는 버전 번호를 포함하고 있지 않기 때문에 복원 과정에서 일부 자금을 찾지 못할 수 있다고 사용자에게 경고할 수 없다. 사용자가 이전 소프트웨어에 복구 코드를 입력할 때도 같은 문제가 발생한다. 즉, 사용자가 자금을 받았을 수 있는 새로운 경로를 찾지 못하게 되는 것이다. 일렉트럼 v2나 Aezeed와 같이 버전 정보를 포함하는 복구 코드는 사용자가 이전 또는 새로운 복구 코드를 입력하고 있음을 감지하고 적절한 리소스로 안내할 수 있다.

암시적 경로의 마지막 결과는 보편적인 정보(표준화된 경로 등) 또는 시드에서 파생된 정보(키 등)만 포함할 수 있다. 특정 사용자에 고유한 중요한 비결정적 정보는 복구 코드를 사용하여 복원할 수 없다. 예를 들어, 앨리스, 밥, 캐럴 셋 중 둘의 서명으로만 사용할 수 있는 자금을 받았다고 가정해 보자. 앨리스는 자금을 사용하기 위해 밥이나 캐럴의 서명만 있으면 되지만, 블록체인에서 그들의 공동 자금을 찾으려면 두 사람 모두의 공개키가 필요하다. 이는 각자가 세 사람 모두의 공개키를 백업해야 한다는 것을 의미한다. 비트코인에서 다중서명 및 기타 고급 스크립트가 더 보편화됨에 따라, 암시적 경로의 유연성 부족은 더 중요한 문제가 된다.

명시적 경로의 장점은 어떤 키가 어떤 스크립트와 함께 사용되어야 하는지 명확하게 설명할 수 있다는 점이다. 구식 스크립트를 지원할 필요가 없고, 하위 호환성이나 상위 호환성 문제가 없으며, 추가 정보(예: 다른 사용자의 공개키)를 직접 포함시킬 수 있다. 단점은 사용자가 복구 코드와 함께 추가 정보를 백업해야 한다는 것이다. 추가 정보는 일반적으로 사용자의 보안을 손상시키지 않으므로 복구 코드만큼 강력한 보호가 필요하지 않다. 하지만 개인 정보 보호를 약화시킬 수 있으므로 어느 정도의 보호는 필요하다.

현재 명시적 경로를 사용하는 거의 모든 지갑 어플리케이션은 BIP-380, 381, 382, 383, 384, 385, 386, 389에 명시된 **출력값 스크립트 디스크립터** 표준(줄여서 **디스크립터**라고 함)을 사용한다. 디스크립터는 스크립트와 그와 함께 사용될 키(또는 키 경로)를 설명한다. 표 5-3에 몇 가지 디스크립터 예시가 나와 있다.

**표 5-3. 비트코인 코어 문서에서 발췌한 디스크립터 예시 (일부 생략됨)**

| 디스크립터 | 스크립트 |
|---|---|
| `pkh(02c6…9ee5)` | 제공된 공개키에 대한 P2PKH 스크립트 |
| `sh(multi(2,022f…2a01,03ac…ccbe))` | 2개 키에 대응하는 2개의 서명을 요구하는 P2SH 다중서명 |
| `pkh([d34db33f/44'/0'/0']xpub6ERA…RcEL/1/*)` | 확장 공개키(xpub)가 `M/44'/0'/0'` 경로에 있는 BIP-32 d34db33f에 대한 P2PKH 스크립트. 이 xpub는 xpub6ERA...RcEL이며, 해당 xpub의 `M/1/*` 경로에 있는 키들을 사용 |

단일 서명 스크립트만을 위해 설계된 지갑 어플리케이션은 암시적 경로를 사용하는 경향이 오랫동안 지속되었다. 다중서명이나 다른 고급 스크립트를 위해 설계된 지갑 어플리케이션은 점점 더 디스크립터를 사용한 명시적 경로 지원을 채택하고 있다. 두 경로 모두를 지원하는 어플리케이션의 경우, 일반적으로 암시적 경로에 대한 표준을 준수하면서 디스크립터도 제공한다.

## 상세한 지갑 기술 스택

현대적인 지갑 개발자들은 사용자가 백업을 생성하고 사용하는 데 도움이 되는 다양한 기술 중에서 선택할 수 있으며, 매년 새로운 솔루션이 등장하고 있다. 5장의 앞부분에서 설명한 각각의 옵션에 대해 자세히 다루는 대신, 2023년 초 기준으로 지갑에서 가장 널리 사용되고 있다고 판단되는 기술 스택에 초점을 맞추어 설명할 것이다.

- BIP-39 복구 코드
- BIP-32 HD 키 유도
- BIP-44 스타일의 암시적 경로

이 모든 표준은 2014년 또는 그 이전부터 존재해 왔으며, 이들을 사용하기 위한 추가 자료를 쉽게 찾을 수 있을 것이다. 하지만 과감한 시도를 원한다면, 추가적인 기능이나 안전성을 제공할 수 있는 더 현대적인 표준들을 조사해 볼 것을 권한다.

### BIP-39 복구 코드

BIP-39 복구 코드는 결정적 지갑을 추출하는 데 사용되는 난수를 표현(인코딩)하는 단어열이다. 단어열만 있으면 시드를 재생성할 수 있고, 그로부터 모든 유도된 키들을 재현할 수 있다. BIP-39 복구 코드로 결정적 지갑을 구현하는 지갑 어플리케이션은 처음 지갑을 생성할 때 12개에서 24개의 단어열을 사용자들에게 보여 주게 된다. 단어열은 지갑을 백업해 놓은 것으로, 동일하거나 호환되는 지갑 어플리케이션에서 모든 키를 복구하고 재생성하는 데 사용될 수 있다. 복구 코드는 읽기 쉽고 정확하게 전사할 수 있어 사용자가 백업을 더 쉽게 할 수 있게 해 준다.

> 복구 코드는 가끔 '브레인월렛(brainwallet)'과 혼동되기도 한다. 하지만 그 둘은 같지 않다. 가장 근본적인 차이점은 브레인월렛의 경우 사용자가 선택한 단어로 구성되는 반면 복구 코드는 지갑이 무작위로 생성해

서 사용자에게 제시한다. 이러한 차이로 인해 복구 코드는 더욱 안전하게 된다. 왜냐하면 인간이 항상 무작위성을 만들어 내기에는 그 능력에 한계가 있기 때문이다.

BIP-39는 복구 코드 표준 중 하나의 구현이라는 점에 주목하자. BIP-39는 Trezor 하드웨어 지갑을 만든 회사가 제안했고, 모든 지갑은 아니지만 많은 다른 지갑 어플리케이션들과 호환된다.

BIP-39는 다음과 같이 복구 코드와 시드의 생성 과정을 규정하며, 이 책에서는 아홉 단계로 제시한다. 명확한 이해를 위해 이 단계를 두 부분으로 나누어 설명한다. 첫 번째 부분은 1단계에서 6단계에 이르는 부분으로 아래 나와 있는 '복구 코드 생성하기'에, 두 번째 부분은 7단계에서 9단계에 이르는 부분으로 170쪽의 '복구 코드에서 시드에 이르기까지의 과정'에 나와 있다.

### 복구 코드 생성하기

복구 코드는 BIP-39가 규정한 표준화된 과정을 이용해 지갑이 자동적으로 생성한다. 엔트로피 소스에서 출발해서 검사합을 더하고 해당 엔트로피를 단어 목록에 매핑한다.

1. 128–256비트의 무작위열(엔트로피)을 생성한다.
2. 생성된 열의 SHA256 해시 중 첫 몇 비트(엔트로피 길이/32)를 따서 무작위열의 검사합을 생성한다.
3. 생성된 검사합을 무작위열의 끝부분에 붙인다.
4. 무작위열을 11비트씩 나눈다.
5. 미리 정해진 단어 2,048개로 구성된 사전에 있는 단어와 11비트 크기의 값을 연결시킨다.
6. 복구 코드가 단어열이 된다.

그림 5-4는 BIP-39 복구 코드를 생성하기 위해 엔트로피가 어떻게 사용되는지를 보

여 준다.

표 5-4는 엔트로피 데이터의 크기와 단어의 복구 코드의 길이 간 관계를 보여 준다.

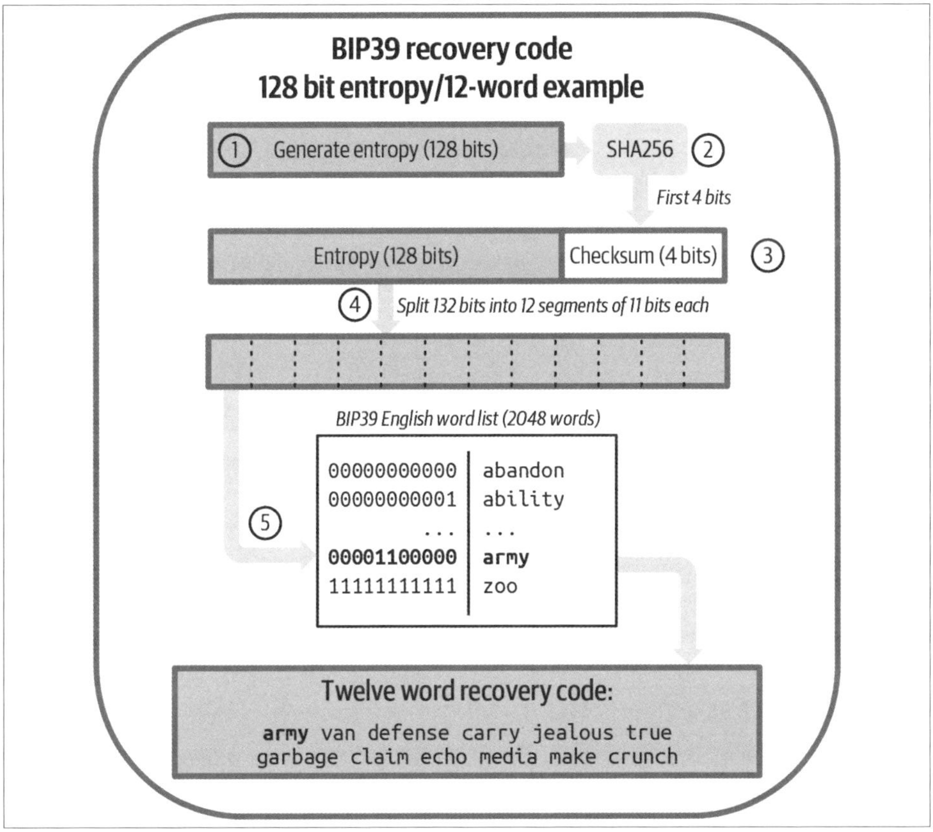


그림 5-4. 엔트로피를 생성해서 복구 코드로 인코딩하기

표 5-4. BIP-39: 엔트로피와 단어 길이

| 엔트로피(비트) | 검사합(비트) | 엔트로피 + 검사합(비트) | 단어 길이 |
|---|---|---|---|
| 128 | 4 | 132 | 12 |
| 160 | 5 | 165 | 15 |
| 192 | 6 | 198 | 18 |
| 224 | 7 | 231 | 21 |
| 256 | 8 | 264 | 24 |

#### 복구 코드에서 시드에 이르기까지의 과정

복구 코드는 128-256비트를 나타내며 키스트레칭(KEY-STRETCHING) 함수인 PBKDF2를 사용해서 길이가 더 긴(512비트) 시드를 추출하는 데 사용된다(*https://oreil.ly/6lwbd*). 결과값으로 산출된 시드는 결정적 지갑과 지갑 내에 들어가는 추출키 전부를 생성하는 데 사용된다.

키스트레칭 함수는 2개의 변수를 취한다. 하나는 엔트로피고, 나머지 하나는 솔트(*salt*)다. 키스트레칭 함수 내에서 솔트의 역할은 무제한 공격(brute-force attack)을 가능하게 하는 탐색표(lookup table)가 구축되는 것을 어렵게 하는 것이다. BIP-39 표준 내에서 솔트의 역할이 하나 더 있다. 바로 시드를 보호하는 추가 보안 인수 역할을 하는 암호문구 도입을 가능하게 해 주는 것이다. 보다 자세한 내용은 173쪽 'BIP-39에서 선택적 암호문구 사용하기'를 참조하길 바란다.

키스트레칭 함수는 2,048회의 해싱 라운드를 통해 소프트웨어를 사용한 복구 코드의 무차별 대입 공격을 약간 더 어렵게 만든다. 특수 목적 하드웨어에는 큰 영향을 미치지 않는다. 사용자의 전체 복구 코드를 추측해야 하는 공격자의 경우, 코드의 길이(최소 128비트)가 충분한 보안을 제공한다. 그러나 공격자가 사용자 코드의 일부를 알게 될 수 있는 경우, 키스트레칭은 공격자가 다양한 복구 코드 조합을 확인하는 속도를 늦춤으로써 일정 수준의 보안을 더한다. BIP-39의 매개변수는 처음 발표된 지 거의 10년이 지났음에도 불구하고 현대 표준으로 볼 때 약한 것으로 간주되었다. 이는 아마도 저전력 CPU를 가진 하드웨어 서명 장치와의 호환성을 위해 설계된 결과일 것이다. BIP-39의 일부 대안들은 Aezeed의 32,768회 해싱과 같이 더 강력한 키스트레칭 매개변수를 사용하며, 이는 더 복잡한 Scrypt 알고리즘을 사용한다. 다만 이러한 대안들은 하드웨어 서명 장치에서 실행하기에 그다지 편리하지 않을 수 있다.

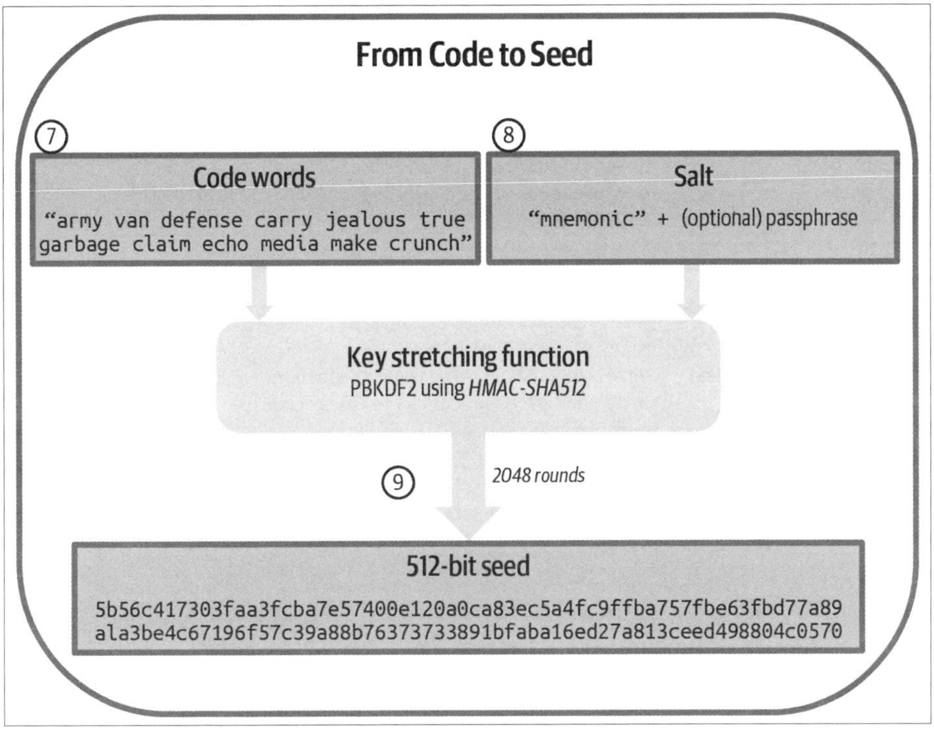


그림 5-5. 복구 코드에서 시드에 이르기까지의 과정

7단계에서 9단계에 이르는 과정은 168쪽에 나와 있는 '복구 코드 생성하기'의 6단계에 이어 계속 진행된다.

7. PBKDF2 키스트레칭에 대한 첫 번째 변수는 6단계에서 산출된 **엔트로피**다.
8. PBKDF2 키스트레칭에 대한 두 번째 변수는 **솔트**다. 솔트에서는 'mnemonic'이라고 하는 문자열 상수와 사용자가 제공하는 선택적 암호문구열이 연결되어 있다.
9. PBKDF2는 HMAC-SHA512 알고리즘으로 2,048회 해싱해서 복구 코드와 솔트를 늘인다. 그 결과 512비트의 값이 최종 출력값으로 생산된다. 이것이 바로 시드다.

그림 5-5는 복구 코드가 어떻게 시드를 생성하는지를 보여 준다.

표 5-5, 5-6, 5-7은 복구 코드와 코드들이 생산하는 시드에 대한 예시를 암호문구의 유무에 따라 보여 준다.

표 5-5. 128비트의 엔트로피 복구 코드와 시드 결과값(암호문구 X)

| | |
|---|---|
| **엔트로피 입력값(128비트)** | 0c1e24e5917779d297e14d45f14e1a1a |
| **복구 코드(12단어)** | army van defense carry jealous true garbage claim echo media make crunch |
| **암호문구** | (없음) |
| **시드(512비트)** | 5b56c417303faa3fcba7e57400e120a0ca83ec5a4fc9ffba757fbe63fbd77a89a1a3be4c67196f57c39a88b76373733891bfaba16ed27a813ceed498804c0570 |

표 5-6. 128비트의 엔트로피 복구 코드와 시드 결과값(암호문구 O)

| | |
|---|---|
| **엔트로피 입력값(128비트)** | 0c1e24e5917779d297e14d45f14e1a1a |
| **복구 코드(12단어)** | army van defense carry jealous true garbage claim echo media make crunch |
| **암호문구** | SuperDuperSecret |
| **시드(512비트)** | 3b5df16df2157104cfdd22830162a5e170c0161653e3afe6c88defeefb0818c793dbb28ab3ab091897d0715861dc8a18358f80b79d49acf64142ae57037d1d54 |

표 5-7. 256비트의 엔트로피 복구 코드와 시드 결과값(암호문구 X)

| | |
|---|---|
| **엔트로피 입력값(256비트)** | 2041546864449caff939d32d574753fe684d3c947c3346713dd8423e74abcf8c |
| **복구 코드(24단어)** | cake apple borrow silk endorse fitness top denial coil riot stay wolf luggage oxygen faint major edit measure invite love trap field dilemma oblige |
| **암호문구** | (없음) |
| **시드(512비트)** | 3269bce2674acbd188d4f120072b13b088a0ecf87c6e4cae41657a0bb78f5315b33b3a04356e53d062e55f1e0deaa082df8d487381379df848a6ad7e98798404 |

### 얼마나 많은 엔트로피가 필요한가?

BIP-32는 128비트에서 512비트까지의 시드를 허용한다. BIP-39는 128비트에서 256비트의 엔트로피를 받아들인다. 일렉트럼 v2는 132비트의 엔트로피를, Aezeed는 128비트의 엔트로피를, SLIP39는 128비트 또는 256비트를 받아들인다. 이와 같은 수치 변동은 안전을 위해 얼마나 많은 엔트로피가 필요한지 불분명하게 만든다. 더욱 이해하기 쉽게 설명해 보겠다.

BIP-32 확장 개인키는 256비트 크기의 키와 256비트 크기의 체인코드로 구성되어 총 512비트다. 이는 최대 $2^{512}$개의 서로 다른 확장 개인키가 가능하다는 의미다. 512비트 이상의 엔트로피로 시작해도 여전히 512비트의 엔트로피를 포함하는 확장 개인키를 얻게 된다.

따라서 언급한 표준들이 허용하더라도 512비트 이상을 사용할 이유가 없다.

하지만 $2^{512}$개의 서로 다른 확장 개인키가 있지만, 실제로는 (약간 적은) $2^{256}$개의 일반 개인키만 존재한. 비트코인을 실제로 보호하는 것은 이 개인키들이다. 즉, 시드에 256비트 이상의 엔트로피를 사용해도 여전히 256비트의 엔트로피만을 포함하는 개인키를 얻게 되는 것이다. 확장 키의 추가 엔트로피가 추가 보안을 제공하는 미래의 비트코인 관련 프로토콜이 있을 수 있지만, 현재는 그렇지 않다.

비트코인 공개키의 보안 강도는 128비트다. 고전적 컴퓨터(이 글을 쓰는 시점에서 실용적인 공격에 사용될 수 있는 유일한 종류)를 가진 공격자는 다른 사용자의 공개키에 대한 개인키를 찾기 위해 비트코인의 타원곡선에서 약 $2^{128}$번의 연산을 수행해야 한다. 128비트의 보안 강도가 의미하는 바는 128비트 이상의 엔트로피를 사용하는 것이 명백한 이점이 없다는 것이다(단, 생성된 개인키가 전체 $2^{256}$ 범위의 개인키 내에서 균일하게 선택되도록 해야 한다).

엔트로피의 크기가 커지면 생기는 추가적인 이점이 하나 있다. 바로 복구 코드의 고정 비율(전체 코드가 아닌)을 공격자가 보게 된 경우, 엔트로피가 클수록 그들이 보지 못한 코드의 일부를 알아내기가 더 어려워진다. 예를 들어, 공격자가 128비트 코드의 절반(64비트)을 본다면, 나머지 64비트를 무차별 대입 공격으로 알아낼 수 있을 것이다. 하지만 256비트 코드의 절반(128비트)을 본다면, 나머지 절반을 무차별 대입 공격으로 알아내는 것은 불가능하다. 이러한 방어에 의존하는 것을 권장하지는 않는다. 복구 코드를 매우 안전하게 보관하거나, SLIP39와 같이 개별 코드의 안전성에 의존하지 않고 복구 코드를 여러 위치에 분산시킬 수 있는 방법을 사용하라.

2023년 현재, 대부분의 현대적인 지갑은 복구 코드에 128비트의 엔트로피(또는 일렉트럼 v2의 132비트와 같이 128에 가까운 값)를 생성한다.

### BIP-39에서 선택적 암호문구 사용하기

BIP-39 표준에서는 시드 추출 시 선택적인 암호문구의 사용이 가능하다. 암호문구를 사용하지 않는 경우, 복구 코드는 'mnemonic'이라는 상수 문자열로 구성되어 있는 솔트를 붙여 길이를 늘이면서 어떠한 복구 코드라도 512비트 크기의 시드를 만들어 낸다. 암호문구를 사용하는 경우, 스트레칭 함수를 통해 동일한 복구 코드에서 다른 시드가 생성된다. 실제로 하나의 복구 코드에 대해 가능한 암호문구를 모두 적용하면 결과값으로 전부 다른 시드를 산출한다. 근본적으로 '틀린' 암호문구는 없다. 모든 암호문구는 유효하며 다른 시드를 결과값으로 도출하면서 초기화되지 않은 지갑으로 구성된 큰 규모의 세트를 형성한다. 세트의 크기($2^{512}$)가 너무 크기 때문에 무차별 공격 혹은 사용 중인 암호문구를 우연히 알아낼 가능성은 없다.

BIP-39에서 '틀린' 암호문구는 없다. 모든 암호문구는 지갑으로 연결되며, 해당 문구가 사전에 사용되지 않은 경우 지갑은 비게 된다.

선택적인 암호문구는 두 가지 중요한 기능을 만들어 낸다.

- 도둑이 제시하는 타협안으로부터 복구 코드 백업본을 보호하기 위해 복구 코드 단독으로는 쓸모가 없게 만드는 두 번째 인수(기억된 개체)
- 설득력 있는 부인의 형태, 즉 '협박 지갑(duress wallet)', 선택된 암호문구는 자금의 대부분이 들어 있는 '진짜' 지갑을 공격자로부터 따돌리기 위해 사용되는 소액 지갑으로 연결된다.

하지만 암호문구를 사용하게 되면 분실의 위험도 존재한다는 사실을 명심하는 것은 중요하다.

- 해당 지갑의 소유주가 정상적인 생활을 하지 못하게 되거나 사망해서 암호문구를 알고 있는 사람이 없는 경우, 시드는 사용하지 못하게 되고 지갑에 저장되어 있는 돈은 영원히 잃어버리게 된다.
- 반대로 지갑 소유주가 동일한 장소에 암호문구를 시드로써 백업하게 되면 두 번째 인수의 역할이 없어진다.

암호문구는 유용하다. 하지만 소유주보다 오래 생존하는 소유주의 가족들이 백업 및 복구를 위해 신중하게 계획된 과정 속에서 사용해야 한다.

## 시드로부터 HD 지갑 생성하기

HD 지갑은 128, 256, 512비트 크기의 무작위 숫자인 **루트시드**(*root seed*) 한 개로부터 생성된다. 이 시드는 이전 절에서 살펴본 것처럼 복구 코드에서 생성되는 것이 가장 일반적이다.

HD 지갑에 담겨 있는 모든 키들은 이 루트시드로부터 결정적으로 추출되며, 이 루트시드 덕분에 호환 가능한 어떤 HD 지갑에서라도 HD 지갑 전체를 재현할 수 있다. 그래서 수천 개 혹은 수백만 개의 키를 담고 있는 HD 지갑이라도 루트시드만 전송하면 백업이나 복원, 엑스포트와 임포트가 가능하다. HD 지갑에서 마스터 키와 마스터 체인코드를 생성하는 과정은 그림 5-6에 나와 있다.

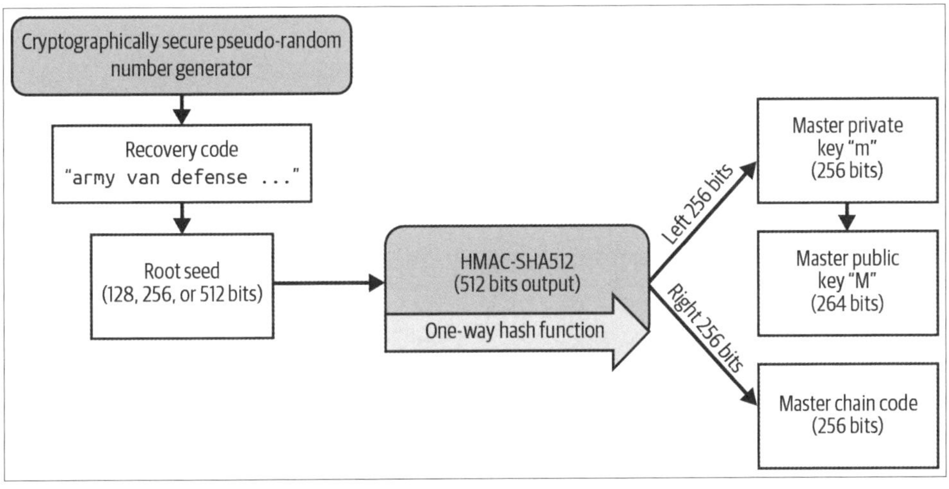


그림 5-6. 루트시드로부터 마스터 키와 체인코드 생성하기

루트시드는 HMAC-SHA512 알고리즘에 입력되고, 그 결과로 나온 해시값이 **마스터 개인키**($m$)와 **마스터 체인코드**($c$)를 생성한다.

그 후, 109쪽의 '개인키'에서 보았던 표준 타원곡선 곱셈법 $m \times G$를 이용해서 마스터 개인키($m$)가 그에 대응하는 마스터 체인코드($M$)을 생성한다.

부모키에서 자식키를 생성하는 함수 내에 엔트로피를 도입하기 위해 체인코드(*c*)가 사용되며, 이 내용은 다음 절에서 다루게 될 것이다.

### 개인 자식키 유도하기

HD 지갑은 부모키로부터 자식키를 얻기 위해 **자식키 유도**(CKD) 함수를 사용한다.

자식키 유도 함수는 일방 해시 함수를 기반으로 하고 있으며, 다음 항목들을 포함하고 있다.

- 부모 개인키 혹은 부모 공개키(ECDSA 비압축키)
- 체인코드라는 이름의 시드(256비트)
- 색인번호(32비트)

결정적 무작위 데이터를 프로세스에 도입하기 위해 체인코드가 사용되기 때문에 색인번호만으로는 다른 자식키를 생성할 수 없다. 따라서 체인코드가 없으면 자식키만으로는 또 다른 자식키를 생성하는 것이 불가능하다. (트리 구조의 뿌리에 위치한) 최초의 체인코드 시드는 무작위 데이터에서만 만들어지지만 두 번째 체인코드부터는 각각의 부모 체인코드에서 얻어진다.

이 세 가지 항목(부모키, 체인코드, 색인)들이 결합해서 해싱 작업을 거친 후 자식키를 생성하며, 자세한 프로세스는 다음과 같다.

부모 공개키, 체인코드, 색인번호를 이용해서 HMAC-SHA512 알고리즘을 통해 해싱 작업을 거치면 512비트 크기의 해시가 만들어진다. 해시 결과값은 절반으로 쪼개져서 256비트 크기가 된다. 해시 출력값 중 오른쪽 반의 256비트는 자식키 생성을 위한 체인코드가 되고, 해시와 색인번호로 구성된 왼쪽 반의 256비트는 자식 개인키를 생성하기 위해 부모 개인키에 더해진다. 그림 5-7에서는 부모키로부터 색인번호 0(첫 번째 색인번호)을 가진 0번째 자식키를 생성하는 과정을 보여 주고 있다.

색인번호를 변경하게 되면(예: Child 0, Child 1, Child 2 등) 부모키를 확장해서 동일한 열 내에 다른 자식키를 생성하는 것이 가능하다. 각 부모키는 2,147,483,647개($2^{31}$)

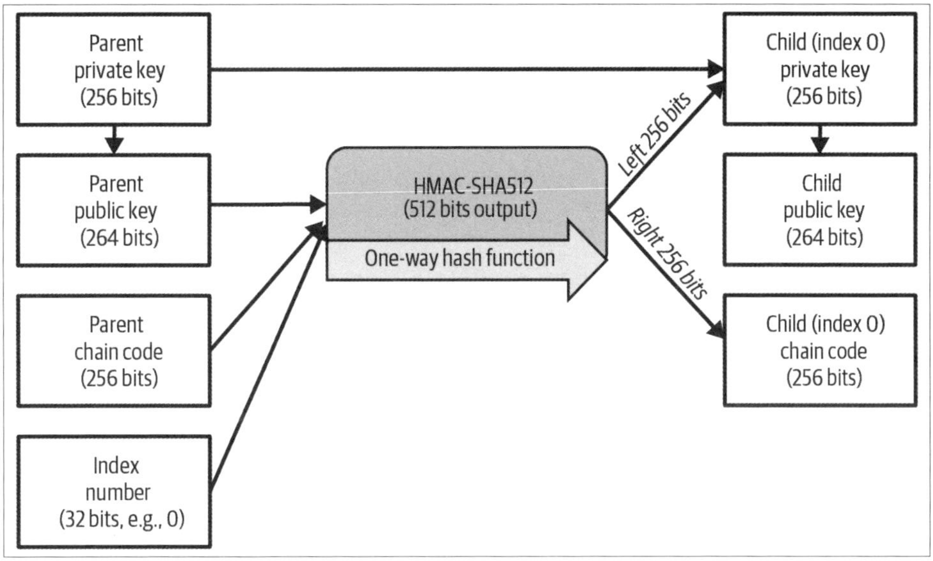


그림 5-7. 자식 개인키를 생성하기 위해 부모 개인키 확장하기

의 자식키를 가질 수 있다($2^{31}$은 $2^{32}$의 절반으로, 나머지 절반은 5장 후반에서 다루게 될 유도(derivation)라는 특별한 유형을 위해 비축되어 있음).

트리 구조에서 이 과정을 반복하면서 한 단계 내려가게 되면 이번에는 각 자식키들이 부모키가 되어 자식키를 다시 생성하는 과정이 무한대로 반복된다.

### 추출된 자식키 이용하기

자식 개인키는 비결정적(무작위) 키와 구분이 안 된다. 자식키 유도 함수는 일방 함수이기 때문에 자식키는 부모키를 검색하는 데 사용될 수 없다. 또한 동일한 세대에 있는 다른 자식키도 찾을 수 없다. 여러분이 n번째 자식키를 보유하고 있는 경우, n - 1번째 자식키나 n + 1번째 자식키, 혹은 동일한 열에 있는 다른 자식키는 검색할 수 없다. 부모키와 체인코드만이 자식키를 추출할 수 있다. 자식 체인코드를 가지고 있지 않은 자식키의 경우 어떠한 손자키도 얻을 수 없다. 새로운 브랜치를 시작하고 손자키를 추출하기 위해서는 자식 개인키와 자식 체인코드 전부를 보유하고 있어야 한다.

그렇다면 자식 개인키는 어디에 사용되는가? 공개키와 비트코인 주소를 만드는 데 사용된다. 그 후, 자식 개인키는 해당 주소로 지불된 비트코인을 소비하기 위한 거래를 서명하는 데 사용될 수 있다.

> 자식 개인키와 그에 대응하는 공개키, 비트코인 주소 모두는 무작위로 생성된 키 및 주소들과 구분이 안 된다. HD로 생성한 키와 주소들은 외부에서 보았을 때 같은 열의 일부라는 사실을 알 수 없다. 한 번 생성되고 나면 다른 '일반적인' 키들과 동일한 방식으로 동작한다.

### 확장키

앞에서 보았듯이 키 유도 함수는 세 가지 입력값(키, 체인코드, 목표 자식의 색인번호)을 기반으로 트리 구조의 어떠한 레벨에서도 자식키를 생성하는 데 사용될 수 있다. 중요한 두 가지 요소는 키와 체인코드이고, 이 둘을 결합한 것을 **확장키**(*extended key*)라고 부른다. '확장키'라는 용어를 보고 '확장 가능한 키'라고 생각할 수도 있겠다. 왜냐하면 확장키도 자식키를 얻는 데 사용될 수 있기 때문이다.

확장키는 키와 체인코드를 열로 접합해서 단순하게 표현되고 저장된다. 확장키에는 두 가지 형태가 있다. 확장 개인키는 개인키와 체인코드의 결합으로, 자식 개인키를(또한 자식 개인키로부터 자식 공개키를 생성할 수 있음) 얻는 데 쓰일 수 있다. 확장 공개키는 공개키와 체인코드의 결합으로, 자식 공개키(**오직 공개키**)를 생성하는 데 사용될 수 있다(114쪽의 '공개키' 참조).

HD 지갑의 트리 구조에서 확장키를 브랜치의 근원으로 간주해 보자. 브랜치의 근원을 가지고 여러분은 해당 브랜치의 나머지를 구할 수 있다. 확장 개인키만 있으면 브랜치의 나머지 부분을 완성할 수 있는 반면 확장 공개키는 공개키로 이루어진 브랜치만을 생성할 수 있다.

확장키는 base58check를 이용해서 인코딩되며, 서로 다른 BIP-32의 호환 가능한 지갑들 사이에서 데이터를 쉽게 불러오고 전송할 수 있다. 확장키에서 base58check 코딩을 하려면 base58 문자로 인코딩될 때 쉽게 인지되기 위해서 'xprv'와 'xpub'라는 접두부가 붙는 특수 버전 번호를 사용한다. 확장키는 512비트 혹은 513비트이기 때문에 우리가 이전에 살펴보았던 base58check로 인코딩된 문자열보다 훨씬 길다.

아래에 나오는 키가 base58check로 인코딩된 확장 **개인키**의 예시다.

```
xprv9tyUQV64JT5qs3RSTJkXCWKMyUgoQp7F3hA1xzG6ZGu6u6Q9VMNjGr67Lctvy5P8oyaYAL9CA
WrUE9i6GoNMKUga5biW6Hx4tws2six3b9c
```

다음 예시 역시 base58check로 인코딩되었으며, 위 확장 **개인키**에 대응하는 확장 **공개키**다.

```
xpub67xpozcx8pe95XVuZLHXZeG6XWXHpGq6Qv5cmNfi7cS5mtjJ2tgypeQbBs2UAR6KECeeMVKZBP
LrtJunSDMstweyLXhRgPxdp14sk9tJPW9
```

### 공개 자식키 유도하기

앞서 언급했듯이, HD 지갑의 매우 유용한 특성 중 하나는 개인키가 **없이도** 공개 부모키로부터 공개 자식키를 얻을 수 있다는 점이다. 이에 따라 우리는 자식 공개키를 얻는 방법 두 가지를 가지게 된다. 하나는 자식 개인키로부터 얻는 방법이고 또 다른 하나는 부모 공개키로부터 직접 얻는 방법이다.

따라서 HD 지갑 구조의 해당 브랜치 내에서 **공개키** 전부(오직 공개키만)를 얻기 위해서 확장 공개키를 사용할 수 있다.

이 방법을 이용하면 개인키들을 외부에 노출시키지 않으면서 확장 공개키의 복사본만으로도 매우 안전한 서버나 어플리케이션을 만들 수 있다. 이러한 형태의 시스템은 무한 개의 공개키와 비트코인 주소를 만들어 낼 수 있지만 생성된 비트코인 주소로 송금된 돈을 절대 소비할 수가 없다. 반면, 더 보안이 강화된 서버상에서는 확장 개인키를 이용하여 거래에 서명하고 돈을 소비하기 위해서 공개키에 대응하는 비밀키 전부를 얻을 수 있다.

위와 같은 방법으로 가장 흔히 사용되는 어플리케이션 중 하나는 전자 상거래 어플리케이션을 제공하는 웹서버상에 확장 공개키를 설치하는 것이다. 해당 웹서버는 모든 거래(예를 들면, 소비자들의 쇼핑 카트 등)에 대한 새로운 비트코인 주소를 생성하기 위해 공개키 유도 함수를 사용할 수 있다. 웹서버는 도난에 취약한 어떠한 개인키도 보유하고 있지 않을 것이다. HD 지갑 없이 이 작업을 시행할 수 있는 유일한 방법은 분리되어 있는 보안 서버상에 수천 개의 비트코인 주소를 생성한 후 전자 상거래 서버에 미리 설치해 두는 것이다. 이 방법은 번거로울 뿐만 아니라 전자 상거래 서버가 키를 '다 써 버리지' 않았나 확인하기 위해 계속 관리해 줘야 한다.

### 간격 주의하기

확장 공개키는 약 40억 개의 직접적인 자식키를 생성할 수 있으며, 이는 어떤 상점이나 어플리케이션이 필요로 하는 것보다 훨씬 많다. 하지만 지갑 어플리케이션이 40억 개의 키를 모두 생성하고 해당 키들과 관련된 거래를 블록체인에서 스캔하는 데는 비합리적으로 많은 시간이 걸릴 것이다. 이런 이유로 대부분의 지갑은 한 번에 몇 개의 키만 생성하고, 그 키들과 관련된 지불을 스캔한 후, 이전 키들이 사용되고 나면 추가적인 키를 순차적으로 생성하게 된다. 예를 들어, 앨리스의 지갑에서는 100개의 키가 생성된다. 첫 번째 키로의 지불이 확인되면, 101번째 키가 생성된다.

때로는 지갑 어플리케이션이 나중에 지불하지 않기로 결정한 사람에게 키를 배포하여 키 체인에 간격이 생길 수 있다. 지갑이 이미 그 간격 이후의 키를 생성하여 이후의 지불을 찾고 더 많은 키를 계속 생성하는 한 이는 문제가 되지 않는다. 문제를 일으키지 않고 지불을 받지 못할 수 있는 연속된 미사용 키의 최대 수를 **간격 한계**(*gap limit*)라고 한다.

지갑 어플리케이션이 간격 한계까지의 모든 키를 배포했고 그 키들 중 어느 것도 지불을 받지 않았을 때, 새로운 키 요청을 처리하는 세 가지 옵션은 다음과 같다.

1. 요청을 거부함으로써 추가적인 지불에 대한 수신을 방지한다. 구현하기는 가장 간단하지만 바람직하지 않은 옵션이기도 하다.
2. 간격 한계를 넘어 새로운 키를 생성할 수 있다. 이는 지불을 요청하는 모든 사람에게 고유한 키를 제공하여 주소 재사용을 방지하고 프라이버시를 향상시킨다. 그러나 지갑을 복구 코드로부터 복원해야 하거나, 지갑 소유자가 동일한 확장 공개키로 로드된 다른 소프트웨어를 사용하는 경우, 이러한 다른 지갑들은 확장된 간격 이후에 받은 지불을 받지 못할 것이다.
3. 이전에 배포한 키를 재배포할 수 있다. 이는 원활한 복구를 보장하지만 잠재적으로 지갑 소유자와 그들이 거래하는 사람들의 프라이버시를 감소시킬 수 있다.

BTCPay Server 등의 온라인 판매자를 위한 오픈 소스 프로덕션 시스템은 매우 큰 간격 한계를 사용하고 인보이스 생성 속도를 제한함으로써 이 문제를 피하려고 시도한다. 다른 해결책들도 제안되고 있다. 예를 들어, 실제 거래를 위한 새 주소를 받기 전에 지불자의 지갑에 재사용될 수 있는 주소로 지불하는 거래를 구성(하지만 전파하지는 않음)하도록 요청하는 방법 등이다. 그러나 이 책을 쓰는 시점에서 이러한 다른 해결책들은 실제 프로덕션에서 사용되지 않고 있다.

또 다른 어플리케이션으로는 오프라인 보관(콜드 스토리지)이나 하드웨어 지갑을 이용하는 것이다. 이 시나리오에서는 확장 개인키가 비트코인 종이 지갑이나 하드웨어 장치(Trezor 하드웨어 지갑)에 저장될 수 있는 반면 확장 공개키는 온라인상에 보관된다. 사용자는 임의로 '수신' 주소를 생성할 수 있지만 개인키는 오프라인에 안전하게 저장된다. 돈을 소비하기 위해서 사용자는 오프라인 서명 비트코인 클라이언트 상에서 확장 개인키를 사용하거나 하드웨어 지갑 장치에서 거래에 사인하면 된다. 그림 5-8은 자식 공개키를 얻기 위해서 부모 공개키를 확장하는 메커니즘이다.

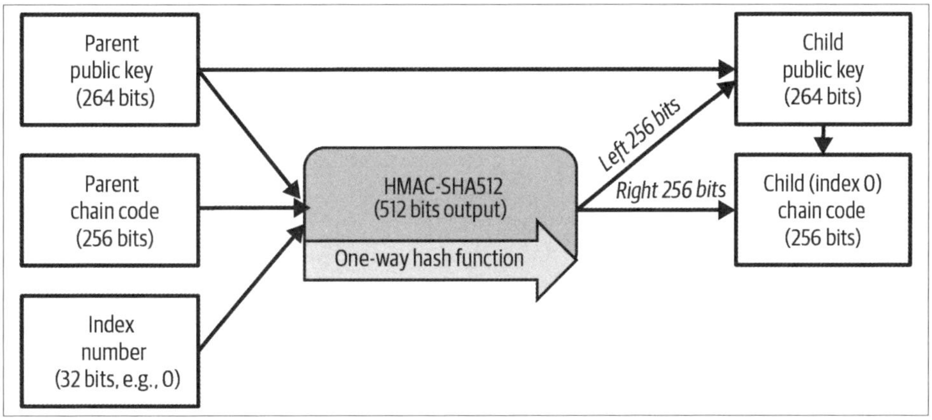


그림 5-8. 자식 공개키를 생성하기 위해 부모 공개키 확장하기

### 인터넷 쇼핑몰에서 확장 공개키 사용하기

가브리엘의 쇼핑몰 이야기를 통해 HD 지갑이 어떻게 사용되는지 알아보자.

우선 가브리엘은 간단한 워드프레스(Wordpress) 쪽을 기반으로 취미 삼아 인터넷 쇼핑몰을 개설했다. 그의 쇼핑몰 쪽은 단순하게 쪽 몇 개와 하나의 비트코인 주소를 가진 주문 형식을 가지고 있었다.

가브리엘은 본인의 일반 지갑에서 생성한 첫 번째 비트코인 주소를 자신 상점의 주요 비트코인 주소로 사용했다. 고객들은 주문 양식을 이용해 주문을 제출하고 가브리엘이 공개한 비트코인 주소로 결제를 보내면서 가브리엘이 처리할 주문 세부 정보가 포함된 이메일을 발송한다. 매주 몇 건의 주문만 있었기 때문에, 해당 시스템은 가브리엘, 고객들, 그리고 가브리엘이 지불하는 사람들의 프라이버시를 약화시켰음에도 불구하고 충분히 잘 작동했다.

하지만 이 소규모 쇼핑몰이 큰 성공을 거두고 지역 사회에서도 주문이 들어오자 가브리엘은 어찌할 바를 몰랐다. 동일한 주소로 물건 값을 지불하는 여러 건의 주문으로 인해 주문과 거래를 정확히 대응시키는 것이 어려워졌기 때문이다. 특히 동일한 가격의 주문들이 비슷한 시기에 들어올 때에는 더욱 분간하기가 어려웠다.

일반적인 비트코인 거래에서 수신자가 선택할 수 있는 메타데이터는 금액과 결제 주소뿐이다. 고유 식별자나 인보이스 번호를 저장할 수 있는 제목 또는 메시지 필드는 별도로 없다.

가브리엘의 HD 지갑은 비공개키를 알지 않고도 공개 자식키를 도출할 수 있는 기능을 통해 훨씬 더 나은 해결책을 제공한다. 가브리엘은 자신의 웹사이트에 확장된 공개키(xpub)를 로드할 수 있으며, 이를 사용하여 각 고객 주문에 대해 고유한 주소를 생성할 수 있다. 이 고유 주소는 즉시 프라이버시를 개선하고 각 주문에 고유한 식별자를 부여하여 어떤 청구서가 결제되었는지 추적하는 데 사용할 수 있다.

HD 지갑을 사용함으로써 가브리엘은 자신의 개인 지갑 어플리케이션에서 자금을 사용할 수 있지만, 웹사이트에 로드된 xpub에서는 주소를 생성하고 자금을 받는 것만 가능하다. HD 지갑의 이 기능은 훌륭한 보안 기능에 해당한다. 가브리엘의 웹사이트에는 개인키가 전혀 포함되어 있지 않기 때문에 해킹을 당하더라도 가브리엘이 향후 받게 될 자금만 도난당할 수 있고, 과거에 받은 자금은 도난당하지 않는다.

가브리엘은 Trezor 하드웨어 서명 장치에서 xpub를 내보내기 위해 웹 기반 Trezor 지갑 어플리케이션을 사용하고 있다. 공개키를 내보내려면 Trezor 장치가 연결되어 있어야 한다. 대부분의 하드웨어 서명 장치는 개인키를 절대 내보내지 않은 채 항상 장치 내에 보관되어 있다는 점에 주목해야 한다.

가브리엘은 xpub를 자신의 웹 스토어의 비트코인 결제 처리 소프트웨어(널리 사용되는 오픈 소스 BTCPay Server 등)에 복사한다.

### 단절된 자식키 유도하기

xpub에서 공개키 브랜치를 생성하는 기능은 매우 유용하긴 하지만 위험을 수반할 가능성이 있다. xpub에 접근할 수 있다고 해서 자식 개인키에 접근할 수 있는 것은 아니다. 하지만 xpub이 체인코드를 포함하고 있기 때문에 자식 개인키를 알게 되거나 어떤 방법을 통해 자식 개인키가 유출되는 경우, 입수한 자식 개인키와 체인코드를 함께 사용하면 다른 자식 개인키 전부를 얻을 수 있다. 부모 체인코드와 함께 자식 개인키가 단 하나만 유출되어도 자식 개인키 전부가 알려지게 된다. 더욱 심각한 사실은 자식 개인키와 부모 체인코드를 함께 알고 있으면 부모 개인키를 추론하는 데 사용될 수도 있다는 점이다.

이러한 위험성에 대응하기 위해서 HD 지갑은 **단절 유도법**(hardened derivation)이라고 불리는 대안 유도 함수를 사용해서 부모 공개키와 자식 체인코드 간 관계를 '끊어' 버린다. 단절 유도 함수는 부모 공개키를 사용하지 않고 부모 개인키를 사용해서 자식 체인코드를 만든다. 이를 통해 부모/자식 열에 '방화벽'이 생성되며 체인코드는 부모 개인키나 다른 자식 개인키를 위험에 빠뜨리지 못한다. 단절 유도 함수는 자식 개인키 정규 유도 함수와 거의 동일하게 보인다. 이 두 함수 간 단 하나의 차이점은 그림 5-9에서 보는 바와 같이 해시 함수에 들어가는 입력값으로 부모 공개키와 부모 개인키 중 무엇을 사용하느냐 하는 것이다.

단절 개인 유도 함수가 사용되는 경우, 자식 개인키 및 체인코드 결과값은 정규 유도 함수를 사용할 때와 비교해서 완전히 다르게 나온다. 결과값으로 나온 키들의 '브랜치'는 위험에 취약하지 않은 확장 공개키를 생성하는 데 사용될 수 있다. 왜냐하면 확장 공개키에 담겨 있는 체인코드는 어떠한 개인키를 푸는 데도 사용될 수 없기 때문이다.

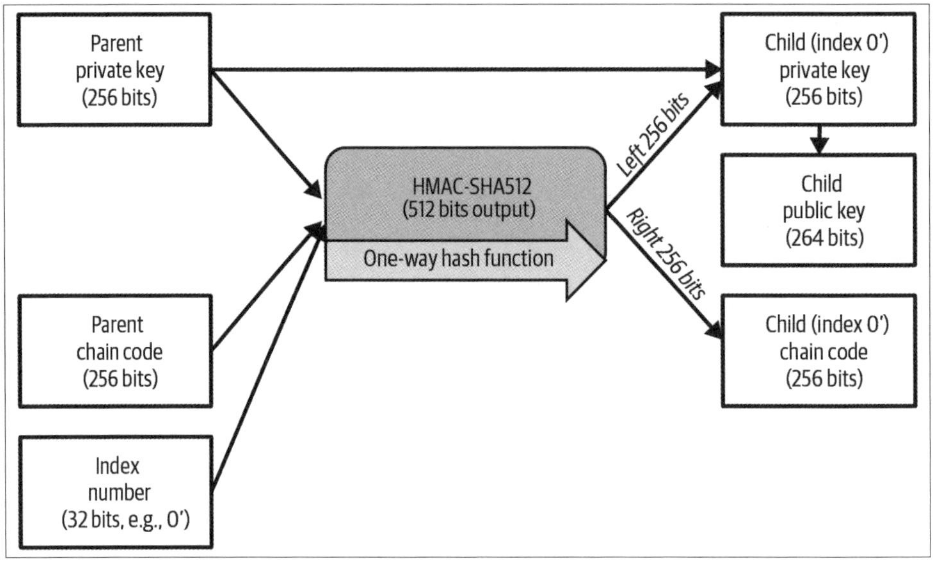


그림 5-9. 자식키에 대한 단절 유도법, 부모 공개키 생략

따라서 단절 유도법은 확장키가 사용되는 경우 해당 레벨 위에 있는 트리 구조에서 '갭(gap)'을 만드는 데 사용되는 것이다.

간단하게 설명하자면, 만약 여러분 자신을 체인코드 유출 위험성에 노출시키지 않고 공개키 브랜치를 얻기 위해서 확장 공개키의 편리성을 활용하고 싶다면 확장 공개키를 정규 부모보다는 단절 부모에게서 얻어야 한다. 모범 사례로서, 마스터키의 위험을 방지하기 위해서 마스터키의 1세대 자식들은 항상 단절 유도법을 통해 생성된다.

#### 정규 유도와 단절 유도의 색인번호

유도 함수에서 사용하는 색인번호는 32비트의 정수다. 정규 유도 함수를 통해 얻은 키와 단절 유도법을 통해 얻은 키를 쉽게 구분하기 위해서 색인번호는 두 영역으로 나뉜다. 0에서 $2^{31}$ - 1까지의 색인번호(0x0–0x7FFFFFFF)는 정규 유도법에서만 사용된다. $2^{31}$부터 $2^{32}$ - 1까지의 색인번호(0x80000000–0xFFFFFFF)는 단절 유도법에만 사용된다. 따라서 색인번호가 $2^{31}$ 미만인 경우 자식키는 정규 유도법을 따르고, 색인번호가 $2^{31}$ 이상인 경우에는 단절 유도법을 따른다.

색인번호를 더 쉽게 읽고 나열하기 위해서 단절 자식키에 대한 색인번호는 0부터 시작하지만 프라임 부호(')가 붙는다. 따라서 첫 번째 정규 자식키는 0으로 표시되는 반면 첫 번째 단절 자식(색인번호 0x80000000)은 0'으로 표시된다. 그다음 차례차례로 두 번째 단절 키는 0x80000001 색인번호를 가지고 1'으로 표현될 것이다. HD 지갑에서 i'이라는 색인번호를 보게 된다면 그것이 의미하는 바는 $2^{31} + i$이다. 일반 ASCII 텍스트에서 프라임 기호는 단일 아포스트로피나 문자 h로 대체된다. 출력값 스크립트 디스크립터와 같이 텍스트가 쉘이나 단일 아포스트로피가 특별한 의미를 가지는 다른 상황에서 사용될 수 있는 경우에는 문자 h를 사용하는 것이 권장된다.

### HD 지갑키 식별자(경로)

HD 지갑에 들어 있는 키는 명명 규칙인 '경로(path)'를 이용해서 식별되며, 트리 구조의 각 단계는 슬래시(/)로 구분된다(표 5-8 참조). 마스터 개인키에서 나온 개인키들은 'm'으로 시작한다. 마스터 공개키에서 나온 공개키들은 'M'으로 시작한다. 따라서 마스터 개인키의 첫 번째 자식 개인키는 m/0이 된다. 첫 번째 자식 공개키는 M/0이 된다. 그리고 첫 번째 자식키의 두 번째 손자키는 m/0/1이 되고, 이 과정은 계속 반복된다.

키의 '계통'은 키가 추출된 마스터키에 도착할 때까지 오른쪽에서 왼쪽으로 읽으면 된다. 예를 들어, 식별자가 m/x/y/z인 경우는 m의 x번째 자식키인 m/x의 y번째 자식키가 m/x/y가 되고, 이 키의 z번째 자식키가 m/x/y/z가 되는 식이다.

표 5-8. HD 지갑 경로 예시

| HD경로 | 키 설명 |
|---|---|
| m/0 | 마스터 개인키(m)에서 만들어진 첫 번째(0) 자식 개인키 |
| m/0/0 | 첫 번째 자식키(m/0)의 첫 번째 손자 개인키 |
| m/0'/0 | 첫 번째 단절 자식키(m/0')의 첫 번째 정규 손자키 |
| m/1/0 | 네 번째 비트코인 계좌에 대한 15번째 잔액을 받는 주소(change-address) 공개키 |
| M/23/17/0/0 | 24번째 자식키의 18번째 손자키의 첫 번째 증손자 키의 첫 번째 고손자 공개키 |

### HD 지갑 트리 구조 탐색하기

HD 지갑의 트리 구조는 엄청나게 유연하다. 부모 확장키 각각은 40억 개의 자식키를 보유할 수 있다. 그중 20억 개는 정규 자식이고 20억 개는 단절 자식이다. 자식 각각은 역시 또 다른 40억 개의 자식을 보유할 수 있다. 트리는 여러분이 원하는 만큼의 세대 수를 무한정 가진 구조로 깊게 만들 수 있다. 하지만 이러한 융통성 때문에 무한정으로 뻗어 나가는 트리 구조를 탐색하기가 아주 어려워진다. 특히 내부 구조가 브랜치와 서브 브랜치로 끝도 없이 뻗어 나갈 가능성이 있기 때문에 각 구현 간 HD 지갑을 전송하기에는 어려움이 따른다.

2개의 BIP가 HD 지갑 트리의 구조에 대한 표준을 제안함으로써 이러한 복잡성에 대한 해법을 제시한다. BIP-43은 첫 번째 단절 자식 색인번호를 트리 구조의 '용도'를 나타내는 특별한 식별자로서 사용하는 것을 권장한다. BIP-43을 기반으로 하고 있는 HD 지갑은 트리 구조의 용도를 규정함으로써 트리의 나머지 구조 및 명칭 공간을 확인할 수 있는 색인번호를 이용해서 트리의 1세대 브랜치 하나만 사용해야 한다. 예를 들어, 브랜치 m/i'만을 사용하는 HD 지갑은 특정한 용도를 나타내고자 하는 목적을 가지고 있으며, 해당 용도는 색인번호인 'i'에 의해서 정해진다.

이 사양을 확장한 BIP-44는 BIP-43하에서 멀티계좌 구조를 '용도' 번호 44'로 제시한다. 트리에서 한 가지 브랜치(m/44'/)만 사용한다면 그 지갑은 BIP-44 구조를 따르는 HD 지갑이다.

BIP-44는 미리 규정된 트리 레벨 5개로 구성되어 있다.

```
m / purpose' / coin_type' / account' / change / address_index
```

첫 단계인 'purpose'는 항상 44'로 맞추어져 있다. 두 번째 단계인 'coin_ type'은 암호화폐 동전의 유형을 명시하고 있으며, 각 통화가 두 번째 단계 아래에 각자의 서브트리를 보유하고 있는 복수 통화 HD 지갑을 지원한다. 현재까지 세 가지 종류의 화폐가 규정되어 있다. 비트코인은 m/44'/0', 비트코인 테스트넷은 m/44'/1', 라이트코인(Litecoin)은 m/44'/2'이다.

세 번째 단계인 'account'에서는 사용자들이 회계나 조직적인 용도 때문에 자신들의 지갑을 논리적인 하위계좌(logical subaccount)로 세분화할 수 있도록 해 준다. 예를 들어 HD 지갑은 2개의 비트코인 '계좌'를 보유하고 있을 수도 있다. 하나는 m/44'/0'/0'이고 하나는 m/44'/0'/1'이다. 각 계좌는 각 서브트리의 근원이 된다.

네 번째 단계인 'change'에서는 HD 지갑이 2개의 서브트리를 보유하고 있다. 하나는 수신 주소를 생성하기 위한 것이고 하나는 잔액 주소를 생성하기 위한 것이다. 트리의 세 번째 단계가 단절 유도법을 사용하는 반면 네 번째 단계에서는 정규 유도법을 사용한다는 점을 명심하라. 정규 유도법 덕분에 트리의 네 번째 단계에서는 보안이 약한 환경에서도 확장 공개키를 엑스포트할 수 있다. HD 지갑이 네 번째 단계의 자식으로 사용 가능한 주소를 추출한 후 마지막 다섯 번째 단계인 'address_index'가 만들어 진다. 예를 들어, 첫 번째 계좌에서 비트코인 지불에 대한 세 번째 수신 주소는 M/44'/0'/0'/0/2가 될 것이다. 표 5-9에 더 많은 예시를 제시한다.

표 5-9. BIP-44 HD 지갑 구조의 예시

| HD경로 | 키 설명 |
|---|---|
| M/44'/0'/0'/0/2 | 비트코인 첫 계좌에 대한 세 번째 수신 공개키 |
| M/44'/0'/3'/1/14 | 네 번째 비트코인 계좌에 대한 15번째 잔액을 받는 주소(change-address) 공개키 |
| m/44'/2'/0'/0/1 | 거래 서명을 위해 라이트코인 첫 계좌 내의 두 번째 개인키 |

많은 사람들이 도난이나 다른 공격으로부터 비트코인을 보호하는 데 집중하지만, 비트코인 손실의 주요 원인 중 하나(아마도 가장 주요한 원인)는 데이터 손실이다. 비트코인을 사용하는 데 필요한 키와 기타 필수 데이터가 손실되면, 해당 비트코인은 영원히 사용할 수 없게 된다. 누구도 당신을 위해 되찾아줄 수 없다. 5장에서 우리는 현대의 지갑 어플리케이션들이 이러한 데이터 손실을 방지하는 데 도움을 주기 위해 사용하는 시스템들을 살펴보았다. 하지만 명심하라. 실제로 이용 가능한 시스템을 사용하여 좋은 백업을 만들고 정기적으로 테스트하는 것은 여러분의 몫이다.

# 6장
# 거래

우리가 일반적으로 현금을 송금하는 방식은 비트코인을 송금하는 방식과 상당히 다르다. 현금은 무기명 토큰(bearer token)이다. 앨리스는 밥에게 지폐로 지불하는 것처럼 토큰으로 돈을 대신하여 지불한다. 이에 비해 비트코인은 물리적으로나 디지털 데이터로 존재하지 않아 앨리스는 밥에게 비트코인을 손에 쥐여 주거나 이메일로 보낼 수 없다.

대신 앨리스가 어떻게 자신의 토지에 대한 권한을 밥에게 이전할 수 있을지 생각해 보라. 앨리스는 밥에게 물리적으로 땅을 손에 쥐여 줄 수 없다. 대신 앨리스가 소유한 토지를 설명하는 일종의 기록(일반적으로 지방 정부에서 관리함)이 있다. 앨리스는 정부를 상대로 밥이 현재 토지의 소유자라고 기록을 업데이트하도록 해서 해당 토지를 밥에게 양도한다.

비트코인도 비슷한 방식으로 작동한다. 모든 비트코인 풀 노드에는 앨리스가 일정 금액의 비트코인을 관리하는 데이터베이스가 존재한다. 앨리스는 풀 노드가 데이터베이스를 업데이트하도록 하여 자신의 비트코인 중 일부가 현재 밥에게 통제되고 있다고 알리며 밥에게 비용을 지불한다. 앨리스가 풀 노드를 상대로 데이터베이스를 업데이트하도록 사용하는 데이터를 **거래**라고 한다. 이는 7장에서 살펴볼 내용으로, 앨리스나 밥의 신원을 직접 사용하지 않고 이루어진다.

6장에서는 비트코인 거래를 분석하고 각 부분을 살펴봄으로써 비트코인이 어떻게 가치 이전을 매우 알기 쉽고 놀라울 정도로 신뢰성 있는 방식으로 진행하는지 알아보자.

## 직렬화된 비트코인 거래

96쪽의 '거래 내역 살펴보기 및 디코딩하기'에서 twindex 옵션을 활성화한 비트코인 코어를 사용해 앨리스가 밥에 지불한 사본을 검색했다. 예시 6-1 같이 해당 결제가 포함된 거래를 다시 검색해 보자.

예시 6-1. 앨리스의 직렬화된 거래

```
$ bitcoin-cli getrawtransaction 466200308696215bbc949d5141a49a41\
38ecdfdfaa2a8029c1f9bcecd1f96177

0100000000000101eb3ae38f27191aa5f3850dc9cad00492b88b72404f9da13569
8679268041c54a0100000000ffffffff02204e0000000000002251203b41daba
4c9ace578369740f15e5ec880c28279ee7f51b07dca69c7061e07068f8240100
00000000001600147752c165ea7be772b2c0acb7f4d6047ae6f4768e0141cf5efe
2d8ef13ed0af21d4f4cb82422d6252d70324f6f4576b727b7d918e521c00b51b
e739df2f899c49dc267c0ad280aca6dab0d2fa2b42a45182fc83e81713010000
0000
```

비트코인 코어의 직렬화 형식은 거래에 대해 약정하고 비트코인 P2P 네트워크를 통해 거래를 릴레이하는 데 사용되기 때문에 특별하지만, 그 외의 프로그램은 동일한 데이터를 모두 전송하는 다른 형식을 사용할 수 있다. 그러나 비트코인 코어의 형식은 전송하는 데이터에 비해 상당히 압축되어 있고 구문 분석이 간단해서 많은 비트코인 프로그램에서 이 형식을 사용한다.

> 우리가 알고 있는 널리 사용되는 다른 거래 직렬화 형식으로는 BIP-174와 BIP-370에 '문서화된 부분 서명 비트코인 거래(PSBT)' 형식뿐이다(다른 BIP에 문서화된 확장 형식도 있다). PSBT는 신뢰할 수 없는 프로그램이 템플릿을 작성할 수 있게 하며, 해당 템플릿은 필요한 개인키 또는 민감한 데이터를 가진 신뢰할 수 있는 프로그램(예: 하드웨어 서명

장치)에 의해 검증되고 업데이트될 수 있다. 이를 위해 PSBT는 거래에 대한 상당한 양의 메타데이터를 저장할 수 있어 표준 직렬화 형식보다 훨씬 덜 간단하게 만들 수 있다. 이 책에서는 PSBT에 대해 자세히 다루지는 않으나, 다중 키 서명을 지원할 계획이 있는 지갑 개발자에게 강력히 추천한다.

예시 6-1에서 16진수로 표시된 거래는 그림 6-1에서 바이트 맵으로 복제된다. 32바이트를 표시하려면 64개의 16진수가 필요하다. 이 맵에서는 최상위 필드만 표시된다. 거래에 표시되는 순서대로 각 필드를 살펴보고 포함된 추가 필드에 대해 알아보자.

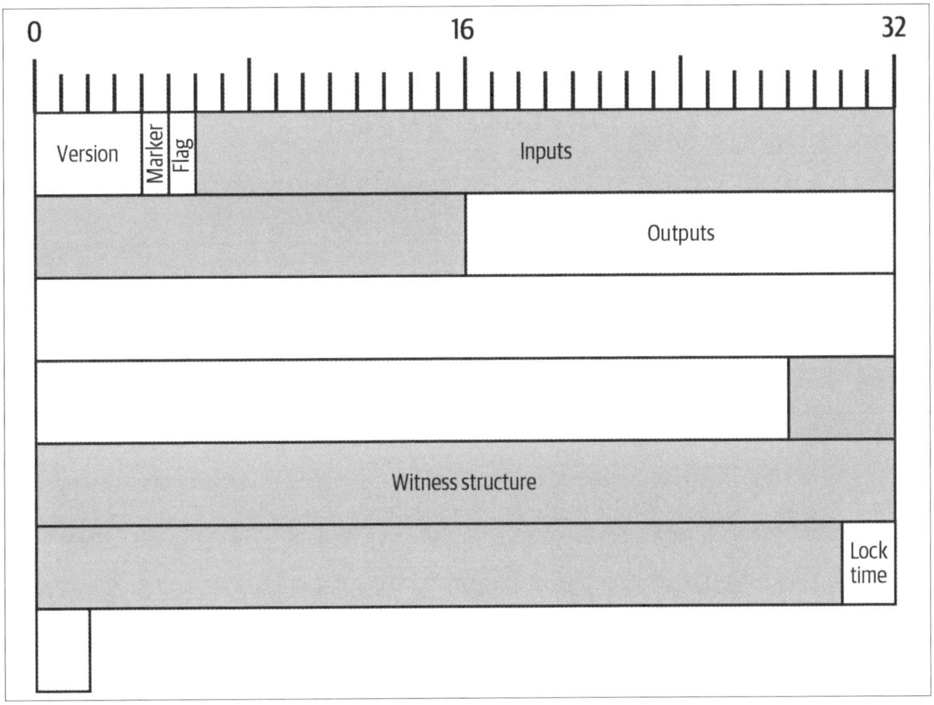


그림 6-1. 앨리스의 거래 바이트 맵

## 버전

직렬화된 비트코인 거래의 처음 4바이트는 해당 거래의 버전을 나타낸다. 비트코인 거래의 원래 버전은 버전 1(0x01000000)이었다. 비트코인의 모든 거래는 버전 1 거래 규칙을 따라야 하며, 이와 관련된 내용이 이 책 전반에 걸쳐 설명되어 있다.

버전 2 비트코인 거래는 BIP-68 소프트 분기를 통해 비트코인의 합의 규칙에 도입되었다. BIP-68은 시퀀스 필드에 추가적인 제약 조건을 적용하지만, 이러한 제약 조건은 버전 2 이상의 거래에만 적용된다. 버전 1 거래는 영향을 받지 않는다. BIP-68과 동일한 소프트 분기의 일부였던 BIP-112는 연산코드(`OP_CHECKSEQUENCEVERIFY`)를 업그레이드했으며, 이제 이 연산코드는 버전이 2 미만인 거래의 일부로 평가되면 실행에 실패한다. 이 두 가지 변경 사항 외에 버전 2 거래는 버전 1 거래와 동일하다.

> **사전 서명된 거래 보호하기**
>
> 거래를 블록체인에 포함하기 위해 네트워크에 공지하기 전 마지막 단계는 거래에 서명하는 것이다. 그러나 거래를 즉시 공지하지 않고도 서명할 수 있다. 나중에 거래를 공지할 때 블록체인에 추가할 수 있는 믿음으로 미리 지정한 거래를 몇 달 또는 몇 년 동안 저장할 수 있다. 그 사이 자금을 지출하는 다른 거래에 서명하는 데 필요한 개인키(또는 키)에 대한 접근 권한을 잃을 수도 있다. 이는 가상이 아니다. 라이트닝 네트워크를 포함해 비트코인에 구축된 여러 프로토콜은 미리 지정된 거래에 의존한다.
>
> 이는 사용자가 비트코인 합의 프로토콜을 업그레이드하도록 지원할 때 프로토콜 개발자에게 어려움을 야기한다. BIP-68이 시퀀스 필드에 추가한 것과 같은 새로운 제약 조건을 추가하면 일부 사전 지정된 거래가 무효화될 수 있다. 동등한 거래에 대해 새 서명을 생성할 방법이 없는 경우, 사전 지정된 거래에 지출된 자금은 영구적으로 손실된다.
>
> 해당 문제는 버전 번호와 같은 일부 거래 기능 업그레이드를 위해 예약함으로써 해결된다. BIP-68 이전에 미리 지정된 거래를 생성한 사람은 버전 1 거래를 사용하고 있었을 것이고, BIP-68 시퀀스에 대한 추가 제약 조건을 버전 2 이상의 거래에 적용하는 것만으로 미리 지정된 거래가 무효화되지 않아야 한다.

> 사전 서명된 거래를 사용하는 프로토콜을 구현하는 경우, 향후 업그레이드를 위해 예약된 기능을 사용하지 않도록 해야 한다. 비트코인 코어의 기본 거래 릴레이 정책은 예약된 기능의 사용을 허용하지 않는다. 비트코인 메인넷에서 비트코인 코어의 `testmempoolaccept` RPC를 사용해 거래가 해당 정책을 준수하는지 테스트할 수 있다.

버전 3 거래를 사용하자는 제안이 이 책을 쓰는 현재 널리 검토되고 있다. 이 제안은 합의 규칙을 변경하려는 것이 아닌 비트코인 풀 노드가 거래를 릴레이하는 데 사용하는 정책만을 바꾸려는 것이다. 제안에 따르면 버전 3 거래는 특정 서비스거부(denial of service, DoS) 공격을 방지하기 위해 추가적인 제약이 적용되며, 이는 308쪽의 '거래 고정'에서 자세히 나와 있다.

## 확장 마커 및 플래그

직렬화된 거래 예시의 다음 두 가지 필드는 비트코인 합의 규칙에 대한 분리 서명(세그윗) 소프트 분기 변경의 일부로 추가되었다. 규칙은 BIP-141과 BIP-143에 따라 변경되었지만, **확장된 직렬화 형식**(*extended serialization format*)은 BIP-144로 정의되었다.

거래에 증인 구조(207쪽의 '증인 구조' 참조)가 포함된 경우, 마커는 0(0x00)이어야 하고 플래그는 0이 아니어야 한다. 현재 P2P 프로토콜에서 플래그는 항상 1(0x01)이어야 하고, 대체 플래그는 향후 프로토콜 업그레이드를 위해 예약되어 있다.

거래에 서명 스택이 필요하지 않은 경우, 마커와 플래그는 존재하지 않아야 한다. 이는 현재 **레거시 직렬화**(*legacy serialization*)라고 불리는 비트코인 거래 직렬화 형식의 본래 버전과 호환된다. 자세한 사항은 218쪽의 '레거시 직렬화'를 참조하길 바란다.

레거시 직렬화에서는 마커 바이트가 입력의 개수(0)로 해석되었을 것이다. 거래의 경우 0개의 입력값을 가질 수 없기 때문에, 마커는 현대적인 프로그램들에게 확장된 직렬화가 사용되고 있음을 알린다. 플래그 필드도 비슷한 신호를 제공하며, 또한 향후 직렬화 형식을 업데이트하는 과정을 단순화시킨다.

## 입력값

입력값 필드에는 다른 여러 필드가 포함되어 있으므로 그림 6-2에서 이 바이트 맵을 표시하는 것부터 시작해 보자.

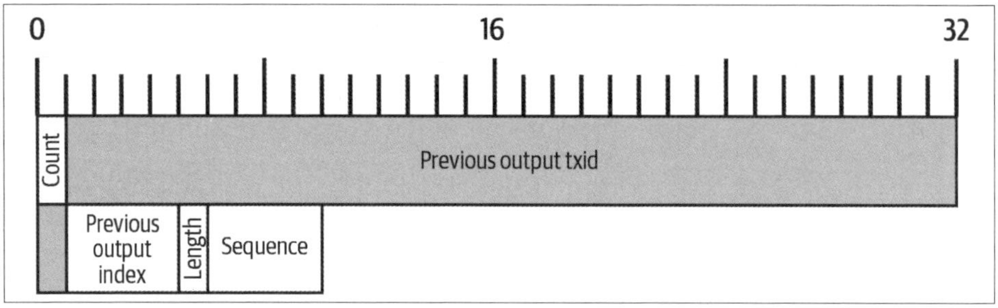


그림 6-2. 앨리스의 거래 입력값 필드 바이트 맵

### 거래 입력값 리스트의 길이

거래 입력값 목록은 거래의 입력값 수를 나타내는 정수로 시작하며, 최솟값은 1이다. 명시적인 최댓값은 없으나 거래 최대 크기에 대한 제한으로 인해 거래의 입력값이 사실상 수천 개로 제한된다. 해당 숫자는 compactSize 무부호 정수(unsigned integer)로 인코딩된다.

> **CompactSize 무부호 정수**
>
> 비트코인의 무부호 정수는 값이 낮은 경우가 많지만 때때로 높은 값을 가지며, 일반적으로 compactSize 데이터 유형을 사용해 인코딩된다. CompactSize는 가변 길이 정수의 한 버전으로 var_int 또는 varint라고 한다(예: BIP-37 및 BIP-144에 대한 문서 참조).
>
> 다른 비트코인 프로그램을 포함한 다양한 프로그램에서 여러 종류의 가변 길이 정수가 사용된다. 예를 들어, 비트코인 코어는 compactSize와는 다른 `VarInts`라는 데이터 유형을 사용해 UTXO 데이터베이스를 직렬화한다. 또한 비트코인 블록 헤더의 nBits 필드는 `Compact`라는 사용자 정의 데이터

유형을 사용해 인코딩되며, 이는 compactSize와 관련이 없다. 비트코인 거래 직렬화 및 비트코인 P2P 프로토콜의 다른 부분에서 사용되는 가변 길이 정수에 관해 얘기할 때는 항상 전체 이름인 compactSize를 사용한다.

0에서 252까지 숫자의 경우 compactSize 무부호 정수는 모든 프로그래머에게 익숙한 기본 인코딩인 C언어 데이터 유형 `uint8_t`와 동일하다. 0xffffffffffffffff까지 다른 숫자의 경우 숫자의 길이를 나타내는 바이트가 앞에 붙지만, 그 외의 숫자는 일반 C언어로 인코딩된 무부호 정수처럼 보인다.

| 값 | 사용된 바이트 | 형식 |
|---|---|---|
| `≥ 0 && ≤ 252 (0xfc)` | 1 | `uint8_t` |
| `≥ 253&& ≤ 0xffff` | 3 | `0xfd f` 뒤 숫자를 `uint16_t`로 입력 |
| `≥ 0x10000 && ≤ 0xffffffff` | 5 | `0xfd f` 뒤 숫자를 `uint32_t`로 입력 |
| `≥ 0x100000000 && ≤ 0xffffffffffffffff` | 9 | `0xfd f` 뒤 숫자를 `uint64_t`로 입력 |

거래의 각 입력값은 다음과 같은 세 가지 필드를 포함해야 한다. **아웃포인트** 필드, 길이가 앞부분에 나와 있는(length-prefixed) **입력값 스크립트** 필드, 그리고 **시퀀스**다.

이 필드들을 다음 절에서 살펴보겠다. 일부 입력값은 서명 스택(witness stack)도 포함하지만, 이는 거래 끝에 직렬화되므로 나중에 살펴보겠다.

## 아웃포인트

비트코인 거래는 풀 노드가 자신의 코인 소유권 정보 데이터베이스를 업데이트하도록 요청한다. 앨리스가 자신의 비트코인 중 일부에 대한 제어권을 밥에게 이전하려면, 먼저 풀 노드에 이전 전송을 찾는 방법을 알려야 한다. 비트코인에 대한 통제권은 거래 출력값에 할당되므로 앨리스는 **아웃포인트** 필드를 사용해 이전 **출력값**을 가리킨다. 각 입력값에는 하나의 아웃포인트가 포함되어야 한다.

아웃포인트에는 앨리스가 지금 지출하려는 비트코인을 받은 거래에 대한 32바이트 txid가 포함되어 있다. txid는 해시에 대한 비트코인 내부 바이트 순서다(197쪽의 '내부 및 표시 바이트 순서' 참조).

거래에는 여러 개의 출력값이 포함될 수 있어 앨리스는 해당 거래에 사용할 특정 출력값을 식별해야 하는데, 이를 **출력값 인덱스**(*output index*)라고 한다. 출력값 인덱스는 4바이트 무부호 정수로, 0부터 시작한다.

풀 노드는 아웃포인트를 발견하면 해당 정보를 사용해 참조된 출력값을 찾으려 시도한다. 풀 노드는 블록체인 내에 존재하는 이전 거래만 살펴볼 필요성이 있다. 예를 들어, 블록 #774, 블록 #958에 포함되어 있는 앨리스의 거래를 검증하는 풀 노드는 해당 블록과 이전 블록에서 앨리스의 아웃포인트가 참조한 이전 출력값만 찾고 이후 블록은 찾지 않는다. 블록 #774, 블록 #958 내의 블록 머클 트리 리프 순서에 따라 앨리스의 거래 이전 블록에 기록된 거래만 확인한다(359쪽의 '머클 트리' 참조).

이전 출력값을 찾으면 풀 노드는 이로부터 다음과 같은 몇 가지 중요 정보를 얻는다.

- 이전 출력값에 할당된 비트코인의 금액. 해당 비트코인은 모두 이 거래에서 전송된다. 예시 거래에서 이전 출력값은 100,000사토시였다.
- 이전 출력값에 대한 인가(authorization) 조건. 이전 출력값에 할당된 비트코인을 지출하기 위해 충족해야 하는 조건이다.
- 승인된 거래의 경우, 이를 승인한 블록의 높이와 해당 블록의 중앙 시간 경과(MTP). 이는 상대적 잠금 시간(201쪽의 '합의에 의해 강제되는 상대적 시간 잠금으로서의 시퀀스'에서 설명)과 코인베이스 거래의 출력값(215쪽의 '코인베이스 거래'에서 설명)에 필요하다.
- 이전 출력값이 블록체인에 존재하며(또는 알려진 미확인 거래로) 다른 거래가 이를 지출하지 않았다는 증명. 비트코인 합의 규칙 중 하나는 유효한 블록체인 내에서 출력값이 두 번 이상 지출되는 것을 금지한다. 이것이 **이중 지출**(*double spending*) 금지 규칙이다. 앨리스는 동일한 이전 출력값을 사용해 별도 거래에서 밥과 캐럴에게 모두 지불할 수 없다. 각각 동일한 이전 출력값을 지불하려는 두 거래를 **상충하는 거래**(*conflicting transaction*)라고 하는데, 그중 하나만 유효한 블록체인에 포함될 수 있기 때문이다.

이전 출력값을 추적하는 다양한 접근 방식이 여러 풀 노드 구현에서 몇 차례 시도되었다. 비트코인 코어는 현재 디스크 공간을 최소화하면서 필요한 모든 정보를 유지하는 데 가장 효과적으로 여겨지는 해결책을 사용한다. 모든 UTXO와 이에 대한 필수 메타데이터(예: 승인 블록 높이)를 저장하는 데이터베이스를 유지한다. 새로운 거래 블록이 생성될 때마다 해당 블록이 지출한 모든 출력값은 UTXO 데이터베이스에서 제거되고, 생성한 모든 출력값은 데이터베이스에 추가된다.

### 내부 및 표시 바이트 순서

비트코인은 다이제스트(*digest*)라고 하는 해시 함수의 출력값을 다양한 방식으로 사용한다. 다이제스트는 블록과 거래에 대한 고유 식별자를 제공하고, 주소, 블록, 거래, 서명 등에 대한 약정에 사용되며, 비트코인의 작업증명 기능에서 반복적으로 사용된다. 때에 따라 해시 다이제스트는 사용자에게 한 종류의 바이트 순서로 표시되지만 내부적으로는 다른 바이트 순서로 사용되어 혼란을 야기한다. 예를 들어, 예시 거래의 아웃포인트에서 이전 출력값 txid를 생각해 보자.

```
eb3ae38f27191aa5f3850dc9cad00492b88b72404f9da135698679268041c54a
```

해당 txid를 이용해 비트코인 코어를 사용한 거래를 검색하려고 하면 오류가 발생하고 바이트 순서를 바꿔야 한다.

```
$ bitcoin-cli getrawtransaction \
  eb3ae38f27191aa5f3850dc9cad00492b88b72404f9da135698679268041c54a
error code: -5
error message:   No such mempool or blockchain transaction.
Use gettransaction for wallet transactions.

$ echo eb3ae38f27191aa5f3850dc9cad00492b88b72404f9da135698679268041c54a \
  | fold -w2 | tac | tr -d "\n"
4ac541802679866935a19d4f40728bb89204d0cac90d85f3a51a19278fe33aeb

$ bitcoin-cli getrawtransaction \
  4ac541802679866935a19d4f40728bb89204d0cac90d85f3a51a19278fe33aeb
02000000000101c25ae90c9f3d40cc1fc509ecfd54b06e35450702...
```

이러한 이상한 동작은 아마도 '초기 비트코인 소프트웨어의 설계 결정'으로 인해 의도치 않게 발생한 결과일 것이다(*https://oreil.ly/01JH2*). 이는 실질적으로 비트코인 소프트웨어 개발자가 사용자에게 표시하는 거래 및 블록 식별자의 바이트 순서를 바꿔야 함을 의미한다.

> 이 책에서는 거래와 블록 내에 표시되는 데이터에 '**내부 바이트 순서**(*internal byte order*)'라는 용어를 사용한다. 사용자에게 표시되는 양식에는 '**표시 바이트 순서**(*display byte order*)를 사용한다. 또 다른 일반적인 용어는 내부 버전에는 '**리틀 엔디언 바이트 순서**(*little-endian byte order*)'를, 표시 버전에는 '**빅 엔디언 바이트 순서**(*big-endian byte order*)'를 사용한다.

## 입력값 스크립트

입력값 스크립트 필드는 레거시 거래 형식의 잔해다. 예시 거래 입력값은 입력값 스크립트에 데이터가 필요하지 않은 기본 세그윗 출력값을 지출하기 때문에 입력값 스크립트의 길이 접두사가 0(0x00)으로 설정되어 있다.

레거시 출력값을 지출하는 길이 접두사 입력값 스크립트의 예시로, 이 글을 쓰는 시점, 가장 최근 블록에 있는 임의 거래에서 나온 것을 사용한다.

```
6b483045022100a6cc4e8cd0847951a71fad3bc9b14f24d44ba59d19094e0a8c
fa2580bb664b020220366060ea8203d766722ed0a02d1599b99d3c95b97dab8e
41d3e4d3fe33a5706201210369e03e2c91f0badec46c9c903d9e9edae67c167b
9ef9b550356ee791c9a40896
```

길이 접두사는 직렬화된 입력값 스크립트 필드의 길이를 나타내는 compactSize 무부호 정수다. 이 경우 입력값이 107바이트임을 나타내는 단일 바이트(0x6b)이다. 스크립트 구문 분석 및 사용에 대해서는 7장에서 자세히 살펴보자.

## 시퀀스

입력값의 마지막 4바이트는 **시퀀스**(*sequence*) 번호다. 이 필드의 용도와 의미는 시간이 지남에 따라 변경되었다.

### 오리지널 시퀀스 기반 거래 교체

시퀀스 필드는 원래 동일한 거래의 여러 버전을 생성해 이후 버전이 이전 버전을 승인할 후보로 대체할 수 있게끔 하는 것이 목적이었다. 시퀀스 번호는 거래 버전을 추적한다.

예를 들어 앨리스와 밥이 카드 게임으로 내기하는 상황을 가정해 보자. 두 사람은 먼저 각자 일정 금액을 출력에 예치하는 거래에 서명한다. 해당 출력은 두 사람 모두의 서명이 있어야 사용할 수 있는 스크립트, 즉 **다중서명**(*multisignature*) 스크립트(줄여서 멀티시그)를 가지고 있다. 이를 **셋업 거래**(*setup transaction*)라고 한다. 그다음 아래와 같은 출력값을 지출하는 거래를 생성한다.

- nSequence 0(0x00000000)을 사용하는 첫 번째 버전 거래는 앨리스와 밥이 처음 입금한 돈을 다시 지불한다. 이를 **환불 거래**(*refund transaction*)라고 한다. 두 사람 중 누구도 이때 환불 거래를 공지하지 않는다. 문제가 발생했을 때만 필요하다.
- 앨리스가 카드 게임의 첫 번째 라운드에서 이겼으므로 두 번째 버전 거래인 시퀀스 1에서 앨리스에게 지불하는 금액은 증가하고 밥의 몫은 감소한다. 두 사람은 업데이트된 거래에 서명한다. 다시 말하지만, 문제가 없는 한 이 버전 거래를 공지할 필요는 없다.
- 밥이 두 번째 거래에서 이겼으므로 시퀀스는 2로 증가하며 앨리스의 몫은 감소하고 밥의 몫은 증가한다. 두 사람은 다시 서명하지만, 공지하지 않는다.
- 시퀀스가 증가하고, 자금이 재분배되고, 결과 거래가 서명되었지만 공지하지 않는 여러 라운드가 더 진행된 후에 거래를 마무리하기로 결정한다. 최종 자금 잔액으로 거래를 생성하고, 시퀀스를 최댓값(0xffffffff)으로 설정해 거래를 마무리한다. 이 버전의 거래를 공지하면 네트워크를 통해 릴레이되고, 결국 채굴자는 이를 승인한다.

대체 시나리오를 고려하면 다음과 같이 시퀀스의 대체 규칙이 작동하는 것을 알 수 있다.

- 최종 거래 시퀀스가 0xffffffff인 거래를 앨리스가 공지하고, 밥은 자신의 잔고가 더 큰 이전 거래 중 하나를 공지한다고 가정해 보자. 밥의 거래 버전은 시퀀스 번호가 낮기 때문에 본래 비트코인 코드를 사용하는 풀 노드는 이를 채굴자에게 전달하지 않으며, 원 코드를 사용한 채굴자도 이를 채굴하지 않을 것이다.

- 다른 시나리오에서 밥이 앨리스가 최종 버전을 공지하기 몇 초 전에 거래의 이전 버전을 공지한다고 가정해 보자. 노드는 밥의 버전을 릴레이하고 채굴자는 이를 채굴하려고 시도하지만, 더 높은 시퀀스 번호를 가진 앨리스의 버전이 생성되면 노드는 이를 릴레이하고 원 비트코인 코드를 사용하는 채굴자는 밥의 버전 대신 앨리스의 버전을 채굴하려고 시도한다. 밥이 운이 좋지 않고 앨리스의 버전이 도착하기 전에 블록이 발견되지 않는 한, 앨리스의 버전이 거래가 승인하게 된다.

이러한 유형의 프로토콜을 우리는 현재 **결제 채널**(*payment channel*)이라고 부른다. 비트코인 창시자는 보낸 이메일에서 이러한 거래를 **고빈도 거래**(*high-frequency transactions*)라고 부르며, 이를 지원하기 위해 프로토콜에 추가된 여러 기능에 관해 설명했다. 나중에 몇 가지 다른 기능에 대해 알아보고 오늘날 비트코인에서 최신 버전의 결제 채널이 어떻게 점점 더 많이 사용되고 있는지 알아보자.

순전히 시퀀스 기반 결제 채널에는 몇 가지 문제가 있었다. 첫 번째 문제는 낮은 시퀀스 거래를 높은 시퀀스 거래로 대체하는 규칙이 소프트웨어 정책의 문제일 뿐이었던 점이다. 채굴자가 특정 버전 거래를 다른 거래보다 선호할 직접적인 인센티브가 없었다. 두 번째 문제는 거래를 가장 먼저 전송한 사람이 운이 좋은 가장 높은 시퀀스 거래가 아니더라도 거래를 승인할 수 있다는 점이다. 운이 나빠 몇 퍼센트씩 실패하는 보안 프로토콜은 그다지 효과적인 프로토콜이 아니다.

세 번째 문제는 거래의 한 버전을 다른 버전으로 무제한 교체할 수 있다는 점이다. 교체할 때마다 네트워크의 모든 릴레이 풀 노드 대역폭을 소모하게 된다. 예를 들어, 이 책을 쓰는 현재 약 50,000개의 릴레이 풀 노드가 있으며, 공격자가 분당 200바이트씩 1,000개의 교체 거래를 생성하면 개인 대역폭은 약 20KB를 사용하지만 풀 노드 네트워크 대역폭은 매분 약 10GB를 사용하게 된다. 공격자는 분당 20KB의 대역폭 비용과 거래가 승인될 때 가끔 발생하는 수수료를 제외하면, 풀 노드 운영자에게 부과하는 막대한 부담에 대한 비용을 지불할 필요가 없다.

공격의 위험을 없애기 위해 초기 버전 비트코인 소프트웨어에서는 본래의 시퀀스 기반 거래 대체 유형이 비활성화되었다. 몇 년 동안 비트코인 풀 노드는 특정 입력값을 포함하는 미확인 거래(아웃포인트로 표시됨)를 동일한 입력값을 포함하는 다른 거래로 대체하는 것을 허용하지 않았다. 하지만 이 상황이 영원히 지속되지는 않았다.

### 옵트인 거래 교체 신호

본래의 시퀀스 기반 거래 대체가 악용 가능성으로 인해 비활성화되자, 비트코인 코어와 다른 릴레이 풀 노드 소프트웨어를 프로그래밍해 더 높은 거래 수수료율을 지불한 거래가 더 낮은 수수료율을 지불한 상충하는 거래를 대체할 수 있도록 하는 해결책이 제안되었다. 이를 **수수료 대체**(RBF)라고 한다. 일부 사용자와 기업은 비트코인 코어에 거래 대체 지원을 다시 추가하는 것에 반대해, 다시 한번 시퀀스 필드를 사용해 대체를 지원하는 타협안이 도출되었다.

BIP-125에 문서화된 바와 같이, 입력값 중 하나라도 시퀀스값이 0xfffffffe(즉, 최댓값보다 최소 2 적은)으로 설정된 미확인 거래는 서명자가 더 높은 수수료율을 지불하는 상충하는 거래로 대체되기를 원한다는 신호를 네트워크에 보낸다. 비트코인 코어는 이러한 미확인 거래 대체를 허용하고 다른 거래 대체를 계속 허용하지 않았다. 이를 통해 교체에 반대하는 사용자와 기업은 BIP-125 신호가 포함된 미확인 거래를 승인할 때까지 무시할 수 있게 되었다.

최신 거래 교체 정책은 수수료율과 시퀀스 신호보다 더 많은 내용을 다루고 있으며, 이는 302쪽의 '수수료 대체 범핑(RBF)'에서 살펴보자.

### 합의에 의해 강제되는 상대적 시간 잠금으로서의 시퀀스

192쪽의 '버전'에서 BIP-68 소프트 분기에서 버전 번호 2 이상의 거래에 새로운 제약 조건이 추가되었다는 사실을 알게 되었다. 이 제약 조건은 시퀀스 필드에 적용된다.

시퀀스값이 $2^{31}$ 미만인 거래 입력값들은 상대적 잠금 시간이 있다고 해석된다. 이러한 거래는 이전 출력값(아웃포인트가 참조)이 상대적 잠금 시간 양만큼 만료되었을 때만 블록체인에 포함될 수 있다. 예를 들어, 상대적 잠금 시간이 30블록인 입력값을 가진 거래는 동일한 블록체인에서 지출되는 출력값이 포함된 블록과 최소 29블록 사이에 있는 블록에서만 승인할 수 있다. 시퀀스는 입력값 당 필드이기 때문에 거래에는 잠금 시간이 설정되어 있는 입력값이 여러 개 들어 있을 수 있고, 그 모든 입력값들은 거래가 유효화되기 위해 충분한 시간을 가져야 한다. 비활성화 플래그를 사용하면 거래에 상대적 잠금 시간이 있는 입력값(시퀀스 < $2^{31}$)과 상대적 잠금 시간이 없는 입력값(시퀀스 ≥ $2^{31}$)이 모두 포함될 수 있다.

시퀀스값은 블록단위 또는 초 단위로 지정된다. 블록의 단위 값인지 초 단위의 시간 단위 값인지를 구분하기 위해 타입 플래그(type-flag)가 사용된다. 타입 플래그는 23번째 최하위 비트(즉 1 << 22의 값) 내에서 설정된다. 타입 플래그가 설정되고 나면 시퀀스값은 512초의 배수로 해석된다. 타입 플래그가 설정되지 않으면 시퀀스값은 블록의 개수로 해석된다.

타입 플래그가 상대적 잠금 시간으로 해석되지 않는 경우 16개의 최하 비트만을 고려한다. 플래그(32비트와 23비트)가 평가되고 나면 시퀀스값은 보통 16비트의 마스크로 '마스킹'된다(예: sequence & 0x0000FFFF). 512초의 배수는 블록 사이의 평균 시간과 거의 같아 16비트($2^{16}$)에서 블록과 초 단위의 최대 상대적 잠금 시간은 1년이 조금 넘는다.

그림 6-3은 BIP-68이 규정한 대로 nSequence 값의 2진법 레이아웃을 보여 준다.

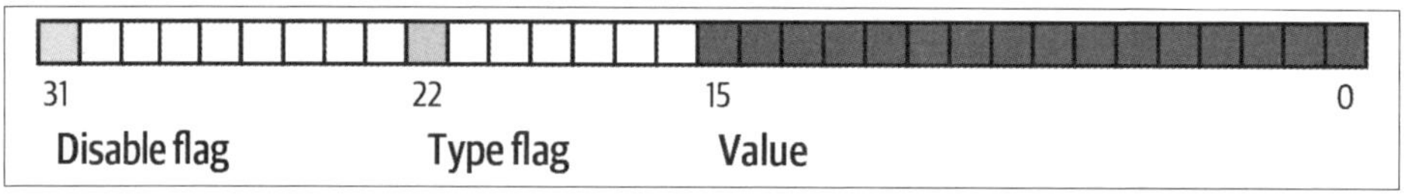


그림 6-3. 시퀀스 인코딩의 BIP-68 정의 (출처: BIP-68)

시퀀스를 사용해 상대적 잠금 시간을 설정하는 거래는 201쪽의 '옵트인 거래 교체 신호'에 설명된 대로 수수료로 옵트인 교체 신호를 전송한다.

## 출력값

거래의 출력값 필드에는 특정 출력값과 관련된 여러 필드가 포함되어 있다. 입력값 필드에서 봤던 것처럼, 그림 6-4에서 앨리스가 밥에게 지불하는 예시 거래에서 출력값 필드를 특정 바이트 맵으로 표시한 것부터 살펴보자.

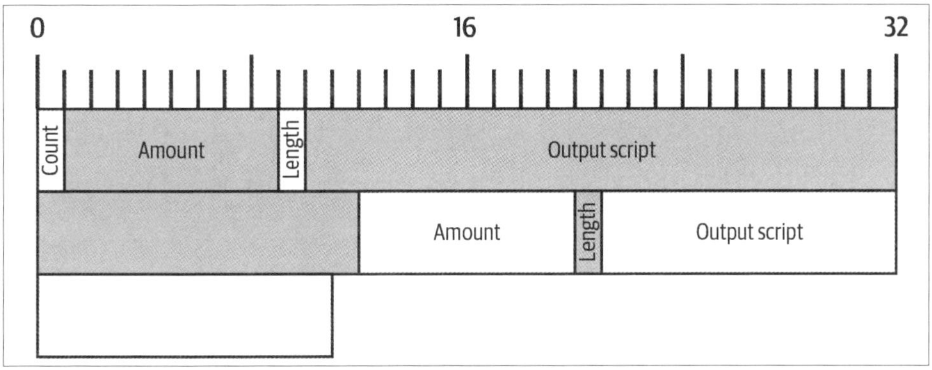


그림 6-4. 앨리스의 거래 출력값 필드 바이트 맵

### 출력값 카운트

거래의 입력값 절의 시작과 동일하게, 출력값 필드는 거래의 출력값 수를 나타내는 카운트로 시작한다. 이 값은 compactSize 정수이며 0보다 커야 한다.

예시 거래에는 2개의 출력값이 있다.

### 금액

특정 출력값의 첫 번째 필드는 비트코인 코어에서 '값(value)'이라고 하는 금액(*amount*)이다. 이는 전송할 사토시의 수를 나타내는 8바이트 부호가 있는 정수이다. 사토시는 온체인 비트코인 거래에서 표현할 수 있는 비트코인의 가장 작은 단위이다. 비트코인에는 1억 개의 사토시가 있다.

비트코인 합의 규칙에 따라 출력값은 최소 0에서 2,100만 비트코인(21조 사토시)의

값을 가질 수 있다.

### 비경제적 출력값 및 허용되지 않는 금액

값이 0인 출력값은 값이 없더라도 다른 출력값과 동일한 규칙에 따라 지출할 수 있다. 그러나 출력값을 지출(거래의 입력값으로 사용)하면 거래 규모가 증가하며, 지불해야 하는 수수료가 증가한다. 출력값의 값이 추가 수수료 비용보다 적다면 출력값을 지출하는 것이 경제적으로 합리적이지 않다. 이러한 출력값을 **비경제적 출력값**(*uneconomical outputs*)이라고 한다.

값이 0인 출력값은 항상 비경제적 출력값이며, 거래의 수수료율이 0이라 하더라도 이를 지출하는 거래에 어떤 값도 약정하지 않는다. 그러나 낮은 값을 가진 다른 많은 출력값도 의도하지 않은 경우에도 비경제적일 수 있다. 예를 들어, 현재 네트워크의 일반적인 수수료율에서는 어느 출력값이 지출 비용보다 거래에 더 많은 값을 더할 수 있지만, 다음 날 수수료율이 상승하면 출력값이 비경제적으로 될 수 있다.

195쪽의 '아웃포인트'에서 설명한 것처럼 모든 UTXO를 추적하기 위한 풀 노드의 필요성은 모든 UTXO가 풀 노드를 실행하기 약간 더 어렵게 만드는 것을 의미한다. 상당한 값을 가진 UTXO의 경우 결국 지출할 인센티브가 있기 때문에 문제가 되지 않는다. 그러나 비경제적 UTXO의 통제자가 지출할 인센티브가 없기 때문에 풀 노드 운영자에게 영구적인 부담이 될 수 있다. 비트코인의 탈중앙화는 많은 사람이 풀 노드를 기꺼이 운영하는 것에 의존하기 때문에, 비트코인 코어와 같은 다수의 풀 노드 구현은 미확인 거래의 릴레이와 채굴에 영향을 미치는 정책을 사용해 비경제적 출력값을 생성하지 못하게 한다.

매우 작은 값을 가진 출력값과 매우 작은 크기의 입자를 은유적으로 비교해 새로운 비경제적 출력값을 생성하는 거래를 릴레이하거나 채굴하지 않는 정책을 **먼지 정책**(*dust policies*)이라고 한다. 비트코인 코어의 먼지 정책은 복잡하고 여러 임의의 숫자가 포함되어 있기 때문에, 우리가 알고 있는 많은 프로그램에서 546사토시 미만의 출력값을 먼지로 간주하고 기본적으로 릴레이 또는 채굴하지 않는다고 가정한다. 때때로 먼지 제한을 낮추자는 의견과 이를 높이자는 반대 제안이 있어 사전 지정 거래 또는 다자간 프로토콜을 사용하는 개발자는 이 책의 발행 이후 정책이 변경되었는지 확인하기 바란다.

> 비트코인의 등장 이래로 모든 풀 노드는 모든 UTXO의 사본을 보관해야 했으나 항상 그런 것은 아니다. 몇몇 개발자들은 풀 노드가 데이터 자체가 아닌 UTXO 집합에 대한 약정을 저장할 수 있게 하는 프로젝트인 Utreexo를 개발해 왔다. 이 글을 쓰는 현재 5기가바이트가 넘는 비트코인 코어 저장소와 비교하면 최소 약정 크기는 1–2킬로바이트에 불과하다.
>
> 그러나 Utreexo는 여전히 일부 노드, 특히 채굴자 및 새로운 블록을 빠르게 검증해야 하는 기타 작업에 서비스를 제공하는 노드가 모든 UTXO를 저장해야 한다. 대부분의 노드가 Utreexo를 사용하는 미래에도 풀 노드에서 비경제적 출력값이 여전히 문제가 될 수 있음을 뜻한다.

비트코인 코어의 먼지 관련 정책 규칙에는 한 가지 예외가 있다. 바로 **데이터 캐리어 출력값**(*data carrier outputs*)이라고 하는 `OP_RETURN`으로 시작하는 출력값 스크립트 0의 값을 가질 수 있다는 점이다. `OP_RETURN` 연산코드는 그 뒤에 무엇이 오든 스크립트 실행을 즉시 실패하게 만들어 이 출력값은 절대 지출될 수 없다. 즉, 풀 노드는 이를 추적할 필요가 없으며, 비트코인 코어는 사용자가 UTXO 데이터베이스의 크기를 늘리지 않고도 소량의 임의 데이터를 블록체인에 저장할 수 있도록 하기 위해 이 기능을 활용한다. 출력값은 소비할 수 없어 비경제적이지 않으며, 할당된 사토시는 영구적으로 소비할 수 없어 양을 0으로 허용하면 사토시가 파괴되지 않도록 보장할 수 있다.

### 출력값 스크립트

출력값 뒤에는 비트코인을 지출하기 위해 충족되어야 하는 조건이 포함된 스크립트인 **출력값 스크립트** 길이를 나타내는 compactSize 정수가 뒤따른다. 비트코인 합의 규칙에 따르면 출력값 스크립트의 최소 크기는 0이다.

합의 최대 허용 출력값 스크립트 크기는 확인 시점에 따라 달라진다. 거래의 출력값에서 출력값 스크립트의 크기에 대한 명시적인 제한은 없지만, 이후 거래는 10,000바이트 이하의 스크립트가 포함된 이전 출력값만 지출할 수 있다. 암묵적으로 출력값 스크립트는 이를 포함하는 거래만큼 클 수 있고, 거래는 이를 포함하는 블록만큼 클 수 있다.

> 길이가 0인 출력값 스크립트는 `OP_TRUE`를 포함하는 입력값에 의해 지출될 수 있다. 누구나 해당 입력값 스크립트를 생성할 수 있으며, 누구나 비어 있는 출력값 스크립트를 지출할 수 있다는 뜻이다. **누구나 지출할 수 있는** 스크립트의 수는 본질적으로 무제한이며, 비트코인 프로토콜 개발자들에게는 누구나 지출할 수 있는 것으로 알려져 있다. 비트코인 스크립트 언어 업그레이드는 기존의 누구나 지출할 수 있는 스크립트에 새로운 제약 조건을 추가해 새로운 조건에서만 지출할 수 있도록 하는 경우가 많다. 어플리케이션 개발자는 누구나 지출할 수 있는 스크립트를 사용할 필요가 없지만, 만약 사용한다면 향후 업그레이드가 실수로 시스템을 방해하지 않도록 비트코인 사용자와 개발자들에게 계획을 널리 알리는 것이 좋다.

비트코인 코어의 거래 릴레이 및 채굴 정책은 출력값 스크립트를 **표준 거래 출력값**(*standard transaction outputs*)이라고 하는 몇 가지 템플릿을 통해 효과적으로 제한한다. 본래 비트코인에서 스크립트 언어와 이와 관련된 몇 가지 초기 버그가 발견된 후 구현되었으며, 누구나 지출할 수 있는 업그레이드를 지원하고, P2SH 리딤 스크립트, 세그윗 v0 서명 스크립트, 세그윗 v1(탭루트) 리프 스크립트에 스크립트 조건을 배치하는 모범 사례를 장려하기 위해 현대 비트코인 코어에서 유지되고 있다.

7장에서는 현재 표준 거래 템플릿을 각각 살펴보고 스크립트를 해석하는 방법을 알아보자.

## 증인 구조(witness structure)

법정에서 증인은 중요한 일을 목격했다고 증언하는 사람을 말한다. 증인이 항상 신뢰할 수 있는 것은 아니기 때문에 (이상적으로) 신뢰할 수 있는 증인의 증거만 받아들이려 증인을 심문하는 다양한 절차를 마련하고 있다.

수학 문제에서 증인은 어떤 모습일지 상상해 보라. 예를 들어, 중요한 문제가 $x + 2 == 4$이고, 누군가 해답을 발견했다고 주장하면 어떤 질문이 나올까? 2와 합산해 4가 되는 값을 보이는 수학적 증명을 요구할 것이다. 사람에 대한 언급은 생략하고 제안된 $x$의 값을 증인으로 사용할 수도 있다. 증인이 2라는 말을 들으면 방정식을 채우고 옳은지 확인한 다음 중요한 문제가 해결되었다고 판단할 수 있다.

비트코인을 지출할 때 우리가 해결하고자 하는 중요한 문제는 해당 지출이 해당 비트코인의 통제자 또는 사람에 의해 인가되었는지 여부를 판단하는 것이다. 비트코인 합의 규칙을 집행하는 수천 개의 풀 노드는 증인을 심문할 수 없지만, 수학 문제를 풀기 위한 데이터로 구성된 **증인**(*witnesses*)은 받아들일 수 있다. 예를 들어, 2의 증인은 다음 스크립트로 보호되는 비트코인의 지출을 허용한다.

```
2 OP_ADD 4 OP_EQUAL
```

분명 간단한 방정식을 풀 수 있는 사람이라면 누구나 비트코인을 지출할 수 있도록 허용하는 것은 안전하지 못하다. 8장에서 살펴보겠지만, 위변조가 불가능한 디지털 서명 체제는 비밀로 유지할 수 있는 특정 데이터를 소유한 사람만 풀 수 있는 방정식을 사용한다. 이들은 공개 식별자를 사용해 해당 비밀 데이터를 참조할 수 있다. 이러한 공개 식별자를 **공개키**라고 하고 방정식에 대한 해를 **서명**이라고 한다.

다음에 나오는 스크립트에는 공개키와 연산코드가 포함되어 있으며, 지출 거래 데이터에 해당하는 서명이 필요한 서명 약정이 포함되어 있다. 간단한 예시의 숫자 2와 마찬가지로 서명이 증인인 셈이다.

```
<public key> OP_CHECKSIG
```

비트코인을 보호하는 수학 문제를 푸는 데 사용되는 값은 증인은 풀 노드가 검증할 수 있도록 거래에 포함되어야 한다. 초기 비트코인 거래에 사용된 레거시 거래 형식에는 서명 및 기타 데이터가 입력값 필드에 배치된다. 그러나 198쪽의 '오리지널 시퀀스 기반 거래 교체'에서 살펴본 것처럼 개발자들이 비트코인에 계약 프로토콜을 구현하기 시작하며, 입력값 스크립트 필드에 증인을 배치하는 몇 가지 중요한 문제가 있음을 발견했다.

### 순환 의존성

비트코인의 많은 계약 프로토콜에는 일련의 거래가 순서대로 서명되는 방식이 포함된다. 예를 들어 앨리스와 밥은 두 사람의 서명이 있어야만 지출할 수 있는 스크립트에 자금을 입금하고 싶지만, 상대방이 응답하지 않는 경우 각자 돈을 돌려받고 싶어 한다. 간단한 해결책은 순서대로 거래에 서명하는 것이다.

- $Tx_0$은 앨리스와 밥의 서명이 필요한 스크립트가 있는 출력값에 앨리스의 돈과 밥의 돈을 지불하고 지출한다.
- $Tx_1$은 이전 출력값을 2개의 출력값으로 지출하는데, 하나는 앨리스의 돈을 환불하고 다른 하나는 밥의 돈을 환불한다(거래 수수료로 소액을 뺀 금액).
- 앨리스와 밥이 $Tx_0$에 서명하기 전, $Tx_1$에 서명하면 두 사람 모두 언제든지 환불받을 수 있다. 이 프로토콜은 두 사람 중 누구도 상대방을 신뢰할 필요가 없으므로 **무신뢰 프로토콜**(*trustless protocol*)이다.

레거시 거래 형식에서 이 구조의 문제점은 서명이 포함된 입력값 스크립트 필드를 포함한 모든 필드가 거래 식별자(txid)를 유도하는 데 사용된다는 점이다. $Tx_0$의 txid는 $Tx_1$의 입력값 아웃포인트의 일부다. 즉, 앨리스와 밥은 $Tx_0$의 서명 2개를 모두 알기 전까지 $Tx_1$을 구성할 방법이 없지만, 둘 중 한 명이 $Tx_0$의 서명을 알고 있다면 환불 거래에 서명하기 전에 해당 거래를 공지해 환불을 보장하지 않을 수 있다. 이것이 **순환 의존성**(*circular dependency*)이다.

### 제3자 거래 가변성

보다 복잡한 일련의 거래는 때때로 순환 의존성을 제거할 수 있지만, 많은 프로토콜이 새로운 문제에 직면하게 된다. 동일한 스크립트를 다른 방식으로 해결하는 것이 가능해진다. 예를 들어, 207쪽의 '증인 구조'의 간단한 스크립트를 생각해 보자.

```
2 OP_ADD 4 OP_EQUAL
```

입력값 2를 입력값 스크립트에 제공해 이 스크립트를 통과시킬 수 있지만, 비트코인에서 스택에 해당 값을 넣는 방법에는 여러 가지가 있다. 다음의 몇 가지 사례를 살펴보자.

```
OP_2
OP_PUSH1 0x02
OP_PUSH2 0x0002
OP_PUSH3 0x000002
...
OP_PUSHDATA1 0x0102
OP_PUSHDATA1 0x020002
...
OP_PUSHDATA2 0x000102
OP_PUSHDATA2 0x00020002
...
OP_PUSHDATA4 0x0000000102
OP_PUSHDATA4 0x000000020002
...
```

입력값 스크립트에서 숫자 2의 대체 인코딩은 완전히 다른 txid로 약간의 다른 거래를 생성한다. 각기 다른 버전의 거래는 다른 모든 버전의 거래와 동일한 입력값(아웃포인트)을 지출하므로 서로 **상충**(*conflict*)한다. 상충하는 거래 세트의 한 버전만 유효한 블록체인에 포함될 수 있다.

앨리스가 입력값이 `OP_2`인 거래의 한 버전과 밥에게 지불하는 출력값을 입력값 스크립트에 생성했다고 가정해 보자. 그다음 밥은 즉시 해당 출력값을 캐럴에게 지출한다. 네트워크의 누구라도 `OP_2`를 `OP_PUSH1 0x02`로 대체해 앨리스의 본래 버전과 상충하는 거래를 생성할 수 있다. 상충하는 거래를 승인하면 앨리스의 본래 버전을 같은 블록체인에 포함시킬 방법이 없어 밥의 거래가 출력값을 지출할 수 없다. 앨리스, 밥 그리고 캐럴 모두 잘못한 것이 없음에도 밥의 캐럴에 대한 지불은 무효화되었다. 거래에 관여하지 않은 누군가(제3자)가 앨리스의 거래를 변경(변조)할 수 있었으며, 이를 원치 않는 **제3자 거래 가변성**(*unwanted third-party transaction malleability*)이라고 한다.

> 사람들이 거래를 가변적으로 처리하기 원하는 경우에 비트코인은 이를 지원하는 여러 기능을 제공하며, 특히 273쪽의 '서명 해시 유형(SIGHASH)'에서 살펴볼 서명 해시(sighash)가 대표적이다. 예를 들어 앨리스는 sighash를 이용해 밥이 거래 수수료를 지불하는 데 도움을 줄 수 있다. 이렇게 하면 앨리스의 거래는 앨리스가 원하는 방식으로 변경된다. 이러한 이유로 우리는 때때로 **거래 가변성**(*transaction malleability*)이라는 용어 앞에 '**원치 않는**(*unwanted*)'이라는 단어를 붙인다. 우리와 다른 비트코인 기술 저자들이 더 짧은 용어를 사용할 때도 원치 않는 가변성에 관해 이야기하는 것은 거의 확실하다.

### 제2자 거래 가변성

레거시 거래 형식이 유일한 거래 형식이었을 때 개발자들은 BIP-62와 같이 제3자 가변성을 최소화하는 제안을 위해 노력했다. 그러나 제3자 가변성을 완전히 제거할 수 있었다고 해도 계약 프로토콜 사용자는 프로토콜에 관련된 다른 사람의 서명이 필요한 경우, 그 사람이 대체 서명을 생성하고 txid를 변경할 수 있다는 또 다른 문제에 직면하게 되었다.

예를 들어 앨리스와 밥은 돈을 예치하고 두 사람의 서명을 받아야만 지출할 수 있는 스크립트를 생성했다. 또한 각자가 언제든지 돈을 돌려받을 수 있는 환불 거래도 생성했다. 앨리스는 돈의 일부만 지출하고 싶다고 판단해서 밥과 협력해 일련의 거래를 생성한다.

- $Tx_0$에는 앨리스와 밥의 서명이 모두 포함되어 있으며, 2개의 출력값에 비트코인을 지출한다. 첫 번째 출력값은 앨리스의 돈 중 일부를 지출하고, 두 번째 출력값은 앨리스와 밥의 서명이 필요한 나머지 비트코인을 스크립트로 반환한다. 거래에 서명하기 전에 두 사람은 새로운 환불 거래 $Tx_1$을 생성한다.
- $Tx_1$은 $Tx_0$의 두 번째 출력값을 2개의 새로운 출력값으로 지출하는데, 하나는 앨리스에게 공동 자금의 몫으로, 다른 하나는 밥에게 자신의 몫으로 지급한다. 앨리스와 밥은 모두 $Tx_0$에 서명하기 전에 이 거래에 서명한다.

순환 의존성은 없으며, 제3자 거래 가변성을 무시한다면 신뢰가 필요 없는 프로토콜을 제공할 수 있다. 그러나 서명자가 서명을 생성할 때 큰 난수를 선택해야 하는 것이 비트코인 서명의 특성이다. 다른 난수를 선택하면 서명하는 모든 내용이 동일하더라도 다른 서명이 생성된다. 이는 동일한 계약서 사본 두 장에 자필 서명을 제공할 때 각각의 실제 서명이 조금씩 다르게 보이는 것과 비슷하다.

이러한 서명의 가변성은 앨리스가 (밥의 서명이 포함된) $Tx_0$을 공지하려고 할 때, 밥이 대체 서명을 생성해 다른 txid로 상충하는 거래를 생성할 수 있음을 의미한다. 밥의 대체 버전인 $Tx_0$이 승인되면 앨리스는 미리 지정된 버전 $Tx_1$을 사용해 환불을 청구할 수 없다. 이러한 유형의 변경을 '**원치 않는 제2자 거래 가변성**(*unwanted second-party transaction malleability*)'이라고 한다.

## 분리 서명

2011년에 이미, 프로토콜 개발자들은 순환 의존성, 제3자 가변성 그리고 제2자 가변성 문제 해결 방법을 알고 있었다(*https://oreil.ly/---bp*). 아이디어는 거래의 txid를 생성하는 계산에 입력값 스크립트를 포함하지 않는 것이다. 입력값 스크립트가 보유한 데이터의 추상적인 이름은 **서명**(*witness*)이다. txid를 생성하기 위해 거래의 나머지 데이터를 해당 서명에서 분리하는 아이디어를 **분리 서명**(*segwit*)이라고 한다.

세그윗을 구현하는 확실한 방법은 이전 풀 노드와 호환되지 않는 비트코인의 합의 규칙을 변경하는 것인데, 이를 **하드 분기**(*hard fork*)라고 한다. 411쪽의 '하드 분기'에서 자세히 알아보겠지만, 하드 분기에는 많은 어려움이 따른다.

세그윗에 대한 대안 접근 방식이 2015년 말에 설명되었다. 이는 소프트 분기라고 하는 합의 규칙 이전 버전과 호환되는 변경을 사용한다. 이전 버전과의 호환은 변경 사항을 구현하는 풀 노드가 변경 사항이 없는 풀 노드를 유효하지 않은 것으로 간주하는 블록을 수락해선 안 된다는 것을 의미한다. 규칙을 준수하는 한, 새로운 풀 노드는 이전 풀 노드가 수락하는 블록을 거부할 수 있으며, 새로운 합의 규칙을 시행할 수 있다(단, 새로운 풀 노드가 비트코인 사용자 간의 경제적 합의를 대표하는 경우에만 가능하다. 비트코인 합의 규칙 업그레이드에 대한 자세한 내용은 12장에서 살펴보자).

소프트 분기 세그윗 접근은 누구나 지출할 수 있는 출력값 스크립트를 기반으로 한다. 0과 16 사이 숫자로 시작하고 그 뒤에 2에서 20바이트의 데이터가 오는 스크립트를 세그윗 출력값 스크립트 템플릿으로 정의한다. 숫자는 해당 버전을 나타낸다(예: 0은 세그윗 버전 0, 즉 **세그윗 v0**). 이 데이터를 **서명 프로그램**(*witness program*)이라고 한다. 세그윗 템플릿을 P2SH 약정으로 래핑하는 것도 가능하지만 6장에서는 다루지 않을 것이다.

기존 노드의 관점에서 보면 이러한 출력값 스크립트 템플릿은 빈 입력값 스크립트로 지출할 수 있다. 새로운 세그윗 규칙을 알고 있는 새 노드의 관점에서 보면, 세그윗 출력값 스크립트 템플릿에 대한 모든 지불은 빈 입력값 스크립트로만 지출해야 한다. 기존 노드에서 빈 입력값 스크립트를 **허용**하지만, 새 노드에서는 빈 입력값 스크립트가 **필요**하다는 차이점에 유의하라.

빈 입력값 스크립트는 서명이 txid에 영향을 미치지 않도록 순환 의존성, 제3자 거래 가변성 및 제2자 거래 가변성을 제거한다. 그러나 입력값 스크립트에 데이터를 넣을 수 없기 때문에 세그윗 출력값 스크립트 템플릿 사용자는 새로운 필드가 필요하다. 이 필드를 **증인 구조**(*witness structure*)라고 한다.

서명 프로그램과 증인 구조의 도입 때문에 비트코인 시스템이 복잡해졌지만, 이는 추상화가 증가하는 기존의 추세를 따르는 것이다. 원래 비트코인 백서에서는 공개키를 이용해 비트코인을 받고 서명을 하고 난 후 지출했음을 4장에서 설명했다. 공개키는 비트코인을 지출할 수 있는 **인가자**(*authorized*)를 정의하고(해당 개인키의 제어자), 서명은 지출 거래가 개인키 제어자로부터 왔다는 **인증**(*authentication*)을 제공했다. 이러한 시스템을 더욱 유연하게 만들기 위해 비트코인 초기 버전에서는 비트코인을 출력값 스크립트로 받고 입력값 스크립트로 지출할 수 있는 스크립트를 도입했다. 이후 계약 프로토콜에 대한 경험을 통해 비트코인을 서명 프로그램에 수신하고 증인 구조로 지출할 수 있게 되었다. 다양한 비트코인 버전에서 사용되는 용어와 필드는 표 6-1에 나와 있다.

표 6-1. 비트코인의 여러 부분에서 인가 및 인증 데이터에 사용되는 용어

| | 인가 | 인증 |
|---|---|---|
| **백서** | 개인키 | 서명 |
| **원본(레거시)** | 출력값 스크립트 | 입력값 스크립트 |
| **세그윗** | 서명프로그램 | 증인 구조(witness structure) |

## 증인 구조 직렬화

입력값 및 출력값 필드와 마찬가지로 증인 구조에는 다른 필드도 포함되어 있어 그림 6-5의 앨리스의 거래에서 해당 바이트 맵부터 알아보자.

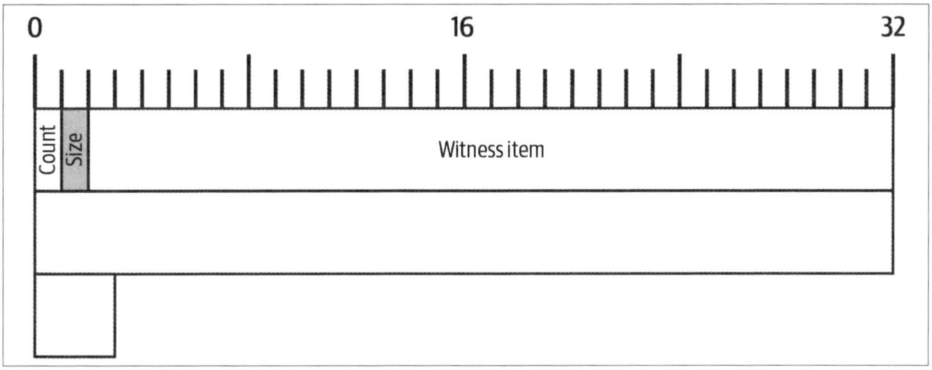


그림 6-5. 앨리스의 거래에서 증인 구조(witness structure)의 바이트 맵

입력값 및 출력값 필드와 달리 전체 증인 구조에는 포함된 서명 스택의 총개수가 표시되어 있지 않다. 대신 거래의 모든 입력값에 대해 하나의 서명 스택이 있는 입력 필드가 이를 암시한다.

특정 입력값에 대한 증인 구조는 포함된 요소의 수를 카운트하는 것으로 시작한다.

이 요소를 **서명 항목**(*witness items*)이라고 한다. 7장에서 자세히 살펴보겠지만 지금은 각 서명 항목 앞에 크기를 나타내는 compactSize 정수가 접두사로 붙는다는 사실을 알아야 한다.

레거시 입력값에는 서명 항목이 포함되어 있지 않아 서명 스택은 전체적으로 0(0x00)의 카운트로 구성된다.

앨리스의 거래에는 하나의 입력값과 하나의 서명 항목이 포함되어 있다.

## 잠금 시간

직렬화된 거래의 마지막 필드는 잠금 시간이다. 이 필드는 비트코인의 본래 직렬화 형식의 일부였지만, 처음에는 채굴할 거래를 선택하는 비트코인 정책에 의해서만 적용되었다. 비트코인의 가장 초기에 알려진 소프트 분기에서는 블록 높이 31,000부터 다음 규칙 중 하나에 동의하지 않는 거래가 블록에 포함되는 것을 금지하는 규칙이 추가되었다.

- 거래는 잠금 시간을 0으로 설정해 모든 블록에 포함될 자격이 있음을 나타낸다.
- 거래는 잠금 시간을 500,000,000보다 작은 값으로 설정해 포함될 수 있는 블록을 제한하고 싶다는 것을 나타낸다. 이 경우 거래는 잠금 시간과 높이가 같은 블록 또는 그 이상인 블록에만 포함될 수 있다. 예를 들어, 잠금 시간이 123,456인 거래는 123,456블록 또는 그 이후 블록에 포함할 수 있다.
- 거래는 잠금 시간을 500,000,000 이상의 값으로 설정해 블록체인에 포함될 수 있는 시기를 제한하고 싶다는 것을 나타낸다. 이 경우 필드는 에포크 시간(1970-01-01T 00:00 UTC 이후 초 수)으로 해석되며, 거래는 잠금 시간보다 지난 **중앙 시간 경과**(*MTP*)가 큰 블록에만 포함될 수 있다. MTP는 일반적으로 현재 시각보다 한두 시간 정도 늦다. MTP에 대한 규칙은 395쪽의 '중앙 시간 경과'에 설명되어 있다.

## 코인베이스 거래

어떤 블록에서든지 첫 번째 거래는 특별케이스다. 대부분의 오래된 문서에서는 이를 세대 거래(*generation transaction*)라고 부르지만, 대부분의 최신 문서에서는 **코인베이스 거래**(*coinbase transaction*)라고 부른다('코인베이스'라는 회사에서 생성한 거래와 혼동하지 말 것).

코인베이스 거래는 해당 거래가 포함된 블록의 채굴자에 의해 생성되며, 채굴자는 해당 블록의 거래에서 지불한 수수료를 청구할 수 있다. 또한 6,720,000블록까지 채굴자는 이전에 유통된 적이 없는 비트코인으로 구성된 보조금을 청구할 수 있으며, 이를 **블록 보조금**(*block subsidy*)이라고 한다. 채굴자가 한 블록에 대해 청구할 수 있는 총금액(수수료와 보조금을 합친 금액)을 **블록 보상**(*block reward*)이라고 한다.

코인베이스 거래에 대한 몇 가지 특별한 규칙은 다음과 같다.

- 입력값이 하나만 있을 수 있다.
- 단일 입력값에는 0으로만 구성된 txid와 최대 출력 인덱스(0xffffffff)를 가진 아웃포인트가 있어야 한다. 이렇게 하면 코인베이스 거래가 이전 거래 출력값을 참조하는 것을 방지할 수 있으며, 이는 코인베이스 거래가 수수료와 보조금을 지불한다는 점에서 (최소한의) 혼란을 야기할 수 있다.
- 일반 거래에서 입력값이 들어 있는 필드를 **코인베이스**라고 한다. 코인베이스 거래에 이름을 부여하는 것은 바로 이 필드이다. 코인베이스 필드는 최소 2바이트 이상 100바이트 이하여야 한다. 이 스크립트는 실행되지는 않지만, 서명 확인 계산(sigops) 수에 대한 레거시 거래 제한이 적용되므로, 여기에 임의의 데이터를 넣을 때는 데이터 푸시 연산코드를 앞에 붙여야 한다. BIP-34에 정의된 2013년 소프트 분기 이후, 이 필드의 첫 몇 바이트는 385쪽의 '코인베이스 데이터'에서 설명할 추가 규칙을 따라야 한다.
- 출력값의 합계는 해당 블록의 모든 거래에서 징수된 수수료와 보조금을 더한 값을 초과해서는 안 된다. 보조금은 블록당 50BTC에서 시작해 210,000블록마다(약 4년마다) 절반으로 줄어든다. 보조금 값은 가장 가까운 사토시 단위로 반 내림

된다.

- BIP-141에 문서화된 2017년 세그윗 소프트 분기 이후, 세그윗 출력값을 지출하는 거래가 포함된 모든 블록에는 해당 블록의 모든 거래(서명 포함)에 대해 약정하는 코인베이스 거래에 대한 출력값이 포함되어야 한다. 이 약정은 12장에서 살펴보도록 하자.

코인베이스 거래는 일반 거래에서 유효한 다른 출력값을 가질 수 있다. 그러나 이러한 출력값 중 하나를 지출하는 거래를 코인베이스 거래가 100개의 승인을 받기 전까지는 블록에 포함될 수 없다. 이를 **성숙 규칙**(*maturity rule*)이라고 하며, 아직 100개의 승인을 받지 못한 코인베이스 거래 출력값을 **미성숙**(*immature*)이라고 한다.

대부분의 비트코인 소프트웨어는 코인베이스 거래를 처리할 필요가 없지만, 코인베이스 거래의 특수한 특성으로 인해 이를 예상하지 못한 소프트웨어에서 비정상적인 문제를 야기할 수 있다.

## 가중치와 가상 바이트

각 비트코인 블록은 포함할 수 있는 거래 데이터양이 제한되어 있어 대부분의 비트코인 소프트웨어는 생성하거나 처리하는 거래를 측정할 수 있어야 한다. 비트코인의 현대 측정 단위는 **가중치**(*weight*)다. 가중치의 대체 버전은 **가상 바이트**(*vbytes*)이며, 4개의 가중치 단위는 1가상 바이트와 같아 레거시 비트코인 블록에 사용된 본래의 **바이트**(*byte*) 측정 단위와 쉽게 비교할 수 있다.

블록은 4백만 가중치로 제한된다. 블록 헤더는 240 가중치를 차지한다. 추가 필드의 거래 카운트는 4 또는 12 가중치를 사용한다. 나머지 가중치는 모두 거래 데이터에 사용할 수 있다.

거래에서 특정 필드의 가중치를 계산하려면 해당 직렬화된 필드의 크기를 바이트 단위로 측정한 후 특정 계수와 곱한다. 거래의 가중치를 계산하려면, 모든 필드 위 가중치를 합한다. 거래의 각 필드에 대한 계수는 표 6-2에 나와 있다. 예를 들어, 6장의 예시인 앨리스에서 밥으로의 거래에 관한 각 필드의 가중치도 계산해 보자.

계수와 해당 계수가 적용되는 분야는 UTXO 지출 시 사용되는 가중치를 줄이기 위해 선택되었다. 이는 204쪽의 '비경제적 출력값 및 허용되지 않는 금액'에 설명된 대로 비경제적 출력값이 생성되지 않도록 방지할 수 있다.

표 6-2. 비트코인 거래의 모든 필드에 대한 가중치 계수

| 필드 | 계수 | 엘리스 거래 가중치 |
|---|---|---|
| 버전 | 4 | 16 |
| 마커 & 플래그 | 1 | 2 |
| 입력값 카운트 | 4 | 4 |
| 아웃포인트 | 4 | 144 |
| 입력값 스크립트 | 4 | 4 |
| 시퀀스 | 4 | 16 |
| 아웃포인트 카운트 | 4 | 4 |
| 금액 | 4 | 64(출력값 2개) |
| 출력값 스크립트 | 4 | 232(서로 다른 스크립트를 가진 출력값 2개) |
| 서명 카운트 | 1 | 1 |
| 서명 아이템 | 1 | 66 |
| 잠금 시간 | 4 | 16 |
| 합계 | N/A | 569 |

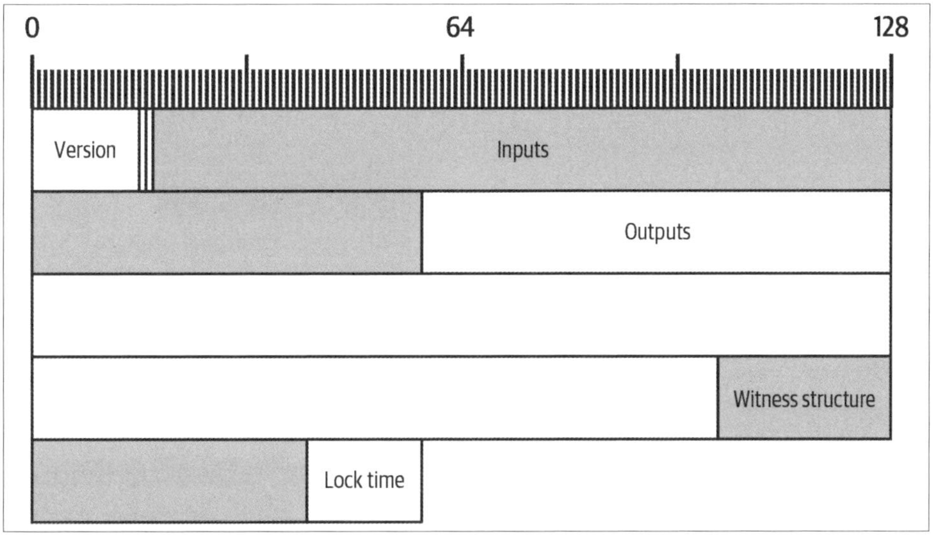


그림 6-6. 앨리스의 거래 바이트 맵

비트코인 코어에서 앨리스의 거래에 대한 합계를 가져와 가중치 계산을 검증할 수 있다.

```
$ bitcoin-cli getrawtransaction 466200308696215bbc949d5141a49a41\
38ecdfdfaa2a8029c1f9bcecd1f96177 2 | jq .weight
569
```

6장의 시작에 있는 예시 6-1의 앨리스의 거래는 그림 6-6에 가중치 단위로 표시되어 있다. 두 이미지에서 다양한 필드 간의 크기 차이를 비교하면 작동되는 요소를 확인할 수 있다.

## 레거시 직렬화

6장에서 설명하는 직렬화 형식은 이 책을 쓰는 현재 대부분의 새로운 비트코인 거래에 사용되지만, 여전히 이전 직렬화 형식이 많은 거래에 사용되고 있다. **레거시 직렬화**(*legacy serialization*)라고 하는 이전 형식은 비트코인 P2P 네트워크에서 '빈 증인 구조(empty witness structure)'를 가진 모든 거래에 사용해야 한다(거래가 서명 프로그램을 지출하지 않는 경우에만 유효함).

레거시 직렬화에는 마커, 플래그 그리고 증인 구조 필드가 포함되지 않는다.

6장에서는 거래의 각 필드를 살펴보고, 사용자 간에 전송할 비트코인에 대한 세부 정보를 풀 노드에 전달하는 방법을 알아보았다. 누가 어떤 비트코인을 지출할 수 있는지 제한하는 조건을 지정하고, 동의할 수 있는 출력값 스크립트, 입력값 스크립트 그리고 증인 구조에 대해서 간략하게 살펴보았다. 앨리스만 비트코인을 지출할 수 있게 하기 위해서는 이러한 조건을 구성하고 사용하는 방법을 이해하는 것이 필수적이다. 이는 7장에서 알아보자.

7장

# 인가와 인증

비트코인을 수신하려면 누가 지출할 수 있는 권한을 가질지를 결정해야 하는데, 이를 **인가**(*authorization*)라고 한다. 또한 풀 노드가 승인된 지출자를 다른 모든 사람과 구별하는 방법, 즉 **인증**(*authentication*)도 결정해야 한다. 인가 지침과 지출자 인증 증명은 수천 개의 독립적인 풀 노드에서 확인하며, 지출이 인가되고 인증되었다는 동일한 결론에 도달해야만 해당 지출이 포함된 거래가 유효하다.

비트코인 시스템에 대한 원래의 설명에서는 인가를 위해 공개키를 사용했다. 앨리스는 거래 출력값에 자신의 공개키를 넣어 밥에게 비용을 지불했다. 밥이 캐럴에게 보내는 것과 같이 지출 거래를 약정하는 서명의 형태로 밥으로부터 인증이 이뤄졌다.

처음 출시된 비트코인의 실제 버전에서는 인가와 인증 모두에 대해 보다 유연한 메커니즘이 제공되었다. 그 이후 개선된 기능들은 그 유연성을 더욱 높여 주었다. 7장에서는 이러한 기능들을 살펴보고 가장 일반적으로 어떻게 사용되는지 살펴보자.

## 거래 스크립트와 스크립트 언어

스크립트라고 불리는 비트코인 거래 스크립트 언어는 포스(Forth) 언어처럼 구성되고 역폴란드 표기법을 따르는 스택 기반의 실행 언어다. 출력값에 배치되는 스크립트와 지출 거래에 사용되는 레거시 입력값 스크립트는 모두 이 스크립팅 언어로 작성된다.

**스크립트**는 매우 간단한 언어다. 스크립트를 실행하는 데는 최소한의 프로세싱만 있으면 되기 때문에 현대의 프로그래밍 언어들이 할 수 있는 멋진 일들 중 많은 부분을 해내지 못한다.

레거시 거래가 가장 일반적으로 사용되는 거래 유형이었던 시절, 비트코인 네트워크를 통해 처리되는 대부분의 거래는 '밥의 비트코인 주소로 지불'이라고 하는 형식이 있으며, Pay-to-Pubic-Key-Hash(P2PKH) 스크립트라고 불리는 스크립트에 기반을 두고 있다. 하지만 비트코인 거래들이 '밥의 비트코인 주소로 지불' 스크립트에 국한되지는 않는다. 사실상 매우 다양한 복잡한 조건들을 표현하기 위해 출력값 스크립트를 작성할 수 있다. 이와 같이 조금 더 복잡한 스크립트를 이해하기 위해서는 우선 거래 스크립트와 스크립트 언어의 기본 사항부터 이해해야 한다.

이번 절에서는 비트코인 거래의 스크립팅 언어를 구성하고 있는 요소를 설명하고, 단순한 소비 조건을 표현하기 위해 스크립팅 언어를 어떻게 사용하는지 그리고 해당 조건들이 어떻게 충족될 수 있는지에 대해 보여 줄 것이다.

> 비트코인 거래 유효화는 고정 패턴에 기초한 것이 아니라 스크립트 언어를 실행함으로써 이루어진다. 스크립팅 언어는 거의 무한대에 가까운 표현 가능한 조건들을 만들 수 있다.

### 튜링 불완전성

비트코인 거래의 스크립트 언어는 많은 연산자를 포함하고 있지만 한 가지 중요한 방법을 이용해서 의도적으로 기능이 제한된다. 스크립트 언어는 조건부 흐름 제어 기능 이외에는 루프나 복잡한 흐름제어 능력을 가지고 있지 않다. 이를 통해 스크립트 언어는 **튜링이 완전하지**(*Turing Complete*) 않다는 사실을 확인할 수 있다. 즉, 비트코인 거래 스크립트는 복잡성이 제한되고 실행 시간이 예측 가능하다. 스크립트는 다용도의 언어가 아니다. 이러한 제한성 덕분에 스크립트 언어는 무한 루프나 '논리 폭탄(logic bomb)'

같은 형태를 만들 수 없다. 논리 폭탄은 비트코인 네트워크에 서비스거부 공격을 야기하는 방법으로 거래 내부에 내장되어 있을 수 있다. 모든 거래는 비트코인 네트워크상에 있는 모든 풀 노드에 의해서 검증된다는 사실을 명심하자. 스크립트 언어의 제한성은 거래 검증 메커니즘이 취약성으로 이용될 수 있는 가능성을 방지한다.

### 무상태형 검증

비트코인 거래의 스크립트 언어는 무상태형(stateless)이며, 스크립트 언어 내에서는 스크립트 실행 전 혹은 실행 후에 저장되는 상태가 없다. 따라서 스크립트를 실행하는 데 필요한 모든 정보는 스크립트 내에 담겨 있다. 스크립트는 어떤 시스템에서든 예측 가능하며 동일한 방식으로 실행된다. 만약 여러분의 시스템이 어떤 스크립트를 유효화한다면 비트코인 네트워크 내에 존재하는 다른 시스템 전체가 해당 스크립트를 유효화할 것이라고 확신해도 된다. 이는 곧 하나의 유효한 거래는 모두에게 유효하며, 모두가 이 사실을 알고 있다는 것을 뜻한다. 즉, 결과에 대한 예측 가능성이 비트코인 시스템의 핵심적 이점이다.

### 스크립트 구성

비트코인 거래 유효화 엔진은 거래를 유효화하는 두 가지 스크립트에 의존한다. 바로 출력값 스크립트와 입력값 스크립트다.

출력값 스크립트는 향후 출력값을 소비하기 위해 충족되어야 하는 요건을 명시하고 있다. 입력값 스크립트는 출력값 스크립트가 출력값에 놓아둔 조건을 충족시켜서 출력값이 소비될 수 있도록 하는 스크립트다.

입력값 스크립트는 모든 거래의 입력값에 들어 있는 요소이며 레거시 거래에서 대부분의 경우 사용자의 지갑이 개인키로부터 생성한 디지털 서명을 담고 있지만, 입력값 스크립트 전부가 서명을 포함해야 하는 것은 아니다.

노드를 검증하는 비트코인 시스템 전체는 출력값 스크립트와 입력값 스크립트를 함께 실행해서 거래를 검증한다. 6장에서 보았듯이, 검증 소프트웨어는 입력값 스크립트를 복사해서 입력값이 참조한 UTXO를 검색한 후에 해당 UTXO로부터 출력값 스크립트를 복사할 것이다. 그 후 입력값 스크립트와 출력값 스크립트가 차례로 실행된다. 입력값 스크립트가 출력값 스크립트의 조건을 충족하는 경우 해당 입력값은 유효해진다(226쪽의 '입력값 스크립트와 출력값 스크립트의 분리 실행' 참조). 거래 검증 과정의 일부로 모든 입력값들이 개별적으로 검증된다.

이전 단계에서는 모든 데이터의 복사본을 만들어야 한다. 이전 출력값과 현재 입력값의 원 데이터는 절대 바뀌지 않는다. 특히 이전 출력값은 변하지 않으며 지출 시도가 실패해도 영향을 받지 않는다. 출력값의 조건을 정확하게 만족하는 유효한 거래만이 '소비'되었다고 간주하는 출력값을 내놓는다.

그림 7-1은 가장 일반적인 비트코인 거래(공개키 해시 지불)를 위한 입력값 스크립트와 출력값 스크립트의 예로서 스크립트가 검증되기 전 입력값 스크립트와 출력값 스크립트가 서로 연결된 상태에서 산출된 복합 스크립트를 보여 준다.

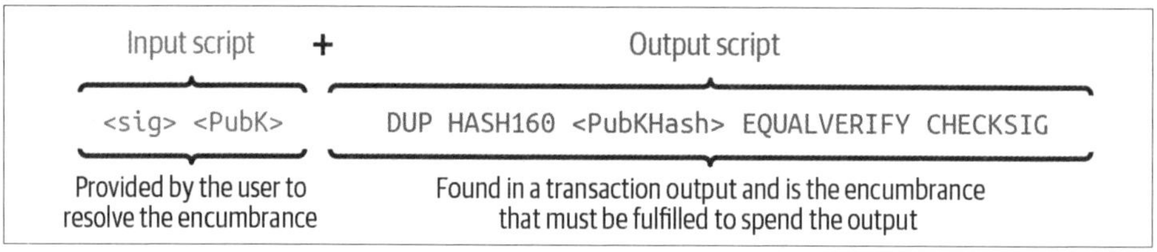


그림 7-1. 거래 스크립트를 평가하기 위한 입력값/출력값 스크립트의 조합

#### 스크립트 실행 스택

비트코인의 스크립팅 언어는 **스택**(*stack*)이라고 불리는 데이터 구조를 사용하기 때문에 스택 기반 언어라고 한다. 스택은 매우 단순한 데이터 구조로, 차곡차곡 쌓은 카드 더미로 표현할 수 있다. 스택은 두 가지 연산을 가능하게 한다. 바로 푸시(push) 연산과 팝(pop) 연산이다. 푸시 연산은 스택의 최상부에 항목을 추가하고, 팝 연산은 최상부에 있는 항목을 스택에서 제거한다.

스크립팅 언어는 각 항목을 왼쪽에서 오른쪽으로 처리하면서 스크립트를 실행한다. 숫자(데이터 상수)는 스택 상부에 기록된다. 연산자는 하나 이상의 매개변수를 스택 상부에 기록하거나 스택에서 제거하는 연산 작용을 해서 나온 결과값을 스택 상부에 기록한다. 예를 들어 OP_ADD 연산자는 스택에서 두 항목을 가지고 나와서 두 값을 더하고 그 합계를 스택의 상부에 기록한다.

조건부 연산자들은 조건을 평가하여 'TRUE' 혹은 'FALSE'라는 불 방식의 결과값(boolean result)을 생성한다. 예를 들어, OP_EQUAL은 스택에서 두 항목을 가지고 나와서 두 값이 동일한 경우 'TRUE(숫자 1로 표시)'를, 동일하지 않은 경우 'FALSE(숫자 0으로 표시)'를 올린다. 비트코인 거래 스크립트는 보통 조건부 연산자들을 포함하고 있다. 그래서 유효한 거래를 의미하는 TRUE 결과값을 생성할 수 있다.

### 간단한 스크립트

이제 몇 가지 예시를 통해 여기에서 배웠던 스크립트와 스택을 적용해 보자.

그림 7-2에서는 2 3 OP_ADD 5 OP_EQUAL 스크립트가 산술 덧셈 연산자인 OP_ADD를 이용한 연산 과정으로 숫자 2개를 더한 후 결과값을 스택에 기록한다. 그 후 조건부 연산자인 OP_EQUAL의 결과값이 5인지 여부를 확인한다. 간결하게 표현하기 위해 접두부 OP_는 단계별 예시에서 생략하였다. 사용 가능한 스크립트 연산자와 함수에 대해 더 자세히 알아보려면 비트코인 Wiki's script page를 참조하라(*https://oreil.ly/21vH9*).

대부분의 레거시 출력값 스크립트가 레거시 비트코인 주소나 공개키를 참조해서 소유권 증명을 요구해야만 돈을 소비할 수 있게 된다. 하지만 스크립트가 저렇게 복잡할 필요는 없다. 출력값 스크립트와 입력값 스크립트의 어떠한 조합이라도 TRUE 값을 낼 수 있으면 유효하다. 스크립팅 언어의 예시로 사용한 간단한 연산도 거래 출력값을 잠그는 데 사용되는 유효 출력값 스크립트가 될 수 있다는 사실을 알 수 있다.

산술적 예시 스크립트의 일부를 다음과 같이 출력값 스크립트로 사용해 보자.

```
3 OP_ADD 5 OP_EQUAL
```

입력값에 포함되는 입력값 스크립트는 다음과 같다.

```
2
```

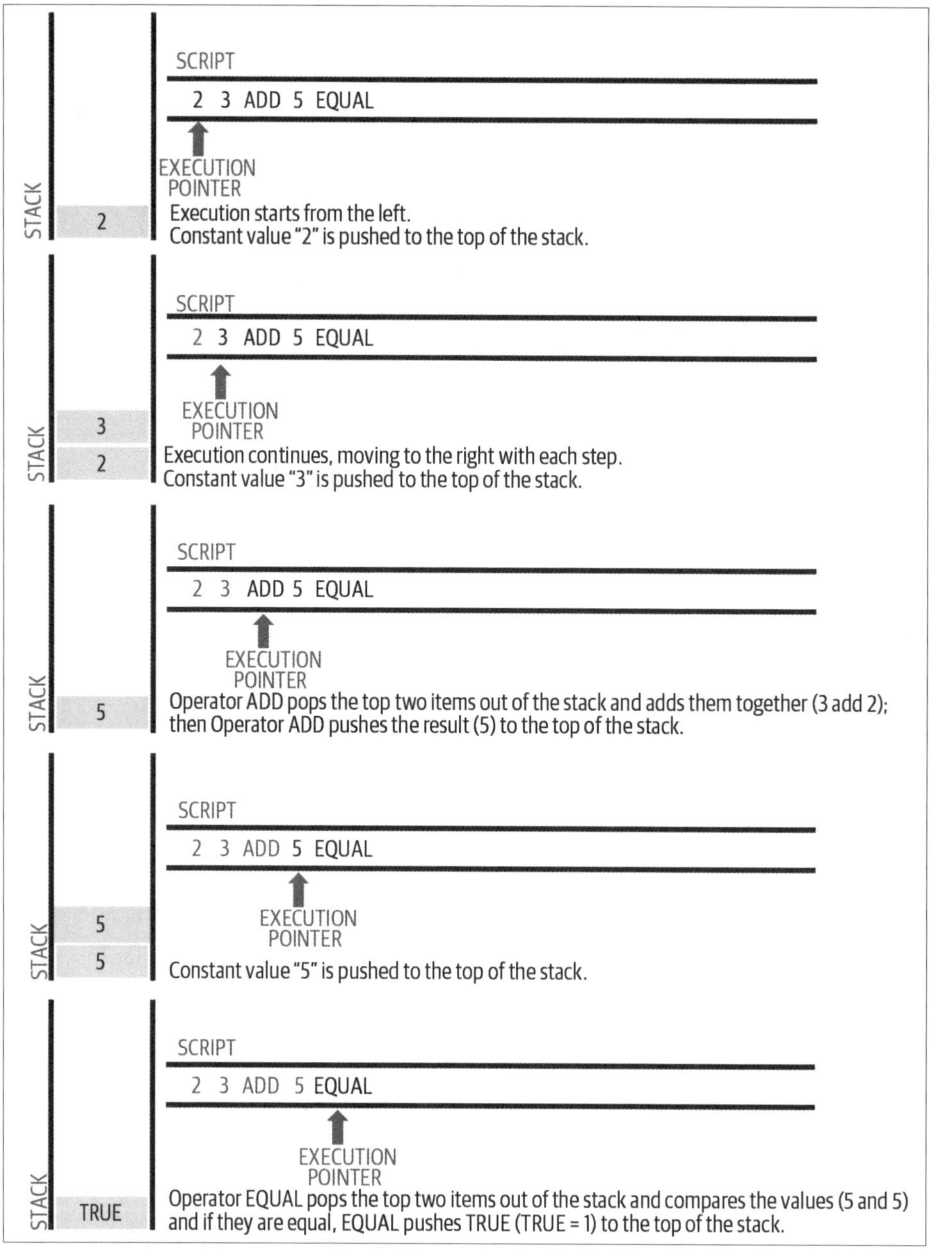


그림 7-2. 비트코인 스크립트 유효화의 간단한 연산 과정

유효화 소프트웨어는 아래와 같이 스크립트를 결합한다.

```
2 3 OP_ADD 5 OP_EQUAL
```

그림 7-2에 나와 있는 단계별 예시에서도 볼 수 있듯이 이 스크립트가 실행될 때 그 결과값이 `OP_TRUE`가 되면 해당 거래는 유효하게 인정된다. 이는 유효한 거래의 출력값에 대한 출력값 스크립트일 뿐만 아니라 2가 위 스크립트를 만족하는 숫자라는 사실을 알 수 있을 정도의 산술적 능력이 있는 사람이라면 누구나 UTXO 결과값을 지출할 수 있다.

> 스택 상부의 결과값이 `TRUE`이거나 0이 아닌 숫자면 거래는 유효하다. 스택 상부의 결과값이 `FALSE`(0이거나 길이가 없는 빈 값)이거나 스크립트 실행이 연산자에 의해 명시적으로 중단되거나(`VERIFY`, `OP_RETURN` 등), 스크립트가 의미상 유효하지 않은 경우(예: `OP_ENDIF` 연산코드로 종료되지 않은 `OP_IF` 구문 포함)에는 거래가 무효화된다. 자세한 사항은 비트코인 Wiki's script page를 참조하라(*https://oreil.ly/J2DXt*).

아래에 나오는 식은 다소 복잡한 스크립트로, `2 + 7 - 3 + 1`을 계산한다. 스크립트에 여러 가지 연산자가 연달아 담겨 있는 경우, 스택하에서 한 연산자의 결과값이 다음에 나오는 연산자에 의해 실행된다.

```
2 7 OP_ADD 3 OP_SUB 1 OP_ADD 7 OP_EQUAL
```

종이와 연필을 가지고 직접 위 스크립트를 한번 유효화해 보자. 스크립트 실행이 완료되었을 때 스택에는 `TRUE` 값이 남아야 한다.

### 입력값 스크립트와 출력값 스크립트의 분리 실행

최초의 비트코인 클라이언트에서는 입력값 스크립트와 출력값 스크립트가 서로 연결되어 있고 순서대로 실행되었다. 하지만 1 OP_RETURN 버그로 알려진 취약성 때문에 보안상의 이유로 2010년 변경되었다. 현재 실행되는 구현에서는 2개의 실행 결과 사이를 이동하는 스택을 이용해서 입력값 스크립트와 출력값 스크립트가 따로 실행된다. 2개의 실행 결과에 대한 설명은 다음 문단에 나와 있다.

첫째, 입력값 스크립트는 스택 실행 엔진을 이용하여 실행된다. 입력값 스크립트가 오류 없이 실행되는 경우와 연산자가 남아 있지 않은 경우, 스택이 복사되면서 출력값 스크립트가 실행된다. 입력값 스크립트로부터 복사된 스택 데이터와 함께 실행된 출력값 스크립트의 결과가 TRUE라면 입력값 스크립트는 출력값 스크립트가 부과한 조건을 해결하는 데 성공한 것이다. 따라서 해당 입력값은 UTXO를 소비하기 위한 유효한 승인이 된다. 만약 출력값 스크립트와 입력값 스크립트를 실행한 후 TRUE 이외의 결과가 나온다면 해당 입력값이 출력값에 위치한 소비 조건을 만족시키지 못했기 때문에 유효하지 않은 입력값이 될 것이다.

## Pay to Public Key Hash

Pay to Public Key Hash(P2PKH) 스크립트는 공개키에 약정하는 해시가 포함된 출력값 스크립트를 사용한다. P2PKH는 레거시 비트코인 주소의 기초로 가장 잘 알려져 있다. P2PKH 출력값은 해시 약정과 공개키에 대응하는 개인키가 생성한 디지털 서명을 제시하여 지출할 수 있다(8장 참조). P2PKH 출력값 스크립트의 예시를 살펴보자.

```
OP_DUP OP_HASH160 <Key Hash> OP_EQUALVERIFY OP_CHECKSIG
```

키 해시는 레거시 Base58Check 주소로 인코딩되는 데이터다. 대부분의 어플리케이션은 숫자 '1'로 시작하는 익숙한 형태의 Base58Check 형태의 비트코인 주소가 아니라 16진수로 인코딩 되어 있는 **공개키 해시**를 보여 줄 것이다.

아래 입력값 스크립트를 이용하면 앞의 출력값 스크립트의 조건을 만족시킬 수 있다.

```
<Signature> <Public Key>
```

위 두 가지 스크립트를 사용하여 다음과 같은 복합 유효성 검사 스크립트를 생성할 수 있다.

```
<Sig> <Pubkey> OP_DUP OP_HASH160 <Hash> OP_EQUALVERIFY OP_CHECKSIG
```

예상 지출로 설정된 공개키 해시에 대응하는 밥의 개인키에서 생성된 유효 서명을 입력값 스크립트가 보유하고 있는 경우, 결과값은 TRUE가 된다.

그림 7-3과 그림 7-4는 (두 부분으로 나누어) 복합 스크립트의 단계별 실행 과정을 나타내고 있으며, 이 과정을 통해 거래가 유효하다는 것이 입증될 것이다.

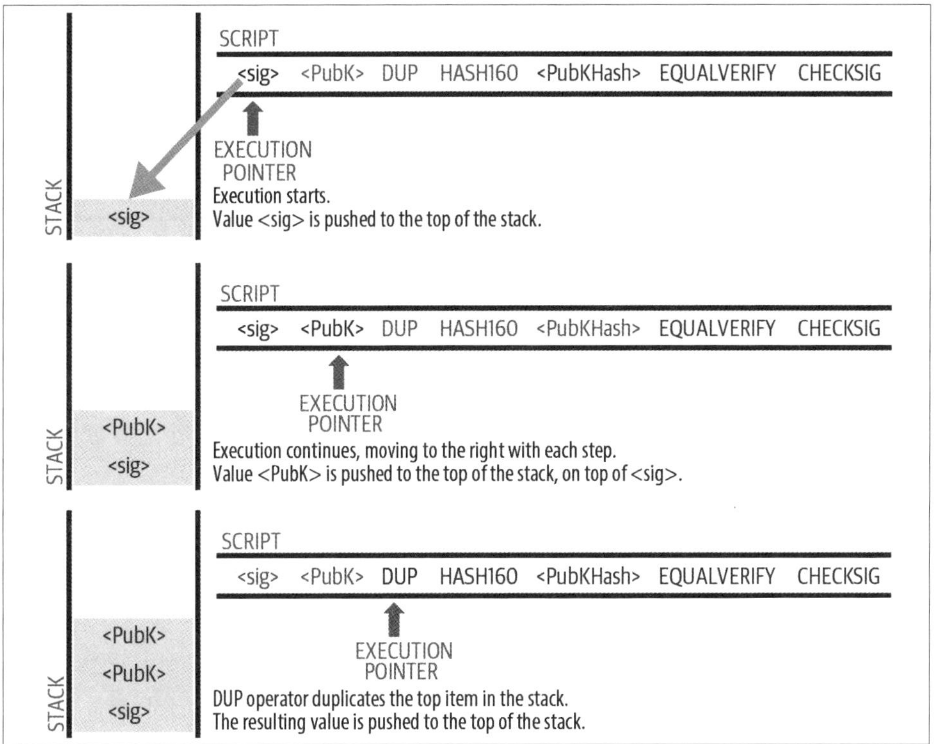


그림 7-3. P2PKH 거래에 대한 스크립트 평가(파트 1)

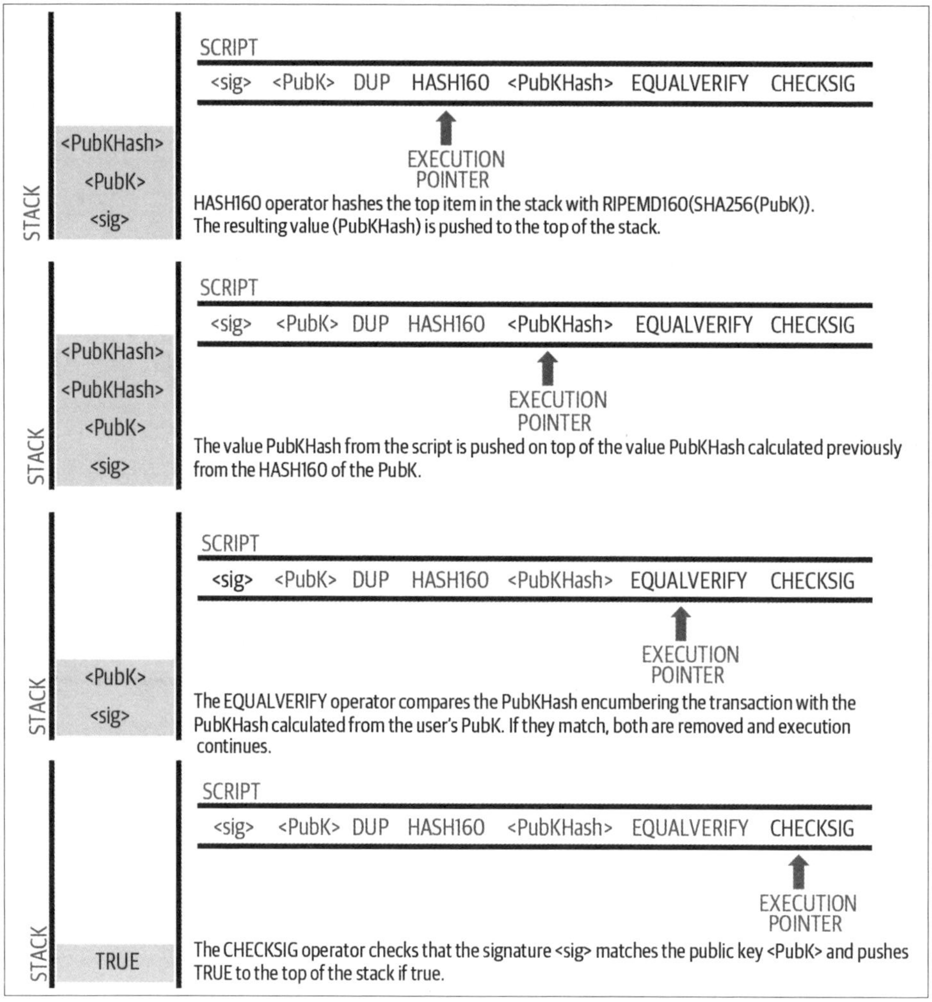


그림 7-4. P2PKH 거래에 대한 스크립트 평가(파트 2)

## 스크립트 다중서명

다중서명은 *k*개의 공개키가 스크립트 내에 기록되어 있고, 예상지출 상태를 풀기 위해서는 이 중 적어도 *t*개 이상의 개인키가 서명을 제공해야 한다는 조건을 설정하며, *t-of-k* 제도로도 알려져 있다. 예를 들어, 2-of-3 다중서명이란 공개키 3개가 잠정적 서명자로 등록되어 있고, 돈을 소비하기 위해 유효한 거래를 만드는 데 필요한 서명을 하려면 적어도 2개의 개인키를 사용해야 하는 경우다.

> 이 책의 이전 버전을 포함한 몇몇 비트코인 문서에서는 전통적인 다중서명을 'm-of-n'이라는 용어를 사용한다. 그러나 'm'과 'n'을 말할 때 구분하기 어렵기 때문에 대체 용어로 '*t*-of-*k*'를 사용한다. 두 문구 모두 동일한 유형의 서명 체제를 나타낸다.

*t-of-k* 다중서명 조건을 설정하는 출력값 스크립트의 일반적인 유형은 다음과 같다.

```
t <Public Key 1> <Public Key 2> ... <Public Key k> k OP_CHECKMULTISIG
```

위 식에서 *k*는 등록된 공개키의 총 개수이고, *t*는 출력값을 소비하기 위해 필요한 서명의 임곗값이다.

2-of-3 다중서명 조건을 설정하는 출력값 스크립트는 다음과 같은 유형이다.

```
2 <Public Key A> <Public Key B> <Public Key C> 3 OP_CHECKMULTISIG
```

위 출력값 스크립트는 서명과 공개키 쌍이 담겨 있는 입력값 스크립트로 조건을 만족시킬 수 있다.

```
<Signature B> <Signature C>
```

또는 등록된 공개키 3개에 대응하는 개인키 중 2개의 서명으로 조건을 충족할 수 있다.

이 두 가지 스크립트를 사용하여 다음과 같은 복합 검증 스크립트를 생성할 수 있다.

```
<Sig B> <Sig C> 2 <Pubkey A> <Pubkey B> <Pubkey C> 3 OP_CHECKMULTISIG
```

복합 스크립트가 일단 구현되면 3개의 공개키 중에서 2개의 공개키에 대응하는 2개의 개인키로부터 나온 유효 서명을 입력값 스크립트가 보유하고 있는 경우 TRUE 판정을 내릴 것이다.

현재 비트코인 코어의 거래 릴레이 정책은 다중서명 출력값 스크립트를 최대 3개의 나열된 공개키로 제한하기 때문에 1-of-1에서 3-of-3 다중서명 또는 그 범위 내에서 어떠한 조합이든 가능하다. `IsStandard()` 함수를 확인해 현재 네트워크에서 무엇이 허용되는지 확인할 수 있다. 3개의 키 제한은 스탠다드('베어'로 알려짐) 다중서명 스크립트에만 적용되며 P2SH, P2WSH 또는 P2TR 등의 구조로 래핑된 스크립트에는 적용되지 않는다. P2SH 다중서명 스크립트는 정책과 합의에 따라 15개의 키로 제한되며, 최대 15-of-15 다중서명을 허용한다. P2SH에 대해서는 232쪽의 'Pay to Script Hash'를 참조하라. 다른 모든 스크립트는 `OP_CHECKMULTISIG` 또는 `OP_CHECKMULTISIGVERIFY` 연산코드 당 20개의 키로 합의가 제한되지만, 하나의 스크립트에 이러한 연산코드가 여러 개 포함될 수 있다.

## CHECKMULTISIG 실행 시 특이현상

`OP_CHECKMULTISIG`를 실행할 때 제2의 해결책이 필요한 특이현상이 존재한다. `OP_CHECKMULTISIG`가 실행되면 스택 위에 있는 *t+k+2*라는 항목을 변수로 소비해야 한다. 하지만 특이현상 때문에 `OP_CHECKMULTISIG`가 추가값 혹은 예상보다 하나 많은 값을 내놓는다.

앞서 나왔던 유효성 검사 예시를 통해 더 자세하게 살펴보자.

```
<Sig B> <Sig C> 2 <Pubkey A> <Pubkey B> <Pubkey C> 3 OP_CHECKMULTISIG
```

우선 `OP_CHECKMULTISIG`가 최상위 항목인 *k*를 내놓는다(예시에서는 '3'). 그다음 *k*개의 항목을 꺼내는데, 이는 서명할 수 있는 공개키들이다. 이 예시에서는 공개키 A, B, C이다. 그 후, 하나의 항목을 꺼내는데, 이는 *t*로 정족수(필요한 서명의 개수)다. 이 예시에서는 *t*의 값이 2다. 이 시점에서 `OP_CHECKMULTISIG`는 마지막 *t*개의 항목을 꺼내야 하는데, 이것이 서명이다. 이 서명이 유효한지는 확인해 보길 바란다. 하지만 안타깝게도 구현 내에 특이현상이 존재하면 OP_CHECKMULTISIG는 내놓아야 하는 항목보다 하나 더 많은 항목(총 $t+1$)을 내놓게 된다. 이 추가 항목을 **더미 스택 요소**(*dummy stack element*)라고 하며, 서명을 확인할 때는 무시되기 때문에 OP_CHECKMULTISIG 자체에는 직접적인 영향을 끼치지 않는다. 하지만 이 더미 요소는 존재하지 않는다 해도 제시되어야 한다. 왜냐하면 OP_CHECKMULTISIG가 비어 있는 스택에서 팝 연산을 시도할 때 더미 요소가 없으면 스택 오류와 스크립트 실패가 발생하여 거래가 무효로 표시되기 때문이다. 더미 요소는 무시되기 때문에 어떤 값이라도 될 수 있다. 초기에는 OP_0을 사용하는 것이 관례가 되었으며, 이후 릴레이 정책 규칙이 되었고 결국 BIP-147 시행과 함께 합의 규칙으로 자리 잡았다.

이 더미 요소 제거가 합의 규칙의 일부가 되기 때문에 이제 영원히 복제되어야 한다. 따라서 스크립트가 아래와 같이 제시된다.

```
OP_0 <Sig B> <Sig C> 2 <Pubkey A> <Pubkey B> <Pubkey C> 3 OP_CHECKMULTISIG
```

실제로 멀티시그에서 사용되는 입력값 스크립트는 이제 '<Signature B> <Signature C>'가 아니라 'OP_0 <Sig B> <Sig C>'다.

일부 사람들은 이러한 특이현상이 비트코인 원 코드의 버그 때문이라고 생각하지만, 그럴듯한 다른 설명도 존재한다. $t$-of-$k$ 서명을 확인하려면 $t$ 또는 $k$ 서명 확인 작업보다 훨씬 더 많은 작업이 필요하다. 다음과 같은 스크립트를 결합한 1-in-5의 간단한 예시를 살펴보자.

```
<dummy> <Sig4> 1 <key0> <key 1> <key 2> <key 3> <key 4> 5 OP_CHECKMULTISIG
```

서명은 먼저 key0에 대해 확인되고, 그다음 key1, 그리고 다른 키에 대해 확인된 후 마지막으로 해당하는 key4와 비교된다. 즉, 서명이 하나만 있어도 다섯 번의 서명 확인 작업이 수행되어야 함을 의미한다. 이러한 중복을 제거하는 한 가지 방법은 제공된 서명이 어떤 공개키에 해당하는지 나타내는 맵을 OP_CHECKMULTISIG에 제공해 OP_CHECKMULTISIG 계산이 정확히 $t$개의 서명 확인 계산만 수행하게끔 하는 것이다. 최초 비트코인 개발자가 이후 소프트 분기에서 맵을 전달할 수 있는 기능을 추가하기 위해 비트코인 원 버전에 추가 요소(지금은 더미 스택 요소라고 부름)를 더했을 가능성이 있다. 그러나 해당 기능은 구현되지 않았고, 2017년 합의 규칙에 대한 BIP-147 업데이트로 인해 앞으로는 해당 기능을 추가할 수 없게 되었다.

더미 스택 요소가 버그의 결과인지 아니면 향후 업그레이드 계획에 따른 것인지는 최초 비트코인 개발자만이 알 수 있다. 이 책에서는 이를 특이현상이라 칭한다.

이제 멀티시그 입력값 스크립트를 보게 되면 초입부에 추가로 OP_0이 나오리라는 것을 예상할 것이다. 이 OP_0의 목적은 뜻하지 않게 합의 규칙이 되어 버린 특이현상에 대한 차선책의 역할을 하는 것이다.

## Pay to Script Hash

Pay to script hash(P2SH)는 2012년에 도입된 복잡한 거래 스크립트 사용을 매우 단순화시킨 새로운 유형의 강력한 거래 방식이다. P2SH의 필요성을 설명하기 위해서 실질적인 예시를 한번 들어보자.

모하메드는 두바이에 사는 전자 장비 수입업자다. 모하메드의 회사는 회사 전용계좌로 비트코인의 다중서명 기능을 광범위하게 사용한다. 다중서명 스크립트는 비트코인의 고급 스크립팅 기능을 사용하는 가장 흔한 형태이며 매우 효과적이다. 모하메드의 회사는 모든 소비자 지불 거래를 위해 다중서명 스크립트를 이용하며, 암호를 해제하기 위해서 적어도 2개의 서명이 필요한 방식으로 소비자들이 지불한 금액이 잠겨 있다. 따라서 모하메드와 그의 세 명의 동료 그리고 변호사는 각각 한 명씩 서명할 수 있다. 이와 같은 다중서명 방식은 기업지배구조를 통제할 수 있게 해 주고 절도나 횡령, 분실로부터 자금을 보호한다.

결과값으로 나온 스크립트는 길이가 아주 길고 형태는 다음과 같다.

```
2 <Mohammed's Public Key> <Partner1 Public Key> <Partner2 Public Key>
<Partner3 Public Key> <Attorney Public Key> 5 OP_CHECKMULTISIG
```

다중서명 스크립트가 효과적인 기능을 갖고 있기는 하지만 사용하기가 번거롭다. 위와 같은 스크립트를 받은 모하메드는 지불 전 모든 고객에게 이 스크립트를 설명해야 한다. 고객 개개인은 구매 거래 스크립트를 생성하는 기능이 있는 특수한 비트코인 지갑 소프트웨어를 사용해야 할 것이고 구매 스크립트를 사용하는 거래를 생성하는 방식을 이해해야 할 것이다. 게다가 결과값으로 나온 거래의 크기는 단순한 지불 거래보다 약 5배 크다. 왜냐하면 구매 거래 스크립트는 매우 긴 공개키를 가지고 있기 때문이다. 이러한 추가로 확장된 이 거래데이터 크기는 고객에게 수수료 부담을 주게 될 것이다. 마지막으로 구매 거래 스크립트 같은 대규모 거래 스크립트는 소비될 때까지 모든 풀 노드 내의 UTXO 세트에 보관될 것이다. 이 모든 문제들이 복잡한 출력값 스크립트를 실제로 사용하는 것을 어렵도록 만든다.

P2SH는 위와 같은 실질적인 어려움을 해결하고 비트코인 주소에 지불하는 것만큼 쉽게 복잡한 스크립트를 사용할 수 있도록 하기 위해 개발되었다. P2SH 지불의 경우, 복잡한 출력값 스크립트는 암호 해시의 다이제스트인 약정으로 대체된다. UTXO를 소비하려고 시도하는 거래가 나중에 제시되는 경우라면 해당 거래는 반드시 데이터와 함께 약정과 일치하는 스크립트를 담고 있어야 한다. 간단히 말해서 P2SH는 '해당 출력값이 소비된 후에 제공되며 해시와 일치하는 스크립트로 지불'하는 방식이다.

P2SH 거래에서 해시로 대체되는 출력값 스크립트를 **리딤 스크립트**(*redeem script*)라고 한다. 왜냐하면 이 스크립트는 출력값 스크립트라고 하기보다 거래 금액이 현금화되는

표 7-1. P2SH가 없는 스크립트

| | |
|---|---|
| 출력값 스크립트 | 2 PubKey1 PubKey2 PubKey3 PubKey4 PubKey5 5 OP_CHECKMULTISIG |
| 입력값 스크립트 | Sig1 Sig2 |

표 7-2. P2SH로 인코딩된 스크립트

| | |
|---|---|
| 리딤 스크립트 | 2 PubKey1 PubKey2 PubKey3 PubKey4 PubKey5 5 OP_CHECKMULTISIG |
| 출력값 스크립트 | OP_HASH160 <20-byte hash of redeem script> EQUAL |
| 입력값 스크립트 | Sig1 Sig2 redeem script |

시기에 시스템에 제공되기 때문이다. 표 7-1은 P2SH가 없는 스크립트이고, 표 7-2는 동일한 스크립트가 P2SH로 인코딩된 것이다.

표에서도 알 수 있듯이 P2SH로 인코딩되는 경우 출력값을 소비하는 데 필요한 조건을 상세히 열거한 복잡한 형태의 스크립트(리딤 스크립트)는 출력값 스크립트에서는 제시되지 않는다. 대신 리딤 스크립트의 해시만이 출력값 스크립트 내에 존재하고 리딤 스크립트 자체는 출력값이 소비되는 때에 입력값 스크립트의 일부로서 제시된다.

이제 모하메드의 회사 상황, 복잡한 다중서명 스크립트, 그 결과 얻어지는 P2SH 스크립트에 대해서 살펴보자.

우선 모하메드의 회사가 고객으로부터 들어오는 수익금 전부에 사용하는 다중서명 스크립트는 다음과 같다.

```
2 <Mohammed's Public Key> <Partner1 Public Key> <Partner2 Public Key>
<Partner3 Public Key> <Attorney Public Key> 5 OP_CHECKMULTISIG
```

위와 같은 전체 스크립트는 우선 SHA256 해싱 알고리즘을 적용한 값에 다시 RIPEMD160 알고리즘을 적용시켜서 20바이트 크기의 암호 해시로 대체될 수 있다. 예를 들어, 모하메드의 리딤 스크립트 해시부터 시작해 보자.

```
54c557e07dde5bb6cb791c7a540e0a4796f5e97e
```

P2SH 거래는 출력값 스크립트를 이용해 해당 출력값을 긴 스크립트 대신 이 해시에 고정시킨다.

```
OP_HASH160 54c557e07dde5bb6cb791c7a540e0a4796f5e97e OP_EQUAL
```

보다시피 훨씬 길이가 짧아진다. '이 5개 키로 구성된 다중서명 스크립트에 지불'하는 대신 그와 동등한 P2SH 거래에서 '해시가 들어 있는 스크립트에 지불'한다. 모하메드의 회사로 지불하려는 고객이라면 훨씬 짧은 출력값 스크립트만 지불 거래에 포함시키면 된다. 모하메드가 해당 UTXO를 소비하려고 할 때 소비자들은 최초의 리딤 스크립트(해시가 UTXO를 잠그고 있는 스크립트)와 이 스크립트를 해제하기 위해 필요한 서명을 다음과 같이 제공해야 한다.

```
<Sig1> <Sig2> <2 PK1 PK2 PK3 PK4 PK5 5 OP_CHECKMULTISIG>
```

스크립트 2개가 2단계에 걸쳐 결합된다. 우선 리딤 스크립트가 해시와 일치하는지 확인하기 위해 리딤 스크립트와 출력값 스크립트와 비교해 본다.

```
<2 PK1 PK2 PK3 PK4 PK5 5 OP_CHECKMULTISIG> OP_HASH160 <script hash> OP_EQUAL
```

리딤 스크립트 해시가 일치하는 경우, 리딤 스크립트는 실행된다.

```
<Sig1> <Sig2> 2 <PK1> <PK2> <PK3> <PK4> <PK5> 5 OP_CHECKMULTISIG
```

### P2SH 주소

P2SH 기능 중 또 다른 중요한 부분은 BIP-13에서 규정한 바와 같이 스크립트 해시를 주소로 인코딩할 수 있는 능력이다. 비트코인 주소가 20바이트 해시의 공개키를 Base58Check 인코딩한 결과물인 것처럼 P2SH 주소도 20바이트의 스크립트를 Base58Check 인코딩한 것이다. P2SH 주소는 버전 접두부로 숫자 '5'를 사용한다. 그 결과 Base58Check로 인코딩된 주소가 '3'으로 시작하면서 나타난다.

예를 들어 모하메드의 복잡한 스크립트는 P2SH 주소 형태로 해시되고 Base58check 인코딩되어서 `39RF6JqABiHdYHkfChV6USGMe6Nsr66Gzw`가 된다.

이제 모하메드는 이 '주소'를 고객들에게 제공할 수 있으며, 고객들은 마치 이 주소가 비트코인 주소인 것처럼 거의 모든 비트코인 지갑을 사용하여 간단하게 지불할 수 있다. 접두부 3을 보고 고객들은 이 주소가 공개키 대신에 스크립트에 대응되는 특수한 형태의 주소라는 것을 쉽게 알 수 있다. 하지만 접두부 외에는 비트코인에서 지불하는 것과 정확히 동일한 방식으로 작용한다.

P2SH 주소는 복잡한 요소는 모두 숨기고 있기 때문에 지불하는 사람들은 스크립트를 보지 못한다.

### P2SH의 이점

Pay-to-Script-Hash 기능은 잠금 출력값에 있는 복잡한 스크립트를 직접 사용하는 경우와 비교했을 때 다음과 같은 이점을 제공한다.

- 기존 레거시 주소와의 유사성으로 송신자와 그 지갑이 P2SH를 실행하기 위해 복잡한 작업이 필요하지 않다.
- P2SH는 출력값(출력값은 UTXO 세트 내에 들어 있기 때문에 메모리에 영향을 끼침)이 가지고 있던 데이터 저장에 대한 부담을 입력값(입력값은 오직 블록체인상에서만 저장)으로 옮긴다.
- P2SH는 긴 스크립트를 저장해야 하는 부담을 현재(지불하는 시점)에서 미래(소비되는 시점)로 미룬다.
- P2SH는 긴 스크립트의 거래 수수료 비용 부담을 송신자에서 수취인으로 옮긴다. 수취인은 거래의 출력값을 소비하기 위해서는 길이가 긴 리딤 스크립트를 거래의 입력값에 포함시켜야 한다.

### 리딤 스크립트와 유효화

P2SH를 P2SH 리딤 스크립트 내에 둘 수 없다는 점을 명심하길 바란다. 왜냐하면 P2SH 규격은 반복적으로 작업을 수행하지 않기 때문이다. 또한 `OP_RETURN`도 글자 그대로 보완될 수 없기 때문에(237쪽 '데이터 레코딩 출력(OP_RETURN)' 참조) 리딤 스크립트에서 사용할 수 없다.

리딤 스크립트는 여러분이 P2SH 출력값을 소비하려고 할 때까지 네트워크에 나타나지 않기 때문에 만일 유효하지 않은 거래 해시로 출력값을 생성하더라도 소비할 수 없게 될 것이다. 리딤 스크립트를 담고 있는 해당 소비 거래는 유효하지 않은 스크립트라고 판단되어 거래가 승인되지 않을 것이기 때문이다. 이러한 현상은 위험을 야기한다. 향후 소비될 수 없는 P2SH 속에 비트코인을 잠가 버릴 가능성이 있기 때문이다.

> P2SH 출력값 스크립트는 리딤 스크립트의 해시를 담고 있지만, 리딤 스크립트 그 자체의 내용에 관해 어떠한 단서도 제공하지 않는다. P2SH 거래의 리딤 스크립트가 유효하지 않더라도 해당 거래는 유효하다고 판단되어 승인될 것이다. 이런 방식을 통해 비트코인을 잠가 버려서 향후 소비할 수 없게 만들어 버릴 수도 있다.

## 데이터 레코딩 출력(OP_RETURN)

분산화되고 시간 정보가 기록되어 있는 비트코인 장부인 블록체인은 지불 수단 이외에도 잠재적 용도를 여러 개 가지고 있다. 많은 개발자는 디지털 공증 서비스 어플리케이션을 위해 시스템의 보안성과 탄력성에 장점이 있는 거래 스크립팅 언어를 사용해 보고자 했다. 이러한 용도를 위해 비트코인 스크립트 언어를 사용하려던 초창기의 시도에는 블록체인상에 특정 데이터를 기록하는 거래 출력값을 생성하는 과정도 포함된다. 예를 들면 누구나 해당 거래를 참조해서 특정한 날짜에 거래 파일의 존재증명(Proof-of-Existence)을 할 수 있는 방법으로 파일 내부에 디지털 지문을 기록하는 방법이 있다.

비트코인 지불과 관련이 없는 데이터를 저장하기 위해 블록체인을 사용하는 것은 논란의 여지가 있는 주제다. 위 용도의 블록체인 사용을 놓고 많은 개발자들은 남용이라고 생각하며 권장하지 않지만 어떤 사람들은 블록체인 기술의 강점을 보여 주는 것이라고 생각하면서 그러한 실험정신을 권장하기도 한다. 비지불 데이터(nonpayment data)가 블록체인에 포함되는 것을 반대하는 사람들은 비지불 데이터로 인해서 원래 계획에는 없던 데이터가 블록체인에 보관되면서 풀 비트코인 노드 운영자들에게 디스크 보관비를 부담시킨다고 주장한다. 뿐만 아니라 이러한 종류의 거래는 목적지 비트코인 주소의 20바이트 공간을 자유로운 목적으로 사용함으로써 소비될 수 없는 UTXO를 생성한다. 목적지 비트코인 주소는 데이터용으로 사용되기 때문에 개인키에 대응하지 않아서 결과값으로 산출된 UTXO는 **절대** 소비될 수 없다. 왜냐하면 가짜 지불이기 때문이다. 따라서 절대 소비될 수 없는 이 거래는 UTXO 세트에서 삭제될 수 없고 이에 따라 영원히 UTXO 데이터베이스의 크기가 커지거나 '팽창'한다.

OP_RETURN로 시작하는 출력값 스크립트가 거래 출력값에 비지불 데이터를 추가할 수 있도록 하는 합의에 도달하였다. 그러나 '가짜' UTXO를 사용할 때와는 달리 OP_RETURN 연산자는 명백하게 **지출될 수 없음이 입증되는** 출력값을 만들기 때문에 해당 출력값은 UTXO 세트에 저장될 필요가 없다. OP_RETURN 출력값은 블록체인에 기록되므로 디스크 공간을 소모하여 블록체인의 크기가 커지도록 만든다. 하지만, 이 출력값은 UTXO 세트에는 저장되지 않기 때문에 값비싼 데이터베이스 작업 비용으로 풀 노드를 확장하지 않는다.

OP_RETURN 스크립트는 다음과 같다.

```
OP_RETURN <data>
```

데이터 할당량은 SHA256 알고리즘(32바이트)에서 생성된 출력값처럼 해시로 표현된다. 몇몇 어플리케이션에서는 데이터 앞에 접두부를 붙여서 어플리케이션을 쉽게 알아볼 수 있도록 한다. 예를 들어 존재증명(Proof of Existence, *https://proofofexistence.com*) 디지털 공증 서비스는 8바이트 크기의 'DOCPROOF'를 사용하고, 이 접두부는 16진법의 44 4f 43 50 52 4f 4f 46으로 ASCII 인코딩된다.

OP_RETURN 출력값을 '지출'할 수 있는 '입력값 스크립트'는 없다는 사실을 명심하길 바란다. 여러분은 출력값 내에 잠겨 있는 돈을 지출할 수 없기 때문에 OP_RETURN은 잠정적으로 소비 가능한 UTXO 세트 내에 있을 필요가 없다는 사실이 중요하다. 그러므로 OP_RETURN은 **지출될 수 없음이 입증되었다**. OP_RETURN 연산자는 보통 비트코인 금액이 0인 출력값이다. 왜냐하면 이러한 출력값에 할당된 비트코인이라면 모두 실질적으로 영원히 손실되기 때문이다. OP_RETURN이 스크립트 유효화 소프트웨어를 접하게 되면 즉시 유효화 스크립트 실행을 중단하고 거래가 유효하지 않다고 기록한다. 따라서 여러분이 우연히 `OP_RETURN`의 출력값을 거래의 입력값으로 참조했다면 해당 거래는 유효하지 않다.

### 거래 잠금 시간 제한

잠금 시간을 사용하면 지출자가 특정 블록 높이까지 거래가 블록에 포함되지 않도록 제한할 수 있지만, 그 이전에 다른 거래에 자금을 지출하는 것을 막지는 못한다. 아래에 제시된 사례를 가지고 설명해 보자.

앨리스는 그녀의 출력값 중 하나를 밥의 주소에 소비하는 거래에 서명하고 거래 잠금 시간을 3개월 후로 설정했다. 앨리스는 밥이 거래를 보유하도록 밥에게 거래를 전송한다. 이 거래에서 앨리스와 밥은 다음의 사실을 알고 있다.

- 밥은 3개월이 지날 때까지 해당 금액을 교환하기 위해 거래를 전송할 수 없다.
- 밥은 3개월이 지난 후에 해당 거래를 전송할 수 있을 것이다.

하지만

- 앨리스는 또 다른 거래 한 건을 생성해서 타임락 없이 동일한 입력값을 이중지불할 수 있다. 따라서 앨리스는 3개월이 지나기 전에 동일한 UTXO를 소비할 수 있다.
- 밥에게 앨리스가 위에서 언급한 일을 하지 않을 것이라는 보장은 없다.

거래 잠금 시간의 제한을 이해하는 것은 중요하다. 유일하게 보장할 수 있는 사실은 밥이 3개월이 지나기 전까지는 돈을 교환할 수 없다는 것이다. 밥이 돈을 얻게 될 것이라는 그 어떤 보장도 없다. 밥이 돈을 받지만, 3개월이 지날 때까지 돈을 사용할 수 없도록 보장하는 한 가지 방법으로는 타임락 제한이 거래상에 있기보다는 UTXO에 걸려 있어서 출력값 스크립트의 일부가 되어야 한다. 다음에 나오는 새로운 형태의 타임락인 Check Lock Time Verify로 이 일이 가능해진다.

### Check Lock Time Verify(OP_CLTV)

2015년 12월 새로운 형식의 타임락이 소프트 분기 업그레이드로 비트코인에 도입되었다. BIP-65 내의 사양을 기반으로 하여 이 새로운 스크립트 연산자인 OP_CHECKLOCKTIMEVERIFY(OP_CLTV)가 스크립팅 언어에 추가된다. OP_CLTV는 잠금 시간의 경우와 마찬가지로 거래당 잠금 시간이라기보다는 출력값당 잠금 시간이다. 이러한 특성 때문에 잠금 시간이 더 융통성 있게 적용된다.

간단하게 말하자면 출력값의 리딤 스크립트 내의 OP_CLTV 연산코드를 추가함으로써 출력값을 제한할 수 있고, 이를 통해 특정 시간이 지난 후에만 출력값이 소비될 수 있다.

OP_CLTV는 잠금 시간을 대체한다기보다 특정 UTXO가 같거나 더 길게 잠금 시간이 걸려 있는 향후 거래에서만 소비될 수 있게끔 해당 UTXO를 제한한다.

OP_CLTV 연산코드는 하나의 매개변수를 입력값으로 받는다. 이 매개변수는 잠금 시간과 동일한 형식(블록의 높이 혹은 유닉스 기준일자 시간)으로, 숫자로 표현된다. VERIFY의 접미부에도 나와 있듯이 OP_CLTV는 결과값이 FALSE일 때는 스크립트의 실행을 중단하고, 결과가 TRUE이면 실행이 계속된다.

OP_CLTV를 사용하기 위해서는 출력값을 생성하는 거래의 리딤 스크립트에 OP_CLTV 연산코드를 삽입한다. 예를 들어 앨리스가 밥에게 지불하는 경우, 밥은 일반적으로 아래와 같은 P2SH 스크립트로 지불받을 수 있다.

```
<Bob's Public Key> OP_CHECKSIG
```

출력값을 시간으로 잠그기 위해서 지금부터 3개월 동안이라고 제시하고 싶다면 그의 P2SH 스크립트는 아래와 같을 것이다.

```
<Bob's pubkey> OP_CHECKSIGVERIFY <now + 3 months> OP_CHECKLOCKTIMEVERIFY
```

여기에서 <now + 3 months>는 블록의 높이이거나 해당 거래가 채굴된 시점으로부터 3개월이라고 추산되는 시간값이다. 즉 현 블록의 높이 + 12,960(블록)이 되거나 현

유닉스 기준일자 시간 + 7,760,000(초)가 된다. 당분간은 CHECKLOCKTIMEVERIFY 뒤에 나오는 DROP 연산코드에 대해서 신경 쓰지 마라. 나중에 간단한 설명이 나올 것이다.

밥이 이 UTXO를 소비하려고 할 때 해당 UTXO를 입력값으로 참조하는 거래를 구성한다. 밥은 서명과 공개키를 입력값의 입력값 스크립트에 사용해서 OP_CHECKLOCKTIMEVERIFY에서 앨리스가 설정해 놓은 잠금 시간과 동일하거나 조금 더 많게 거래 잠금 시간을 설정한다. 그 후 밥은 비트코인 네트워크상에서 해당 거래를 전파한다.

밥의 거래는 다음과 같이 평가된다. 앨리스가 설정한 OP_CHECKLOCKTIMEVERIFY 변수가 소비할 거래의 타임락 이하일 경우, 스크립트 실행은 계속된다('연산이 없거나' OP_NOP 연산코드가 실행되는 것처럼 작동). 그렇지 않은 경우(잠금 시간 이상일 경우)에는 스크립트 실행이 중단되고 해당 거래가 유효하지 않다고 간주된다.

보다 더 구체적으로 설명하자면, BIP-65는 다음과 같은 상황 중 하나가 발생하면 OP_CHECKLOCKTIMEVERIFY가 실행이 되지 않거나 중단된다.

- 스택이 비어 있는 경우
- 스택의 제일 상부에 위치한 항목이 0 미만일 경우
- 최상위 스택 항목의 잠금 시간 유형(블록 높이 vs. 타임스탬프)과 nLocktime 필드의 유형이 동일하지 않는 경우
- 최상위 스택 항목이 거래의 잠금 시간 필드보다 큰 경우
- 입력값의 시퀀스 필드가 0xffffffff인 경우

### 타임락 충돌

OP_CLTV와 잠금 시간은 잠금 시간을 기술하기 위해 블록의 높이 혹은 유닉스 기준일자 이후 흘러간 초 단위의 시간 중에서 동일한 형식을 사용한다. 잠금 시간과 함께 사용되는 경우 잠금 시간의 형식은 입력값 내에서 OP_CLTV의 형식과 동일해야 하며 입력값들은 두 경우 모두에서 블록 높이 혹은 초 단위의 시간 중 하나를 참조해야 한다는 사실은 중요하다.

즉, 스크립트 높이와 시간을 사용하는 개의 서로 다른 OP_CLTV 호출을 실행해야 하는 경우 스크립트가 유효하지 않을 수 있다. 고급 스크립트를 작성할 때 이러한 실수를 저지르기 쉬워 테스트 네트워크에서 스크립트를 철저히 테스트하거나 미니스크립트 컴파일러와 같이 이 문제를 방지하도록 설계된 도구를 사용해야 한다.

또 다른 의미는 한 거래 스크립트에는 한 가지 종류의 OP_CLTV만 사용할 수 있다는 것이다. 한 입력값에 대한 스크립트에는 높이 다양성을 사용하고 다른 입력값에 대한 다른 스크립트에는 시간 다양성을 사용하는 경우, 두 입력값을 모두 지출하는 유효한 거래를 구성할 방법이 존재한다.

스크립트가 실행되고 나서 OP_CLTV가 조건을 충족하는 경우OP_CLTV보다 앞에 나와 있는 시간 변수는 스택의 최상위 항목으로 남아 있게 된다. 뒤에 따라 나오는 스크립트 연산코드의 정확한 실행을 위해 OP_DROP을 이용해 시간 변수가 제거될 수도 있다. 이러한 이유로 스크립트에서 OP_CHECKLOCKTIMEVERIFY 다음에 OP_DROP이 오는 경우를 자주 볼 수 있다. OP_CLTV와 OP_CSV(243쪽 '상대적 타임락' 참조)는 다른 CHECKVERIFY 연산코드들과 달리 스택에 항목을 남긴다. 이는 이들을 추가한 소프트 분기가 기존의 스택 항목을 제거하지 않던 연산코드들을 재정의했기 때문이다. 이전의 무연산(NOP) 연산코드들의 동작을 보존해야 했기 때문이다.

OP_CLTV와 잠금 시간을 함께 사용함으로써 239쪽의 '거래 잠금 시간 제한'에서 나왔던 시나리오는 바뀌게 된다. 앨리스는 즉시 거래를 전송해 밥의 키에 자금을 할당한다. 앨리스는 이제 더 이상 돈을 지출할 수 없지만 밥도 3개월의 잠금 시간이 만료되기 전에는 돈을 지출할 수 없다.

타임락의 기능을 직접 스크립팅 언어에 도입함으로써 OP_CLTV를 이용해 흥미롭고 복잡한 스크립트를 개발할 수 있다.

이때 표준은 BIP-65(OP_CHECKLOCKTIMEVERIFY)에 의해 규정된다(*https://oreil.ly/YmJGD*).

### 상대적 타임락

잠금 시간과 OP_CLTV는 모두 절대적인 한 시점을 명시한다는 점에서 **절대적 타임락**이다. 이제 알아볼 2개의 타임락 기능들은 출력값을 소비하는 조건으로 블록체인 내의 출력값 승인 이후 지나간 시간을 명시한다는 점에서 **상대적 타임락**이라고 할 수 있다.

상대적 타임락을 통해 2개 이상의 독립적인 거래로 구성되어 있는 체인이 상호의존적인 거래들을 유예하는 동시에 이전 거래의 승인으로부터의 경과 시간에 의존하고 있는 거래에는 시간 제한을 둘 수 있기 때문에 상대적 타임락은 유용하다. 즉, UTXO가 블록체인상에 기록되기 전까지는 시계가 경과시간을 재지 않는다. 이러한 기능은 양방향의 스테이트 채널(state channel)과 라이트닝 네트워크(Lightning Network, LNs)에서 특히 유용하다. 이 내용은 447쪽의 '지불 채널과 스테이트 채널'에서 자세히 다룰 것이다.

절대적 타임락과 마찬가지로 상대적 타임락도 거래 차원의 기능과 스크립트 차원의 연산코드로 구현된다. 거래 차원의 상대적 타임락은 모든 거래 입력값 내에 설정되어 있는 거래 필드인 시퀀스의 값에 대한 합의 규칙으로 구현된다. 스크립트 차원의 상대적 타임락은 OP_CHECKSEQUENCEVERIFY(OP_CSV) 연산코드를 사용해서 구현된다.

BIP-68(합의로 시행되는 시퀀스 번호를 사용한 상대적 타임락, *https://oreil.ly/ZuANb*)과 BIP-112(OP_CHECKSEQUENCEVERIFY, *https://oreil.ly/dLA2r*)의 사양에 따라서 상대적 타임락이 구현된다.

BIP-68과 BIP-112는 2016년 5월 합의 규칙에 대한 소프트 분기 업그레이드의 일환으로 활성화되었다.

### OP_CSV를 사용한 상대적 타임락

OP_CLTV와 잠금 시간처럼 시퀀스값을 스크립트 내에서 활용하는 상대적 타임락에 대한 스크립트 연산코드가 있다. 이 연산코드가 OP_CHECKSEQUENCEVERIFY이며, 줄여서 OP_CSV라고 한다.

OP_CSV 연산코드가 UTXO의 스크립트 내에서 평가되는 경우 입력값의 시퀀스값이 OP_CSV 매개변수보다 크기가 같은 거래에서만 소비가 가능하다. 이 때문에 UTXO가 채굴되는 시점을 기준으로 블록이 특정 높이가 되거나 시간이 특정한 만큼 지날 때까지는 UTXO의 소비가 제한된다.

CLTV의 경우와 마찬가지로 `OP_CSV` 내의 값은 그에 해당하는 시퀀스값 내의 형식과 일치해야 한다. `OP_CSV`가 블록 단위로 지정되면 시퀀스값도 블록 단위로 명시되어야 한다. 그리고 `OP_CSV`가 초 단위로 명시되는 경우 시퀀스값도 초 단위로 명시되어야 한다.

> 여러 `OP_CSV` 연산코드를 실행하는 스크립트는 시간 기반이나 높이 기반 중 같은 종류만 사용해야 한다. 여러 종류를 혼합하면 절대로 지출할 수 없는 잘못된 스크립트가 생성되며, 이는 241쪽의 '타임락 충돌'에서 `OP_CLTV`에서 보았던 문제와 동일하다. 그러나 `OP_CSV`에서는 유효한 두 입력값이 동일한 거래에 포함될 수 있어 `OP_CLTV`에서 발생하는 입력값 간 상호작용 문제는 `OP_CSV`에 영향을 미치지 않는다.

`OP_CSV`를 이용한 상대적 타임락은 여러 개의 (체인으로 연결된) 거래들이 생성되고 서명은 되어 있지만 전파되지는 않는 시기 즉, **'오프 체인(*off-chain*)'** 상태로 유지되고 있을 때 특히 유용하다. 부모 거래가 전파되고 채굴되어 상대적 타임락에서 명시한 시점이 될 때까지는 자식 거래를 사용할 수 없다. 이러한 사례의 적용에 대해서 447쪽의 '지불 채널과 스테이트 채널'과 465쪽의 '라우티드 결제 채널(라이트닝 네트워크)'에서 볼 수 있다.

`OP_CSV`는 BIP-12(CHECKSEQUENCEVERIFY, ***https://oreil.ly/z_Obw***)에서 규정하고 있다.

## 흐름이 제어되는 스크립트(조건절)

비트코인 스크립트에서 더욱 강력해진 기능 중 하나는 바로 흐름제어(flow control)이다. 조건절(conditional clause)로도 알려져 있다. `IF...THEN...ELSE` 등의 구성을 사용하는 다양한 프로그래밍 언어에서는 흐름제어 기능이 낯설지 않을 것이다. 비트코인의 조건절은 흐름제어와 조금은 달라 보이지만 실제로는 동일한 구성이다.

기초 단계에서는 비트코인의 조건부 연산코드를 통해 논리적 조건을 평가하는 TRUE/FALSE 결과에 따라 두 가지 방법으로 해제되는 리딤 스크립트를 구성할 수 있다. 예를 들어 x 값이 TRUE이면 리딤 스크립트는 A가 되고 ELSE 리딤 스크립트는 B가 된다.

또한 비트코인의 조건부 수식들은 무한대로 '둥지를 틀 수(끼워 넣을 수)' 있다. 즉, 조건절은 그 안에 또 다른 조건절을, 끼워 넣은 조건절 안에 또 다른 조건절을 포함할 수 있다. 비트코인 스크립트의 흐름제어는 수백 개 심지어는 수천 개의 가능한 실행 경로를 이용해서 매우 복잡한 스크립트를 구성하기 위해 사용될 수 있다. 네스팅(nesting)에 제한은 없지만 합의 규칙에는 스크립트의 최대 크기에 대해 바이크 단위로 제한을 두고 있다.

비트코인은 OP_IF, OP_ELSE, OP_ENDIF, OP_NOTIF 등의 연산코드를 이용해서 흐름제어를 구현한다. 또한 조건부 수식들은 OP_BOOLAND, BOOOR, OP_NOT 등 불 방식의(boolean) 연산자를 포함할 수 있다.

얼핏 보면 비트코인의 흐름제어 스크립트가 혼란스러울 수도 있다. 왜냐하면 비트코인 스크립트는 스택 언어이기 때문이다. 1 1 OP_ADD로 표현되는 경우 1 + 1에서 '앞뒤가 바뀐 것처럼' 보이는 것과 동일한 방식으로 비트코인의 흐름제어 조항 역시 '앞뒤가 바뀐 것처럼' 보인다.

대부분의 전통적인(절차상) 프로그래밍 언어에서는 흐름제어가 다음과 같다:

```
if (condition):
  code to run when condition is true
else:
  code to run when condition is false
endif
code to run in either case
```

비트코인 스크립트와 같은 스택 기반 언어에서 논리적 조건은 IF 앞에 오기 때문에 다음과 같이 '앞뒤가 바뀐 것처럼' 보이게 된다.

```
condition
IF
  code to run when condition is true
OP_ELSE
  code to run when condition is false
OP_ENDIF
code to run in either case
```

비트코인 스크립트를 읽을 때는 평가될 조건이 IF 연산코드 앞에 온다는 사실을 기억하길 바란다.

### VERIFY 연산코드를 이용한 조건절

비트코인 스크립트 내의 또 다른 형식의 조건절은 VERIFY로 끝나는 모든 연산코드다. VERIFY 접미부는 평가받는 조건이 TRUE가 아닌 경우 해당 스크립트의 실행이 즉시 종결되고 그 거래는 유효하지 않은 것으로 간주한다는 것을 의미한다.

대안 실행 경로는 제공하는 IF절과는 달리 VERIFY 접미부는 **보호절**(*guard clause*)의 역할을 하게 되며 전제조건이 충족될 때까지만 그 역할을 계속한다.

예를 들어 아래에 나오는 스크립트에서는 밥의 서명과 특정 해시를 만들어 내는 프리이미지(비밀)가 필요하다. 해제를 위해 두 조건 모두 충족되어야 한다:

```
OP_HASH160 <expected hash> OP_EQUALVERIFY <Bob's Pubkey> OP_CHECKSIG
```

이 스크립트를 사용하려면 밥은 유효한 프리이미지와 서명을 제시해야 한다.

```
<Bob's Sig> <hash pre-image>
```

밥은 프리이미지를 제시하지 않고는 그의 서명을 확인하는 스크립트의 일부를 얻을 수 없다.

이 스크립트는 대신 OP_IF를 이용해 작성될 수 있다:

```
OP_HASH160 <expected hash> OP_EQUAL
OP_IF
  <Bob's Pubkey> OP_CHECKSIG
OP_ENDIF
```

밥의 인증 데이터는 동일하다.

```
<Bob's Sig> <hash pre-image>
```

OP_IF를 사용한 스크립트는 VERIFY 접미부가 들어 있는 연산코드를 사용한 스크립트와 같은 역할을 한다. 즉, 둘 다 보호절의 역할을 한다. 하지만 VERIFY 구성이 연산코드를 하나 적게 쓰기 때문에 더 효율적이다.

그렇다면 언제 VERIFY를 사용하고 언제 OP_IF를 사용할까? 만약 시도 중인 작업이 전제조건(보호절)을 붙이는 것이라면 VERIFY를 사용하는 것이 더 낫다. 하지만 하나 이상의 실행 경로(흐름제어)를 보유하고 싶다면 OP_IF...OP_ELSE 흐름제어절이 필요하다.

### 스크립트 내에서 흐름제어 사용하기

비트코인 스크립트 내에서 흐름제어의 매우 일반적인 용도는 UTXO를 상황하는 여러 실행 경로를 제공하는 리딤 스크립트를 구성하는 것이다. 각 실행경로는 UTXO를 현금화하는 방법이 다르다.

간단한 예를 살펴보자. 우선 두 명의 서명인(밥, 앨리스)이 있고 둘 중 누구나 상환할 수 있다. 다중서명을 이용해서 1-of-2 다중서명 스크립트로 표현될 수 있다. 증명을 위해 OP_IF절을 이용해 위에서 제시한 스크립트와 동일한 과정을 수행해 볼 것이다.

```
OP_IF
  <Alice's Pubkey> CHECKSIG
OP_ELSE
  <Bob's Pubkey> CHECKSIG
OP_ENDIF
OP_CHECKSIG
```

이 리딤 스크립트를 살펴보면 좀 의아할 것이다. '조건은 어디 있지? IF절 앞에 나와

있는 조건이 없어!'

조건은 이 리딤 스크립트의 일부가 아니다. 대신 입력값 스크립트에서 조건을 제시하면서 앨리스와 밥이 원하는 실행 경로를 '선택'하게 될 것이다.

```
<Alice's Sig> 1 OP_TRUE
```

제일 끝부분에 있는 OP_TRUE는 OP_IF절이 첫 번째 상환 경로를 실행할 수 있도록 해 주는 조건(TRUE)의 역할을 담당한다. 이 조건은 앨리스가 서명을 한 후 스택에 공개키를 놓는다. OP_1이라고도 하는 OP_TRUE 연산코드는 스택에 숫자 1을 넣는다.

밥이 이 거래를 상환하려면 OP_IF에 FALSE값을 부여함으로써 두 번째 실행 경로를 선택해야 한다. OP_0이라고도 하는 OP_FALSE 연산코드는 빈 바이트 배열을 스택에 푸시한다.

```
<Bob's Sig> 0 OP_FALSE
```

밥의 입력값 스크립트는 OP_IF절이 두 번째(OP_ELSE) 스크립트를 실행하게 한다. 이때 밥의 서명이 필요하다.

OP_IF절이 네스팅될 수 있기 때문에 실행 경로를 '미로'로 만들 수 있다. 입력값 스크립트는 어떤 실행 경로가 실제로 실행되는지를 선택하는 '지도'를 제공할 수 있다.

```
OP_IF
  script A
OP_ELSE
  OP_IF
    script B
  OP_ELSE
    script C
  OP_ENDIF
OP_ENDIF
```

이 시나리오에서는 세 가지의 실행 경로(subscript A, subscript B, subscript C)

가 있다. 입력값 스크립트는 TRUE 값 혹은 FALSE 값의 시퀀스 형태로 경로를 제공한다. 예를 들어, subscript B 경로를 선택하기 위해서 입력값 스크립트가 OP_1 OP_0 (TRUE, FALSE)으로 끝나야 한다. 이 값들이 스택 상부로 올라갈 것이고, 그 결과 두 번째 값(FALSE)이 스택 상부에 최종적으로 놓이게 된다. 외부의 OP_IF절이 FALSE 값을 내놓고 첫 번째 OP_ELSE절을 실행한다. 그 후 TRUE 값이 스택의 상부로 이동하고 내부에 (중첩된) OP_IF절의 평가를 받아서 B 실행 경로를 선택하게 된다.

이 구조를 이용하면 수천 개의 경로를 가진 리딤 스크립트를 빌드할 수 있으며, 각각의 경로는 UTXO를 현금화할 수 있는 여러 가지 방법을 제시한다. UTXO를 소비하기 위해서는 각 흐름 제어 포인트에서 스택 위에 적절한 TRUE 값과 FALSE 값을 두어서 실행 경로를 탐험하는 입력값 스크립트를 구성할 수 있다.

## 복잡한 스크립트의 예시

이 절에서는 7장에서 다룬 여러 가지 개념들을 하나의 예시로 묶어 볼 것이다.

수입/수출 기업을 운영하고 있고 두바이에 거주하고 있는 기업 소유주인 모하메드는 융통성 있는 규칙을 가지고 회사 자본금 계정을 구축하고 싶어 한다. 그가 만든 체제에서는 타임락에 따라 여러 단계의 허가가 필요하다. 이 다중서명 체제의 참가자들은 모하메드와 두 명의 파트너인 사이디와 자이라, 회사 담당 변호사이다. 세 명의 파트너는 다수결의 원칙에 의거하여 결정을 내리기 때문에 셋 중 두 명이 동의해야 한다. 하지만 이 세 명의 동업자는 키에 문제가 발생하면 회사 담당 변호사가 세 명의 서명 중 하나를 이용해서 돈을 되찾을 수 있게 하고 싶다. 마지막으로 모든 파트너들이 잠시 동안 연락이 닿지 않거나 정상적인 생활을 하지 못하는 경우, 변호사가 자본 계정의 거래 기록에 접근한 후 직접 계좌를 관리할 수 있기를 원한다.

예시 7-1은 여기에 모하메드가 원하는 사항을 달성할 수 있도록 고안된 리딤 스크립트이다(줄 번호가 앞에 붙어 있다).

**예시 7-1. 타임락을 이용하는 다양한 다중서명**

```
01 OP_IF
02   OP_IF
03     2
04   OP_ELSE
05     <30 days> OP_CHECKSEQUENCEVERIFY OP_DROP
06     <Lawyer's Pubkey> OP_CHECKSIGVERIFY
07     1
08   OP_ENDIF
09   <Mohammed's Pubkey> <Saeed's Pubkey> <Zaira's Pubkey> 3 OP_CHECKMULTISIG
10 OP_ELSE
11   <90 days> CHECKSEQUENCEVERIFY DROP
12   <Lawyer's Pubkey> OP_CHECKSIG
13 OP_ENDIF
```

모하메드의 스크립트는 중첩된 `OP_IF...OP_ELSE` 흐름제어절을 이용하여 3개의 실행 경로를 구현한다.

첫 번째 실행 경로에서는 세 명의 파트너와 함께 간단한 2-of-3 다중서명으로써 스크립트가 운용된다. 이 실행 경로는 3행과 9행으로 구성되어 있다. 3행에서는 다중서명(2-of-3)에 대한 정족수를 2로 설정한다. 입력값 스크립트의 끝부분에 `OP_TRUE OP_TRUE`를 둠으로써 실행 경로가 선택될 수 있다:

```
OP_0 <Mohammed's Sig> <Zaira's Sig> OP_TRUE OP_TRUE
```

> 이 입력값 스크립트의 첫 부분에 나오는 숫자 `OP_0`은 스택에서 추가값을 제거하는 `OP_CHECKMULTISIG`에서 버그가 발생했기 때문이다. 추가값은 `OP_CHECKMULTISIG`에 의해서 무시되지만 그 값이 제시되거나 스크립트가 실패해야 한다. 빈 바이트 배열을 `OP_0`으로 푸시하는 것은 230쪽 'CHECKMULTISIG 실행 시 특이현상'에서 설명한 것처럼 특이현상에 대한 해결 방안이다.

두 번째 실행 경로는 UTXO가 생성된 지 30일이 지난 후에라야 사용할 수 있다. 그때가 되면 변호사와 파트너 중 한 명의 서명을 필요로 한다(1-of-3 다중서명). 이 내용은

7행에 나와 있으며 다중서명을 위한 정족수를 1로 설정했다. 실행 경로를 선택하기 위해 입력값 스크립트는 OP_FALSE OP_TRUE로 끝나게 된다:

```
OP_0 <Saeed's Sig> <Abdul's Sig> OP_FALSE OP_TRUE
```

> 왜 OP_FALSE OP_TRUE인가? 앞뒤가 바뀌지 않았나? 이 2개의 값이 스택 위로 밀어 올려지기 때문에 첫 번째로 올라간 값이 FALSE이고 그다음 올라간 값이 TRUE가 된다. 따라서 TRUE는 첫 번째 OP_IF 연산코드에 의해서 **먼저** 제거된다.

마지막으로 세 번째 실행 경로는 변호사가 돈을 혼자서 소비할 수 있도록 해 준다. 단, 90일이 지난 이후에 가능한 일이다. 이 실행 경로를 선택하기 위해서는 입력값 스크립트가 FALSE로 끝나야 한다:

```
<Lawyer's Sig> OP_FALSE
```

여기에 나와 있는 스크립트를 가동시켜서 스택상에서 어떻게 동작하는지 살펴보길 바란다.

## 분리 서명 출력값과 거래 예시

거래 예시를 보고 분리 서명을 이용해 거래들이 어떻게 변하는지 살펴보자. 우선 P2PKH 지불이 어떻게 분리 서명 프로그램으로 변하는지에 대해 알아볼 것이다. 그 후 P2SH와 상응하는 분리 서명에 대해 알아보고, 마지막으로 앞에 나왔던 2개의 분리 서명 프로그램이 P2SH 스크립트- 내에 어떻게 포함될 수 있는지 알아볼 것이다.

### Pay to witness public key hash(P2WPKH)

P2PKH 출력값 스크립트 예시는 다음과 같다.

```
OP_DUP OP_HASH160 ab68025513c3dbd2f7b92a94e0581f5d50f654e7
OP_EQUALVERIFY OP_CHECKSIG
```

분리 서명을 가지고 앨리스는 P2WPKH 스크립트를 생성한다. 공개키에 약정하는 경우는 다음과 같다.

```
0 ab68025513c3dbd2f7b92a94e0581f5d50f654e7
```

보다시피, P2WPKH의 출력값 스크립트는 P2WPKH 대응 스크립트보다 더 단순하다. 스크립트 평가 스택 상부에 올라가는 2개의 값으로 구성되어 있다. 이전의(세그윗이 아닌 상태를 인지하는) 비트코인 클라이언트에게는 2개의 푸시가 누구나 소비할 수 있는 출력값처럼 보일 것이다. 세그윗을 인지하는 새로운 클라이언트에게는 첫 번째 나온 숫자(0)는 버전 번호(**서명 버전**)로 해석되고 두 번째 부분(20바이트)은 **서명 프로그램**(*witness program*)이다. 20바이트 크기의 서명 프로그램은 P2PKH 스크립트에서처럼 단순히 공개키의 해시다.

이제 밥이 이 출력값을 소비하기 위해 사용하는 대응 거래에 대해서 살펴보자. 원래의 스크립트에 대해서는 소비 거래가 거래 입력값 내에 서명을 포함하고 있어야 한다.

```
[...]
"Vin": [
  "txid": "abcdef12345...",
  "vout": 0,
  "scriptSig": "<Bob's scriptSig>",
]
[...]
```

하지만 해당 거래에는 입력값에 대해 P2WPKH 출력값을 소비하기 위한 서명이 없다. 대신 밥의 거래에는 빈 입력값 스크립트가 들어 있고, 증인 구조(witness structure)가 포함되어 있다.

```
[...]
"Vin": [
```

```
    "txid": "abcdef12345...",
    "vout": 0,
    "scriptSig": "",
  ]
  [...]
  "witness": "<Bob's witness structure>"
  [...]
```

#### P2WPKH의 지갑 구성

P2WPKH 서명 프로그램은 수신인에 의해서만 생성될 수 있고 알려진 공개키, P2PKH 스크립트, 주소에서 송신자에 의해 변화될 수 없다는 사실을 아는 것은 중요하다. 송신자는 수취인의 지갑이 세그윗 거래를 구성하고 P2WPKH 출력값을 소비할 능력이 있는지를 알 방법이 없다.

또한 P2WPKH 출력값은 압축 공개키의 해시로부터 구성되어야 한다. 비압축 공개키는 세그윗에서는 표준이 아니고 향후 발생할 소프트 분기에 의해 명백히 불능화될 수도 있다. P2WPKH에서 사용된 해시가 비압축 공개키에서 파생된 경우 소비가 가능하지 않을 수도 있고 돈을 잃어버릴 수도 있다. P2WPKH 출력값은 수취인의 개인키로부터 압축 공개키를 유도해서 생성되어야 한다.

> P2WPKH는 수신인이 압축 공개키를 P2WPKH 해시로 전환해서 구성할 수 있다. P2PKH 스크립트, 비트코인 주소, 비압축 공개키를 P2WPKH 서명 스크립트로 변환하는 것은 지출자뿐만 아니라 그 누구도 해서는 안 된다. 일반적으로 지출자는 수신자가 지시한 방식으로만 수신자에게 전송해야 한다.

#### Pay to witness script hash(P2WSH)

세그윗 v0 서명 프로그램의 두 번째 유형은 P2SH 스크립트와 대응한다. 우리는 이러한 유형의 스크립트를 232쪽의 'Pay to Script Hash'에서 살펴보았다. 예시에서는 다중 서명 스크립트를 표현하기 위해 모하메드의 회사에 의해 P2SH가 사용되었다. 모하메드의 회사로 가는 지불은 다음과 같이 출력값 스크립트로 인코딩되었다.

```
OP_HASH160 54c557e07dde5bb6cb791c7a540e0a4796f5e97e OP_EQUAL
```

이 P2SH 스크립트는 돈을 소비하기 위해 2 of 3 다중서명 요건을 규정하는 리딤 스크립트 해시를 참조한다. 이 출력값을 소비하기 위해서 마호메드의 회사는 리딤 스크립트와 해당 리딤 스크립트(이 해시는 P2SH 출력값에 들어 있는 스크립트 해시와 일치)를 만족시키기 위해 필요한 서명을 제시하며, 이 모든 요소는 거래 입력값 내에 들어 있다.

```
[...]
"Vin": [
  "txid": "abcedf12345...",
  "vout": 0,
  "scriptSig": "<SigA> <SigB> <2 PubA PubB PubC PubD PubE 5 OP_CHECKMULTISIG>",
]
```

이제 이 전체 예시가 어떻게 세그윗 v0으로 업그레이드되는지 살펴보자. 모하메드의 고객들이 세그윗과 호환되는 지갑을 사용하고 있다면 그들은 지불을 해서 다음과 같은 P2WSH를 생성해 낼 것이다.

```
0 9592d601848d04b172905e0ddb0adde59f1590f1e553ffc81ddc4b0ed927dd73
```

다시 한번 P2WPKH 예를 통해 분리 서명에 맞먹는 스크립트가 훨씬 단순하고 여러분이 P2SH 스크립트에서 볼 수 있는 템플릿 오버헤드를 줄이는 사실을 알 수 있을 것이다. 대신 분리 서명 프로그램은 스택 상부로 올라가는 두 가지 값으로 구성되어 있다. 하나는 서명 버전(0)이고 또 다른 하나는 리딤 스크립트의 32바이트 크기의 SHA256 해시다.

P2SH가 20바이트 크기의 `RIPEMD160(SHA256(script))` 해시를 사용할 때 P2WSH 서명 프로그램에서는 32바이트 크기의 `SHA256(script)` 해시를 사용한다. 해싱 알고리즘을 선택하는 데 있어 이러한 차이는 특정 사용 사례(P2WSH의 128비트 보안 대 P2SH의 80비트 보안)에서

P2WSH에 더 강력한 보안을 제공하는 데 있어 의도적이다. 자세한 내용은 132쪽의 'P2SH 충돌 공격'을 참조하라.

모하메드의 회사는 정확한 서명 스크립트와 그 스크립트를 만족하는 서명을 충분히 제시함으로써 P2WSH 출력값을 소비할 수 있다. 리딤 스크립트와 서명 모두 증인 구조(witness structure)의 일부다. 레거시 입력값 스크립트 필드를 사용하지 않는 기본 서명 프로그램이기 때문에 입력값 스크립트에는 데이터가 배치되지 않는다.

```
[...]
  "Vin": [
    "txid": "abcedf12345...",
    "vout": 0,
    "scriptSig": "",
]
[...]
"witness": "<SigA> <SigB> <2 PubA PubB PubC PubD PubE 5 OP_CHECKMULTISIG>"
[...]
```

#### P2WPKH와 P2WSH 구별하기

이전 절에서 우리는 두 가지 유형의 서명 프로그램을 시연했다. 하나는 251쪽의 'Pay to witness public key hash(P2WPKH)'이고 나머지 하나는 253쪽의 'Pay to witness script hash(P2WSH)'이다. 두 가지 유형의 서명 프로그램 모두 동일한 버전 번호와 데이터 푸시로 구성되어 있다. 두 유형은 비슷해 보이지만 다르게 해석된다. 하나는 공개키 해시로 해석되며, 서명에 의해 만족된다. 나머지 하나는 스크립트 해시로 해석되며 서명 스크립트로 만족된다. 이들 간 이러한 주요 차이는 바로 해시의 길이다.

- P2WPKH 내에 있는 서명 프로그램은 20바이트다.
- P2WSH 내에 있는 서명 프로그램은 32바이트다.

이러한 차이로 인해 풀 노드는 이 두 가지 유형의 서명 프로그램을 구분한다. 해시의 길이를 알아보고 나서 노드는 해당 서명 프로그램이 P2WPKH인지 P2WSH인지 판단할 수 있다.

### 분리 서명 업그레이드하기

이전 예시에서 보다시피 분리 서명을 업그레이드하기 위해서는 두 단계의 과정을 거친다. 우선 지갑들은 특수한 세그윗 타입의 출력값을 생성해야 한다. 그 후 이 출력값들은 분리 서명 거래를 어떻게 구성할 것인지 알고 있는 지갑에 의해 소비될 수 있다. 예시에서 앨리스의 지갑은 분리 서명 출력값 스크립트를 가지고 지불하는 출력값을 생성한다. 밥의 지갑 역시 세그윗을 인지하고 이 출력값들을 소비할 수 있다.

분리 서명은 구버전과 호환되는 업그레이드로써 구현되며, 이 경우 **구 클라이언트와 신 클라이언트는 공존**할 수 있다. 지갑 개발업자들은 독립적으로 지갑 소프트웨어를 업그레이드해서 세그윗 용량을 증가시킨다. 레거시 P2PKH와 P2SH는 업그레이드가 되어 있지 않은 지갑을 위해 작업을 계속 진행할 것이다. 그 결과 두 가지 시나리오가 남게 되며, 이 내용은 다음 절에서 다룰 것이다.

- 세그윗 거래를 진행할 수 있는 수취인의 지갑에 지불하는, 세그윗을 인지하지 못하는 송신자 지갑의 능력
- 세그윗을 인지하는지 못하는지에 대해 수취인의 주소를 보고 구분하고 인지할 수 있는, 세그윗을 인지하는 송신자 지갑의 능력

#### 분리 서명을 P2SH에 포함시키기

예를 들어, 앨리스의 지갑이 세그윗에 대해 업그레이드가 이루어지지 않았고 밥의 지갑은 업그레이드가 되어 있어서 세그윗 거래를 다룰 수 있다고 가정하자. 앨리스와 밥은 레거시 비세그윗(non-segwit) 출력값을 사용할 수 있다. 하지만 밥은 거래 수수료를 줄이기 위해 세그윗을 사용해서 증인 구조(witness structure)의 비용 절감 효과를 누리고 싶어 할 것이다.

이 경우 밥의 지갑은 세그윗 스크립트가 들어 있는 P2SH 주소를 구성할 수 있다. 앨리스의 지갑은 이것을 '정상적인' P2SH 주소로 간주하고 세그윗에 대한 어떠한 정보도 없이 이 주소로 지불을 진행할 수 있다. 그 후 밥의 지갑은 세그윗 거래로 이 지불을 소비해서 세그윗의 이점을 챙기고 거래 수수료를 줄일 수 있게 된다.

P2WPKH와 P2WSH의 두 가지 서명 스크립트는 P2SH 주소에 내장될 수 있다. 첫 번째는 중첩된 P2WPKH로 표기되며, 두 번째는 중첩된 P2WSH로 표기된다.

#### 중첩된 pay to witness public key hash

첫 번째로 살펴볼 출력값 스크립트 형태는 중첩된 P2WPKH이다. 이는 pay to witness public key hash 서명 프로그램으로, 세그윗을 인식하지 못하는 지갑이 출력값 스크립트를 지불할 수 있도록 P2SH 해시 스크립트 안에 내장되어 있다.

밥의 지갑은 밥의 공개키를 사용해 P2WPKH 서명 프로그램을 구성한다. 그다음, 이 서명 프로그램을 해시하고 결과 해시를 P2SH 스크립트로 인코딩한다. P2SH 스크립트는 232쪽의 'Pay to Script Hash'에서 살펴본 것처럼 '3'으로 시작하는 비트코인 주소로 변환된다.

밥의 지갑은 앞서 살펴본 P2WPKH 서명 버전과 서명 프로그램으로 시작한다.

```
0 ab68025513c3dbd2f7b92a94e0581f5d50f654e7
```

데이터는 서명 버전과 밥의 20바이트 공개키 해시로 구성된다.

그다음 밥의 지갑은 먼저 SHA256으로 데이터를 해시하고, RIPEMD-160으로 해시해 또 다른 20바이트 해시를 생성한다. 다음으로, 리딤 스크립트 해시는 비트코인 주소로 변환된다. 마지막으로 앨리스의 지갑은 다른 비트코인 주소와 마찬가지로 `37Lx99uaGn5avKBxiW26HjedQE3LrDCZru`으로 결제할 수 있다.

밥에게 지불하기 위해 앨리스의 지갑은 P2SH 스크립트로 출력값을 잠근다.

```
OP_HASH160 3e0547268b3b19288b3adef9719ec8659f4b2b0b OP_EQUAL
```

앨리스의 지갑이 세그윗을 지원하지 않더라도, 지갑에서 생성된 결제는 세그윗 거래를 통해 밥이 지출할 수 있다.

### 중첩된 pay to witness script hash

마찬가지로 다중서명 스크립트나 기타 복잡한 스크립트를 위한 P2WSH 서명 프로그램을 P2SH 스크립트와 주소에 내장해 모든 지갑이 세그윗과 호환되는 결제를 할 수 있게 만들 수 있다.

253쪽의 'Pay to witness script hash(P2WSH)'에서 살펴본 것처럼 모하메드의 회사는 다중서명 스크립트에 대해 분리된 서명 결제를 사용하고 있다. 세그윗을 위해 지갑을 업그레이드했는지 여부와 관계없이 모든 고객이 회사에 지불할 수 있도록 모하메드의 지갑은 P2WSH 서명 프로그램을 P2SH 스크립트 안에 포함할 수 있다.

먼저, 모하메드의 지갑은 서명 스크립트를 SHA256으로 한 번 해시해 다음의 해시를 생성한다.

```
9592d601848d04b172905e0ddb0adde59f1590f1e553ffc81ddc4b0ed927dd73
```

다음으로 해시된 서명 스크립트는 버전 접두사가 붙은 P2WSH 서명 프로그램으로 바뀐다.

```
0 9592d601848d04b172905e0ddb0adde59f1590f1e553ffc81ddc4b0ed927dd73
```

그다음 서명 프로그램 자체를 SHA256 및 RIPEMD-160으로 해시해 새로운 20바이트 해시를 생성한다.

```
86762607e8fe87c0c37740cddee880988b9455b2
```

다음으로 지갑은 이 해시에서 P2SH 비트코인 주소를 생성한다.

```
3Dwz1MXhM6EfFoJChHCxh1jWHb8GQqRenG
```

이제 모하메드의 고객은 세그윗을 지원하지 않더라도 이 주소로 결제할 수 있다. 모하메드에게 결제를 보내려면 지갑은 다음 P2SH 스크립트로 출력값을 잠근다.

```
OP_HASH160 86762607e8fe87c0c37740cddee880988b9455b2 OP_EQUAL
```

그다음 모하메드의 회사는 낮은 거래 수수료를 포함한 세그윗 기능을 활용해 이 지불금을 지출하기 위해 세그윗 거래를 구성할 수 있다.

## Merklized Alternative Script Trees(MAST)

`OP_IF`를 사용하면 여러 가지 지출 조건을 인가할 수 있지만, 이 접근 방식에는 몇 가지 바람직하지 않은 측면이 있다.

**가중치(비용)**

추가하는 모든 조건은 스크립트의 크기를 증가시켜 거래의 가중치와 해당 스크립트로 보호되는 비트코인을 지출하기 위해 지불해야 하는 수수료의 양을 증가시킨다. 비트코인을 사용하기 위해 지불해야 하는 수수료가 증가한다.

**제한된 크기**

추가 조건에 비용을 지불할 의향이 있더라도 스크립트에 넣을 수 있는 최대 개수는 제한이 있다. 예를 들어 레거시 스크립트는 10,000바이트로 제한되어 있어 사실상 조건 브랜치가 최대 수백 개로 제한된다. 전체 블록만큼 큰 스크립트를 만들 수 있다고 해도 유용한 브랜치는 약 20,000개 정도만 포함할 수 있다. 이는 간편결제에는 많은 양이지만 비트코인으로 상상 가능한 용도에 비하면 아주 작은 양이다.

**프라이버시 부족**

> 스크립트에 추가하는 모든 조건은 해당 스크립트로 보호되는 비트코인을 지출할 때 공개된다. 예를 들어, 모하메드의 변호사와 비즈니스 파트너는 누구나 예시 7-1의 스크립트에서 지출할 때마다 전체 스크립트를 볼 수 있다. 즉, 변호사가 서명할 필요 없이 모든 거래를 추적할 수 있다.

그러나 비트코인은 이미 머클 트리라는 데이터 구조를 이용해 세트의 다른 모든 멤버를 식별하지 않고도 어떤 요소가 세트의 멤버인지 확인할 수 있다.

머클 트리에 대한 자세한 내용은 359쪽의 '머클 트리'에서 살펴보겠지만, 핵심은 원하는 데이터 세트의 멤버(예: 길이에 상관없는 인가 조건)를 해시 함수에 전달해 짧은 약정(머클 트리의 리프)을 생성할 수 있다는 것이다. 그런 다음 각 리프는 다른 리프와 짝을 이루고 다시 해시되어 리프에 대한 약정, 즉 브랜치 약정을 생성한다. 한 쌍의 브랜치에 대한 약정도 같은 방식으로 만들 수 있다. 이 단계는 **머클 루트**(*merkle root*)라고 하는 하나의 식별자만 남을 때까지 가지에 반복한다.

예시 7-1의 예시 스크립트를 이용해 그림 7-5의 세 가지 인가 조건 각각에 대한 머클 트리를 구성한다.

이제 머클 트리의 다른 멤버에 대한 세부 정보를 공개하지 않고도 특정 인가 조건이

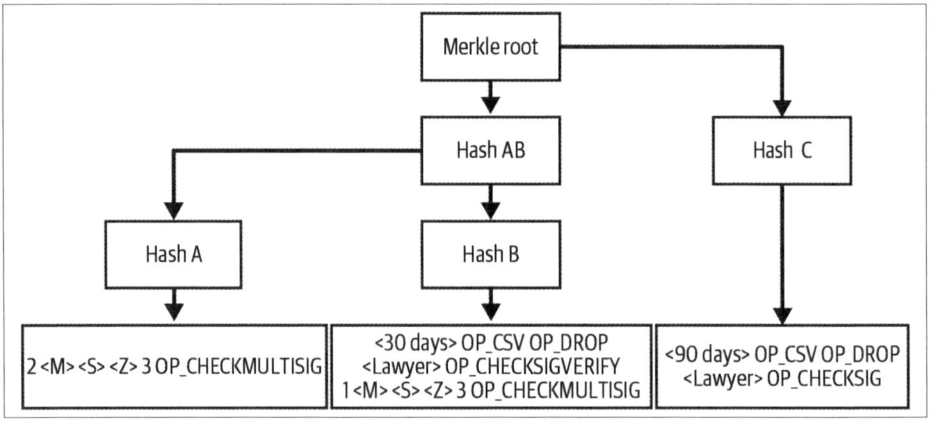


그림 7-5. 3개의 서브 스크립트가 있는 MAST

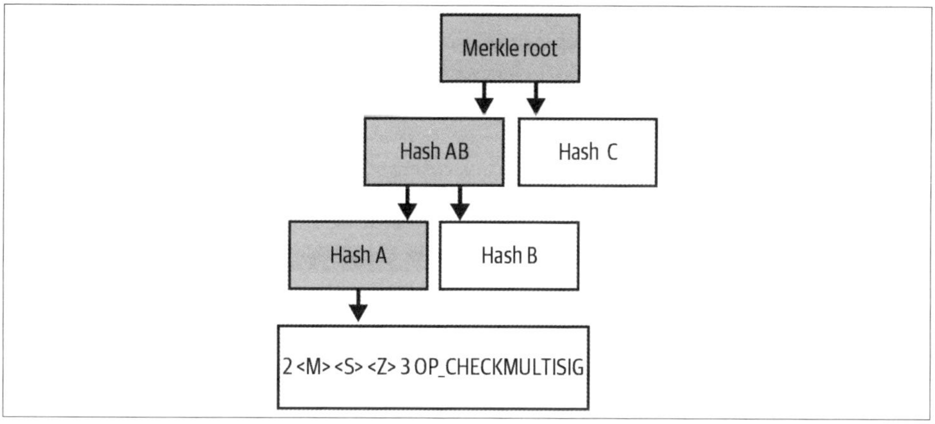

그림 7-6. 하나의 서브 스크립트에 대한 MAST 멤버십 증명

머클 트리의 멤버임을 증명하는 간략한 멤버십 증명을 생성할 수 있다. 그림 7-6을 참조하라. 음영 처리된 노드는 사용자가 제공한 다른 데이터에서 계산할 수 있으므로 지출 시점에 지정할 필요가 없다.

약정을 생성하는 데 사용되는 해시 다이제스트는 각각 32바이트로, 그림 7-6의 지출이(머클 트리와 특정 조건을 사용해) 인가되고 (서명을 이용해) 인증되었음을 증명하는데 383바이트가 사용된다. 이에 비해 머클 트리가 없는 동일한 지출(즉, 가능한 모든 인가 조건을 제공)은 412바이트를 사용한다.

이 예시에서 29바이트(7%)를 절약하는 것은 잠재적인 절약 효과를 완전히 포착하지 못한다. 머클 트리의 이진 트리 특성은 세트의 멤버 수를 두 배로 늘릴 때마다 32바이트의 추가 약정(인가 조건)만 필요로 하는 것을 의미한다. 이 경우 조건이 3개인 경우 3개의 약정을 이용해야 하며(그중 하나는 인가 데이터에 포함되어야 하는 머클 루트), 같은 비용으로 4개의 약정을 가질 수도 있다. 약정을 하나 더 추가하면 최대 8개의 조건을 사용할 수 있다. 16개의 약정(512바이트의 약정)만 있으면 `OP_IF` 구문으로 채워진 전체 거래 블록에서 효과적으로 사용할 수 있는 것보다 훨씬 많은 32,000개 이상의 인가 조건을 가질 수 있다. 128개의 약정(4,096바이트)을 사용하면 이론적으로 생성할 수 있는 조건의 수는 전 세계 모든 컴퓨터가 생성할 수 있는 조건의 수를 훨씬 초과한다.

일반적으로 모든 인가 조건이 동일하게 사용될 가능성이 있지 않다. 예시 사례에서는

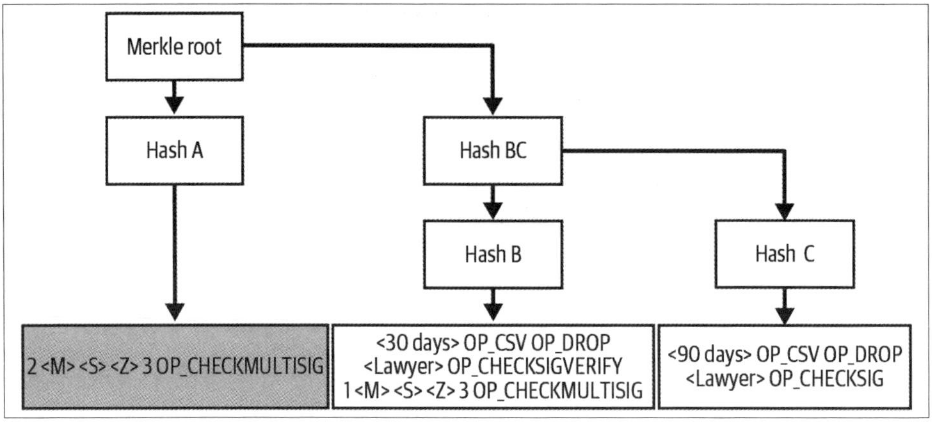


그림 7-7. 가장 기대되는 스크립트가 최적의 위치에 있는 MAST

모하메드와 그의 파트너가 자주 돈을 지출할 것으로 예상하며, 시간 지연 조건은 문제가 발생할 경우에만 존재한다. 이 지식을 바탕으로 그림 7-7과 같이 트리를 재구성할 수 있다.

이제 32바이트를 절약하는 일반적인 경우에는 2개의 약정만 제공하면 되지만, 일반적이지 못한 경우에는 여전히 3개의 약정이 필요하다. 서로 다른 인가 조건을 사용할 확률을 알고 있거나 추측할 수 있는 경우 허프만 알고리즘(Huffman algorithm)을 사용해 최대한 효율적인 트리에 배치할 수 있다. 자세한 사항은 BIP-341을 참조하라.

트리가 어떻게 구성되었는지에 관계없이 앞의 예시에서는 실제 사용되는 인가 조건만 공개하고 있음을 알 수 있다. 다른 조건은 비공개로 유지된다. 트리에는 하나의 조건만 있을 수도 있고, 1조 개의 조건이 있을 수도 있는데, 단일 거래에 대한 온체인 데이터만 보는 사람이 이를 알 수 있는 방법은 없다.

비트코인의 복잡성을 약간 증가시킨다는 점을 제외하면 비트코인용 MAST에는 큰 단점이 없고, 266쪽의 '탭루트'에서 살펴볼 개선된 접근 방식이 발견되기 전에는 BIP-114와 BIP-116이라는 두 가지 확실한 제안이 있었다.

### MAST 대 MAST

현재 우리가 비트코인에서 MAST로 알고 있는 것의 초기 아이디어는 **머클화된 추상 구문 트리**

(*merklized abstract syntax trees*)다. 추상 구문 트리(AST)에는 그림 7-8과 같이 스크립트의 모든 조건이 새로운 브랜치를 생성한다.

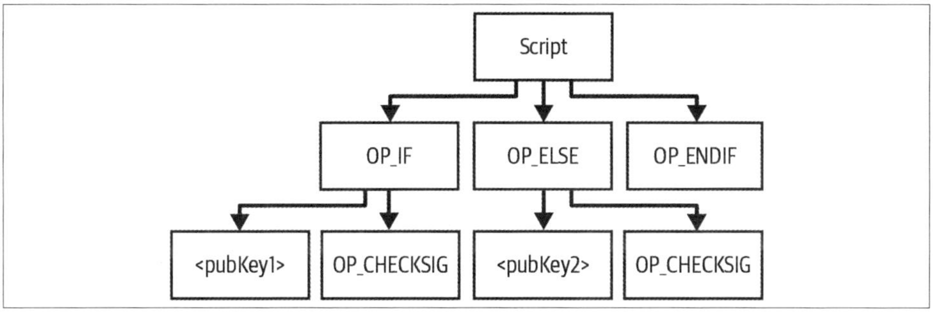


그림 7-8. 스크립트의 추상 구문 트리(AST)

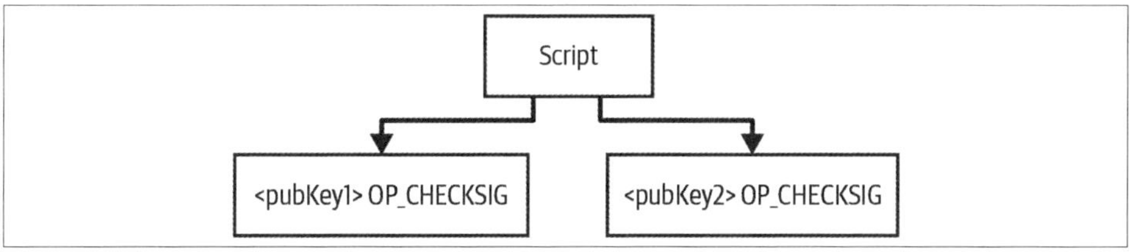


그림 7-9. 선택 가능한 스크립트 트리

AST는 컴파일러와 같이 다른 프로그램을 위해 코드를 구문 분석하고 최적화하는 프로그램에서 널리 사용된다. 머클화된 AST는 프로그램의 모든 부분에 약정하고 259쪽의 'Merklized Alternative Script Trees(MAST)'에 설명된 기능을 활성화하지만, 프로그램의 모든 개별 부분에 대해 적어도 하나의 32바이트 다이제스트를 공개해야 해서 대부분의 프로그램에서는 블록체인에서 공간이 효율적이지 못하다.

오늘날 대부분의 사람이 비트코인에서 MAST라고 부르는 것은 개발자 앤서니 타운스가 만든 **머클화된 대안 스크립트 트리**다. 선택할 수 있는 스크립트 트리는 그림 7-9와 같이 각 스크립트 자체로 완성되며, 하나만 선택할 수 있는 스크립트의 세트로, 서로를 대체할 수 있다.

선택 가능한 스크립트 트리는 지출자가 선택한 스크립트와 트리의 루트 사이의 각 깊이 레벨에 대해 32바이트 다이제스트 하나만 표시하면 된다. 대부분의 블록체인에서 블록체인의 공간을 훨씬 더 효율적으로 사용한다.

## Pay to Contract(P2C)

179쪽의 '공개 자식키 유도하기'에서 보았듯이 타원곡선 암호학(ECC)의 수학을 통해 앨리스는 개인키를 사용해 밥에게 제공할 공개키를 유도할 수 있다. 밥은 해당 공개키에 임의의 값을 추가해 유도된 공개키를 만들 수 있다. 밥이 앨리스에게 임의의 값을 제공하면 앨리스는 이를 개인키에 추가해 유도된 공개키에 대한 개인키를 유도할 수 있다. 즉, 밥은 앨리스만 해당 개인키를 만들 수 있는 하위 공개키를 만들 수 있다. 이는 BIP-32 스타일의 계층적 결정적 지갑(Hierarchical Deterministic, HD) 지갑 복구에 유용하지만, 다른 용도로도 사용할 수 있다.

밥이 앨리스에게 물건을 사고 싶지만, 나중에 분쟁이 발생할 경우를 대비해 자신이 지불한 금액을 증명하기를 원한다고 가정해 보자. 앨리스와 밥은 판매되는 상품 또는 서비스의 이름(예: '앨리스의 팟캐스트 에피소드 123편')에 동의하고, 해당 설명을 해시하고, 해시 다이제스트를 숫자로 해석해 변환한다. 밥은 이 숫자를 앨리스의 공개키에 추가해 지불한다. 이 과정을 **키 트위킹**(*key tweaking*)이라고 하며, 이 숫자를 **트윅**(*tweak*)이라고 한다.

앨리스는 동일한 번호(트윅)를 사용해 개인키를 조정하여 자금을 지출할 수 있다.

나중에 밥은 앨리스의 기본키와 사용한 설명을 공개해 누구에게나 자신이 앨리스에게 지불한 금액을 증명할 수 있다. 누구든지 지불한 공개키가 기본키와 설명에 대한 해시 약정과 같다는 것을 확인할 수 있다. 앨리스는 해당 키가 자신의 키임을 인정하면 지불금을 받은 것이다. 만약 앨리스가 자금을 지출했다면, 지출 거래에 서명할 당시 앨리스가 설명을 알고 있었음을 증명하는 것이다. 이는 앨리스가 변경된 공개키에 대한 유효한 서명을 만들기 위해서는 변경 사항(설명)을 알고 있어야만 서명을 할 수 있기 때문이다.

앨리스나 밥이 사용하는 설명을 공개적으로 밝히지 않기로 한 경우, 두 사람 간의 결제는 다른 결제와 마찬가지로 보이며, 프라이버시의 유출은 없다.

P2C는 기본적으로 비공개이기 때문에 원래 목적대로 얼마나 자주 사용되는지는 알 수 없다. 이론적으로 모든 결제는 P2C를 사용할 수 있지만 그럴 가능성은 적다고 여겨진다. 그러나 P2C는 오늘날 약간 다른 형태로 널리 사용되고 있으며 이는 266쪽의 '탭루트'에서 살펴볼 것이다.

## 스크립트리스 다중서명과 임곗값 서명

228쪽의 '스크립트 다중서명'에서 여러 키의 서명이 필요한 스크립트에 대해 알아보았다. 그러나 여러 키의 협조를 요구하는 다른 방법이 존재하는데, 이를 **다중서명**이라고 한다. 이 절에서는 두 가지 유형을 구분하기 위해 `OP_CHECKSIG` 스타일 연산코드가 포함된 버전을 스크립트 다중서명, 다른 버전을 **스크립트리스 다중서명**(*scriptless multisignatures*)이라 칭한다.

스크립트리스 다중서명은 각 참여자가 개인키를 만드는 것과 동일한 방식으로 자신의 비밀을 생성한다. 이 비밀을 **부분 개인키**(*partial private key*)라고 칭하지만, 일반 풀 개인키와 길이가 같다는 점에 유의해야 한다. 각 참여자는 114쪽의 '공개키'에서 설명한 일반 공개키에 사용된 것과 동일한 알고리즘을 사용해 부분 공개키를 유도한다. 각 참여자는 자신의 부분 공개키를 다른 모든 참여자와 공유한 다음 모든 키를 결합해 스크립트리스 다중서명 공개키를 생성한다.

결합한 공개키는 다른 비트코인 공개키와 동일하게 보인다. 제3자는 다자간 공개키와 단일 사용자가 생성한 일반키를 구별할 수 없다.

스크립트리스 다중서명 공개키로 보호되는 비트코인을 지출하기 위해 각 참여자는 부분 서명을 생성한다. 그리고 부분 서명을 결합해 일반 풀 서명을 생성한다. 부분 서명을 생성하고 결합하는 방법은 많이 알려져 있으며, 이 주제는 8장에서 자세히 살펴보도록 하자. 스크립트리스 다중서명을 위한 공개키와 마찬가지로, 이 프로세스로 생성된 서명은 다른 비트코인 서명과 동일하게 보인다. 제3자는 한 사람이 만든 서명인지, 백만 명이 합심해 만든 서명인지 확인할 수 없다.

스크립트리스 다중서명은 스크립트 다중서명보다 더 작고 비공개적이다. 스크립트 다중서명의 경우 관련된 모든 키와 서명에 대해 거래에 사용되는 바이트 수가 증가한다. 스크립트리스 다중서명의 경우 크기는 일정하며, 백만 명의 참여자가 각각 자신의 부분 키와 부분 서명을 제공하면 단일 키와 서명을 사용하는 개인과 정확히 동일한 양의 데이터를 거래에 사용한다. 새로운 키 또는 서명이 추가될 때마다 거래에 데이터가 추가되므로 스크립트 다중서명은 사용 중인 키와 서명 수에 대한 데이터를 공개하기 때문에 어떤 참여자 그룹이 어떤 거래를 생성했는지 쉽게 파악할 수 있다. 그러나 모든 스크립트리스 다중서명은 다른 모든 스크립트리스 다중서명 및 모든 단일 서명과 동일하게 보이기 때문에 프라이버시 관련 데이터가 유출되지 않는다.

스크립트리스 다중서명에는 두 가지 단점이 있다. 첫 번째는 비트코인에 대해 알려진 모든 보안 알고리즘이 스크립트 다중서명보다 더 많은 상호 작용이나 더 세심한 관리가 필요하다는 점이다. 이는 거의 상태 비저장 하드웨어 장치에서 서명을 생성하고 키가 물리적으로 분산된 경우 어려울 수 있다. 예를 들어, 하드웨어 서명 장치를 은행 금고에 보관하는 경우 스크립트 다중서명을 만들려면 해당 금고를 한 번만 방문하면 되지만 스크립트리스 다중서명을 만들려면 두세 번 방문해야 한다.

두 번째는 임곗값 서명은 누가 서명했는지 알 수 없다는 점이다. 스크립트 임곗값 서명에서는 예를 들어 앨리스, 밥 그리고 캐럴 중 어느 두 명이라도 서명하면 자금을 지출할 수 있다는 데 동의한다. 앨리스와 밥이 서명하는 경우, 각자의 서명을 체인으로 연결해 키를 아는 모든 사람에게 앨리스와 밥은 서명하고 캐럴은 서명하지 않았음을 증명해야 한다. 스크립트리스 임곗값 서명에서는 앨리스와 밥의 서명이 앨리스와 캐럴의 서명인지, 밥과 캐럴의 서명인지 구별할 수 없다. 이는 프라이버시 보호에는 유리하지만, 만약 캐럴이 자신은 서명하지 않았음을 주장해도 이를 증명할 수 없어 책임성 및 감사 가능성에 유리하지 못하다.

많은 사용자와 사용 사례에서 다중서명의 크기 감소와 프라이버시 보호 강화는 서명을 생성하고 감사할 때 때때로 발생하는 문제보다 항상 훨씬 더 중요하다.

## 탭루트

사람들이 비트코인을 사용하는 이유 중 하나는 결과를 예측할 수 없는 계약을 생성할 수 있기 때문이다. 법원에서 집행되는 법적 계약은 사건에 따라 부분적으로 판사와 배심원의 결정에 의해 달라진다. 이와 대조적으로 비트코인 계약은 참여자의 행동이 필요한 경우가 많지만, 기능적으로 동일한 코드를 실행하는 풀 노드에 의해 집행된다. 동일한 계약과 동일한 입력값이 주어지면 모든 풀 노드는 항상 동일한 결과를 산출한다. 편차가 발생하면 비트코인에 문제가 생겼음을 의미한다. 인간 판사와 배심원은 소프트웨어보다 훨씬 더 유연할 수 있지만, 이러한 유연함을 원하지 않거나 필요하지 않을 때 비트코인 계약의 예측 가능성은 중요한 자산이다.

계약의 모든 참여자가 계약의 결과를 완전히 예측할 수 있게 되었다는 것을 인식하면, 실제로 계약을 계속 이어 갈 필요는 없다. 계약에서 요구하는 대로 이행한 다음 계약을 해지하면 된다. 사회에선 대부분의 계약이 이렇게 종료된다. 이해당사자가 동의하면 판사나 배심원 앞에 계약서를 가져가지 않는다. 비트코인에서 블록 공간을 상당히 많이 사용하는 모든 계약은 상호 동의에 의해 대신 해결할 수 있는 조항을 제공해야 한다는 의미이다.

MAST와 스크립트리스 다중서명에서는 상호 동의 조항을 쉽게 설계할 수 있다. 스크립트 트리의 최상위 리프 중 하나를 모든 이해당사자 간의 스크립트리스 다중서명으로 만들면 된다. 이미 그림 7-7에서 간단한 상호 동의 조항으로 여러 당사자 간의 복잡한 계약을 살펴보았다. 스크립트 다중서명에서 스크립트리스 다중서명으로 전환하면 이를 더욱 최적화할 수 있다.

이는 상당히 효율적이고 비공개적이다. 상호 동의 조항을 사용하면 머클 브랜치 하나만 제공하면 되고, 서명이 포함되었다는 사실(한 사람의 서명일 수도, 수천 명의 다른 참가자의 서명일 수도 있음)만 공개할 수 있다. 하지만 2018년 개발자들은 지불 방식으로 계약을 체결하면 더 나은 결과를 얻을 수 있다는 사실을 깨달았다.

앞서 264쪽의 'Pay to Contract(P2C)'에서 계약에 지불하는 방식에 관해 설명할 때, 앨리스와 밥 사이의 계약 텍스트에 약정하기 위해 공개키를 조정했다. 대신 MAST 루트에 약정함으로써 계약 프로그램 코드에 약정할 수 있다. 우리가 조정하는 공개키는 일반적인 공개키이므로 한 사람의 서명이 필요할 수도 있고, 여러 사람의 서명이 필요할 수도 있다(또는 서명을 생성할 수 없도록 특별한 방식으로 생성할 수 있다). 즉, 모든 이해당사자의 단일 서명으로 계약에 동의하거나 사용하려는 MAST 브랜치를 공개해 계약에 동의할 수 있다. 공개키와 MAST를 모두 포함하는 약정 트리는 그림 7-10에 나와 있다.

따라서 다중서명을 사용하는 상호 동의 조항은 매우 효율적이고 비공개적이다. 단일

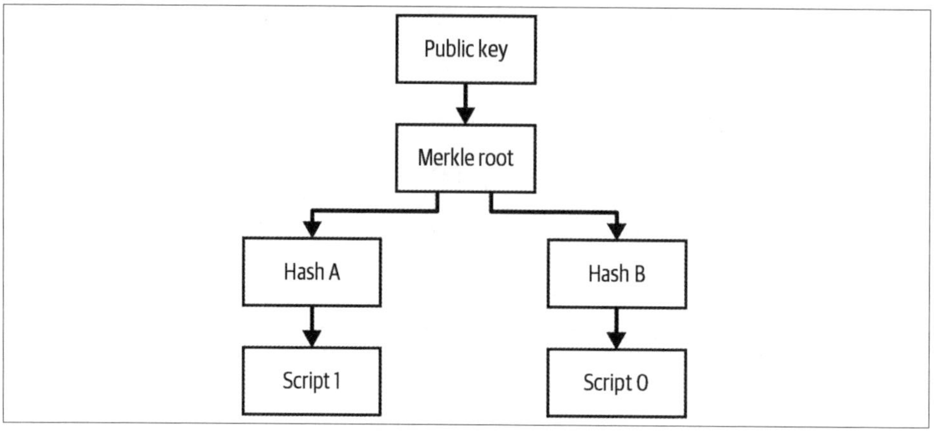


그림 7-10. 머클 루트에 약정하는 공개키를 가진 탭루트

사용자가 단일 서명(또는 사용자가 관리하는 여러 지갑에서 생성한 다중서명)으로 동의하기를 원하는 모든 거래는 상호 동의 지출과 온체인 상에서 동일하게 보이기 때문에 보이는 것보다 훨씬 더 비공개적이다. 이 경우 매우 복잡한 계약에 참여한 백만 명의 사용자가 지출하는 것과 한 명의 사용자가 저축한 비트코인을 지출하는 것 사이에는 온체인 상의 차이가 없다.

단일 서명 또는 스크립트리스 다중서명과 같이 키만 사용해 지출할 수 있는 경우에, 이를 **키 경로 지출**(*keypath spending*)이라고 한다. 스크립트 트리가 사용되는 경우에는 이를 **스크립트 경로 지출**(*scriptpath spending*)이라고 한다. 키 경로 지출의 경우 체인에 기록되는 데이터는 공개키(서명 프로그램에 있음)와 서명(서명 스택에 있음)이다.

스크립트 경로 지출의 경우, 온체인 데이터에는 서명 프로그램에 배치되는 공개키도 포함되며 이러한 맥락에서 **탭루트 출력키**(*taproot output key*)라고 한다. 증인 구조(witness structure)에는 다음 정보가 포함된다.

- 버전 번호
- 기본키 - 머클 루트에 따라 탭루트 출력키를 생성하기 위해 조정되기 전에 존재했던 키이다. 기본 키를 **탭루트 내부 키**(*taproot internal key*)라고 한다.
- 실행할 스크립트로, **리프 스크립트**(*leaf script*)라고 한다.

- 리프와 머클 루트를 연결하는 경로를 따라 머클 트리의 각 교차점에 대해 하나의 32비트 해시이다.
- 스크립트를 동의하는 데 필요한 모든 데이터(예: 서명 또는 해시 프리이미지)이다.

탭루트의 단점은 한 가지가 있다. 참여자가 MAST를 사용하고 싶지만 상호 동의 조항을 원하지 않는 계약에서는 블록체인에 탭루트 내부 키를 포함해야 해서 약 33바이트의 오버헤드가 추가된다. 거의 모든 계약이 상호 동의 조항 또는 최상위 공개키를 사용하는 다른 다중서명 조항의 혜택을 받을 것으로 예상되고, 모든 사용자가 서로 비슷하게 보이는 출력값의 익명성 증가로 인해 혜택을 누린다는 점을 고려할 때, 탭루트 활성화에 참여한 대부분의 사용자는 드문 오버헤드를 중요하게 여기지 않았다.

탭루트에 대한 지원은 2021년 11월 활성화된 소프트 분기에서 비트코인에 추가되었다.

## 탭스크립트

탭루트는 이전에 사용했던 것과 약간 다른 버전인 비트코인 스크립트 언어(새 버전은 탭스크립트(*tapscript*)라고 함)로만 MAST를 사용할 수 있다. 주요 차이점은 다음과 같다.

### 스크립트 다중서명 변경 사항

기존 OP_CHECKMULTISIG 및 OP_CHECKMULTISIGVERIFY 연산코드가 제거되었다. 연산코드는 탭루트 소프트 분기의 다른 변경사항 중 하나인 일괄 유효성 검사와 함께 슈노어 서명을 사용하는 기능과 잘 결합하지 않는다(277쪽의 '슈노어 서명' 참조). 대신 새로운 OP_CHECKSIGADD 연산코드가 제공된다. 성공적으로 서명을 검증하면 새로운 연산코드는 카운터를 하나씩 증가시켜 통과한 서명 수를 편리하게 계산할 수 있으며, 이를 원하는 서명 성공 수와 비교해 OP_CHECKMULTISIG와 동일한 동작을 다시 구현할 수 있다.

### 모든 서명 변경 사항

탭스크립트의 모든 서명 작업은 BIP-340에 정의된 대로 슈노어 서명 알고리즘을 사용한다. 8장에서 슈노어 서명에 대해 자세히 살펴보자.

또한 성공할 것으로 예상되지 않는 모든 서명 확인 작업에는 실제 서명 대신 `OP_FALSE` (`OP_0`이라고 함) 값을 전달해야 한다. 실패한 서명 확인 작업에 다른 값을 제공하면 전체 스크립트 실행에 실패하게 된다. 이는 슈노어 서명의 일괄 유효성 검사를 지원하는 데도 도움이 된다.

### OP_SUCCESS x 연산코드

이전 버전의 스크립트에서 사용할 수 없었던 연산코드를 사용하면 전체 스크립트 실행이 성공하도록 재정의할 수 있다. 이를 통해 향후 소프트 분기에서는 특정 상황에서 실행이 성공하지 않는 것으로 재정의할 수 있으며, 이는 제한 사항이므로 소프트 분기에서 가능하다(반대로 실행이 성공하지 않는 작업을 성공으로 정의하는 것은 훨씬 더 어려운 업그레이드 경로인 하드 분기에서만 가능하다).

7장에서는 인가와 인증에 대해 자세히 살펴보았지만, 비트코인이 지출자를 인증하는 방식에서 매우 중요한 부분인 서명을 건너뛰었다. 이에 대해서는 다음 장인 8장에서 살펴보도록 하자.

8장

# 디지털 서명

비트코인에서 사용하는 두 가지 디지털 서명 알고리즘은 **슈노어 서명 알고리즘**(*Schnorr Signature algorithm*)과 **타원곡선 디지털 서명 알고리즘**(*Elliptic Curve Digital Signature Algorithm*, ECDSA)이다. 이 알고리즘들은 111쪽 '타원곡선 암호학'에 설명된 대로 타원곡선 개인/공개키 쌍에 기반한 디지털 서명에 사용되며, 세그윗 v0 P2WPKH 출력, 세그윗 v1 P2TR 키패스 지출, 스크립트 함수인 `OP_CHECKSIG`, `OP_CHECKSIGVERIFY`, `OP_CHECKMULTISIG`, `OP_CHECKMULTISIGVERIFY`에서 사용된다. 이러한 함수들이 실행되려면 서명이 반드시 포함되어야 한다.

디지털 서명은 비트코인 시스템에서 세 가지 역할을 담당한다. 첫째, 디지털 서명은 개인키 소유자(암묵적으로 돈의 소유주로 간주)가 해당 금액에 대한 소비를 **인가**하는 것을 증명한다. 둘째, 인가 증명은 **부인할 수 없다**(부인방지). 셋째, 인가된 거래는 인증되지 않은 제3자가 변경할 수 없어 **무결성**이 손상되지 않아야 한다.

> 각 거래의 입력값과 해당 입력값에 담겨 있는 어떠한 서명도 다른 입력값 혹은 서명과는 **완전히** 독립적이다. 거래를 구성하고 단 하나의 입력값에 대해 서명하기 위해 다자 간 협력이 가능하다. 몇몇 프로토콜은 이 사실을 이용해 프라이버시 보호를 위한 다자간 거래를 생성한다.

8장에서는 디지털 서명이 어떻게 작동하고 개인키의 공개 없이도 어떻게 개인키에 대한 소유권 증명을 할 수 있는지 알아보도록 하자.

## 디지털 서명이 작동하는 방법

디지털 서명은 두 부분으로 구성되어 있다. 첫 번째 부분은 개인키(서명 키)를 이용해 메시지(거래)로부터 서명을 생성해 내는 알고리즘이다. 두 번째 부분은 주어진 메시지와 공개키를 가지고 누구나 서명을 검증할 수 있도록 해 주는 알고리즘이다.

### 디지털 서명 생성하기

디지털 서명을 비트코인에서 사용할 때는 서명이 된 '메시지'가 거래다. 보다 정확하게 말하자면 **약정 해시**(*commitment hash*)라 불리는 거래 내에 들어 있는 데이터의 특정 서브세트의 해시다(273쪽의 '서명 해시 유형(SIGHASH)' 참조). 서명 키는 사용자의 개인키다. 결과는 아래와 같은 서명이 된다.

$$Sig = F_{sig}(F_{hash}(m), x)$$

- $x$: 서명 개인키
- $m$: 서명할 메시지, 커미션 해시(예: 거래의 일부)
- $F_{hash}$: 해싱 함수
- $F_{sig}$: 서명 알고리즘
- $Sig$: 결과로 나온 서명

슈노어 및 ECDSA 서명의 수학에 대한 자세한 사항은 277쪽의 '슈노어 서명', 290쪽의 'ECDSA 서명'에서 참조하길 바란다.

슈노어와 ECDSA 서명 모두에서 $F_{sig}$ 함수는 2개의 값으로 구성된 서명 `sig`를 생성한다. 서로 다른 알고리즘에서 2개의 값은 차이가 있으며, 이에 대해서는 추후 살펴보도록 하자. 두 값이 계산된 후에는 바이트 스트림으로 직렬화된다. ECDSA 서명의 경우, 인코딩은 식별 **인코딩 규칙**(*DER*)이라는 국제 표준 인코딩 체제를 사용한다. 슈노어 서명의 경우, 더 간단한 직렬화 형식이 사용된다.

### 서명 검증하기

서명 검증 알고리즘은 메시지(거래 일부의 해시와 관련된 데이터), 서명자의 공개키와 서명을 입력하고 해당 서명이 메시지와 공개키에 대해 유효한 경우에만 `TRUE`라는 값을 돌려받는다.

서명을 검증하기 위해서는 서명, 직렬화된 거래, 사용되는 출력값에 대한 일부 데이터, 그리고 서명을 생성하는 데 사용된 개인키에 해당하는 공개키가 있어야 한다. 본질적으로, 서명이 검증되었다는 것은 '해당 공개키를 생성한 개인키의 소유주만이 거래상에서 서명을 생산할 수 있음'을 의미한다.

### 서명 해시 유형(SIGHASH)

디지털 서명은 메시지에 적용되며, 비트코인 시스템에서 거래 자체가 메시지다. 서명은 특정 거래 데이터에 대한 서명자의 **약정**을 내포하고 있다. 이 가장 간단한 형식 내에서 서명은 전체 거래에 적용됨으로써 모든 입력값, 출력값, 기타 거래 필드에 약정하게 된다. 하지만 서명은 거래 내에 들어 있는 데이터의 서브 세트에만 약정할 수 있으며, 이는 이 절에서 보게 될 여러 가지 시나리오에서 유용하다.

비트코인 서명은 `SIGHASH` 플래그를 이용해서 거래 데이터 중 어느 부분이 개인키가 서명한 해시에 포함되는지를 보여 준다. `SIGHASH` 플래그는 서명에 붙어 있고, 1바이트 크기다. 서명은 `SIGHASH` 플래그를 하나씩 가지고 있고, `SIGHASH`는 입력값마다 다르다. 서명을 받은 입력값이 3개인 거래의 경우 서로 다른 `SIGHASH` 플래그를 가진 3개의 서명이 있고, 각 서명은 거래의 각기 다른 부분에 서명되어(약정되어) 있음을 의미한다.

각 입력값은 입력값 스크립트 내에 서명을 포함할 수도 있다는 사실을 기억하라. 결과적으로 여러 개의 입력값을 가진 거래는 각기 다른 입력값 내에 각각 거래의 다른 부분을 약정하는 SIGHASH 플래그를 가진 서명을 보유하고 있을지도 모른다. 비트코인 거래들은 다른 '소유주들'로부터 받은 입력값을 보유하고 있을 수도 있다. 이 소유주들은 부분적으로 구성된 (유효하지 않은) 거래 내에서 하나의 입력값에만 서명하고 서로 도와 유효한 거래를 하는 데 필요한 서명을 수집할지도 모른다. 많은 종류의 SIGHASH 플래그가 있다는 것은 비트코인 네트워크 밖에서 협력하고 있고 부분적으로 서명된 거래를 업데이트하는 수많은 참여자를 생각해 볼 때 어쩌면 당연한 현상인지도 모르겠다.

SIGHASH 플래그는 표 8-1에서 보는 바와 같이, ALL, NONE, SINGLE의 세 가지 종류가 있다.

표 8-1. SIGHASH 유형과 그 의미

| SIGHASH 플래그 | 값 | 설명 |
|---|---|---|
| ALL | 0x01 | 서명이 모든 입력값과 출력값에 적용된다. |
| NONE | 0x02 | 서명이 모든 입력값에만 적용된다. |
| SINGLE | 0x03 | 서명이 모든 입력값과 서명된 입력값과 동일한 지수(index number)를 가진 출력값 하나에만 적용된다. |

또한 SIGHASH_ANYONECANPAY라는 수정 플래그(modifier)도 존재한다. 이 플래그는 앞서 언급한 각 플래그와 결합될 수 있다. ANYONECANPAY가 설정되면 오직 하나의 입력값에만 서명이 되고 나머지 부분(과 그에 따른 일련번호)은 수정을 위해 공개된다. ANYONECANPAY는 0x80이라는 값을 가지며 비트 단위 OR에 의해 적용되면서 표 8-2와 같이 결합된 형태의 플래그가 된다.

표 8-2. 수정 플래그가 붙은 SIGHASH 유형과 그 의미

| SIGHASH 플래그 | 값 | 설명 |
|---|---|---|
| ALL \| ANYONECANPAY | 0x81 | 서명이 모든 입력값과 출력값에 적용된다. |
| NONE \| ANYONECANPAY | 0x82 | 서명이 모든 입력값에만 적용된다. |
| SINGLE \| ANYONECANPAY | 0x83 | 서명이 모든 입력값과 서명된 입력값과 동일한 지수(index number)를 가진 출력값 하나에만 적용된다. |

SIGHASH 플래그가 서명 및 검증 과정 동안 적용되는 방법은 거래의 복사본이 만들어지고 내부의 특정 필드가 생략되거나 필드의 길이가 짧아지는 것이다(길이를 0으로

설정되고 비어 있다고 설정). 그 결과 거래는 직렬화된다. SIGHASH 플래그는 직렬화된 거래의 끝부분에 붙게 되고 결과로 나온 값은 해싱된다. 해시 다이제스트 그 자체가 바로 서명을 받은 '메시지'다. 어떤 SIGHASH 플래그가 사용되었느냐에 따라 해당 거래의 서로 다른 부분들이 포함된다. 결과로 나온 해시는 거래 내에 들어 있는 데이터의 서브세트에 따라 달라진다. SIGHASH 플래그 자체를 포함함으로써 서명은 SIGHASH 유형도 약정하게 되고, 그에 따라 (채굴자 등이) 서명을 변경할 수 없게 된다.

293쪽의 'ECDSA 서명의 직렬화(DER)'에서, DER로 인코딩된 서명은 01로 끝나며, 이것이 바로 ECDSA 서명에 대한 SIGHASH-ALL 플래그다. 이 과정을 통해 해당 거래가 잠기기 때문에 앨리스의 서명은 모든 입력값과 출력값을 약정한다. 이것이 가장 흔한 서명 형식이다.

이제 다른 SIGHASH 유형의 종류와 실제로 어떻게 활용될 수 있는지 살펴보자.

### ALL | ANYONECANPAY

이 구성은 '클라우드펀딩' 형식의 거래를 만들 때 사용될 수 있다. 모금 활동을 시도하는 누군가가 하나의 출력값으로 이 거래를 구성할 수 있다. 하나의 출력값은 기금 모금자에게 '목표' 금액을 지불한다. 이러한 거래는 명백하게 유효하지 않다. 왜냐하면 입력값이 없기 때문이다. 하지만 다른 사람들이 자신들이 보유하고 있는 입력값을 기부금 명목으로 거래에 추가함으로써 거래를 유효하게 만들 수 있다. 사람들은 ALL | ANYONECANPAY로 본인의 입력값에 서명한다. 출력값의 금액에 도달될 만한 입력값이 모이지 않는 경우 해당 거래는 유효하지 않게 된다. 각각의 기부가 '담보(pledge)'가 되어 전체 목표 금액에 도달하기 전까지는 기금 모금자가 입력값을 모을 수 없다. 안타깝게도 이 프로토콜은 모금자가 직접(또는 자금을 빌려주는 사람에게서) 입력값을 추가하여 지정된 값에 도달하지 못하더라도 기부금을 모을 수 있는 방식으로 우회할 수 있다.

### NONE

이 구성은 특정 금액에 대한 '무기명 수표' 혹은 '백지 수표'를 생성하는 데 사용될 수 있다. 입력값을 약정하지만 하지만 출력값 스크립트가 변경되도록 한다. 누구나 본인의 비트코인 주소를 출력값 스크립트로 기록할 수 있다. 이는 그 자체로 모든 채굴자가 출력값을 변경하고 자금을 스스로 청구할 수 있지만, 거래에 필요한 다른 서명이 SIGHASH_ALL 또는 출력값을 약정하는 다른 유형을 사용하면 제3자(채굴자 등)가 출력값을 수정할 수 없도록 해당 지출자가 목적지를 변경할 수 있게 한다.

#### NONE | ANYONECANPAY

이 구성은 '집진기'를 구축할 때 사용할 수 있다. 아주 적은 금액의 UTXO가 지갑에 들어 있는 사용자의 경우 이 UTXO보다 비싼 수수료를 지급해야만 소액 UTXO를 소비할 수 있다. 204쪽의 '비경제적 출력값 및 허용되지 않는 금액'을 참조하라. NONE | ANYONECANPAY를 이용하면 이 소액을 합쳐서 쓸 누군가를 위해 비경제적인 UTXO가 기부되고 언제든 원할 때 소비될 수 있다.

SIGHASH 시스템을 수정하거나 확장하자는 제안도 있다. 이 책을 쓰는 현재 가장 널리 논의되고 있는 제안은 2개의 서명 해시 유형 플래그를 추가할 것을 제안하는 BIP-118이다. SIGHASH_ANYPREVOUT을 사용하는 서명은 입력값의 아웃포인트를 약정하지 않으므로 특정 서명 프로그램에 대한 이전 출력값을 지출하는 데 사용할 수 있다. 예를 들어, 앨리스가 같은 금액의 두 출력값을 동일한 서명 프로그램으로 받는 경우(예를 들어 지갑에서 한 번의 서명이 필요한 경우), 그중 하나를 지출하기 위한 SIGHASH_ANYPREVOUT 서명을 복사하여 다른 출력값을 같은 대상에 지출하는 데 사용할 수 있다.

SIGHASH_ANYPREVOUTANYSCRIPT를 사용하는 서명은 아웃포인트, 금액, 서명 프로그램 또는 탭루트 머클 트리(스크립트 트리)의 특정 리프에 약정하지 않으므로 서명이 만족할 수 있는 모든 이전 출력값을 지출할 수 있다. 예를 들어, 앨리스가 서로 다른 금액과 서명 서로 다른 서명 프로그램(예를 들어 하나는 단일 서명을 요구하고 다른 하나는 서명과 다른 데이터를 요구)에 대한 2개의 출력값을 받은 경우, 그중 하나를 지출하기 위한 SIGHASH_ANYPREVOUTANYSCRIPT 서명을 복사하여 다른 출력값을 동일한 대상을 지출하는 데 사용할 수 있다(두 번째 출력값의 추가 데이터를 알고 있다고 가정).

2개의 SIGHASH_ANYPREVOUT 연산코드의 주요 예상 용도는 라이트닝 네트워크(LN)에서 사용되는 것과 같이 개선된 결제 채널이지만, 다른 용도로도 몇 가지 설명되어 있다.

> 여러분은 아마도 사용자의 지갑 어플리케이션에서 옵션으로 제시되는 SIGHASH 플래그들을 볼 수 없을 것이다. 간단한 지갑 어플리케이션은 SIGHASH_ALL 플래그로 서명한다. LN 노드처럼 정교한 어플리케이션은 대체 SIGHASH 플래그를 사용할 수 있지만, 대체 플래그의 영향을 이해하기 위해 광범위하게 검토된 프로토콜을 사용한다.

## 슈노어 서명

클라우스 슈노어는 자신의 이름을 딴 서명 알고리즘을 설명하는 논문을 1989년 발표했다. 이 알고리즘은 비트코인과 다른 많은 어플리케이션에서 사용하는 타원곡선 암호학(ECC)에만 국한된 것은 아니지만, 오늘날 ECC와 가장 밀접하게 연관되어 있다. 슈노어 서명은 다음과 같은 훌륭한 속성을 가지고 있다.

**증명할 수 있는 보안**

슈노어 서명의 보안에 대한 수학적 증명은 이산 로그 문제(DLP), 특히 비트코인의 타원곡선(EC)의 풀이 난이도와 해시 함수(비트코인에 사용되는 SHA256 함수)가 랜덤 오라클 모델(ROM)이라고 하는 예측 불가능한 값을 생성하는 능력에만 의존한다. 다른 서명 알고리즘은 추가적인 종속성이 있거나 타원곡선 암호학-슈노어(ECC-Schnorr)와 동등한 보안을 위해 훨씬 더 큰 공개키 또는 서명이 필요하다(위협이 클래식 컴퓨터로 정의되는 경우, 다른 알고리즘은 양자 컴퓨터에 대해 더 효율적인 보안을 제공할 수 있음).

#### 선형성

슈노어 서명에는 수학자들이 선형성이라고 부르는 속성이 있는데, 이는 두 가지 특성 속성을 가진 함수에 적용된다. 첫 번째 속성은 **가산성**(*additivity*)이다. 2개 이상의 변수를 합한 다음 그 합에 함수를 적용하면, 각 변수에 함수를 독립적으로 적용한 다음 결과를 합산한 것과 동일한 값이 나온다. 예를 들어, $f(x + y + z) == f(x) + f(y) + f(z)$이다. 두 번째 속성은 **1차 동차성**(*homogeneity of degree 1*)이다. 변수에 곱한 다음 해당 곱에 함수를 적용하면 변수에 함수를 적용한 다음 같은 양을 곱한 것과 동일한 값이 나온다. 예를 들어, $f(a \times x) == a \times f(x)$이다.

암호화 작업에서 일부 함수는 개인키 또는 비밀 논스와 관련된 함수와 같이 비공개일 수 있다. 따라서 함수 내부 또는 외부에서 작업을 수행해도 동일한 결과를 얻을 수 있으면 여러 당사자가 비밀을 공유하지 않고 쉽게 조정하고 협력할 수 있다. 285쪽의 '슈노어 기반 스크립트리스 다중서명'과 287쪽의 '슈노어 기반 스크립트리스 임곗값 서명'에서 슈노어 서명 선형성의 구체적인 이점에 대해 살펴보자.

#### 배치 검증

비트코인처럼 특정 방식으로 사용될 때, 슈노어의 선형성이 가져오는 한 가지 결과는 각 서명을 검증하는 데 걸리는 시간보다 짧은 시간에 둘 이상의 슈노어 서명을 동시에 검증하는 것이 각 서명을 독립적으로 검증하는 것보다 짧은 시간 내에 상대적으로 간단하다는 것이다. 배치(batch)로 검증하는 서명이 많을수록 속도는 빨라진다. 블록에 포함된 일반적인 서명 개수는 각 서명을 개별적으로 검증하는 데 걸리는 시간의 절반 정도면 배치 검증할 수 있다.

8장의 뒷부분에서는 비트코인에서 사용되는 슈노어 서명 알고리즘에 대해 정확하게 설명하겠지만, 단순화된 버전부터 시작해 실제 프로토콜을 단계적으로 살펴보도록 하자.

앨리스는 개인키라고 부르는 큰 난수($x$)를 선택하며 시작한다. 또한 그녀는 비트코인의 타원곡선에서 생성 포인트($G$)라고 하는 공개키를 알고 있다(114쪽의 '공개키' 참조). 앨리스는 EC 곱셈을 사용해 $G$에 개인키 $x$를 곱하는데, 이 경우 $x$는 $G$를 확장하기 때문에 **스칼라**(*scalar*)라고 한다. 결과값은 *xG*이며, 이를 앨리스의 **공개키**라고 부른다. 앨리스는 자신의 공개키를 밥에게 준다. 밥도 *G*를 알고 있지만 DLP로 인해 밥은 *xG*를 *G*로 나누어 앨리스의 개인키를 유도할 수 없다.

나중에 밥은 앨리스가 밥이 이전에 받은 공개키(*xG*)의 스칼라 *x*를 알고 있음을 증명하여 스스로를 식별하기를 원한다. 앨리스가 밥에게 *x*를 직접 제공할 수 없다. 그렇게 되면 밥이 다른 사람들에게 앨리스로 식별될 수 있기 때문에 밥에게 *x*를 공개하지 않고도 스스로 *x*를 알고 있음을 증명해야 하는데, 이를 **영지식 증명**(*zero-knowledge proof*)이라고 한다. 이를 위해 슈노어 식별 프로토콜을 아래와 같이 시작한다.

1. 앨리스는 또 다른 큰 난수(*k*)를 고르며, 이를 **개인 논스**라고 부른다. 다시 앨리스는 이를 스칼라로 사용하고 *G*를 곱해 *kG*를 생성하며, 이를 공개 논스라고 부른다. 앨리스는 밥에게 공개 논스를 제공한다.
2. 밥은 자신의 큰 난수인 *e*를 고르며, 이를 **챌린지 스칼라**(*challenge scalar*)라고 부른다. 앨리스가 이전에 밥에게 준 공개키(*xG*)의 개인키(*x*)를 알고 있음을 증명하는 데 사용되기 때문에 '챌린지'라고 하며, 나중에 EC 포인트를 곱하는 데 사용되기 때문에 '스칼라'라고 한다.
3. 이제 앨리스는 숫자(스칼라) *x*, *k* 그리고 *e*를 알고 있으며, 이를 결합해서 $s = k + ex$ 공식을 사용한 후 최종 스칼라 s를 생성한다. 앨리스는 밥에게 s를 준다.
4. 이제 밥은 스칼라 *s*와 *e*는 알지만 *x*나 *k*는 알지 못한다. 그러나 밥은 *xG*와 *kG*를 알고 있고 *sG*와 *exG*를 스스로 계산할 수 있다. 즉, 밥은 앨리스가 수행한 연산의 확장된 버전인 $sG == kG + exG$의 동일성을 확인할 수 있다. 이것이 동일하면 밥은 앨리스가 *s*를 생성할 때 *x*를 알고 있었다고 확신할 수 있다.

**포인트 대신 정수를 사용하는 슈노어 식별 프로토콜**

타원곡선에서 *G* 값을 포함한 각 앞에 있는 값을 점 대신 간단한 정수로 대체하여 지나치게 단순화하면 대화식 슈노어 식별 프로토콜을 더 쉽게 이해할 수 있다. 예를 들어 3으로 시작하는 소수를 사용해 보자.

설정: 앨리스는 개인키로 $x = 3$을 선택한다. 앨리스는 여기에 생성기 $G = 5$를 곱하여 공개키 $xG = 15$를 얻는다. 앨리스는 밥에게 15를 준다.

1. 앨리스는 개인 논스 $k = 7$을 선택하고, 공개 논스 $kG = 35$를 생성한다. 앨리스는 밥에게 35를 준다.
2. 밥은 $e = 11$를 선택하고 앨리스에게 제공한다.
3. 앨리스는 $s = 40 = 7 + 11 \times 3$을 생성하고, 밥에게 40을 준다.
4. 밥은 $sG = 200 = 40 \times 5$와 $exG = 165 = 11 \times 15$를 도출한다. 그런 다음 200 == 35 + 165를 확인한다. 이는 앨리스가 수행한 연산과 동일하지만, 모든 값이 $G$ 값인 5만큼 확장되었다.

물론 이는 지나치게 단순화된 예시이다. 간단한 정수로 작업할 때는 생성 포인트 $G$를 곱셈으로 나눠 기본 스칼라를 얻을 수 있지만, 이는 안전하지 않다. 그렇기 때문에 비트코인에서 사용되는 타원곡선 암호화의 중요한 속성은 곱셈은 쉽지만, 곡선의 한 점으로 나누는 것은 실용적이지 못하다는 것이다. 또한 숫자가 이렇게 작으면 무차별 대입을 통해 기본값(또는 유효한 대체값)을 쉽게 찾을 수 있지만 비트코인에서 실제로 사용되는 숫자는 훨씬 더 크다.

대화식 슈노어 식별 프로토콜의 보안을 유지하는 몇 가지 기능에 대해 알아보도록 하자.

#### 논스(k)

1단계에서 앨리스는 밥이 알지 못하고 추측할 수 없는 숫자를 선택한 후 밥에게 그 숫자의 확장된 형태인 $kG$를 제공한다. 이때 밥은 이미 앨리스의 개인키인 $x$의 확장된 형태인 앨리스의 공개키 $xG$도 알고 있다. 즉, 밥이 최종 방정식($sG = kG + exG$)을 풀 때 밥이 모르는 2개의 독립변수 $x$와 $k$가 있다는 뜻이다. 미지의 변수가 하나인 방정식은 간단한 대수를 사용해 풀 수 있지만, 2개의 독립 미지 변수가 있는 방정식은 풀 수 없으므로 앨리스의 논스가 존재하면 밥은 개인키를 도출할 수 없다. 중요한 점은 이러한 보호가 어떤 식으로든 추측할 수 없는 논스에 달려 있다는 점이다. 앨리스의 논스에 대해 예측할 수 있는 점이 있다면 밥은 이를 활용해 앨리스의 개인키를 알아낼 수 있다. 자세한 내용은 293쪽의 '서명에서 난수성의 중요성'을 참조하라.

#### 챌린지 스칼라(e)

밥은 앨리스의 공개 논스를 받을 때까지 기다렸다가 2단계에서 앨리스가 이전에 알지 못했고 추측할 수 없었던 숫자(챌린지 스칼라)를 앨리스에게 전달한다. 밥은 앨리스가 공개 논스를 약정한 후에만 챌린지 스칼라를 제공하는 것이 중요하다. $x$를 모르는 누군가가 앨리스를 도용하려고 하는데 밥이 실수로 공개 논스 $kG$를 알려주기 전에 챌린지 스칼라 e를 알려 준다면 어떻게 될지 생각해 보자. 이렇게 하면 도용자는 밥이 검증에 사용할 방정식의 양 매개변수, 즉 $sG == kG + exG$를 바꿀 수 있으며, 구체적으로 $sG$와 $kG$를 모두 바꿀 수 있다. 이 식의 단순화된 형태인 $x = y + a$를 생각해 보라. $x$와 $y$를 모두 변경할 수 있다면 $x' = (x - a) + a$를 이용해 $a$를 상쇄할 수 있다. 이제 $x$에 대해 어떤 값을 선택하든 방정식을 만족하게 된다. 실제 방정식의 경우 도용자는 단순히 $s$에 대한 난수를 선택해 $sG$를 생성한 다음 EC 빼기를 사용해 $kG = sG - exG$과 같이 $kG$를 고른다. 이렇게 계산한 $kG$를 밥에게 전달한 후 나중에 임의의 $sG$를 제공하면 밥은 $sG == (sG - exG) + exG$므로 이것이 유효하다고 생각한다. 이것이 프로토콜에서 연산 순서가 중요한 이유이다. 그러므로 밥은 앨리스가 공개 논스를 약정한 후에만 앨리스에게 챌린지 스칼라를 제공해야 한다.

여기에 설명된 대화식 식별 프로토콜은 클라우스 슈노어의 원래 설명과 일부 일치하지만, 탈중앙화된 비트코인 네트워크에 필요한 두 가지 필수 기능이 부족하다. 첫 번째는 밥이 앨리스가 공개 논스를 약정할 때까지 기다린 다음 밥이 앨리스에게 무작위 챌린지 스칼라를 제공하는 것에 의존하는 점이다. 비트코인에서 모든 거래의 지출자는 수천 개의 비트코인 풀 노드(아직 시작하지 않았지만 언젠가는 모든 거래가 유효한 전송 체인에서 비트코인을 받기를 원하는 미래 노드 포함)로부터 인증을 받아야 한다. 현재 또는 미래에 앨리스와 통신할 수 없는 비트코인 노드는 앨리스의 거래를 인증할 수 없으며,

거래를 인증한 다른 노드와 불일치하게 된다. 이는 비트코인과 같은 합의 시스템에서는 허용되지 않는다. 비트코인이 작동하려면 앨리스와 앨리스를 인증하려는 각 노드 간의 상호작용이 필요 없는 프로토콜이 필요하다.

발견자의 이름을 따서 피아트-샤미르(Fiat-Shamir) 변환이라고 알려진 간단한 기술을 사용하면 슈노어 대화식 정체성 프로토콜을 비대화식 디지털 서명 체제로 바꿀 수 있다. 1단계와 2단계의 중요성과 반드시 순서대로 수행해야 한다는 점을 기억하라. 앨리스는 예측 불가능한 논스를 약정해야 하며, 밥은 앨리스의 약정을 받은 후에만 예측 불가능한 챌린지 스칼라를 앨리스에게 제공해야 한다. 이 책의 다른 내용에서 사용한 보안 암호화 해시 함수의 속성도 기억하라. 동일한 입력값이 주어지면 항상 동일한 출력값을 생성하지만, 다른 입력값이 주어지면 무작위 데이터와 구별할 수 없는 값을 생성한다.

이를 통해 앨리스는 개인 논스를 선택하고, 공개 논스를 도출한 다음, 공개 논스를 해시해서 챌린지 스칼라를 얻을 수 있다. 앨리스는 해시 함수의 출력값(챌린지)을 예측할 수 없고, 동일한 입력값(논스)에 대해 항상 동일하기 때문에, 앨리스가 논스를 선택하고 직접 해시 하더라도 무작위 챌린지를 받을 수 있도록 보장한다. 더 이상 밥의 상호작용은 필요하지 않다. 앨리스는 자신의 공개 논스 $kG$와 스칼라 $s$를 공개하기만 하면 수천 개의 풀 노드(과거와 미래)가 각각 $kG$를 해시해서 $e$를 생성하고, 이를 사용해 $exG$를 생성한 다음 $sG == kG + exG$를 검증할 수 있다. 명시적으로 작성하면 검증 방정식은 $sG == kG + hash(kG) \times xG$가 된다.

대화식 슈노어 식별 프로토콜을 비트코인에 유용한 디지털 서명 프로토콜로 변환하는 작업을 완료하려면 한 가지가 더 필요하다. 앨리스가 자신의 개인키를 알고 있다는 것을 증명하는 것뿐 아니라 메시지를 약정할 수 있는 기능도 제공해야 한다. 구체적으로 앨리스가 전송하고자 하는 비트코인 거래와 관련된 데이터를 약정하기를 원한다. 피아트-샤미르 변환을 사용하면 이미 약정을 두고 있으므로 메시지에 추가로 약정할 수 있다. 이제 $hash(kG)$ 대신 $hash(kG \| m)$을 사용해 메시지 $m$을 약정하며, 여기서 '||'은 연결을 의미한다.

지금까지 슈노어 서명 프로토콜의 버전을 정의했지만, 비트코인 관련 문제를 해결하

기 위해 한 가지 더 해야 할 일이 있다. 179쪽의 '공개 자식키 유도하기'에서 설명한 대로 BIP-32 키 유도하기에서 강화되지 않은 유도 알고리즘은 공개키를 가져와서 여기에 비밀이 아닌 값을 추가하여 유도된 공개키를 생성한다. 즉, 한 키의 유효한 서명에 비밀이 아닌 값을 추가하여 관련 키의 서명을 생성할 수 있다. 관련 서명은 유효하지만, 개인키를 소유한 사람이 승인하지 않았기 때문에 보안상 큰 문제가 된다. BIP-32의 강화되지 않은 유도물을 보호하고 사람들이 슈노어 서명 위에 구축하고자 하는 여러 프로토콜을 지원하기 위해 비트코인 버전의 슈노어 서명인 **secp256k1용 BIP-340 슈노어 서명**은 공개 논스와 메시지 외에 사용되는 공개키에 대해서도 약정한다. 따라서 풀 약정 해시는 $(kG \| xG \| m)$가 된다.

이제 BIP-340 슈노어 서명 알고리즘의 각 부분과 기능을 설명했으므로 프로토콜을 정의할 수 있다. 정수의 곱셈은 **p 계수**로 수행되며, 이는 연산 결과를 secp256k1 스탠더드에 정의된 대로 숫자 $p$로 나누고 나머지를 사용함을 의미한다. 숫자 $p$는 매우 크지만 3이고 계산 결과가 5인 경우 실제 사용하는 숫자는 2이다(즉, 5를 3으로 나누면 나머지는 2가 된다).

설정: 앨리스는 큰 난수($x$)를 개인키로 선택한다(직접 또는 BIP-32와 같은 프로토콜을 사용해서 큰 무작위 시드 값에서 개인키를 정해진 방식대로 생성). 앨리스는 secp256k1에 정의된 매개변수(111쪽의 '타원곡선 암호학' 참고)를 사용해 생성기 $G$에 자신의 스칼라 $x$를 곱해 $xG$(앨리스의 공개키)를 생성한다. 앨리스는 나중에 자신의 비트코인 거래를 인증할 모든 사람에게 공개키를 제공한다(예: 거래 출력값에 $xG$를 포함하는 방식). 지출할 준비가 되면 앨리스는 서명을 생성하기 시작한다.

1. 앨리스는 큰 무작위 개인 논스 $k$를 선택하고 공개 논스 $kG$를 유도한다.
2. 앨리스는 자신의 메시지 $m$(예: 거래 데이터)을 선택하고 챌린지 스칼라 $e = hash(kG \| xG \| m)$를 생성한다.
3. 앨리스는 스칼라 $s = k + ex$를 생성한다. 두 값 $kG$와 $s$는 앨리스의 서명이다. 앨리스는 서명을 확인하고자 하는 모든 사람에게 이 서명을 제공하며, 모든 사람이 자신의 메시지 $m$을 받았는지 확인해야 한다. 비트코인에서 지출 거래의 증인 구조

(witness structure)에 서명을 포함한 다음 해당 거래를 풀 노드에 릴레이하는 방식으로 이 작업을 수행한다.

4. 검증자(예: 풀 노드)는 $s$를 사용해 $sG$를 유도한 다음, $sG == kG + hash(kG \| xG \| m) \times xG$를 검증한다. 이 방정식이 유효하면 앨리스는 자신의 개인키 $x$를(공개하지 않고) 알고 있으며 (거래 데이터가 포함된) 메시지 $m$을 약정했음을 증명한다.

## 슈노어 서명의 직렬화

슈노어 서명은 2개의 값, 즉 $kG$와 $s$로 구성된다. $kG$값은 비트코인 타원곡선의 한 점(secp256k1 이라고 함)이며 일반적으로 32바이트 좌표 2개(예: $(x, y)$)로 표현된다. 그러나 $x$ 좌표만 필요하기 때문에 해당 값만 포함한다. 비트코인에 대한 슈노어 서명에 $kG$가 표시되면, 이는 해당 지점의 $x$ 좌표라는 점에 유의하라.

값 $s$는 스칼라(다른 숫자를 곱하기 위한 숫자)이다. 비트코인의 secp256k1 곡선의 경우 길이가 32바이트를 넘을 수 없다.

$kG$와 $s$는 32바이트 미만으로 표현할 수 있는 값일 때도 있지만, 32바이트보다 훨씬 작을 가능성은 거의 없기 때문에 2개의 32바이트 값으로 직렬화된다(즉, 32바이트보다 작은 값은 선행 제로(leading zero)가 있음). 이 값은 $kG$, $s$ 순으로 직렬화되어 정확히 64바이트가 된다.

v1 세그윗이라고도 하는 탭루트 소프트 분기는 비트코인에 슈노어 서명을 도입했으며, 이 글을 쓰는 지금 비트코인에서 슈노어 서명이 사용되는 유일한 방식이다. 탭루트 키 경로 또는 스크립트 경로 지출과 함께 사용하는 경우 64바이트 슈노어 서명은 기본 서명 해시(sighash)인 `SIGHASH_ALL`을 사용하는 것으로 간주한다. 대체 시그해시를 사용하거나 지출자가 `SIGHASH_ALL`을 명시적으로 지정하는 데 공간을 낭비하고 싶지 않은 경우, 서명 해시를 지정하는 서명에 단일 바이트가 추가되어 서명이 65바이트가 된다.

앞으로 살펴보겠지만, 64 또는 65바이트는 293쪽의 'ECDSA 서명의 직렬화(DER)'에 설명된 ECDSA 서명에 사용되는 직렬화보다 훨씬 더 효율적이다.

## 슈노어 기반 스크립트리스 다중서명

277쪽의 '슈노어 서명'에서 설명한 단일 서명 슈노어 프로토콜에서 앨리스는 서명 $(kG, s)$을 사용해 자신의 개인키에 대한 지식을 공개적으로 증명하며, 이를 $y$라고 부르도록 하겠다. 밥도 개인키$(z)$를 가지고 있고 앨리스와 협력하여 서로 또는 다른 사람에게 개인키를 공개하지 않고 함께 $x = y + z$를 알고 있음을 증명하고자 한다고 상상해 보자. BIP-340 슈노어 서명 프로토콜을 다시 살펴보자.

> 지금부터 설명할 간단한 프로토콜은 곧 설명할 이유로 인해 안전하지 않다. 우리는 안전하다고 여겨지는 관련 프로토콜을 설명하기 전에 슈노어 다중서명의 메커니즘을 보여 주기 위해서만 이 프로토콜을 사용한다.

앨리스와 밥은 $x$에 대한 공개키 $xG$를 유도해야 한다. 타원곡선 계산을 사용해 2개의 EC점을 더하는 것이 가능하므로, 앨리스가 $yG$를 유도하고 밥이 $zG$를 유도하는 것으로 시작한다. 그다음 두 점을 더해 $xG = yG + zG$를 생성한다. 포인트 $xG$는 이들의 **합산된 공개키**(*aggregated public key*)다. 서명을 생성하기 위해 이들은 간단한 다중서명 프로토콜을 시작한다.

1. 앨리스와 밥은 각각 큰 무작위 개인 논스 $a$와 $b$를 개별적으로 선택한다. 또한 해당 공개 논스 $aG$와 $bG$를 개별적으로 유도한다. 이 둘을 합친 총합 공개 논스 $kG = aG + bG$를 생성한다.
2. 앨리스와 밥이 서명할 메시지 $m$(예: 거래)에 동의하고 각각 챌린지 스칼라의 복사본인 $e = hash(kG \parallel xG \parallel m)$를 생성한다.
3. 앨리스는 스칼라 $q = a + ey$를 생성한다. 밥은 스칼라 $r = b + ez$를 생성한다. 두 스칼라를 더하면 $s = q + r$이 되며, 이들의 서명은 $kG$와 $s$라는 두 값이다.
4. 검증자는 일반 공식을 사용해 공개키와 서명을 확인한다 $sG == kG + hash(kG \parallel xG \parallel m) \times xG$.

앨리스와 밥은 둘 중 한 명이 자신의 개인키를 상대방이나 다른 사람에게 공개하지 않고도 개인키의 합계를 알고 있음을 증명했다. 이 프로토콜은 참여자 수에 상관없이 확장할 수 있다(예: 백만 명이 서로 다른 백만 개의 키의 합을 알고 있음을 증명할 수 있음).

앞의 프로토콜에는 몇 가지 보안 문제가 있다. 가장 눈에 띄는 점은 한 당사자가 자신의 공개키를 약정하기 전에 다른 당사자의 공개키를 알아낼 수 있다는 것이다. 예를 들어 앨리스는 자신의 공개키 $yG$를 정직하게 생성하여 밥과 공유한다. 밥은 $zG - yG$를 사용해 자신의 공개키를 생성한다. 두 키가 결합되면($yG + zG - yG$) 양수 및 음수 $yG$ 항이 상쇄되므로 공개키가 $z$에 대한 개인키(즉, 밥에 대한 개인키)만 나타낸다. 이제 밥은 앨리스의 도움 없이도 유효한 서명을 만들 수 있다. 이를 **키 취소 공격**(*key cancellation attack*)이라고 한다.

키 취소 공격을 해결하는 데 여러 가지 방법이 있다. 가장 간단한 체제는 각 참여자가 다른 모든 참여자와 공개키에 대한 정보를 공유하기 전에 자신의 공개키에 대한 부분을 약정하는 것이다. 예를 들어 앨리스와 밥은 각각 공개키를 개별적으로 해시하고 다이제스트를 서로 공유한다. 둘 다 상대방의 다이제스트를 가지고 있으면 키를 공유할 수 있다. 상대방의 키가 이전에 제공한 다이제스트에 해시되어 있는지 개별적으로 확인한 다음 프로토콜을 정상적으로 진행한다. 이렇게 하면 둘 중 한 명이 다른 참여자의 키를 취소하는 공개키를 선택할 수 없다. 그러나 이 체제를 올바르게 구현하지 못하면 강화되지 않은 BIP-32 공개키 유도처럼 순진한 방식으로 사용하기 쉽다. 또한 참여자 간의 통신을 위한 추가 단계가 더해지므로 많은 경우 바람직하지 않게 된다. 이러한 단점을 해결하기 위해 더 복잡한 체제가 제안되었다.

키 취소 공격 외에도 논스에 대해 가능한 여러 가지 공격이 있다. 논스의 목적이 서명 확인 방정식의 다른 값에 대한 지식을 사용해 개인키를 풀고 그 값을 결정하는 것을 방지하는 것임을 기억하라. 이를 효과적으로 달성하기 위해서는 다른 메시지에 서명하거나 다른 서명 매개변수를 변경할 때마다 다른 논스를 사용해야 한다. 서로 다른 논스는 어떤 식으로든 관련이 없어야 한다. 다중서명의 경우 모든 참여자는 이러한 규칙을 따라야 하고, 그렇지 않으면 다른 참여자의 보안이 취약해질 수 있다. 또한 취소 및 기타 공격도 방지해야 한다. 이런 목표를 달성하는 프로토콜마다 서로 다른 장단점이 존재하기 때문에 모든 경우에 권장할 수 있는 단일 다중서명 프로토콜은 없다. 대신 Musig 프로토콜 계열 중 세 가지 프로토콜을 알아보자.

**MuSig**

Musig1이라고도 불리는 이 프로토콜은 서명 과정에서 세 차례의 통신이 필요하며, 방금 설명한 과정과 유사하다. Musig1의 가장 큰 장점은 단순성이다.

**MuSig2**

Musig2는 두 번의 통신 라운드만 필요하며, 때때로 그중 한 라운드를 키 교환과 결합할 수 있다. LN에서 스크립트리스 다중서명을 사용할 계획인 경우와 같이 특정 프로토콜의 서명 속도를 크게 높일 수 있다. Musig2는 BIP-327에 지정되어 있다(이 글을 쓰는 시점에서 BIP가 있는 유일한 스크립트리스 다중서명 프로토콜이다).

**MuSig-DN**

DN은 결정론적 논스(Deterministic Nonce)의 약자로, **반복 세션 공격**(*repeated session attack*)으로 알려진 문제를 해결한다. 키 교환과 결합할 수 없으며 Musig 또는 Musig2보다 구현하기가 훨씬 더 복잡하다.

이 책을 쓰는 시점에 대부분의 어플리케이션에서 사용할 수 있는 최고의 다중서명 프로토콜은 Musig2이다.

## 슈노어 기반 스크립트리스 임곗값 서명

스크립트리스 다중서명 프로토콜은 *k*-of-*k* 서명에 대해서만 작동한다. 집계된 공개키의 일부가 되는 부분 공개키를 가진 모든 사람은 최종 서명에 부분 서명과 부분 논스를 약정해야 한다. 그러나 때때로 참여자가 일부만 서명하도록 허용하는 경우가 있다. 예를 들어 임곗값(*t*) 수의 참여자가 *k*명의 참여자가 구성한 키에 서명할 수 있는 *t*-of-*k*와 같은 경우이다. 이러한 유형의 서명을 **임곗값 서명**이라 한다.

228쪽의 '스크립트 다중서명'에서 스크립트 기반 임곗값 서명을 살펴보았다. 그러나 스크립트리스 다중서명이 스크립트 다중서명에 비해 공간을 절약하고 프라이버시를 강화하는 것처럼, **스크립트리스 임곗값 서명**(*scriptless threshold signatures*)은 **스크립트 임곗값 서명**에 비해 공간을 절약하고 프라이버시를 강화한다. 서명과 관련되지 않은 사람에게는 **스크립트리스 임곗값 서명**이 단일 서명 사용자 또는 스크립트리스 다중서명 프로토콜을 통해 생성할 수 있는 다른 서명처럼 보인다.

스크립트리스 임곗값 서명을 생성하는 다양한 방법이 알려져 있다. 가장 간단한 방법은 이전에 스크립트리스 다중서명을 생성한 방법을 약간 수정하는 것이다. 또한 이 프로토콜은 검증할 수 있는 비밀 공유에 달려 있다(그 자체도 안전한 비밀 공유에 달려 있음).

기본적인 비밀 공유는 간단한 분할을 통해 작동할 수 있다. 앨리스는 3개의 동일한 길이로 나눈 비밀번호를 가지고 있으며 이를 밥, 캐럴, 댄과 공유한다. 이 세 사람은 각자가 받은 부분 번호(**공유**)를 올바른 순서로 조합하여 앨리스의 비밀을 재구성할 수 있다. 더 정교한 체제는 앨리스가 각 공유에 보정 코드(correction code)라고 하는 추가 정보를 추가하여 두 사람 중 누구라도 번호를 복구할 수 있도록 하는 것이다. 이 체제는 각각 공유의 소유자에게 앨리스의 비밀에 대한 부분적인 지식을 제공하므로 참여자가 공유를 갖지 않은 비참여자보다 앨리스의 비밀을 더 쉽게 추측할 수 있기 때문에 안전하지 않다.

안전한 비밀 공유 체제는 참여자가 최소 임곗값의 공유 수를 합치지 않으면 비밀에 대해 아무것도 알 수 없도록 예방한다. 예를 들어 앨리스가 밥, 캐럴 그리고 댄 중 두 사람이 자신의 비밀을 재구성할 수 있도록 하려면 임곗값을 2로 선택할 수 있다. 가장 잘 알려진 보안 비밀 공유 알고리즘은 **샤미르의 비밀 공유 체제**(*Shamir's Secret Sharing Scheme*)로 SSSS라고 약칭하며 277쪽의 '슈노어 서명'에서 살펴본 피아트-샤미르 변환의 발견자 중 한 명인 샤미르의 이름을 따왔다.

우리가 개발 중인 스크립트 임곗값 서명 체제와 같은 일부 암호화 프로토콜에서는 밥, 캐럴 그리고 댄이 앨리스가 프로토콜을 올바르게 준수했는지 아는 것이 중요하다. 앨리스가 생성한 공유가 모두 동일한 비밀에서 유도되었고, 앨리스가 주장하는 임곗값을 사용했으며, 각자에게 다른 공유를 부여했다는 사실을 알아야 한다. 이 모든 것을 달성하면서도 안전한 비밀 공유 체제가 될 수 있는 프로토콜이 바로 **검증할 수 있는 비밀 공유 체제**(*verifiable secret sharing scheme*)다.

앨리스, 밥 그리고 캐럴에게 다중서명과 검증할 수 있는 비밀 공유가 어떻게 작동하는지 알아보기 위해, 각각 두 사람이 지출할 수 있는 자금을 받기를 원한다고 가정해 보자. 이들은 285쪽의 '슈노어 기반 스크립트리스 다중서명'에서 설명한 대로 공동으로 자금을 받기 위해 일반 다중서명 공개키(k-of-k)를 생성한다. 그다음 각 참여자는 자신의 개인키에서 다른 두 참여자에게 각각 하나씩 2개의 비밀 공유를 얻는다. 공유를 통해 두 사람 중 누구라도 다중서명을 위해 원 부분 개인키를 재구성할 수 있다. 각 참여자는 자신의 비밀 공유 중 하나를 다른 두 참여자에게 분배해 각 참여자는 자신의 부분 개인키와 다른 모든 참여자에 대한 하나의 공유를 갖게 된다. 그 후, 각 참여자는 다른 참여자에게 제공된 공유와 비교하여 자신이 받은 공유의 진위와 고유성을 확인한다.

예를 들어, 나중에, 앨리스와 밥이 캐럴의 개입 없이 스크립트리스 임곗값 서명을 생성하는 경우, 앨리스와 밥은 자신이 소유한 2개의 공유를 캐럴과 공유한다. 이렇게 하면 캐럴의 부분 개인키를 재구성할 수 있다. 앨리스와 밥은 또한 개인키를 가지고 있으므로 필요한 세 가지 키를 모두 사용해 스크립트리스 다중서명을 만들 수 있다.

다시 말해, 방금 설명한 스크립트리스 임곗값 서명 체제는 임곗값 수의 참여자가 서명할 수 없거나 서명할 의사가 없는 다른 참여자의 부분 개인키를 재구성할 수 있다는 점을 제외하면 스크립트리스 다중서명 체제와 동일하다.

이는 스크립트리스 임곗값 서명 프로토콜을 고려할 때 주의해야 할 몇 가지 사항을 다음과 같이 알려준다.

**책임 없음**(No accountability)

앨리스와 밥은 캐럴의 부분 개인키를 재구성하기 때문에 캐럴이 포함된 프로세스에서 생성된 스크립트리스 다중서명과 그렇지 않은 다중서명 사이에 근본적인 차이가 있을 수 없다. 앨리스, 밥 또는 캐럴이 서명하지 않았다고 주장해도 서명을 생성하는 데 도움을 주지 않았다고 증명할 수 있는 확실한 방법이 없다. 그룹의 어떤 구성원이 서명했는지 아는 것이 중요한 경우에는 스크립트를 사용해야 한다.

**조작공격(Manipulation attacks)**

밥이 앨리스에게 캐럴이 부재중이라고 말하며 둘이 함께 캐럴의 부분 개인키를 재구성한다고 가정해 보자. 그런 다음 밥이 캐럴에게 앨리스를 만날 수 없다고 말하며 둘이 함께 앨리스의 부분 개인키를 재구성한다. 이제 밥은 자신의 부분 개인키와 앨리스와 캐럴의 키도 모두 가지고 있으므로 두 사람의 개입 없이 자금을 직접 지출할 수 있다. 모든 참여자가 서로의 모든 메시지를 볼 수 있는 체제를 사용해 통신하는 데 동의하면 이 공격을 해결할 수 있다(예: 밥이 앨리스에게 캐럴이 부재중이라고 알려 주면, 캐럴은 밥과 일을 시작하기 전에 해당 메시지를 볼 수 있음). 이 책을 쓰는 시점에도 이 문제에 관한 다른 해결책, 아마도 더 강력한 해결책이 연구되고 있다.

스크립트리스 임곗값 서명 프로토콜은 아직 BIP로 제안되지 않았지만, 여러 비트코인 기여자가 이 주제에 대해 상당한 연구를 수행했으며 이 책이 출판된 후 동료 평가를 거친 해결책이 제공될 것으로 예상한다.

## ECDSA 서명

비트코인과 다른 많은 어플리케이션의 미래 발전을 위해 안타깝게도 클라우스 슈노어는 자신이 발견한 알고리즘에 특허를 내고 약 20년 동안 오픈 스탠더드와 오픈 소스 소프트웨어에서 사용하지 못하도록 막아 두었다. 1990년대 초 슈노어 서명 체제를 사용할 수 없게 된 암호학자들은 **디지털 서명 알고리즘**(*Digital Signature Algorithm*, DSA)이라는 대체 구조를 개발했으며, 타원곡선에 맞게 조정된 버전은 ECDSA라고 불렀다.

2007년 비트코인 개발이 시작될 무렵 ECDSA 체제와 이를 사용할 수 있도록 제안된 곡선에 대한 표준화된 매개변수는 암호화 라이브러리에서 널리 구현되었다. 이것이 바로 ECDSA가 왜 비트코인의 첫 출시 버전부터 2021년 탭루트 소프트 분기가 활성화될 때까지 유일한 디지털 서명 프로토콜이었는지에 대한 거의 확실한 이유이다. ECDSA는 오늘날 탭루트가 아닌 모든 거래에서 여전히 지원되고 있다. 슈노어 서명과 비교한 몇 가지 차이점은 아래와 같다.

#### 더 복잡함

앞으로 살펴보겠지만, ECDSA는 슈노어 서명 프로토콜보다 서명을 생성하거나 확인하는 데 더 많은 작업이 필요하다. 구현 관점에서 보면 크게 복잡하지는 않지만, 추가적인 복잡성으로 인해 ECDSA는 유연성이 떨어지고 성능이 저하되며 보안을 입증하기가 더 어렵다.

#### 입증 가능성이 낮은 보안

대화식 슈노어 서명 식별 프로토콜은 타원곡선 이산 대수 문제(elliptic curve Discrete Logarithm Problem, ECDLP)의 강도에 따라 달라진다. 비트코인에서 사용되는 비대화식 인증 프로토콜도 무작위 오라클 모델(random oracle model, ROM)에 의존한다. 그러나 ECDSA의 복잡성으로 인해 (아는 한) 완전한 보안 증명은 공개되지 않았다. 암호화 알고리즘을 증명하는 전문가는 아니지만, 30년 후에도 슈노어와 동일한 두 가지 가정만으로 ECDSA가 증명될 가능성은 희박해 보인다.

#### 비선형

ECDSA 서명은 스크립트리스 다중서명을 생성하거나 다자간 서명 어댑터와 같은 상위 어플리케이션에서 사용하기 위해 쉽게 결합할 수 없다. 이 문제에 대한 해결 방법은 존재하지만, 작업 속도를 크게 저하하는 추가적인 복잡성을 수반하며 때에 따라 소프트웨어의 실수로 개인키가 유출될 수 있다.

### ECDSA 알고리즘

ECDSA 수학에 대해 알아보자. ECDSA에는 *R*과 *S*값으로 구성된 서명을 생산하는 수학적 함수인 $F_{sig}$에 의해 서명이 생성된다.

우선 서명 알고리즘은 개인 논스(*k*)를 생성하고 이 논스로부터 공개 논스(*K*)를 파생한다. 디지털 서명의 *R*값은 논스 *K*의 좌표 *x*이다.

그 후, 알고리즘이 아래와 같이 서명의 $x$값을 계산한다. 슈노어 서명과 마찬가지로 정수를 포함하는 계산은 p 계수다.

$$s = k^{-1}(Hash(m) + x \times R)$$

- $k$: 개인 논스
- $R$: 공개 논스의 $x$축
- $x$: 앨리스의 개인키
- $m$: 메시지(거래 데이터)

검증이란 $K$값을 계산하기 위해 $R$, $s$ 그리고 공개키를 이용해서 서명 생성 함수를 실행하는 과정의 역이며, $K$값은 타원곡선상의 한 점이다(서명 생성에 사용된 공개 논스).

$$K = s^{-1} \times Hash(m) \times G + s^{-1} \times R \times X$$

- $R$, $S$: 서명 값
- $X$: 앨리스의 공개키
- $m$: 메시지(서명을 받은 거래 데이터)
- $G$: 타원곡선 생성자 포인트

계산된 점 $K$의 $x$좌표가 $R$과 같으면 검증자는 서명이 유효하다고 결론지을 수 있다.

ECDSA의 수학은 상당히 복잡한 수학을 해야 하므로 자세한 설명은 이 책을 벗어난다. 여러 훌륭한 온라인 가이드들이 단계별로 안내해 준다. 'ECDSA explained'를 키워드로 검색해 보라.

### ECDSA 서명의 직렬화(DER)

DER 인코딩된 서명을 살펴보도록 하자.

```
3045022100884d142d86652a3f47ba4746ec719bbfbd040a570b1deccbb6498c75c4ae24cb02204
b9f039ff08df09cbe9f6addac960298cad530a863ea8f53982c09db8f6e381301
```

이 서명은 출력값을 소비하기 위해 인가받은 개인키를 보유하고 있다는 사실을 증명하기 위해 서명자가 생성한 *R*값과 *s*값을 직렬화한 바이트 스트림이다. 이 직렬화 형식은 아래와 같이 9개의 구성 요소로 되어 있다.

- `0x30`, DER 시퀀스의 시작임을 보여 준다.
- `0x45`, 시퀀스의 길이(69 bytes)
- `0x02`, 정수 값이 따라온다.
- `0x21`, 정수의 길이(33 bytes)
- R, `00884d142d86652a3f47ba4746ec719bbfbd040a570b1deccbb6498c75c4ae24cb`
- `0x02`, 또 다른 정수가 따라온다.
- `0x20`, 정수의 길이(32 bytes)
- S, `4b9f039ff08df09cbe9f6addac960298cad530a863ea8f53982c09db8f6e3813`
- 사용된 해시 유형(`SIGHASH_ALL`)을 나타내는 접미부(`0x01`)

## 서명에서 난수성의 중요성

277쪽의 '슈노어 서명'과 290쪽의 'ECDSA 서명'에서도 언급되었듯이 서명 생성 알고리즘은 수명이 짧은 개인/공개키 쌍을 위한 기반으로 무작위 키인 *k*를 사용한다. *k*값을 무작위로 선택하는 한 어떤 값을 가지는지는 중요하지 않다. 동일한 개인키의 서명이 다른 메시지(거래)상에서 함께 개인 논스 *k*를 사용하는 경우 서명 **개인키**는 누구나 계산할 수 있다. 서명 알고리즘에서 *k*와 동일한 값을 다시 허용하게 되면 개인키가 노출된다.

> 서로 다른 2개의 거래에서 서명 알고리즘에 사용되는 *k*값이 동일한 경우 개인키가 계산되어 세상에 노출될 수 있다.

이것은 이론적으로만 가능한 일은 아니다. 우리는 비트코인의 거래-서명 알고리즘의 서로 다른 구현에서 개인키가 노출되는 경우를 경험했다. 사람들은 *k*값의 부주의한 사용으로 돈을 도난당한다. *k*값이 재사용되는 이유 중 가장 흔한 것이 바로 부적절하게 초기화되는 난수 생성기다.

이러한 취약성을 방지하기 위해 산업계의 모범 관행은 엔트로피로 시드를 만드는 난수 생성기를 이용해 *k*값을 생성하는 대신 거래 데이터 자체와 서명에 사용되는 개인키로 시드를 만드는 과정을 사용하는 것이다. 이 방법을 통해 각 거래는 다른 *k*값을 생산하게 된다. k의 결정적 초기화 산업 표준 알고리즘은 국제 인터넷 표준화 기구(Internet Engineering Task Force)가 발표하는 RFC6979가 규정한다(*https://oreil.ly/yuabl*). 슈노어 서명의 경우 BIP-340은 기본 서명 알고리즘을 권장한다.

BIP-340과 RFC6979는 완전히 정해진 방식대로 *k*값을 생성할 수 있으며, 이는 동일한 거래 데이터가 항상 동일한 *k*값을 생성한다는 의미다. 많은 지갑이 이렇게 하는 이유는 안전에 중요한 서명 코드가 *k*값을 올바르게 생성하는지 확인하기 위한 검사를 쉽게 수행할 수 있기 때문이다. BIP-340과 RFC6979는 모두 계산에 추가 데이터를 포함할 수 있도록 허용다. 해당 데이터가 엔트로피인 경우, 정확히 동일한 거래 데이터가 서명되더라도 다른 *k*값이 생성된다. 이를 통해 사이드 채널 및 결함 주입 공격에 대한 보호 기능을 강화할 수 있다.

비트코인에서 거래에 서명하는 알고리즘을 실행하는 경우 거래마다 다른 k값이 생성되는 것을 보장하기 위해 BIP-340, RFC6979를 **반드시** 사용하거나 이와 유사한 알고리즘을 사용해야 한다.

## 분리 서명의 새로운 서명 알고리즘

비트코인 거래 내에서 서명은 약정 해시에 적용되며, 거래 데이터로부터 계산해서 해당 가치에 대한 서명자의 약정을 나타내는 데이터의 특정 부분을 잠근다. 예를 들어, 단순한 SIGHASH_ALL 유형의 서명에서 약정 해시는 모은 입력값과 출력값을 포함한다.

안타깝게도 레거시 약정 해시 계산법은 해당 서명을 검증하는 노드가 해시 계산을 수없이 많이 구현해야 할 수도 있다는 가능성을 도입했다. 특히 계산은 거래의 입력값 수에 따라 대략 4제곱으로 증가한다. 따라서 공격자는 엄청난 횟수의 서명 작업으로 거래를 생성해서 비트코인 네트워크 전체가 해당 거래를 검증하기 위해서는 수십만 회의 해시 작업을 수행하도록 만든다.

세그윗은 약정 해시가 계산되는 방법을 바꿔서 이 문제를 해결한다. 세그윗 버전 0 서명 프로그램에서는 BIP-143에서 규정한 대로 개선된 약정 해시 알고리즘을 사용해서 서명 검증을 실시한다.

이 새로운 알고리즘은 서서히 증가하는 O(n)에 의해 해시 작업 횟수를 서명 작업 횟수로 증가시켜서 매우 복잡한 거래에 대한 서비스거부 공격 기회를 줄인다.

8장에서는 비트코인의 슈노어 서명과 ECDSA 서명에 대해 알아보았다. 여기에서 풀 노드가 거래를 인증해 비트코인을 전달받은 키를 제어하는 사람만 해당 비트코인을 지출할 수 있도록 하는 방법을 설명한다. 또한 비트코인의 효율성과 프라이버시를 개선하는 데 사용할 수 있는 스크립트리스 다중서명 및 스크립트리스 임곗값 서명과 같은 서명의 여러 상위 어플리케이션도 살펴보았다. 지난 몇 장에서는 거래를 생성하는 방법, 인가와 인증을 통해 거래를 보호하는 방법, 서명하는 방법을 배웠다. 이제 생성한 거래에 수수료를 더해 채굴자가 이를 승인하도록 유도하는 방법을 알아보도록 하자.

# 9장
# 거래 수수료

8장에서 앨리스가 생성한 디지털 서명으로는 앨리스가 자신의 개인키를 알고 있고 밥에게 돈을 지불하는 거래를 약정했다는 점만 증명할 수 있다. 대신 앨리스는 밥에게 지불한 금액과 같은 출력값(비트코인)을 쓰는 거래이자, 캐럴에게 지불해야 하는 거래를 대신 약정하는 또 다른 서명을 생성할 수 있다. 특정 출력값을 지출하는 거래 하나만 어떤 키로 어떤 비트코인을 제어할지 풀 노드가 주로 결정하는 블록체인, 즉 작업증명이 가장 뛰어난 유효 블록체인에 포함될 수 있으므로 이제 위의 두 거래에는 **충돌**이 생긴다.

밥이 상충하는 거래로부터 자신을 보호하려면 앨리스와의 거래가 블록체인에서 충분히 깊이 있게 포함될 때까지 기다린 후에 받은 돈을 지출 가능한 돈으로 간주하는 것이 현명할 것이다(55쪽 '승인' 참조). 앨리스의 거래가 블록체인에 포함되려면 거래 **블록**에 포함되어야 한다. 주어진 시간 내에 생성되는 블록의 수는 제한적이고 각 블록에 제한된 공간만 주어진다. 해당 블록을 생성하는 채굴자만 어떤 거래를 포함할지 선택할 수 있다. 채굴자는 원하는 기준에 따라 거래를 전면 거부하는 것은 물론, 포함시킬 거래를 선택할 수 있다.

> 9장에서 '거래'는 한 블록의 첫 번째 거래를 제외한 모든 거래를 의미한다. 블록의 첫 번째 거래는 215쪽 '코인베이스 거래'에서 설명한 것으로, 블록 채굴자가 블록 생성에 대한 보상을 받도록 해주는 코인베이스 거래다. 코인베이스 거래는 다른 거래와 달리 이전 거래의 출력값을 소비하지 않아도 되고 다른 거래에 적용되는 여러 규칙에 대해서도 예외 적용된다. 코인베이스 거래는 거래 수수료를 지불하거나 부과하지 않아도 되고 거래 고정의 대상도 아니며, 수수료에 대해 앞으로 논의할 내용과도 크게 무관하므로 9장에서는 다루지 않기로 한다.

거의 모든 채굴자가 자신의 블록에 포함시킬 거래를 선택하는 기준은 수익을 극대화하는 데 있다. 비트코인은 거래를 블록에 포함시키는 채굴자에게 돈을 지불하는 메커니즘을 제공함으로써 해당 거래를 수용하도록 특별히 설계되었다. 이러한 메커니즘을 **거래 수수료**라고 하지만, 일반적인 의미의 수수료와는 다르다. 해당 프로토콜이나 특정 채굴자가 설정한 금액이 아니라 오히려 경매 입찰과 훨씬 더 유사하기 때문이다. 구매 대상은 거래가 소비하게 될 블록의 제한된 일부 공간이다. 채굴자는 입찰을 통해 가장 큰 수익을 얻을 수 있는 일련의 거래를 선택한다.

9장에서는 이러한 입찰, 즉 거래 수수료의 다양한 측면을 살펴보고 비트코인 거래의 생성 및 관리에 어떤 영향을 끼치는지도 살펴볼 것이다.

## 거래 수수료는 누가 지불하는가?

결제 시스템은 대부분 일종의 거래 수수료를 수반하지만, 수수료는 일반 구매자에게는 숨겨져 있는 경우가 많다. 예를 들어, 결제 프로세서가 은행에서 현금 예금에 부과하는 것보다 신용 거래에 대해 수수료를 더 많이 부과하더라도, 판매자는 결제 수단이 현금이든 신용카드든 상관없이 동일한 아이템을 동일한 가격으로 광고할 수 있다.

비트코인에서 비트코인 지출은 모두(일반적으로 서명을 포함한) 인증을 거쳐야 하므로 소비자의 허락 없이 거래 수수료를 지불하기란 불가능하다. 앞으로 살펴보겠지만 거래 수신자가 다른 거래에서 수수료를 지불하는 것은 가능하며, 단일 거래에서 자체 수수료를 지불하고 싶다면 소비자가 해당 수수료에 동의해야 한다. 이 수수료는 숨길 수 없다.

비트코인 거래는 소비자가 수수료를 지불하는 데 거래에서 추가적인 공간을 차지하지 않도록 설계되었다. 즉, 다른 거래에서 수수료를 지불하는 것이 가능하다 해도 단일 거래에서 수수료를 지불하는 것이 가장 효율적(따라서 가장 저렴)하다는 뜻이다.

비트코인에서 수수료는 입찰 형식이며 지불된 금액은 거래 승인 시간을 결정하는 데 영향을 미친다. 일반적으로 대금의 결제자와 수신자 모두 관심을 두는 것은 승인이 얼마나 신속하게 진행되느냐에 있기 때문에 보통 소비자 측에서 수수료를 선택하도록 하는 것이 때로 문제가 될 수 있으며, 306쪽 '부모를 위한 자식 대리 지불(CPFP) 수수료 범핑'에서 해당 문제의 해결책을 살펴볼 것이다. 하지만 일반적인 지불 흐름에서는 대체로 거래가 신속히 승인되는 것을 확인하고자 하는 당사자, 즉 수수료를 더 많이 지불할 용의가 있는 쪽은 소비자이다.

기술적인 이유와 실용적인 이유로, 비트코인에서는 소비자가 수수료를 지불하는 것이 관례가 되었다. 예외도 있는데, 미승인 거래를 수락한 매매자나 거래가 체결된 후(소비자가 현 시장에 적합한 수수료를 선택할 수 없도록) 즉각적으로 전송하지 않는 프로토콜이 이에 해당된다. 이런 예외의 경우는 추후 살펴볼 것이다.

## 수수료 및 수수료율

각 거래는 거래의 규모와 상관없이 수수료를 한 번만 지불한다. 하지만 거래의 규모가 커질수록 채굴자가 한 블록에 넣을 수 있는 거래의 수가 줄어든다. 따라서 시장에서 여러 등가 아이템을 비교하며 쇼핑하듯 채굴자는 거래를 비교 평가한다. 가격을 수량으로 나누는 것이다.

쌀 몇 자루 가격을 각 자루의 무게로 나눠 무게당 최저 가격(최적 거래)을 찾을 수 있는 반면, 채굴자는 거래 수수료를 크기(무게라고도 함)로 나누어 무게당 최고 수수료(최고 수익)를 찾는다. 비트코인에서는 거래 규모를 무게로 나눈 것을 **수수료율**(*fee rate*)이라 한다. 수년간 비트코인에 변화가 있었기 때문에 수수료율은 다음과 같이 여러 단위로 표시될 수 있다.

- BTC/Bytes (더 이상 거의 사용되지 않는 레거시 단위)
- BTC/Kilobytes (더 이상 거의 사용되지 않는 기존 단위)
- BTC/Vbytes (거의 사용되지 않음)
- BTC/Kilo-vbyte (주로 비트코인 코어에서 사용됨)
- Satoshi/Vbyte (현재 가장 일반적으로 사용됨)
- Satoshi/Weight (현재 일반적으로 사용됨)

수수료율을 나타내는 단위로는 sat/vbyte 또는 sat/weight를 권장한다.

> 수수료율에 대한 입력값을 수락할 때는 신중해야 한다. 사용자가 한 분모에 쓰여진 수수료율을 복사해서 다른 분모를 사용하는 필드에 붙여 넣는 경우, 수수료를 1,000배 이상 초과 지불할 수도 있다. 만약 분자를 바꾸게 되면 이론상 1억 배를 초과 지불할 수도 있다. 사용자는 지갑에서 과도한 수수료율이 지불되지 않도록 해야 하며, 신뢰할 수 있는 데이터 소스를 사용하여 지갑 자체에서 생성되지 않은 수수료율은 사용자가 확인하도록 할 수 있다.
>
> 일명 **황당한 수수료**(*absurd fee*)라고도 하는 과도한 수수료는 현 수수료율을 산정하는 사람들이 다음 블록에서 거래 승인에 필요하다고 예상하는 금액보다 훨씬 높은 수수료율이다. 사용자가 과도한 수수료율을 선택하는 것을 지갑이 무조건적으로 방해해서는 안 되며, 다만 실수로 인한 과도한 수수료율 사용은 어렵게 만들어야 한다. 드물긴 해도 사용자가 정당한 이유로 수수료를 초과 지불하는 경우가 있기 때문이다.

## 적정 수수료율 산정

수수료율을 너무 낮게 지불하면 거래가 승인되지 않는다는 점을 제외하면, 거래 승인 시까지 더 오래 기다릴 수만 있다면 수수료율을 더 낮게 지불할 수 있다는 점을 확인했다. 수수료율은 블록 공간에 대한 공개 경매 입찰이므로, 특정 시간까지 거래 승인을 위해 지불해야 하는 수수료를 완벽하게 예측하기란 불가능하다. 하지만 최근 다른 거래의 수수료율을 바탕으로 대략적인 견적을 낼 수 있다.

풀 노드는 자신이 보는 각 거래에 대해 거래를 처음 수신한 시간(블록 높이), 거래가 승인된 블록의 높이, 거래에서 지불한 수수료율 등 세 가지 정보를 기록할 수 있다. 비슷한 높이에 도달하고 비슷한 높이에서 승인되었으며 비슷한 수수료를 지불한 거래를 그룹으로 만들어, 일정 수수료율을 지불한 거래가 승인되기까지 블록이 얼마나 필요한지 계산할 수 있다. 그런 다음 비슷한 수수료율을 지불한 거래 승인에 사용되는 블록의 수도 비슷할 것으로 가정할 수 있다. 비트코인 코어에는 이러한 원리를 사용하는 수수료율 견적기가 있으며, 이는 `estimatesmartfee` RPC를 입력하여 호출할 수 있다. 이 기능에는 거래 승인에 근접할 때까지 기꺼이 기다려야 할 블록 수를 규정하는 매개변수(예를 들어, 블록 144개는 하루 정도)가 포함되어 있다.

```
$ bitcoin-cli -named estimatesmartfee conf_target=144
{
  "feerate": 0.00006570,
  "blocks": 144
}
```

API로서 수수료 견적을 제공하는 웹 기반 서비스도 많다. 현재 통용되는 서비스 목록은 *https://oreil.ly/TB6IN*을 참조하기 바란다.

언급한 바와 같이 수수료율은 결코 완벽하게 추정할 수가 없다. 한 가지 공통적인 문제는 기본 수요가 변하면서 균형을 조정하고(수수료) 가격을 기록적으로 높이거나 최저 가격으로 낮출 수 있다는 것이다. 수수료율이 낮아지면, 이전에는 평균적인 수수료율로 지불했던 거래가 이제는 높은 수수료율로 지불하게 되어 승인이 예상보다 일찍

날 것이다. 이미 전송한 거래의 수수료율을 낮출 방법은 없으므로 더 높은 수수료율로 지불해야 하는 것이다. 그러나 수수료율이 오르면 해당 거래에 대한 수수료율을 높일 수 있는 방법이 필요한데, 이를 **수수료 범핑**(*fee bumping*)이라고 한다. 비트코인에서 일반적으로 사용되는 수수료 범핑에는 수수료 대체(RBF)와 부모를 위한 자식 대리 지불(CPFP), 이 두 가지 유형이 있다.

## 수수료 대체(RBF) 수수료 범핑

거래 수수료를 높이기 위해 RBF 수수료 범핑을 사용하면 수수료를 더 많이 지불하는 상충 버전의 거래를 생성하게 된다. 거래가 두 건 이상이고 한 건만 유효한 블록체인에 포함될 수 있는 경우, **상충하는 거래**로 간주되어 채굴자는 둘 중 하나를 선택해야 한다. 두 건 이상의 거래가 각각 동일한 UTXO 중 하나를 지출하려 할 때, 즉 각 거래에 동일한 아웃포인트(이전 거래의 출력값 참조)를 가진 입력값이 포함될 때 충돌이 발생한다.

비트코인 코어를 비롯하여 거래 대체를 지원하는 풀 노드는 상충하는 거래를 무제한으로 생성하고 풀 노드 중개 네트워크를 통해 전송함으로써 누군가 대역폭을 대량으로 소비하는 것을 방지하려 한다. 이를 위해 각 대체 거래는 기존 거래보다 더 높은 수수료율을 지불하도록 요구된다. 현재 비트코인 코어 역시 대체 거래에 대해 원 거래보다 총 수수료를 더 많이 지불하도록 요구하고 있지만, 이는 원치 않는 부작용을 수반하여, 이 책을 쓰는 시점 기준으로 개발자들은 이러한 부작용을 제거할 방법을 모색하는 중이다.

비트코인 코어는 현재 두 가지 형태의 변형된 RBF 버전을 지원한다.

#### 옵트인 RBF

미승인 거래는 거래 생성자가 더 높은 수수료 버전으로의 대체 허용 의사가 있다는 신호를 채굴자와 풀 노드에 보낼 수 있다. 신호 및 신호 사용 규칙은 BIP-125에 명시되어 있다. 이 책의 집필 기준으로, 비트코인 코어에서 이미 몇 년째 기본적으로 활성화되어 있다.

### 풀 RBF

미승인 거래는 더 높은 수수료 버전으로 대체 가능하다. 이 책을 쓰는 시점에서 이는 비트코인 코어에서 선택적으로 활성화될 수 있다(하지만 기본적으로는 비활성화되어 있다).

> **RBF에는 왜 두 가지 변형 버전이 있는가?**
>
> RBF에 다른 버전 두 가지가 있는 이유는 풀 RBF에 논란의 여지가 있기 때문이다. 비트코인 초기 버전에서는 거래 대체를 허용했지만, 다양한 비트코인 버전이 출시되면서 거래 대체는 비활성화되었다. 그 시기에는 현재 비트코인 코어라고 불리는 소프트웨어를 사용하는 채굴자나 풀 노드는 미승인 거래의 첫 번째 버전을 다른 버전으로 대체하지 않았다. 일부 상인들은 다음과 같은 행동을 예상하게 되었는데, 적정 수수료율을 지불한 유효 미승인 거래가 결국은 승인될 것이라는 가정하에 해당 미승인 거래를 받은 직후에 상품이나 서비스를 제공했던 것이다.
>
> 하지만 비트코인 프로토콜에서는 미승인 거래가 최종 승인될 것이라고 보장할 방법이 없다. 앞서 언급한 바와 같이 모든 채굴자는 해당 거래의 버전을 포함하여 승인 시도 거래를 스스로 선택하게 된다. 비트코인 코어는 오픈 소스 소프트웨어이기 때문에 소스 코드 사본이 있는 사람은 누구나 거래 대체를 추가(또는 제거)할 수 있다. 비트코인 코어가 오픈 소스가 아니라 해도, 비트코인은 유능한 프로그래머라면 처음부터 다시 구현할 수 있는 개방형 프로토콜이므로 재구현하는 사람은 거래 대체를 포함하거나 포함하지 않을 수 있다.
>
> 거래 대체(transaction replacement)는 합리적인 미승인 거래는 모두 최종적으로 승인될 것이라 믿는 일부 상인들의 가정을 뒤엎는다. 대체 버전의 거래는 원 거래와 동일한 출력값을 지불할 수 있지만 해당 출력값을 지불할 필요는 없다. 첫 번째 버전의 미승인 거래에서 상인에게 지불하는 경우, 두 번째 버전에서는 상인에게 지불하지 않을 것이다. 만약 상인이 첫 번째 버전을 기반으로 상품과 서비스를 제공했지만, 두 번째 버전에서 승인이 됐다면 그 상인은 해당 비용을 지급받지 못할 것이다.

일부 상인과 상인을 지지하는 사람들은 비트코인 코어에서 거래 대체가 재활성화되지 않도록 요청했다. 그 외의 사람들은 거래 대체가 초반에 수수료율을 너무 적게 지불한 범프 거래에 수수료를 지불할 수 있는 이점을 제공한다는 점에 주목했다.

결국 비트코인 코어의 개발자들이 한 가지 절충안을 구현해 냈다. 모든 미승인 거래가 대체되도록 하는 대신(풀 RBF), 비트코인 코어에서 대체 허용 신호를 보내온 거래만 대체하도록 프로그래밍한 것이다(옵트인 RBF). 상인은 옵트인 신호를 수신한 거래를 확인할 수 있고 신호가 없는 거래와는 다른 방식으로 처리할 수 있다.

그렇다고 비트코인 코어의 사본을 변경하거나 재구현하여 풀 RBF를 허용할 가능성에 대한 근본적 우려가 사라진 것은 아니다. 일부 개발자들이 이를 시도했지만 자체 소프트웨어를 사용하는 사람은 거의 없는 듯했다.

몇 년 후, 비트코인 코어의 개발자들은 이 절충안을 살짝 변경했다. 기본적으로 옵트인 RBF를 유지할 뿐만 아니라 사용자가 풀 RBF를 활성화하는 옵션을 추가한 것이다. 채굴 해시율과 풀 노드 중계가 충분해서 이 옵션을 활성화되면 미승인 거래는 결국 수수료율을 더 높게 지불하는 버전으로 대체될 것이다. 이 글을 쓰는 시점에서는 그런 일이 발생했는지 여부는 아직 불분명하다.

여러분이 비트코인 사용자로서 RBF 수수료 범핑을 이용할 계획이라면, *https://oreil.ly/IhMzx*에서 '전송 지원'이라고 기재된 지갑처럼 먼저 RBF 수수료 범핑을 지원하는 지갑을 선택해야 한다.

여러분이 개발자이고 RBF 수수료 범핑을 구현할 계획이라면 먼저 옵트인 RBF와 풀 RBF 중에서 어떤 것을 실행할지 결정해야 한다. 이 책을 쓰는 현재로서는 옵트인 RBF가 유일하게 작업 신뢰도가 있는 옵션이다. 풀 RBF의 신뢰도가 높아진다 해도 수년이 걸릴 것이고, 풀 RBF 대체가 옵트인 거래 대체의 승인 속도를 다소 따라잡은 정도일 것이다. 옵트인 RBF를 선택한 경우 지갑에 BIP-125에 규정한 신호를 구현해야 하며, 이는 거래 시퀀스 필드 중 하나를 간단히 수정하는 것이다(198쪽 '시퀀스' 참조). 풀 RBF를 선택한 경우 거래에 신호를 포함시키지 않아도 된다. 그 외의 RBF와 관련한 것은 모두 두 가지 버전의 접근 방식이 동일하다.

거래에서 수수료 범핑을 해야할 경우, 대체하고자 하는 원 거래와 동일한 UTXO 중 적어도 하나를 소비하는 새로운 거래를 생성하게 될 것이다. 여러분은 수신자(혹은 여러 수신자)에게 지불하는 거래에서 동일한 산출값을 유지하고자 할 것이다. 변경 산출값을 줄이거나 거래에 추가 입력값을 더해 수수료 상승분을 지불하게 될 수도 있다. 개발자는 이러한 작업을 모두 실행하고 수수료율 인상분에 대해 물어보는(또는 제안하는) 수수료 범핑 인터페이스를 사용자에게 제공해야 한다.

동일한 거래의 대체를 하나 이상 만들 때는 주의해야 한다. 거래의 모든 버전이 서로 충돌하지 않도록 해야 한다. 충돌하지 않는다면 여러 건의 거래가 개별로 승인이 날 수 있고 그 결과 수신자에게 초과 지불을 하게 된다. 예를 살펴보자.

- 거래 버전 0에는 입력값 A가 포함된다.
- 거래 버전 1에는 입력값 A와 B가 포함된다(예: 추가 수수료를 지불하기 위해 입력값 B를 추가해야 함).
- 거래 버전 2에는 입력값 B와 C가 포함된다(예: 추가 수수료를 지불하기 위해 입력값 C를 추가해야 하지만 C가 충분히 많아서 입력값 A가 필요하지 않음).

이런 경우 거래 버전 0을 저장한 채굴자는 모두 거래 버전 0과 거래 버전 2를 확인할 수 있다. 두 버전 모두 동일한 수신자에게 비용을 지불하는 경우 해당 수신자에게 비용을 두 번 지불하는 셈이다(채굴자는 두 건의 개별 거래에서 거래 수수료를 받게 된다).
이 같은 문제를 피할 수 있는 간단한 방법은 대체 거래가 이전 거래 버전과 모두 동일한 입력값이 포함되도록 확인하는 것이다.

다른 수수료 범핑보다 나은 RBF 수수료 범핑의 이점은 블록 공간을 매우 효율적으로 사용한다는 것이다. 대체 거래는 원 거래와 크기가 같은 경우가 많다. 대체 거래의 크기가 더 크더라도 사용자가 처음에 더 높은 수수료율을 지불했다면 생성했을 거래와 규모가 같을 때가 많다.

RBF 수수료 범핑의 근본적인 단점은 일반적으로 거래의 생성자, 즉 거래에 대한 서명이나 기타 인증 데이터를 제공해야 하는 개인 혹은 다수만 실행할 수 있다는 점이다. 서명 해시 플래그(273쪽 '서명 해시 유형' 참조)로 추가 입력값을 더할 수 있도록 설계된 거래는 예외에 해당하지만, 그 또한 자체적인 문제를 드러낸다. 일반적으로 미승인 거래의 수신자이면서 더 빠르게(또는 즉각) 승인을 받고 싶다면 RBF 범핑을 사용할 수 없고 다른 방법이 필요하다.

RBF 관련 문제는 308쪽의 '거래 고정'에서 더 살펴보도록 하자.

## 부모를 위한 자식 대리 지불(CPFP) 수수료 범핑

미승인 거래의 출력값을 수신하는 사람은 누구나 출력값을 소비함으로써 채굴자가 해당 거래를 인증하도록 동기를 부여할 수 있다. 승인받고자 하는 거래를 **부모 거래**라고 한다. 부모 거래의 출력값을 소비하는 거래를 **자식 거래**라고 한다.

195쪽 '아웃포인트(outpoint)'에서 설명한 바와 같이, 승인된 거래의 입력값은 모두 블록체인 내에서(동일 블록이든 이전 블록이든) 이전에 나타난 거래의 미지출 출력값을 참조해야 한다. 즉, 자식 거래의 승인을 받고자 하는 채굴자는 반드시 부모 거래가 승인되었는지 확인해야 한다. 부모 거래가 승인되지 않았는데 자식 거래가 수수료를 많이 지불하게 되면, 채굴자 입장에서는 동일 블록 내에서 두 거래를 모두 승인하는 것이 이득이 될지 고려할 수도 있다.

부모 및 자식 거래 둘 다 채굴할 때 수익성이 있는지 평가하려면 채굴자는 해당 거래들을 총 규모와 총 수수료가 포함된 **거래 패키지**(package of transaction)로 간주하여, 수수료를 크기로 나누어 **패키지 수수료율**을 계산할 수 있다. 그런 다음 자신이 알고 있는 모든 개별 거래와 거래 패키지를 수수료율에 따라 나누고, 채굴하려는 블록 내에서 가능한 최대 크기(무게)까지 수익성이 가장 높은 거래를 블록에 포함시킬 수 있다. 채굴자가 채굴하기에 수익성이 좋은 패키지를 더 많이 알아보기 위해 거래 패키지를 여러 세대에 걸쳐 평가해야 할 수도 있다(예: 자식 및 손자 거래와 결합된 미승인 부모 거래). 이런 경우를 **조상 수수료율 채굴**(ancestor fee rate mining)이라고 한다.

비트코인 코어는 조상 수수료율 채굴을 시행해 왔고, 집필 시점인 지금도 거의 모든 채굴자들이 이를 사용하는 것으로 알려져 있다. 다시 말해 지갑이 해당 기능을 사용하여 자식 거래를 통해 부모 수수료를 지불(CPFP)하도록 하여 다가올 거래에 대한 수수료를 처리하는 것이 실용적이라는 것이다.

CPFP는 RBF에 비해 여러 가지 장점이 있다. 거래에서 출력값을 수신하는 사람은 누구나 CPFP를 사용할 수 있으며, (소비자가 변경 출력값을 포함하고 있는 경우) 대금의 수신자와 송금자 모두 포함된다. 원 거래를 대체할 필요가 없기 때문에 일부 판매자에게는 RBF보다 거래가 수월해진다.

RBF와 비교하여 CPFP의 주요 단점을 꼽으라면, 일반적으로 CPFP가 블록 공간을 더 많이 사용한다는 점이다. RBF에서 수수료 범핑 거래는 대체 거래와 규모가 같은 경우가 많다. CPFP 수수료 범핑에서는 모든 개별 거래가 추가된다. 블록 공간을 더 많이 사용하게 되면 수수료 범핑 비용 이외에도 수수료를 추가로 지불해야 한다.

CPFP의 여러 가지 문제와 관련해서는 308쪽 '거래 고정'에서 일부 살펴볼 것이다. 특별히 짚고 넘어가야 할 또 다른 문제는 바로 최소 중개 수수료율 문제인데, 이는 패키지 중개로 해결이 가능하다.

## 패키지 중개

비트코인 코인의 초창기 버전에서는 향후 중개 및 채굴을 위해 멤풀에 저장하는 미승인 거래의 수를 제한하지 않았다(349쪽 '멤풀과 고아풀' 참조). 물론 컴퓨터에는 메모리(RAM)라던가 디스크 공간이라는 물리적 한계가 있기 때문에 풀 노드에 미승인 거래를 무제한으로 저장하기란 불가능하다. 비트코인 코어 최신 버전에서는 멤풀의 크기를 제한하여 하루 분량의 거래를 보관하되 가장 높은 수수료율을 가진 거래나 패키지를 저장하도록 한다.

이러한 저장 방식이 대개는 아주 잘 통하지만, 의존성 문제가 파생된다. 거래 패키지 수수료율을 계산하기 위해서는 부모와 자손 거래가 모두 필요하지만 수수료율을 충분히 지불하지 않은 부모 거래는 노드 멤풀에 보관되지 않는다. 노드가 부모 거래에 액세스하지 않고 자식 거래를 수신한다면, 자식 거래에서 아무런 작업도 할 수 없다.

이 문제를 해결하기 위한 **패키지 중개**는 거래를 패키지로 중개하는 능력으로, 임의의 개별 거래를 운영하기 전에 수신 노드가 거래 전체의 수수료율을 평가하도록 해 준다. 현 집필 시점을 기준으로, 비트코인 코어의 개발자들은 패키지 중개를 구현하는 데 상당한 진전을 이루었고 이 책이 발간될 때쯤이면 초기 버전의 제한이 해결되었을 수도 있겠다.

패키지 중개는 라이트닝 네트워크(LN)처럼 분초를 다투는 사전 서명(presigned) 거래를 기반으로 하는 프로토콜에 특히 중요하다. 상황이 따라 주지 않는 경우, 일부 사전 서명 거래는 RBF를 사용한 수수료 범핑을 할 수가 없어 CPFP에 의존할 수밖에 없다. 사전 서명 기반 프로토콜에서는 전송이 필요한 시점보다 훨씬 전에 일부 거래가 생성되어 적정 수준의 수수료율 추정이 사실상 불가능해진다. 사전 서명 거래에서 노드 멤풀에 소속되는 데 필요한 금액보다 수수료율을 낮게 지불하는 경우, 자식 거래로도 수수료를 범핑할 방법이 없다. 그로 인해 거래가 제때 승인되지 않으면 정직한 사용자가 손실을 보게 된다. 패키지 중개는 이처럼 중대한 문제에 대한 해결법이다.

## 거래 고정

RBF와 CPFP 수수료 범핑 둘 다 이미 설명한 기본 사례에서 작동함에도 불구하고 두 가지 범핑 방식과 관련된 규칙이 있는데, 바로 채굴자에 대한 서비스거부 공격과 풀 노드를 중개를 방지하도록 설계된 규칙이다. 안타깝게도 이러한 규칙의 부작용으로 인해 때때로 수수료 범핑 사용이 불가할 때가 있다. 거래 수수료 범핑을 하지 못하거나 어렵게 만드는 것을 **거래 고정**(*transaction pinning*)이라고 한다.

서비스거부에 대한 주요 관심사 중 하나는 거래 관계의 영향과 관련이 있다. 거래의 출력값이 소비될 때마다 자식 거래에서는 해당 거래의 식별자(txid)를 참조한다. 하지만 거래가 대체되면 식별자도 달라진다. 대체 거래가 승인되면 해당 자손 거래는 동일한 블록체인에 포함되지 않는다. 자손 거래의 재생성 및 재서명은 가능하지만 꼭 그렇게 된다는 보장이 없다. 이는 RBF 및 CPFP에 관련이 있지만 의미하는 바가 다르다.

- RBF의 경우, 비트코인 코어가 대체 거래를 수락하면 원 거래 및 원 거래에 의존하는 모든 자손 거래를 잊고 작업을 단순하게 유지한다. 비트코인 코어는 채굴자가 대체를 수락할 때 더 수익을 낼 수 있도록 잊히는 모든 거래보다 수수료를 더 많이 내는 경우에만 대체 거래를 수락한다.

  이러한 접근법의 단점은 앨리스가 밥에게 지불하는 소규모 거래를 생성할 수 있다는 것이다. 밥은 자신의 출력값을 사용하여 대규모 자식 거래를 생성할 수 있다. 앨리스가 원 거래를 대체하고자 한다면, 양측에서 원래 지불했던 것보다 수수료를 더 많이 지불해야 한다. 예를 들어, 앨리스의 원 거래가 약 100vbyte이고 밥의 거래가 약 100,000vbyte인데 양측이 동일한 수수료율을 사용했다면, 앨리스는 RBF 수수료 범핑을 위해 원래 지불했던 금액보다 1,000배 더 지불해야 한다.
- CPFP의 경우, 노드가 블록에 포함시킬 거래를 고려할 때마다 선택된 패키지에 포함된 거래가 다른 패키지에도 있다면, 다른 패키지에서 해당 거래를 제거해야 한다. 예를 들어, 자식 거래가 조상 거래 25건을 대신해 지불했는데 조상에게 각각 자식이 25개씩 있다면, 결국 블록에 패키지를 포함시키기 위해선 대략 패키지 625개($25^2$)를 업데이트해야 한다. 마찬가지로 노드 멤풀에서 자손이 25개 있는 거래를 제거하고(블록에 포함시키기 위한 것과 마찬가지로) 자손들에게 각기 다른 조상이 25개씩 있다면, 추가로 패키지 625개를 업데이트해야 한다. 매개변수를 두 배로 늘릴 때마다(예를 들면 25개에서 50개로) 노드가 실행해야 할 작업량은 네 배로 늘어난다.

  뿐만 아니라 거래의 대체 버전이 채굴될 때 해당 거래와 그 자손까지 모두 멤풀에 장기간 보관할 필요가 없고, 블록체인의 재구성이 드문 경우가 아니라면 어떤 거래도 승인될 수 없다. 비트코인 코어는 현 블록체인에서 더 이상 승인될 수 없는 거래는 모두 멤풀에서 제거할 것이다. 최악의 경우, 엄청난 양의 노드 대역폭을 낭비함으로써 거래가 제대로 전파되는 것을 방해할 수도 있다.

비트코인 코어는 이 같은 문제와 기타 관련 문제를 방지하기 위해 멤풀에서 부모 거래가 가질 수 있는 조상 혹은 자손을 최대 25개로 제한하며 모든 거래의 총규모도 100,000vbyte로 제한한다. 이러한 접근법의 단점은 거래가 이미 너무 많은 자손을 거느린 경우(또는 거래와 그 자손의 크기가 너무 큰 경우) 사용자가 CPFP 수수료 범핑을 생성할 수 없다는 것이다.

거래 고정이 우연히 발생할 수도 있지만, LN처럼 시간에 민감한 다자간 프로토콜에서는 심각한 취약점이 나타나기도 한다. 거래 상대방이 거래가 기한 내에 승인되는 것을 막을 수 있다면, 여러분에게 금전적 손실을 끼칠 수도 있다.

프로토콜 개발자는 거래 고정 문제를 완화하기 위해 수년간 노력을 기울였다. 아래 'CPFP 분할 및 앵커 출력값'에 부분적인 해결책이 기술되어 있다. 여러 다른 해결 방법도 거론이 되었고 이 글을 쓰는 현재 적어도 한 가지 해결책, 즉 임시 앵커가 활발히 개발되는 중이다(*https://oreil.ly/300dv*).

## CPFP 분절 및 앵커 출력값

2018년, LN의 개발자들은 다음과 같은 문제를 겪고 있었다. LN의 프로토콜은 두 당사자의 서명이 필요한 거래를 사용한다. 그런데 서로 신뢰를 하지 못하여 신뢰가 필요 없는 프로토콜의 한 지점에서 거래 서명을 하게 되고, 추후 상대방이 의무를 이행하지 않으려 하는(또는 할 수 없는) 시점에 한쪽이 거래를 전송하게 된다. 이러한 접근 방식의 문제는 거래가 언제 전송될지 예측 불가능하다는 점이다. 이는 먼 미래일 수도 있고 거래에 대한 적정 수수료율을 추정할 수 있는 합리적인 능력을 넘어서게 된다.

이론상으로는 개발자가 거래를 설계할 때(특수한 시그해시 플래그를 사용하는) RBF나 CPFP로 수수료 범핑이 가능하도록 했어야 하지만 프로토콜 두 가지가 모두 거래 고정에 취약하다. 관련 거래가 시간에 취약하기 때문에 상대방이 거래 고정을 이용하여 거래 승인을 미루게 되면, 악의적인 사용자가 이를 반복적으로 남용해 정직한 상대방의 금전을 취할 수 있다.

LN의 개발자인 맷 코랄로(Matt Corallo)가 해결책 한 가지를 제시했다. 바로 CPFP 수수료 범핑 규칙에 예외를 두는 CPFP **분절**(*carve out*)이다. CPFP의 일반적인 규칙은 부모 거래의 자손 거래가 26개 이상 늘어날 때, 혹은 부모와 그 자손 거래의 총 크기가 100,000vbyte를 초과할 때 더 이상 자손 거래를 추가하지 못하도록 한다. CPFP 분절 규칙에 따르면, 미승인 조상 거래가 없는 미승인 거래의 직계 자식 거래는 다른 제한을 초과하더라도 최대 1,000vbyte인 단일 거래를 패키지에 추가할 수 있다.

예를 들어, 밥과 맬러리가 각각 두 가지 출력값을 가진 거래에 공동 서명한다. 맬러리가 거래를 전송하고 출력값을 사용하여 100,000vbyte에 해당하는 25개 이하의 자식 거래를 첨부한다. 밥은 분절 없이는 자신의 출력값에 다른 자식 거래를 첨부하여 CPFP 수수료 범핑을 할 수가 없다. 분절을 시키면 자식 거래가 1,000vbyte를 넘지 않는 한(충분한 공간을 확보해야 함) 해당 거래 내에서 두 가지 출력값 중 밥에게 속한 출력값을 소비할 수 있다

CPFP 분절은 한 번만 사용할 수 있기 때문에 두 당사자 프로토콜에서만 작동한다. 더 많은 참여자가 있는 프로토콜로 확장하자는 제안이 있었으나 수요가 많지 않았으며, 개발자는 거래 고정 공격에 대비한 보다 일반적인 해결책에 중점을 두고 있다.

이 책을 쓰고 있는 시점을 기준으로 가장 많이 사용하는 LN 구현은 CPFP 분절과 함께 사용하도록 설계된 **앵커 출력값**(*anchor output*)이라고 하는 거래 템플릿이다.

## 거래에 수수료 추가하기

거래 데이터 구조에는 수수료 필드가 없다. 대신 수수료는 입력값 합계와 출력값 합계

간 차이로 나타난다. 총 입력값에서 총 출력값을 공제하고 남은 금액이 채굴자가 받게 되는 수수료다.

*Fees = Sum(Inputs) - Sum(Outputs)*

이 같은 계산이 거래에서는 다소 혼란스러운 요소이면서 알아 둬야 할 중요한 포인트다. 자신만의 거래를 구성할 때 입력값을 너무 적게 소비했다가 부득이하게 과도한 수수료를 포함시키지 않도록 해야 하기 때문이다. 다시 말해, 필요하다면 거스름돈을 만들어 모든 입력값을 계산해야 하는데, 그렇지 못한 경우 채굴자에게 어마어마한 팁을 주게 될 것이다!

그 예로 여러분이 UTXO의 20비트코인을 사용해서 1비트코인을 지불한다면 지갑에 다시 19비트코인의 거스름돈 출력값을 포함시켜야 한다. 그렇지 않으면 거래를 블록에 포함하는 채굴자가 '나머지' 19비트코인을 거래 수수료로 간주하고 가져갈 것이다. 비록 여러분의 거래가 빠르게 처리되고 채굴자를 만족시켰다 해도, 이것이 여러분이 의도한 바는 아닐 것이다.

수동으로 구성한 거래에 깜빡하고 거스름돈 출력값을 추가하지 않는 경우, 해당 잔액은 거래 수수료로 지불하게 될 것이다.
의도치 않게 '잔돈은 됐어요!'라고 말한 셈이다.

## 수수료 스나이핑에 대응하는 타임락 방어

수수료 스나이핑(Fee sniping)이란 이론적인 공격 시나리오로, 과거 블록을 다시 채굴하려는 채굴자들이 미래 블록에서 더욱 높은 수수료를 가진 거래를 '스나이핑(저격)'하여 수익성을 극대화하는 것을 의미한다.

예를 들어, 현존하는 블록 중 가장 높은 블록이 #100,000이라고 하자. 체인을 연장하기 위해 블록 #100,001 대신 블록 #100,000을 다시 채굴하려고 하는 채굴자들이 있다. 이들은 후보 블록 #100,000에(아직 채굴되지 않은) 유효한 거래 중 어떤 것이든 포함시킬 수 있다. 같은 거래가 포함된 블록을 재발굴할 필요가 없고, 사실상 가장 수익성이 높은(kB당 수수료가 가장 높은) 거래를 선택해서 블록에 포함시키려는 동기가 있다. '오래된' 블록 #100,000에 들어 있었던 거래뿐 아니라 현재의 멤풀에 있는 거래도 포함시킬 수 있다. 본질적으로 채굴자들은 다시 만든 '과거' 블록 #100,000에 '현재' 거래를 포함시키는 선택권을 갖게 되는 것이다.

현재 이 공격은 수익성이 그다지 높지 않다. 왜냐하면 블록 보상이 블록당 총 거래 수수료보다 훨씬 많기 때문이다. 하지만 미래의 어느 시점이 되면 거래 수수료가 보상의 대부분(혹은 보상의 총액)을 차지할 것이다. 그때가 되면 이 시나리오가 불가피해질 것이다.

해당 거래가 다음 블록이나 그 이후 블록에 포함되지 않도록 제한하는 잠금 시간 기능을 가지고 수수료 스나이핑을 방지하는 지갑이 있다. 예를 들어, 지갑은 생성된 모든 거래에 잠금 시간을 100,001로 설정한다. 일반적인 환경에서는 이 잠금 시간이 아무런 영향이 없다. 어차피 거래는 블록#100,001에만 포함이 될 수 있는데, 이는 다음 블록이다.

하지만 블록체인의 재구성 공격(reorganization attack)하에서는 채굴자가 멤풀에서 수수료가 높은 거래를 끌어올 수 없다. 왜냐하면 모든 거래가 블록 #100,001로 잠금 시간 설정이 되어 있기 때문이다. 채굴자들이 할 수 있는 일은 그 당시에 유효했던 거래를 이용하여 블록 #100,000을 다시 채굴하는 것뿐이며, 새로운 거래 수수료는 얻을 수 없다.

이러한 방법으로도 수수료 스나이핑을 완전히 방지하지는 못하지만, 경우에 따라 수익성을 떨어뜨리고 블록 보상이 감소할 때 비트코인 네트워크 안정성을 보존하는 데 도움이 될 수 있다. 지갑의 다른 잠금 시간 필드 사용에 저해가 되지 않는 한 모든 지갑에서 수수료 방지 스나이핑을 구현하도록 권장하는 바이다.

비트코인이 발전을 거듭하고 보상은 계속 감소하면서 비트코인 사용자에게 수수료가 점점 더 중요해지고 있다. 거래를 신속히 승인받기 위해 일상적으로 수수료를 이용하고, 채굴자가 새로운 작업증명을 통해 비트코인 거래를 계속해서 안전하게 유지하도록 장려한다는 점에서 중요한 것이다.

10장

# 비트코인 네트워크

비트코인은 인터넷상에서 피어투피어(peer-to-peer) 네트워크 아키텍처 구조를 이루고 있다. 피어투피어, 즉 P2P라는 용어는 네트워크에 참여하는 개인은 서로에게 동료이며 모두 동등한 지위를 가지고 있고 '특별한' 노드는 존재하지 않으며 모든 노드가 네트워크 서비스를 공급하는 역할을 분담하는 것을 의미한다. 네트워크상의 여러 노드는 서로 '동등한' 토폴로지를 가지면서 그물망 네트워크에서 서로 연결되어 있다. 네트워크 내에는 어떠한 서버나 중앙화된 서비스, 위계질서도 존재하지 않는다. P2P 네트워크의 노드는 서비스를 제공하고 동시에 서비스를 이용한다. P2P 네트워크는 본질적으로 회복력이 있고 분산화되어 있으며 개방 체제다. P2P 네트워크 아키텍처의 좋은 예는 IP 네트워크상의 노드들이 모두 동등했던 초기 인터넷에서 찾아볼 수 있다. 오늘날의 인터넷 아키텍처는 초기보다는 계층적이지만 인터넷 프로토콜은 여전히 동등한 토폴로지를 유지한다. 비트코인과 인터넷을 넘어 P2P 기술이 가장 성공적으로 응용된 사례는 파일 공유이다. 그중 냅스터(Napster)가 선구자이며, 진화를 거친 결과 비트토렌트(BitTorrent)가 이 기술 설계의 최신 모형으로 꼽힌다.

비트코인의 P2P 네트워크 아키텍처는 토폴로지의 선택 그 이상을 의미한다. 비트코인은 설계 측면에서 P2P 체제의 전자화폐 시스템이며 비트코인 네트워크 아키텍처는 이러한 주요 특성을 잘 반영하며 근간으로 삼고 있다. 비트코인 설계의 주요 원리는 분산화된 통제이며, 이는 동등하고 분산화된 P2P 합의 네트워크상에서만 시행 및 유지될 수 있다.

'비트코인 네트워크'라는 용어는 비트코인 P2P 프로토콜을 실행하는 노드의 집합을 말한다. 비트코인 P2P 프로토콜 이외에도 여러 다른 프로토콜들도 존재하는데, 이들은 라이트웨이트 지갑이나 모바일 지갑에 사용되거나 채굴용으로 사용된다. 이러한 추가적인 프로토콜들은 게이트웨이 라우팅 서버를 통해 제공된다. 이 서버는 비트코인 P2P 프로토콜을 이용해서 비트코인 네트워크에 접속한 다음 다른 프로토콜을 실행하는 노드로 해당 네트워크를 확장하는 역할을 한다. 예를 들어 스트라텀 서버는 스트라텀 프로토콜을 통해 스트라텀 채굴 노드와 비트코인 메인 네트워크를 연결하고, 스트라텀 프로토콜과 비트코인 P2P 프로토콜을 연결하는 가교 역할을 한다. 10장에서는 기본 비트코인 P2P 프로토콜 외에도 가장 일반적으로 사용되는 프로토콜 몇 가지에 대해 설명할 것이다.

## 노드의 유형 및 역할

비트코인 P2P 네트워크 내에 있는 노드들이 서로 동등한 위치에 있다고 할지라도 지원하는 기능에 따라 각자의 역할은 다르다. 비트코인 풀 노드에는 라우팅, 채굴, 지갑 서비스 등의 다른 기능도 가능하다.

**아카이브 풀 노드**(*archival full mode*)라고 불리는 노드는 블록체인의 최신 사본을 완전하게 유지한다. 이런 노드는 블록체인의 일부만 저장하고 **단순 지불 검증**(*simplified payment verification*) 방법, 즉 SPV를 사용하여 거래를 부분적으로 검증하는 클라이언트에게 데이터를 제공할 수 있다. 이런 클라이언트를 라이트웨이트 클라이언트라고 한다.

채굴자는 작업증명 알고리즘을 풀기 위해 전용 하드웨어를 실행하여 새로운 블록 생성을 두고 경쟁한다. 일부 채굴자는 역시 풀 노드로 블록체인의 모든 블록을 검증하는 반면, 일부 클라이언트는 라이트웨이트 풀 채굴에 참여하고 풀 노드를 유지하기 위해 풀 서버에 의존한다.

사용자들의 지갑은 데스크톱 비트코인 클라이언트가 가끔 그러하듯 자신의 풀 노드에 연결될 수 있지만 리소스가 제한된, 특히 스마트폰 같은 기기에서 가동되며 많은 사용자들이 쓰는 지갑은 라이트웨이트 지갑이다.

비트코인 P2P 프로토콜상에 있는 주요한 노드 유형들 외에도 전문 채굴 풀 프로토콜과 라이트웨이트 클라이언트 접속 프로토콜 등 기타 프로토콜을 가동하는 서버 및 노드도 존재한다.

## 네트워크

이 책을 쓰는 현재, 비트코인 P2P 프로토콜을 가동하는 주 비트코인 네트워크는 비트코인 코어의 다양한 버전을 구동하는 리스닝 노드 약 10,000개와 BitcoinJ, btcd, bcoin 등 다양한 비트코인 P2P 프로토콜을 구현한 노드 수백 개로 구성되어 있다. 채굴 노드는 비트코인 P2P 네트워크상에서 소수를 차지한다. 다양한 개인과 기업은 아카이브 풀 노드로 가동되는 비트코인 네트워크에 접속하는데, 이 노드에는 블록체인과 네트워크 노드의 전체 사본은 있으나 채굴이나 지갑 기능은 없다. 이러한 노드들은 네트워크 에지 라우터 역할을 하기 때문에 다양한 서비스(환전, 지갑, 블록 탐사, 상거래 등)가 가능하도록 해 준다.

## 콤팩트 블록 중개

채굴자가 새로운 블록을 발견하게 되면(다른 채굴자들이 있는) 비트코인 네트워크에 이를 알린다. 새 블록을 발견한 채굴자가 즉시 블록 위에 작업을 시작할 수 있다. 아직 그 블록에 대해 모르는 다른 채굴자들은 새 블록에 대해 알게 될 때까지 이전 블록 위에 계속해서 쌓아 나갈 것이다.

만약 채굴자들이 새로운 블록에 대해 알기 전에 다른 채굴자 한 명이 블록을 만들게 되면, 그 채굴자의 새 블록과 자신들의 블록에 경쟁이 붙는다. 그 중 블록 한 개만 풀 노드가 사용하는 블록체인에 포함되고, 채굴자들은 널리 수용되는 블록에 대한 수익만 얻게 된다.

어떤 블록이든(동점에 가까운 다른 블록이 없는 한) 첫 블록 위에 두 번째 블록을 먼저 쌓은 블록이 이기게 되며, 이를 **블록 찾기 레이스**라고 하는데 그림 10-1에 잘 나타나 있다. 블록 찾기 레이스는 최대 규모 채굴자에게 혜택을 주기 때문에, 비트코인의 본질적인 분산화에 반하는 역할을 한다. 블록 찾기 레이스를 방지하고 규모와 상관없이 모든 채굴자가 비트코인 채굴이라는 복권에 동등하게 참여할 수 있도록 하려면, 채굴자가 새 블록을 알리는 시점과 다른 채굴자들이 그 블록을 수신하기까지의 시간차를 최소화하는 것이 매우 유용할 것이다.

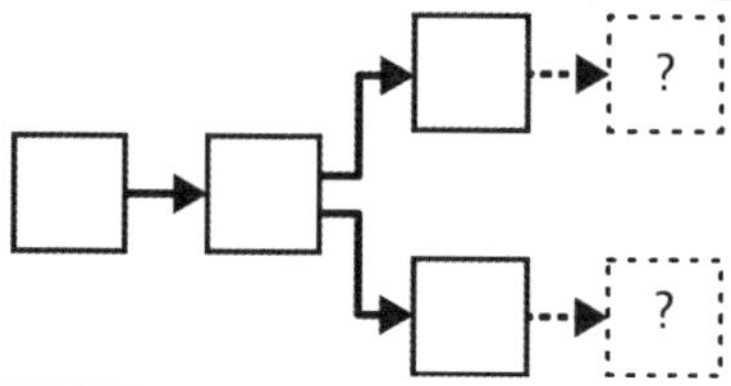


그림 10-1. 채굴 레이스가 필요한 블록체인 분기

2015년, 비트코인 코어 새 버전에는 **콤팩트 블록 중계**(BIP-152에 명시)라는 기능이 추가되어 새로운 블록을 더 낮은 대역폭에서 더 빠르게 전송할 수 있게 되었다.

미승인 거래를 중개하는 풀 노드는 상당량의 거래를 멤풀에 저장한다(349쪽 '멤풀과 고아풀' 참조). 해당 거래 중 일부가 새로운 블록에서 인증이 되면 거래의 두 번째 사본은 받지 않아도 된다.

미승인 거래를 중복해서 수신하는 대신, 콤팩트 블록을 사용하여 피어에게 짧은 6byte 식별자를 전송할 수 있다. 노드가 식별자가 한 개 이상인 콤팩트 블록을 수신한 경우, 해당 거래에 대한 멤풀을 확인해서 거래가 발견되면 사용한다. 로컬 노드 멤풀에 없는 거래에 대해서는 피어에게 사본을 요청할 수 있다.

반대로, 원격 피어가 블록에 나타난 거래 일부가 여러분의 노드 멤풀에 없다고 생각하는 경우 해당 거래 사본을 콤팩트 블록에 포함시킬 수 있다. 예를 들어, 비트코인 코어는 항상 블록의 코인베이스 거래를 전송한다.

원격 피어가 여러분의 노드 멤풀에 어떤 거래가 있고 어떤 거래가 없는지 정확하게 추측하면, 이론적으로 가능한 한 가장 효율적으로 블록을 전송할 것이다(일반적인 블록은 효율성이 97%에서 99% 사이).

> 콤팩트 블록 중개가 블록의 규모를 줄이지는 않는다. 단지 이미 노드에 있는 정보가 중복 전송되는 것을 막을 뿐이다. 예를 들어, 노드를 처음 시작할 때 블록에 관한 정보가 노드에 없다면 각 블록의 완전한 사본을 수신해야 한다.

그림 10-2와 같이 비트코인 코어가 현재 콤팩트 블록 전송을 위해 구현하는 모드에는 아래와 같이 두 가지가 있다.

**저대역폭 모드**

노드에서 피어가 저대역폭 모드(디폴트)를 사용하도록 하면, 피어는 노드에 새 블록의 32byte 식별자(헤더 해시)를 알려 주고 세부 정보는 전송하지 않을 것이다. 만약 노드가 다른 소스에서 그 블록을 먼저 획득하게 되면, 해당 블록의 사본을 얻기 위해 대역폭을 더 이상 낭비하지 않아도 된다. 노드에 그 블록이 필요하면 콤팩트 블록을 요청하면 된다.

**고대역폭 모드**

노드에서 피어가 고대역폭 모드를 사용하도록 요청하면, 피어는 블록이 유효한지 완전히 검증하기도 전에 새 블록에 대한 콤팩트 블록을 노드에 전송한다. 피어가 유일하게 검증하는 것은 블록 헤더에 적정량의 작업증명이 포함되어 있는지 확인하는 것이다. 작업증명 생성에 비용이 많이 들기 때문에(현시점 기준 약 150,000달러) 채굴자가 중개 노드의 대역폭을 낭비하려고 이를 위조할 가능성은 희박하다.

중개 전에 검증을 생략하면 각 홉에서 지연을 최소화하여 새로운 블록이 네트워크를 통해 이동할 수 있다.

고대역폭 모드의 단점은 노드가 선택한 고대역폭의 피어들로부터 중복된 정보를 수신할 가능성이 높다는 점이다. 이 글을 쓰는 시점에서 현재 비트코인 코어는 피어 3개에만 고대역폭 모드를 사용하도록 요청한다(신속하게 블록을 발표한 이력이 있는 피어를 선택하려고 한다).

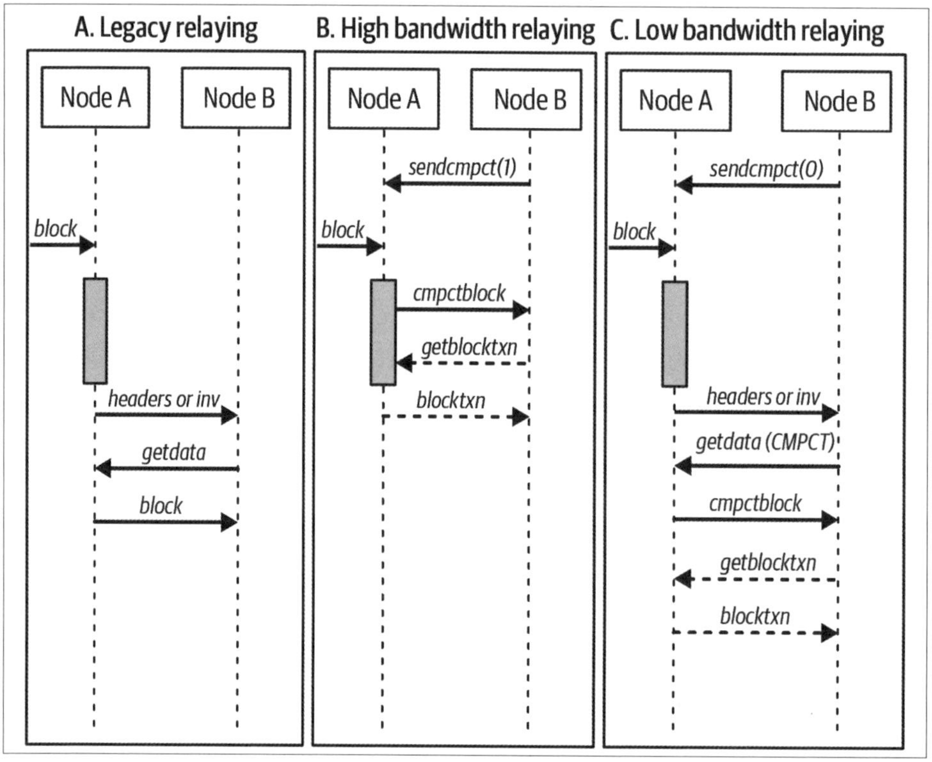


그림 10-2. (BIP-152에서) BIP-152 모드 비교. 음영 처리된 막대는 노드가 블록을 검증하는 데 걸리는 시간을 의미

BIP-152에서 가져온 두 가지 방법의 이름이 다소 혼란스러울 수 있다. 저대역폭 모드는 가능한 블록을 전송하지 않는 방법으로 대역폭을 절약한다. 고대역폭 모드는 저대역폭에 비해 대역폭을 더 많이 사용하지만, 대부분의 경우 콤팩트 블록이 구현되기 전에 블록 중개에 사용한 것보다 대역폭을 훨씬 더 적게 사용한다.

## 전용 블록 중개 네트워크

콤팩트 블록이 네트워크 전반에 전파되는 데 걸리는 시간을 최소화하기까지 큰 역할을 했지만, 지연 시간을 더욱 최소화할 수도 있다. 다른 해결책은 콤팩트 블록과 다르게 공개 P2P 중개 네트워크에 사용할 수 없거나 부적합하게 만드는 트레이드 오프가 포함되어 있다. 따라서 그동안 블록에 대한 전용 중개 네트워크 실험을 하게 되었다.

엔드포인트 사이의 라우트를 미리 선택하는 간단한 기술이 있다. 예를 들어, 주요 해상 광케이블 근처 데이터 센터에서 가동하는 서버가 있는 중개 네트워크는 광케이블에서 수 킬로미터 떨어진 개인 사용자가 운영하는 노드에 블록이 수신될 때까지 기다리는 것보다 훨씬 빠르게 새 블록을 전달할 수 있다.

보다 복잡한 기술로는 순방향 오류 정정(Forward Error Correction, FEC)이 있다. 이 기술로 콤팩트 블록 메시지를 여러 파트로 분할할 수 있고 각 파트에 데이터를 추가할 수 있다. 그중 어떤 파트라도 수신이 되지 않은 경우, 수신된 파트에서 재구성할 수 있다. 설정에 따라 손실된 파트가 있다면 여러 파트를 재구성할 수도 있다.

FEC는 기본 네트워크 연결 문제로 인해 콤팩트 블록(또는 그중 일부)이 도착하지 않는 문제를 방지한다. 이는 자주 발생하는 문제지만 누락된 데이터를 자동으로 재요청하는 프로토콜을 주로 사용하기 때문에 문제를 인지하지 못하는 경우가 많다. 그러나 누락된 데이터를 요청하면 데이터 수신 시간이 세 배로 늘어난다. 예를 들어 보자.

1. 앨리스가 밥에게 데이터를 보낸다.
2. 밥은 데이터를 받지 못한다(또는 데이터 손상). 밥은 앨리스에게 데이터를 다시 요청한다.
3. 앨리스가 데이터를 다시 보낸다.

세 번째 기술은 데이터를 수신하는 모든 노드가 멤풀에 거의 모든 동일한 거래를 가지고 있다는 가정하에 동일한 콤팩트 블록을 모두 수락할 수 있도록 하는 것이다. 이 기술로 각 홉(hop)에서 콤팩트 블록 계산 시간을 절약하고 각 홉이 FEC 패킷을 검증하기 전에도 다음 홉으로 간단히 중개할 수 있다.

중앙집중화 네트워크에서는 각 기술의 트레이드 오프가 가능하지만 개별 노드가 다른 노드를 신뢰할 수 없는 분산화 네트워크에서는 불가능하다. 데이터 센터의 서버는 비용이 많이 들고 센터 운영자가 때때로 액세스할 수 있기 때문에 안전한 가정용 컴퓨터보다 신뢰도가 떨어진다. 검증 전에 데이터를 중개하게 되면 대역폭을 쉽게 낭비할 수 있으므로 당사자 간 신뢰와 책임이 어느 정도 있는 프라이빗 네트워크에서 합리적으로 사용할 수 있다.

비트코인 중개 네트워크는 2015년에 맷 코랄로가 채굴자 간 블록 동기화 지연 시간을 줄이기 위해 처음 개발했다(*https://oreil.ly/30ZKi*). 이 네트워크는 전 세계 인프라에서 호스팅되는 여러 가상 프라이빗 서버(VPSes)로 구성되었고 채굴자와 채굴 풀 다수를 이어 주는 역할을 했다.

최초의 비트코인 중개 네트워크는 2016년에 역시 맷 코랄로가 **고속 인터넷 비트코인 중개 엔진**, 즉 FIBRE를 만들어 도입하면서 대체되었다(*https://bitcoinfibre.org*). FIBRE는 노드 네트워크 내에서 블록을 중개하는 UDP 기반 중개 네트워크를 운영할 수 있는 소프트웨어다. FIBRE는 FEC와 콤팩트 블록 최적화를 구현하여 데이터 전송량과 네트워크 지연 시간을 현저히 줄인다.

## 네트워크 검색

새로운 노드를 작동시킬 때는 반드시 네트워크상에 존재하는 다른 비트코인 노드들을 검색해야만 네트워크에 참여할 수 있게 된다. 이러한 프로세스를 시작하기 위해서 새로운 노드는 기존에 네트워크상에 존재하는 노드를 최소 한 개는 검색해서 연결해야 한다. 다른 노드들의 지리적 위치는 중요하지 않다. 왜냐하면 비트코인 네트워크의 토폴로지는 지리학적인 위치를 근거로 규정된 것은 아니기 때문이다. 따라서 기존의 비트코인 노드 중 어떤 것이라도 무작위로 선택될 수 있다.

이미 알고 있는 이웃 노드에 연결하기 위해 각 노드는 일반적으로 포트 8,333번(보통 비트코인이 사용하는 포트로 알려짐)으로 TCP 커넥션을 연결하거나 누군가가 제공하는 경우 대안 포트로 연결한다. 연결이 되자마다 해당 노드는 `version` 메시지를 전송하면서 '핸드셰이크(그림 10-3 참조)'를 시작할 것이다. 메시지에는 기본적인 식별 정보가 남겨 있으며, 종류는 다음과 같다.

`Version`
: 클라이언트가 '구사하는' 비트코인 P2P 프로토콜 버전을 규정하는 상수(예: 70002)

`nLocalServices`
: 노드가 지원하는 로컬 서비스 목록

`nTime`
: 현재 시간

`addrYou`
: 본 노드에서 보이는원격 노드의 IP 주소

`addrMe`
: 본 노드에서 발견된 로컬 노드의 IP 주소

`subver`
: 본 노드에서 구동하는 소프트웨어의 버전을 보여 주는 하위 버전(예: `/Satoshi:0.9.2.1/`)

`BestHeight`
: 본 노드 블록체인의 블록 높이

`fRelay`

　미승인 거래를 수신하지 않도록 요청하기 위해 BIP-37에서 추가한 필드본

`version` 메시지는 항상 피어가 다른 피어에게 전송하는 첫 메시지다. `version` 메시지를 수신한 로컬 노드는 멀리 떨어져 있는 피어가 보고한 `nVersion`을 점검하고 해당 노드가 호환 가능한지 결정한다. 피어가 호환 가능한 경우, 이 로컬 노드는 `version` 메시지를 인정하고 `verack` 메시지를 전송함으로써 서로 연결이 되도록 한다.

그렇다면 새로운 노드는 어떻게 피어를 검색할 수 있을까? 첫 번째 방법은 수많은 'DNS 시드'를 이용해서 DNS에 정보를 요청(query)하는 것이다. DNS 시드란 비트코인 노드의 IP 주소 목록을 제공하는 DNS 서버다. 이러한 DNS 시드들은 노드와 연결되어 있는 안정적인 비트코인의 IP 주소가 들어 있는 고정 목록을 제공한다. 몇몇 DNS 시드들은 크롤러(crawler)나 오랜 기간 구동하고 있는 비트코인 노드가 수집한 비트코인 노드 주소 목록에서 무작위의 서브셋을 돌려주는 BIND(Berkeley Internet Name Daemon)의 사용자 지정 구현이다. 비트코인 코어 클라이언트에는 5개의 다른 DNS 시드가 들어 있다. 각기 다른 시드의 소유권 및 구현의 다양성으로 인해 초기 부트스트래핑 과정에 대해 높은 신뢰성이 부여된다. 비트코인 코어 클라이언트에서 DNS 시드 사용 여부에 대한 옵션은 오션 스위치인 `-dnsseed`로 조정된다(기본적으로 1로 설정되어 있으면 DNS 시드 사용).

DNS 시드를 사용하지 않는 경우, 해당 네트워크에 대한 정보가 없는 부트 스트래핑 노드는 한 개 이상의 비트코인 노드 IP 주소를 받아야만 하며, 그 후 더 많은 노드들과 연결된다. 명령행 인수인 `-seednode`는 최초 연결을 위해 한 개의 노드와 연결하는 데 사용될 수 있으며, 해당 노드를 시드로 사용한다. 최초 시드노드가 최초 연결을 생성하는 데 사용된 후에 해당 클라이언트는 시드노드와의 연결을 끊고 새로 검색된 피어를 사용한다.

하나 이상의 연결이 성립되고 나면 새로운 노드는 자신의 IP 주소가 담겨 있는 `addr` 메시지를 피어들에게 전송한다. 차례로 피어들은 전송 받은 `addr` 메시지를 그들의 피어들에게 전송함으로써 새롭게 연결된 노드가 더 잘 알려지고 더 잘 연결되게 한다. 또

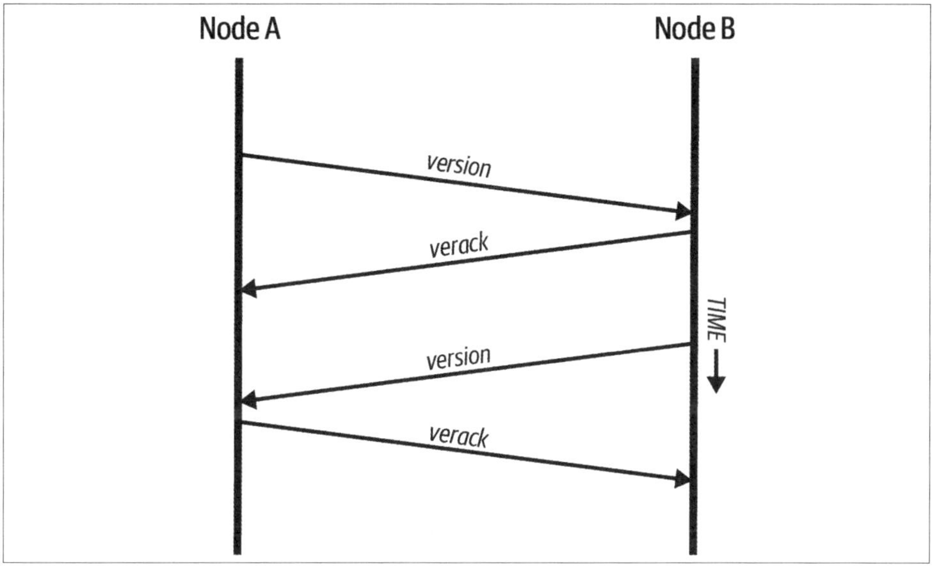


그림 10-3 피어 간 초기 핸드셰이크

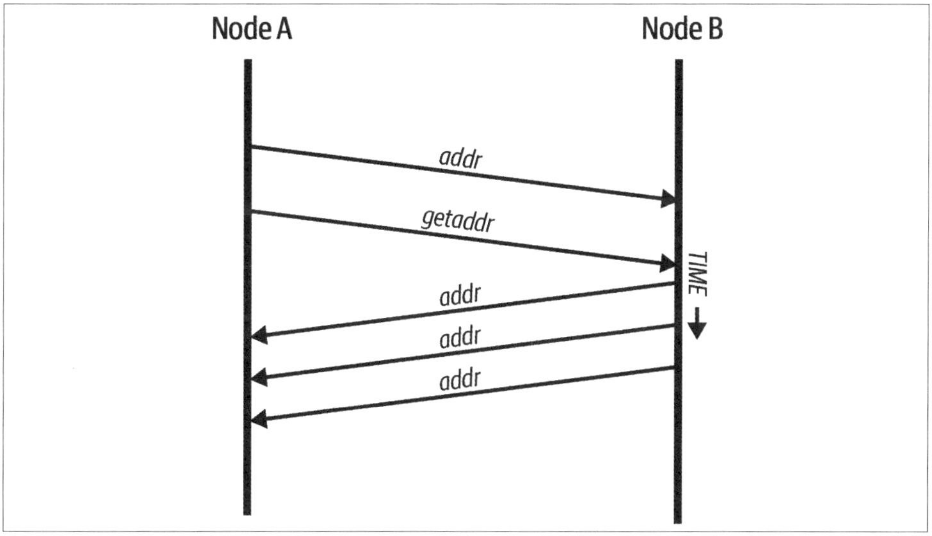


그림 10-4. 주소 전파 및 검색

한 새롭게 연결된 노드는 `getaddr` 메시지를 이웃들에게 보내서 다른 피어들의 IP 주소 목록을 다시 전송해 줄 것을 요청한다. 이러한 방식을 통해 노드는 자신과 연결되어 있는 피어를 검색할 수 있고 다른 노드들이 자신을 검색할 수 있도록 자신의 존재를 네트워크상에 홍보할 수 있게 된다. 그림 10-4는 주소 검색 프로토콜이다.

노드는 비트코인 네트워크로 들어가는 경로를 다양하게 만들어 놓기 위해서 여러 다른 피어에 접속해야 한다. 노드가 드나드는 경로는 항상 끊어질 수도 있기 때문에 해당 노드가 경로를 잃어버리게 되면 새로운 노드를 계속해서 검색해야 할 뿐만 아니라 다른 노드들이 부트스트랩을 요청할 경우에는 다른 노드를 도와야 한다. 부트스트랩을 위해서는 한 노드와의 연결만 있으면 된다. 왜냐하면 첫 번째 노드가 피어들에게 새로운 노드를 소개할 수 있고 그의 이웃 노드들도 더 많은 새로운 노드를 소개할 수 있기 때문이다. 또한 몇 개 이상의 노드에 접속하는 것은 불필요하며 네트워크 자원의 낭비이기도 하다. 부트스트래핑 이후에 노드는 가장 최근에 성공했던 피어와의 연결을 기억하고 있을 것이다. 이는 노드가 재부팅되는 경우 이전의 이웃 네트워크에 신속하게 다시 연결하기 위함이다. 이전 피어들 중 연결 요청에 대한 응답이 없는 경우에는 해당 노드가 다시 부트스트랩을 이용하기 위해서 시드노드를 사용할 수 있다.

비트코인 코어 클라이언트를 실행하고 있는 노드상에서 명령어 `getpeer info`를 이용해서 피어들의 연결 목록을 볼 수 있다.

```
$ bitcoin-cli getpeerinfo

[
  {
    "id": 0,
    "addr": "82.64.116.5:8333",
    "addrbind": "192.168.0.133:50564",
    "addrlocal": "72.253.6.11:50564",
    "network": "ipv4",
    "services": "0000000000000409",
   Network Discovery | 225
    "servicesnames": [
    "NETWORK",
    "WITNESS",
    "NETWORK_LIMITED"
    ],
    "lastsend": 1683829947,
    "lastrecv": 1683829989,
    "last_transaction": 0,
    "last_block": 1683829989,
    "bytessent": 3558504,
    "bytesrecv": 6016081,
    "conntime": 1683647841,
    "timeoffset": 0,
```

```
        "pingtime": 0.204744,
        "minping": 0.20337,
        "version": 70016,
        "subver": "/Satoshi:24.0.1/",
        "inbound": false,
        "bip152_hb_to": true,
        "bip152_hb_from": false,
        "startingheight": 788954,
        "presynced_headers": -1,
        "synced_headers": 789281,
        "synced_blocks": 789281,
        "inflight": [
        ],
        "relaytxes": false,
        "minfeefilter": 0.00000000,
        "addr_relay_enabled": false,
        "addr_processed": 0,
        "addr_rate_limited": 0,
        "permissions": [
        ],
        "bytessent_per_msg": {
        ...
        },
        "bytesrecv_per_msg": {
        ...
        },
        "connection_type": "block-relay-only"
    },
]
```

피어들의 자동 관리를 중단하고 원하는 IP 주소 목록을 명시하기 위해서 사용자들은 옵션으로 `-connect=<IPAddress>`를 사용하여 하나 이상의 IP 주소를 명시할 수 있다. 이 옵션이 사용되는 경우, 자동적으로 피어의 연결을 검색하고 유지하는 대신 해당 노드가 선택된 IP 주소로만 연결된다.

연결된 상태에서 트래픽이 없는 경우, 노드들은 연결을 유지하기 위한 메시지를 주기적으로 발송한다. 노드에서 90분 이상 트래픽이 없다면 연결이 끊어진 것으로 간주하고 새로운 피어를 찾게 될 것이다. 따라서 네트워크는 일시적으로 생성된 노드와 네트워크 문제에 동적으로 적응하며, 어떠한 중앙 통제 없이도 필요에 따라 유기적으로 크기가 커지거나 작아질 수 있다.

## 풀 노드

풀 노드란 모든 거래가 담겨 있는 풀 블록체인을 유지하는 노드를 말한다.

풀 노드는 가장 첫 블록(최초 블록)부터 시작하여 네트워크 내 가장 최근에 알려진 블록 위에 구축하면서 모든 블록을 독립적으로 처리한다. 풀 노드는 독립적이고 신뢰할 만한 방법을 통해 모든 거래를 검증할 수 있다. 또한 풀 노드는 네트워크에 의존하여 거래의 새로운 블록에 대한 업데이트를 수신한다. 그런 다음 어떤 스크립트가 어떤 비트코인을 제어하는지 확인하고 **미사용 거래 출력값**(*unspent transaction outputs*, UTXO)이라고 하는 로컬 뷰(view)에 통합한다.

풀 블록체인 노드를 가동함으로써 여러분은 비트코인의 이론적 개념을 직접 경험할 수 있을 것이다. 즉, 다른 시스템에 대한 의존이나 신뢰 없이 모든 거래에 대해 독립적으로 검증하는 방식을 보게 될 것이다.

풀 노드 구현에 대한 몇 가지 대안이 있는데, 이는 다른 프로그래밍 언어나 소프트웨어 아키텍처를 사용하거나 다른 방식으로 설계한 것이다. 하지만 가장 흔하게 사용되는 구현은 기본 클라이언트인 비트코인 코어이다. 비트코인 네트워크상에 존재하는 노드의 90% 이상이 다양한 버전의 비트코인 코어를 가동한다. 앞서 설명한 대로 비트코인 코어는 `version` 메시지 내에서 전송되고 명령어 `getpeerinfo`를 사용해서 나타나는 하부 버전 문자열 내에서 'Satoshi'로 표현한다. `Satoshi:24.0.1/`가 그 예다.

## '인벤토리' 교환하기

풀 노드가 피어들에 연결되고 난 후 가장 먼저 하는 작업은 완전한 블록체인을 만드는 일이다. 새로 생성된 노드라서 블록체인을 전혀 보유하고 있지 않은 경우 해당 노드는 단 하나의 블록만을 알고 있다. 바로 최초 블록이다. 최초 블록은 클라이언트 소프트웨어에 변경 불가능하게 내장되어 있다. 블록 #0(최초 블록)으로 시작하는 새 노드는 네트워크와 동기화하고 풀 블록체인을 다시 생성하기 위해서 수십만 개의 블록을 다운로드해야 할 것이다.

블록체인을 동기화하는 프로세스는 `version` 메시지로 시작한다. 왜냐하면 이 메시지가 노드의 현재 블록체인 높이(블록의 개수)를 알 수 있는 `BestHeight`를 담고 있기 때문이다. 노드는 이웃들로부터 전송받은 `version` 메시지를 보고 피어 각각이 몇 개의 블록을 보유하고 있는지 조사한 후 자신의 블록체인 내에 담겨 있는 블록의 개수와 비교할 수 있다. 피어끼리는 로컬 블록체인상에 있는 상부 블록의 해시(지문)를 담고 있는 `getblocks` 메시지를 교환할 것이다. 피어들 중 하나가 전송받은 해시가 상부 블록이 아닌 이전에 생성된 블록에 속해 있다고 확인할 수 있다. 이를 통해 자신의 로컬 블록체인이 피어의 것보다 길다는 사실을 추론할 수 있다.

길이가 더 긴 블록체인을 가지고 있는 피어는 그렇지 않은 노드보다 더 많은 블록을 보유하고 있으며 피어를 '따라잡기' 위해 상대 노드가 어떤 블록을 필요로 하는지 확인할 수 있다. 해당 노드는 `headers` 메시지를 이용해서 처음 공유하기 위한 헤더 2,000개를 확인할 것이다. 해당 노드는 원격 피어가 보유하고 있다고 주장하는 모든 블록에 대해 하나를 수신하게 될 때까지 계속해서 추가 헤더를 요청할 것이다.

동시에 노드는 `getdata` 메시지를 사용하여 이전에 수신한 각 헤더에 대한 블록을 요청하기 시작한다. 노드는 선택된 각 피어로부터 서로 다른 블록을 요청한다. 따라서 더 새로운(아마 더 빠른) 피어를 찾기 위해 평균보다 현저히 느린 피어에 대해서는 연결을 끊을 수 있다.

예를 들어, 노드에 최초 블록만 있다고 가정해 보자. 해당 노드는 체인에 다음 블록이 2,000개인 헤더를 가진 피어로부터 `headers` 메시지를 수신할 것이다. 그리고는 연결된 모든 피어로부터 블록을 요청하기 시작해서 최대 블록 1,024개까지 대기열을 유지할 것이다. 블록은 순서에 따라 검증이 필요하므로 대기열에서 노드가 다음으로 검증해야 하는 가장 오래된 블록을 아직 수신하지 못했다면 그 블록을 주기로 했던 피어와의 연결을 끊는다. 그러면 노드의 다른 모든 피어가 블록 1,023개를 제공할 준비가 되기 전에 블록 한 개를 제공할 수 있는 새로운 피어를 찾는다.

11장에서 살펴보겠지만 각 블록이 수신된 후 블록체인에 추가된다. 점차 로컬 블록체인이 구축되면서 더 많은 블록을 요청 및 수신하여 노드가 네트워크의 나머지 부분을 따라잡을 때까지 프로세스는 계속된다.

로컬 블록체인과 피어를 비교하고 잃어버린 블록에 대해 검색하는 프로세스는 노드가 일정 시간 동안 오프라인 상태에 있을 때에도 발생한다.

## 라이트웨이트 클라이언트

다수의 비트코인 클라이언트가 스마트폰이나 태블릿, 내장형 시스템 등 공간 제약이 있거나 전력 제한이 있는 기기에서 가동되도록 설계되어 있다. 이러한 기기에서는 **단순 지불 검증**(SPV) 방법을 이용해서 풀 블록체인을 저장하지 않고도 운영이 되도록 하고 있다. 이러한 유형의 클라이언트를 라이트웨이트 클라이언트라고 한다.

라이트웨이트 클라이언트는 블록 헤더만 다운로드하고 각 블록에 들어 있는 거래들은 다운로드하지 않는다. 거래 내용이 없는 블록체인은 풀 블록체인보다 약 10,000배 더 작다. 라이트웨이트 클라이언트는 네트워크상의 거래 전부에 대해 잘 알지 못하기 때문에 소비할 수 있는 UTXO 전부에 대한 큰 그림을 그릴 수는 없다. 라이트웨이트 클라이언트는 피어들에게 의지하는 조금 다른 방법을 이용해 거래를 검증한다. 이 방법은 요청된 블록체인의 필요한 부분들만을 보여 주는 방식으로 진행된다.

비유하자면 풀 노드는 낯선 도시에 있는 여행객이 거리와 주소 전부가 표시되어 있는 상세 지도를 들고 있는 상황이라고 할 수 있다. 그에 비해 라이트웨이트 클라이언트는 낯선 도시에 있는 여행객이 방향을 바꿀 때마다 아무에게나 길을 물어보는 상황이다. 두 명의 여행객 모두 방문을 통해 거리의 존재를 검증할 수는 있지만 지도를 가지고 있지 않은 여행객은 어떤 골목의 위치나 다른 길의 존재 여부를 알 수 없다. 23 Church Street 앞에 서 있는 관광객이 지도를 가지고 있지 않다면 이 도시 내에서 '23 Church Street'의 주소가 여러 개 더 있는데 지금 이 위치가 본인이 원하는 주소의 위치인지 알 수가 없다. 지도가 없는 관광객에게 가장 좋은 방법은 되도록 많은 사람에게 길을 물어보고 행인 중 누군가가 그를 속이지 않기를 바라는 것이다.

라이트웨이트 클라이언트는 블록체인 내에서 해당 블록의 **깊이**를 참조해서 거래를 검증한다. 풀 노드는 블록체인을 거쳐(시간을 거슬러) 최초 블록까지 연결된 블록 수천 개와 거래 수백만 개의 검증된 체인을 생성하는 반면, 라이트웨이트 클라이언트는 모든 블록의 작업증명을 확인하고(해당 블록과 모든 거래가 유효한지 검증하는 것은 아님), 확인하고자 하는 거래를 체인에 연결하는 방식을 사용한다.

예를 들면, 800,000번째 블록의 거래를 검사하는 풀 노드의 경우는 800,000개 블록 모두를 최초 블록까지 연결시켜 UTXO의 풀 데이터베이스를 생성해서 해당 UTXO가 소비되지 않은 채 존재한다는 사실을 확인함으로써 해당 거래의 유효성을 검사한다. 하지만 라이트웨이트 클라이언트는 거래의 존재 여부는 확인할 수 없다. 대신 **머클 경로**(*merkle path*)를 이용하여 해당 거래와 그 거래가 담겨 있는 블록을 연결하게 된다(359쪽 '머클 트리' 참조). 그 후, 라이트웨이트 클라이언트는 800,001번째 블록부터 800,006번째 블록까지 6개의 블록이 해당 거래가 담겨 있는 블록 상부에 쌓였는지 확인하고 블록의 깊이가 6에 이르면 해당 거래를 검증한다. 네트워크상에 있는 다른 노드가 800,000번째 블록을 승인한 후 이 블록 위에 올라갈 6개의 블록을 더 만들기 위해 필요한 작업을 시행했다는 사실은 해당 거래가 이중지불 거래가 아니었다는 점을 대신 말해 준다.

거래가 실제로 존재하지 않는 경우에도 거래가 블록 내에 존재한다고 라이트웨이트 클라이언트를 속일 수 없다. 라이트웨이트 클라이언트는 머클 경로 증명을 요청하고 블록의 체인에 있는 작업증명의 유효성을 검증하는 방법으로 블록상에 해당 거래의 존재 여부를 확인한다. 하지만 거래의 존재 유무는 라이트웨이트 클라이언트에게 '숨길' 수 있다. 라이트웨이트 클라이언트는 거래의 존재 여부는 확인할 수 있지만 거래 전부에 대한 기록이 없기 때문에 동일한 UTXO의 이중지불과 같은 거래가 존재하지 않는다는 것은 확인할 수 없다. 서비스거부(DoS) 공격 혹은 라이트웨이트 클라이언트에 대한 이중지불 공격 시 이러한 취약성을 악용할 수 있다. 이를 방어하려면 라이트웨이트 클라이언트가 여러 노드에 무작위로 연결되어 적어도 하나의 정직한 노드와 연결될 가능성을 높이는 수밖에 없다. 무작위 연결에 대한 필요성이 의미하는 바는 라이트웨이트 클라이언트가 네트워크 분할 공격이나 시빌(Sybil) 공격에도 취약하다는 것이다. 이러한 공격을 받으면 라이트웨이트 클라이언트는 가짜 노드나 가짜 네트워크에만 연결되어 정직한 노드 혹은 실제 비트코인 네트워크에 접근하지 못하게 된다.

대부분의 경우에 잘 연결된 라이트웨이트 클라이언트들은 충분히 안전하며 자원에 대한 필요성, 실용성, 보안 사이에서 균형을 유지한다. 하지만 확실한 보안을 위해서는 풀 노드를 가동하는 방법이 제일 효과적이다.

> 풀 노드는 UTXO가 소비되지 않았다는 사실을 확인하기 위해 노드 아래에 있는 수천 개의 블록으로 구성된 체인 전체를 체크해서 거래를 검증하지만, 라이트웨이트 클라이언트는 노드 위에 있는 몇 개의 블록을 가지고 해당 블록이 묻혀 있는 깊이가 어떻게 되는지 확인한다.

거래가 체인의 일부인지 확인하는 데 필요한 블록 헤더를 얻기 위해서 라이트웨이트 클라이언트는 `getblocks` 메시지 대신에 `getheaders` 메시지를 사용한다. 이 라이트웨

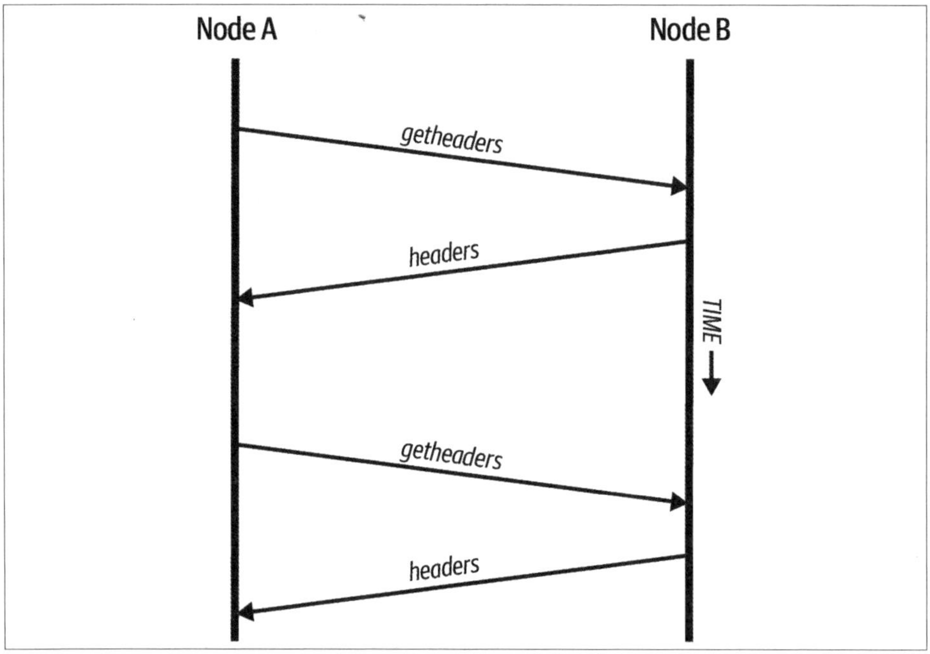


그림 10-5. 블록 헤더를 동기화하는 라이트웨이트 클라이언트

이트 클라이언트에 대응하는 피어는 단일 `headers` 메시지를 이용해서 최대 2,000개의 블록 헤더를 전송할 것이다. 그림 10-5를 참조하라.

블록 헤더를 통해 라이트웨이트 클라이언트는 개별 블록이 작업증명이 가장 많은 블록체인에 속하는 검증할 수 있지만 블록 헤더로 어느 블록이 그 지갑에 관심을 가진 거래를 포함하고 있는지는 알 수 없다. 클라이언트는 블록을 모두 다운로드하여 확인할 수는 있지만, 그렇게 되면 풀 노드를 실행하는 데 필요한 리소스의 상당 부분을 사용하게 되므로 개발자들은 문제 해결을 위한 다른 방법을 찾았다.

라이트웨이트 클라이언트가 도입된 직후, 비트코인 개발자들은 라이트웨이트 클라이언트의 프라이버시 노출 문제를 해결하기 위해 **블룸필터**(*bloom filter*)라는 기능을 추가했다. 블룸필터를 이용하면 고정 패턴이 아닌 확률을 이용하는 필터링 메커니즘을 통해 라이트웨이트 클라이언트에 관여하는 주소가 정확히 어떤 것인지를 밝힐 필요 없이 해당 거래의 하위 집합을 수신하게 된다.

## 블룸필터

블룸필터는 확률적 검색 필터로, 원하는 패턴이 무엇인지 정확하게 규정할 필요 없이 원하는 패턴을 설명하는 방식이다. 블룸필터는 프라이버시를 보호하면서 검색 패턴을 표현하기 위한 효율적인 방법을 제공한다. 라이트웨이트 블룸필터를 사용해서 피어들에게 특정 패턴과 일치하는 거래를 제공해 줄 것을 요청하게 되는데, 이때 노드가 검색 중인 주소가 정확히 어떤 것인지 밝힐 필요는 없다.

이전 예에서 보았듯이, 지도가 없는 관광객이 '23 Church St.'라는 구체적인 주소에 대한 방향을 묻고 있다고 가정해 보자. 만약에 그녀가 낯선 사람들에게 이 거래의 방향을 묻는다면 의도와는 달리 목적지를 노출하게 되는 셈이다. 블룸필터는 '근처에 명칭이 R-C-H로 끝나는 거리가 있을까요?'라고 묻는 방식이다. 이런 유형으로 질문하게 되면 '23 Church St.'라고 묻는 것보다 원하는 목적지에 대한 정보를 훨씬 적게 노출시킬 수 있다. 이 기법을 이용해서 이 관광객은 더욱 구체적으로 'U-R-C-H로 끝나는 거리는요?'라고 묻거나 좀 덜 상세하게 'H로 끝나는 거리는요?'라고 물을 수도 있다. 검색의 정확도를 다양하게 변화시킴으로써 이 관광객은 어느 정도 구체적인 결과를 얻는 대신 정보를 어느 정도 드러내게 된다. 덜 구체적으로 질문한 경우, 목적지 가능성이 있는 주소를 더 많이 얻게 되고 프라이버시는 지켜진다. 하지만 결과로 얻은 값들 중 많은 수가 관련이 없는 정보일 것이다. 매우 특정한 패턴을 이용해서 질문을 했다면 결과값의 범위는 줄어들지만 프라이버시는 더 노출된다.

블룸필터는 라이트웨이트 클라이언트가 정확도와 프라이버시 중에 어느 쪽에 초점을 맞출지에 따라 검색 패턴을 지정할 수 있게 함으로써 이 기능을 수행하게 한다. 보다 구체적인 블룸필터를 사용하게 되면 정확한 결과값을 얻을 수는 있지만 그 대가로 라이트웨이트 클라이언트가 어디에 관심이 있는지 밝혀짐에 따라 어떤 주소가 사용자의 지갑에서 사용되었는지 드러난다. 덜 구체적인 블룸필터를 사용하게 되면 더 많은 거래에 대한 더 많은 데이터를 얻어야 하며, 이 중 많은 수가 해당 노드와 관련이 없다. 하지만 그 대신 노드가 더 나은 프라이버시를 유지할 수 있도록 해 준다.

### 블룸필터가 작동하는 방법

블룸필터는 2진수 N(비트 단위의 필드)의 가변적 크기 배열과 M개의 해시 함수로 이루어진 가변수로 구현된다. 해시 함수는 1에서 N 사이의 값을 가지는 출력값을 항상 생성해 내도록 설계되었다. 이 해시 함수는 정해진 방식대로 만들어지기 때문에 블룸필터를 실행하는 어떠한 노드라도 항상 동일한 해시 함수를 사용하고 특정 입력값에 대해 동일한 결과를 얻을 수 있도록 해 준다. 다른 길이(N)의 블룸필터와 다른 숫자(M)의 해시 함수를 선택함으로써 블룸필터는 정확도와 그에 따른 프라이버시 수준을 다양하게 조정할 수 있다.

그림 10-6에서는 16비트의 아주 작은 배열과 3개의 해시 함수를 사용해서 블룸필터가 어떻게 작동하는지를 보여 준다.

비트 배열이 모두 0이 되도록 블룸필터를 초기화한다. 패턴을 블룸필터에 추가하기 위해서 패턴이 차례대로 각 해시 함수에 의해 해싱된다. 첫 번째 해시 함수를 입력값에 적용시키면 1에서 N 사이의 숫자가 결과값으로 나온다. 이 결과값에 대응하는 비트

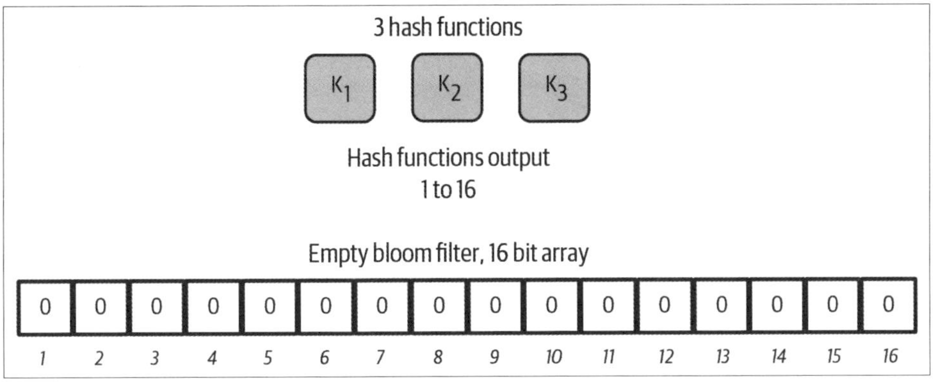


그림 10-6. 단순화한 블룸필터 예시(16비트 필드와 3개의 해시 함수)

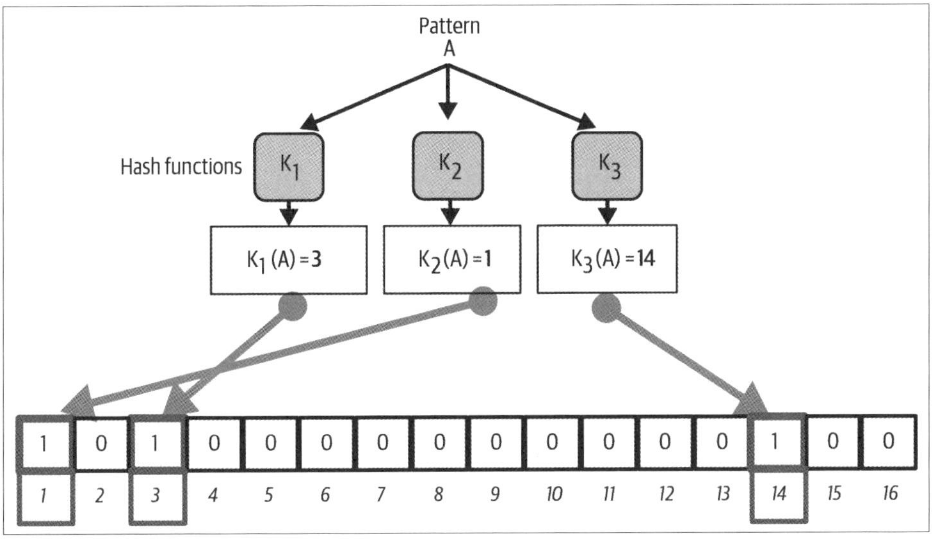


그림 10-7. 패턴 'A'를 단순한 블룸필터에 추가하기

가 배열(1부터 N까지 번호를 매겨 놓았음) 속에서 발견되면 숫자 1로 설정된다. 이 과정까지 끝나면 다음 해시 함수를 사용해서 또 다른 비트를 설정하고 이 과정이 계속 반복된다. M개의 해시 함수가 모두 적용되고 나면 검색 패턴은 블룸필터에 M개의 비트로 '기록'되며, 해당 비트는 `0`에서 `1`로 값이 변한다.

그림 10-7는 'A'라는 패턴을 그림 10-6에 나와 있는 간단한 블룸필터에 추가하는 과정에 대한 예시다.

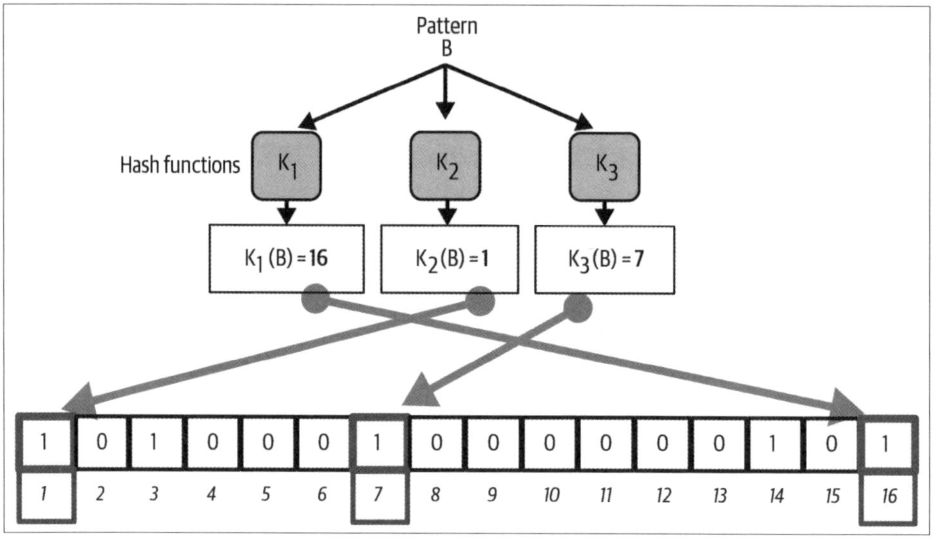


그림 10-8. 두 번째 패턴 'B'를 단순한 블룸필터에 추가하기

두 번째 패턴을 추가하는 과정은 위 과정을 반복하는 것처럼 간단하다. 추가될 패턴이 각 해시 함수에 의해 차례대로 해싱되고 그에 따른 결과값은 비트를 숫자 1로 변경시킴으로써 기록된다. 블룸필터에 추가되는 패턴이 증가하게 되면 해시 함수 결과값은 이미 1로 설정되어 있는 비트와 일치할 수도 있다. 이 경우 비트값은 바뀌지 않는다. 속성상 중첩되는 비트 위에 기록되는 패턴이 증가하게 되면 블룸필터에는 1로 설정되어 있는 비트가 포화 상태가 되고 필터의 정확도가 떨어진다. 그래서 블룸필터가 확률적 데이터 구조를 가지는 것이다. 즉, 추가되는 패턴이 증가할수록 정확도는 떨어진다. 정확도는 비트 배열의 크기(N)와 해시 함수의 개수(M)에 대한 추가 패턴 수에 따라 달라진다. 비트 배열이 크고 해시 함수의 개수가 많을수록 정확도가 높은 패턴을 더 많이 기록할 수 있다. 비트 배열이 작거나 해시 함수의 개수가 적을수록 정확도가 떨어지는 결과값을 생성하고 기록하는 패턴의 수도 적어진다.

그림 10-8은 두 번째 패턴 'B'를 단순한 블룸필터에 추가하는 예시다.

패턴이 블룸필터의 일부가 되었는지 테스트해 보기 위해 해당 패턴은 각 해시 함수로 해싱되고 그에 따른 비트 패턴 결과값을 비트 배열과 비교해서 검사한다. 해시 함수에 의해 생성된 비트 모두가 1로 설정되어 있다면 해당 패턴이 블룸필터에 기록될 가

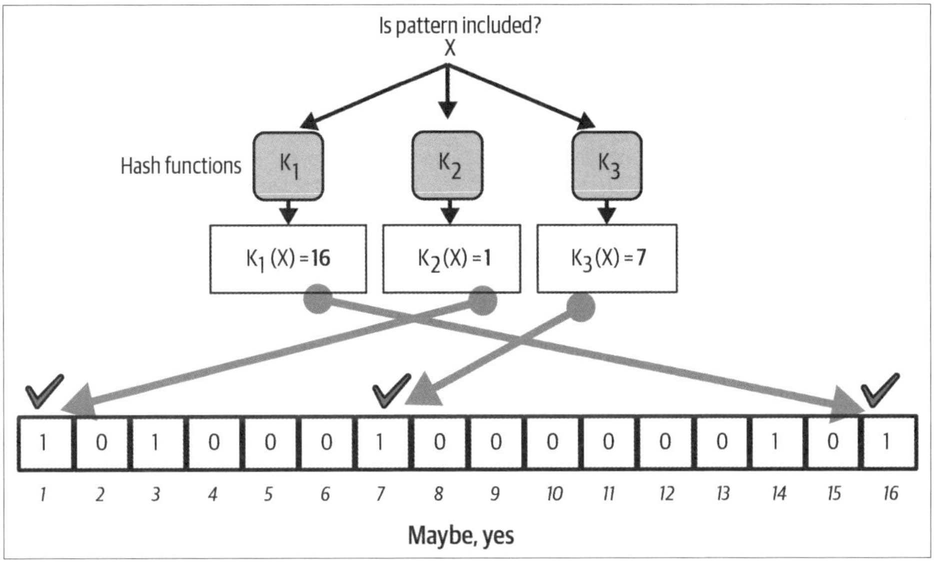


그림 10-9. 단순한 블룸필터에서 패턴 'X'의 존재를 테스트하는 과정, 결과값은 확률적으로 정합이며 '가능성'을 의미

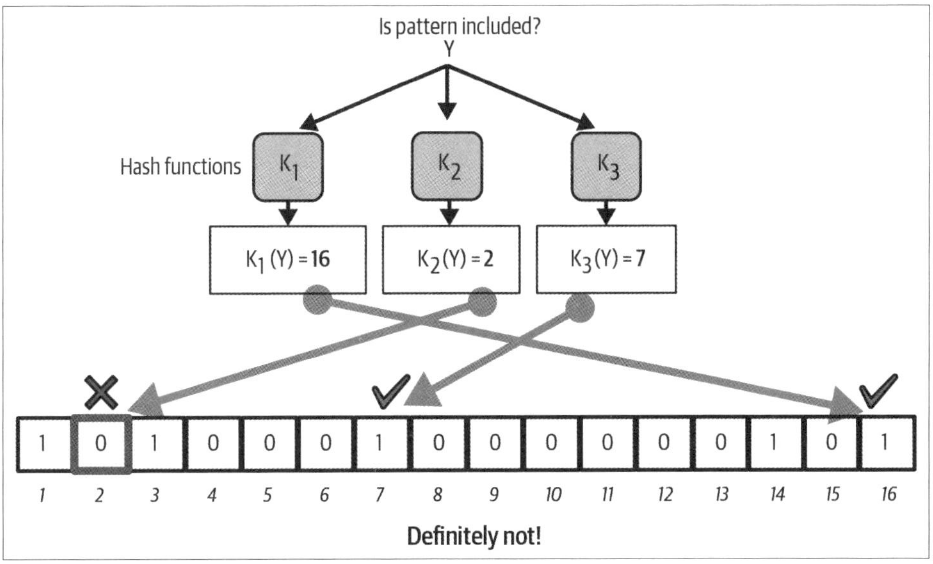


그림 10-10. 단순한 블룸필터 내에서 패턴 'Y'의 존재를 테스트하는 과정, 결과값은 절대적 부정합이며 '절대 부정'을 의미

능성이 높다. 여러 개의 패턴이 중첩되면서 비트들이 설정될 수도 있기 때문에 대응되는 값은 특정한 값이라기보다는 확률적 개념에 가깝다. 간단하게 이야기하면 블룸필터의 정합(positive match)은 '그럴 가능성(Maybe, Yes)'의 개념이다.

그림 10-9은 단순한 블룸필터 내에서 패턴 'X'의 존재를 테스트하는 과정의 예시다. 대응되는 비트들은 1로 설정되어 있기 때문에 해당 패턴은 아마 필터에 존재할지도 모른다.

반대로 패턴이 블룸필터와 비교해 테스트를 거친 후에 결과값 중 어떤 값이라도 0으로 남아 있다면, 이는 해당 패턴이 블룸필터에 기록되지 않았다는 사실을 입증한다.

부정적인 결과값의 경우에는 확률이 아니라 확실성을 띠게 된다. 간단하게 이야기하면 블룸필터상의 부정합(negative match)은 '절대적 부정(Definitely Not!)'의 개념이다.

그림 10-10는 단순한 블룸필터 내에서 패턴 'Y'의 존재를 테스트하는 과정의 예시다. 대응되는 비트 중 하나가 0으로 설정되어 있기 때문에 해당 패턴이 확실히 일치하지 않는다.

### 라이트웨이트 클라이언트가 블룸필터를 사용하는 방법

블룸필터는 라이트웨이트 클라이언트가 피어들로부터 수신한 거래(와 거래가 들어 있는 블록)를 필터링하는 용도로 사용된다. 필터링을 통해 라이트웨이트 클라이언트가 어느 주소 혹은 키에 관심이 있는지에 대해 공개하지 않고도 해당 라이트웨이트 클라이언트에 관심 있는 거래만을 선택할 수 있다.

라이트웨이트 클라이언트는 블룸필터가 어떠한 패턴과도 정합을 이루지 못하는 상태에서 블룸필터를 '비어 있음' 상태로 초기화할 것이다. 그 후 라이트웨이트 클라이언트는 관심 있는 주소, 키, 해시에 대한 목록을 작성하게 된다. 이 과정은 지갑이 관리하는 UTXO로부터 공개키 해시, 스크립트 해시, 거래 ID를 추출함으로써 이루어진다. 그 다음 과정은 라이트웨이트 클라이언트가 목록에 있는 각각의 요소를 블룸필터에 추가해서 이 패턴이 거래 내에 존재하는 경우 패턴 자체를 밝히지 않고 블룸필터는 '정합'이 된다.

이제 라이트웨이트 클라이언트는 피어에 `filterload` 메시지를 전송해서 이 연결상에서 사용하기 위한 블룸필터를 포함시킨다. 피어상에서는 블룸필터가 필터로 들어오는 거래에 의해 점검을 받는다. 풀 노드는 블룸필터에 있는 거래의 여러 부분을 점검해서 다음과 같은 요소들에서 정합이 되는 부분을 찾는다.

- 거래 ID
- 각 거래 출력값(스크립트 내에 있는 모든 키와 해시)의 스크립트로부터 나온 데이터 요소
- 각 거래 입력값
- 입력값 서명 데이터 요소(혹은 서명 스크립트)

모든 요소를 점검함으로써 공개키 해시, 스크립트, `OP_RETURN` 값, 서명 내에 있는 공개키, 스마트 컨트랙트나 복잡한 스크립트와 정합을 이루는 데 블룸필터가 사용된다.

필터가 구축되고 나면 피어는 블룸필터를 통해 각 거래의 출력값을 시험한다. 필터와 정합을 이루는 거래만이 클라이언트로 전송된다.

클라이언트에서 전송된 `getdata` 메시지에 대한 응답으로 피어들은 필터와 일치하는 블록에 대한 블록 헤더와 각자 거래와 일치하는 머클 경로(359쪽 '머클 트리' 참조)만이 담겨 있는 `merkleblock` 메시지를 전송할 것이다. 이 과정이 끝나면 해당 피어는 필터가 만족하는 거래가 담긴 `tx` 메시지를 전송할 것이다.

풀 노드가 라이트웨이트 클라이언트로 거래를 전송할 때 라이트웨이트 클라이언트는 오탐(false positive)을 버리고 정확하게 정합을 이루는 거래를 사용해서 UTXO 세트와 지갑 잔액을 업데이트한다. 라이트웨이트 클라이언트에서는 UTXO 세트 자체의 뷰(view)를 업데이트하기 때문에 라이트웨이트 클라이언트는 막 발견된 UTXO를 참조하는 어떠한 거래와도 정합을 이루도록 블룸필터를 수정한다. 그 후 풀 노드는 새로 만들어진 블룸필터를 사용해서 새로운 거래와 정합을 이루고 전 과정이 반복된다.

블룸필터를 설정하는 노드는 `filteradd` 메시지를 전송해서 상호작용 하에 패턴을 블룸필터에 추가한다. 블룸필터를 삭제하기 위해서는 노드가 `filterclear` 메시지를 전송할 수 있다. 블룸필터에서 패턴을 삭제할 수 없기 때문에 더 이상 어떤 패턴을 원하

지 않을 때는 해당 필터를 삭제하고 새로운 블룸필터를 재전송해야 한다.

라이트웨이트 클라이언트에 대한 네트워크 프로토콜 및 블룸필터 메커니즘은 BIP-37에 정의되어 있다.

불행히도 블룸필터가 배포된 후에는 프라이버시를 충분히 제공하지 않는다고 알려져 있다. 피어로부터 블룸필터를 수신하는 풀 노드는 블룸필터를 모든 블록체인에 적용하여 클라이언트의 모든 거래(오탐 포함)를 검색하여 거래 간의 패턴과 관계를 파악한다. 무작위로 선택된 오탐 거래는 출력값에서부터 입력값까지 부모와 자식 관계가 될 가능성이 거의 없지만 사용자 지갑 거래는 부모와 자식 관계가 될 가능성이 매우 높다. 관련 거래가 모두 하나 이상의 P2PKH 출력값을 갖는 등의 일정한 특성을 갖는 경우, 그런 특성이 없는 거래는 지갑에 속하지 않았다고 볼 수 있다.

또 전문적으로 구성된 필터를 사용하면 프로세스용 풀 노드가 너무 많은 작업을 실행하게 되고 결국 서비스거부 공격으로 이어질 수 있다는 것을 알게 되었다.

위의 두 가지 이유로 결국 비트코인 코어는 노드 운영자가 명시적으로 허용한 IP 주소가 있는 클라이언트만 블룸필터를 지원하도록 제한했다.

다시 말해 라이트웨이트 클라이언트가 거래를 찾을 수 있도록 돕는 대체 방법이 필요하다는 점을 알 수 있다.

## 콤팩트 블록 필터

2016년, 익명의 개발자가 비트코인-데브 메일링 리스트에 블룸필터 프로세스를 뒤집는 아이디어를 냈다. BIP-37 블룸필터를 사용하면 클라이언트 해시는 각각 자신의 주소를 해싱해서 블룸필터를 생성하고, 노드는 각 거래의 일부를 해싱해서 필터와 일치시킨다. 새로 제시한 아이디어에서는 노드가 블록의 각 거래의 부분을 해싱해서 블룸필터를 생성하고, 클라이언트가 주소를 해싱해서 해당 필터와 일치시킨다. 클라이언트가 일치시키는 데 성공하면 블록 전체를 다운로드한다.

> BIP-152 콤팩트 블록과 BIP-157/158 콤팩트 블록 필터는 이름이 비슷하지만 서로 무관하다.

이렇게 노드는 블록 전체에 단 하나의 필터만으로 디스크 저장은 물론 반복 사용이 가능해져서 BIP-37의 서비스거부라는 취약점을 보완할 수 있다. 클라이언트는 과거나 미래 주소에 대한 정보를 풀 노드에 제공하지 않는다. 풀 노드는 클라이언트가 생성하지 않은 거래 수천 개가 있는 블록만 다운로드한다. 풀 노드는 다른 피어로부터 일치하는 각 블록을 다운로드할 수도 있기 때문에 단일 클라이언트에 속한 거래를 여러 블록에 걸쳐 연결하기란 더 어려워진다.

이 서버 생성 필터 아이디어가 프라이버시를 완전히 지켜 주지는 않는다. 풀 노드에서 여전히 일정 비용이 발생하고(블록을 다운로드하기 위해 대역폭을 더 많이 사용하려면 라이트웨이트 클라이언트가 요구됨), 새 필터는 승인된 거래에만(미승인 거래 안 됨) 사용할 수 있다. 하지만 클라이언트가 필요한 BIP-37 블룸필터보다 프라이버시 보호와 안정성 면에서 뛰어나다.

개발자들은 블룸필터를 기반으로 한 기존 아이디어를 설명한 이후 골롬-라이스 부호화 집합(GCS)이라는 더 나은 서버 생성 필터용 데이터 구조가 있다는 것을 깨닫게 되었다.

## 골롬-라이스 부호화 집합(GCS)

앨리스가 밥에게 숫자 목록을 보내려 한다고 생각해 보자. 우선 밥에게 그저 숫자 목록 전체를 보내는 간단한 방법이 있다.

```
849
653
476
900
379
```

하지만 보다 효율적인 방법이 있다. 먼저 숫자를 크기대로 배열한다.

```
379
476
653
849
900
```

그런 다음 첫 번째 숫자를 보낸다. 나머지 숫자의 경우, 다음 수와 그 앞의 수의 차이를 보낸다. 예를 들어, 두 번째 숫자는 97(476-379), 세 번째 숫자는 177(653-476)을 보내는 식으로 반복한다.

```
379
97
177
196
51
```

순서대로 나열된 목록에 있는 두 수의 차이를 쓰게 되면 보내는 숫자가 원래 숫자보다 더 짧아진 것을 확인할 수 있다. 밥은 이 목록을 받아서 각 숫자를 이전 숫자에 더해 원래 목록을 재구성할 수 있다. 다시 말해 정보 누락 없이도 공간을 절약하게 되는 것이며, 이를 **무손실 인코딩**(*loseless encoding*)이라고 한다.

고정된 값 범위 내에서 숫자를 무작위로 선택하는 경우, 숫자를 많이 선택할수록 숫자 간 차이의 평균도 작아진다. 즉, 목록이 길어지는 만큼 전송해야 하는 데이터의 양이 (일정 포인트까지) 급격히 증가하지는 않는다는 뜻이다.

더 유용한 것은, 숫자의 차이를 나타낸 목록에서 무작위로 선택한 숫자의 길이는 당연히 더 짧은 길이 쪽으로 기운다. 1부터 6까지 무작위로 숫자 2개를 고른다고 하자. 마치 주사위 2개를 굴리는 것과 같다. 주사위 2개로 서로 다른 36가지 조합을 만들 수 있다.

```
1 1  1 2    1 3    1 4    1 5    1 6
2 1  2 2    2 3    2 4    2 5    2 6
3 1  3 2    3 3    3 4    3 5    3 6
4 1  4 2    4 3    4 4    4 5    4 6
5 1  5 2    5 3    5 4    5 5    5 6
6 1  6 2    6 3    6 4    6 5    6 6
```

큰 숫자와 작은 숫자의 차이를 구해 보자.

```
0  1  2  3  4  5
1  0  1  2  3  4
2  1  0  1  2  3
3  2  1  0  1  2
4  3  2  1  0  1
5  4  3  2  1  0
```

각 숫자의 차이가 발생하는 빈도를 세어 보면, 차이가 커지기보다 작아질 가능성이 더 높다는 것을 알 수 있다.

| 차이 | 발생 |
|---|---|
| 0 | 6 |
| 1 | 10 |
| 2 | 8 |
| 3 | 6 |
| 4 | 4 |
| 5 | 2 |

(드물긴 해도 차이가 크게 날 수도 있기 때문에) 큰 숫자들을 저장해야 하는 경우도 있겠지만 작은 숫자들을 저장하는 경우가 더 많다면, 작은 숫자에는 공간을 적게 쓰고 큰 숫자에는 추가 공간을 사용하는 시스템을 이용하여 각 숫자를 인코딩할 수 있다. 평균적으로 볼 때, 이 시스템은 모든 숫자에 동일한 공간을 할애하는 시스템보다 성능 면에서 뛰어나다.

골롬 부호가 바로 그런 기능을 제공한다. 비트코인 블록 필터 앱을 넣어서 골롬 부호를 상황에 따라 더 편리하게 사용할 수 있도록 한 것을 라이스 부호(rice coding)라 한다.

### 블록 필터에 포함된 데이터

1차 목표는 지갑이 자신에 영향을 미치는 거래를 블록이 포함하고 있는지를 알도록 하는 데 있다. 지갑이 유효성을 지니려면 다음 두 가지 유형의 정보를 알아야 한다.

**지갑에 돈이 들어온 경우**

특히 거래 출력값에 지갑이 제어하는 스크립트가 포함된 경우(승인된 개인키를 제어하는 경우 등)

**지갑에서 돈을 소비하는 경우**

특히 거래 입력값이 지갑이 제어했던 이전 거래 출력값을 참조하는 경우

2차 목표는 콤팩트 블록 필터 설계 시 필터를 수신한 지갑이 피어로부터 정확한 필터를 수신했는지 확인 가능하도록 하는 것이었다. 예를 들어, 만약 지갑이 필터가 생성된 블록을 다운로드받으면 자체 필터를 생성할 수 있었다. 그러고 나서 자체 필터를 피어의 필터와 비교하고 동일한지 확인하여 피어가 정확한 필터를 생성했음을 증명할 수 있었다.

두 가지 목표를 모두 충족시키려면, 필터는 다음 두 가지 유형의 정보를 참조해야 한다.

- 블록 내 모든 거래의 모든 출력값에 대한 스크립트
- 블록 내 모든 거래의 모든 입력값에 대한 아웃포인트

콤팩트 블록 필터를 위한 초기 설계에는 위의 두 가지 정보가 모두 포함되어 있었지만, 2차 목표를 희생하면 1차 목표를 달성할 수 있는 보다 효율적인 방법이 있다는 것을 알게 되었다. 새로운 설계에서 블록 필터는 여전히 두 가지 유형의 정보를 참조하지만, 더 밀접하게 관련되어 있다.

- 이전처럼 블록 내 모든 거래의 모든 출력값에 대한 스크립트

- 또한 변경 시 블록 내 모든 거래의 모든 입력값에 대해 아웃포인트가 참조하는 출력값의 스크립트 참조. 즉, 출력값 스크립트를 소비

여기에는 몇 가지 이점이 있다. 첫째, 지갑은 아웃포인트를 추적할 필요가 없고, 대신 돈을 받을 것으로 예상되는 출력값 스크립트를 검색할 수 있다는 뜻이었다. 둘째, 블록의 이후 거래가 같은 블록의 이전 거래 출력값을 소비할 때마다 둘 다 동일한 출력값 스크립트를 참조한다. 콤팩트한 블록 필터에서 동일한 출력값 스크립트에 대한 참조가 하나 이상 중복되므로 중복된 사본을 제거하여 필터 크기를 줄일 수 있다.

풀 노드가 블록을 검증할 때, 블록의 현 거래 출력값과 입력값에 참조가 되는 이전 블록의 거래 출력값 모두에 대한 출력값 스크립트에 액세스해야 하므로, 이 단순화된 모델에서는 콤팩트한 블록 필터를 구축할 수 있다. 그러나 블록 자체에는 이전 블록에 포함된 거래 출력값 스크립트가 없기 때문에 클라이언트 입장에서 블록 필터가 제대로 구축되었는지 확인할 수 있는 간단한 방법은 없다. 그러나 클라이언트가 피어의 거짓말 여부를 감지하는 데 도움이 될만한 다른 방법이 있는데, 바로 여러 피어로부터 동일한 필터를 얻는 것이다.

### 여러 피어로부터 블록 필터 다운로드하기

피어는 부정확한 필터를 지갑에 제공할 수 있다. 피어가 부정확한 필터를 만드는 방법에는 두 가지가 있다. 관련 블록에 실제 나타나지 않는 거래를 참조하는 필터를 만드는 것이다(오탐). 혹은 관련 블록에 실제 나타나는 거래를 참조하지 않는 필터를 만들 수도 있다(미탐).

부정확한 필터로부터 보호할 수 있는 첫 번째 방법은 클라이언트가 필터를 여러 피어부터 얻는 것이다. BIP-157 프로토콜은 클라이언트가 32바이트의 짧은 약정만 필터에 다운로드하여 각 피어가 클라이언트의 다른 모든 피어와 동일한 필터를 알리고 있는지 확인할 수 있도록 한다. 만약 피어 모두가 동의하면, 그것은 클라이언트가 필터로 인해 응당 여러 다른 피어에게 요청하는(query) 데 소비하는 대역폭 양을 최소화한다.

서로 다른 피어 둘 이상이 동일한 블록에 대해 서로 다른 필터를 가질 때 클라이언

트는 그 필터를 모두 다운로드할 수 있다. 그런 다음 관련 블록을 다운로드할 수 있다. 블록에 해당 필터 중 어느 것에도 속하지 않는 지갑과 연관된 거래가 있으면 지갑은 그 필터를 만든 피어가 부정확하다는 것을 확신할 수 있다. 골롬-라이스 부호화 집합에 항상 잠재적 일치 항목이 포함되어 있다.

또는 필터가 지갑과 일치 가능성이 있다고 알려준 거래가 블록에 없더라도 그것이 필터가 부정확하다는 증거는 아니다. GCS의 크기를 최소화하기 위해 오탐이 일정량 허용된다. 지갑의 역할은 피어로부터 추가 필터를 계속해서 다운로드받거나, 무작위로 혹은 일치한다고 나타날 때 클라이언트의 오탐 비율을 추적하는 것이다. 만약 필터가 사용되도록 설계된 오탐 비율과 차이가 크면 지갑은 해당 피어의 사용을 중단할 수 있다. 대부분의 경우, 부정확한 필터를 사용하면 지갑이 대역폭을 예상보다 더 많이 소비하게 될 뿐이다.

## 손실 인코딩으로 대역폭 줄이기

우리가 전달하고자 하는 블록 내 거래에 대한 데이터는 바로 출력값 스크립트다. 출력값 스크립트는 길이가 다양하고 패턴을 따른다. 다시 말해, 스크립트 간 차이가 원하는 대로 균등하게 배분되지는 않을 것이다. 그러나 해시 함수를 이용하여 일부 데이터에 약정을 생성하고 임의로 선택한 숫자로 보이는 값을 생성할 수 있음을 이 책의 곳곳에서 이미 살펴보았다.

이 책에서는 또한 암호학적으로 안전한 해시 함수를 사용했는데, 이 함수는 약정의 강도와 무작위 출력값과의 구별이 어렵다는 점을 보증한다. 그러나 콤팩트 블록 필터에 사용할 SipHash 함수처럼 더 빠르면서 설정이 가능한 비암호화 해시 함수가 있다.

BIP-158에 사용된 알고리즘에 대한 자세한 내용이 설명되어 있는데, 내용의 요점은 각 출력값 스크립트가 SipHash와 일부 산술 연산을 사용하여 64비트 약정으로 축소된다는 것이다. 이것을 일련의 큰 숫자들을 가져와 더 작은 수로 잘라내는 과정, 즉 데이터가 손실되는 과정(따라서 **손실 인코딩**이라 불림)이라고 생각할 수 있다. 정보를 일부 손실하고 나면 이후에 정보를 많이 저장할 필요가 없으므로 공간이 절약된다. 이 경우 160비트 이상의 일반적인 출력값 스크립트가 단 64비트로 축소된다.

### 콤팩트 블록 필터 사용하기

블록 내 출력값 스크립트의 약정은 모두 64비트값은 정렬되고, 중복된 항목은 제거되며, 각 항목 간 차이(델타)를 찾아 GCS가 구성된다. 그런 다음, 피어가 콤팩트 블록 필터를 (지갑 등의) 클라이언트에게 배분한다.

클라이언트는 원래의 약정을 재구성하기 위해 델타를 사용한다. 지갑 등의 클라이언트는 모니터링하고 있는 출력값 스크립트를 모두 가져오고, BIP-158과 같은 방식으로 약정을 생성한다. BIP-158은 생성된 약정 중에 필터 내 약정과 일치하는 것이 있는지 확인한다.

콤팩트 블록 필터의 손실이 숫자를 잘라내는 것과 유사하다고 했던 예를 떠올려 보자. 클라이언트가 숫자 123456가 포함된 블록을 찾고 있고 정확한(그러나 손실이 있는) 콤팩트 블록 필터에 숫자 1234가 포함되어 있다고 생각해 보자. 클라이언트가 숫자 1234를 보면 연관된 블록은 다운로드할 것이다.

클라이언트는 1234가 포함된 정확한 필터를 통해 123456이 포함된 블록에 대해 알 수 있음은 100% 보장되는데, 이를 **정탐**(*true positive*)이라고 한다. 하지만 블록에 123400, 1234401, 또는 (이 예시에서) 클라이언트가 찾는 숫자가 아닌 다른 항목이 100개 포함될 수도 있는데, 이를 **오탐**(*false positive*)이라 한다.

정탐 일치율 100%는 대단한 것이다. 지갑이 블록 필터에 의존하여 자신에게 영향을 미치는 거래를 모두 찾을 수 있기 때문이다. 오탐 비율이 0이 아니란 것은 지갑이 관심을 둔 거래가 없는 블록도 일부 다운로드하게 된다는 뜻이다. 그 결과 클라이언트는 추가 대역폭을 사용하게 되는데, 그리 큰 문제는 아니다. BIP-158 콤팩트 블록 필터의 실제 오탐 비율이 매우 낮기 때문에 크게 문제가 되지는 않는다. 가능한 최고 수준의 개인 정보 보호를 원하는 사람은 여전히 자신의 풀 노드를 사용해야 하지만, 블룸필터의 경우와 마찬가지로 오탐 비율은 클라이언트의 개인 정보 보호를 향상시키는 데 도움이 될 수 있다.

장기적으로, 일부 개발자들은 블록이 해당 블록 필터를 약정하는 것을 옹호한다. 각 코인베이스 거래가 해당 블록 필터를 약정하도록 하는 것이 가장 가능성 있는 방식이다. 풀 노드는 각 블록의 필터를 자체적으로 계산하고, 블록이 정확한 약정을 포함한 경우에만 블록을 수락한다. 그렇게 되면 라이트웨이트 클라이언트가 80바이트 블록 헤더와(보통) 작은 코인베이스 거래, 해당 블록의 필터를 다운로드하여 필터가 정확하다는 확실한 증거를 얻을 수 있다.

## 라이트웨이트 클라이언트와 프라이버시

라이트웨이트 클라이언트는 풀 노드보다 프라이버시를 지키기가 힘들다. 풀 노드는 모든 거래를 수신하기 때문에 지갑 내에서 어떤 주소를 사용하는지 여부에 대한 정보를 공개하지 않는다. 라이트웨이트 클라이언트는 지갑 안에 들어 있는 주소와 관련해서 필터링된 거래의 목록을 수신한다. 따라서 소유주의 프라이버시가 보장되지 않는다.

블룸필터는 프라이버시 침해를 줄이는 방법이다. 블룸필터가 없는 라이트웨이트 클라이언트는 관심을 두고 있는 주소 목록을 명확하게 나열하기 때문에 심각한 프라이버시 침해가 발생하게 된다. 하지만 블룸필터가 있다고 해도 라이트웨이트 클라이언트의 트래픽을 모니터링하거나 P2P 네트워크에서 노드의 하나로 라이트웨이트 클라이언트에 직접 연결되어 있는 누군가가 시간이 지남에 따라 라이트웨이트 클라이언트의 지갑에 들어 있는 주소를 알아내기에 충분한 정보를 수집할 수 있다.

## 암호화되고 인증된 연결

비트코인의 신규 사용자들은 비트코인 노드의 네트워크 커뮤니케이션이 암호화되어 있다고 가정한다. 실제로 비트코인의 최초 구현은 현 집필 시점의 비트코인 코어 최신 구현과 마찬가지로 완전히 명확하게 커뮤니케이션이 진행된다.

비트코인 P2P 네트워크에서 프라이버시를 보호하고 보안을 강화하기 위해 커뮤니케이션의 암호를 제공하는 방법으로 통신 암호화를 제공하는 **토르 트랜스포트**(*Tor Transport*)가 있다.

토르는 **어니언 라우팅 네트워크**(*The Onion Routing*)의 약자로, 익명성과 불추적성, 프라이버시를 제공하는 무작위의 네트워크 경로를 통해 데이터의 암호화 및 캡슐화를 제공하는 소프트웨어 프로젝트이자 네트워크다.

비트코인 코어는 토르 네트워크에서 이동하는 트래픽이 포함된 비트코인 노드를 구동할 수 있게 해 주는 환경설정 옵션을 제공한다. 또한 한 토르 노드가 다른 토르 노드를 지나 여러분의 노드로 직접 연결될 수 있게 해 주는 숨겨진 서비스를 제공할 수도 있다.

비트코인 코어 버전 0.12를 기준으로 노드는 노드가 로컬 토르 서비스에 접속할 수 있는 경우 자동적으로 숨겨진 토르 서비스를 제공할 수 있다. 토르가 설치되고 토르 인증 쿠키에 접근할 수 있는 적절한 권한을 가진 사용자로서 비트코인 코어를 가동하게 되면 토르는 자동적으로 작동되어야 한다. 토르 서비스를 위한 비트코인 코어의 디버깅(debugging) 기능을 켜기 위해서는 `debug` 플래그를 사용해 보라.

```
$ bitcoind –daemon --debug=tor
```

로그에 '`tor: ADD_ONION successful`'이라고 나와야 한다. 이는 비트코인 코어가 숨겨진 서비스를 토르 네트워크에 추가했다는 것을 의미한다.

비트코인 코어를 토르의 숨겨진 서비스로 구동하는 것에 대한 자세한 설명은 비트코인 코어 문서(*docs/tor.md*)와 그 외 다양한 온라인 튜토리얼에 나와 있다.

## 멤풀과 고아풀

비트코인 네트워크상에 있는 거의 대부분의 노드들은 **메모리풀**(**멤풀**, *memory pool*)이라고 불리는 미승인 거래로 이루어진 임시 목록을 보관하고 있다. 노드는 이 풀을 이용해서 네트워크에 알려졌지만 아직 블록체인에 포함되지는 않은 거래, 즉 **미승인 거래**(*unconfirmed transaction*)를 추적한다.

미승인 거래가 수신되어 검증을 받고 나면 메모리풀에 추가되고 피어로 중개되어 네트워크에 전파된다.

일부 노드 구현에서도 고아 거래로 구성된 독립 풀을 보관하고 있다. 부모를 잃어버린 것처럼 네트워크상에 알려져 있지 않은 경우 해당 고아 거래는 부모 거래가 도착할 때까지 고아 거래 풀에 임시로 저장될 것이다.

거래에 멤풀이 추가될 때 해당 고아풀은 이 거래의 출력값(자식 거래)을 참조하는 고아 거래가 있는지 확인한다. 일치하는 고아들이 발견되면 이 고아 거래들을 검증한다. 유효한 고아 거래는 고아풀에서 빠져 나와서 멤풀에 추가되면서 이들의 부모 거래로 시작된 체인은 완료된다. 더 이상 고아가 아닌, 새롭게 추가된 거래를 감안하여 이 프로세스는 자손이 더 이상 발견되지 않을 때까지 자손을 찾는 작업을 계속 반복한다. 이 과정을 통해 부모 거래가 수신되고 나면 고아 거래와 부모 거래가 재결합되어 독립적인 거래들로 구성된 체인 전체가 연속적으로 이어져 내려가면서 재구성된다.

일부 비트코인 구현에서는 UTXO 데이터베이스를 유지한다. 이는 블록체인에서 사용되지 않은 모든 출력값의 집합 세트이다. 멤풀과 고아풀과 달리, UTXO 데이터베이스는 사용되지 않은 거래 출력값을 수백만 개 포함한다. 최초 블록에서부터 사용되지 않은 모든 항목이 포함되어 있다는 뜻이다. UTXO 데이터베이스는 영구 저장소에 테이블 형태로 저장된다.

멤풀과 고아 거래풀은 단일 노드의 로컬 관점을 나타내며 해당 노드 개시 또는 재개 시점에 따라 노드 간에 차이가 클 수 있다. 반면, UTXO 데이터베이스는 네트워크의 합의에 의해 형성된 결과를 나타내므로 노드 간에 차이가 없는 게 일반적이다.

노드와 클라이언트가 비트코인 네트워크를 통해 데이터 전송용으로 사용하는 여러 가지 데이터 유형과 구조를 이해하게 되었으므로, 이제 네트워크를 안전하게 유지하고 운영할 수 있는 소프트웨어를 살펴보도록 하자.

# 11장
# 블록체인

블록체인은 승인된 비트코인 거래를 담고 있는 기록이다. 블록체인은 모든 어떤 키와 어떤 스크립트가 어떤 비트코인을 제어하는지를 풀 노드가 독립적으로 결정하도록 해 준다. 11장에서는 블록체인의 구조를 살펴보고 풀 노드(때로는 라이트웨이트 클라이언트)가 쉽게 검증할 수 있도록 암호학적 약정(cryptographic commitment) 및 기타 스마트 트릭을 어떻게 사용하는지 살펴볼 것이다.

블록체인 데이터 구조는 거래가 담겨 있는 블록이 그 이전 블록과 연결되어 있는 형태의 정돈된 목록이다. 블록체인은 플랫 파일의 형태로 저장되거나 단순한 데이터베이스 내에 저장될 수 있다. 블록 각각은 '뒤로' 연결되어 있다. 이는 각 블록이 체인 내에서 이전 블록을 참조한다는 것을 의미한다. 블록체인은 종종 수직 방향의 스택처럼 보인다. 한 블록 위에 다른 블록이 층층이 쌓이게 되며 제일 첫 번째 블록은 스택의 기반 역할을 한다. 각 블록들이 차곡차곡 쌓이는 형태의 외관 때문에 '높이(height)'라는 용어를 사용해서 첫 블록으로부터의 거리를 표현하고 '꼭대기(top)'나 '끝(tip)'이라는 용어를 사용해서 가장 최근에 추가된 블록을 표현한다.

블록체인 내에 있는 블록 각각은 블록의 헤더에서 SHA256 암호화 해시 알고리즘을 이용해서 식별된다. 또한 각 블록은 블록 헤더에 있는 '이전 블록 해시' 필드를 통해 **부모** 블록이라고 알려진 이전 블록을 약정한다. 각 블록과 그 부모 블록을 연결해 주는 해시의 배열은 **최초 블록**이라고 알려진 첫 생성 블록까지 이어지는 체인을 만든다.

블록은 단 한 개의 부모 블록을 가지지만 일시적으로 여러 개의 자식 블록을 보유할 수 있다. 자식 블록 각각은 동일한 부모 블록을 약정한다. 여러 개의 자식 블록은 블록체인 분기가 발생하는 동안 생성된다. 블록체인 분기란 다른 채굴자들에 의해 거의 동시로 다른 블록들이 발견되는 경우 발생하는 일시적 상황이다(399쪽 '블록체인 수집 및 선택' 참조). 결국 단 하나의 자식 블록만 모든 풀 노드에서 수락되는 블록체인의 일부가 되며 블록체인 '분기' 현상은 해결된다.

'이전 블록 해시' 필드는 블록 헤더 내에 들어 있으며, 이러한 특성 때문에 **현재** 블록의 해시에 영향을 끼친다. 부모 블록을 변경하려면 자식 블록의 해시도 변경해야 하고, 그에 따라 손자의 포인터도 변경해야 하고 그 손자의 손자 노드도 계속해서 변해야 한다. 이러한 연쇄효과 덕분에 블록 하나가 그 아래에 여러 세대를 두는 경우 나중에 생성된 블록 전부를 재계산하지 않고서는 해당 블록의 내용을 변경시킬 수 없다. 이러한 재계산을 위해서는 엄청난 규모의 계산(그에 따라 엄청난 양의 에너지도 소비)을 실행해야 하기 때문에 긴 체인으로 연결된 블록들은 블록체인의 누적된 기록의 변경이 불가능하며, 이것이 바로 비트코인 보안의 핵심 기능이다.

퇴적층이나 빙하코어 같은 것들을 떠올리면 블록체인에 대해서 이해하기가 쉽다. 표면층은 계절에 따라 변하거나 안정화되기 전에 변경될 수 있다. 하지만 몇 인치만 깊이 들어가 보면 지층은 점점 더 안정적이게 된다. 수십 미터 깊이 내려가 보면 수백만 년 동안 누구도 손대지 않은 과거의 한 단면을 볼 수 있다. 블록체인에서도 가장 최근에 생성된 몇몇 블록들은 분기로 인해 체인의 재계산이 있을 경우 수정될 수도 있다. 제일 위에 놓여 있는 6개의 블록들은 2~3인치 두께의 표층과 같다. 하지만 6개의 블록을 넘어 블록체인 내부로 더 깊게 들어가면 블록들이 변경될 가능성은 계속 낮아진다. 블록 100개 정도를 내려가게 되면 (새롭게 채굴된 비트코인을 가지고 있는) 코인베이스 거래가 소비될 수 있을 정도로 안정화되어 있다. 프로토콜 상으로는 항상 더 긴 체인이 다른 체인을 취소하도록 허용하고 있고, 어떤 블록이든 뒤집힐 가능성은 항상 존재하지만, 시간이 지날수록 그런 일이 발생할 확률은 극미한 수준으로 감소한다.

## 블록 구조

블록은 공개 장부인 블록체인에 거래들을 포함시키기 위해 한데 합쳐 놓은 컨테이너 데이터 구조다. 블록은 메타데이터를 담고 있는 헤더와 그 뒤에 블록 크기를 결정하는 거래 목록이 길게 나열되어 있다. 블록 헤더의 크기는 80바이트인 반면 블록 내 모든 거래의 총 크기는 4,000,000바이트까지 가능하다. 따라서 모든 거래가 포함된 후 완성된 블록은 블록 헤더의 크기보다 50,000배 정도 크다. 표 11-1은 비트코인 코어가 블록 구조를 저장하는 방법에 대해 설명하고 있다.

표 11-1. 블록 구조

| 크기 | 필드 | 설명 |
|---|---|---|
| 4바이트 | 블록 크기 | 필드 뒤에 따라 나오는 블록의 크기(단위:바이트) |
| 80바이트 | 블록 헤더 | 여러 필드가 블록 헤더를 생성 |
| 1-3바이트(콤팩트) | 거래 카운터 | 거래 개수 |
| 가변적 | 거래 | 블록에 기록된 거래 |

## 블록 헤더

블록 헤더는 표 11-2와 같이 블록 메타데이터로 구성되어 있다.

표 11-2. 블록 헤더의 구조

| 크기 | 필드 | 설명 |
|---|---|---|
| 4바이트 | 버전 | 원래 버전 필드로 시간이 지나면서 사용법이 발전 |
| 32바이트 | 이전 블록 해시 | 체인 내 이전(부모)블록의 해시 |
| 32바이트 | 머클 루트 | 블록 거래 머클 트리의 루트에 대한 해시 |
| 4바이트 | 타임스탬프 | 블록의 대략적인 생성 시간 (유닉스 시간) |
| 4바이트 | 목표 | 블록의 작업증명 목표를 콤팩트 인코딩 |
| 4바이트 | 논스 | 작업증명 알고리즘에 사용되는 임의 데이터 |

논스, 난이도 목표, 타임스탬프는 채굴 과정에서 사용되며 12장에서 좀 더 상세하게 다룰 예정이다.

## 블록 식별자: 블록 헤더 해시와 블록 높이

블록의 주요 식별자는 암호화 해시로, SHA256 알고리즘을 통해 블록 헤더를 2회 해싱해서 얻어지는 약정이다. 결과값으로 나온 32바이트 크기의 해시를 **블록 해시**라고 하지만 더 정확하게 말하면 **블록 헤더 해시**다. 왜냐하면 블록 헤더만이 해시를 계산하는데 사용되기 때문이다. 예를 들어, `000000000019d6689c085ae165831e934ff763ae46a2a6c172b3f1b60a8ce26f`는 생성된 비트코인 블록의 첫 번째 블록 해시다. 블록 해시는 유일하고 확실한 방법으로 해당 블록을 식별하며, 모든 노드는 블록 헤더를 간단히 해싱함으로써 독립적으로 블록 해시값을 얻을 수 있다.

블록 해시가 실제로 블록의 데이터 구조에 포함되어 있지 않다는 사실을 기억하라. 대신 블록 해시는 해당 블록을 네트워크에서 전송받으면서 각 노드에 의해 계산된다. 블록 해시는 블록의 메타데이터의 일부로 별도의 데이터베이스 테이블 내에 저장될 수도 있다. 이를 통해 디스크로부터 블록에 대한 색인을 용이하게 하고 검색 속도를 높인다.

블록을 식별할 수 있는 두 번째 방법은 블록체인 내에서의 위치를 파악하는 것이다. 즉, **블록 높이**를 살펴보는 것이다. 최초 블록은 블록 높이가 0이고 다음 블록에서 참조하는 블록 해시값인 `000000000019d6689c085ae165831e934ff763ae46a2a6c172b3f1b60a8ce26f`는 이 첫 번째 블록을 가리키고 있다. 따라서 블록은 블록 해시를 참조하거나 블록 높이를 참조하는 두 가지 방법으로 확인 가능하다. 첫 블록의 '상부'에 추가되는 다음 블록들 각각은 블록체인 내에서 한 단계 '더 높은' 위치에 있는 것이다. 이 책을 쓰고 있는 2023년 중반, 블록의 높이는 약 800,000이었으며, 이는 첫 번째 블록이 생성된 2009년 1월 이후 첫 블록 위에 800,000개의 블록이 쌓여 있다는 것을 의미한다.

블록 해시와는 달리 블록 높이는 특유의 식별자는 아니다. 단일 블록이 항상 불변의 특정 높이를 가지게 된다고 할지라도, 블록 높이를 통해 항상 단일 블록을 확인할 수 있는 것은 아니다. 왜냐하면 2개 이상의 블록들이 블록체인 내에서 동일한 위치를 점하기 위해 경쟁하면서 동일한 블록 높이를 가지게 될 수도 있기 때문이다. 이 시나리오는 399쪽 '블록체인 수집 및 선택'에서 논의될 것이다. 초기 블록에서 블록의 높이는 블록 데이터 구조의 일부가 아니었기 때문에 블록 내부에 저장되지 않는다. 비트코인 네트워크로부터 새로운 블록이 전송되면 각각의 노드는 블록체인에서 해당 블록의 위치(높이)를 적극적으로 확인한다. 또한 블록의 높이는 빠른 검색을 위해 색인 작업을 거친 데이터베이스 테이블 내에 메타데이터로 저장될 수도 있다.

> 블록의 **블록 해시**는 하나의 블록을 항상 유일하게 식별해 주는 값이다. 또한 블록은 **특정 높이**를 가지고 있다. 하지만 블록의 특정 높이가 단일 블록을 항상 식별할 수 있는 것은 아니다. 오히려 2개 이상의 블록들이 블록체인 내에서 하나의 위치를 두고 경쟁할 수 있다.

## 최초 블록

블록체인 내의 첫 번째 블록을 최초 블록이라고 하며 2009년에 생성되었다. 최초 블록은 블록체인 내에 있는 모든 블록의 공통된 조상이다. 이는 임의의 블록에서 시작해서 거꾸로 체인을 거슬러 가 보면 결국 최초 블록에 도달하게 될 것이라는 점을 의미한다.

최초 블록은 비트코인 클라이언트 소프트웨어 내에서 고정적으로 인코딩되어 있기 때문에 모든 노드는 적어도 하나의 블록으로 구성된 블록체인으로 시작하며, 이러한 이유로 최초 블록은 변경이 가능하지 않다. 모든 노드는 최초 블록의 해시와 구조, 최초 블록의 생성 시간, 심지어는 최초 블록 내에 있는 단일 거래까지도 항상 '알고' 있다. 따라서 모든 노드는 블록체인을 생성하는 데 있어 시작점을 가지고 있는 셈이다. 즉, 최초 블록은 신뢰받는 블록체인을 만드는 기반이 되는 안전한 '루트'인 것이다.

비트코인 코어 클라이언트 내부에서 *chainparams.cpp*를 이용해 고정적으로 인코딩된 최초 블록을 살펴보자(*https://oreil.ly/FqPW5*).

아래에 나오는 식별자 해시는 최초 블록에 해당된다.

```
000000000019d6689c085ae165831e934ff763ae46a2a6c172b3f1b60a8ce26f
```

여러분은 위에 나와 있는 블록해시를 blockchain.info 등의 블록 익스플로러 웹사이트에서 검색할 수 있다. 또한 이 해시가 담겨 있는 URL을 이용해서 블록 내용을 기술하는 페이지도 찾을 수 있다.

*https://blockchain.info/block/*
*000000000019d6689c085ae165831e934ff763ae46a2a6c172b3f1b60a8ce26f*

또한 명령행에서 비트코인 코어를 사용하게 되면 결과는 다음과 같다.

```
$ bitcoin-cli getblock \
  000000000019d6689c085ae165831e934ff763ae46a2a6c172b3f1b60a8ce26f

{
  "hash": "000000000019d6689c085ae165831e934ff763ae46a2a6c172b3f1b60a8ce26f",
  "confirmations": 790496,
  "height": 0,
  "version": 1,
  "versionHex": "00000001",
  "merkleroot": "4a5e1e4baab89f3a32518a88c3[...]76673e2cc77ab2127b7afdeda33b",
  "time": 1231006505,
  "mediantime": 1231006505,
  "nonce": 2083236893,
  "bits": "1d00ffff",
  "difficulty": 1,
  "chainwork": "[...]000000000000000000000000000000000000000000000100010001",
  "nTx": 1,
  "nextblockhash": "00000000839a8e6886ab5951d7[...]fc90947ee320161bbf18eb6048",
  "strippedsize": 285,
  "size": 285,
  "weight": 1140,
  "tx": [
    "4a5e1e4baab89f3a32518a88c31bc87f618f76673e2cc77ab2127b7afdeda33b"
  ]
}
```

최초 블록은 내부에 숨겨진 메시지를 포함하고 있다. 코인베이스 거래의 입력값에는 'The Times 03/Jan/2009 Chancellor on brink of second bailout for banks.'라는 텍스트가 담겨 있다. 이 메시지의 의도는 영국 일간지인 《타임스》의 헤드라인을 참조해서 해당 블록이 생성된 가장 빠른 날짜에 대한 증명을 하기 위해서다. 또한 이 메시지는 비트코인이 시작된 시기에 발생한 유례없는 세계 통화위기로 인해 독립된 통화 체제의 중요성을 상기시키기 위해 농담조로 던지는 메시지 역할도 한다. 이 메시지는 비트코인의 창시자인 사토시 나카모토가 첫 블록 안에 내장시켜 놓았다.

## 블록체인에 블록 연결하기

비트코인 풀 노드는 최초 블록에서 시작된 블록체인의 로컬 복사본을 가지고 있다. 새로운 블록을 발견하고 체인을 늘리기 위해 새 블록이 사용되면서 블록체인의 로컬 복사본은 끊임없이 업데이트된다. 노드가 네트워크로부터 새로 생성된 블록들을 전송받고 나면, 수신된 블록의 유효성 검사 후에 유효하다고 검증되면 기존의 블록체인에 블록들을 연결시킨다. 새로운 블록을 블록체인에 연결하기 위해 노드는 새로 생성된 블록 헤더를 검사하고 '이전 블록 해시'를 찾을 것이다.

예를 들어 블록체인의 로컬 복사본 내에 277,314개의 블록을 가진 노드가 있다고 가정해 보자. 이 노드가 알고 있는 마지막 블록은 277,314번째 블록으로 `0000000000000000027e7ba6fe7bad39faf3b5a83daed765f05f7d1b71a1632249`인 블록 헤더 해시를 가지고 있다.

그 후, 비트코인 노드는 네트워크로부터 새로운 블록을 전송받으며, 새 블록에 대한 분석 결과는 다음과 같다.

```
{
    "size" : 43560,
    "version" : 2,
    "previousblockhash" :
        "0000000000000000027e7ba6fe7bad39faf3b5a83daed765f05f7d1b71a1632249",
    "merkleroot" :
        "5e049f4030e0ab2debb92378f53c0a6e09548aea083f3ab25e1d94ea1155e29d",
    "time" : 1388185038,
    "difficulty" : 1180923195.25802612,
    "nonce" : 4215469401,
    "tx" : [
        "257e7497fb8bc68421eb2c7b699dbab234831600e7352f0d9e6522c7cf3f6c77",
        "[... many more transactions omitted ...]",
```

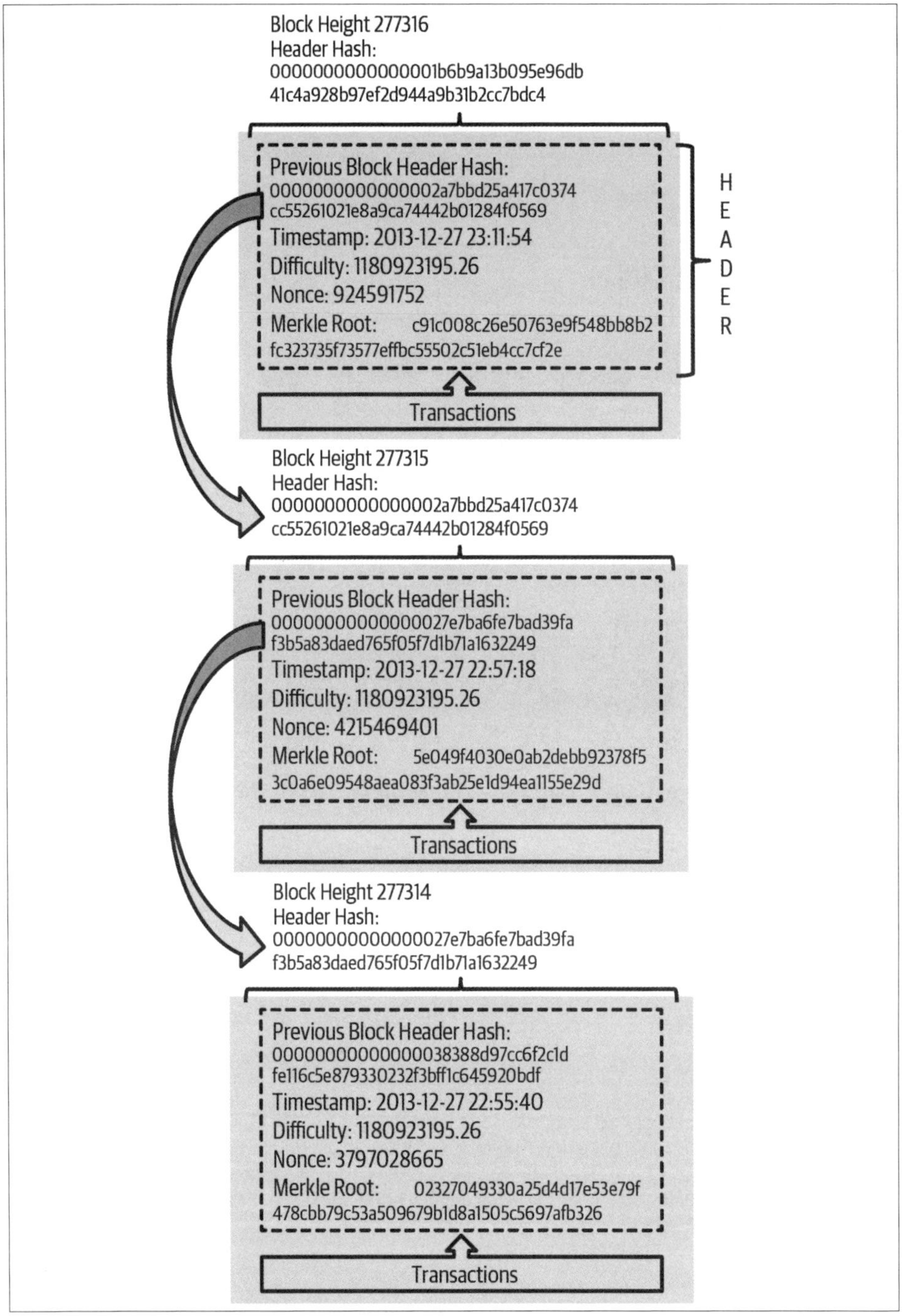


그림 11-1. 이전 블록 헤더 해시를 참조하여 체인에 연결된 블록

```
        "05cfd38f6ae6aa83674cc99e4d75a1458c165b7ab84725eda41d018a09176634"
    ]
}
```

노드는 새 블록을 검토한 후 부모 블록의 해시를 담고 있는 `previousblockhash` 필드를 찾아낸다. 이 해시는 노드에 알려져 있는 가장 마지막 블록, 즉 높이가 277,314인 최종 블록의 해시값이다. 따라서 이 새로운 블록은 체인의 마지막 블록의 자식 블록이며 현재의 블록체인 길이를 연장한다. 노드는 이 새 블록을 체인의 제일 끝에 추가함으로써 블록체인의 길이를 연장해서 높이가 277,315가 되게 만든다. 그림 11-1은 `previousblockhash` 값을 참조하여 연결된 블록 3개의 체인을 보여 준다.

## 머클 트리

비트코인 블록체인 내에 있는 블록 각각은 **머클 트리**를 이용해서 해당 블록에 들어 있는 모든 거래의 요약본을 가지고 있다.

**머클 트리**는 **이진 해시 트리**(*binary hash tree*)라고도 하는데, 규모가 큰 데이터 집합의 완전성을 효율적으로 요약하고 검증하는 데 사용되는 데이터 구조다. 머클 트리는 암호 해시를 담고 있는 이진 트리다. '트리'라는 용어는 컴퓨터공학에서 여러 방향으로 갈라지는 데이터 구조를 설명하기 위해 사용되지만 이러한 트리들은 대개 상하 방향이 뒤집혀져 있다. 즉, 도표의 상부에는 '루트(뿌리)'가 있고 하부에는 '리프(잎)'들이 있는데, 뒤에 나오는 예시에서 확인할 수 있다.

머클 트리는 블록 내에 있는 모든 거래를 요약하기 위해 비트코인에서 사용되며, 거래의 전체 집합에 대한 모든 디지털 지문을 만들어 내고, 특정 거래가 블록 내부에 포함되는지 여부를 검증하는 데 매우 효율적인 프로세스를 제공한다. **루트** 혹은 **머클 루트**라고 부르는 해시 하나가 남을 때까지 노드 쌍을 반복적으로 해싱해서 머클 트리를 만든다. 비트코인의 머클 트리에 사용되는 암호 해시 알고리즘은 SHA256이며, 두 번 적용되기 때문에 '더블 SHA 256'이라고도 한다.

머클 트리 내에서 N개의 데이터 요소가 해시되고 요약되면 특정 데이터 요소가 트리에 포함되는지 여부를 알아보기 위해 최대 $\log_2(N)$번의 연산이 필요하게 되기 때문에 매우 효율적인 데이터 구조를 만들어 준다.

머클 트리는 상향식(bottom-up)으로 만들어진다. 그림 11-2에서 보여 주는 것과 같이, 다음의 예시에서 4건의 거래(A, B, C, D)가 머클 트리의 **리프**를 형성하는 것을 볼 수 있다. 거래들은 머클 트리 내에는 저장되지 않고 대신 거래 데이터를 해싱해서 나온 결과값이 각 리프 노드에 $H_A$, $H_B$, $H_C$, $H_D$로 저장된다.

$$H_A = SHA256(SHA256(Transaction\ A))$$

그러고 나서 붙어 있는 리프 노드끼리 쌍을 지어 2개의 해시를 연결하여 함께 해싱한 해시값을 부모 노드 내에서 요약한다. 예를 들어, 부모 노드인 $H_{AB}$를 만들기 위해 자식 노드의 32바이트 크기의 해시 2개를 연결해서 64바이트 문자열을 만든다. 그 후, 이 문자열은 이중 해시 처리되어 부모 노드의 해시를 생성한다.

$$H_{AB} = SHA256(SHA256(H_A \mid\mid H_B))$$

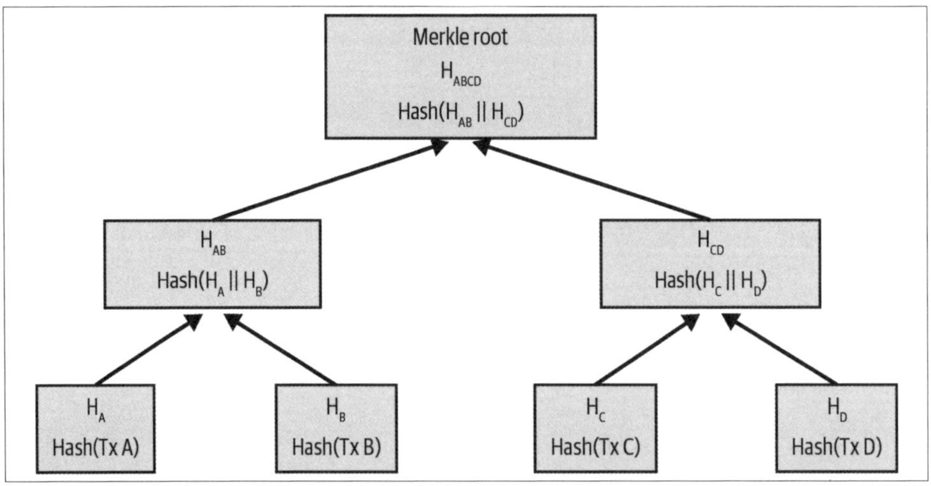


그림 11-2. 머클 트리에서 노드 계산하기

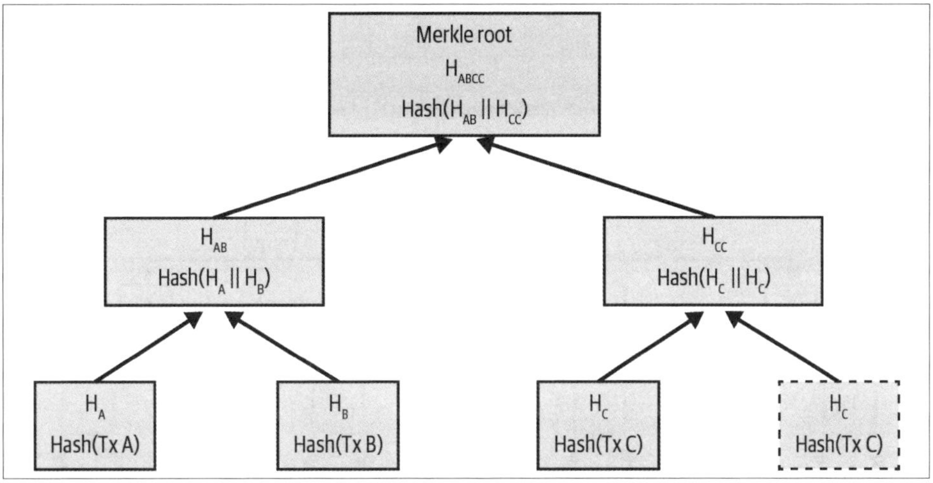


그림 11-3. 하나의 데이터 요소를 복사해서 짝수 개의 데이터 요소를 얻는 과정

이 프로세스는 상위에 노드가 하나 남을 때까지 계속되며, 이 노드를 머클 루트라고 한다. 이 32바이트 크기의 해시는 블록 헤더에 저장되어 4건의 거래 데이터 전체를 요약한다. 그림 11-2에서는 루트가 어떻게 쌍으로 된 해시에 의해 계산이 되는지를 보여준다.

머클 트리는 이진 트리이기 때문에 짝수 개의 리프 노드가 필요하다. 요약해야 할 거래가 홀수 개 있는 경우, 마지막 거래의 해시를 복사해서 짝수 개의 거래를 만든다. 이렇게 생성한 트리를 **균형 트리**(*balanced tree*)라고 한다. 거래 C가 복사되는 경우에 대한 도표가 그림 11-3에 나와 있다.

### 비트코인 머클 트리의 설계 결함

여기 일부 수정을 거친 비트코인 코어 소스 코드의 확장판 주석은 머클 트리에서 홀수 요소를 복제하는 비트코인 설계의 주요 문제점에 대해 설명한다.

> 주의! 암호화폐에 대한 학습 및 또는 머클 트리를 사용한 신규 시스템 설계를 위해 이 글을 읽는 경우, 다음의 머클 트리 알고리즘에 복제 txid와 관련한 중대한 결함으로 인해 취약점(CVE-2012-2459)이 발생할 수 있다는 점을 명심하기 바란다.

특정 레벨 목록의 해시가 홀수면 다음 레벨을 계산하기 전에 마지막 해시가 복제되기 때문이다(머클 트리에서는 특이한 경우). 따라서 동일한 머클 루트로 이어지는 특정 거래 배열이 발생한다. 그림 11-4의 트리 2개가 그 예시이다.

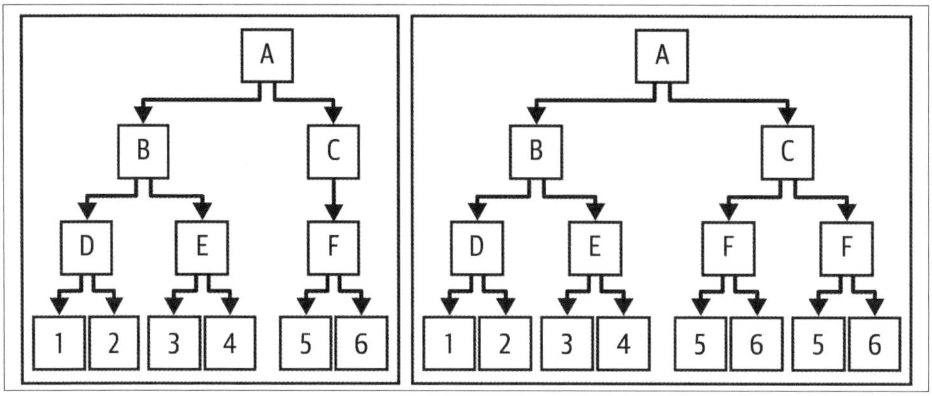


그림 11-4. 루트는 같지만 리프 개수가 다른 두 가지 비트코인 유형의 머클 트리

거래 목록 [1,2,3,4,5,6]과 [1,2,3,4,5,6,5,6] (5와 6 반복)의 루트 해시는 A로 동일하다((F)와(F, F)의 해시가 둘 다 C이기 때문).

원본과 동일한 머클 루트로 동일한 거래 목록과 동일한 블록 해시를 전송할 수 있게 되어 생긴 취약점으로, 유효성 검증에 실패할 수 있다. 그러나 수신 노드가 해당 블록을 영구적으로 유효하지 않다고 표시하게 되면 동일한 블록의 수정하지 않은(잠재적으로 유효한) 버전을 추가적으로 수락하지 못하게 된다. 따라서 목록 끝에 있는 동일한 해시 2개를 함께 해싱하는 경우를 감지하여 유효하지 않은 머클 루트가 있는 블록과 동일한 것으로 처리함으로써 이러한 오류를 방지한다. 이중 SHA256 충돌이 없다고 가정할 경우, 머클 루트에 영향을 미치지 않고 거래를 변경하는 것으로 알려진 방법은 모두 감지한다.

–Bitcoin Core *src/consensus/merkle.cpp*

4개의 거래에서 트리를 구성하는 방법을 일반화해서 동일한 방법으로 어떤 크기의 트리라도 구성할 수 있다. 비트코인에서는 하나의 블록 내에 수천 건의 거래를 보유하고 있는 일은 매우 흔하게 발생하며 완전히 동일한 방법으로 해당 블록을 요약해서 32바이트 크기에 불과한 머클 루트 한 개를 생성할 수 있다. 그림 11-5에서는 16건의 거래로부터 생성된 트리를 볼 수 있다. 도표로 봤을 때는 루트가 리프 노드보다 더 커 보이지만 이 둘은 크기가 32바이트로 정확하게 동일하다. 블록에 들어 있는 거래가 한 건이든 100건이든 간에 머클 루트는 언제나 거래들을 32바이트 크기로 요약한다.

특정 거래가 블록에 포함되어 있음을 증명하려면 노드는 약 log2(N) 32바이트 해시만 생성하면 된다. 이는 특정 거래를 트리 루트와 연결하는 **인증 경로** 또는 **머클 경로**를 구성한다. 이 메커니즘은 거래 수가 증가함에 따라 특히 중요해진다. 거래 수의 기초 2진 로그값은 훨씬 더 천천히 증가하기 때문이다. 이를 통해 비트코인 노드는 10 내지 12개 해시(320-384바이트)를 효율적으로 생성할 수 있으며, 이를 통해 멀티 메가바이트 블록 내 천 개 이상의 거래 중 단일 거래에 대한 증명을 제공할 수 있다.

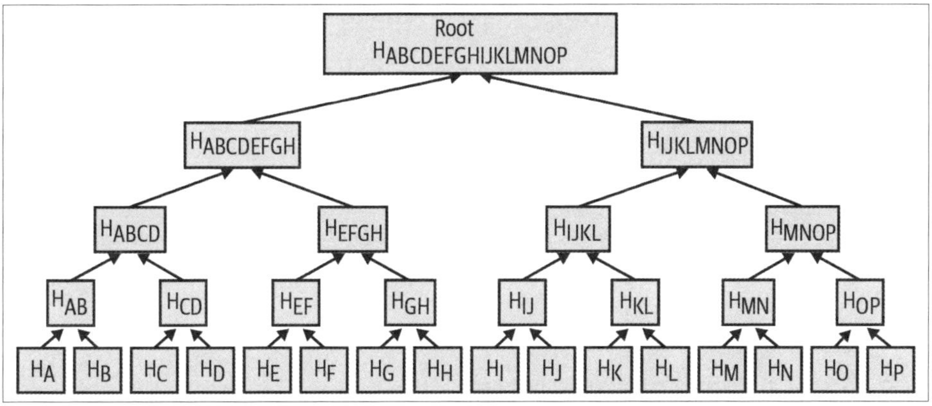

그림 11-5. 많은 데이터 요소들을 요약하는 머클 트리

그림 11-6에서는 단지 32바이트 크기의 해시 4개의 길이(총 128바이트)인 머클 경로를 생성함으로써 거래 K가 블록 내에 포함되어 있다는 사실을 노드가 입증할 수 있다는 것을 보여 준다. 머클 경로는 $H_L$, $H_{IJ}$, $H_{MNOP}$, $H_{ABCDEFGH}$ 이렇게 4개의 해시(파란색 바탕)로 구성되어 있다. 인증 경로로 제공된 이 4개의 해시를 가지고 어떤 노드라도 4개의 해시에 대응하는 해시 쌍인 $H_{KL}$, $H_{IJKL}$, $H_{IJKLMNOP}$와 머클 트리 루트(그림에서 점선으로 강조)를 계산함으로써 $H_K$(그림에서 검은색 바탕)가 머클 루트에 포함되어 있다는 사실을 증명할 수 있다.

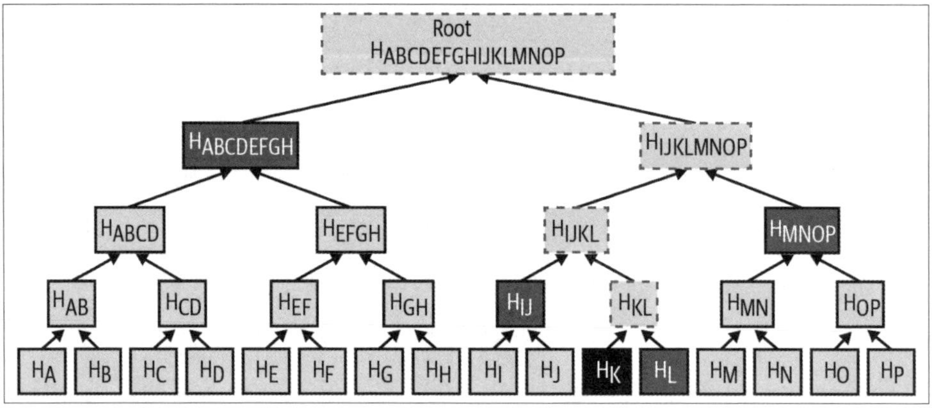

그림 11-6. 데이터 요소의 포함을 입증하는 데 사용된 머클 경로

머클 트리가 커질수록 그 효율성도 명백해진다. 가장 크게 만들 수 있는 블록은 4,000,000바이트로 거래 약 16,000개를 담을 수 있지만, 그중 거래 하나가 해당 블록의 일부임을 증명하려면 거래 사본, 80바이트 블록 헤더 사본, 머클 증명에 쓸 448바이트만 있으면 된다. 그러면 가장 큰 증명이라 해도 가장 큰 비트코인 블록보다 거의 10,000배 작다.

## 머클 트리와 라이트웨이트 클라이언트

머클 트리는 라이트웨이트 클라이언트에서 널리 사용된다. 라이트웨이트 클라이언트는 모든 거래를 보유하고 있지 않고 풀 블록을 다운로드하는 대신 블록 헤더만을 다운로드한다. 거래가 블록 내에 포함되어 있는지 여부를 검증하기 위해 라이트웨이트 클라이언트는 블록 내에 있는 거래 전체를 다운로드 받지 않고 머클 경로를 사용한다.

예를 들어 지갑에 있는 주소로 비트코인이 송금되는 것에 관여하는 라이트웨이트 클라이언트가 있다고 가정해 보자. 라이트웨이트 클라이언트는 본인이 관심 있는 주소들로 수신되는 거래들만을 모니터링하기 위해서 이웃 풀 노드와의 연결 통로에 블룸필터(333쪽 '블룸필터' 참조)를 설치할 것이다. 피어가 블룸필터의 조건을 만족시키는 거래를 보게 되면 `merkleblock` 메시지를 사용해서 해당 블록을 전송할 것이다. `merkleblock` 메시지에는 블록 헤더와 머클 경로가 담겨 있으며, 머클 경로는 블록 내에서 관련 거래와 머클 루트를 연결한다. 라이트웨이트 클라이언트는 이 머클 경로를 이용해서 해당 거래를 블록에 연결하고 거래가 블록에 포함되었는지 검증한다. 또한 라이트웨이트 클라이언트는 블록 헤더를 이용해서 해당 블록이 블록체인에 연결되어 있는지 확인한다. 거래와 블록 간 그리고 블록과 블록체인 간의 결합 두 종류가 조합되어 해당 거래가 블록체인에 기록된다는 것을 증명할 수 있다. 이 과정에서 라이트웨이트 클라이언트는 블록 헤더와 머클 경로를 위해 1킬로바이트 미만의 데이터를 받게 되며, 이 데이터의 양은 풀 블록(현재 약 2메가바이트)의 1,000분의 1수준밖에 되지 않는 크기다.

## 비트코인의 테스트용 블록체인

비트코인 블록체인의 개수가 하나가 아니라는 사실에 놀랄 수도 있다. 2009년 1월 3일 사토시 나카모토가 만든 '메인' 블록체인과 11장에서 나왔던 최초 블록에 들어 있는 블록체인을 **메인넷**(*mainnet*)이라고 한다. 그리고 테스트용으로 사용되는 비트코인 블록체인이 있다. 그 종류로는 **테스트넷**(*testnet*), **세그넷**(*segnet*), **레그넷**(*regnet*)이 있다. 하나씩 자세히 살펴보도록 하자.

### 테스트넷: 비트코인 테스트 장소

테스트넷은 테스트용으로 사용되는 테스트 블록체인, 네트워크, 통화의 이름이다. 테스트넷은 모든 기능이 다 갖추어진 제대로 기능을 하는 P2P 네트워크로, 지갑과 테스트용 비트코인(테스트넷 코인), 채굴, 그 외 메인넷의 주요 기능을 보유하고 있다. 가장 주된 차이점은 테스트넷 코인은 가치가 없다는 것이다.

비트코인 메인넷에서 실제로 사용될 목적이 있는 소프트웨어 개발이라면 우선 테스트 코인을 가지고 테스트넷에서 테스트가 진행되어야 한다. 이를 통해 버그로 인한 통화 손실로부터 개발자들을 보호하고 버그 때문에 발생하는 의도적이지 않은 가동으로부터 네트워크를 보호한다.

현재 운영되고 있는 테스트넷은 **테스트넷3**이며, 테스트넷이 세 번 반복된 것으로, 2011년 2월 재시작되어 난이도가 재설정되었다. 테스트넷3은 2023년 기준 30GB를 초과하는 크기가 큰 블록체인인 점을 명심하라. 그래서 완전히 동기화해서 여러분의 컴퓨터상에 있는 자원을 다 소모하기까지 시간이 좀 걸릴 수도 있다. 메인넷만큼은 아니지만, 정확하게는 '라이트웨이트'도 아니다.

> 이 책에 등장한 테스트넷과 다른 테스트 블록체인은 누군가 실수로 실제 비트코인을 테스트 주소로 보내는 것을 방지하기 위해 메인넷 주소와 같은 접두사를 주소에 사용하지 않는다. 메인넷 주소는 `1`, `3`, `bc1`로 시작하지만 본서에서 언급한 테스트 네트워크의 주소는 `m`, `n`, `tb1`로 시작한다. 다른 테스트 네트워크나 테스트 네트워크에서 개발 중인 새로운 프로토콜은 다른 주소 접두사나 변경 사항을 사용할 수도 있다.

#### 테스트넷 이용하기

비트코인 코어는 대부분의 다른 비트코인 소프트웨어들처럼 메인넷을 대신하는 테스트넷상의 운영에 대해 지원한다. 지갑, 테스트넷 채굴, 테스트넷 노드 전체 동기화 등 비트코어의 모든 기능이 테스트넷에서 작동한다.

메인넷 대신 테스트넷에서 비트코인 코어를 시작하려면 testnet 스위치를 사용하면 된다.

```
$ bitcoind -testnet
```

디폴트 bitcoind 디렉터리의 테스트넷3 서브디렉터리에서 bitcoind가 새로운 블록체인을 빌드하고 있는 것을 로그상에서 볼 수 있어야 한다.

```
bitcoind: Using data directory /home/username/.bitcoin/testnet3
```

bitcoind로 접속하기 위해 `bitcoin-cli` 명령행 툴을 이용한다. 단, 여기에서는 테스트넷 모드로 전환시켜야 한다.

```
$ bitcoin-cli -testnet getblockchaininfo
{
  "chain": "test",
  "blocks": 1088,
  "headers": 139999,
  "bestblockhash":
  "0000000063d29909d475a1c4ba26da64b368e56cce5d925097bf3a2084370128",
  "difficulty": 1,
  "mediantime": 1337966158,
  "verificationprogress": 0.001644065914099759,
  "chainwork":
  "0000000000000000000000000000000000000000000000000000044104410441",
  "pruned": false,
  "softforks": [

  [...]
```

또한 테스트넷3을 btcd(Go 언어로 작성), bcoin(Javascript로 작성) 등 다른 종류의 풀 노드 구현을 통해 테스트넷3을 구동해서 다른 프로그래밍 언어 및 프레임워크 내에서 실험하고 학습할 수 있다.

테스트넷3은 분리 서명 v0과 v1을 포함한 메인넷의 모든 기능을 지원한다(211쪽 '분리 서명' 및 266쪽 '탭루트' 참조). 분리 서명의 경우는 아직 메인넷에서 활성화되지 않고 있다. 따라서 테스트넷3은 분리 서명 기능을 테스트하기 위해 사용될 수도 있다.

#### 테스트넷 관련 문제

테스트넷은 비트코인 시스템과 동일한 데이터 구조를 사용할 뿐만 아니라 비트코인 시스템과 거의 같은 작업증명 보안 메커니즘을 사용한다. 테스트넷의 두드러진 차이점은 최소 난이도가 비트코인의 절반이라는 점과 해당 블록의 타임스탬프가 이전 블록보다 20분 이상 긴 경우 최하 난이도 블록을 포함할 수 있다는 점이다.

안타깝게도 비트코인의 작업증명 보안 메커니즘은 가치 포함이 금지된 테스트 블록체인에 없는 경제적 인센티브에 의존하도록 설계되었다. 사용자 거래가 수수료를 지불하기 때문에 메인넷은 채굴자들이 사용자 거래를 블록에 포함하도록 권한다. 테스트넷에서는 여전히 거래에 소위 수수료가 포함되지만, 그 수수료는 어떠한 경제적 가치도 없다. 테스트넷 채굴자가 거래를 포함하는 것은 사용자와 개발자가 소프트웨어를 테스트할 수 있도록 그저 돕고 싶기 때문이다.

안타깝게도 시스템 파괴를 즐기는 사람들은, 적어도 단기적으로는 시스템 파괴에 대해 더 강한 동기를 느끼는 경우가 많다. 작업증명 채굴은 허가가 필요 없도록 설계되어 있기 때문에, 의도가 좋든 싫든 누구나 채굴할 수 있다. 다시 말해 파괴적인 채굴자들이 사용자 거래 없이도 테스트넷에 블록을 계속해서 많이 만들 수 있다는 뜻이다. 이러한 공격이 발생하면, 사용자와 개발자가 테스트넷을 사용할 수 없게 된다.

### 시그넷: 권한증명 테스트넷

무허가 작업증명에 의존하는 시스템이 경제적 이득이 없는 이상 사용성 높은 블록체인을 제공하는 법이 없기 때문에, 비트코인 프로토콜 개발자들은 대안을 생각하기 시작했다. 첫 번째 목표는 비트코인의 구조를 최대한 보존하여 테스트넷에서 소프트웨어를 최소한으로 변경해도 구동할 수 있도록 하는 동시에 유용한 환경을 제공하는 것이었다. 두 번째 목표는 새로운 소프트웨어 개발자들이 자신만의 테스트 네트워크를 쉽게 만들 수 있도록 재사용이 가능한 설계를 만드는 것이었다.

BIP-325에 정의된 바와 같이 비트코인 코어 및 기타 소프트웨어에 구현된 솔루션을 **시그넷**(*signet*)이라고 한다. 시그넷은 신뢰할 만한 기관에서 블록 생성을 인가했다는 증거(서명 등)를 각 블록에 꼭 포함시키도록 하는 테스트 네트워크다.

허가 없이도 누구나 비트코인을 채굴할 수 있지만, 시그넷에서 채굴할 땐 전적으로 인가를 받아야 한다. 허가받은 사람만 채굴할 수 있는 것이다. 이런 변화가 비트코인 메인넷에 적용된다면 아무도 메인넷을 사용하지 않을 만큼 용납 불가한 것이겠지만, 코인 가치가 없고 유일한 목적이 소프트웨어와 시스템 테스트에 있는 테스트넷에서는 합리적인 것이다.

BIP-325 시그넷은 자신만의 시그넷을 매우 쉽게 만들 수 있도록 설계되었다. 만약 다른 사람의 시그넷 실행 방법이 마음에 들지 않는다면, 자신만의 시그넷을 시작해서 자기 소프트웨어를 시그넷에 연결할 수 있다.

#### 디폴트 시그넷과 커스텀 시그넷

비트코인 코어는 현시점에서 가장 통용되고 있는 기본 시그넷을 지원한다. 현재 두 명이 해당 시그넷을 운영하고 있다. 시그넷 매개변수와 다른 시그넷 관련 매개변수가 없는 상태에서 비트코인 코어를 시작했을 때 사용하게 되는 바로 그 시그넷이다.

이 책을 쓰는 현재, 기본 시그넷에는 블록 약 15만 개가 있으며, 크기는 1기가바이트 정도이다. 비트코인의 메인넷과 동일한 기능을 모두 지원하고, 비트코인 코어의 시그넷 전용 소프트웨어 분기인 비트코인 심리(inquisition) 프로젝트를 통해 제안받은 개선 사항을 테스트하는 데에도 사용된다.

**커스텀 시그넷**(*custom signet*)이라고 하는 다른 종류의 시그넷을 사용하려면 블록의 인가 시점을 결정하는 데 사용되는 스크립트, 즉 **챌린지**(*challenge*) 스크립트를 알아야 한다. 챌린지 스크립트는 비트코인 표준 스크립트이기 때문에 다중서명과 같은 기능을 사용하여 여러 사람이 블록을 승인할 수 있다. 커스텀 시그넷에 있는 피어의 주소를 알려줄 시드 노드(seed node)에도 연결해야 할 수 있다. 예시를 살펴보자.

```
bitcoind -signet -signetchallenge=0123...cdef -signetseednode=example.com:1234
```

이 책을 쓰는 현재, 일반적으로 채굴 소프트웨어의 공개 테스트는 테스트넷3에서 하고 비트코인 소프트웨어의 다른 공개 테스트는 모두 디폴트 시그넷에서 하도록 권장하는 바이다.

선택한 시그넷과 상호 작용하기 위해선 테스트넷을 사용한 방법과 같이 `-signet` 매개변수를 `bitcoin-cli`와 함께 사용할 수 있다. 그 예시는 아래와 같다.

```
$ bitcoin-cli -signet getblockchaininfo
{
  "chain": "signet",
  "blocks": 143619,
```

```
    "headers": 143619,
    "bestblockhash": "000000c46cb3505ddd296537[...]ad1c5768e2908439382447572a93",
    "difficulty": 0.003020638517858618,
    "time": 1684530244,
    "mediantime": 1684526116,
    "verificationprogress": 0.999997961940662,
    "initialblockdownload": false,
    "chainwork": "[...]000000000000000000000000000000000000000000000019ab37d2194",
    "size_on_disk": 769525915,
    "pruned": false,
    "warnings": ""
}
```

### 레그테스트: 로컬 블록체인

레그테스트는 '회귀 테스팅(Regression Testing)'의 약자로 테스팅을 목적으로 로컬 블록체인을 생성하게 해 주는 비트코인 코어의 특징이다. 공개되어 있고 공유되는 테스트 블록체인인 테스트넷3과는 달리 레그테스트 블록체인은 로컬 테스트를 위해 폐쇄된 시스템으로 가동되도록 고안되었다. 처음부터 레스테스트 블록체인을 설치하길 바란다. 비트코인 코어 소프트웨어를 테스트하기 위해 다른 노드를 네트워크에 추가하거나 단일 노드만으로도 레그테스트를 실행할 수 있다.

비트코인 코어를 `regtest` 모드에서 시작하려면 `regtest` 플래그를 사용하면 된다.

```
$ bitcoind -regtest
```

테스트넷과 마찬가지로 비트코인 코어는 bitcoind 디폴트 디렉터리의 **레그테스트**(*regtest*) 서브디렉터리하에서 새 블록체인을 초기화할 수 있다.

```
bitcoind: Using data directory /home/username/.bitcoin/regtest
```

명령행 툴을 사용하기 위해서는 `regtest` 플래그를 명시해야 한다. `getblockchaininfo` 명령어를 이용해서 레그테스트 블록체인을 검사해 보자.

```
$ bitcoin-cli -regtest getblockchaininfo
{
```

```
  "chain": "regtest",
  "blocks": 0,
  "headers": 0,
  "bestblockhash": "0f9188f13cb7b2c71f2a335e3[...]b436012afca590b1a11466e2206",
  "difficulty": 4.656542373906925e-10,
  "mediantime": 1296688602,
  "verificationprogress": 1,
  "chainwork": "[...]000000000000000000000000000000000000000000000000002",
  "pruned": false,
  [...]
```

보다시피, 아직 블록이 존재하지 않는다. 블록 몇 개(500블록)를 채굴해서 보상을 얻어 보자.

```
$ bitcoin-cli -regtest createwallet ""

$ bitcoin-cli -regtest getnewaddress
bcrt1qwvfhw8pf79kw6tvpmtxyxwcfnd2t4e8v6qfv4a

$ bitcoin-cli -regtest generatetoaddress 500 \
  bcrt1qwvfhw8pf79kw6tvpmtxyxwcfnd2t4e8v6qfv4a
[
  "3153518205e4630d2800a4cb65b9d2691ac68eea99afa7fd36289cb266b9c2c0",
  "621330dd5bdabcc03582b0e49993702a8d4c41df60f729cc81d94b6e3a5b1556",
  "32d3d83538ba128be3ba7f9dbb8d1ef03e1b536f65e8701893f70dcc1fe2dbf2",
  ...,
  "32d55180d010ffebabf1c3231e1666e9eeed02c905195f2568c987c2751623c7"
]
```

블록 500개 전부를 채굴하는 데 몇 초밖에 걸리지 않을 것이다. 이러한 특성 때문에 테스트도 확실히 쉬워진다. 지갑의 잔액을 확인해 보면 처음 400개의 블록에 대한 보상을 얻었다는 사실을 알게 될 것이다(코인베이스에 대한 보상을 위해 블록을 소비하기 전 블록의 깊이가 100이어야 한다).

```
$ bitcoin-cli -regtest getbalance
12462.50000000
```

## 개발용 테스트 블록체인 사용하기

비트코인의 여러 블록체인(레그테스트, 세그넷, 테스트넷3, 메인넷)들은 비트코인 개발을 위해 다양한 테스트 환경을 제공한다. 여러분이 비트코인 코어, 또 다른 풀 노드 합의 클라이언트, 지갑, 잔액, 전자 상거래 사이트 등의 어플리케이션, 신기한 스마트 컨트랙트나 복잡한 스크립트 등을 개발하려면 테스트 블록체인을 이용해 보라.

여러분은 테스트 블록체인을 사용해서 개발 파이프라인을 만들 수 있다. 공용 네트워크에서 테스트 블록체인을 시험해 보고 싶다면 시그넷이나 테스트넷으로 전환해서 코드와 어플리케이션이 더 다양한, 보다 역동적인 환경에 코드를 노출시켜 보라. 마지막으로 여러분의 코드가 기대만큼 잘 작동하고 있다는 확신이 드는 경우, 제작 과정에 해당 코드를 배치하기 위해 메인넷으로 전환하라. 변경 및 개선, 버그 수정(bug fix) 등을 시행하려면 다시 파이프라인을 시작해서 각 변경 사항을 처음에는 레그테스트에 그다음에는 테스트넷에 배치한 후 최종적으로 제작에 들어간다.

11장에서 우리는 블록체인이 어떤 데이터를 포함하고 있는지, 암호학 약정이 어떻게 다양한 부분을 안전하게 연결하는지에 대해 배웠다. 이제 컴퓨터 보안성을 제공하고, 위에 구축된 다른 블록들을 모두 무효화하지 않고서는 블록이 변경될 수 없도록 보장하는 특별한 약속인 비트코인의 채굴 기능에 대해 알아볼 것이다.

12장

# 채굴과 합의

'채굴'이라는 용어에 다소 오해의 소지는 있다. 귀금속의 채굴 과정을 떠올려 보면 비트코인의 채굴은 보상금과 각 블록 내의 비트코인에만 집중하고 있다. 물론 보상금 때문에 채굴 작업이 활발하게 이루어지긴 하지만 채굴의 주된 목적은 보상금 혹은 새로운 코인의 생성이 아니다. 여러분이 채굴을 단지 코인을 생성하는 프로세스라고만 인식한다면 프로세스의 수단(인센티브)을 목적으로 잘못 판단하고 있는 셈이다. 채굴은 분산화된 클리어링 하우스의 주요 프로세스로, 채굴에 의해서 거래를 검증하고 승인한다. 채굴은 비트코인 시스템을 특별하게 만들어 주는 발명품이자, P2P 기반 전자 화폐의 기반이 되는 분산형 합의 메커니즘이다.

채굴은 **비트코인 시스템을 안전하게 보호**하고 전 네트워크에 걸쳐 **중앙 권력 없이 합의**를 이룰 수 있도록 해 준다. 새롭게 생성된 코인에 대한 보상 및 거래 수수료는 채굴자들의 행위가 네트워크의 보안을 지켜 주고 동시에 통화 공급을 실행하도록 해 주는 동기를 부여한다.

> 채굴은 비트코인의 **합의 보안**이 **분산화**되도록 하는 메커니즘이다.

채굴자들은 전 세계적으로 존재하는 블록체인에 새로운 거래를 기록한다. 새 블록에는 지난 블록 이후에 발생한 거래들이 들어 있으며 10분마다 **채굴**되어 블록체인에 추가된다. 블록의 일부가 되어 블록체인에 추가된 거래는 **승인**되었다고 간주되며, 비트코인의 새로운 소유주가 해당 거래에서 받은 비트코인을 확보하기 위해 돌이킬 수 없는 노력을 기울였다는 것을 알 수 있다.

또한 블록체인 거래에는 블록체인 내 위치에 따라 지정되는 **토폴로지 순서**(*topological order*)가 있다. 이전 블록에서 나왔거나 같은 블록이라도 먼저 나온 거래가 다른 거래보다 앞선다. 비트코인 프로토콜에서 거래는(같은 블록에서 먼저 나왔든, 이전 블록에서 나왔든) 해당 블록체인에서 더 일찍 나온 거래의 출력값을 쓰는 경우, 그리고 이전 거래가 동일한 출력값을 쓰지 않는 경우에만 유효하다. 단일 블록체인 내에서 토폴로지 순서를 시행하게 되면 유효한 거래 2개가 동일한 출력을 사용할 수 없기 때문에 **이중지불** 문제가 사라진다.

비트코인 위에 구축된 프로토콜 일부에서 비트코인 거래의 토폴로지 순서는 이벤트 시퀀스 설정에도 사용된다. 이 내용은 443쪽 '일회용 봉인'에서 더 자세히 살펴볼 것이다.

채굴자들은 채굴 작업에 대해 두 가지 종류의 보상을 받는다. 하나는 새 블록 각각에서 새로운 코인을 생성하는 것이고(**보상금**), 나머지 하나는 해당 블록 내에 들어 있는 거래 전부로부터 거래 수수료를 받는 것이다. 보상금을 받기 위해서 채굴자들은 암호화 해시 알고리즘을 기반으로 하는 어려운 수학 문제를 풀기 위해 서로 경쟁한다. 이 수학 문제에 대한 해답을 작업증명이라고 하고, 새 블록에 포함되어 채굴자가 중요한 계산을 하려고 노력했다는 사실을 증명하는 역할을 한다. 보상금을 받고 거래를 블록체인에 기록하는 권리를 얻기 위해서 작업증명 알고리즘을 풀기 위해 경쟁하는 과정은 비트코인의 보안 모델을 위한 근간이 된다.

비트코인 통화는 중앙은행이 지폐를 찍어 내어 새 돈을 발행하는 방식과 유사한 과정으로 공급된다. 채굴자가 블록에 추가할 수 있는 새 비트코인의 최대 액수는 약 4년마다(정확히는 210,000블록마다) 줄어든다. 비트코인은 2009년 1월 한 블록당 50비트코인으로 시작했으며 2012년 11월에는 블록당 25비트코인으로 반감되었다. 그리고 2016년 7월 블록당 12.5비트코인, 2020년 5월에는 6.25비트코인으로 다시 반감되었다. 이 공식을 바탕으로 비트코인 채굴에 대한 보상금은 2140년 정도가 될 때까지 기하급수적으로 감소하여 2140년이 되면 비트코인이 전부 발행될 것이다. 2140년 후에는 새로 발행되는 비트코인은 없게 된다.

또한 비트코인 채굴자들은 거래로부터 수수료를 챙긴다. 모든 거래에는 거래 수수료가 포함될 수 있으며, 해당 거래의 입력값과 출력값 사이의 차이만큼 남은 잉여금이 수수료가 된다. 채굴에 성공한 비트코인 채굴자들은 해당 블록 내에 들어 있는 거래에 존재하는 '잔돈을 챙기게' 된다. 현재 수수료는 일반적으로 비트코인 채굴자 수입의 적은 부분을 차지하며, 수입원 대부분은 새로 생성된 비트코인에서 비롯된다. 하지만 보상금이 시간이 지나면서 줄어들고 블록당 담겨 있는 거래 건수가 증가하면서 비트코인 채굴 수익의 많은 부분이 거래 수수료에서 발생할 것이다. 2140년 이후에는 각 블록에 들어 있는 새로운 비트코인의 양이 0이 되면서 거래 수수료가 비트코인 채굴의 유일한 동기 부여 수단이 될 것이다.

12장에서는 우선 통화 공급 메커니즘으로서의 채굴에 대해 살펴본 후 채굴의 가장 중요한 기능 중 하나인 비트코인 보안의 토대가 되는 분산화된 합의 메커니즘에 대해서 알아볼 것이다.

채굴과 합의를 이해하기 위해 앨리스의 거래가 수신되고 징의 채굴 기기에 의해 블록에 추가되기까지의 과정을 살펴볼 것이다. 그 후 블록이 채굴되고 블록체인에 추가되고 새로 만들어진 합의 과정에 따라 비트코인 네트워크가 블록을 받아들이는 과정도 살펴볼 것이다.

## 비트코인의 경제학과 통화 발행

비트코인은 각 블록이 생성되는 동안 일정하게 줄어드는 비율로 '발행'된다. 각 블록은 평균적으로 10분마다 생성되며 아무것도 없는 상태에서 완전히 새로 만들어진 비트코인을 담고 있다. 210,000개의 블록마다, 즉 거의 4년마다 통화 발행량은 50% 감소한다. 네트워크가 가동되고 난 후 첫 4년 동안은 50비트코인이 각 블록에서 새로 생성되었다.

블록이 210,000개 될 때 첫 번째 반감기가 일어났다. 이 책이 출판된 후 예상되는 다음 반감기는 블록이 840,000개가 되는 때일 것이며, 그 시기는 아마 2024년 4월이나 5월이 될 것이다. 이와 같이 새로운 비트코인의 비율은 **반감기**를 32회 거치며 기하급수적으로 줄어들어 블록이 6,720,000개(2137년 경 채굴 완료)가 되면 새로운 비트코인의 발행량은 최소 통화 단위인 1사토시가 된다. 마지막으로 6,930,000개의 블록이 되는 2140년경에는 2,099,999,997,690,000사토시, 약 2,100만 비트코인 전부가 발행된다. 그 후에는 블록에 더 이상 새로운 비트코인이 담겨 있지 않기 때문에 채굴자들은 거래 수수료로만 보상을 받는다. 그림 12-1은 시간이 지날수록 통화 발행량이 줄어들면서 유통되는 비트코인 총량을 보여 준다.

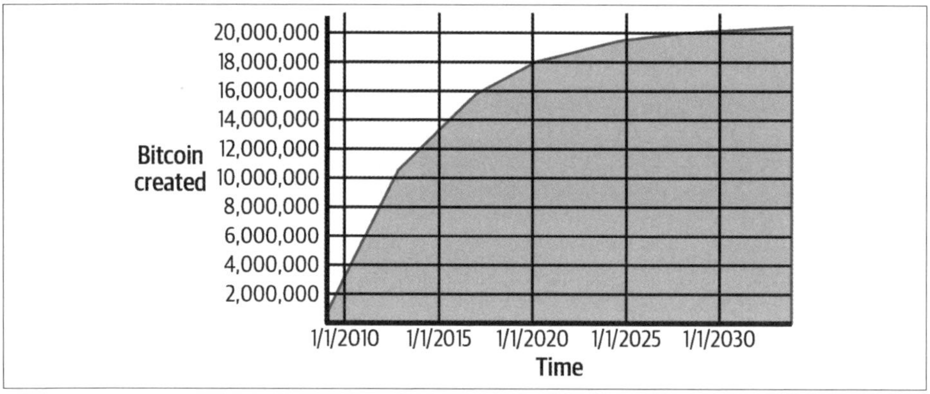


그림 12-1. 기하급수적으로 감소하는 발행량을 바탕으로 시간에 따른 비트코인 통화의 공급량

채굴되는 코인의 최대 수는 비트코인 채굴 시 제공 가능한 채굴 보상금의 **상한선**이다. 실제로 채굴자는 의도적으로 총 보상금보다 적은 금액을 취하는 블록을 채굴한다. 이 중에는 이미 채굴된 블록도 있고 향후 채굴될 블록도 있다. 그 결과 통화의 총 발행량이 작아진다.

예시 12-1에 나와 있는 예시 코드에서는 향후 발행될 비트코인 총량을 계산한다.

예시 12-1. 발행 예정인 비트코인 총량 계산을 위한 스크립트

```
# Original block reward for miners was 50 BTC
start_block_reward = 50
# 210000 is around every 4 years with a 10 minute block interval
reward_interval = 210000

def max_money():
    # 50 BTC = 50 0000 0000 Satoshis
    current_reward = 50 * 10**8
    total = 0
    while current_reward > 0:
        total += reward_interval * current_reward
        current_reward /= 2
    return total

print "Total BTC to ever be created:", max_money(), "Satoshis"
```

예시 12-2는 위 스크립트를 가동해서 얻어진 출력값이다.

예시 12-2. max_money.py 스크립트 가동하기

```
$ python max_money.py
Total BTC to ever be created: 2099999997690000 Satoshis
```

한정된 양을 한도로 통화가 점점 작게 발행되면 통화 공급량이 고정되고 이에 따라 인플레이션이 방지된다. 중앙은행이 무한대로 발행할 수 있는 명목화폐(fiat currency)와는 달리 비트코인은 화폐 발행으로 인한 인플레이션이 절대 발생할 수 없다.

### 디플레이션 통화

통화 발행량이 고정되어 있고 점점 줄어드는 것에 대해서 가장 중요하고 논란의 여지가 있는 부분은 해당 통화가 본질적으로 **디플레이션**을 야기할 수 있다는 점이다. 디플레이션이란 수요와 공급의 부조화로 통화의 가치(환율도 해당)가 급속도록 증가하는 현상을 말한다. 인플레이션의 반대 개념인 가격 디플레이션은 해당 금액이 시간이 지나면서 구매력이 증가하는 현상을 말한다.

많은 경제학자들이 디플레이션 경제는 무슨 수를 써서라도 피해야 하는 재앙이라고 주장하고 있다. 왜냐하면 급속한 디플레이션 시기에는 사람들이 돈을 소비하는 대신 손에 쥐고 있

으면서 가격이 떨어지기를 바라기 때문이다. 이러한 현상은 일본의 '잃어버린 10년' 동안 발생했으며, 그 당시 수요에 대한 예측이 완전히 실패하면서 통화가 악성 디플레이션에 빠지게 되었다.

비트코인 전문가들에 따르면 디플레이션 자체가 나쁜 것은 아니라고 한다. 오히려 디플레이션은 수요의 붕괴와 관련이 있다. 왜냐하면 수요의 붕괴 현상이 우리가 연구해야 하는 유일한 디플레이션 예이기 때문이다. 무한대로 화폐를 발행할 가능성이 있는 명목화폐에서는 수요가 완전히 붕괴되지 않고 화폐 발행에 대한 의지가 있다면 악성 디플레이션에 빠지기는 힘들다. 비트코인 체제에서는 수요의 붕괴에 의해서 디플레이션이 발생하는 것이 아니라 예상 가능한 제한 공급량에 의해서 발생한다.

물론 디플레이션의 긍정적인 측면은 인플레이션의 반대 현상이라는 점이다. 인플레이션으로 인해 속도는 느리지만 불가피하게 통화 가치가 저하되며, 그 결과 (최대 규모의 채무자인 각국 정부를 포함하여) 채무자들을 구제해 주기 위해 저축을 열심히 한 사람들에게 피해를 주는 간접세(hidden taxation)가 등장한다. 정부 통제하에 있는 통화는 향후 은행에 저축된 돈으로 통화 가치 저하를 통해 탕감될 수도 있는 부채 발행을 쉽게 함으로써 도덕적 해이를 겪는다.

급격한 경기 침체와 상관없는 통화의 디플레이션 측면이 문제가 되는지, 아니면 디플레이션의 위험보다 큰 인플레이션과 가치 하락을 막을 수 있기 때문에 이점이 되는지 여부는 아직 알 수 없다.

## 분산화된 합의

11장에서는 모든 거래를 담고 있는 전 세계의 공개 장부(목록)인 블록체인에 대하여 살펴보았다. 비트코인 네트워크상에 있는 사용자는 모두 블록체인을 소유권을 증명하는 권위 있는 기록이라고 인정한다.

하지만 어떻게 네트워크상의 모든 사용자가 누군가에 대한 신뢰 없이 누가 무엇을 소유하고 있는지에 대한 단 하나의 보편적 '진실'에 동의할 수 있는가? 기존의 지불 체제는 클리어링 하우스 서비스를 제공하는 중앙 기관을 보유하고 있는 신뢰 모델에 기반을 둔다. 비트코인은 중앙 통제 기관이 없지만 모든 풀 노드가 권위 있는 기록이라고 신뢰할 수 있는 공개 블록체인의 완전한 사본을 보유하고 있다. 블록체인은 중앙 통제 기관에 의해서 생성되지 않고 네트워크 내에 있는 모든 노드에 의해 독립적으로 수집된다. 불안정한 네트워크 연결을 통해 전송되는 정보에 따라 움직이는 노드 전부는 네트워크 내에서 어떻게든 동일한 결론에 도달할 수 있고 모두 똑같은 블록체인 사본을 수집한다. 12장에서는 중앙 통제 기관 없이 어떤 과정에 의해 비트코인 네트워크가 전 세계적으로 합의에 이를 수 있는지에 대해 살펴볼 것이다.

사토시 나카모토의 주요 발명품은 **긴박한 합의**(*emergent consensus*)을 위한 분산화 메커니즘이다. 투표와 같이 명시적인 합의가 이루어지지 않기 때문에 '긴박한(emergent)'이라는 단어를 사용했으며, 이는 합의가 일어나는 정확한 시점이나 선출 과정이 없다는 것을 의미한다. 대신 합의는 독립적인 노드 수천 개가 모두 간단한 규칙을 따르면서 만들어 낸 비동기 상호작용의 긴박한 결과물이다. 통화, 거래, 지불, 중앙 통제 기관이나 신뢰에 의존하지 않는 보안 모델 등 비트코인의 모든 특성은 이 신생 합의에서 시작된다.

비트코인의 분산화된 합의는 네트워크상에 있는 노드에게 독립적으로 행해지는 네 가지 프로세스가 서로 상호작용하면서 이루어진다.

- 포괄적인 판단 기준에 근거하여 모든 풀 노드가 각 거래마다 독립된 검증 실시
- 작업증명 알고리즘을 통해 증명된 계산법을 사용하여 채굴 노드들이 검증된 거래들을 새로운 블록에 독립적으로 집계
- 모든 노드들이 새 블록을 독립적으로 검증한 후 체인에 블록을 연결
- 모든 노드가 작업증명을 통해 이루어진 최고 누적 연산 체인을 독립적으로 선택

다음 절에서는 우선 위 네 가지 프로세스를 살펴본 후 어떠한 비트코인 노드라도 자신들이 보유하고 있는 권위 있고 신뢰할 수 있는 전 세계 공개 장부를 수집할 수 있게 해 주는 네트워크 전체의 합의를 얻어내기 위해 위 네 가지 프로세스가 어떻게 상호작용하는지에 대해서 알아보고자 한다.

## 거래의 독립적 검증

6장에서 우리는 지갑 소프트웨어가 UTXO를 수집해서 거래를 생성한 후 적절한 인증 데이터를 제공하고 새로운 소유주에게 할당된 새 출력값을 만들어 거래를 생성하는 방법에 대해 알아보았다. 이 거래는 비트코인 네트워크 내에 있는 피어들에게 전송된 후에 비트코인 네트워크 전체로 전파된다.

이 과정에서 피어에게 거래를 전달하기 전에 모든 비트코인 노드는 전송받은 거래를 우선 검증해야 할 것이다. 검증 과정을 통해 유효한 거래들은 네트워크상으로 전파되지만 유효하지 않은 거래들은 전송된 첫 노드에서 폐기된다.

각 노드는 아래와 같이 길게 나열되어 있는 체크리스트를 바탕으로 모든 거래를 검증한다.

- 거래의 구문(syntax)과 데이터 구조가 정확해야 한다.
- 입력값이나 출력값 목록이 비어 있지 않다.
- 바이트 단위의 거래 크기가 블록에 맞을 만큼 작아야 한다.
- 출력값 금액과 노드의 총 금액이 허용된 가치 범위(0보다 크고 2,100만 비트코인보다 작음) 내에 있어야 한다.
- 잠금 시간이 `INT_MAX`과 동일하거나 잠금 시간과 시퀀스값이 잠금 시간 및 BIP-68 규칙에 따라 충족되어야 한다.
- 거래에 담겨 있는 서명 작업(SIGOPS) 건수가 서명 작업 한도 내에 있어야 한다.
- 사용되는 출력값이 멤풀의 출력값이나 메인 브랜치 블록에 있는 미사용 출력값과 일치해야 한다.
- 각각의 입력값에 대해 참조 출력값이 코인베이스 출력값이라면, 최소 `COINBASE_MATURITY`(100) 승인을 받아야 한다.
- 입력값 금액이 출력값 총액보다 작은 경우 해당 거래를 거절하라.
- 각 입력값에 대한 스크립트는 그에 해당하는 출력값 스크립트에 대해 검증해야 한다.

위 조건들은 시간이 흐름에 따라 새로운 기능을 추가하거나 서비스거부(DoS) 공격의 새로운 유형을 처리하기 위해 변경 가능하다는 점에 유의하라.

거래 각각을 수신하고 전파하기 전까지 독립적으로 검증함으로써 각 노드는 **메모리풀** 또는 **멤풀**이라고 알려진 유효한(그러나 승인되지 않은) 거래 풀을 구축한다.

## 채굴 노드

비트코인 네트워크상에 있는 몇몇 노드는 **채굴자**라고 불리는 특수 노드들이다. 징은 비트코인 채굴자로 비트코인 채굴을 목적으로 고안된 전문 컴퓨터 하드웨어 시스템인 '채굴 리그'를 가동해서 비트코인을 채굴한다. 징이 보유하고 있는 채굴 전문 하드웨어는 풀 비트코인 노드를 가동하는 서버와 연결되어 있다. 여느 풀 노드처럼 징의 노드는 비트코인 네트워크상에 있는 미승인 거래를 전송받아서 전파한다. 하지만 미승인인 거래들을 새로운 블록에 추가하기도 한다.

앨리스가 밥에게서 구매하는 동안 생성되었던 블록을 다시 따라가 보자(58쪽 '온라인 스토어에서 구매하기' 참조). 12장에 나오는 개념을 증명하기 위해서 앨리스의 거래가 포함된 블록이 징의 채굴 시스템에 따라 채굴되었고 앨리스의 거래가 이 새로운 블록에 추가되었다고 가정해 보자.

징의 채굴 노드는 해당 블록체인의 로컬 복사본을 보관하고 있다. 앨리스가 구매를 할 때쯤, 징의 노드는 작업증명이 가장 많은 블록체인에 따라 잡힌다. 징의 노드는 거래를 수신하고 새로운 블록을 채굴하려 하며, 다른 노드가 발견한 블록이 있는지 살펴보게 된다. 징의 노드는 채굴하는 동안 비트코인 네트워크를 통해 새로운 블록을 수신한다. 새 블록이 도착하고 나면 해당 블록에 대한 검색이 끝나고 다음 블록을 생성하기 위한 검색이 시작된다.

앞서 몇 분 동안 징의 노드는 이전 블록에 대한 솔루션을 찾는 동시에 다음 블록을 대비하여 거래를 수집하고 있었다. 지금껏 거래 수백 건을 메모리풀에 수집했다. 징의 노드는 새 블록을 수신하고 검증한 후 메모리풀에 있는 거래를 모두 비교해서 해당 블록에 포함되어 있는 거래를 삭제할 것이다. 메모리풀에 남아 있는 거래는 모두 미승인 상태로 새로운 블록에 대기 중이다.

징의 노드는 즉시 비어 있는 블록을 새로 만들며, 이 블록이 다음 블록의 후보가 된다. 이 블록은 유효한 작업증명을 담고 있지 않아서 아직 유효한 블록이 아니기 때문에 **후보 블록**이라고 한다. 이 후보 블록은 채굴자가 작업증명 알고리즘에 대한 솔루션을 찾는 데 성공한 경우에만 유효해진다.

징의 노드가 메모리풀에서 모든 거래를 집계하면 새로운 후보 블록에는 수천 개의 거래가 포함되며, 각각의 거래는 징이 청구하려고 시도할 거래 수수료를 지불하게 된다.

## 코인베이스 거래

어떤 블록에서든지 첫 번째 거래는 특별하며, 이 첫 거래를 **코인베이스 거래**라고 한다. 코인베이스 거래는 징의 노드에 의해 구성되고 채굴 노력의 대한 **보상**을 포함하고 있다.

징의 노드는 징의 지갑으로 지불하는 금액의 개념으로 코인베이스 거래를 생성한다. 징이 블록을 채굴한 대가로 수집한 보상금 총액은 블록 보상금(2023년 새 비트코인 6.25개)과 블록에 포함된 모든 거래에서 얻은 거래 수수료의 합계다.

대신 **코인베이스**라고 불리는 입력값 하나만 보유하고 있고, 암묵적으로 블록 보상이 포함되어 있다. 코인베이스 거래에는 최소한 출력값 하나가 있어야 하며, 블록에 맞는 만큼 출력값을 가질 수 있다. 2023년 코인베이스 거래에는 일반적으로 출력값이 2개 있다. 이 중 하나는 `OP_RETURN`을 사용하여 블록의 모든 분리 서명(세그윗) 거래에 출력값 0을 할당한다. 둘 중 나머지 출력값은 채굴자에게 보상을 지불한다.

## 코인베이스에 대한 보상금과 수수료

코인베이스 거래를 구성하기 위해 징의 노드는 먼저 거래 수수료 총액을 다음과 같이 계산한다.

$$Total\ Fees = Sum(Inputs) - Sum(Outputs)$$

블록 #277316에서 거래 수수료 총액은 0.09094928비트코인이다.

그다음 과정에서는 징의 노드가 새 블록에 대한 정확한 보상금을 계산한다. 이 보상금은 블록 높이에 근거하여 계산되며, 블록당 50비트코인에서 시작해서 매 210,000블록마다 절반으로 줄어든다.

계산 과정은 예시 12-3에 나와 있는 것처럼 비트코인 코어 클라이언트 내에서 Get GetBlockSubsidy 함수를 써서 확인할 수 있다.

#### 예시 12-3. main.cpp line 1305인 비트코인 코어 클라이언트 내에서 GetBlockSubsidy 함수를 써서 블록 보상금 계산하기

```
CAmount GetBlockSubsidy(int nHeight, const Consensus::Params& consensusParams)
{
    int halvings = nHeight / consensusParams.nSubsidyHalvingInterval;
    // Force block reward to zero when right shift is undefined.
    if (halvings >= 64)
        return 0;

    CAmount nSubsidy = 50 * COIN;
    // Subsidy is cut in half every 210,000 blocks.
    nSubsidy >>= halvings;
    return nSubsidy;
}
```

초기 보조금은 50에 COIN 상수(100,000,000사토시)를 곱해서 사토시 단위로 계산된다. 이 방법을 통해 초기 보상금(nSubsidy)으로 50억 사토시를 설정한다.

그다음 과정은 해당 함수에서 현재의 블록 높이를 반감기 간격(SubsidyHalvingInterval)으로 나눔으로써 지금까지 발생했던 반감 횟수를 계산한다.

그 후 해당 함수가 초기 보상금(nSubsidy)을 반으로 나누기 위해 매번 바이너리 라이트 시프트(binary-right-shift) 연산자를 사용한다. 블록 #277316의 경우 50억 사토시 보상금에 대해 바이너리 라이트 시프트 연산자를 1회 시행해서(반감기 1회) 25억 사토시, 즉 25비트코인을 결과값으로 얻는다. 33번째 반감기 후에는 보상금이 0으로 내림된다. 바이너리 라이트 시프트 연산자를 사용하는 것은 여러 번 반복해서 나누는 것보다 효율적이기 때문이다. 잠재적인 버그를 피하기 위해 63번째 반감기 후에는 이동 연산을 건너뛰고 보상금을 0으로 설정한다.

최종적으로 코인베이스에 대한 보상금(nSubsidy)은 거래 수수료(nFees)에 추가되고 거래 수수료와 보상금을 합친 금액을 받게 된다.

> 징의 채굴 노드가 코인베이스 거래를 작성하는 경우, 징이 그 자신에게 100 혹은 1000비트코인을 '보상'하는 것을 저지하는 것은 무엇인가? 대답은 부정확한 보상은 모두가 유효하지 않다고 간주하는 블록이 되게 한다는 것이다. 이는 작업증명을 위해 사용된 징의 전기가 낭비되었음을 뜻한다. 징은 해당 블록이 모두에 의해 승인되었을 때만 보상을 소비할 수 있게 된다.

## 코인베이스 거래의 구조

위 계산법에 따라 징의 노드는 블록 보상금을 본인의 노드로 지불하기 위해 코인베이스 거래를 구성한다.

코인베이스 거래는 특수한 포맷을 보유하고 있다. 코인베이스 거래는 소비해야 하는 이전 UTXO를 명시한 거래 입력값 대신 '코인베이스' 입력값을 보유하고 있다. 우선

표 12-1. '정규' 거래의 입력값 구조

| 크기 | 필드 | 설명 |
|---|---|---|
| 32바이트 | 거래 해시 | 소비될 UTXO를 담고 있는 거래에 대한 지시자 |
| 4바이트 | 출력값 인덱스 | 소비될 UTXO의 색인번호(최초는 0) |
| 1-9바이트(VarInt) | 스크립트 크기 | 따라 나오는 바이트 단위의 스크립트 길이 |
| 가변적 | 입력값 스크립트 | UTXO 잠금 스트립트의 조건을 풀 수 있는 스크립트 |
| 4바이트 | 일련번호 | BIP-68 잠금 시간 및 거래 교체 신호에 사용되는 다목적 필드 |

표 12-2. 코인베이스 거래의 입력값 구조

| 크기 | 필드 | 설명 |
|---|---|---|
| 32바이트 | 거래 해시 | 모든 비트가 0, 거래 해시 참조 아님 |
| 4바이트 | 출력값 인덱스 | 모든 비트가 1, 0xFFFFFFFF로 설정 |
| 1-9바이트(VarInt) | 코인베이스 데이터 크기 | 2-100 바이트까지 코인베이스 데이터의 길이 |
| 가변적 | 코인베이스 데이터 | 버전-2 블록에 있는 추가적인 논스와 채굴 태그에 사용되는 임의적인 데이터 |
| 4바이트 | 일련번호 | 0xFFFFFFFF로 설정 |

194쪽 '입력값'에서 거래 입력값에 대해 알아보았다. 이제 정규 거래의 입력값과 코인베이스 거래의 입력값을 비교해 보자. 표 12-1에서는 정규 거래의 구조가, 표 12-2에서는 코인베이스 거래의 입력값 구조가 나와 있다.

코인베이스 거래의 경우, 처음 2개의 필드가 UTXO 참조를 표현하지 않는 값들로 설정되어 있다. '거래 해시' 대신에 첫 번째 필드는 32바이트 크기로 모두 0으로 설정되어 있다. '출력값 인덱스'는 4바이트 크기로 모두 0xFF(10진법 255)로 설정되어 있다. '입력값 스크립트(스크립트 시그)'는 채굴자들이 사용하는 임의적인 데이터인 코인베이스 데이터로 대체되었으며, 이 내용은 바로 다음에서 다룰 것이다.

### 코인베이스 데이터

코인베이스 거래는 입력값 스크립트 필드를 보유하고 있지 않다. 그 대신 코인베이스 데이터로 교체되며 그 크기는 2-100바이트여야 한다. 처음에 나오는 몇몇 바이트를 제외하고 코인베이스 데이터의 나머지 부분은 채굴자들이 원하는 방식으로 사용될 수 있다. 즉 임의적인 데이터 형태다.

예를 들어, 사토시 나카모토는 최초 블록의 코인베이스 데이터 내에 'The Times 03/Jan/2009 Chancellor on brink of second bailout for banks(2009년 1월 3일자 《타임스》, 위기에 처한 은행을 위해 두 번째 구제금융을 준비하는 영국 재무장관)'라는 텍스트를 추가해서 날짜에 대한 증빙자료로 삼고 메시지를 전달하고자 했다. 현재 채굴자들은 채굴 풀을 검색하는 역할을 하는 추가 논스와 문자열을 포함하기 위해 코인베이스 데이터를 사용한다.

코인베이스에서 처음에 나오는 몇몇 바이트는 임의적인 데이터로 사용되기도 했지만 더 이상 그렇지는 않다. BIP-34에 따라 버전-2 블록(2 이상으로 설정되어 있는 버전 필드를 가진 블록)은 코인베이스 필드를 시작할 때 스크립트 '푸시' 연산에 사용하기 위해 블록 높이 인덱스를 보유하고 있어야 한다.

## 블록 헤더 구성하기

블록 헤더를 구성하기 위해서 채굴 노드는 표 12-3에 나와 있는 것처럼 6개의 필드를 채워야 한다.

표 12-3. 블록 헤더의 구성

| 크기 | 필드 | 설명 |
|---|---|---|
| 4바이트 | 버전 | 다목적 비트필드 |
| 32바이트 | 이전 블록 해시 | 체인 내 이전 (부모)블록의 해시에 대한 참조 |
| 32바이트 | 머클 루트 | 블록 거래의 머클 트리의 루트에 대한 해시 |
| 4바이트 | 타임스탬프 | 블록의 대략적인 생성시간(유닉스 기준일자로부터 초단위로 계산) |
| 4바이트 | 난이도 목표 | 블록의 작업증명 알고리즘에 대한 난이도 목표 |
| 4바이트 | 논스 | 작업증명 알고리즘에 사용되는 카운터 |

버전 필드는 원래 정수 필드로, 비트코인 네트워크로의 세 차례 업그레이드에 사용되었으며 이 내용은 BIP-34, BIP-66, BIP-65에 나타나 있다. 매번 버전 번호는 증가했다. 이후 업그레이드에서는 버전 필드를 **버전비트**(*versionbits*)라는 비트필드로 정의하여 업그레이드를 최대 29개까지 동시에 진행할 수 있었다. 자세한 내용은 420쪽 'BIP-9의 시그널링과 활성화'를 참조하라. 시간이 한참 흐른 후 채굴자들은 일부 버전 비트를 보조 논스 필드로 사용하기 시작했다.

> 후보 블록 BIP-34, 66, 65의 프로토콜 업그레이드는 앞에서부터 발생한 순이다. BIP-66(엄격한 식별 인코딩 규칙(DER))이 BIP-65(`OP_CHECKTIMELOCKVERIFY`)보다 먼저 일어났기 때문에 비트코인 개발자는 숫자 순으로 정렬하지 않고 업그레이드가 일어난 순서대로 나열하는 경우가 많다.

오늘날 버전비트 필드는 합의 프로토콜을 업그레이드하려는 시도가 없는 한 아무런 의미가 없으며, 이 경우 해당 프로토콜의 설명서를 읽고 버전비트를 어떻게 사용하는지 확인해야 한다.

다음 과정에서는 채굴 노드는 '이전 블록 해시(`prevhash`로도 알려짐)'를 추가해야 한다. `prevhash`는 네트워크로부터 수신한 이전 블록의 블록 헤더 해시이며, 징의 노드가 이를 받아들여 후보 블록의 **부모**로 선택한 것이다.

> 후보 블록 헤더 내에 있는 이전 블록 해시 필드가 보여 주는 특정한 **부모** 블록을 선택함으로써 징은 그 특정한 부모 블록으로 끝나는 체인을 확장하는 데 채굴 능력(해시 파워)을 쓴다.

다음 단계는 머클 트리를 사용하여 모든 거래를 약정하는 것이다. 각 거래는 서명 거래 식별자(*wtxid*)를 사용하여 지형적인 순서로 나열되며, 첫 번째 거래(코인베이스)의 wtxid는 32 0x00바이트로 표시된다. 359쪽의 '머클 트리'에서도 나와 있듯이 wtxid가 홀수이면 마지막 wtxid는 자체적으로 해싱되며, 노드 각각에는 거래 하나에 대한 해시가 들어 있다. 그런 다음 거래 해시는 짝으로 결합되어 모든 거래가 머클 트리의 '루트'에서 하나의 노드로 요약될 때까지 트리의 각 단계를 형성한다. 머클 트리의 루트는 거래 전부를 단 하나의 32바이트 값으로 요약하며, 이것이 바로 **서명 루트 해시**(*witness root hash*)다.

서명 루트 해시는 코인베이스 거래 출력값에 추가된다. 블록의 거래 중 그 어느 것도 증인 구조를 담지 않아도 되는 경우에는 이 단계를 건너뛰어도 된다. 그런 다음 각 거래(코인베이스 거래 포함)는 거래 식별자(txid)를 사용하여 나열되고 두 번째 머클 트리를 구축하는 데 사용되며, 이 트리의 루트는 블록 헤더를 약정하는 머클 루트가 된다.

그러고 나서 징의 채굴 노드가 4바이트 크기의 타임스탬프를 추가해서 유닉스 '기준 일자' 타임스탬프로 인코딩한다. 이 값은 UTC/GMT 기준 1970년 1월 1일 자정부터 경과한 시간을 초 단위로 계산한 숫자이다.

그런 다음 징의 노드는 nBits 목표를 채우는데, 해당 노드를 유효한 거래로 만들기 위해 필요한 작업증명을 간단한 표현으로 설정해야 한다. 해당 목표값은 가수-지수 형태로 인코딩한 값인 '목표값 비트(target bits)' 단위로 블록 내에 저장된다. 인코딩된 값은 1바이트의 지수와 그 뒤에 나오는 3바이트의 가수(계수)를 가지고 있다. 예를 들어 블록 #277316에서 목표값 비트의 값은 `0x1903a30c`다. 앞부분의 `0x19`는 16진법의 지수이고 그다음에 나오는 `0x03a30c`는 계수다. 목표에 대한 개념은 393쪽의 '난이도 조정을 위한 목표 재설정'에 나와 있으며, '목표값 비트' 표현법에 대해서는 392쪽의 '목표값 표기법'에 나와 있다.

마지막 필드는 논스로, 0으로 설정되어 있다.

모든 필드가 다 채워지고 나면 블록 헤더는 완성되고 채굴 프로세스가 시작된다. 채굴의 목표는 목표값보다 낮은 블록 헤더 해시를 생성하는 헤더를 찾는 것이다. 채굴 노드는 요건에 맞는 버전을 발견하기까지 수십 수조 회에 걸쳐 헤더 변형 테스트를 해야 할 것이다.

## 블록 채굴하기

이제 후보 블록이 징의 노드에 의해서 구성되었기 때문에 징의 하드웨어에 있는 채굴 리그가 블록을 유효하게 만드는 작업증명 알고리즘에 대한 솔루션을 찾기 위한 블록을 '채굴'할 시간이 되었다. 이 책에서 우리는 비트코인 시스템의 다양한 측면에서 사용되는 암호화 해시 함수들을 공부했다. 해시 함수인 SHA256는 비트코인 채굴 프로세스에 사용된다.

쉽게 설명하자면 채굴은 블록 헤더를 반복적으로 해싱해서 해시 결과값이 특정 목표값과 일치할 때까지 하나의 매개변수를 변화시키는 과정이다. 해시 함수의 결과는 미리 정해질 수도 없고 특정 해시값을 생산하는 패턴이 먼저 생성될 수도 없다. 해시 함수의 이러한 특징으로 인해 특정 목표에 일치하는 해시 결과를 얻기 위한 유일한 방법은 만족하는 해시 결과가 우연히 나타날 때까지 입력값을 임의로 수정하면서 시도를 반복하는 것이다.

### 작업증명 알고리즘

해시 알고리즘은 임의의 길이를 가진 데이터 입력값을 가지고 **다이제스트**(*digest*)라고 하는 고정된 길이의 결정적 결과값을 생산한다. 다이제스트는 입력값에 대한 디지털 약정이다. 어떤 특정한 입력값에 대한 해시 결과값은 항상 동일하고 동일한 해시 알고리즘을 실행하는 어떠한 노드에 의해서도 쉬운 계산 및 검증이 가능하다. 암호 해시 알고리즘의 주요 특성은 (**충돌**이라고 알려진) 동일한 다이제스트를 생성하는 2개의 다른 입력값을 검색하는 것이 사실상 불가능하다는 점이다. 당연히 무작위로 입력값을 대입해 보는 것 이외에 원하는 다이제스트를 생성하는 방식으로 입력값을 선택하는 것도 불가능하다.

SHA256를 이용하게 되면 출력값은 입력값의 크기와 상관없이 항상 256비트 길이다. 예를 들어, 'Hello, World!'라는 문구의 SHA256 해시를 계산해 보자.

```
$ echo "Hello, world!" | sha256sum
d9014c4624844aa5bac314773d6b689ad467fa4e1d1a50a1b8a99d5a95f72ff5
```

위에서 제시된 256비트 길이의 출력값(16진수로 표시)은 해당 구문의 **해시** 또는 **다이제스트**이며, 구문의 모든 부분에 따라 달라진다. 단일 문자, 구두점 또는 다른 문자를 추가하면 다른 해시가 생성된다.

이 같은 시나리오에서 변수로 사용된 숫자를 **논스**(*nonce*)라고 한다. 논스는 암호화 함수의 출력값을 다양하게 변화시키는 데 사용되며, 위 경우에서는 문구의 SHA256 지문을 변화시키는 데 사용되었다.

이 알고리즘에 도전해보기 위해 목표값을 설정해 보자. 0으로 시작하는 16진법 해시를 생성하는 문구를 검색해 보라. 예시 12-4에서 볼 수 있듯이 다행히 그렇게 어렵지는 않다.

#### 예시 12-4. 간단한 작업증명 실행

```
$ for nonce in $( seq 100 ) ; do echo "Hello, world! $nonce" | sha256sum ; done
3194835d60e85bf7f728f3e3f4e4e1f5c752398cbcc5c45e048e4dbcae6be782 -
bfa474bbe2d9626f578d7d8c3acc1b604ec4a7052b188453565a3c77df41b79e -
[...]
f75a100821c34c84395403afd1a8135f685ca69ccf4168e61a90e50f47552f61 -
09cb91f8250df04a3db8bd98f47c7cecb712c99835f4123e8ea51460ccbec314 -
```

'Hello, World! 32'라는 문구는 다음과 같은 해시를 생성하게 된다. 바로 `09cb91f82`

50df04a3db8bd98f47c7cecb712c99835f4123e8ea51460ccbec314이다. 이 값은 우리의 기준에 적합하다. 해당 문구를 찾기 위해 32회의 시도가 있었다. 가능성의 측면에서 본다면 해시 함수의 출력값이 균등하게 분포되는 경우 16해시(0부터 F까지 16개의 16진수 중 하나)마다 1회씩 16진법의 접두부로 0을 가진 결과값을 찾을 것이라고 예상할 수 있다. 수치적인 관점에서 본다면 0x10000000000000000000000000000000000000000000000000000000000000000보다 작은 해시값을 검색하는 것을 의미한다. 이 기준값을 **목표값**(*target*)이라고 하며, 목적은 수치적으로 목표값보다 작은 해시를 검색하는 일이다. 목표값을 낮추게 되면 목표값보다 작은 해시를 찾는 작업이 점점 더 어려워진다.

간단하게 한번 비유를 들어 보겠다. 게임 참가자들이 반복적으로 주사위 한 쌍을 던지되 특정 목표값보다 주사위의 합이 작게 나와야 하는 게임이 있다고 가정해 보자. 첫 회에서 목표값은 12다. 주사위 2개 모두 6이 나오지 않는 이상 당신은 이기게 된다. 다음 회에서는 목표값이 11이다. 참가자들은 주사위의 합이 10보다 작게 나와야 승리하며, 이 또한 쉬운 작업이다. 몇 회를 더 진행해서 이제는 목표값이 5 미만으로 떨어지게 되었다고 가정해 보자. 이제 주사위를 던지는 횟수의 절반 이상에서 결과값이 유효하지 않게 될 것이다. 목표값이 낮아지면 낮아질수록 주사위를 던져야 하는 횟수는 기하급수적으로 증가한다. 마침내 목표값이 2(최소 가능 수)가 되면 총 36회의 경우의 수 중에서 1회, 즉 2%만이 승리의 결과를 얻을 수 있을 것이다.

이 주사위 게임의 목표값이 2인 것을 아는 관찰자의 관점에서는 누군가가 게임에서 승리패를 던지는 데 성공한다면 평균 36회를 시도했다고 가정할 수 있다. 즉, 목표값이 부여한 난이도로부터 성공하기 위해 필요한 작업량을 추정할 수 있다는 의미다. 알고리즘이 SHA256 등의 결정적 함수에 기반을 두고 있는 경우, 입력값 자체는 목표값 아래의 결과를 내기 위해서 행해져야 하는 작업의 특정량에 대한 **증명**이 된다. 그래서 **작업증명**이라는 것이다.

> 시도할 때마다 무작위의 결과값이 생성된다 해도 어떤 결과값이 나올 것인가에 대한 가능성은 미리 계산할 수 있다. 따라서 특정 난이도에 대한 결과값이 특정한 작업량을 증명할 수 있다.

예시 12-4에서 승리의 '논스' 값은 32이고 이 결과값은 누구나 독립적으로 검증할 수 있다. 누구나 숫자 32를 'Hello, World!'라는 문구에 접미사로 추가하여 해당 해시를 계산해서 해시가 목표값보다 작다는 사실을 검증할 수 있다.

```
$ echo "Hello, world! 32" | sha256sum
09cb91f8250df04a3db8bd98f47c7cecb712c99835f4123e8ea51460ccbec314
```

작업을 검증하기 위해서 단 1회의 해시 계산만이 필요하지만 유효한 논스를 찾는 데는 32회의 해시 계산이 실행되어야 한다. 목표값이 더 낮은 경우(난이도가 더 높은 경우) 적절한 논스를 찾는 데 더 많은 해시 계산이 소요될 것이다. 하지만 누구라도 한 번의 해시 계산만으로는 결과값을 검증할 수 없다. 게다가 누군가가 목표값을 알고 있다면 통계를 이용해서 난이도를 추정할 수 있기 때문에 얼마나 많은 작업이 유효한 논스를 찾는 데 필요한지 알게 된다.

> 작업증명은 목표값**보다 작은** 해시를 생산해야 한다. 더 높은 목표값은 목표값보다 작은 해시를 찾기가 덜 어렵다는 것을 의미한다. 낮은 목표값은 목표값보다 작은 해시를 찾는 것이 보다 어려운 일임을 의미한다. 목표값과 난이도는 반비례 관계에 있다.

비트코인의 작업증명은 예시 12-4에서 보여 주는 난제와 유사하다. 채굴자들은 거래로 가득 차 있는 후보 블록을 구성한다. 그다음 해당 채굴자가 블록 헤더의 해시를 계산하고 현재의 **목표값**보다 작은지 조사한다. 해시가 목표값보다 작은 경우 채굴자들은 논스를 조정해서(보통 1씩 증가시킴) 다시 시도한다. 비트코인 네트워크 내의 현 난이도에서 채굴자들은 블록 헤더 해시보다 충분히 작은 결과값을 가지는 논스를 찾기까지 수천 조 번의 시도를 거듭해야 한다.

### 목표값 표기법

블록 헤더는 '목표값 비트(target bits)' 혹은 단순히 '비트'라고 표기하며, 블록 #277316에서의 값은 `0x1903a30c`이다. 이 표기법은 작업증명 목표값을 계수/지수 포맷으로 표현하는데, 첫 두 자리의 16진수는 지수를 나타내고 다음 여섯 자리 16진수는 계수를 나타낸다. 블록 #277316에서는 지수가 0x19이고 계수가 `0x03a30c`이다.

위 표기법에 따라 난이도 목표값을 계산하기 위한 공식은 다음과 같다.

$$\text{target} = \text{coefficient} \times 2^{(8 \times (\text{exponent} - 3))}$$

이 공식과 난이도 비트값인 `0x01903a30c`를 이용해서 다음과 같은 결과를 얻는다.

$$\text{target} = 0\text{x}03\text{a}30\text{c} \times 2^{(0\text{x}08 \times (0\text{x}19 - 0\text{x}03))}$$

이 결과를 10진법으로 바꾸면 다음과 같다.

22,829,202,948,393,929,850,749,706,076,701,368,331,072,452,018,388,575,715,328

다시 16진법으로 바꾸면 다음과 같다.

0x0000000000000003A30C00000000000000000000000000000000000000000000

이는 높이가 277,316인 유효 블록은 목표값보다 작은 블록 헤더 해시를 가진 블록이라는 것을 의미한다. 해당되는 숫자를 2진법으로 표현하게 되면 처음 60리딩 비트 이상이 0이어야 한다. 이러한 난이도 단계에서 1초당 1조 해시를 처리(1초당 1테라해시 혹은 1TH/sec)하는 단일 채굴자의 경우 평균적으로 8,496블록마다, 즉 59일마다 한 번만 솔루션을 찾게 될 것이다.

### 난이도 조정을 위한 목표값 재설정

보다시피 목표값은 난이도를 결정하고 그에 따라 작업증명 알고리즘에 대한 솔루션을 찾는 데 얼마나 걸리는지에 영향을 미친다. 이러한 사실은 다음과 같은 질문이 나오게끔 한다. 어떻게 난이도를 조정 가능하며 누가 조정하고 조정 방법은 무엇인가?

비트코인의 블록은 평균적으로 10분마다 생성된다. 이것이 비트코인의 심박이며, 이 생성 주기를 바탕으로 통화 발행 빈도와 거래 정산 속도가 정해진다. 단지 단기간에 한해서가 아니라 수십 년 동안 이 수치들은 일정하게 유지되어야 한다. 이 기간 동안 컴퓨터의 능력은 빠른 속도로 계속 증가하게 될 것이다. 게다가 채굴에 참가하는 참가자와 그들이 사용하는 컴퓨터의 수 또한 계속적으로 변경될 것이다. 해당 블록의 생성 시간을 10분으로 유지하기 위해서 채굴의 난이도는 위 변경 사항을 고려해서 조정되어야 한다. 사실상 작업증명 목표값은 동적인 매개변수로, 10분이라는 블록의 간격 목표를 충족하기 위해 주기적으로 조정된다. 간단하게 이야기해서 목표값은 현재의 채굴 능력이 블록 생성 시간을 10분으로 하는 값으로 설정된다.

하지만 완벽하게 분산화된 네트워크 내에서 어떻게 위와 같은 조정이 이루어질까? 재설정은 자동적으로 노드 전부에서 독립적으로 실행된다. 2,016개의 블록마다 노드는 전부 작업증명을 재설정한다. 실제 시간 간격과 블록당 10분이라는 원하는 간격 사이의 비율이 계산되고, 그에 비례하여 조정값(상승 혹은 하락)이 결정된다. 즉, 해당 네트워크가 10분보다 빠르게 블록을 찾아내면 난이도는 올라간다(목표값은 감소). 블록 발견 시간이 예상보다 느리면 난이도는 줄어든다(목표값은 증가).

방정식은 다음과 같이 요약될 수 있다.

```
New Target = Old Target * (20,160 minutes / Actual Time of Last 2015 Blocks)
```

> 원래 비트코인 소프트웨어의 인덱스 에러(off-by-one error)로 인해 블록 2,016개마다 목표값을 조정하지만, 이전 블록이 (2,016개가 아닌) 2,105개가 되기까지 걸린 총 시간을 기준으로 한다. 그 결과 난이도가 0.05%로 더 높게 재설정되는 경향이 있다.

예시 12-5는 비트코인 코어 클라이언트 내에서 사용되는 코드를 보여 준다.

**예시 12-5. 작업증명 재설정 pow.cpp에서 CalculateNextWorkRequird() 사용**

```
// Limit adjustment step
int64_t nActualTimespan = pindexLast->GetBlockTime() - nFirstBlockTime;
LogPrintf(" nActualTimespan = %d before bounds\n", nActualTimespan);
if (nActualTimespan < params.nPowTargetTimespan/4)
    nActualTimespan = params.nPowTargetTimespan/4;
if (nActualTimespan > params.nPowTargetTimespan*4)
    nActualTimespan = params.nPowTargetTimespan*4;

// Retarget
const arith_uint256 bnPowLimit = UintToArith256(params.powLimit);
arith_uint256 bnNew;
arith_uint256 bnOld;
bnNew.SetCompact(pindexLast->nBits);
bnOld = bnNew;
bnNew *= nActualTimespan;
bnNew /= params.nPowTargetTimespan;

if (bnNew > bnPowLimit)
    bnNew = bnPowLimit;
```

매개변수들의 `Interval`(2,016 블록)과 `TargetTimespan`(2주 혹은 1,209,600초)이 *chainparams.cpp* 내에 규정되어 있다.

난이도 내에서 극도의 변동성을 피하기 위해 재설정 조정값은 주기당 4배 미만이어야 한다. 만약 목표값 조정 요구치가 4배를 초과하는 경우 4배 이하로 조정되고 더 이상 조정되지 않는다. 추가 조정은 다음 재설정 기간에 이루어진다. 왜냐하면 조정값으로 인한 불균형은 다음에 나오는 2,016개의 블록 내내 유지될 것이기 때문이다. 따라서 해싱 파워와 난이도 사이의 차이가 많이 나는 경우 균형을 잡기 위해서는 2,016블록으로 구성된 주기를 여러 번 지나야 한다.

목표값은 거래의 건수나 거래의 가치와는 무관하다는 점을 명심하라. 이는 해싱 파워의 크기와 그에 따라 비트코인을 획득하는 데 필요한 전력량 또한 거래의 건수와 무관하다는 것을 뜻한다. 비트코인은 현재의 해싱 파워를 증가시키지 않고도 규모를 키울 수 있고, 더 많이 사용될 수 있으며, 안전을 유지할 수 있다. 새로운 채굴자들이 보상금을 두고 경쟁하기 위해 시장에 진입하면서 해싱 파워의 증가는 자유 시장 방식이 적용된다는 것을 의미한다. 해싱 파워가 보상금을 위해 정직하게 활동하는 채굴자들의 통제하에 놓여 있는 한 충분히 '탈취(takeover)' 공격을 방지할 수 있고, 이러한 상황은 비트코인을 안전하게 유지하기에 충분하다.

채굴의 난이도는 전기료 및 전기료를 내기 위해 사용되는 통화에 대한 비트코인 환율과 밀접하게 관련이 있다. 고성능의 채굴 시스템은 가능한 한 고속으로 전기를 해싱 계산법으로 전환해 주는 첨단 실리콘 반도체 덕분에 효율성이 높아졌다. 채굴 시장에 끼치는 주된 영향력은 비트코인 내부에서 전기 1킬로와트시에 대한 가격이다. 왜냐하면 전기세가 채굴의 수익성과 그에 따라 채굴 시장으로 진입하거나 시장을 빠져나갈 때의 인센티브를 결정하기 때문이다.

## 중앙 시간 경과(MTP)

비트코인에서는 벽 시간(wall time)과 합의 시간(consensus time) 사이에 미묘하지만 매우 중요한 차이점이 있다. 비트코인은 분산화된 네트워크로, 참여자들이 각자 시간에 대한 고유한 관점을 가지고 있다. 네트워크상에서는 사건이 모든 곳에서 순간적으로 발생하지 않는다. 따라서 각 노드의 관점에 네트워크 대기시간(latency)도 요인으로 포함되어야 한다. 결국 공통의 블록체인을 만들기 위해 모든 내용이 동기화된다. 비트코인은 과거에 존재했던 블록체인의 상태에 대해 10분마다 합의를 이루게 된다.

블록 헤더에 설정되어 있는 타임스탬프는 채굴자가 설정한다. 분산화된 노드 간 시간 정확도의 차이를 감안하기 위해 합의 규칙을 통해 어느 정도의 자율성이 허용된다. 하지만 이는 채굴자가 거짓말을 하도록 어쩌면 유감스러운 동기를 부여하기도 한다. 예를 들어, 채굴자가 나중에 시간을 설정하면 난이도를 낮춰 블록을 더 많이 채굴하고 미래 채굴자를 위해 남겨둔 보상금 일부를 청구할 수도 있다. 몇몇 블록에 과거 시간을 설정할 수 있다면, 다른 블록에는 현재 시간을 사용할 수 있으므로 난이도를 조작하기 위해 블록 사이 시간 간격이 길어 보이게 할 수도 있다.

이와 같은 조작을 방지하기 위해 비트코인에는 합의 규칙이 두 가지 존재한다. 첫 번째, 어떤 노드도 시간이 2시간보다 더 이후로 설정되어 있는 블록은 수락하지 않는다. 두 번째, 어떤 노드도 **중앙 시간 경과**(MTP), 즉 지난 블록 11개의 시간 중간값과 시간이 같거나 그 이전인 블록은 수락하지 않는다.

BIP-68 상대적 잠금 시간의 활성화 일환으로 거래에서 타임락(절대적 및 상대적)에 대한 '시간' 계산 방식에도 변화가 생겼다. 이전에는 해당 블록의 시간 이하의 잠금 시간이 있는 블록에는 채굴자가 어떤 거래든 담을 수 있었다. 이는 채굴자가 가능하다고 여기는 가장 늦은 시간(앞으로 약 2시간)을 사용하여 더 많은 거래를 블록에 적합하도록 만드는 동기가 되었다.

거짓말을 할 동기를 없애고 타임락 보안을 강화하기 위해 상대적 타임락에 대한 BIP와 동시에 BIP-113을 제안하고 활성화하였다. MTP는 모든 타임락 계산에 사용되는 합의 시간이 되었다. 지난 2시간 동안 생성된 블록의 중간값을 계산하면 어떤 단일 블록의 타임스탬프가 끼치는 영향력이 줄어들게 된다. 이렇게 블록 11개를 통합하게 되면, 채굴자는 더 이상 타임락이 남아 있는 거래의 수수료를 벌기 위한 목적으로 타임스탬프에 영향력을 행사할 수 없게 된다.

MTP는 잠금 시간, CLTV, 시퀀스 및 CSV에 대한 시간 계산 구현을 변경한다. MTP가 계산한 합의 시간은 일반적으로 벽 시간에서 약 1시간 후다. 잠금 시간 거래를 생성하려면 이를 고려해서 잠금 시간, 시퀀스, CLTV, CSV에 인코딩하려는 기댓값을 추정해야 한다.

## 블록을 성공적으로 채굴하기

이전에도 보았듯이 징의 노드는 후보 블록을 구성해서 채굴을 위한 준비를 한다. 징은 특수 용도의 집적 회로를 장착한 하드웨어 채굴 리그를 몇 대 가지고 있다. 이 기기를 이용해 수십 만 개의 집적회로가 믿기 힘든 속도로 동시에 SHA256 알고리즘을 가동한다. 이 특수 기계 중 많은 대수가 USB 혹은 LAN으로 채굴 노드에 연결된다. 그 후 징의 데스크톱에서 가동되던 채굴 노드가 블록 헤더를 그의 채굴 하드웨어로 전송한다. 이때 징의 하드웨어는 1초당 수조 개의 헤더 변형을 테스트하기 시작한다. 논스가 32비트에 불과하기 때문에 가능한 논스(약 40억 개)를 모두 소진한 후 채굴 하드웨어는 블록 헤더를 변경하고(코인베이스 추가 논스 공간, 버전 비트 또는 타임스탬프 조정) 논스 카운터를 재설정하여 새로운 조합을 테스트한다.

특정 블록을 채굴하고 나서 약 11분 후에 징의 하드웨어 채굴 기계들 중 한 대가 솔루션을 찾아내고 해당 솔루션을 다시 채굴 노드로 전송한다.

즉시 징의 채굴 노드는 모든 피어들에게 해당 블록을 전송한다. 피어들은 새로운 블록을 전송받아 검증하고 난 후 전파한다. 해당 블록이 네트워크로 퍼져 나가면 각 노드는 이 블록을 본인들의 블록체인 복사본에 추가해 넣어서 블록의 높이를 증가시킨다. 다른 채굴 노드들이 해당 블록을 전송받아 검증하게 되면 동일한 높이에 있는 블록을 찾는 노력을 멈추고 즉시 징의 블록을 '부모'로 사용하여 체인의 다음 블록을 계산하기 시작한다. 징의 새 블록 위에 구축하게 되면 다른 채굴자들이 본질적으로 채굴 능력을 사용하여 징의 블록과 확장된 체인을 보증한다.

다음 절에서는 블록을 검증하고 분산화된 블록체인을 생성하는 합의를 이끌어 낼 수 있는 최장의 체인을 선택하기 위해 각 노드들이 사용하는 프로세스를 살펴볼 것이다.

## 새 블록을 검증하기

비트코인 합의 메커니즘의 세 번째 단계는 네트워크상에 있는 모든 노드에 의해 새 블록 각각이 독립적으로 검증받는 것이다. 솔루션을 찾은 새 블록이 네트워크로 전송되면, 노드 각각은 이웃 노드들에게 전파되기 전에 블록들을 검증하기 위해 일련의 테스트를 수행한다. 이를 통해 유효한 블록만이 네트워크상으로 전파된다. 또한 이러한 독립적인 검증을 통해 정직하게 활동하는 채굴자들이 그들의 블록을 블록체인에 연결하여 보상금을 받을 수 있도록 해 준다. 정직하지 않게 활동하는 채굴자들의 블록들은 거절당하기 때문에 보상금을 잃을 뿐만 아니라 작업증명 솔루션을 찾는 데 들었던 노력도 낭비하게 된다. 따라서 어떠한 보상 없이 전기세를 날리게 되는 것이다.

노드가 새로운 블록을 전송받게 되면 모두 충족시켜야 하는 여러 개의 기준이 담겨 있는 목록을 보고 체크함으로써 해당 블록을 검증하게 될 것이다. 기준 목록의 항목들을 충족하지 못하는 경우 해당 거래는 거절된다. 이 기준들은 비트코인 코어 클라이언트에 있는 `CheckBlock`과 `CheckBlockHeader` 함수에 나와 있다. 내용은 다음과 같다.

- 블록의 데이터 구조는 구문적으로 유효하다.
- 블록 헤더 해시는 (작업증명을 시행하는) 목표값보다 작다.
- 블록의 타임스탬프는 (시간 오류를 고려해서) MTP와 향후 2시간 이내다.
- 해당 블록의 크기는 허용할 수 있는 한도 내에 있다.
- 제일 첫 거래(첫 거래에만 적용)는 코인베이스 거래다.
- 블록 내에 있는 거래 전부는 380쪽 '거래의 독립적 검증'에서 논의되었던 거래 체크리스트를 이용해서 유효함을 판단한다.

네트워크상에 있는 노드 전부가 새 블록 각각을 독립적으로 검증하게 되면 채굴자들은 사실 여부를 속일 수가 없게 된다. 이전 절에서 채굴자들이 해당 블록 내에서 생성된 새로운 비트코인을 제공하는 거래를 어떻게 기록하고 거래 수수료를 어떻게 요구하는지에 대해 알아보았다. 그렇다면 왜 채굴자들은 정확한 보상금 대신 무수히 많은 비트코인을 채굴자에게 전송하는 거래를 만들지 않을까? 그것은 모든 노드가 동일한 규칙에 따라 블록들을 검증하기 때문이다. 유효하지 않은 코인베이스 거래는 전체 블록을 유효하지 않게 만들고, 그 결과 해당 블록이 거절당하게 되면 해당 거래는 절대 공개 장부에 올릴 수 없게 된다. 채굴자들은 모든 노드가 따르고 있는 공유 규칙에 따라 완벽한 블록을 구성해야 하며 작업증명에 대한 정확한 솔루션을 가지고 블록을 채굴해야 한다. 그렇게 함으로써 채굴에 많은 전기를 소비하게 된다. 만약 그들이 정직하지 않게 활동한다면 쏟아부었던 전기와 노력은 허사가 된다. 그래서 독립적인 검증이 분산화된 합의의 중요한 요소가 되는 것이다.

## 블록체인 수집 및 선택

비트코인의 분산화된 합의 메커니즘의 마지막 단계는 블록을 체인 안에 모수집해서 가장 많은 작업증명을 보유하고 있는 체인을 선택하는 일이다.

**베스트 블록체인**은 연관 작업증명을 가장 많이 누적하고 있는 유효 체인이면 된다. 베스트 블록체인에는 자신의 체인 위에 '형제' 블록을 가진 브랜치가 있을 수도 있다. 형제 블록은 유효하긴 해도 그 자체를 베스트 체인의 일부로 보기는 힘들다. 나중에 2차 체인 중 하나가 1차 체인이 될 경우를 대비하여 참조용으로 보관하는 것이다. 형제 블록은 일반적으로 동일한 높이에서 서로 다른 블록을 거의 동시에 채굴했을 때 생긴다.

새로운 블록을 전송받은 노드는 해당 블록을 기존의 블록체인에 연결하기 위해 노력할 것이다. 해당 노드는 새 블록의 부모 블록을 가리키고 있는 '이전 블록 해시' 필드를 살펴볼 것이다. 그 후 해당 노드는 기존의 블록체인에서 해당되는 부모 블록을 찾기 위한 시도를 할 것이다. 대부분의 경우 부모 블록은 메인 체인의 '끝'에 위치하게 되는데, 이는 이 새로운 블록이 메인 체인을 확장했다는 것을 의미한다.

간혹 새로운 블록이 베스트 체인을 연장하지 않을 때도 있다. 이 경우 노드는 새 블록의 헤더를 2차 체인에 첨부한 다음 2차 체인 작업을 이전의 베스트 체인과 비교한다. 비교 결과, 2차 체인이 베스트 체인이라면 노드는 승인된 거래와 유효한 UTXO의 관점을 **재구성**한다. 노드가 채굴자인 경우, 작업증명이 더 뛰어난 이 새로운 체인을 연장할 후보 블록을 구성할 것이다.

가장 누적 작업이 많이 이루어진 유효한 체인을 선택함으로써 마침내 모든 노드는 네트워크 전역의 합의를 이끌어 내게 된다. 체인들 간에 임시적으로 불일치가 발생하는 경우는 작업증명이 더 많이 추가되면 결국은 해결되면서 가능한 체인들 중 한 체인이 연장된다.

> 이번 절에서 다루고 있는 블록체인 분기는 전 세계 네트워크에서 전송 지연으로 인해 자연스럽게 발생한다. 12장 후반부에서는 유도 분기(induced fork)에 대해서도 자세하게 다룰 것이다.

분기는 거의 한 블록 내에서 해결된다. 이전 분기의 정반대 '편'에 있는 채굴자들이 블록 2개를 거의 동시에 발견한 경우, 우발적인 분기로 인해 블록이 2개로 연장될 수는 있다. 하지만 그럴 가능성은 희박하다.

비트코인의 블록 생성 간격인 10분은 신속한 승인 시간과 분기 발생 가능성을 절충하여 설계한 것이다. 블록 생성 시간이 빨라지면 거래 처리 속도도 분명 빨라지는 것 같지만 블록체인 분기가 더 빈번하게 발생하고, 블록 생성 시간이 느려지면 분기 횟수는 줄어들지만 거래 처리 시간이 느려지는 것 같다.

> 블록 생성 평균 시간이 10분인 블록 하나에 포함된 거래, 아니면 블록 생성 평균 시간이 1분인 블록 9개에 포함된 거래 중에서 어느 쪽이 더 안전할까? 정답은 똑같이 안전하다는 것이다. 해당 거래를 두 번 사용하려는 악의적인 채굴자가 동일한 작업증명이 있는 체인을 만들려면 총 네트워크 해시 속도인 10분에 해당하는 양의 작업을 수행해야 한다. 블록 생성 시간이 짧다고 해서 더 일찍 처리되는 것은 아니다. 생성 시간이 짧을 때 유일한 이점은 이를 기꺼이 받아들이는 사람들에게 더 약한 보장을 제공한다는 것뿐이다. 예를 들어, 베스트 블록체인에 동의하는 데 3분이면 보안이 충분한 것으로 받아들이는 채굴자들에겐 10분 분량의 블록 시스템보다 블록 3개를 생성할 수 있는 1분 분량의 블록 시스템이 끌릴 것이다. 하지만 블록 생성 시간이 짧을수록 우발적인 분기로 인해 낭비되는 채굴 작업이 더 많아지기 때문에, 대다수가 짧은 블록 생성 시간보다 비트코인의 10분 분량의 블록을 선호한다.

## 채굴과 해싱 복권

비트코인 채굴은 극도로 경쟁적인 산업이다. 해싱 파워는 비트코인이 도입되면서부터 기하급수적으로 증가했다. 어떤 해에는 해싱 파워의 발전 정도가 새로운 기술 도입에 영향을 받은 적도 있다. 예를 들어 2010년과 2011년에는 많은 채굴자들이 CPU 채굴을 하다가 GPU 채굴 및 필드 프로그래밍 지원 게이트 어레이(FPGA)채굴로 갈아탔다. 2013년도에는 ASIC 채굴 기법이 도입되어 채굴 전용의 실리콘칩 위에서 SHA256 함수를 바로 사용할 수 있게 되면서 채굴 파워에 있어 엄청난 도약을 이루었다. 이 최초의 전용 반도체는 단일 기기에서 2010년 비트코인 네트워크 전체보다 채굴 파워를 더 많이 제공할 수 있었다.

현 집필 시점에서 비트코인 채굴 장비가 더 이상은 비약적인 도약을 할 수 없을 거라 예상한다. 왜냐하면 이미 비트코인 산업이 무어의 법칙(Moore's Law)의 최전선에 도달했기 때문이다. 무어의 법칙에 따르면 마이크로 칩의 밀도가 약 18개월마다 약 2배가 된다고 규정한다. 그럼에도 네트워크의 채굴 능력은 계속해서 빠른 속도로 발전하는 중이다.

### 추가 논스 솔루션

2012년 이후 비트코인 채굴은 블록 헤더의 구조 내에서 기본적인 한계를 해결하기 위해 진화해 왔다. 비트코인 초기 채굴자는 해시 결과값이 목표값 미만이 될 때까지 해당 논스값을 반복해서 대입함으로써 블록을 찾을 수 있었다. 난이도가 증가하면서 채굴자들은 종종 블록 논스값 40억 개를 반복적으로 대입해도 블록을 찾을 수가 없었다. 하지만 이 문제는 경과 시간을 계산하는 블록 타임스탬프를 업데이트함으로써 쉽게 해결되었다. 타임스탬프가 블록 헤더의 일부이기 때문에 업데이트되는 경우 채굴자들로 하여금 논스값을 반복적으로 대입시켜서 다른 결과값을 얻게 해 준다. 하지만 채굴 하드웨어가 4GH/sec를 초과하게 되면 1초도 되기 전에 논스값을 다 써 버리게 되기 때문에 이 방법은 사용이 어렵게 된다. ASIC 채굴 장비가 작동되기 시작하면서 TH/sec 단위의 해시 속도를 초과하게 되자 채굴 소프트웨어는 유효할 블록을 찾기 위해 논스값에 대한 공간을 더 필요로 하게 되었다. 타임스탬프는 약간 길어질 수도 있지만 너무 먼 미래로 이동하게 되면 해당 블록이 유효하지 않게 된다. 블록 헤더에 변형 소스가 필요하게 되었다.

널리 사용되던 한 가지 솔루션은 코인베이스 거래를 추가 논스값 소스로 사용하는 것이었다. 코인베이스 스크립트가 2–100바이트 크기의 데이터를 저장할 수 있기 때문에 채굴자들은 그 공간을 추가 논스 공간으로 사용하기 시작했고, 이를 통해 채굴자들은 유효한 블록을 찾기 위해 블록 헤더값을 더 넓은 범위에서 검색할 수 있게 되었다. 코인베이스 거래는 머클 트리 내에 포함되며, 이는 코인베이스 스크립트가 변경되면 머클 루트도 변경된다는 것을 의미한다. 8바이트의 추가 논스에 '표준' 논스 4바이트를 더하면 채굴자들은 타임스탬프를 변경할 필요 없이 1초당 총 $2^{96}$(8 + 28개의 0)개의 가능성 있는 블록을 탐색할 수 있다.

현재 통용되고 있는 또 다른 솔루션은 BIP-320에서 설명한 대로 채굴을 위해 블록 헤더 버전비트 필드를 최대 16비트까지 사용하는 것이다. 각 채굴 장비에 자체 코인베이스 거래가 있으면 블록 헤더만 변경해서 최대 281TH/s로 작업할 수 있다. 이는 코인베이스 거래에서 40억 해시마다 추가 논스를 증가시키는 것보다 채굴 장비와 프로토콜을 단순하게 유지시켜 준다. 그렇지 않은 경우 머클 트리의 왼쪽 루트 전부를 다시 계산해야 한다.

## 채굴 풀

이렇게 경쟁이 심한 환경에서 혼자 활동하는 개인 채굴자들(솔로 채굴자라고도 함)은 거의 기회가 없다. 개인 채굴자들이 전기세와 하드웨어에 드는 비용을 충당하며 블록을 찾아서 수익을 낼 가능성은 너무 낮기 때문에 채굴 작업을 마치 복권을 사는 행위처럼 도박을 한다고 표현하기도 한다. 최고 속도의 개인용 ASIC 채굴 시스템이라고 할지라도 수력발전소 근처에 위치한 거대한 창고에서 수만 개의 칩을 쌓아 놓고 가동하는 상업용 시스템을 따라잡을 수는 없다. 현재 채굴자들은 서로 협력해서 채굴 풀을 만들고 구성원들의 해싱 파워를 합쳐서 작업을 하고 수천 명의 참가자들끼리 보상금을 나누어 가진다. 풀에 참가함으로써 채굴자들은 보상금에서 일정액을 떼고 받게 되지만 보통은 매일 돈을 벌게 되면서 불확실성을 감소시킬 수 있다.

구체적인 예를 한번 살펴보자. 채굴자 한 명이 현재 총 네트워크 해시율의 0.0001%에 해당하는 결합 해시율을 가진 채굴 장비를 구매했다고 가정해 보자. 프로토콜 난이도가 절대 변하지 않는다면, 약 20년마다 새 블록 하나를 찾게 될 것이다. 보상금을 기다리는 데 아주 긴 시간이 걸린다. 하지만 총 네트워크 해시율의 1%에 달하는 다른 채굴자와 함께 채굴 풀에서 동업을 하면, 평균적으로 하루에 블록 한 개 이상을 찾게 된다. 보상금의 일부만 받게 되므로(풀에서 부과하는 수수료 제외) 하루에 아주 소량만 지급된다. 20년 동안 매일 채굴한다고 치면, 혼자서 블록을 찾은 것과 결국 같은 금액(풀 수수료 제외)을 벌게 된다. 근본적인 차이점이라면 지불을 받는 빈도에 있다.

채굴 풀은 풀 채굴 전용 프로토콜을 이용하여 수백만 명의 채굴자들을 조직화한다. 개인 채굴자들은 채굴 풀에서 계정을 만든 후 풀 서버에 접속하기 위해 채굴 장비의 환경을 설정한다. 채굴 하드웨어는 채굴 작업을 하는 동안에는 풀 서버에 연결되어 다른 채굴자들과 채굴 작업 내역을 동기화한다. 따라서 채굴 풀에 가입되어 있는 채굴자들은 채굴 작업 내역을 공유하고 그에 따라 보상금도 공유한다.

채굴에 성공한 블록들은 보상금을 개인 채굴자들에게 바로 지급하는 대신 풀 비트코인 주소로 지급한다. 풀 서버는 각 채굴자들에 대한 보상금 할당 몫이 일정 기준값에 도달하게 되면 주기적으로 채굴자들의 비트코인 주소로 보상금을 지불한다. 전형적으로 풀 서버는 풀 채굴 서비스를 제공하는 것에 대한 대가로 보상금의 1%를 수수료로 청구한다.

풀에 참가하는 채굴자들은 후보 블록에 대한 솔루션을 찾기 위해 작업을 나누어 실시하고, 채굴에 공헌한 정도에 따라 자신들의 '몫'을 얻는다. 채굴 풀은 이러한 공헌도를 계산하기 위한 방법으로 더 높은 목표값(더 낮은 난이도)을 설정하는데, 보통 비트코인 네트워크의 목표값보다 1,000배 이상 쉽다. 풀에 속해 있는 채굴자 중 한 사람이 성공적으로 블록을 채굴하면 해당 보상금은 해당 풀이 가지게 되고 각자 작업한 양에 따라 각자의 몫을 모든 채굴자들에게 배분한다.

풀 대다수가 채굴자들의 규모나 전문성과 상관없이 모든 채굴자들에게 개방되어 있다. 따라서 어떤 채굴자들은 규모가 작은 채굴 기계를 가지고 있을 수도 있고 고가의 채굴 하드웨어로 가득 차 있는 차고를 가지고 있을 수도 있다. 어떤 채굴자는 수십 킬로와트의 전기로 채굴 작업을 하고 어떤 채굴자는 메가와트 단위의 전력을 소비하는 데이터 센터를 가동 중일 수도 있다. 그렇다면 채굴 풀은 어떻게 보상금을 공정하게 분배하기 위해 각 개인의 기여도를 측정할 수 있을까? 해답은 비트코인의 작업증명 알고리즘을 낮은 수준의 난이도값에 적용하여 각 풀의 채굴자들에 대한 기여도를 측정하는 것이다. 그러므로 작은 규모의 풀 채굴자들도 자신들의 몫을 충분히 자주 얻을 수 있게 된다. 본인들의 몫을 얻기 위해 더 낮은 난이도를 설정해 놓음으로써 해당 풀은 각 채굴자들이 시행한 작업량을 측정한다. 풀 채굴자가 해당 풀의 목표값보다 작은 값의 블록 헤더 해시를 찾아낼 때마다 해당 채굴자는 해싱 작업을 완료해서 해당 결과를 찾았다는 것을 입증하게 된다. 결국 헤더는 코인베이스 거래를 약정하고 채굴자가 풀에 블록 보상금으로 지불했어야 할 코인베이스 거래를 사용했다는 사실을 증명하는데 이 헤드가 사용될 수 있다. 채굴자 각각에 조금씩 다른 코인베이스 거래 템플릿이 제공되므로 각자 다른 후보 블록 헤더를 해싱함으로써 중복 작업을 방지하게 된다.

통계학적으로 측정 가능한 방법을 이용해서 각자의 기여도를 알아내는 작업은 비트코인 네트워크의 목표값보다 작은 해시를 찾으려는 노력을 전반적으로 향상시킨다. 낮은 해시값을 찾으려는 채굴자 수천 명이 결국 비트코인 네트워크의 목표값을 충족시킬 수 있도록 충분히 작은 해시를 찾게 될 것이기 때문이다.

주사위 게임에 다시 한번 비유해 보자. 주사위 게임 참가자들은 이번에는 주사위 한 쌍의 합이 4(네트워크 전체의 난이도) 미만이 되도록 주사위를 던지기로 했다면 풀은 더 쉬운 목표값을 설정해서 게임 참가자들이 8 미만으로 주사위를 몇 번 던졌는지 계산한다. 풀 참가자들이 합을 8(풀의 지분 목표) 미만으로 던지게 되면 해당 몫을 얻게 되지만 해당 게임에서는 승리하지 못한다. 왜냐하면 게임의 목표값(4 미만)은 아니기 때문이다. 풀 참가자들은 자주 풀의 목표값을 쉽게 설정해서 더 일정한 주기로 풀에 할당된 금액을 벌 수 있도록 해 준다. 이는 해당 게임에서 더 어려운 목표값에 도달하지 못해도 가능한 일이다. 간혹 풀 참가자 중 한 명이 주사위 합을 4 미만이 되도록 던져서 해당 풀이 승리하게 되는 경우도 있다. 그렇게 되면 해당 수익은 각 참가자들이 벌어들인 몫에 따라 풀 참가자들에게 배분될 수 있다. 비록 참가자들이 주사위를 던졌을 때 8 미만의 숫자가 나온다고 해도 목표를 달성하는 것은 아니지만 참가자들에게 있어 주사위를 던지는 횟수를 측정하는 것은 공정한 방법이며, 가끔 주사위의 합이 4 미만이 나오는 경우도 있다.

위 경우와 유사하게 채굴 풀에서는 종종 풀의 목표값보다 작은 블록 헤더 해시를 풀의 개인 채굴자가 찾아서 수익을 얻을 수 있도록 풀 목표값을 (더 높게 해서 더 쉽게) 설정할 수도 있다. 때로는 채굴자 중 한 사람이 비트코인 네트워크 목표값보다 작은 블록 헤더 해시를 찾아내서 해당 블록을 유효하게 만들고 풀 전체가 승리하도록 만들 수도 있다.

### 관리형 풀

채굴 풀 대부분은 '관리형'이다. 이는 풀 서버를 가동하는 회사나 개인이 있다는 것을 의미한다. 풀 서버의 소유주를 **풀 오퍼레이터**(*pool operator*)라고 하며, 풀 채굴자들에게 수익의 1%를 수수료로 부과한다.

풀 서버는 특수 소프트웨어와 풀 채굴 프로토콜을 가동해서 풀 채굴자들의 활동을 조직화시킨다. 또한 풀 서버는 하나 이상의 풀 비트코인 노드에 접속해서 풀 채굴자를 대신하여 블록과 거래를 검증함으로써 풀 노드 가동의 부담을 줄여 준다. 일부 채굴자들에게 풀 노드 가동 없이도 채굴이 가능하다는 점은 관리형 풀에 가입하게 되는 또 다른 장점이다.

풀 채굴자들은 스트라텀(v1 혹은 v2) 등의 채굴 프로토콜을 사용해서 풀 서버에 접속한다. 스트라텀 v1 프로토콜은 후보 블록 헤더의 **템플릿**을 담고 있는 블록 템플릿을 만들어 낸다. 풀 서버는 거래들을 종합해서 코인베이스 거래(추가 논스 공간 포함)를 추가하고 머클 루트를 계산해서 이전 블록 해시에 연결함으로써 후보 블록을 구성하게 된다. 후보 블록의 헤더는 그 후 템플릿의 형태로 풀 채굴자 각각에게 전송되며, 풀 채굴자 각각은 해당 블록 템플릿을 이용해서 비트코인 네트워크 목표값보다 높은 목표값(더 쉬워짐)으로 채굴을 시작하고 자신들의 수익금 몫을 얻기 위해 해당 풀 서버로 다시 성공 결과를 전송해서 자신의 몫을 얻는다.

스트라텀 v2는 풀 개인 참여자가 자신의 블록에 표시할 거래를 선택할 수 있는 옵션을 제공하며, 자신의 고유 풀 노드를 사용하면 선택이 가능하다.

### 피어투피어 채굴 풀(P2Pool)

스트라텀 v1을 사용하는 관리형 풀 오퍼레이터가 이중지불 거래나 블록 무효화(409쪽

합의 공격 참조) 등의 작업을 지시하는 부정행위를 저지를 소지가 있다. 게다가 중앙 집중식 풀 서버는 단일 장애점(single-point-of-failure)을 가지고 있다. 따라서 풀 서버가 다운되거나 서비스거부 공격에 의해 속도가 느려지게 되면 해당 풀의 채굴자들은 채굴을 할 수가 없게 된다. 2011년 중앙 집중식 시스템의 이러한 문제점을 해결하기 위해서 새로운 채굴 방식이 제안되어 시행되었다. 바로 P2Pool로 중앙 오퍼레이터 없이 피어투피어 방식의 채굴 풀이다.

P2Pool은 풀 서버의 기능을 분산시키고 **공유체인**(*share chain*)이라고 부르는 블록체인에 상응하는 유사 시스템을 실행한다. 공유체인은 비트코인의 블록체인보다 낮은 난이도에서 가동된다. 공유체인을 통해 풀 채굴자들은 30초당 공유블록 한 개씩을 생성하는 속도로 공유체인상에서 각자의 몫을 채굴함으로써 분산화된 풀 내에서 공동으로 작업할 수 있다. 공유체인상에 있는 블록 각각은 채굴 작업에 기여한 풀 채굴자들을 위해 각자의 작업량을 근거로 보상금을 나누어 기록하고 이전 공유블록에서 해당 보상금을 전송한다. 공유블록들 중 한 개가 비트코인 네트워크의 목표값을 달성한 경우에도 해당 블록은 전파되어 비트코인의 블록체인상에 포함된다. 이를 통해 채굴에 성공한 공유블록보다 먼저 만들어져 있던 배당금 전부가 채굴 작업에 기여한 모든 풀 채굴자들에게 보상금으로 돌아간다. 본질적으로 풀 서버가 풀 채굴자들의 보상금과 그들의 몫에 대해 파악하는 대신 공유체인을 통해 모든 풀 채굴자들이 비트코인의 블록체인 합의 메커니즘처럼 분산화된 합의 메커니즘을 이용하여 모든 배당금을 파악할 수 있다.

P2Pool 채굴을 하려면 풀 비트코인 노드와 P2Pool 노드 소프트웨어를 지원하기 위해 디스크 공간과 메모리, 인터넷 대역폭이 충분히 큰 전용 컴퓨터를 가동해야 하기 때문에 풀 채굴보다 복잡하다. P2Pool 채굴자들은 자신들의 채굴 하드웨어와 로컬 P2Pool 노드를 연결한다. 로컬 P2Pool 노드는 블록 템플릿을 채굴 하드웨어에 전송함으로써 풀 서버의 기능을 시뮬레이션한다. P2Pool상에서 개인 풀 채굴자들은 자신들의 후보 블록을 구성해서 마치 혼자 활동하는 채굴자들처럼 거래들을 한데 모으기도 하지만 그 후에 공유체인상에서 서로 협력해서 채굴 작업을 진행한다. P2Pool은 단독 채굴보다 각자에게 돌아가는 수익금이 작게 분할된다는 이점이 있지만 관리형 풀처럼

풀 오퍼레이터에 대한 통제가 많이 이루어지지 않는 하이브리드식 풀이다.

P2Pool이 채굴 풀 오퍼레이터에 의해 파워 집중을 줄인다고 해도 공유 체인 자체에 대한 51% 공격에는 여전히 취약하다. P2Pool을 더욱 광범위하게 채택하는 것이 비트코인 자체적으로 51% 공격을 해결하지는 못한다. 대신 P2Pool은 다양한 채굴 환경의 일환으로 비트코인을 전반적으로 더 튼튼하게 해 준다. 이 책을 쓰는 시점에 P2Pool은 더 이상 사용되진 않지만 스트라텀 v2와 같은 새로운 프로토콜을 사용하면 개인 채굴자가 블록에 담을 거래를 선택할 수 있다.

## 해시율 공격

적어도 이론상으로는 해싱 파워를 이용해 정직하지 않거나 파괴적인 목적을 달성하려는 채굴자들(혹은 풀)에 의한 공격에 비트코인의 합의 메커니즘은 취약하다. 앞서 확인했듯이 합의 메커니즘은 사리사욕만을 추구하지 않고 정직하게 작업하는 채굴자들이 다수를 차지한다는 사실에 근거하고 있다. 하지만 한 명의 채굴자나 채굴자 집단이 채굴 파워 중 많은 부분을 획득하고자 한다면 비트코인 네트워크의 보안 및 유용성을 저해하기 위해 합의 메커니즘을 공격할 수도 있다.

해시율 공격은 앞으로 발생하게 될 합의에만 영향을 끼칠 수 있다는 점을 숙지하고 있어야 한다. 과거에 발생한 블록의 경우는 기껏해야 수십 개 블록 정도에만 영향을 끼칠 수 있다. 비트코인 장부는 시간이 지나면서 점점 더 변경하기 힘들도록 되어 있다. 이론상으로는 어떤 깊이에서도 분기가 발생할 수 있지만 실제로는 아주 깊은 깊이에서 분기가 발생하도록 하려면 어마어마한 컴퓨팅 파워가 필요하기 때문에 실질적으로는 이전에 생성된 파일들은 변경이 어렵다. 또한 해시율 공격은 개인키의 보안과 서명 알고리즘(ECDSA)에 영향을 끼치지 않는다.

합의 메커니즘에 대한 공격 시나리오 중 하나는 **다수 공격**(*majority attack*)으로 알려진 '**51% 공격**'이다. 이 시나리오상에서는 네트워크 전체의 해싱 파워 중 다수(51%)를 제어하고 있는 채굴자 집단이 비트코인을 공격하기로 공모한다. 블록 다수를 채굴할 수 있는 능력을 가진 이 공격 채굴자들은 블록체인과 이중지불 거래 내에서 의도적인 '분기'를 야기하거나 특정 거래 혹은 주소에 대해 서비스거부 공격을 시행한다. 분기/이중지불 공격은 공격자가 이전에 승인된 블록 아래에서 분기를 만들어서 해당 체인에 재수렴을 시행함으로써 기승인 블록을 무효화하는 경우 발생한다. 파워가 충분한 경우 공격자는 연달아 6개 이상의 블록을 무효화해서 변경이 불가능하다고 여겼던(6회의 승인) 거래들을 무효화시킨다. 이중지불은 공격자 본인의 거래에서만 가능하다는 점을 참고하라. 왜냐하면 그 공격자만이 해당 거래에 대한 유효한 서명을 만들어 낼 수 있기 때문이다. 자신의 거래를 이중지불하게 되면, 해당 거래를 무효화함으로써 해당 공격자가 실제로 지불하지 않고도 변경 불가능한 잔액 혹은 상품을 얻을 수 있다.

51% 공격의 실례를 한번 살펴보자. 1장에서 우리는 앨리스가 밥과 거래하는 경우를 살펴보았다. 카페 주인인 밥은 승인(블록 채굴)을 기다리지 않고 커피값에 대한 지불을 승인하려고 한다. 왜냐하면 커피 한 잔 값을 지불하는 거래에서 신속한 고객 서비스가 가능하다는 편리함에 비하면 이중지불의 위험성은 매우 낮기 때문이다. 이는 25달러 미만의 결제인 경우 서명 없이 신용카드 지불을 승인하는 커피숍들의 관행과도 유사하다. 왜냐하면 신용카드에 대한 고객 신용 거절의 위험성은 매우 낮은 반면 서명을 받기 위해 거래를 지연하는 데 따른 비용은 상대적으로 더 크기 때문이다. 하지만 반대로 비트코인으로 더 값비싼 물품을 구매하는 경우 이중지불 공격의 위험성이 있다. 이 경우 구매자는 동일한 입력값(UTXO)을 소비하는 경쟁 거래를 전송하고서 상인에게 지불했던 내역을 취소하게 된다. 51% 공격을 통해서 공격자들은 새로운 체인 내에 있는 본인들의 거래를 이중지불 처리해서 예전 체인에 있던 대응 거래들을 무효화시킨다.

다시 예시로 돌아가 보자. 악의가 있는 공격자인 맬러리는 캐럴의 갤러리로 가서 사토시 나카모토를 프로메테우스처럼 그려 놓은 세 폭짜리 아름다운 작품을 구매한다. 캐럴은 그 그림을 비트코인으로 250,000달러에 맬러리에게 판매한다. 해당 거래에 대해 6회 이상의 승인을 기다리지 않고 1회 승인만 끝난 직후에 작품을 포장해서 맬러리에게 전달한다. 맬러리는 대규모 채굴 풀을 운영하는 공범자 폴과 함께 일한다. 폴은 맬러리의 거래가 블록 내에 포함되자마자 51% 공격을 시작한다. 폴은 맬러리의 거래가 담겨 있는 블록과 동일한 블록 높이를 다시 채굴하라고 채굴 풀에 지시해서 맬러리가 캐럴에게 지불한 거래와, 맬러리의 지불금액과 동일한 입력값으로 이중지불한 거래를 교체한다. 이 이중지불 거래는 동일한 UTXO를 소비해서 캐럴에게 돈을 지불하는 대신 맬러리의 지갑으로 다시 해당 금액이 전송되도록 함으로써 본질적으로는 맬러리가 비트코인을 계속 보유할 수 있도록 해 준다. 그 후 폴은 이중지불 거래가 담겨 있는 체인을 (맬러리의 거래가 담겨 있는 블록 아래에서 분기를 만들려고) 원래의 체인보다 길게 만들기 위해 추가 블록을 채굴하라고 채굴 풀에 지시한다. 블록체인 분기 현상이 새로운 (더 길어진) 체인에 의해 해결되고 나면 이중지불된 거래는 캐럴에 대한 원거래를 대체한다. 캐럴은 그림도 잃고 대금도 받지 못한다. 위의 과정에서 폴의 채굴 풀 참여자들은 자동화된 채굴 장비로 작업을 진행하고 거래나 블록을 모두 모니터링할 수도 없기 때문에 이중지불 시도를 전혀 모를 수도 있다.

이러한 종류의 공격으로부터 보호받기 위해서는 값비싼 품목을 판매하는 상인은 구매자에게 제품을 건네주기 전에 최소 6회의 승인을 기다려야 한다. 그렇지 않으려면 에스크로 다중서명 계정을 사용해야 한다. 이 방법을 사용하게 되면 계정에 자금이 들어온 후에도 몇 회의 승인을 다시 기다려야 한다. 승인 횟수가 더 많아질수록 51% 공격으로 거래를 무효화시키기 더욱 어려워진다. 고가의 물품인 경우 구매자가 인도까지 24시간 정도를 기다려 준다면 비트코인 지불은 여전히 편리하고 유용한 지불 수단이 될 것이다. 24시간이 지나면 승인 횟수는 144회 정도가 된다.

이중지불 공격과 더불어 합의 공격의 또 다른 시나리오는 특정 비트코인 참가자(특정 비트코인 주소)에 대해 서비스를 거부하는 것이다. 다수의 채굴 파워를 가지고 있는 공격자는 간단한 방법을 통해 특정 거래를 무시할 수 있다. 다른 채굴자가 채굴한 블록 안에 해당 특정 거래가 담겨 있는 경우, 공격자는 의도적으로 블록에 대한 분기를 만들고 해당 블록을 다시 채굴해서 특정 거래를 제외시키도록 할 수 있다. 이러한 유형의 공격은 공격자가 채굴 파워의 다수를 통제하는 한 특정 주소 혹은 주소 집합에 대해 서비스거부를 계속 유지할 수 있다.

51% 공격이라는 이름에도 불구하고 이 공격 시나리오는 실제로 해싱 파워의 51%가 필요하지는 않다. 사실상 이러한 공격 유형은 51% 미만의 해싱 파워로도 시도 가능하다. 51%라는 임곗값은 이 공격의 성공률이 거의 보장되는 수준을 가리킨다. 해시

율 공격의 본질은 앞으로 만들어질 블록에 대한 주도권 싸움이며 '더 강한' 집단이 승리할 가능성이 크다. 해싱 파워가 작을수록 성공 확률은 떨어진다. 왜냐하면 다른 채굴자들이 그들의 '정직한' 해싱 파워를 가지고 몇몇 블록의 생성을 제어할 수 있기 때문이다. 공격자가 더 큰 해싱 파워를 보유할수록, 공격자가 의도적으로 생성할 수 있는 분기의 길이가 길수록, 이전에 생성된 블록 중 공격자가 무효화할 수 있는 거래의 수가 많을수록, 향후 공격자가 제어할 수 있는 블록의 개수가 많을수록 이 주도권 싸움에서 이길 수 있다. 보안 연구진들은 통계적 모델링을 사용해서 30%의 해싱 파워만 가지고도 다양한 형태의 합의 공격이 가능하다고 주장하고 있다.

채굴 풀에서 발생하는 중앙 집권적 제어 방식에는 채굴 풀의 오퍼레이터가 영리 목적으로 공격할 위험이 도사리고 있다. 관리형 풀의 오퍼레이터는 후보 블록의 구성을 통제하고 포함할 거래까지도 통제하나. 이런 방식으로 풀 오퍼레이터가 거래를 제외하거나 이중지불 거래를 포함하게 할 수 있는 권한이 주어진다. 이 권한을 제한적이고 교묘한 방식으로 남용하게 되면 풀 오퍼레이터는 어느 순간 해시율 공격으로부터 수익을 챙길 수 있게 된다.

하지만 모든 공격자들의 동기가 수익에 있는 것은 아니다. 또 하나의 예상 가능 공격 시나리오는 공격자가 공격을 통해 이익을 챙길 가능성이 없어도 비트코인 네트워크에게 지장을 주려는 의도가 있는 경우다. 비트코인을 쓸모없게 만들어 버리려는 목표를 가진 악성 공격을 하려면 막대한 투자와 은밀한 계획이 필요하다. 하지만 이러한 공격들은 자금이 충분한 공격자들에 의해 시행되며 대부분 국가가 후원해 주는 상황하에서 공격이 진행된다. 또 다른 경우로는 자금이 충분한 공격자가 채굴 하드웨어를 축적한 후 풀 오퍼레이터들과 타협해서 다른 풀에 서비스거부 공격을 시행함으로써 비트코인의 합의를 공격할 수 있다. 위에서 언급한 시나리오 모두는 이론적으로 가능하다.

확실한 사실은 심각한 해시율 공격으로 인해 단시간 내에 비트코인에 대한 신뢰도가 무너져서 심각한 가격 하락을 야기할 수도 있다는 것이다. 하지만 비트코인 네트워크와 소프트웨어는 계속해서 진화하고 있기 때문에 비트코인 커뮤니티는 공격에 대해 대응책으로 맞설 것이다.

## 합의 규칙 변경하기

합의 규칙은 거래 및 블록의 유효성을 결정한다. 이러한 합의 규칙은 모든 비트코인 노드들이 협력을 하는 데 기본이 되며, 모든 로컬 관점을 전체 네트워크 내의 단일하고 일관된 블록체인으로 수렴하도록 하는 역할을 맡고 있다.

단기적으로는 이 합의 규칙이 변하지 않고 모든 노드에 걸쳐 일관되어야 하지만 장기적으로 변한다. 비트코인 시스템을 진화시키고 발전시키기 위해서 이 합의 규칙은 새로운 특징이나 개선사항, 버그 수정(bug fix) 등을 수용하기 위해 때때로 변경되어야만 한다. 하지만 전통적인 소프트웨어 개발과는 달리 합의 시스템에 대한 업그레이드는 더 어렵고 모든 참가자 간 조정이 필요하다.

### 하드 분기

399쪽의 '블록체인 수집 및 선택'에서 비트코인 네트워크가 단시간에 블록체인의 다른 브랜치 2개가 따라오는 두 부분으로 어떻게 간단하게 분기할 수 있는지에 대하여 알아보았다. 또한 네트워크의 정상적인 운영의 일환으로 이 과정이 어떻게 자연스럽게 일어나고 있는지와 하나 이상의 블록이 채굴되고 난 후 해당 네트워크가 공통의 블록체인으로 어떻게 수렴되는지에 대해서도 알아보았다.

네트워크가 다음과 같이 2개의 체인으로 분기할 수 있는 또 다른 시나리오도 있다. 바로 합의 규칙의 변경이다. 이러한 유형의 분기를 **하드 분기**(*hard fork*)라고 한다. 왜냐하면 분기가 진행되고 난 후에는 해당 네트워크가 단일 체인으로 재수렴하지 않기 때문이다. 그 대신 이 2개의 체인은 독립적으로 진화한다. 네트워크의 일부가 나머지 네트워크하에서 있을 때보다 다른 합의 규칙하에서 가동될 때 하드 분기가 발생한다. 아마 합의 규칙의 구현에서 버그 혹은 의도적인 변경 때문에 하드 분기가 발생할지도 모른다.

하드 분기는 합의 규칙을 변경하는 데 사용될 수 있다. 하지만 규칙을 변경하기 위해서는 시스템 내의 모든 참가자 간에 조정이 이루어져야 한다. 새로운 합의 규칙으로 업그레이드가 이루어지지 않은 노드라면 합의 메커니즘에 참가할 수 없고 하드 분기가 발생하는 시점에 개별 체인상에 있게 된다. 따라서 업그레이드가 이루어지지 않은 시스템은 더 이상 새로운 합의 규칙을 처리할 수 없다는 점에서 하드 분기에 의해 발생한 변화는 '상위 호환적(forward compatible)'이지 않다고 간주될 수 있다.

구체적인 예시를 들어 하드 분기의 메커니즘을 살펴보자.

그림 12-2는 2개의 분기가 발생한 블록체인이다. 블록 높이가 4인 지점에서 한 블록 분기가 1회 발생한다. 399쪽 '블록체인 수집 및 선택'에서 살펴본 자본 자발적 분기 유형이다. 블록 #5의 채굴로 네트워크가 하나의 체인으로 재수렴하고 해당 분기 현상이 해결되었다.

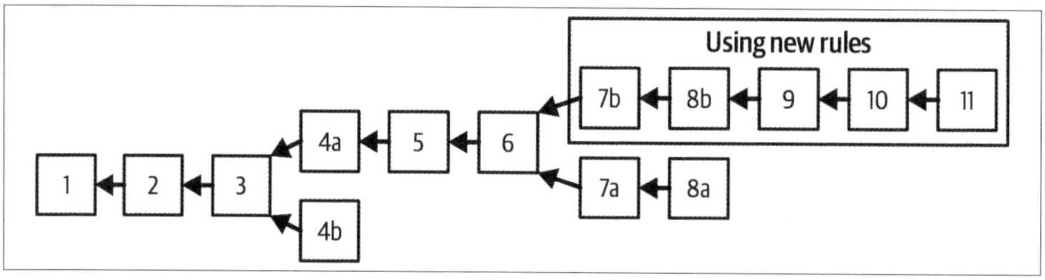


그림 12-2. 분기가 발생한 블록체인

하지만 블록 높이가 6인 지점에서 합의 규칙을 변경한 새로운 클라이언트가 구현된다. 새로운 구현을 가동하는 채굴자는 블록 높이가 7인 지점에서 신규 유형의 비트코인을 수락할 것이다. 이 코인을 'foocoin'이라고 하자. 코인 수락 직후 새로 구현한 노드는 foocoin이 포함된 거래를 생성하고, 소프트웨어를 업그레이드한 채굴자는 이 거래가 담긴 블록 #7b를 채굴한다.

foocoin을 검증할 수 있도록 소프트웨어를 업그레이드하지 않은 노드나 채굴자는 블록 #7을 처리할 수 없다. 기존 소프트웨어로 볼 때 foocoin이 있는 거래 및 그 거래가 포함된 블록 #7은 유효하지 않다. 예전의 합의 규칙을 기반으로 평가하기 때문이다. 따라서 해당 노드나 채굴자는 그 거래와 블록을 거절하고 전파하지도 않을 것이다. 이전 규칙을 사용하는 채굴자는 모두 블록 #7b를 수락하지 않고 부모가 블록 #6인 후보 블록을 계속해서 채굴할 것이다. 실제로 연결된 노드 모두가 이전 규칙을 따라 블록을 전파하지 않는 경우 이전 규칙을 사용하는 채굴자는 블록 #7b를 애초에 수신하지 못할 수도 있다. 결국 그들은 이전 규칙에 따라 유효하고 foocoin과의 거래도 없는 블록 #7a를 채굴할 것이다.

이 시점부터 체인 2개가 분기되기 시작한다. 'b' 체인에 있는 채굴자들은 foocoin이 포함된 거래를 계속 수락하며 채굴할 것이고, 'a' 체인에 있는 채굴자들은 foocoin이 있는 거래를 계속해서 무시할 것이다. 블록 #8b에 foocoin이 없다 해도 'a' 체인에 있는 채굴자들은 그 블록을 처리할 수 없다. 'a' 체인 채굴자들은 부모 블록인 '7b'를 유효하지 않은 블록으로 인식하기 때문에 블록 #8b도 유효하지 않은 것으로 본다.

### 하드 분기: 소프트웨어, 네트워크, 채굴, 체인

소프트웨어 개발자에게는 '분기'라는 용어가 또 다른 의미를 가지고 있기 때문에 '하드 분기'라는 용어가 혼란스러울 수 있다. 오픈 소스 소프트웨어에서는 개발자 그룹이 다른 소프트웨어 로드맵을 따르고 오픈 소스 프로젝트의 경쟁 구현을 시작하기로 선택한 경우 분기가 발생한다. 이미 하드 분기로 이어지는 두 가지 환경에 대해 논의했었다. 하나는 합의 규칙 내에서의 버그이고 다른 하나는 합의 규칙의 의도적인 변경이다. 합의 규칙을 의도적으로 변경한 경우, 소프트웨어 분기는 하드 분기보다 먼저 발생한다. 하지만 이런 유형의 하드 분기가 일어나려면 합의 규칙에 대한 새로운 소프트웨어의 구현을 개발, 채택, 출시해야 한다.

합의 규칙 변경을 시도하는 소프트웨어 분기의 예는 Bitoin XT, Bitcoin Classic 등이 있다. 하지만 둘 다 하드 분기까지 가지는 못했다. 소프트웨어 분기는 하드 분기의 전제조건일 뿐 충분조건이 되지는 못한다. 하드 포크를 발생시키기 위해서는 경쟁 구현이 채택되어 채굴자, 지갑, 중개 노드에 의해 새로운 규칙이 활성화되어야 한다. 이를 다른 관점으로 보면 비트코인 코어의 대체 구현이 수없이 존재하며, 합의 규칙을 변경하지 않고 버그가 없는 소프트웨어 분기는 네트워크 내 공존은 물론 하드 분기 발생 없이 상호 운용이 가능하다.

합의 규칙은 거래를 할 때나 블록을 유효화할 때 완전히 다를 수 있다. 또한 비트코인 스크립트 혹은 디지털 서명 등의 암호화 기초 요소에 적용되면서 합의 규칙이 구현될 때 미묘하게 규칙이 다를 수도 있다. 따라서 합의 규칙은 시스템 제한이나 구현의 세부사항으로 인해 발생하는 내포적인 합의 제약 때문에 예상하지 못한 방법으로 차이가 날 수 있다. 하나의 예시가 비트코인 코어 0.7에서 비트코인 코어 0.8로 업그레이드가 진행되는 동안 예상하지 못한 하드 분기가 일어나는 상황이다. 이는 블록을 저장하는 데 사용되는 버클리 DB 구현의 한계 때문에 발생한다.

개념상으로는 하드 분기가 네 가지 단계로 발전된다고 볼 수 있다. 바로 소프트웨어 분기, 네트워크 분기, 채굴 분기, 체인 분기다. 이 과정은 개발자들이 수정된 합의 규칙을 이용해 클라이언트의 대안 구현을 만들어 내면서 시작된다.

분기가 일어난 구현이 네트워크에 배치되면 특정 비율의 채굴자, 지갑 사용자, 중개 노드들이 이 구현을 채택해서 가동할 수 있다. 우선 네트워크 분기가 일어난다. 기존의 합의 규칙 구현에 기반을 둔 노드는 새로운 규칙하에 생성된 거래나 블록은 모두 거절하게 된다. 게다가 기존의 합의 규칙을 따르는 노드는 유효하지 않은 거래와 블록을 전송하는 노드와 연결이 끊긴다. 결과적으로 해당 네트워크는 2개로 분할된다. 기존 노드는 다른 노드들과 연결된 채 남아 있고, 새로운 노드는 다른 새로운 노드들과 연결된다. 새로운 규칙에 기반을 둔 단일 블록이 네트워크에 파문을 일으켜 결국 네트워크를 2개로 분할시킨다.

새로운 채굴자들은 새로운 블록 상부에서 채굴을 진행하고 이전 채굴자들은 이전의 규칙을 기반으로 별개의 체인을 채굴할 것이다. 이렇게 분할된 네트워크로 인해 개별의 합의 규칙을 운영하는 채굴자들은 2개의 서로 다른 네트워크에 연결되어 있기 때문에 서로의 블록을 수신하지 못할 수도 있다.

#### 채굴자 분할하기와 난이도

서로 다른 체인 2개를 채굴하기 위해 채굴자들이 나뉘면 해싱 파워도 체인 2개 사이에서 분할된다. 채굴 파워는 체인 2개 사이에서 어떤 비율로든 나뉠 수 있다. 채굴자 중 소수만 새 규칙을 따를 수도, 다수가 따를 수도 있다.

예를 들어, 새로운 합의 규칙을 사용하는 채굴 파워가 대부분이고 80% 대 20%로 분기가 일어난 상황을 가정해 보자. 또한 이 분기가 재설정 기간 직후 바로 발생했다고 가정해 보자.

이 2개의 체인은 각각 이 기간 중 재설정된 난이도를 물려받게 된다. 새로운 합의 규칙에서는 이전에 사용 가능했던 채굴 파워의 80%를 갖게 된다. 이 체인의 관점에서는 채굴 파워가 이전 시기에 비해 갑자기 20% 줄어든 것이다. 블록들은 평균적으로 12.5분마다 발견될 것이고, 이는 이 체인을 연장하는 데 사용했던 해싱 파워도 20% 줄어든 것을 의미한다. 이러한 채굴 속도는 (해싱 파워의 어떠한 변화도 일어나지 않는 경우) 2,016개의 블록이 채굴될 때까지 계속되며, 약 25,200분(블록당 약 12.5분), 즉 17.5일이 걸린다. 17.5일이 경과하고 난 후에는 재설정 과정이 시작되고 난이도는 이 체인의 해싱 파워 감소분을 바탕으로 다시 10분마다 발생하는 블록이 생산되도록 (20% 줄어들게) 조절된다.

기존 규칙에 따라 20%의 해싱 파워만 가지고 채굴 작업을 진행하는 비주류 체인의 경우, 보다 어려운 과업에 직면하게 될 것이다. 이 소수 체인에서는 블록이 평균 50분마다 채굴될 것이다. 난이도는 2,016개의 블록이 채굴될 때까지 조절되지 않을 것이다. 채굴 기간은 100,800분, 즉 10주의 시간이 걸린다. 블록당 용량이 고정되어 있다는 점을 고려해 본다면 거래를 기록하는 데 사용될 수 있는 시간당 블록의 수가 줄어들었기 때문에 거래 용량도 5배 감소한다.

#### 하드 분기에 대한 논란

탈중앙화된 합의를 위한 소프트웨어 개발은 이제 시작 단계다. 소프트웨어의 방법이나 제품 모두를 변경하고 개발 과정에서 새로운 방법, 새로운 툴, 새로운 커뮤니티를 생성하는 오픈 소스 개발처럼 합의 소프트웨어를 개발하는 작업 역시 컴퓨터 공학에서 새로운 개척 분야다. 비트코인 개발 로드맵에 대한 논의, 실험, 어려운 점 외에도 새로운 개발 툴이나 관례, 방법론, 커뮤니티가 등장하는 것을 보게 될 것이다.

하드 분기가 비주류 블록을 업그레이드하거나 비주류 체인상에 남아 있게 하기 때문에 위험해 보이기도 한다. 전체 시스템을 2개의 경쟁 시스템으로 분할하는 것에 대한 위험성은 받아들일 수 없는 위험만큼이나 많이 목격된다. 따라서 많은 개발자들은 합의 규칙에 대한 업그레이드를 시행하는 데 네트워크 전체의 거의 만장일치인 지원이 없다면 하드 분기 메커니즘을 사용하지 않으려고 한다. 거의 만장일치인 지원을 받지 않는 하드 분기 제안은 위험 감수 없이 시스템을 분할시킨다는 '논란을 불러일으킬 수 있다'고 간주된다.

앞서 살펴보았듯이 이미 하드 분기의 위험성을 해결할 수 있는 새로운 방법들이 등장했다. 다음 절에서는 소프트 분기와 수정된 합의에 서명하고 합의를 활성화하는 방안에 대해 알아보자.

## 소프트 분기

모든 합의 규칙 변경이 하드 분기를 야기하지는 않는다. 상위-비호환적인(forward-incompatible) 합의 변경만이 분기를 야기한다. 변경되지 않은 클라이언트가 이전 규칙하에서 해당 거래나 블록을 유효하다고 간주하는 방법으로 변경이 실행되는 경우, 이 변경은 분기 없이 일어날 수 있다.

**소프트 분기**라는 용어는 이 업그레이드 방법과 '하드 분기'를 구별하기 위해 도입되었다. 소프트 분기는 합의 규칙에 대한 상위-호환적인 변경으로, 업그레이드가 이루어진 클라이언트가 새로운 규칙을 가지고 합의를 이루어 낼 수 있도록 해 준다.

바로 확연히 드러나지 않는 소프트 분기의 특징 중 하나는 소프트 분기 업그레이드가 합의 규칙을 확장하는 데 쓰이는 것이 아니라 제한하는 데만 사용된다는 점이다. 소프트 분기가 상호 호환적이 되기 위해서는 새로운 규칙하에서 생성된 거래와 블록들이 이전의 규칙하에서도 유효해야 한다. 단, 반대의 경우는 성립하지 않는다. 새로운 규칙은 유효한 거래와 블록만을 제한할 수 있다. 그렇지 않으면 이전 규칙하에서 거래나 블록이 거절되는 경우 하드 분기가 발생하게 된다.

소프트 분기는 다양한 방법으로 구현될 수 있다. 소프트 분기라는 용어 자체가 단 하나의 방법만을 가리키지는 않는다. 그냥 한 가지 공통점이 있는 여러 개의 방법이다. 소프트 분기는 모든 노드를 업그레이드할 필요도 없고, 업그레이드가 진행되지 않은 노드를 합의에서 제외시키지도 않는다.

비트코인에서 구현되고 있는 소프트 분기에는 두 종류가 있는데, NOP 연산코드의 재해석을 기반으로 한다. 비트코인 스크립트에는 향후 사용할 목적으로 비축된 연산코드가 NOP1부터 NOP10까지 10개 있다. 합의 규칙하에서 스크립트 내 이러한 연산코드의 존재는 null-potent 연산자로 해석된다. 즉, 아무런 영향력이 없다는 말이다. NOP 연산코드가 실행된 후에도 연산코드가 없는 것처럼 실행은 계속 진행된다.

그래서 소프트 분기는 NOP 코드의 의미를 변경해서 새로운 의미를 부여한다. 예를 들어, BIP-65(`CHECKLOCKTIMEVERIFY`)는 NOP2 연산코드를 재해석한다. BIP-65를 구현하는 클라이언트는 NOP2를 `OP_CHECKLOCKTIMEVERIFY`로 해석하고 잠금 스크립트에 이 연산코드를 담고 있는 UTXO에 절대적 타임락 합의 규칙을 부여한다. 이것이 바로 소프트 분기다. 왜냐하면 BIP-65하에서 유효한 거래라면 BIP-65를 구현하지 않는(무시하는) 어떠한 클라이언트상에서도 유효하기 때문이다. 이전 클라이언트상에서는 이 스크립트에 NOP 코드가 담겨 있고, 이 사실은 무시된다.

#### 소프트 분기에 대한 비판

NOP 연산코드에 기반을 두고 있는 소프트 분기는 상대적으로 논란이 덜하다. NOP 연산코드는 무중단(non-disruptive) 업그레이드를 가능하게 해 준다는 명백한 목표하에 비트코인 스크립트에 위치하고 있다.

하지만 많은 개발자들은 소프트 분기 업그레이드의 여러 방법들이 수용될 수 없는 거래를 만들어 낸다고 우려하고 있다. 소프트 분기 변경과 관련해서 공통적으로 하는 비판들은 다음과 같다.

**기술 부채**

소프트 분기가 하드 분기 업그레이드보다 조금 더 기술적으로 복잡하기 때문에 소프트 분기에서는 **기술 부채**(*Technical debt*)라는 용어가 등장한다. 이는 과거에 발생했던 설계 상충(design trade-off) 때문에 향후 코드 비용이 증가하는 것을 말한다. 결국 코드의 복잡성은 버그 및 보안 취약성의 가능성을 높이게 된다.

**유효화 완화**

수정되지 않은 클라이언트들은 수정된 합의 규칙을 평가하지 않고서 거래를 유효하다고 간주한다. 사실상 이 수정되지 않은 클라이언트들은 새로운 규칙을 알지 못하기 때문에 합의 규칙의 모든 내용을 이용해서 유효화하지 않는다. 이는 NOP 기반 업그레이드뿐 아니라 다른 소프트 분기 업그레이드에도 적용된다.

#### 취소 불가능한 업그레이드

소프트 분기는 추가적인 합의 제약을 가진 거래를 생성하기 때문에 실제로 업그레이드가 취소될 수 없다. 만약 소프트 분기 업그레이드가 활성화된 후에 다시 예전 버전으로 돌아간다면 새로운 규칙하에서 생성된 거래를 모두 이전 규칙하에서 자금의 손실을 볼 수도 있기 때문이다. 예를 들어 CLTV 거래가 예전 규칙에서 평가된 경우 타임락에 제한이 없고 언제든지 소비될 수 있다. 따라서 비평가들은 버그 때문에 번복되어야만 하는 실패한 소프트 분기는 거의 확실하게 자금의 손실을 야기할 수 있다고 주장하고 있다.

#### 블록 버전을 이용한 소프트 분기 시그널링

변경되지 않은 클라이언트들은 소프트 분기를 통해 합의 내에서 운영을 계속할 수 있기 때문에 소프트 분기를 '활성화'하기 위한 메커니즘은 채굴자들의 시그널링 준비 상황을 통해 이루어진다. 즉, 대부분의 채굴자들은 새로운 합의 규칙을 시행할 준비가 되어 있고 의지가 있다는 시그널링(signaling)을 주는 것이다. 채굴자가 모두 새로운 규칙을 시행하게 되면 업그레이드된 노드가 거부한 블록을 변경되지 않은 노드가 수락할 위험이 사라진다. BIP-34가 메커니즘을 도입했다.

#### BIP-34의 시그널링과 활성화

BIP-34는 블록 버전 필드를 사용해 채굴자들이 특정한 합의 규칙 변경에 대한 준비상태를 알리도록 해 준다. BIP-34 이전에 해당 블록 버전은 합의가 아닌 관례상 '1'로 설정되어 있었다.

BIP-34는 블록 높이를 포함하기 위해 코인베이스 거래의 코인베이스 필드(입력값)가 요구되는 합의 규칙 변경을 규정했다. BIP-34 이전에는 코인베이스 거래에 채굴자들이 포함시키기로 선택한 임시 데이터가 들어 있을 수 있다. BIP-34가 활성화되고 난 후 유효한 블록이라면 코인베이스 시작 부분에서 특정 블록 높이를 포함하고 있어야 하고 '2' 이상의 버전 번호가 확인되어야 한다.

BIP-34 규칙을 시행할 준비가 되었음을 알리기 위해 채굴자들은 블록 버전을 '1' 대신 '2'로 설정한다. 그렇다고 버전 '1' 블록이 바로 무효화되지는 않는다. 일단 활성화되고 나면, 버전 '1' 블록은 무효화되고 버전 '2'인 모든 블록들은 모두 코인베이스 내에 해당 블록 높이를 담고 있어야 유효화된다.

BIP-34는 두 가지 단계의 활성화 메커니즘을 규정하며, 이는 1,000개의 블록으로 구성되어 있는 롤링 윈도(rolling window)를 기반으로 한다. 채굴자는 버전 번호로 '2'를 설정해서 블록을 구성함으로써 BIP-34에 대한 준비 상황을 표현한다. 엄밀히 말해서 이 블록들은 블록 높이를 코인베이스 거래에 포함시켜야 한다는 새로운 합의 규칙을 따를 필요가 아직은 없다. 왜냐하면 이 합의 규칙은 아직 활성화되지 않았기 때문이다. 이 합의 규칙은 다음 두 가지 단계로 활성화된다.

- 블록 75%(가장 최근에 생성된 1,000개의 블록 중 750개)에 버전 '2'라고 표시되어 있다면 버전 '2' 블록은 코인베이스 거래에 블록 높이를 담고 있어야 한다. 그렇지 않으면 해당 블록들은 무효 블록으로 거절된다. 버전 '1' 블록은 여전히 네트워크에 의해 수락되고 블록 높이를 포함할 필요가 없다. 이 시기 동안에는 이전의 규칙과 새로운 규칙이 공존한다.
- 블록 95%(가장 최근에 생성된 1,000개의 블록 중 950개)가 버전 '2'인 경우 버전 '1' 블록들은 더 이상 유효하다고 간주되지 않는다. 버전 '2' 블록들은 (이전 임곗값에 따라) 코인베이스가 블록 높이를 포함하고 나서야 유효해진다. 그 후에 모든 블록은 새로운 합의 규칙을 따라야 하고 모든 유효한 블록들은 코인베이스 거래 내에 블록 높이를 담고 있어야 한다.

BIP-34 규칙에 따라 시그널링과 활성화를 성공적으로 시행하고 난 후, 이 메커니즘은 소프트 분기를 활성화하기 위해 두 번 더 사용된다.

- BIP-66(*https://oreil.ly/Xes2l*)의 서명에 관한 엄격한 DER 인코딩은 블록 버전 '3'과 유효하지 않은 버전 '2'블록으로 시그널링 된 BIP-34 방식에 의해 활성화된다.
- BIP-65(*https://oreil.ly/pk8tz*) `CHECKLOCKTIMEVERIFY`는 블록 버전 '4'와 유효하지 않은 버전 '3' 블록으로 시그널링 된 BIP-3 방식에 의해 활성화된다.

BIP-65가 활성화되고 난 후, BIP-34에 대한 시그널링과 활성화 메커니즘은 사라지고 다음에서 다룰 BIP-9 시그널링 메커니즘으로 대체된다.

#### BIP-9의 시그널링과 활성화

BIP-34, BIP-66, BIP-65가 사용하는 메커니즘은 소프트 분기를 활성화하는 데는 성공적이었다. 하지만 몇 가지 제한이 있었기 때문에 대체되었다.

- 블록 버전의 정수 값을 사용하기 때문에 한 번에 하나의 소프트 분기만 활성화될 수 있었다. 그래서 우선순위 결정(prioritization)과 시퀀싱(sequencing)에 대해 소프트 분기 제안과 합의 간 조정이 필요했다.
- 또한 블록 버전은 계속 증가하는 값이기 때문에 변경을 거절하고 다른 대안을 제시하기 위한 쉬운 방법을 메커니즘이 제시하지 못했다. 변경 전 클라이언트들이 여전히 가동 중인 경우, 이전에 거절된 변경을 표현했던 것처럼 새로운 변경에 대한 표현을 할 때 문제가 발생할 수 있다.
- 변경 각각은 향후 변경을 위해 사용 가능한 버전을 줄이게 되고, 이 결과는 바꿀 수 없다.

BIP-9는 이러한 과제들을 해결하고 앞으로 발생할 변경을 실행하는 속도 및 용이성을 개선하기 위해 제안되었다.

BIP-9는 블록 버전을 정수 대신에 비트 필드(bit field)로 해석한다. 원래 블록 버전이 버전 1에서 버전 4에 이르기까지 정수 형태로 사용되었기 때문에 29비트만이 비트 필드로 사용 가능하다. 29비트를 독립적으로 사용할 수 있고 동시에 29개의 다른 제안에서 준비 상황을 표현할 수 있다.

또한 BIP-9는 시그널링과 활성화에 최대 시간을 설정해 두었다. 이러한 방식으로 채굴자들은 영원히 시그널링을 실행할 필요가 없다. `TIMEOUT` 기간(해당 제안에서 규정) 내 제안이 활성화되지 않은 경우, 해당 제안은 거절당한 것으로 간주된다. 이 제안은 다른 비트를 이용해 시그널링을 시행하기 위해 재전송되어 활성화 기간을 연장할 수도 있다.

게다가 `TIMEOUT`이 지나가서 어떤 특성이 활성화되거나 거절되는 경우, 해당 시그널링 비트는 혼란 없이 다른 특성을 위해 사용될 수 있다. 따라서 최대 29건의 변경이 동시에 시그널링될 수 있으며 `TIMEOUT` 후에는 해당 비트는 새로운 변경을 제안하기 위해 '재활용'될 수 있다.

> 투표 시기가 겹치지만 않는다면 시그널링 비트가 재사용되거나 재활용될 수 있지만 BIP-9의 제안자는 필요한 경우에만 비트를 재사용하라고 권장한다. 왜냐하면 이전 소프트웨어에 존재하는 버그 때문에 예상하지 못했던 상황이 발생할 수 있기 때문이다. 즉, 29개의 비트 전부가 한 번씩 사용될 때까지는 비트가 재사용되어서는 안 된다.

제안된 변경은 다음의 필드를 담고 있는 데이터 구조에 의해 식별된다.

**name**

제안들을 구별하는 데 사용되는 간단한 설명. 제안사항을 설명하는 BIP 대부분은 'bipN'으로 표기하며, 여기서 N은 BIP의 번호이다.

**bit**

0에서 28까지 값으로, 이 제안에 대한 승인을 신호하기 위해 채굴자가 사용하는 블록 버전의 비트.

**starttime**

비트값이 제안사항에 대한 준비 시그널링으로 해석되는 시그널링 시작 시간(MTP 기준).

**endtime**

활성화 기준값에 도달하지 않은 경우 변경이 거부된 것으로 간주되는 시간(MTP 기준).

BIP-34와는 달리 BIP-9는 2,016개의 블록에 대한 난이도 재설정 기간을 기반으로 하는 전체 간격 내에서 활성화 시그널링 횟수를 계산한다. 재설정 기간당 제안을 시그널링하는 블록의 총합이 95%(2,016개 중 1,916개)를 초과하면 해당 제안은 바로 다음 재설정 기간 때 활성화될 것이다.

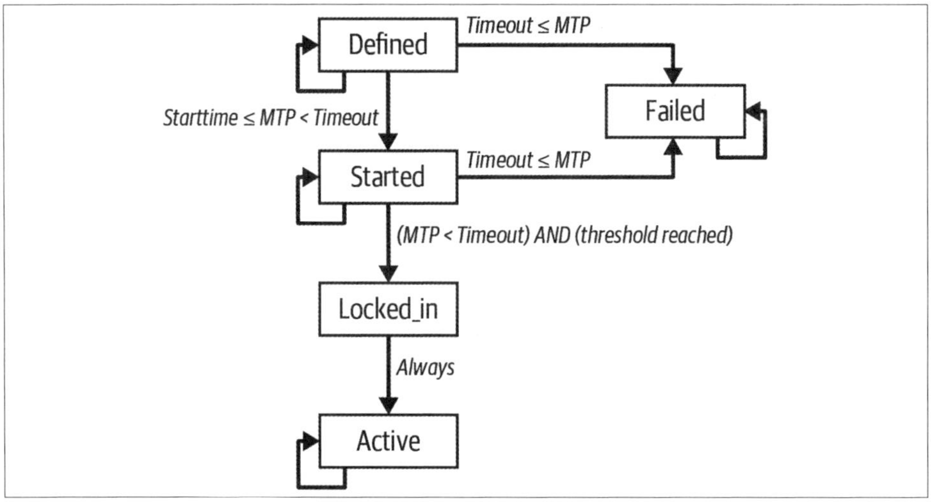


그림 12-3. BIP-9 상태 변화 도표

BIP-9는 그림 12-3과 같이 제안을 했을 때 다양한 단계 및 변화하는 과정을 보여 주기 위해 제안 상태 도표를 제공한다.

제안은 변수가 비트코인 소프트웨어에 알려지기만(규정되기만) 하면 `DEFINED` 상태에서 시작한다. 시작 시간 후 MTP가 있는 블록의 경우 제안 상태가 `STARTED`로 변한다. 투표 임곗값이 재설정 기간 내에서 초과되었는데 타임아웃은 초과되지 않은 경우, 해당 제안 상태는 `LOCKED_IN`이 된다. 한 번의 재설정 기간이 지난 후, 제안은 `ACTIVE` 상태가 된다. 일단 이 상태가 되고 나면 제안들은 `ACTIVE` 상태 내에서 영속적으로 남아 있게 된다. 투표 임곗값에 도달하기 전 타임아웃이 되면 해당 제안의 상태는 `FAILED`가 되면서 거절된 제안임을 나타낸다. `FAILED` 제안은 영구적으로 이 상태로 남게 된다.

BIP-9는 처음에는 `CHECKSEQUENCEVERIFY`와 관련된 BIP(68, 112, 113)을 활성화시키기 위해 구현되었다. 'csv'라는 이름의 제안은 2016년 7월 성공적으로 활성화되었다.

이 표준은 BIP-9에서 규정한다(timeout과 delay가 있는 버전 비트, *https://oreil.ly/FoCsz*).

### BIP-8의 초기 활성화를 통한 강제 활성화

BIP-9가 CSV 관련 소프트 분기에 성공적으로 사용된 후, 소프트 분기 합의 변경의 다음 구현도 BIP-9를 채굴자 주도 활성화에 사용하려고 시도했다. 그러나 일각에서는 **세그윗**(*segwit*)이라고 하는 소프트 분기 제안에 반대했고, 몇 달간 세그윗을 시행할 준비가 되었다고 신호를 보낸 채굴자는 거의 없었다.

채굴자들, 특히 반대하던 이들과 관계된 채굴자들은 비밀리에 ASICBoost라는 기능을 사용하여 다른 채굴자보다 숨겨진 이점이 뛰어난 하드웨어를 사용했을 수도 있다는 사실이 이후에 밝혀졌다. 세그윗은 의도치 않게 이 은밀한 ASICBoost의 사용을 방해했고, 세그윗이 활성화되면 세그윗을 사용하는 채굴자들이 숨겨진 이점을 잃게 되는 것이다.

커뮤니티에서 이러한 이해 상충을 발견한 이후 사용자들 사이에서는 특정 규칙을 따르지 않는 블록의 경우, 채굴자들로부터 해당 블록을 수락하지 않도록 자신들의 권한을 행사하기로 결정했다. 사용자가 궁극적으로 원한 것은 세그윗이 추가한 새로운 규칙이었지만, 채굴자 다수가 세그윗에 대한 지지 신호를 보내게 되면 세그윗 규칙을 시행할 계획이었던 노드 다수를 활용하여 사용자의 노력을 배가시키고자 했다. 한 익명의 개발자는 BIP-148을 제안했는데, 특정 날짜로부터 세그윗이 활성화될 때까지 세그윗에 대한 신호가 없는 블록은 어떤 노드든 거부하도록 구현한 BIP다.

비록 BIP-148 코드를 실제 실행한 사용자는 한정적이었지만, 기타 사용자 다수는 정서상 동의한 듯했고, BIP-148를 실행할 준비가 되었을 수도 있다. BIP-148이 발효되기 며칠 전, 거의 모든 채굴자가 세그윗 규칙을 시행할 준비가 되었다는 신호를 보내기 시작했다. 세그윗은 약 2주 후에 잠금 임곗값에 도달했고 그로부터 약 2주 후에 활성화되었다.

채굴자들이 1년 동안 신호를 보내지 않음으로써 활성화 시도의 성공을 막을 수 있다는 점이 BIP-9의 결함이라고 사용자의 다수가 믿게 되었다. 사용자들은 소프트 분기가 특정 블록 높이에서 활성화되도록 보장할 뿐만 아니라 채굴자들이 더 일찍 분기를 잠글 준비가 되었다는 신호를 보낼 수 있는 메커니즘을 원했다.

이를 위해 개발된 방법은 BIP-8로, BIP-9와 유사하지만 채굴자들이 소프트 분기 제안을 시행할 준비가 되었다는 신호를 보내야 하는 `MUST_SIGNAL` 기간을 규정한다는 점에서 다르다.

BIP-8을 사용하여 탭루트 제안의 활성화를 시도한 소프트웨어가 2021년에 공개되었고, 적어도 소수의 사용자가 해당 소프트웨어를 실행했다는 증거가 있었다. 사용자 중에는 BIP-8을 사용하여 채굴자들이 탭루트를 활성화하도록 강제하려는 의지가 결국 탭루트 활성화의 주역이라 주장한다. 이들의 주장에 따르면 탭루트가 신속히 활성화되지 않았다면 다른 사용자들도 BIP-8을 실행하기 시작했을 것이라고 한다. 안타깝게도 무슨 일이 일어났을지 증명할 방법이 없으므로 BIP-8이 탭루트 활성화에 기여한 정도에 대해서는 단언할 수 없다.

### 신속 시행으로 신속히 실패하거나 결국 성공하거나

BIP-9는 제안에 대한 대대적인 지원에도 불구하고 세그윗 활성화로 이어지지는 못한 듯했지만, 많은 프로토콜 개발자들이 보기에 BIP-9 자체가 실패한 것 같지는 않았다. 언급한 바와 같이, 채굴자들이 처음에 세그윗에 대한 지지 신호를 보내지 못했던 주된 이유는 미래에는 적용되지 않을 일시적인 이해 상충의 문제 때문일 수도 있다. 어떤 이들은 BIP-9가 다시 시도할 가치가 있는 것으로 여겼고, 또 어떤 이들은 이에 동의하지 않고 BIP-8을 사용하기를 원했다.

특정 활성화 방안에 가장 관심이 많던 사람들이 수개월 간 논의한 끝에 탭루트를 활성화하기 위한 타협안이 나왔다. 채굴자들에게 탭루트 규칙 시행 의도를 시그널링할 시간을 아주 짧게 부여하도록 수정한 BIP-9가 제시된 것이다. 시그널링이 실패하면 다른 활성화 메커니즘을 사용할 수 있다(또는 잠정적으로 해당 아이디어는 폐기될 수 있다). 시그널링이 성공하면 약 6개월 후 규정된 블록 높이에서 시행되기 시작한다. 이 메커니즘을 촉진하는 데 도움을 준 누군가가 이를 **신속 시행**(*speed trial*)라고 이름 붙였다.

신속한 시행 활성화를 시도하자, 채굴자들은 탭루트 규칙을 시행할 의향을 재빠르게 시그널링했고, 탭루트는 약 6개월이 지나 성공적으로 활성화되었다. 신속한 시행을 지지한 사람들에게 이는 명백한 성공이었다. 다른 사람들은 여전히 BIP-8이 사용되지 않은 것에 실망했다.

향후 소프트 분기를 활성화하기 위한 시도에 신속한 시행이 다시 사용될지는 불분명하다.

## 합의 소프트웨어 개발

합의 소프트웨어 개발은 계속 진화하고 있고 합의 규칙을 변경하는 데 필요한 다양한 메커니즘에 대한 논의도 많이 진행되고 있다. 특성상 비트코인은 변경에 대한 조정 및 합의에 대해 높은 장벽을 치고 있다. 분산화된 시스템으로서 비트코인은 네트워크 사용자들에게 의지를 부여할 수 있는 '중앙 당국'이 없다. 채굴자, 코어 개발자, 지갑 개발자, 교환, 상인, 최종 사용자 등의 다양한 이해 집단들 사이에 파워가 분산되어 있다. 그 중 어떤 한 집단에 의해 일방적으로 결정이 내려질 수 없다. 예를 들어, 이론적으로는 채굴자들이 단순한 과반(51%)에 의해 규칙을 변경할 수는 있지만 다른 집단의 허가에 의해 변경이 제한된다. 만약 채굴자들이 일방적으로 행동한다면 나머지 참가자들이 그들을 따르는 것을 단순히 거절함으로써 소수 체인에서 경제 활동을 계속할 수 있다. 경제활동(거래, 상인, 지갑, 교환)이 없다면 채굴자들은 빈 블록과 함께 가치가 없는 코인을 채굴하게 될 것이다. 파워가 분산되었다는 것의 의미는 모든 참가자들이 서로 조정해야 한다는 뜻이고 조정 없이는 어떠한 변경도 이룰 수 없다는 의미다. 현상 유지란 절대 다수에 의한 강력한 합의가 있는 경우 단 몇 가지 변경만 가능한, 현 시스템의 안정된 상태다. 소프트 분기에서 95%라는 임곗값은 이 같은 현실을 반영한다.

합의 개발에 있어 완벽한 솔루션은 없다는 사실을 인지하는 것은 중요하다. 하드 분기와 소프트 분기 모두 상충되는 부분을 가지고 있다. 어떤 유형의 변경에서는 소프트 분기가 더 나은 선택이 될 수 있고, 어떤 경우에는 하드 분기가 더 나은 선택이 될 수 있다. 완벽한 선택은 존재하지 않고 어떠한 경우라도 위험은 따른다. 합의 소프트웨어 개발의 변함없는 특징 중 하나는 변경이 어렵고 합의가 타협을 하게 만든다는 점이다.

어떤 사람은 이러한 특성이 합의 시스템의 약점이라고 본다. 머지않아 나처럼 이 특성을 가장 위대한 장점으로 보게 될지도 모른다.

이 즈음에서 비트코인 시스템 자체에 대한 이야기를 마쳤다. 남은 것은 비트코인 위에 구축된 소프트웨어 및 기구, 기타 프로토콜에 관한 것이다.

13장

# 비트코인 보안

비트코인은 은행 계좌에 들어 있는 잔액과는 다르기 때문에 비트코인을 안전하게 보호하는 것에 어려움이 따른다. 비트코인은 마치 디지털 캐시 혹은 금과 매우 유사하다. 아마도 '주운 사람이 임자(Possession is nine-tenths of the law.)'라는 표현을 들어 보았을 것이다. 비트코인 시스템에서는 이 표현이 완전히 적용된다. 비트코인을 사용할 수 있는 키를 소유하고 있다는 것의 의미는 캐시나 귀금속 덩어리를 소유하고 있다는 것과 같다. 여러분은 비트코인을 분실할 수도 있고 엉뚱한 곳에 둘 수도 있고 도난당할 수도 있으며 실수로 누군가에게 잘못된 금액을 전송할 수도 있다. 어떤 경우든 프로토콜 내에서 사용자를 구제할 방법은 없다. 마치 사람들이 많이 다니는 길에 돈을 떨어뜨린 경우와 같다고 보면 된다.

하지만 비트코인은 현금, 금, 은행 계좌가 하지 않는 기능을 제공한다. 키가 담겨 있는 비트코인 지갑은 여느 파일들과 마찬가지로 백업이 가능하다. 지갑은 여러 개의 복사본으로 저장 가능하며, 심지어 종이 위에 인쇄해서 하드카피로도 백업이 가능하다. 현금이나 금, 은행 계좌는 '백업'할 수 없다. 비트코인은 이전 화폐들과 너무 다르기 때문에 비트코인의 보안에 대해서 생각할 때도 새로운 방법으로 접근해야 한다.

## 보안 원리

비트코인의 핵심 원리는 분산화이며 이러한 특징은 보안에 있어 중요한 의미를 지닌다. 전통적인 은행 또는 지불 네트워크 등의 중앙 집중화된 모델은 외부로부터 유해 인자를 막아 주는 접근 통제 및 신원 확인 절차에 의존한다. 하지만 비트코인과 같이 분산화된 시스템은 통제에 대한 책임을 사용자에게 넘긴다. 비트코인 네트워크의 보안은 접근 통제가 아닌 독립적인 검증에 기반을 두고 있기 때문에 비트코인 네트워크는 개방 가능하고 비트코인 트래픽을 암호화할 필요는 없다(물론 암호화가 유용할 수는 있다).

신용카드 시스템 같은 전통적인 지불 수단 네트워크상에서는 사용자의 개인 식별자(신용카드 번호)가 있기 때문에 결제에 제한이 없다. 첫 거래가 진행된 후에는 식별자에 접근 가능한 누구라도 돈을 '인출'해서 소유주에게 반복해서 청구할 수 있다. 따라서 지불 네트워크는 암호법을 이용해서 종단간(end-to-end) 안전하게 처리되어야 하며, 결제 트래픽이 전송 중이거나 저장(휴지)될 때 중간에 거래 과정을 지켜보는 사람 혹은 중개인이 해당 트래픽을 위험에 빠뜨릴 가능성이 없도록 해야 한다. 악의적 행위자가 해당 시스템에 접근하는 경우, 현재 진행되는 거래들과 새로운 거래를 생성하는 데 사용될 수 있는 결제 토큰을 손상시킬 수 있다. 더 좋지 않은 상황은 고객의 데이터가 위협을 받는 경우 해당 고객은 신분 도용에 노출될 수 있기 때문에 피해를 입은 계좌의 부정적인 사용을 방지하기 위해 조치를 취해야 한다.

하지만 비트코인은 전통적인 지불 수단과는 완전히 다르다. 비트코인 거래에서는 특정 가치에 대해서만 특정인에게 승인하기 때문에 위조가 불가능하다. 거래 당사자의 신분 등 어떠한 개인 정보도 드러내지 않고 추가 결제를 승인하는 데 사용할 수도 없다. 따라서 비트코인 결제 네트워크는 암호화하거나 도청으로부터 보호할 필요가 없다. 안전하지 않는 와이파이나 블루투스 등의 공개 채널을 통해서도 보안성을 유지한 채 비트코인 거래를 사실상 전송할 수 있다.

비트코인의 분산 보안 모델은 사용자에게 많은 권한을 부여한다. 이러한 권한과 함께 키에 대한 보안을 유지해야 하는 책임도 따라온다. 대부분의 사용자에게 보안을 유지하는 작업이 쉽지만은 않다. 특히 인터넷에 연결된 스마트폰이나 노트북 등 범용 컴퓨터 기기상에서는 더욱 어렵다. 비트코인의 분산 모델이 신용카드에서 발생하는 대량 위험을 방지할 수 있긴 하지만 많은 사용자들이 키를 안전하게 보호하지 못해서 하나씩 하나씩 해킹당할 가능성이 있다.

### 비트코인 시스템을 안전하게 개발하기

비트코인 개발자들이 가장 유념해야 하는 특성은 분산화다. 대부분의 개발자들은 중앙 집중식 보안 모델을 비트코인 어플리케이션에 적용하고자 하지만 그 결과는 참담할 것이다.

비트코인의 보안은 키에 대한 분산 제어와 채굴자들이 검증하는 독립적인 거래에 달려 있다. 여러분이 비트코인의 보안성을 활용하고자 한다면 우선 비트코인 보안 모델 내에 있어야 한다. 간단하게 말하자면 사용자가 키 제어권을 빼앗겨서도, 검증을 외부에 위탁해서도 안 된다.

예를 들어, 초창기의 비트코인 교환소 여러 곳에서는 사용자들의 돈 전부를 단일 '핫 월렛(hot wallet)'에 집중시키고, 키는 단일 서버에 저장했다. 이러한 설계는 사용자로부터 제어권을 빼앗아 키에 대한 제어를 단일 시스템에 중앙 집중화시킨다. 이 시스템 중 다수가 해킹을 당했고 고객들에게 끼친 결과는 끔찍했다.

운영 보안, 다중 계층의 접근 제어, (기존 은행이 시행하고 있는) 감사 등에 전폭적으로 투자할 계획이 아니라면, 비트코인의 분산화된 보안 환경 외부로 자금을 빼내기 전에 신중하게 생각해야 한다. 충분한 자금과 규제가 있어 견고한 보안 모델을 구현한다고 해도, 그러한 설계는 신분 도용이나 부패, 횡령 등으로 시달렸던 전통적인 금융 네트워크의 취약한 모델을 단순히 복제하는 데 불과하다. 비트코인만의 독특한 분산 보안 모델을 활용하려면, 우리에게 익숙하지만 결국 비트코인의 보안을 훼손하는 중앙 집중식 아키텍처의 유혹을 뿌리쳐야 한다.

### 신뢰루트

전통적인 보안 아키텍처는 **신뢰루트**(*root of trust*)라고 불리는 개념을 기반으로 하고 있다. 신뢰루트란 전체 시스템 혹은 어플리케이션의 보안을 위한 기초로 사용되는 신뢰할 수 있는 핵심이다. 보안 아키텍처는 신뢰루트를 중심으로 양파 껍질처럼 여러 겹으로 생장하며 중심에서 외부로 신뢰를 확장시킨다. 각 층은 접근 제어, 디지털 서명, 암호화, 기타 보안 원리 등을 사용하여 보다 신뢰할 수 있는 내부 층을 기반으로 구축된다. 소프트웨어 시스템이 복잡해질수록 버그가 발생할 가능성이 높아지고, 따라서 보안이 침해될 가능성이 높아진다. 신뢰루트 개념은 신뢰 대부분을 시스템의 덜 복잡한 부분, 즉 덜 취약한 부분에 배치하고, 더 복잡한 소프트웨어는 그 주변에 층층이 배치된다. 이러한 보안 아키텍처는 다양한 규모로 반복된다. 먼저 단일 시스템의 하드웨어 내에 신뢰루트를 확립한 다음, 운영 시스템을 통해 상위 계층의 시스템 서비스로 신뢰루트를 확장하고, 최종적으로는 신뢰가 줄어드는 동심원의 여러 서버에 걸쳐 확장된다.

비트코인의 보안 아키텍처는 다르다. 비트코인에서는 합의 시스템이 완전히 분산되고 신뢰할 수 있는 블록체인을 생성한다. 제대로 검증된 블록체인은 최초 블록을 신뢰루트로 사용해서 현재 블록까지 신뢰체인을 구축한다. 비트코인 시스템은 블록체인을 신뢰루트로 사용할 수 있고, 또 사용해야만 한다. 여러 다른 시스템의 서비스로 구성된 복잡한 비트코인 앱을 설계하는 경우, 신뢰가 어디에 있는지 확인할 수 있도록 아키텍처를 신중하게 검토해야 한다. 결국 명시적으로 신뢰할 수 있는 대상은 완벽하게 검증된 블록체인뿐이다. 어플리케이션이 명시적으로 혹은 암묵적으로 블록체인이 아닌 대상에게 신뢰를 둔다면 취약성을 야기할 수 있다. 어플리케이션의 보안 아키텍처를 평가하는 좋은 방법은 각 개별 구성 요소를 고려하고 해당 요소가 완전히 손상되어 악의적 행위자의 통제하에 있는 가상 시나리오를 평가하는 것이다. 어플리케이션의 각 구성 요소를 차례로 살펴보고 해당 요소가 손상되었을 때 보안 전체에 미치는 영향을 평가하라. 구성 요소가 손상되었을 때 어플리케이션이 더 이상 안전하지 않다면, 해당 구성 요소는 신뢰하기 힘들다는 것을 나타낸다. 오직 비트코인 합의 메커니즘 손상에만 취약한 비트코인 앱을 취약점이 없다고 말할 수 있다. 이는 신뢰루트가 비트코인 보안 아키텍처의 가장 견고한 층에 기반을 두고 있음을 의미한다.

비트코인 거래소가 해킹당했던 수많은 사례를 통해 이 점을 분명히 알 수 있다. 해당 보안 아키텍처와 설계는 기본적인 검토조차 통과하지 못하기 때문이다. 이러한 중앙 집중식 구현은 핫 월렛, 중앙 집중식 데이터베이스, 취약한 암호화 키, 유사 정책 등 비트코인 블록체인 외부의 수많은 구성 요소에 명시적으로 신뢰를 두었다.

## 사용자 보안의 모범 사례

인류는 수천 년에 걸쳐 물리적 보안 통제법을 사용해 왔다. 이에 비해 우리의 디지털 보안 경험은 채 50년도 되지 않는다. 현대의 범용 운영 체계는 그다지 안전하지 않으며 특히 디지털 화폐를 저장하기에 적합하지 않다. 컴퓨터들은 끊임없이 상시 접속되어 있는 인터넷 연결망을 통해서 외부 위협에 노출되어 있다. 현재 컴퓨터에는 수백 명의 제작자가 만든 수천 개의 소프트웨어 구성 요소들이 가동되어 있으며, 종종 해당 사용자의 파일에 자유롭게 접근할 수도 있다. 여러분의 컴퓨터에 설치된 수천 개의 소프트웨어들 중 악성(rogue) 소프트웨어가 단 하나만 있어도 키보드와 파일들에 해를 끼쳐 지갑 어플리케이션에 저장되어 있는 비트코인 일부를 훔쳐 낼 수도 있다. 바이러스나 트로이목마가 없도록 컴퓨터 관리를 유지하는 것은 극소수의 컴퓨터 사용자들 외에는 어려운 일이다.

정보 보안 분야에서 수십 년 동안 연구 활동 및 발전이 있어 왔지만 디지털 자산은 여전히 강력한 적을 만나면 비참할 정도로 취약성을 드러낸다. 금융 서비스 회사나 정보국, 방위 산업 계약 등 고도로 보호되고 제한되는 시스템에서도 잦은 빈도로 보안의 구멍이 뚫린다. 비트코인은 실질적 가치를 보유한 디지털 자산을 생성하며, 도난당하거나 새로운 소유주에게로 즉시 유용되어 찾을 수 없는 상태가 되기도 한다. 이러한 특징이 해커들에게는 상당한 인센티브로 작용한다. 현재까지 해커들은 신원정보나 신용카드, 은행 계좌 등의 계좌 토큰을 공격한 후 이들을 돈으로 전환해야만 했다. 금융 정보를 방어하고 세탁하는 작업이 어려움에도 불구하고 계속해서 정보에 대한 도난이 늘어나고 있다. 비트코인 역시 이 문제가 계속되고 있다. 왜냐하면 비트코인은 방어 및 세탁이 필요 없기 때문이다. 비트코인은 디지털 자산 내에 존재하는 실질적 가치를 지닌 화폐다.

다행스럽게도 비트코인 역시 컴퓨터 보안을 개선하기 위한 인센티브를 만들어 낸다.

이전에 컴퓨터 공격에 대한 위험이 명확하지 않고 간접적인 성격을 지녔다면 비트코인을 통해서 이러한 위험들이 명확해지고 분명해졌다. 컴퓨터상에 비트코인을 저장하게 되면서 사용자들이 컴퓨터 보안의 필요성에 초점을 맞추게 되었다. 비트코인을 비롯한 여러 디지털 화폐가 확산되고 채택 범위가 넓어지면서 직접적으로 얻을 수 있는 효과는 해킹 기술뿐만이 아니라 보안 솔루션도 발전한다는 점이다. 간단하게 이야기해서 해커들이 현재 군침 도는 목표를 가지고 있고 사용자들 역시 해커를 방어해야 하는 명확한 이유를 가지고 있다.

지난 3년 동안 비트코인을 채택하면서 얻은 직접적인 혜택으로는 하드웨어 암호화, 키 저장 및 하드웨어 지갑, 다중서명 기술, 디지털 에스크로의 형태로 정보 보안의 영역에서 엄청난 혁신적 결과물이 나왔다는 점이다. 다음 절에서 실용적인 사용자 보안을 위해 다양한 모범 사례들에 대해 알아볼 것이다.

## 물리적 비트코인 저장

대부분의 사용자들이 디지털 정보 보안보다는 물리적 보안에 더 익숙하기 때문에 비트코인을 보호하는 가장 효과적인 방법은 정보 보안을 물리적 형태로 전환하는 것이다. 비트코인 키와 이를 생성하는 데 사용되는 시드는 긴 수열에 지나지 않는다. 이는 종이 위에 프린트되거나 금속 동전에 새겨지는 등 물리적인 형태로 저장될 수 있음을 의미한다. 그렇게 되면 키를 보호하는 작업은 비트코인 키의 프린트 복사본을 물리적으로 보호하는 것만큼 단순해진다. 종이 위에 인쇄된 시드를 가리켜 '종이 백업'이라고 하며, 종이 백업을 생성하는 데 사용 가능한 지갑들은 많이 있다. 비트코인을 오프라인상에서 보관하는 것을 **콜드 스토리지**(*cold storage*)라고 하며 가장 효과적인 보안 기술 중 하나다. 콜드 스토리지 시스템은 키가 오프라인상에서 생성되어(인터넷에 절대 연결되지 않음) USB 메모리 같은 디지털 미디어나 종이에 오프라인으로 저장되는 것이다.

## 하드웨어 서명 장치

장기적으로 비트코인 보안은 점점 더 하드웨어 변조 방지(tamper-proof) 하드웨어 서명 장치의 형태를 띠게 될 것이다. 스마트폰이나 데스크톱 컴퓨터와는 달리 비트코인 하드웨어 서명 장치는 키를 가지고 서명 생성에 사용하기만 하면 된다. 하드웨어 서명 장치는 범용 소프트웨어가 없어서 손상 위험이 적고 인터페이스도 제한되어 있기 때문에 비전문가들도 보안을 든든하게 지킬 수 있다. 하드웨어 서명 장치는 비트코인을 저장하는 주된 방식이 될 것이다.

### 액세스 보장하기

대부분의 사용자가 비트코인 도난에 대해 염려하는 것은 당연하지만, 그보다 더 큰 리스크가 있다. 데이터 파일이 손상될 위험이 있다는 것이다. 그 데이터 파일에 비트코인 키가 있었다면 충격이 훨씬 더 클 것이다. 사용자는 비트코인 지갑을 보호하려다 너무 멀리 가서 결국 비트코인을 잃어버리지 않도록 주의를 기울여야 한다. 2011년 7월, 유명한 비트코인 인식 및 교육 프로그램에서 거의 7,000비트코인을 잃어버렸다. 도난을 예방하기 위해 소유주들은 복잡한 암호화 백업을 실행했다. 하지만 실수로 암호키를 잃어버려 백업은 쓸모없게 되고 결국 막대한 재산을 잃었다. 돈을 사막에 묻어 두는 것처럼, 비트코인을 너무 꽁꽁 숨겨 두다 다시는 찾지 못할 수도 있다.

> 비트코인을 사용하려면 개인키나 개인키를 끌어오는 데 필요한 BIP-32 시드 외에 다른 정보를 백업해야 할 수도 있다. 특히 다중서명이나 복잡한 스크립트를 사용하는 경우에 더욱 그렇다. 출력값 스크립트는 대부분 해당 출력값에서 비트코인 사용에 필요한 실질적인 충족 조건을 규정하며, 이를 지갑 소프트웨어가 네트워크에 공개하지 않는 한 조건을 충족시킬 수 없다. 따라서 지갑 복구 코드에는 해당 정보가 포함되어야 한다. 자세한 내용은 5장을 참조하라.

### 리스크 다각화하기

여러분은 보유한 전 재산을 현금으로 지갑에 넣어서 다니겠는가? 이렇게 갖고 다니는 경우가 있다면 대부분의 사람들은 무모하다고 여기겠지만 비트코인 사용자들은 종종 하나의 지갑에 보유 중인 비트코인 전부를 넣어 다니기도 한다. 그렇게 하는 대신 여러 다양한 비트코인 앱에 리스크를 분산시켜야 한다. 신중한 사용자라면 작은 금액으로 쪼개서(5% 미만) 온라인 지갑이나 모바일 지갑에 '용돈'으로 보관할 것이다. 나머지 금액은 데스크톱 지갑이나 오프라인(콜드 스토리지) 등 다른 저장 메커니즘에 분할하여 보관해야 한다.

### 멀티시그와 거버넌스

회사나 개인이 큰 금액의 비트코인을 저장할 때마다 그들은 다중서명 비트코인 주소를 사용할 것인지 여부를 고려해야 한다. 다중서명 주소는 지불을 위해서 하나 이상의 서명을 필요로 하기 때문에 자금을 안전하게 지켜 준다. 서명키들은 다양한 장소에서 서로 다른 사람들의 통제하에 보관되어야 한다. 예를 들어, 기업 환경에서는 독립적으로 생성된 키를 회사 임원 여러 명이 관리하여 어느 한 사람이 자금을 위태롭게 하지 않도록 해야 한다. 다중서명 주소는 서로 다른 위치에 보관된 키 여러 개를 한 사람이 보관하는 식으로 중복성을 제공할 수 있다.

### 생존력

보안에 있어 자주 간과되는 중요한 고려 사항은 가용성이다. 특히 키 소유주가 질병 등으로 정상적인 생활이 불가능하거나 사망할 시 가용성은 중요한 문제가 된다. 비트코인 사용자들은 복잡한 암호를 사용해서 키를 안전하고 비공개로 보관해서 그 누구와도 키를 공유하지 말 것을 권유받는다. 안타깝게도 이러한 관행 때문에 사용자의 가족이 비트코인을 해제하지 못하는 경우 어떠한 금액도 되찾을 수가 없게 된다. 실제로 비트코인 사용자들의 가족들은 비트코인의 존재 자체를 까맣게 모르고 있는 경우도 많다.

여러분이 많은 금액의 비트코인을 보유하고 있다면 신뢰하는 친척 혹은 변호사와는 접근 방식에 대한 세부사항을 공유하는 것에 대해 고려해 보아야 한다. 다중서명 접근 방식을 이용해서 더 복잡한 생존 계획을 세울 수도 있고, '디지털 자산 유언집행'을 전문으로 하는 변호사를 통해 자산 계획을 세울 수도 있다.

비트코인은 개발자들이 여전히 연구 중인 복잡한 신기술이다. 시간이 흐르면서 비전문가들도 사용하기 쉬운 보안 도구 및 방법들이 더 많이 발전하게 될 것이다. 현재까지 비트코인 사용자들은 이 책에서 논의된 여러 팁을 활용하여 비트코인을 걱정 없이 안전하게 경험하고 누릴 수 있다.

### 14장

# 레이어 2 어플리케이션

이제 기본 비트코인 시스템(레이어 1, *first layer*)에 대한 이해를 바탕으로, 다른 어플리케이션, 즉 레이어 2(*second layer*)를 위한 플랫폼으로서 다시 살펴보도록 하겠다. 14장에서는 비트코인이 어플리케이션 플랫폼으로서 제공하는 기능에 대해 알아볼 것이다. 우리는 모든 블록체인 어플리케이션의 구성 요소를 형성하는 어플리케이션 빌딩 **기초 요소**(*primitives*)를 고려할 것이다. 클라이언트 측 검증, 지불 채널, 라우티드 지불 채널(라이트닝 네트워크)과 같이 이러한 기초 요소를 사용하는 몇 가지 주요 어플리케이션도 함께 살펴볼 것이다.

## 빌딩 블록(기초 요소)

장기간 정확하게 가동되는 경우, 비트코인 시스템은 특정 보증(guarantee)을 제공하며, 이 시스템은 어플리케이션을 생성하는 빌딩 블록으로 사용될 수 있다. 보증 내용은 아래와 같다.

**이중지불 방지**(No Double-Spend)

비트코인의 분산화된 합의 알고리즘에 대한 가장 기본적인 보증으로, 동일한 유효 블록체인 내에서 UTXO가 두 번 소비될 수 없도록 보장한다.

**불역성**(Immutability)

거래가 한 번 블록체인에 기록되고 후속 블록에 작업이 충분히 추가되면 거래 데이터는 사실상 변경이 불가능해진다. 에너지 소비의 관점에서도 불역성이 성립한다. 왜냐하면 블록체인을 다시 구성하려면 작업증명을 하는 데 사용되는 에너지가 필요하기 때문이다. 필요한 에너지와 그에 따른 불역성 정도는 거래가 담겨 있는 블록의 꼭대기에 행해지는 작업량과 함께 증가한다.

**중립성**(Neutrality)

분산화된 비트코인 네트워크는 거래의 근원이나 내용과는 상관없이 유효한 거래만을 전파시킨다. 즉, 누구든지 거래 수수료를 충분히 지불하고 거래 전파 능력에 대한 신뢰만 있으면 유효한 거래를 생성할 수 있음을 의미한다.

**안전한 타임스탬핑**(Secure Timestamping)

합의 규칙은 타임스탬프가 너무 과거 혹은 미래로 설정되어 있는 블록은 거절한다. 이를 통해 블록상에 있는 타임스탬프는 신뢰받을 수 있다. 블록상에 있는 타임스탬프는 포함된 모든 거래의 입력값이 이전에 소비되지 않았음을 보장한다는 의미를 내포하고 있다.

**인가**(Authorization)

분산화된 네트워크에서 유효화된 디지털 서명은 인가 보증을 제공한다. 디지털 서명이 필요한 스크립트는 개인키 소유주가 인가를 해 주지 않으면 실행될 수 없다.

**감사가능성**(Auditability)

모든 거래는 공개되어 있고 감사받을 수 있다. 거래와 블록 전부는 진행 반대 방향으로 끊어지지 않은 체인을 통해 최초 블록까지 연결되어 있다.

**회계**(Accounting)

(코인베이스 거래를 제외하고) 어떠한 거래 내에서도 입력값의 가치, 출력값, 거래 수수료를 더한 값은 동일하다. 거래 내에서 비트코인의 가치를 생성하거나 없애는 것은 불가능하다. 출력값은 입력값을 초과할 수 없다.

**비만료성**(Nonexpiration)

유효한 거래는 만기가 되지 않는다. 입력값이 소비되지 않은 채로 존재하고 합의 규칙이 변경되지 않는 한, 오늘 유효한 거래가 있다면 가까운 미래에도 유효할 것이다.

**무결성**(Integrity)

`SIGH_ALL`로 서명된 비트코인 거래나 또 다른 `SIGHASH` 유형에 의해 서명된 거래의 일부는 서명을 무효화해서 해당 거래 자체를 무효화한다.

**거래의 원자성**(Transaction Atomicity)

비트코인 거래는 원자와 같다. 따라서 그들은 유효하여 승인(채굴)될 수도 있고 아닐 수도 있다. 거래의 일부만 채굴될 수는 없으며 거래의 중간 상태는 없다. 어떤 시점에서든 거래는 채굴되었거나 채굴되지 않았다.

**이산적(불가분) 가치 단위**(Discrete(indivisible) units of value)

거래 출력값은 개별적이고 분리되지 않은 가치 단위다. 출력값은 전체가 소비될 수 있고 소비되지 않을 수 있다. 출력값을 나누거나 부분적으로 소비할 수 없다.

**관리 정족수**(Quorum of Control)

스크립트 내에 다중서명으로 제한을 두는 경우 다중서명 체제에서 미리 규정한 인가 정족수가 존재한다. 이 요건은 합의 규칙에 의해 시행된다.

**타임락/에이징**(Timelock/Aging)

상대적 타임락 혹은 절대적 타임락을 포함하고 있는 스크립트 절은 지정된 시간이 초과한 경우에만 실행될 수 있다.

**복제**(Replication)

분산 저장된 블록체인은 충분한 승인을 거친 후 어떤 한 거래가 채굴되는 경우, 전 네트워크로 복제되어 강해지고 파워 손실이나 데이터 소실 등에 대해 내구성과 복원력을 갖도록 보장하는 것은 블록체인의 분산 저장이다.

**위조 방지**(Forgery Protection)

거래는 존재하고 유효한 출력값만을 소비할 수 있다. 가치를 창출하거나 위조하는 것은 불가능하다.

**일관성**(Consistency)

채굴자 분할이 부재한 경우 블록체인에 기록되어 있는 블록은 기하급수적으로 감소하는 확률로 기록된 깊이에 따라 재구성되거나 충돌이 발생할 수 있으므로 기록 변경이 사실상 불가능해진다. 깊이 기록된 후 변경하려면 막대한 계산 및 에너지가 소요된다.

**외부 상태 기록**(Recording External State)

거래는 `OP_RETURN`이나 계약 지불을 통해 데이터값을 약정하여 외부 상태 기계의 상태 전환을 나타낼 수 있다.

#### 예측 가능한 발행

비트코인은 2,100만 개가 될 때까지 예측 가능한 속도로 발행될 것이다.

빌딩 블록 목록은 아직 완성되지 않았다. 더 많은 어플리케이션들이 비트코인에 도입된 새로운 특성에 따라 추가될 것이다.

## 빌딩 블록에서 사용하는 어플리케이션

비트코인이 제공하는 빌딩 블록은 어플리케이션을 구성하는 데 사용될 수 있는 신뢰 플랫폼의 요소다. 현존하는 어플리케이션과 어플리케이션에서 사용하는 빌딩 블록에 대한 예시는 다음과 같다.

#### 존재증명(전자공증)

불역성 + 타임스탬프 + 내구성. 블록체인의 거래는 기록 당시 데이터가 존재했음을 입증한다(타임스탬프). 약정은 나중에 수정될 수 없고(불역성) 증명된 내용은 영구히 저장될 것이다(내구성).

#### 킥스타터(라이트하우스)

일관성 + 원자성 + 무결성. 모금 행사라는 거래에서 하나의 입력값과 그에 따른 출력값에 서명을 하는 경우(일관성) 다른 사람들은 모금 행사에 기여할 수 있지만 목표 금액(출력값)이 모아질 때까지(일관성) 해당 금액을 소비할 수는 없다(원자성).

#### 지불 채널

관리 정족수 + 타임락 + 이중지불 방지 + 비만료성 + 검열 저항 + 인가. 지불 거래의 '상환' 거래로 사용되는 타임락이 있는 2-of-2(관리 정족수) 다중서명은 둘 중 한 명의 당사자(인가)에 의해 언제든지(검열 저항) 보유하거나 소비할 수 있다. 양 당사자는 그 후 더 짧은 기간의 타임락을 걸어서 상환금을 두 번 소비하는(이중지불 방지) 약정 거래를 생성할 수 있다.

## 컬러드 코인

먼저 살펴볼 블록체인 어플리케이션은 **컬러드 코인**(*colored coin*)이다.

컬러드 코인은 비트코인 이외의 외부 자산의 생성 및 소유, 이전 등을 기록하기 위해 비트코인 거래를 사용하는 일련의 유사한 기술을 말한다. 여기서 '외부 자산'이란 블록체인 고유의 자산인 비트코인과는 달리 비트코인 블록체인상에 직접적으로 저장되지 않는 자산을 의미한다.

컬러드 코인은 디지털 자산뿐 아니라 제3자가 보유하고 소유권 인증서를 통해 거래되는 물리적 자산을 추적하는 데 사용된다. 디지털 자산 컬러드 코인에는 주식 증권, 라이선스, 가상 재산(게임 아이템), 거의 모든 형태의 지적 재산권(상표, 저작권 등) 형태의 대부분 등 무형 자산에 해당한다. 유형 자산 컬러드 코인은 상품(금, 은, 석유), 토지, 자동차, 보트, 항공기 등에 대한 소유권 증서가 해당된다.

컬러드 코인이라는 용어는 비트코인의 명목상 금액을 '색칠'하거나 표시한다는 아이디어에서 비롯된 것으로, 그 예로는 단일 사토시가 있으며 비트코인 금액 자체와 다른 무언가를 나타낸다. 비유하자면, 1달러 지폐에 '이 지폐는 ACME사의 주식 증서다' 또는 '이 지폐는 은 1온스로 교환할 수 있다'라는 문구를 찍어 그 1달러짜리 지폐를 다른 자산에 대한 소유 증서로서 거래하는 것과 같다. 컬러드 코인의 첫 번째 구현인 EPOBC(*enhanced-Padded-Order-Based Coloring*)는 외부 자산을 1사토시 출력값으로 할당한다. 이런 방식으로 자산 각각을 단일 사토시의 속성(색상)으로 추가하여 참으로(true) '색칠한 코인'이 된 것이다.

보다 최근에 구현된 컬러드 코인은 거래에 메타데이터를 첨부하기 위해 다른 메커니즘을 사용하며, 특정 자산과 메타데이터를 연결하는 외부 데이터 저장소와 결합한다. 현 집필 시점에 사용되는 세 가지 주요 메커니즘으로는 일회용 봉인(single-use seals), 계약 지불(pay to contract), 클라이언트 측 검증(client-side validation)이 있다.

### 일회용 봉인

일회용 봉인은 물리적 보안에서 고안되었다. 제3자를 통해 물건을 배송하는 사람이 있는데 물건에 누군가 손을 댄 건 아닌지 감지하기 위해, 일단 열었다 하면 반드시 포장이 손상되게끔 되어 있는 특수한 메커니즘으로 물건을 보호한다. 포장이 봉인된 상태로 도착하면 발송자와 수신자는 운송 중에 포장이 열린 적이 없다는 것을 확신할 수 있다.

컬러드 코인의 맥락에서 일회용 봉인은 다른 데이터 구조와 단 한 번만 연결될 수 있는 데이터 구조를 의미한다. 비트코인에서는 미사용 거래 출력값(UTXO)으로 이 정의가 충족된다. UTXO는 유효한 블록체인 내에서 한 번만 사용할 수 있으며, 사용 중에 거래 데이터와도 연관된다.

이는 현대 컬러드 코인 전송 기초의 일부가 된다. 컬러드 코인이 UTXO로 하나 이상 수신된다. 이 UTXO가 사용될 때, 해당 거래는 컬러드 코인이 어떻게 사용될 것인지 설명해야 한다. 그래서 이제 계약 지불(P2C)에 대해 살펴볼 것이다.

### 계약 지불(P2C)

앞서 264쪽 'Pay to Contract(P2C)'에서 알아본 P2C는 비트코인 합의 규칙에 대한 탭루트 업그레이드의 기초가 되었다. 간략히 되짚어보면, P2C는 송금자(밥)와 수신자(앨리스)가 계약과 같은 데이터에 합의하고, 그 계약을 반영하도록 앨리스의 공개키를 조정하는 것을 허용한다. 언제든지 밥은 앨리스의 기본 키와 계약에 사용된 조정을 공개하여 그녀가 자금을 수령했음을 증명할 수 있다. 앨리스가 자금을 사용하면, 이는 그녀가 계약을 알고 있었음을 완전히 증명한다. 왜냐하면 P2C 조정된 키에 수신된 자금을 사용할 수 있는 유일한 방법은 조정(계약)을 아는 것이기 때문이다.

P2C 조정키의 강력한 속성은 앨리스와 밥을 제외한 모든 사람에게 다른 공개키처럼 보인다는 점이다. 그들이 계약을 공개하기 전까지는 계약이 존재한다는 사실조차 드러나지 않는다.

P2C 계약은 임의적으로 길고 자세할 수 있으며, 그 조건은 어떤 언어로도 작성될 수

있고, 참가자들이 원하는 어떤 것도 참조할 수 있다. 이는 계약이 풀 노드에 의해 검증되지 않으며, 약정이 포함된 공개키만 블록체인에 게시되기 때문이다.

컬러드 코인 환경에서 밥은 연관된 UTXO를 사용하여 자신의 컬러드 코인을 포함하는 일회용 봉인을 열 수 있다. 해당 UTXO를 사용하는 거래에서 밥은 다음 소유자(또는 소유자들)가 코인을 추가로 사용하기 위해 충족해야 할 조건을 나타내는 계약을 약정할 수 있다. 새로운 소유자가 앨리스일 필요는 없지만, 앨리스는 밥이 사용한 UTXO를 수신하고 계약 조건에 따라 공개키를 조정한 상태이다.

풀 노드가 계약이 올바르게 준수되었는지 검증하지 않기(또는 할 수 없기) 때문에, 누가 검증에 책임을 지는지 알아야 한다. 이것이 **클라이언트 측 검증**으로 이어진다.

## 클라이언트측 검증

밥은 UTXO에 연결된 컬러드 코인을 가지고 있었다. 밥은 그 UTXO를 사용하여 다음 수신자(또는 수신자들)가 컬러드 코인에 대한 소유권을 증명하고 코인을 더 사용할 수 있도록 해주는 계약을 체결했다.

실제로 밥의 P2C 계약은 향후 컬러드 코인 사용 시기를 결정하기 위해 단순히 일회용 봉인으로 사용될 UTXO에 대한 고유 식별자를 하나 이상을 약정했을 가능성이 크다. 예를 들어, 밥의 계약은 앨리스가 공개키가 조정된 P2C로 수신한 UTXO가 이제 밥의 컬러드 코인의 절반을 통제하며, 나머지 절반은 앨리스와 밥 사이의 거래와는 무관한 다른 UTXO에 할당된다는 것을 나타낼 수도 있다. 이는 블록체인 감시에 맞서 상당한 프라이버시를 제공한다.

나중에 앨리스가 자신의 컬러드 코인을 댄(Dan)에게 사용하려면 먼저 자신이 컬러드 코인을 통제하고 있음을 댄에게 증명해야 한다. 앨리스는 밥이 선택한 P2C 공개키와 P2C 계약 조건을 댄에게 공개함으로써 이를 증명할 수 있다. 앨리스는 또한 밥이 일회용 봉인으로 사용한 UTXO와 컬러드 코인의 이전 소유자에 대해 밥이 제공했던 정보를 모두 댄에게 공개한다. 요컨대, 앨리스는 댄에게 이전의 컬러드 코인 전송에 대한 이력을 완전히 제공하며, 각 단계는 비트코인 블록체인에 앵커링된다(체인에 특별한 데이터를 저장하지는 않고, 일반 공개키만 저장). 이 이력은 블록체인이라고 부르는 일반 비트코인 거래 이력과 매우 유사하지만, 컬러드 코인의 이력은 다른 블록체인 사용자에게 전혀 보이지 않는다.

댄은 자신의 소프트웨어인 소위 **클라이언트 측 검증**을 사용하여 해당 이력을 검증한다. 특히, 댄은 본인이 수신하고자 하는 컬러드 코인과 관련된 부분만 수신하고 검증하면 된다. 댄은 다른 사람들의 컬러드 코인에서 일어난 일에 대한 정보는 필요 없다. 예를 들어, 밥이 앨리스에게 전송하지 않은 나머지 코인이 어떻게 됐는지 알 필요가 없다. 이는 컬러드 코인 프로토콜의 프라이버시를 강화하는 데 도움이 된다.

이제 일회용 봉인, 계약 지불, 클라이언트 측 검증에 대해 알아봤으니, 이를 사용하는 두 가지 주요 프로토콜인 RGB와 탭루트 자산(Taproot Assets)에 대해 살펴보도록 하자.

## RGB

RGB 프로토콜 개발자들은 현대 비트코인 기반 컬러드 코인 프로토콜에서 사용되고 있는 다수의 아이디어를 선도했다. RGB 설계의 주요 요건은 라이트닝 네트워크(LN)에서 사용되는 것처럼 프로토콜을 오프체인 지불 채널(447쪽 '지불 채널과 스테이트 채널' 참조)과 호환되도록 만드는 것이었다. 해당 요건은 아래와 같이 RGB 프로토콜의 각 레이어에서 달성된다.

### 일회용 봉인

밥은 지불 채널을 만들기 위해 자신의 컬러드 코인을 본인과 앨리스 모두의 서명이 필요한 UTXO에 할당한다. 해당 UTXO에 대한 상호 제어는 향후 전송을 위한 일회용 봉인 역할을 한다.

### 계약 지불(P2C)

앨리스와 밥은 이제 다양한 버전의 P2C 계약에 서명할 수 있다. 기본 지불 채널의 집행 메커니즘은 양측이 최신 버전의 계약만 체인에 게시하도록 유도한다.

### 클라이언트 측 검증

> 앨리스와 밥이 서로를 신뢰할 필요가 없도록 각자는 컬러드 코인이 생성된 이후 모든 이전 전송을 검토하여 모든 계약 규칙이 올바르게 준수되었는지 확인한다.

RGB 개발자들은 개인키 손상을 방지하기 위해 주기적으로 업데이트되는 신원 토큰 생성과 같이 프로토콜이 가진 다른 용도에 대해서도 설명했다.

자세한 내용은 RGB 문서를 참조하기 바란다(*https://rgb.tech*).

## 탭루트 자산

예전에는 타로(Taro)라고도 불린 탭루트 자산은 RGB에 큰 영향을 받은 컬러드 코인 프로토콜이다. RGB와 비교했을 때 탭루트 자산은 MAST 기능 활성화를 위해 탭루트에서 사용한 버전과 매우 유사한 형태의 P2C 계약을 사용한다(259쪽 'Merklized Alternative Script Trees(MAST)' 참조). RGB와 대비되는 탭루트 자산의 뚜렷한 장점은 널리 사용되고 있는 탭루트 프로토콜과 유사하기 때문에 지갑 및 기타 소프트웨어가 구현하기 더 쉽다는 점이다. 단점은 특히 신원 토큰과 같은 비자산 기능을 구현할 때 RGB 프로토콜만큼 유연하지 않을 수 있다는 점이다.

**탭루트**는 비트코인 프로토콜의 일부다. 이름은 비슷하지만 **탭루트 자산**은 비트코인 프로토콜의 일부가 아니다. RGB와 탭루트 자산 모두 비트코인 프로토콜 위에 구축된 프로토콜이다. 비트코인이 기본적으로 지원하는 유일한 자산은 비트코인뿐이다.

탭루트 자산은 RGB보다 LN과의 호환성을 더 염두에 두고 설계되었다. LN을 통해 비트코인 자산을 전달하는 방법에는 다음 두 가지가 있으며, 방법마다 다른 절충안이 있다.

#### 네이티브 전달

송금자와 수신자 간 경로에 있는 홉은 모두 특정 자산(컬러드 코인의 유형)에 대해 알고 있고, 해당 자산을 전달할 수 있는 충분한 잔액을 가지고 있어야 한다.

#### 변환된 전달

송금자 옆의 홉과 수신자 옆의 홉만 특정 자산에 대해 알고 있어야 하며, 해당 자산을 전달할 수 있는 충분한 잔액을 가지고 있어야 한다. 다른 홉은 모두 비트코인 결제만 전달할 수 있으면 된다.

네이티브 전달(native forwarding)은 개념적으로 더 간단하지만 특성상 각 자산마다 별도의 라이트닝 타입의 네트워크가 필요하다. 변환된 전달은 비트코인 LN의 규모 경제를 활용할 수 있지만, 환율 변동에 따라 수신자가 특정 결제를 선택적으로 수락하거나 거부하여 자신 옆의 홉에서 돈을 빼내는 **미국형 콜옵션**이라는 문제에 취약할 수 있다. 미국형 콜옵션에 대한 완벽한 해결책은 아직 알려진 바가 없지만, 피해를 제한하는 실질적인 해결책은 있을 수 있다.

탭루트 자산과 RGB는 기술적으로 네이티브 및 변환된 전달 모두 지원할 수 있다. 탭루트 자산은 변환된 전달을 중심으로 설계되었으며, RGB에도 둘 다 구현하자는 제안이 있었다.

자세한 내용은 탭루트 자산 문서를 참조하라(*https://oreil.ly/Ef4hb*). 또한 탭루트 자산 개발자들은 이 책이 출판된 이후쯤이면 이용할 수도 있는 BIP 작업을 진행 중이다.

## 지불 채널과 스테이트 채널

지불 채널이란 비트코인 블록체인 외부에서 두 당사자 간 비트코인 거래를 교환하기 위한 신뢰할 수 없는 메커니즘이다. 이 거래들은 비트코인 블록체인상에서 결산이 되면 유효화되지만, 대신 오프체인에 보류 상태로 있다가 최종 일괄 정산을 기다린다. 해당 거래는 정산되지 않기 때문에 일반적인 정산 지연 없이 거래가 가능하다. 이에 따라 거래 처리량은 아주 많아지고 대기시간은 짧아지고(0.001초 미만) 거래 단위는 세분화된다.

실제로 **채널**이라는 용어는 비유적인 표현이다. 스테이트 채널은 블록체인 외부에서 두 당사자 간 상태 교환을 나타내는 가상의 개념이다. 실제로는 '채널'의 본체는 존재하지 않고, 기본적인 데이터 전송 메커니즘도 채널이 아니다. 다만 **채널**이라는 용어를 사용해서 블록체인 외부에서 두 당사자 간 관계 및 공유된 상태를 표현한다.

이 개념에 대한 이해를 돕기 위해 TCP 스트림을 생각해 보자. 높은 차원의 프로토콜 관점에서 본다면 이 채널은 인터넷상에서 2개의 어플리케이션을 연결하는 '소켓(socket)'이다. 네트워크 트래픽이 발생한 경우 TCP 스트림은 IP 패킷의 가상 채널일 뿐이다. TCP 스트림의 각 종점(endpoint)은 IP 패킷을 시퀀싱하고 조립하여 바이트 크기의 가짜 스트림을 생성한다. 내부를 보면 모두 연결되어 있지 않은 패킷들이다. 이와 유사하게 지불 채널은 거래의 집합이다. 적절하게 시퀀싱되고 연결된다면 여러분이 반대편 채널을 신뢰하지 못하는 상황에서도 이 거래들은 여러분이 신뢰할 수 있는 상환 가능한 의무 조항들을 만들어 낸다.

14장에서는 다양한 형태의 지불 채널들에 대해 살펴볼 것이다. 우선 스트리밍 비디오 등의 종량 소액결제 서비스에 대한 일방향(단일방향) 지불 채널을 구성하는 데 사용되는 메커니즘에 대해 이야기할 것이다. 그 후, 이 메커니즘을 확장시켜 양방향 지불 채널을 소개할 것이다. 마지막으로는 **라이트닝 네트워크**라는 이름으로 처음 제안되었던 라우티드 네트워크 내에서 멀티홉(multihop) 채널을 형성하기 위해 어떻게 종단 간 연결이 될 수 있는지 알아볼 것이다.

지불 채널은 **스테이트 채널**의 더 넓은 개념으로, 상태의 오프체인 변조(off-chain alteration)를 나타내며 블록체인 내의 최종 결산에 의해 보증된다. 지불 채널은 변조된 상태가 가상 화폐 잔액이 되는 스테이트 채널을 말한다.

### 스테이트 채널: 기본 개념과 용어

스테이트 채널은 블록체인상에 있는 공유된 상태를 잠그는 거래를 통해 두 당사자 간에 형성된다. 이를 가리켜 **펀딩 거래**(*funding transaction*)라고 한다. 이 단일 거래는 네트워크를 통해 전송되고 채굴되어야 채널이 설정된다. 지불 채널의 예에서 잠금 상태(locked state)란 채널에 있는 통화 단위의 초기 잔액을 의미한다.

그러고 나서 두 당사자는 서명한 거래를 교환한다. 이 거래를 **약정 거래**(*commitment transaction*)라고 하며, 초기 상태를 변조한다. 이러한 거래들은 결산을 위해 양측 중 한 쪽의 당사자에 의해 전송될 수 있다는 점에서 유효한 거래지만, 채널이 폐쇄될 때까지

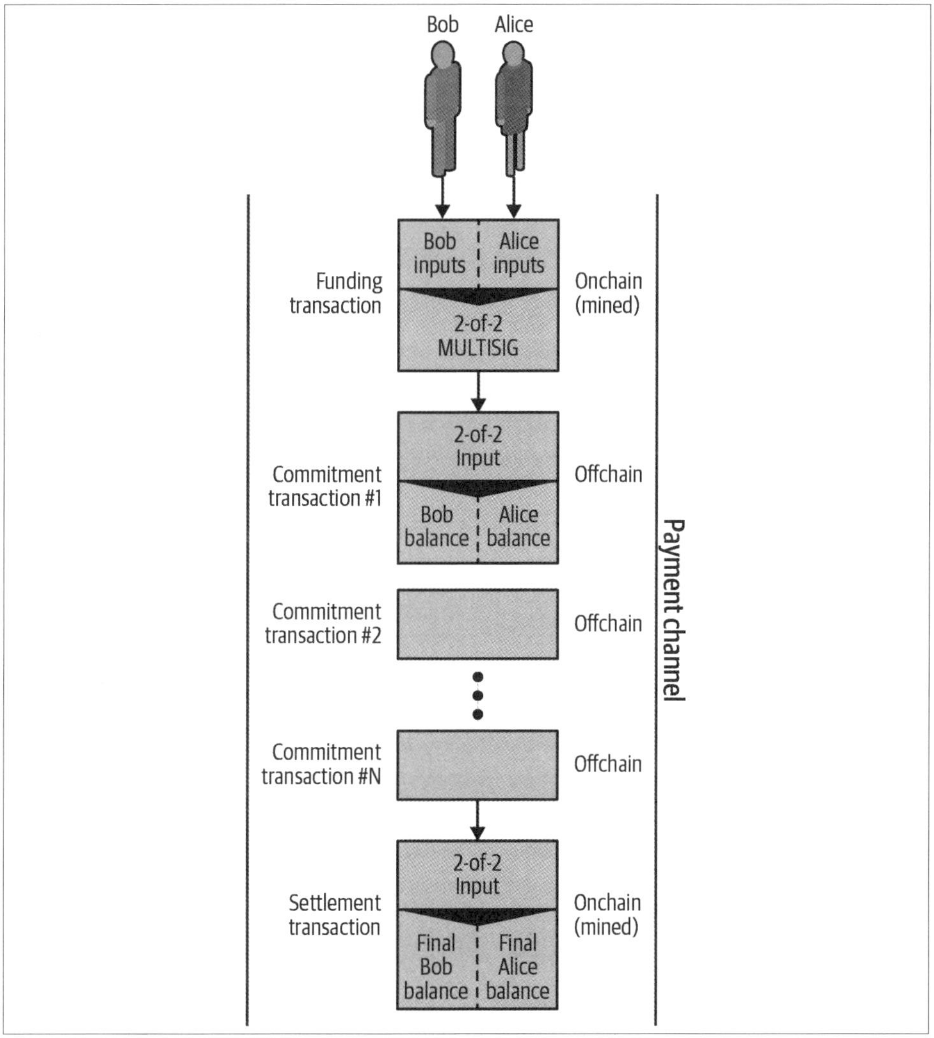


그림 14-1. 밥과 앨리스 간 지불 채널로 펀딩 거래, 약정 거래, 결산 거래로 구성

는 오프체인에서 각 당사자가 보유한다. 상태 업데이트는 각 당사자가 상대 당사자에게 거래를 생성하고 서명하고 전송하는 속도만큼 빠른 속도로 진행될 수 있다. 이는 실제로 1초당 수천 개의 거래가 교환될 수 있음을 의미한다.

약정 거래가 교환되는 경우, 두 당사자는 이전 상태의 사용을 저지하여 항상 가장 최신의 약정 거래가 상환하기에 가장 좋은 것이 되도록 한다. 이를 통해 두 당사자 중 어느 한 쪽도 현재 상태보다 자신에게 더 유리한 이전 상태로 일방적으로 채널을 폐쇄하는 부정행위를 방지한다. 14장의 후반부에서 이전 상태의 공개를 저지하는 데 사용될 수 있는 다양한 메커니즘에 대해 알아볼 것이다.

마지막으로 채널은 두 당사자가 협력해서 최종 **결산 거래**(*settlement transaction*)를 블록체인에 제출하든지, 한쪽이 일방적으로 제일 마지막 약정 거래를 블록체인에 전송함으로써 폐쇄될 수 있다. 일방적인 폐쇄 옵션은 두 당사자 중 한쪽이 예상하지 못하게 연결이 끊긴 경우 필요하다. 결산 거래는 해당 채널의 최종 상태를 나타내며 블록체인 상에서 결산된다.

채널의 전체 수명 동안 오직 두 건의 거래만이 블록체인상에 채굴을 위해 전송된다. 바로 펀딩 거래와 결산 거래다. 이 두 가지 상태 사이에서 두 당사자는 누구에게도 발견되지 않았거나 블록체인에 전송되지 않은 약정 거래 중 어떤 거래라도 교환할 수 있다.

그림 14-1는 밥과 앨리스 사이에 존재하는 지불 채널로 펀딩 거래, 약정 거래, 결산 거래를 보여 주고 있다.

## 단순 지불 채널의 예시

스테이트 채널을 설명하기 위해서는 아주 간단한 예시로 시작해 보자. 우선 일방향 채널, 즉 값이 한 가지 방향으로만 흐르는 채널에 대해 설명한다. 또한 상황을 단순하게 만들기 위해서 아무도 속임수를 쓰지 않는다는 순진한 가정으로 시작할 것이다. 이렇게 기본적인 채널에 대한 아이디어가 생겼다면 그다음에는 해당 채널이 어떤 조치를 취해서 당사자 중 누구라도 속이려는 시도를 했음에도 속이지 **못하도록** 하기 위해 신뢰할 수 없는 채널을 만들 수 있을지에 대해서 알아볼 것이다.

이 예시에서 두 명의 참가자를 엠마와 파비앙이라고 하자. 파비앙은 소액결제 채널

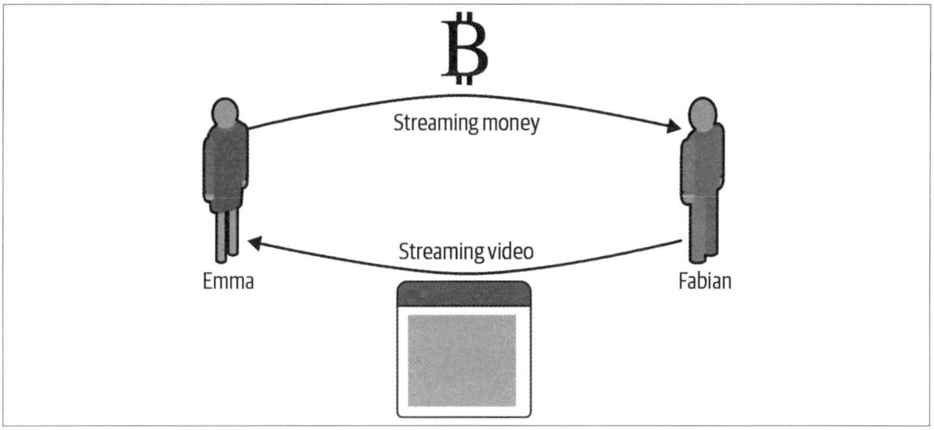

그림 14-2. 엠마는 지불 채널을 이용해서 파비앙으로부터 스트리밍 동영상을 구매, 요금은 초단위로 계산

을 이용해서 타자에게 요금을 청구할 수 있는 동영상 스트리밍 서비스를 제공하고 있다. 파비앙은 1초당 0.01밀리비트(0.00001BTC)의 요금을 받으며, 한 시간짜리 비디오라면 36밀리비트(0.036BTC)이 된다. 엠마는 파비앙으로부터 이 스트리밍 동영상 서비스를 구매하는 사용자이다. 그림 14-2는 지불 채널을 이용해서 파비앙으로부터 동영상 스트리밍 서비스를 구매하는 엠마를 보여 준다.

이 예시에서 파비앙과 엠마는 지불 채널과 동영상 스트리밍을 모두 다룰 수 있는 특수한 소프트웨어를 사용하고 있다. 엠마는 그녀의 브라우저에서 이 소프트웨어를 구동하고, 파비앙은 서버상에서 이 소프트웨어를 구동한다. 이 소프트웨어는 기본적인 비트코인 지갑 기능을 포함하고 있으며 비트코인 거래를 생성하고 거래에 서명할 수 있다. '지불 채널'에 대한 개념과 용어는 사용자들에게는 완전히 보이지 않는다. 사용자들이 보는 것은 초 단위로 요금이 결제되는 동영상뿐이다.

지불 채널을 설정하기 위해, 엠마와 파비앙은 2-of-2 다중서명 주소를 만들어 각자 키를 하나씩 가지고 있게 된다. 엠마의 관점에서는 그녀의 브라우저 내에 있는 소프트웨어가 해당 주소의 QR 코드를 보여 주고, 엠마에게 최대 1시간 분량의 비디오에 대한 '보증금'을 내라고 요구한다. 그 후 해당 주소로 엠마가 입금을 한다. 다중서명 주소에 지불하는 엠마의 거래는 지불 채널에 대한 펀딩 거래 혹은 앵커 거래다.

이 예시에서 엠마가 36밀리비트(0.036BTC)를 채널에 지불했다고 가정하자. 이 과정을 통해 엠마는 **최대** 1시간짜리 스트리밍 동영상을 소비할 수 있게 된다. 이 경우 펀딩 거래는 **채널 용량**(*channel capacity*)을 설정하면서, 이 채널에서 전송 가능한 최대 금액을 설정한다.

펀딩 거래에서는 엠마의 지갑에서 하나 이상의 입력값을 소비해서 자금원을 마련한다. 또한 36밀리비트의 가치를 가지는 하나의 출력값도 생성하며 이 값은 엠마와 파비앙이 함께 관리하는 2-of-2 다중서명 주소에 지불된다. 엠마의 지갑으로 다시 돌려보낼 잔액에 대한 추가 출력값이 생성될 수도 있다.

펀딩 거래가 충분한 깊이로 승인되기만 하면 엠마는 스트리밍 동영상을 시청할 수 있다. 엠마의 소프트웨어에서는 파비앙의 주소로 0.01밀리비트를 입금하고 엠마의 주소로 35.99밀리비트를 환불하기 위한 채널 잔액을 변경하기 위한 약정 거래를 생성하고 서명한다. 엠마가 서명한 이 거래는 펀딩 거래가 생성한 36밀리비트의 출력값을 소비하고 2개의 출력값을 생성한다. 하나는 환불을 위한 출력값이고, 나머지 하나는 파비앙에게 지불하기 위한 출력값이다. 이 거래는 부분적으로만 서명이 되어 있기 때문에 2개의 서명(2-of-2)이 필요하지만 지금 현재는 엠마의 서명만 가지고 있다. 파비앙의 서버가 이 거래를 수신하면(2-of-2 입력값에 대해) 두 번째 서명을 추가하고 엠마에게 1초짜리 동영상과 함께 엠마에게 이 거래를 반환한다. 이제 두 당사자가 모두 약정 거래에 서명을 했고, 정확한 최신 잔액을 나타내는 약정 거래를 보유하고 있으며, 둘 중 누구라도 이를 상환할 수 있다. 둘 중 누구도 이 거래를 네트워크상으로 전파할 수는 없다.

다음 단계에서 엠마의 소프트웨어는 해당 펀딩 거래로부터 **동일한** 2-of-2 출력값을 소비하는 또 다른 약정 거래(약정 #2)를 생성하고 서명한다. 이 두 번째 약정 거래에서는 0.2밀리비트의 출력값 하나를 파비앙의 주소에 할당하고 35.98밀리비트의 출력값 하나를 엠마의 주소로 돌려보낸다. 이 새로운 거래는 2초로 누적된 동영상에 대한 결제다. 파비앙의 소트프웨어는 이 두 번째 약정 거래에 서명하고 이 거래를 또 다른 1초짜리 동영상과 함께 돌려보낸다.

이러한 방법으로 엠마의 소프트웨어는 계속해서 스트리밍 동영상에 대한 대가로 파비앙의 서버로 약정 거래를 전송한다. 엠마가 동영상을 더 많이 소비할수록 이 채널의 잔액은 점점 파비앙을 위해 축적되어 유리해진다. 엠마가 600초(10분)짜리 비디오를 시청한다고 가정하면 600개의 약정 거래를 생성하고 서명하는 셈이다. 가장 마지막의 약정 거래(#600)는 2개의 출력값을 가질 것이고, 이 값들은 채널의 잔액에서 6밀리비트를 파비앙에게, 30밀리비트를 엠마에게 보낼 것이다.

마지막으로 엠마는 스트리밍 비디오를 중단하기 위해 'stop' 버튼을 클릭한다. 파비앙과 엠마 중 누구라도 결산을 위해 최종 상태 거래를 전송할 수 있다. 이 최종 거래를 **결산 거래**라고 하며, 파비앙에게 엠마가 소비한 모든 비디오 분량에 대한 금액을 지불하고 펀딩 거래에 남아 있는 돈을 엠마에게 환불한다.

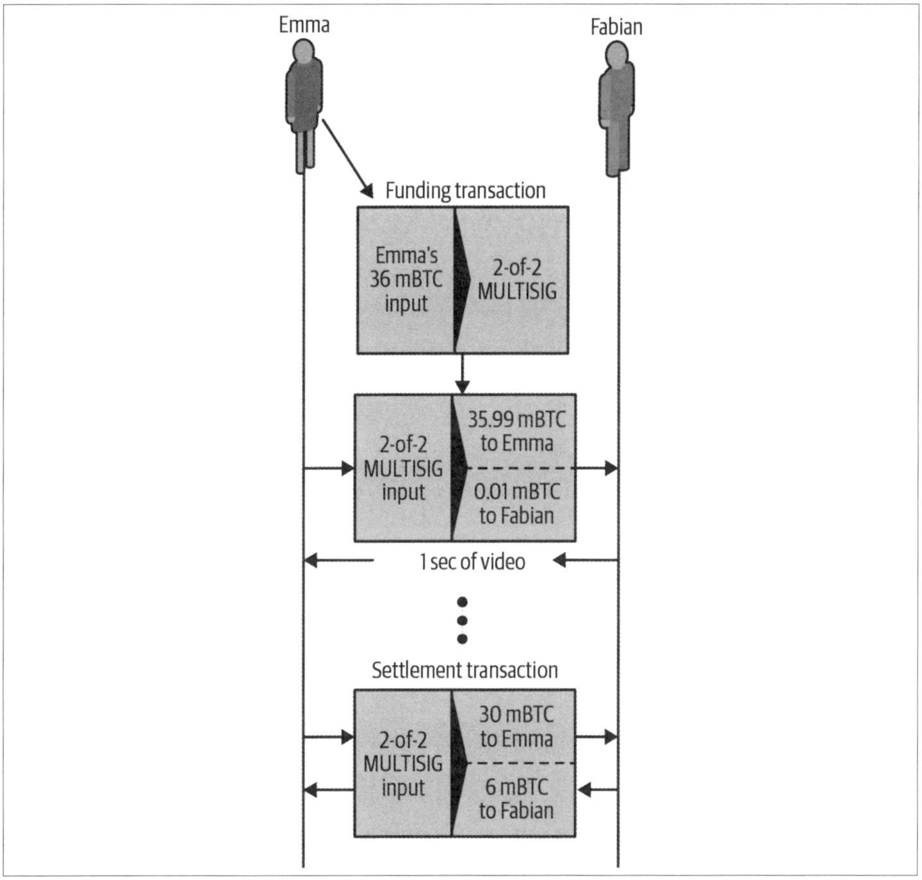


그림 14-3. 채널의 잔액을 업데이트하는 약정 거래를 보여주는 엠마의 파비앙과의 지불 채널

그림 14-3은 엠마와 파비앙 간 채널과 채널의 잔액을 업데이트하는 약정 거래를 보여 준다.

결국 두 건의 거래만이 블록체인에 기록된다. 채널을 설정하는 펀딩 거래와 두 당사자 간 최종 잔액을 정확하게 배당하는 결산 거래다.

### 신뢰가 필요 없는 채널 만들기

위에서 설명한 채널이 작동하고 있다. 하지만 두 당사자가 협력을 할 경우 혹은 어떠한 실패나 속임수의 시도가 없을 때뿐이다. 그렇다면 채널이 어떻게 깨지는지, 그리고 어떻게 해결할 수 있는지 살펴보자.

- 펀딩 거래가 발생하게 되며 엠마는 잔액을 돌려받기 위해 파비앙의 서명이 필요하다. 파비앙이 사라지게 되는 경우 엠마의 돈은 2-of-2 다중서명 주소에 잠기게 되고 실질적으로는 찾을 수 없게 된다. 이 채널은 최소 한 건의 약정 거래에 두 명 모두가 서명하기 전에 두 명의 당사자 중 한 명과의 연결이 끊기게 되면 금액이 손실된다.
- 채널이 구동되는 동안 엠마는 파비앙이 이미 서명한 약정 거래 중 어느 것이라도 하나 선택해서 블록체인으로 전송할 수 있다. 그녀가 약정 거래 #1을 전송해서 1초짜리 동영상에 대해서만 지불할 수 있다고 한다면 왜 600초짜리 동영상에 지불하겠는가? 엠마가 그녀에게 유리한 이전 약정을 전파하는 속임수를 쓸 수 있기 때문에 이 채널은 실패했다.

위의 두 경우 모두 타임락을 이용해 해결할 수 있다. 이제 거래 차원에서 타임락을 어떻게 사용할 수 있는지 알아보자.

엠마는 환불에 대한 보장이 없다면 2-of-2 다중서명에 위험을 무릅쓰고 자금을 보낼 수 없다. 이 문제를 해결하기 위해 엠마는 동시에 펀딩 거래와 환불 거래를 구성한다. 엠마가 펀딩 거래에 서명을 하긴 하지만 그 거래를 누구에게도 전송하지 않는다. 엠마는 오직 파비앙에게 환불 거래를 전송해서 그의 서명을 얻어 낸다.

환불 거래는 첫 번째 약정 거래로서의 역할을 하고 해당 환불 거래의 타임락은 채널의 수명에 대한 상한선을 확립한다. 이 경우 엠마는 잠금 시간을 30일 혹은 향후 생성될 4,320개의 블록 이후로 설정할 수 있다. 그 뒤에 따라 나오는 모든 약정 거래는 환불 거래 전에 현금화가 가능하도록 이보다 짧은 타임락을 보유해야 한다.

엠마는 완전하게 서명을 받은 환불 거래를 가지고 있기 때문에 타임락이 지나고 나면 파비앙이 사라져도 결국에는 엠마가 해당 환불 거래를 현금화할 수 있다는 사실을 알고 있는, 서명을 받은 펀딩 거래를 확신을 가지고 전송할 수 있다.

채널의 수명 동안 당사자 간 교환하는 모든 약정 거래는 타임락 설정을 걸어 둘 수 있다. 하지만 각 약정마다 지연 시간은 조금 짧을 수 있다. 그래서 최신 약정은 이전 약정을 무효화시키기 전에 상환할 수 있다. 잠금 시간 때문에 어떤 당사자도 잠금 시간이 완료되기 전까지는 어떠한 약정 거래도 성공적으로 전파할 수 없다. 거래가 순조롭게 진행되는 경우 약정 거래들은 서로 협력하고 환불 거래를 마지막으로 우아하게 채널을 폐쇄할 것이다. 따라서 중간 약정 거래를 전송할 필요가 없게 된다. 그렇지 않으면 가장 최근의 약정 거래를 전파하여 계정을 정산하고 이전 약정 거래를 모두 무효화할 수 있다.

예를 들어 약정 거래 #1이 향후 생성될 4,320개의 블록을 타임락으로 설정해 놓았다면 약정 거래 #2는 향후 생성될 4,319개의 블록을 타임락으로 둔다. 약정 거래 #600은 약정 거래 #1이 유효화되기 전에 600개의 블록을 소비할 수 있다.

그림 14-4에서는 더 짧은 타임락을 설정해 둔 각 약정 거래를 보여 줌으로써 이전 약정이 유효해지기 전에 해당 약정 거래를 소비할 수 있도록 해 주는 사실을 보여 준다.

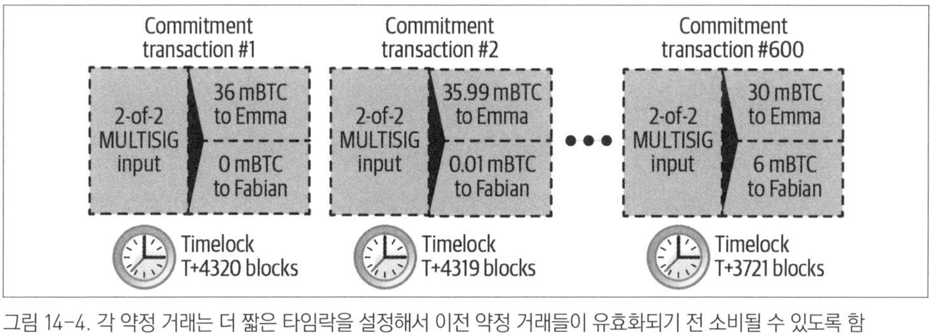


그림 14-4. 각 약정 거래는 더 짧은 타임락을 설정해서 이전 약정 거래들이 유효화되기 전 소비될 수 있도록 함

그 뒤에 따라 나오는 각 약정 거래들은 더 짧은 타임락을 보유해야 한다. 그에 따라 이전에 생성된 거래 전이나 환불 거래 전에 약정 거래들이 전파될 수 있다. 더 빨리 약정 거래를 전파할 수 있는 능력은 각 약정 거래가 펀딩 출력값을 소비할 수 있고 다른 약정 거래가 출력값을 소비함으로써 현금화되는 것을 방지한다. 비트코인의 블록체인이 보장하는 내용은 이중지불을 방지하고 타임락을 시행해서 각 약정 계약이 이전 약정 계약들을 무효화할 수 있도록 해 준다는 것이다.

스테이트 채널은 시간 차원에서 스마트 컨트랙트를 시행하기 위해 타임락을 사용한다. 위에 나온 예시에서는 가장 최근의 약정 거래가 이전 약정 거래들 이전에 유효하게 되는 것을 시간 차원에서 어떻게 보장하는지를 알아보았다. 따라서 가장 최근의 약정 거래는 전송되어 입력값을 소비함으로써 이전 약정 거래들을 무효화할 수 있다. 절대적 타임락이 설정되어 있는 스마트 컨트랙트를 시행하게 되면 두 당사자 중 한 명에게 속임수를 당하는 일은 피하게 된다. 이 구현에서는 거래 차원의 절대적 타임락이 필요하다. 이제 스크립트 차원의 타임락인 `CHECKLOCKTIMEVERIFY`와 `CHECKSEQUENCEVERIFY`가 보다 융통성 있고 유용하며 정교한 스테이트 채널을 구성하기 위해 어떻게 사용될 수 있는지 알아볼 것이다.

타임락 외에도 이전 약정 거래를 무효화하는 방법은 있다. 다음 절에서는 동일한 결과를 얻기 위해서 철회키(revocation key)를 어떻게 사용할 수 있는지를 살펴볼 것이다. 타임락 설정은 효과적이지만 단점이 두 가지 있다. 채널이 처음 개설되었을 때 최대 타임락을 만들어 놓음으로써 해당 채널의 수명이 한정된다. 설상가상으로 타임락은 긴 수명의 채널을 허용하는 것과 정상보다 빠른 폐쇄가 일어난 경우에 참가자 중 한 명이 환불을 위해 오랜 시간을 기다리도록 하는 것 사이에서 채널 구현이 균형을 이룰 수 있도록 만든다는 점이다. 예를 들어 환불 타임락을 30일로 설정함으로써 채널이 30일 동안 개설된 채로 남아 있는 경우, 당사자 중 한 명이 갑자기 사라진다면 다른 당사자는 환불을 위해 30일을 기다려야 한다. 종단점이 멀리 있을수록 환불을 받기까지도 한참이 걸리게 되는 것이다.

두 번째 문제는 뒤에 따라 나오는 각각의 약정 거래는 타임락을 줄여야 하기 때문에 당사자들 간 교환할 수 있는 약정 거래 수에는 확실히 한계가 있다. 예를 들어, 4,320개의 블록을 타임락으로 설정해 놓은 30일 수명의 채널은 폐쇄되기 전 4,320개의 중간(intermediate) 약정 거래만을 수용할 수 있다. 약정 거래의 타임락 간격을 1블록으로 설정하는 것은 위험이 따른다. 채널 참가자들이 항상 신경을 써야 하고 온라인 상태를 유지하며 지켜봐야 하며 언제라도 올바른 약정 거래를 전송할 준비를 하고 있어야 하기 때문에 부담이 커지는 것이다.

앞의 단방향 채널 예시에서 약정당 타임락을 제거하는 것은 쉽다. 엠마가 타임락이 설정된 환불 거래에 파비앙의 서명을 받고 나면, 약정 거래에 더 이상 타임락이 적용되지 않는다. 대신 엠마는 각 약정 거래에 대한 자신의 서명을 파비앙에게 보내지만 파비앙은 엠마에게 자신의 서명을 보내지 않는다. 즉, 서명을 둘 다 가지고 있는 파비앙만 해당 거래를 전송할 수 있다. 엠마가 동영상 스트리밍을 마치면 파비앙은 항상 자신에게 가장 유리한 최신 상태의 거래를 전송하려 할 것이다. 이 구성은 스필먼(Spillman) 유형의 지불 채널이라고 하며 2013년에 처음 소개되고 구현되었지만, 2017년 이후로 상용화된 증인(세그윗) 거래로만 안전하게 사용할 수 있었다.

이전 약정 거래를 무효화하는 데 타임락이 어떻게 사용될 수 있는지를 이해했기 때문에 채널을 협의하에 폐쇄하거나 약정 거래를 전송함으로써 일방적으로 폐쇄하는 것 간의 차이를 알 수 있다. 모든 약정 거래들은 타임락이 설정되어 있기 때문에 약정 거래를 전송하려면 타임락이 만료될 때까지 기다려야 한다. 하지만 두 당사자가 최종 잔액에 동의하고, 보유한 약정 거래가 해당 잔액을 현금화할 수 있는 거래임을 알고 있으면, 동일한 잔액을 나타내면서 타임락이 없는 결산 거래를 구성할 수 있다. 채널을 협력하여 폐쇄할 때, 어느 한 당사자는 가장 최근의 약정 거래를 선택해서 타임락을 생략한 것 외에는 모두 동일한 결산 거래를 체결한다. 두 당사자는 속일 방법이 없다는 사실을 알고 결산 거래에 서명하여 잔액을 더 많이 얻을 수 있다. 협력하여 결산 거래에 서명하고 전송함으로써 두 당사자는 즉시 해당 채널을 폐쇄하고 잔액을 현금화할 수 있다. 최악의 경우, 어느 한 당사자가 치사하지만 협력하길 거부하면서, 상대방에게 가장 최근의 약정 거래를 일방적으로 폐쇄하도록 할 수도 있다. 이런 경우 자금이 현금화될 때까지 기다려야 한다.

## 비대칭 철회 약정

이전 약정 상태를 다루는 더 좋은 방법은 명백하게 그 상태를 철회하는 것이다. 하지만 철회가 쉬운 작업은 아니다. 비트코인 시스템의 주요 특성 중 하나는 거래가 한 번 유효해지면 계속 유효한 상태로 남고 만료되지 않는다는 점이다. 거래를 취소할 수 있는 유일한 방법은 충돌하는 거래가 확인되도록 하는 것이다. 그래서 이 책에서는 단순 결제 채널 예제에서 타임락을 사용하여 더 최근의 약정이 이전 약정이 유효해지기 전에 사용될 수 있도록 했다.하지만 시간상으로 약정의 순서를 정하는 것은 결제 채널을 사용하기 어렵게 만드는 여러 제약을 만들어 낸다.

거래가 취소될 수 없다 해도 해당 거래를 사용하기에 부적절하게 만드는 방법으로 구성될 수 있다. 그 방법 중 하나는 각 당사자에게 **철회키**를 주어 만약 상대방이 속임수를 쓰려고 하는 경우 처벌하는 데 사용될 수 있도록 하는 것이다. 이전 약정 거래를 철회하는 이 메커니즘은 라이트닝 네트워크(LN)의 일환으로 처음 제안되었다.

철회키에 대해 설명하기 위해서 우리는 히테시와 아이린이 구동하는 두 교환 사이에서 더 복잡한 지불 채널을 구성할 것이다. 히테시와 아이린은 각각 인도와 미국에서 비트코인 교환소를 운영 중이다. 히테시의 인도 교환소 고객들은 종종 미국에 있는 아이린의 교환소 고객들에게 지불을 전송하고, 그 반대 방향의 전송도 존재한다. 현재 이 거래는 비트코인 블록체인상에서 일어나고 있지만, 수수료를 지불하고 여러 블록이 승인될 때까지 기다려야 한다. 이 교환소 사이에 지불 채널을 만들게 되면 현저하게 비용도 줄이고 거래 흐름도 가속화될 것이다.

히테시와 아이린은 서로 협력해서 펀딩 거래를 구성하는 채널을 시작했고, 이 채널에 5비트코인씩 자금을 댔다. 해당 거래에 서명하기 전에 (**환불**이라고 하는) 첫 번째 약정에 서명을 해야 하는데, 이 약정에 따르면 히테시와 아이린이 각각 초기 잔액으로 5비트코인씩을 할당 받는다. 펀딩 거래는 단순 채널의 예시에서와 마찬가지로 2-of-2 다중서명을 이용해 채널 상태를 잠근다.

펀딩 거래는 히테시로부터 하나 이상의 입력값을 보유할 수 있고(최대 5비트코인 이상을 추가) 아이린으로부터도 하나 이상의 입력값을 보유할 수 있다(최대 5비트코인 이상을 추가). 이 입력값들은 거래 수수료를 대기 위해서 채널의 용량을 살짝 초과해야 한다. 해당 거래는 히테시와 아이린이 관리하는 2-of-2 다중서명 주소로 총 10비트코인을 잠그는 출력값 한 개를 가지고 있다. 해당 펀딩 거래는 입력값이 그들이 목표로 삼은 채널 분담금을 초과하는 경우 히테시와 아이린에게 돌려줘야 하는 잔액에 대한 출력값을 하나 이상 보유할 수 있다. 이것이 바로 두 당사자가 제공하고 서명한 입력값이 들어 있는 단일 거래다. 이 거래는 서로 협력하여 구성되어야 하고 전송되기 전에 각 당사자가 서명해야 한다.

이제 두 당사자가 서명하는 단일 약정 거래를 생성하는 것 대신 히테시와 아이린이 **비대칭적인** 다른 2개의 약정 거래를 생성한다.

히테시는 2개의 출력값을 가진 약정 거래를 보유하고 있다. 첫 번째 출력값은 아이린이 받아야 할 5비트코인을 그녀에게 **즉시** 지불한다. 두 번째 출력값은 히테시가 받아야 할 5비트코인을 그에게 지불하는데, 1,000개의 블록인 타임락이 지난 후에 발생한다. 해당 거래의 출력값은 다음과 같다.

```
Input: 2-of-2 funding output, signed by Irene

Output 0 <5 bitcoin>:
    <Irene's Public Key> CHECKSIG

Output 1:
    <1000 blocks>
    CHECKSEQUENCEVERIFY
    DROP
    <Hitesh's Public Key> CHECKSIG
```

아이린도 2개의 출력값을 가진 다른 약정 거래를 보유하고 있다. 첫 번째 출력값은 히테시가 받아야 할 5비트코인을 그에게 즉시 지불한다. 두 번째 출력값은 그녀가 받아야 할 5비트코인을 지불하는데, 1,000개의 블록인 타임락이 지난 후에 발생한다. 아이린이 들고 있는 (히테시가 서명한) 약정 거래는 다음과 같다.

```
Input: 2-of-2 funding output, signed by Hitesh

Output 0 <5 bitcoin>:
    <Hitesh's Public Key> CHECKSIG
```

```
Output 1:
    <1000 blocks>
    CHECKSEQUENCEVERIFY
    DROP
    <Irene's Public Key> CHECKSIG
```

이러한 방법으로 각 당사자는 약정 거래를 보유하고 있고 2-of-2 펀딩 출력값을 소비한다. 이때 입력값은 상대 당사자로부터 서명을 받는다. 거래를 들고 있는 당사자가 언제라도 서명을 해서(2-of-2 다중서명 완성) 거래를 전파할 수 있다. 하지만 그들이 약정 거래를 전파하는 경우 그들은 짧은 기간의 타임락이 만기가 될 때까지 기다려야 하는 반면 해당 거래는 다른 당사자에게 즉시 지불한다. 출력값 중 하나에 대한 현금화에 지연을 걸어 둠으로써 각 당사자가 약정 거래를 일방적으로 전파하는 경우를 선택하게 되면 약간의 불이익을 받게 된다. 하지만 시간 지연만으로는 불공정한 행위를 막는 것이 충분하지 않다.

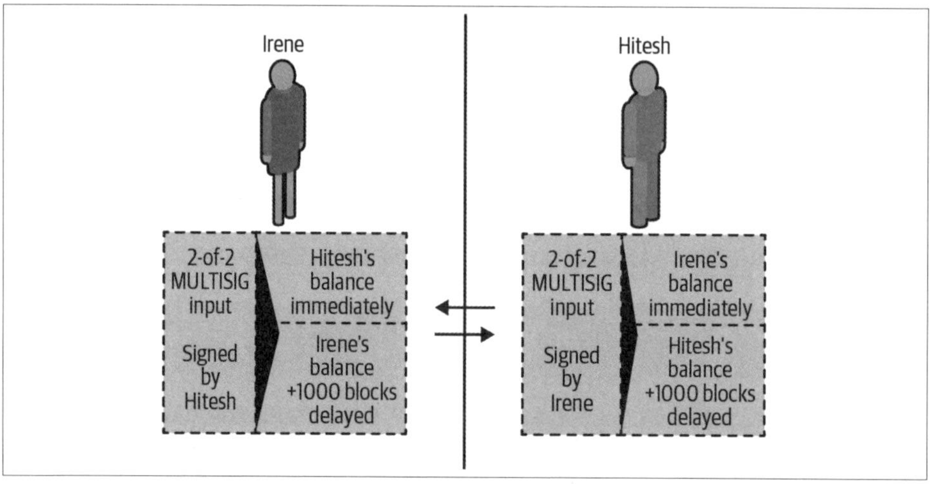


그림 14-5. 거래를 보유하고 있는 당사자들에 대한 지불을 지연하는 두 건의 비대칭 약정 거래

그림 14-5은 두 건의 비대칭 약정 거래를 보여 주며, 이 경우 약정 거래를 보유하고 있는 사람에게 지불하는 출력값은 지연된다.

이제 이 시스템의 최종적인 요소에 대해 알아보자. 철회키는 만료된 약정을 부정행위자가 전파하지 못하도록 방지한다. 철회키는 채널의 잔액 전부를 취함으로써 속임수를 쓴 당사자를 피해자가 처벌할 수 있도록 도와 준다.

철회키는 각 채널 참가자가 독립적으로 반반씩 생성하는 비밀 두 가지로 구성된다. 2-of-2 다중서명과 유사하지만, 타원곡선 연산을 사용하여 양 당사자가 공개 철회키는 알지만 비밀 철회키는 각각 절반만 알게끔 구성되어 있다.

라운드마다 양 당사자는 비밀 철회키 절반을 상대방에게 공개하여, 철회된 거래가 전파되는 경우 다른 당사자(이제 절반 둘 다 가짐)가 처벌 출력값을 청구할 수 있도록 한다.

각 약정 거래는 '지연된' 출력값을 보유하고 있다. 이 출력값에 대한 현금화 스크립트는 해당 거래를 1,000블록이 경과한 후에 출력값을 상환하거나 둘 다 철회키를 보유한 경우에는 해지된 약정을 전파한 것에 대해 패널티를 부과한 후 다른 당사자가 출력값을 상환할 수 있다.

그래서 히테시는 아이린이 서명할 약정 거래를 생성하고 본인은 1,000블록이 경과한 후에 자신에게 지불되도록 하거나 공개 철회키(히테시는 비밀 절반만 알고 있음)로 지불되도록 만든다. 히테시는 이러한 거래를 구성하여, 새로운 스테이트 채널로 이동할 준비가 되고 해당 약정을 철회하고 싶을 때 비로소 철회키의 절반을 공개할 것이다.

두 번째 출력값 스크립트는 다음과 같다.

```
Output 0 <5 bitcoin>:
    <Irene's Public Key> CHECKSIG

Output 1 <5 bitcoin>:
IF
    # Revocation penalty output
    <Revocation Public Key>
ELSE
    <1000 blocks>
    CHECKSEQUENCEVERIFY
    DROP
    <Hitesh's Public Key>
ENDIF
CHECKSIG
```

이 거래가 전송되고 난 후 바로 아이린이 받아야 할 금액이 지불되기 때문에 그녀는 확신을 가지고 이 거래에 서명할 수 있다. 히테시는 해당 거래를 보유하고는 있지만 한 방향 채널을 폐쇄하면서 이 거래를 전송하게 되면 1,000개의 블록이 경과할 때까지 기다려야 한다는 사실을 알고 있다.

해당 채널이 다음 상태로 진행되면 히테시는 아이린이 다음 약정 거래 서명에 동의하기 전에 현재의 약정 거래를 **철회**해야 한다. 그러기 위해서 히테시는 아이린에게 **철회키**를 보내야 한다. 아이린이 해당 약정에 대해 철회키를 보유하게 되면 다음 약정 거래에 확신을 가지고 서명할 수 있다. 아이린은 히테시가 이전 약정 거래를 올린다 해도 철회키를 이용해서 본인이 히테시의 지연된 출력값을 현금화할 수 있다는 사실을 알고 있다. **즉, 히테시가 속임수를 쓰면 아이린은 둘 다의 출력값을 가지게 된다.** 한편 히테시는 공개 철회키에 대한 비밀을 반만 알고 있고 1,000블록이 될 때까지 출력값을 상환할 수 없다. 아이린은 1,000블록이 경과하기 전에 히테시를 처벌하고 출력값을 상환할 수 있다.

철회 프로토콜은 양방향이다. 이는 라운드마다 채널 스테이트가 다음 상태로 진행이 되려고 하면 두 당사자는 새로운 약정을 교환하고 이전 약정에 대한 철회키를 교환하고 각자의 약정 거래들에 서명을 한다는 것을 의미한다. 두 당사자가 새로운 스테이트를 승인하게 되면 어떠한 속임수도 처벌하기 위해 각자에게 필요한 철회키를 제공함으로써 이전 상태의 사용을 불가능하도록 만든다.

이 과정이 어떻게 작용하는지 예시를 한번 살펴보자. 아이린의 고객 중 한 명이 히테시의 고객 중 한 명에게 2비트코인을 전송하고 싶어 한다. 채널을 통해 2비트코인을 전송하기 위해서 히테시와 아이린은 새로운 잔액을 반영하기 위해 현재의 채널 스테이트를 진행시켜야 한다. 그 후 새로운 스테이트(스테이트 번호 #2)에 약정하게 될 것이다. 이 새로운 스테이트에서는 채널의 10비트코인이 쪼개져서 7비트코인은 히테시에게로 3비트코인은 아이린에게로 간다. 해당 채널의 스테이트를 진행시키기 위해 그들은 각자 새로운 채널 잔액을 반영하는 새로운 약정 거래를 생성할 것이다.

앞서도 보았듯이 이 약정 거래는 비대칭적이기 때문에 각자가 보유한 약정 거래들이 상환될 때까지 기다릴 수밖에 없다. 결정적으로 새로운 약정 거래에 서명하기 전 두 당사자는 우선 이전 약정 거래를 무효화하기 위한 철회키를 교환해야 한다. 이 특수한 경우, 히테시가 받는 이익은 채널의 실제 스테이트에 따라 조정된다. 따라서 그가 이전 스테이트를 전송할 이유는 없다. 하지만 아이린의 관점에서는 스테이트 번호 #1이 스테이트 #2보다 잔액이 많다. 아이린이 그녀의 이전 약정 거래(스테이트 번호 #1)에 대한 철회키를 히테시에게 주는 경우, 그녀는 해당 채널을 이전 스테이트로 회귀시킴으로써 이익을 얻는 능력을 효과적으로 취소할 수 있다. 왜냐하면 이 철회키로 히테시도 지연 없이 이전 약정 거래에 대한 출력값 전부를 상환할 수 있기 때문이다. 아이린이 이전 스테이트를 전송하는 경우 히테시는 모든 출력값을 취하는 그의 권리를 행사할 수 있다.

중요한 사실은 철회가 자동적으로 발생하지는 않는다는 점이다. 히테시가 속임수에 대해 아이린을 처벌하는 능력을 보유하고 있기는 하지만 그도 속임수에 대한 징후가 있는지 부지런히 블록체인을 주시하고 있어야 한다. 만약 이전 약정 거래가 전송되었다는 사실을 알게 되면 히테시는 조치를 취할 수 있는 1,000블록을 보유하게 되고, 철회키를 이용해 아이린의 속임수를 중단시키고 잔액 전부인 10비트코인을 가져가는 방법으로 그녀를 처벌할 수 있다.

상대적 타임락(CSV)이 걸려 있는 비대칭 철회 약정의 경우 지불 채널을 구현하는 더 좋은 방법이고 이 기술에 있어 매우 혁신적인 방법이다. 이 구성체를 이용해서 해당 채널은 무기한으로 개방된 채 유지될 수 있고 수십억 개의 중간 약정 거래를 보유할 수 있다. 라이트닝 네트워크라는 프로토타입 구현에서 약정 상태는 48비트 크기의 인덱스로 식별되고 어떠한 단일 채널에서도 281조($2.8 \times 10^{14}$) 개 이상의 상태 변화를 허용한다.

## 해시 타임락 거래(HTLC)

지불 채널은 스마트 컨트랙트로 더욱 확장될 수 있다. 스마트 컨트랙트는 만료 시간이 설정되어 있는 상환 가능한 비밀값(secret)에 참가자들이 자금을 맡기도록 하는 특별한 유형의 계약이다. 이러한 특성을 해시 타임락 거래(HTLC)라고 하며 양방향 지불 채널과 라우티드 지불 채널에서 사용된다.

우선 HTLC에서 '해시' 부분부터 알아보자. HTLC를 생성하기 위해 해당 지불에 대한 예상 수령자는 우선 비밀값인 $R$을 생성하고, 비밀값 $H$에 대한 해시를 계산한다.

$$H = Hash(R)$$

이렇게 계산된 해시인 *H*는 출력값의 스크립트 내에 포함될 수 있다. 이 비밀값을 알고 있는 누구라도 비밀값을 이용해서 출력값을 상환할 수 있다. 비밀값 *R* 역시 해시 함수에 대한 **프리이미지**(*preimage*)로 알려져 있다. 프리이미지는 해시 함수에 들어가는 입력값으로 사용되는 데이터일 뿐이다.

HTLC의 두 번째 부분은 '타임락' 구성 요소다. 비밀값이 공개되지 않는 경우, HTLC의 지급인은 어느 정도 시간이 경과한 후에 '환불'을 받을 수 있다. 이 과정은 `CHECKLOCKTIMEVERIFY`를 이용한 절대적 타임락을 이용해서 이루어진다.

HTLC를 구현하는 스크립트는 다음과 같다.

```
IF
    # Payment if you have the secret R
    HASH160 <H> EQUALVERIFY
    <Receiver Public Key> CHECKSIG
ELSE
    # Refund after timeout.
    <locktime> CHECKLOCKTIMEVERIFY DROP
    <Payee Pubic Key> CHECKSIG
ENDIF
```

비밀값 *R*을 아는 누구라도 해시 함수값인 *H*와 동일하게 되는 경우 `IF` 흐름의 첫 번째 절을 실행함으로써 해당 출력값을 현금화할 수 있다.

비밀값이 공개되지 않고 HTLC가 요구되지 않는 경우, 특정한 개수의 블록이 생성되고 난 후 수령인은 `IF` 흐름 내의 두 번째 절을 이용해서 환불을 요구할 수 있다.

이것이 HTLC의 기본적인 구현이다. 이러한 유형의 HTLC는 비밀값 *R*을 가지고 있는 **누구라도** 현금화할 수 있다. 예를 들어, `CHECKSIG` 연산자와 공개키를 첫 번째 절에 추가하게 되면 해당 해시의 현금화는 지명된 수령인으로 제한되며, 이 수령인은 비밀값 *R*을 알고 있어야 한다.

## 라우티드 지불 채널(라이트닝 네트워크)

라이트닝 네트워크(LN)는 종단 간 연결이 되어 있는 양방향 지불 채널의 제안 라우티드 네트워크다. 이와 같은 유형의 네트워크는 어떠한 참가자라도 중개에 대한 신뢰 없이도 채널 간 루트를 따라 지불을 전송할 수 있다. 라이트닝 네트워크는 조지프 푼(Joseph Poon)과 타디우스 드리야(Thadeus Dryja)가 2015년 2월 처음 소개했으며(*https://oreil.ly/NM8LC*), 많은 개발자들이 제안하고 설명했던 지불 채널의 개념에 대한 기반을 세웠다.

'라이트닝 네트워크'란 라우티드 지불 채널 네트워크를 위한 특수한 설계로, 현재 적어도 5개의 오픈 소스 팀에 의해 구현되고 있다. 독립적인 이 구현들은 **라이트닝 기술에 대한 기초 지식**(*Basics of Lightning Technology, BOLT*) 보고서에 기술되어 있는 상호운용성 표준에 의해 조정된다(*https://oreil.ly/lIGIA*).

### 기본 라이트닝 네트워크의 예시

라이트닝 네트워크가 어떻게 작동하는지 살펴보자.

이 예시에서는 앨리스, 밥, 캐럴, 다이애나, 에릭 다섯 명의 참가자가 있다. 이 다섯 명은 짝을 이루어 파리에서 각자 지불 채널을 열었다. 앨리스는 밥과의 지불 채널을 가지고 있다. 밥은 캐럴과, 캐럴은 다이애나와, 다이애나는 에릭과 연결되어 있다. 각 채널마다 참가자 각각이 2비트코인씩 지불을 해서 총 4비트코인이 포함되어 있다고 가정해 보자.

그림 14-6은 라이트닝 네트워크에 있는 다섯 명의 참가자들을 보여 주고 있다. 이들은 앨리스가 에릭에게 지불하는 것과 연관되는 양방향 지불 채널로 연결되어 있다(465쪽 '라우티드 지불 채널(라이트닝 네트워크)' 참조).

앨리스는 에릭에게 1비트코인을 지불하고 싶다. 하지만 앨리스는 에릭과 지불 채널로 연결되어 있지 않다. 지불 채널을 생성하려면 펀딩 거래가 필요하다. 왜냐하면 비트코인의 블록체인에 약정해야 하기 때문이다. 앨리스는 새로운 지불 채널을 개설해서 더 많은 금액을 약정하고 싶지 않다. 그렇다면 간접적으로 에릭에게 지불할 방법이 있을까?

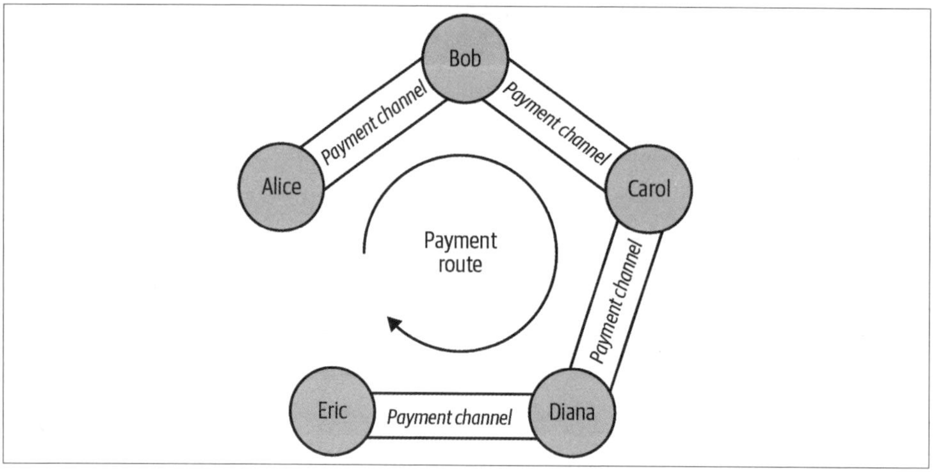


그림 14-6. 앨리스에서 에릭에 이르기까지 지불을 전송할 수 있는 라이트닝 네트워크를 형성하기 위해 연결된 양방향 지불 채널

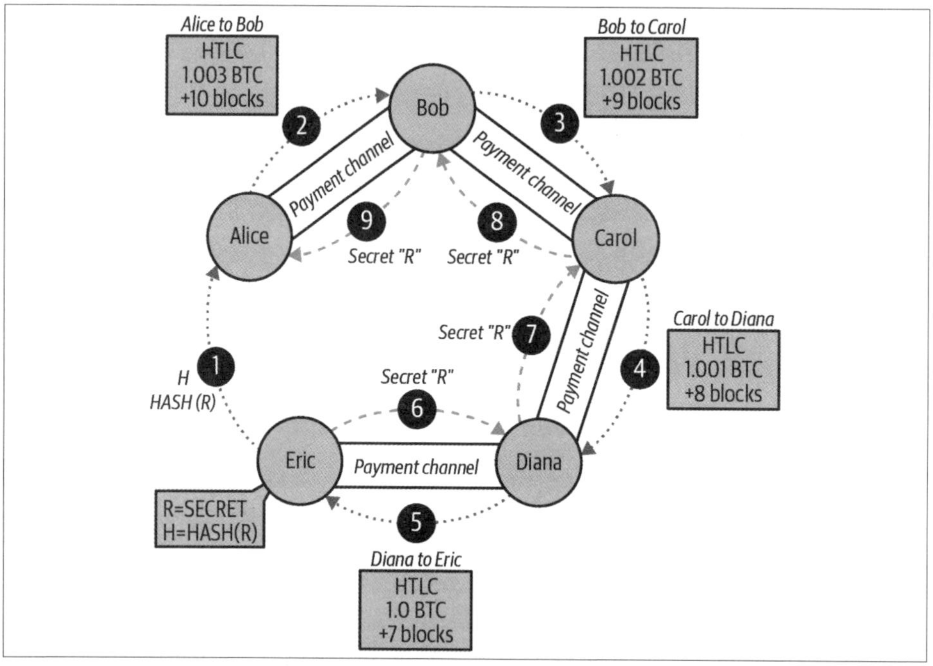


그림 14-7. 라이트닝 네트워크를 통해 라우팅되는 단계별 지불

그림 14-7은 참가자를 연결하는 지불 채널상에서 HTLC 약정을 통해 앨리스로부터 에릭에 이르는 라우팅 지불의 단계별 과정을 보여 준다.

앨리스는 밥과 연결되어 있는 그녀의 지불 채널을 기록하고 있는 라이트닝 네트워크(LN) 노드를 구동하고 있다. 이 노드는 지불 채널 간 루트를 발견할 수 있는 능력과 에릭의 LN노드까지 인터넷을 통해 연결할 수 있는 능력을 보유하고 있다. 에릭의 LN 노드는 난수 생성기를 이용해서 비밀값 R을 생성해 낸다. 에릭의 노드는 이 비밀값을 누구에게도 공개하지 않는 대신 비밀값 R의 해시값 H를 계산해서 이 해시를 앨리스의 노드로 전송한다(그림 14-7의 1단계 참조).

이제 앨리스의 LN 노드는 앨리스의 LN 노드와 에릭의 LN 노드 간 루트를 구성한다. 이때 사용되는 라우팅 알고리즘은 나중에 더 상세하게 다룰 것이며, 지금은 앨리스의 노드가 효율적인 루트를 찾을 수 있다고만 가정하자.

그러고 나서 앨리스의 노드는 1.003비트코인에 대해 10개의 블록으로 이루어진 환불 타임아웃(현재 블록+10)이 걸린 해시 H에 지급할 수 있는 HTLC를 구성한다(그림 14-7의 2단계 참조). 추가되는 0.003은 이 지불 루트 내에서 중간 노드들의 참여를 보상하는 데 사용될 것이다. 앨리스는 이 HTLC를 밥에게 제시해서 밥과 연결되어 있는 채널 잔액에서 1.003비트코인을 제하고 이 금액을 HTLC에 약정하게 된다. 그렇게 되면 HTLC는 '앨리스는 밥이 비밀값을 알고 있는 경우 지불되는 채널 잔액 1.003을 밥에게 기여하거나 10개의 블록이 경과한 후에 앨리스의 잔액으로 다시 환불한다'라는 의미를 가진다. 앨리스와 밥 사이의 채널 잔액는 이제 3개의 출력값을 가진 약정 거래로 표현된다. 밥에게로 지불되는 2비트코인, 앨리스에게로 지불되는 0.997비트코인, 앨리스의 HTLC 내에 약정된 1.003비트코인이다. 앨리스의 잔액은 HTLC에 약정된 금액만큼 감소한다.

밥은 다음 10개의 블록 내에서 비밀값 R값을 얻을 수 있다면 앨리스가 잠가 놓은 1.003비트코인을 요구할 수 있다는 내용의 약정 거래를 가지고 있다. 이 약정 거래를 손에 넣은 밥의 노드는 캐럴과의 지불 채널상에 HTLC를 구성한다. 밥의 HTLC는 9개 블록에 대한 해시값 H에 1.002비트코인을 기여하며, 캐럴이 비밀값 R을 가지고 있다면 그녀는 해당 금액을 현금화할 수 있다(그림 14-7의 3단계 참조). 밥은 캐럴이 그의 HTLC를 요구할 수 있다면 R값을 생산해야 한다는 사실을 알고 있다. 밥이 9개의 블록 내에 R값을 가지고 있는 경우 그 값을 이용해서 앨리스의 HTLC에 요구할 수 있다.

또한 9개의 블록에 대한 그의 채널 잔액을 약정하기 위해 0.001비트코인을 만든다. 캐럴이 밥의 HTLC에 요구할 수 없고 밥도 앨리스의 HTLC에 요구할 수 없는 경우 모든 금액이 이전 채널 잔액으로 돌아가며 당황하는 참가자는 아무도 없다. 밥과 캐럴 간 채널 잔액은 이제 캐럴에 2비트코인, 밥에 0.998비트코인, HTLC에는 밥이 약정한 1.002비트코인이다.

이제 캐럴은 다음 8개의 블록 내에서 R값을 얻게 되면 밥이 잠가 놓은 1.002비트코인을 요구할 수 있는 약정을 가지고 있다. 그녀는 다이애나와의 채널상에 HTLC 약정을 만들 수 있다. 그녀는 8개의 블록에 대해서 1.001비트코인의 HTLC를 해시값 H에 약정하며, 다이애나는 비밀값 R을 가지게 되면 현금화가 가능하다(그림 14-7의 4단계 참조). 캐럴의 관점에서는 이 과정이 순조롭게 발생하면 0.001비트코인을 얻게 되고 그렇지 못한 경우에라도 잃는 것이 없다. 다이애나에 대한 캐럴의 HTLC는 캐럴이 밥으로부터의 HTLC를 요구할 수 있는 시점에 R값이 공개되는 경우에만 실행 가능하다. 캐럴과 다이애나 간 채널 잔액은 현재 다이애나에게는 2비트코인, 캐럴에게는 0.999비트코인, HTLC에는 캐럴이 약정한 1.001비트코인이다.

마지막으로 다이애나는 에릭에게 HLC를 제공해서 7개의 블록에 대해 1비트코인을 해시값 H에 약정할 수 있다(그림 14-7의 5단계 참조). 다이애나와 에릭 간 채널 잔액은 에릭에게는 2비트코인, 다이애나에게는 1비트코인, HTLC에는 다이애나가 약정한 1비트코인이다.

하지만 루트 내 홉(hop)에서 에릭은 비밀값 R을 가지고 있다. 따라서 다이애나가 제공하는 HTLC에 요구할 수 있다. 에릭은 R값을 다이애나에게 보내고 1비트코인을 요청함으로써 해당 금액을 그의 채널 잔액에 추가할 수 있다(그림 14-7의 6단계 참조). 채널 잔액은 현재 다이애나에게는 1비트코인이고 에릭에게는 3비트코인이다.

이제 다이애나가 비밀값 R을 가지고 있다. 따라서 캐럴이 제공하는 HTLC에 요구할 수 있다. 다이애나는 R값을 캐럴에게 전송하고 1.001비트코인을 그녀의 채널 잔액에 추가한다(그림 14-7의 7단계 참조). 이제 캐럴과 다이애나 간 채널 잔액은 캐럴에게는 0.999비트코인, 다이애나에게는 3.001비트코인이다. 다이애나는 이 지불 루트에 참여해서 0.001비트코인을 '벌었다'.

이 지불 루트를 거꾸로 따라가 보면 비밀값 R은 각 참가자가 아직 처리되지 않은 HTLC에 요청할 수 있도록 해 준다. 캐럴은 밥이 제공한 HTLC에 1.002비트코인을 요청해서 그들의 채널상에 있는 잔액을 밥에게는 0.998비트코인, 캐럴에게는 3.002비트코인으로 설정한다(그림 14-7의 8단계 참조). 마지막으로 밥은 앨리스가 제공하는 HTLC에 요청한다(그림 14-7의 9단계 참조). 그들의 채널 잔액은 앨리스에게는 1.997비트코인, 밥에게는 3.003비트코인으로 업데이트되었다.

앨리스는 에릭과의 채널을 개설하지 않고 에릭에게 1비트코인을 지불했다. 이 지불 루트 내에 있는 중간 당사자들 중 누구도 서로를 신뢰할 필요가 없다. 채널 내 참가자들의 돈에 대한 단기간 약정을 하면 해당 채널이 폐쇄되거나 라우티드 지불이 실패하는 경우 환불을 받기까지 약간의 지체가 있다는 위험만 안은 채 참가자들은 소액의 거래 수수료를 벌 수 있다.

## 라이트닝 네트워크 전송 및 라우팅

LN 노드 간 모든 커뮤니케이션들은 두 지점 간이 암호화되어 있다. 또한 노드들은 식별자로 사용하고 서로의 진위를 증명하기 위한 장기간 공개키를 가지고 있다.

노드가 또 다른 노드에게 지불을 전송하고 싶을 때마다 우선 지불 채널과 충분한 용량을 연결시킴으로써 네트워크를 통한 **경로**를 구성해야 한다. 노드들은 그들이 보유한 채널 중 어떤 채널이 개방되어 있는지, 각 채널의 용량은 얼마인지, 노드들이 라우트 지불에 부과한 수수료는 얼마인지 등의 라우팅 관련 정보를 알린다. 라우팅 정보는 다양한 방법으로 공유될 수 있으며, 서로 다른 라우팅 프로토콜은 라이트닝 네트워크 기술 발전의 형태로 나타날 수도 있다. 현재 라우팅 구현은 '플러딩(flooding)' 모델에서 피어들에게 채널 공지를 전파하는 P2P 모델을 사용하는데, 비트코인이 거래를 전파하는 방식과 유사하다.

앞서 제시한 예시에서 앨리스의 노드는 이러한 라우팅 메커니즘 중 하나를 사용하여 자신의 노드를 에릭의 노드에 연결하는 경로를 하나 이상 찾는다. 앨리스의 노드가 경로를 구성하기만 하면 인접한 지불 채널과 접속하기 위해 암호화되고 중첩된 명령(encrypted and nested instruction)을 전파함으로써 해당 네트워크를 통해 경로가 초기화될 것이다.

중요한 사실은 이 경로는 앨리스의 노드에게만 알려진다는 점이다. 이 지불 루트 내에 있는 모든 다른 참가자들은 인접한 노드들만 볼 수 있다. 캐럴의 관점에서는 이 경로가 밥이 다이애나에게 하는 지불처럼 보인다. 하지만 실제로는 밥이 앨리스의 지불을 중개한다는 사실을 캐럴은 알지 못한다. 또한 다이애나가 에릭에게 가는 지불을 중개할 것이라는 사실도 알지 못한다.

이것은 라이트닝 네트워크의 매우 중요한 특성이다. 지불에 대한 프라이버시가 보장되고 감독이나 검열, 블랙리스트 등이 적용되기가 매우 어려웠기 때문이다. 하지만 중간 노드들에게 아무것도 알리지 않고 이 지불 경로를 구축할 수 있을까?

라이트닝 네트워크는 스핑크스(Sphinx)라고 부르는 체제를 기반으로 어니언 라우티드 프로토콜을 구현한다(*https://oreil.ly/fuCiK*). 이 라우팅 프로토콜은 지불 송신자가 다음과 같이 라이트닝 네트워크를 통해 경로를 구성하고 커뮤니케이션할 수 있도록 보장한다.

- 중간 노드들은 라우팅 정보의 일부를 검증하고 복호화해서 다음 홉(hop)을 발견할 수 있다.
- 중간 노드들은 이전 홉과 다음 홉 외에는 경로의 일부인 다른 노드들에 대해서 알 수 없다.
- 중간노드들은 지불 경로의 길이나 경로 내에 자신들이 어디에 위치하고 있는지에 대해 식별할 수 없다.
- 경로의 각 파트는 네트워크 차원의 공격자가 다른 파트의 패킷(packet)을 서로서로 연관 지을 수 없게 하는 방법으로 암호화된다.
- 토르(어니언 라우티드 익명 프로토콜)와는 달리 감시 하에 있는 놓일 수 있는 '출구 노드'가 없다. 지불은 비트코인 블록체인으로 전송될 필요가 없다. 그저 노드는 채널 잔액을 업데이트한다.

이 어니언 라우티드 프로토콜을 사용하고 있는 앨리스는 암호화 계층 속에 경로의 각종 요소들을 두고 있으며, 암호화는 끝부분에서 시작해서 거꾸로 진행된다. 앨리스는 에릭의 공개키를 가지고 에릭에게 가는 메시지를 암호화한다. 이 메시지는 다이애나에게 암호화된 메시지 내에 들어 있고, 이를 통해 에릭이 다음 수신자임을 알 수 있다. 다이애나에게 가는 메시지는 캐럴의 공개키에 대해 암호화된 메시지 내에 들어 있고, 이를 통해 다이애나가 다음 수신자임을 알 수 있다. 캐럴에게 가는 메시지는 밥의 키로 암호화되어 있다. 따라서 앨리스는 이 여러 겹으로 암호화된 메시지 '양파(어니언)'를 구성하게 된다. 앨리스는 해독하고 외부층을 벗겨만 낼 수 있는 밥에게 이 메시지를 보낸다. 내부에서 밥은 캐럴에게 보낼 수는 있지만 해독할 수는 없는, 캐럴에게 전송되는 메시지를 발견한다. 이 경로를 따라 해당 메시지는 전송되고 해독되고를 반복하면서 에릭에게 간다. 각 참가자는 각각의 홉에서 바로 이전 노드와 이후 노드만 알고 있다.

경로의 각 요소는 다음 홉으로 확장해야 하는 HTLC, 송금액, 포함된 거래 수수료, CLTV 잠금 시간(블록 단위) 만료 등의 정보를 담고 있다. 라우팅 정보가 전파되면서 해당 노드들은 HTLC 약정을 다음 홉으로 전송할 수 있다.

이 시점에서 여러분은 아마 노드들이 어떻게 경로의 길이와 경로 내에서 그들의 위치를 모를 수 있는지 궁금할 수 있다. 결국 노드들은 메시지를 받아서 다음 홉으로 해당 메시지를 전송한다. 홉의 횟수를 줄여서 경로 크기나 위치를 추론할 수 있지는 않을까? 이를 방지하기 위해 패킷 크기를 고정하고 무작위 데이터로 채운다. 각 노드는 다음 홉을 참고해서 고정된 길이의 암호화된 메시지를 전송한다. 오직 최종 수신자만 다음 홉이 없다는 사실을 알고 있다. 모두에게는 마치 20개 이상의 홉이 항상 존재하는 것처럼 보인다.

### 라이트닝 네트워크의 이점

라이트닝 네트워크는 레이어 2 구조의 라우팅 기술로, 다중서명 거래, 타임락, 기본적인 스마트 컨트랙트 등 기본적인 기능을 지원하는 어떠한 블록체인에도 적용될 수 있다.

라이트닝 네트워크는 비트코인 네트워크의 상부에 계층을 형성하여, 중개자 없이 신뢰할 수 없다는 운영 원칙을 유지하면서 비트코인의 용량 및 프라이버시, 단위 크기, 속도를 크게 향상시킨다.

### 프라이버시

LN 지불은 공개되지 않기 때문에 비트코인 블록체인상의 지불보다 훨씬 더 개인적이다. 루트 내에 있는 참가자들은 채널을 건너 전파되는 지불을 볼 수는 있지만 송신인 혹은 수신인을 알지 못한다.

### 대체 가능성(Fungibility)

라이트닝 네트워크는 비트코인상에 통제 및 블랙리스트를 적용하는 것을 더욱 어렵게 만들면서 화폐의 대체 가능성을 상승시킨다.

### 속도

라이트닝 네트워크를 사용하는 비트코인 거래는 분 단위보다는 밀리세컨드 단위로 정산된다. 왜냐하면 HTLC가 거래를 블록에 약정하는 과정 없이 결산이 이루어지기 때문이다.

### 단위 크기(Granularity)

라이트닝 네트워크는 비트코인 '더스트' 한계값만큼 작은 규모, 어쩌면 더 작은 규모로도 가능하게 한다.

### 용량

LN은 비트코인 시스템의 용량을 몇 배로 증가시킨다. LN을 통해 라우팅할 수 있는 초당 지불 건수의 상한값은 각 노드의 용량 및 속도에만 의존한다.

### 신뢰할 수 없는 운영

라이트닝 네트워크는 서로에 대한 신뢰 없이도 피어로서 운영되는 노드 사이에서 발생하는 비트코인 거래를 사용한다. 따라서 LN은 비트코인 시스템의 원리를 보존하면서 운영 기준을 현저히 확대한다.

우리는 신뢰 플랫폼으로서 비트코인 블록체인을 사용해서 빌드할 수 있는 최근의 어플리케이션들을 알아보았다. 이들은 비트코인의 범위를 지불이나 금융 수단 너머로 확장시킨다.

이 책을 끝까지 읽은 지금, 배운 지식으로 무엇을 할 것인가? 수백만, 어쩌면 수십억 명이 '비트코인'이라는 이름을 알고 있지만, 비트코인 작동 원리에 대해 여러분만큼 아는 이는 극소수에 불과하다. 그 지식은 소중하다. 여러분과 같이 비트코인에 대한 관심으로 수백 페이지를 기꺼이 읽는 사람들에게는 더욱 소중하다.

아직 여정을 시작하지 않았다면 어떤 방향으로 가든 비트코인에 이바지할 길을 찾을 수 있길 바란다. 비트코인 결제를 검증하기 위해 풀 노드를 실행하거나, 사람들이 비트코인을 보다 쉽게 사용할 수 있도록 어플리케이션을 구축하거나, 비트코인과 그 잠재력에 대해 교육하는 데 도움을 줄 수도 있다. 심지어 비트코인 코어 같은 오픈 소스 소프트웨어에 약정할 수도 있다. 탁월한 몇몇 인재들과 가만히 협력하여 언젠가 수십억 명이 대가 없이 의존하게 될 도구를 구축하는, 그런 희귀한 발걸음을 내딛을 수 있다.

여러분의 비트코인 여정이 어떤 식으로 흐르고 있는지 간에 《비트코인, 디지털 화폐의 미래를 열다》를 그 여정의 일부로 삼아 준 것에 감사를 전한다.

부록 A

# 사토시 나카모토의 비트코인 백서

이 문서는 2008년 10월 사토시 나카모토에 의해 발표되어 완전한 형태로 재생산된 백서의 원본이다.

## 비트코인: 피어투피어 전자화폐 시스템

사토시 나카모토

*satoshi@gmx.com*

*www.bitcoin.org*

**초록** 완전한 p2p 형태의 전자화폐는 한 당사자에서 다른 당사자로 금융기관을 거치지 않고 직접 전송하는 온라인 지불을 가능하게 할 것이다. 디지털 서명이 부분적인 해결책이 될 수는 있지만 이중지불을 방지하기 위해 신뢰할 수 있는 제3자가 여전히 필요하다면 주요 이점은 사라지게 된다. 본 논문에서 우리는 p2p 네트워크를 통하여 이중지불 문제에 대한 해답을 제시한다. 계속 진행되고 있는 해시 기반 작업증명 과정에서 네트워크 시간 및 거래를 암호화하여 기록을 생성하게 되면 작업증명 과정을 다시 진행하지 않고서는 해당 기록을 변경할 수 없다. 이 네트워크는 거래를 해싱해 해시 기반 작업증명(proof-of-work)의 연결된 사슬을 만들어 거래에 타임스탬프를 찍고, 작업증명을 재수행하지 않고서는 변경할 수 없는 기록을 생성한다. 최장 체인은 서명한 사건들의 순서를 입증해 주기도 하며 최대 규모의 CPU 파워를 가진 풀에서 생성되었음을 입증하기도 한다. 네트워크 공격을 목적으로 협력하지 않는 노드에 의해 CPU 파워의 대부분이 통제되는 한 노드들은 가장 긴 체인을 생성하고 네트워크 공격자를 압도하게 될 것이다. 이 네트워크 자체는 최소한의 구조만을 필요로 한다. 메시지들은 최대한의 노력 하에서(best effort basis) 전파되며, 노드들은 자발적으로 해당 네트워크를 떠나거나 다시 합류할 수 있으며, 네트워크를 떠나 있던 동안 어떤 일이 발생했는지를 입증받기 위해 최장 작업증명체인을 받아들이게 될것이다.

## 서론

인터넷에서의 상거래는 거의 금융기관을 제3자 신용 기관으로 하는 전자 지불 방식에 전적으로 의존하고 있다. 대부분의 거래에서 시스템은 잘 작동하고 있지만, 여전히 신용기반 모델이라는 내재적인 약점이 존재한다. 완전히 취소 불가능한 거래는 사실상 불가능하다. 왜냐하면 금융 기관들은 거래상 분쟁을 중재하는 일을 피할 수 없기 때문이다. 이러한 중재 비용은 결국 거래 수수료를 상승시키고 실질적인 최소 거래 금액을 제한하여 소액 거래의 가능성을 차단한다. 뿐만 아니라 회수 불가능한 서비스에도 번복 불가능한 지불을 하게 만들어 더 많은 비용을 발생시킨다. 즉, 지불 번복을 위해 더 많은 신용을 요구하게 된다. 상인들은 그들의 고객들을 예의 주시하면서 필요한 정보보다 더 많은 정보를 그들에게 재촉해야 한다. 어느 정도 가짜 지불(fraud)이 발생하는 것은 피할 수 없다. 여기에서 발생하는 비용 및 지불의 불확실성은 사람이 직접 물리적인 화폐를 지불하여 피할 수 있지만 신용 기관 없이 통신상으로 지불하는 방법은 존재하지 않는다.

우리에게 필요한 것은 신뢰 대신 암호화 증명을 기반으로 하는 전자 지불 시스템이다. 이를 통해 두 명의 자발적인 당사자가 신뢰할 수 있는 제3자 없이 서로 직접 거래할 수 있게 된다. 전산적으로 번복이 불가능한 송금은 판매자를 가짜 지불로부터 보호할 수 있으며, 구매자는 일반 에스크로(escrow) 방식을 통해 보호받을 수 있다. 이 백서에서는 거래의 발생 순서를 컴퓨터 계산을 통해 증명하기 위해 피어투피어 분산 타임스탬프 서버를 이용해서 이중지불 문제에 대한 솔루션을 제안할 것이다. 이 시스템은 악의적으로 협력하는 노드 그룹보다 정직한 노드들이 더 많은 컴퓨팅 파워를 총제적으로 제어하는 한 안전하다.

### 거래

우리는 전자 코인을 디지털 서명의 체인으로 규정한다. 각 소유주는 이전 거래 내역에 다음 소유주의 공개키를 덧붙인 뒤에 자신의 비밀키로 암호화하는 디지털 서명을 하고 돈을 전송한다. 돈을 받는 사람은 소유권 체인을 검증하기 위해 해당 서명을 검증할 수 있다.

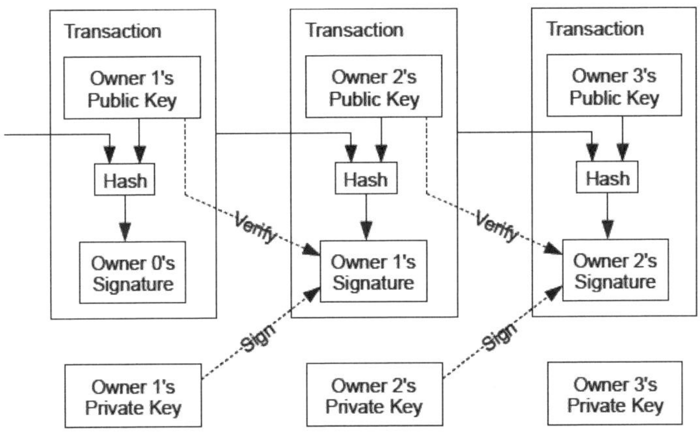


물론 돈을 받는 사람은 소유주 중 한 명이 이중지불을 하지 않았는지를 검증할 수가 없다는 문제가 있다. 가장 흔한 솔루션은 모든 거래에 대해 이중지불 문제를 체크해 주는 신뢰할 수 있는 중앙 당국, 즉 조폐국을 도입하는 것이다. 각 거래 후에 화폐는 새로운 화폐를 발행하기 위해 조폐국으로 다시 돌아와야 하고, 조폐국에서 직접 발행된 화폐만이 이중지불을 하지 않는다는 신뢰를 받을 수 있다. 이 솔루션에서의 문제점은 화폐 시스템 전체가 바로 은행 등의 중앙기관에 모든 거래 내역이 거쳐 가도록 하는 방법

에 의존하게 된다는 것이다.

돈을 받는 사람이 이전 소유주가 앞서 발생한 거래 중 다른 어느곳에도 서명을 하지 않았다는 사실을 알 수 있는 방법이 필요하다. 이를 위해 가장 먼저 일어난 거래가 중요하다. 그래서 이후에 이중지불을 시도했는지 신경쓰지 않게 된다. 거래의 부재를 확인할 수 있는 유일한 방법은 모든 거래 내역을 아는 것이다. 조폐국 기반 모델에서는 조폐국이 모든 거래 내역을 알고 있었고 어떤 거래가 가장 먼저 도착하는지를 결정했다. 신용 기관 없이 이 과정을 수행하기 위해서는 거래가 공개적으로 알려져야 하고,[1] 우리는 참가자들이 순서대로 단일 거래 내역들을 수용하는 시스템이 필요하다. 수신인은 각 거래마다 노드의 대다수가 처음으로 수신받은 거래라고 동의해 주는 증명이 필요하다.

## 타임스탬프 서버

우리가 제안하는 솔루션은 타임스탬프 서버에서 시작한다. 타임스탬프 서버는 시간 내역이 기록된 항목들의 해시를 취합하고 신문이나 유즈넷 포스트처럼 해당 해시를 널리 발행하는 역할을 한다.[2-5] 타임스탬프는 해시에 포함되기 위해 그 시각에 데이터가 명백히 존재했었다는 사실을 입증한다. 각 타임스탬프에는 해시 내에 있는 이전 타임스탬프를 포함하면서 체인을 강하게 만드는 추가적인 타임스탬프를 이용해서 체인을 형성한다.

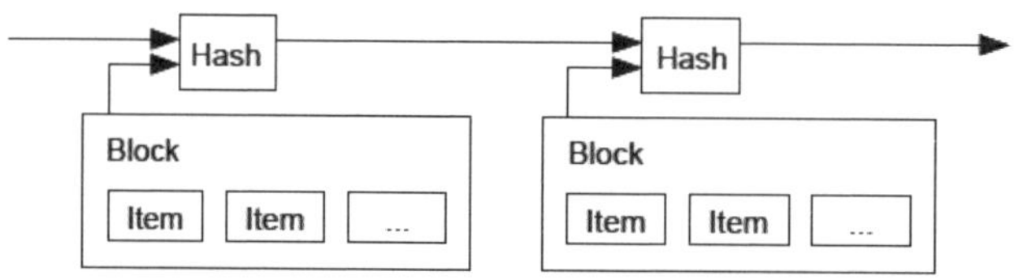


## 작업증명

피어투피어를 기반으로 분산화된 타임스탬프 서버를 구현하기 위해 신문이나 유저넷 대신 Adam Back의 Hashcash[6]와 유사한 작업증명 시스템을 사용해야 할 것이다. 작업증명에서는 SHA-256 등의 알고리즘으로 다수의 0비트로 시작하는 암호화 해시값을 찾는 과정이 포함된다. 평균적으로 이러한 작업에 필요한 시간은 연속되는 0비트의 요구 개수에 따라 지수적으로 증가하며, 단일 해시를 실행함으로써 검증할 수 있다. 타임스탬프 네트워크에서 우리는 블록해시 결과가 요구하는 0비트를 갖게 하는 해시값을 찾을 때까지 블록에 논스를 증가시킴으로써 작업증명을 구현한다. CPU의 노력으로 인해 작업증명이 만족할 만한 수준이 되기만 하면 해당 블록은 해당 작업을 반복하지 않고 변경될 수 없다. 그다음에 발생하는 블록들이 체인을 형성함으로써 하나의 블록을 변경하기 위해서는 그 블록을 포함한 다음 블록 전부에 대해 작업증명을 해야 한다.

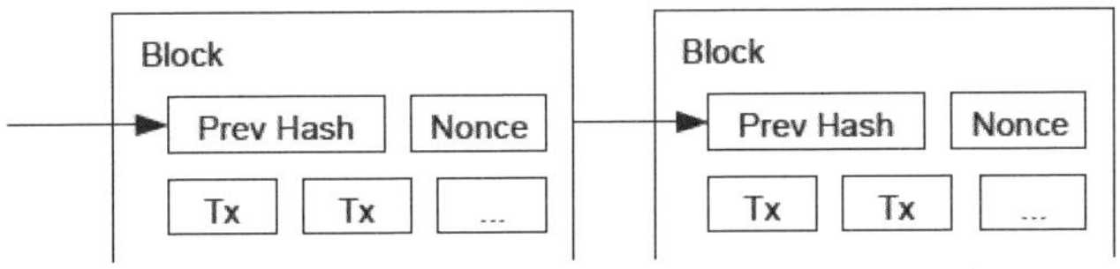


작업증명은 또한 다수결에 의한 의사결정 과정에서 대표자를 결정하는 문제를 해결한다. 대다수가 한 IP 주소당 한 번의 투표를 할 수 있는 시스템 기반으로 결정되는 경우, IP 주소를 많이 확보하는 방법으로 누구든지 시스템을 뒤엎을 수 있다. 그러나 작업증명은 본질적으로 한 개의 CPU당 한 번의 투표를 하는 구조다. 다수가 내린 결정은 최장 체인으로 표현할 수 있으며, 이는 가장 많은 작업증명에 노력이 투입된 것이다. CPU 파워의 대다수가 정직한 노드에 의해 통제되는 경우, 이 정직한 체인은 가장 빠른 속도로 증가해서 어떠한 경쟁 체인도 압도하게 될 것이다. 과거 블록을 수정하기 위해서 공격자는 해당 블록과 그 블록 다음에 나오는 모든 블록에 대해 작업증명 작업을 다시 진행해야 하고 그 후 정직한 노드들의 작업을 따라잡아 추월해야 한다. 더 느린 속도의 공격자가 따라잡을 가능성은 그 뒤로 블록들이 추가되면서 기하급수적으로 줄어드는 것도 뒤에서 언급하기로 한다.

시간이 지나면서 하드웨어의 속도가 빨라지고 노드 구동에 대한 관심이 다양화되는 것을 보상하기 위해 작업증명 난이도는 시간당 블록의 평균 개수를 목표로 삼는 이동평균(moving average)에 의해 결정된다. 블록이 너무 빨리 생성되면 난이도는 급증한다.

### 네트워크

네트워크를 구동하는 단계는 다음과 같다.

1. 새로운 거래 내역이 모든 노드에 전파된다.
2. 각 노드들은 새로운 거래 내역을 블록에 취합한다.
3. 각 노드들은 그 블록에 대한 작업증명을 찾는 과정을 수행한다.
4. 어떤 노드가 작업증명을 성공적으로 수행했을 때, 모든 노드에게 그 블록을 전송한다.
5. 노드들은 그 블록이 모든 거래가 이전에 쓰이지 않고 유효한 경우에만 승인한다.
6. 노드들은 자신이 승인한 블록의 해시를 이전 해시로 사용하여 다음 블록을 생성하는 과정을 통해 그 블록이 승인되었다는 의사를 나타낸다.

노드들은 항상 최장 체인을 옳은 체인으로 간주하며, 그 체인이 계속 확장되도록 작업을 수행한다. 만약 2개의 노드가 동시에 다음 블록의 다른 버전을 전파한다면 몇몇 노드들은 우선 둘 중 한 노드로부터 블록을 수신하게 될 수도 있다. 이 경우, 먼저 받은 노드에 대한 작업을 수행하지만 체인의 다른 브랜치가 더 길어질 경우에는 그 브랜치를 저장한다. 다음 작업증명이 발견되면 버전의 결합이 끊어지고 브랜치 한 개가 더 길어지게 될 것이다. 그 후 나머지 한 개의 브랜치에서 작업하고 있었던 노드들이 더 긴 브랜치로 변경될 것이다.

새로운 거래가 꼭 모든 노드에게까지 전파될 필요는 없다. 많은 노드에 접속하는 한 새로운 거래들은 더 빨리 블록에 포함될 것이다. 블록 전파는 누락되는 메시지에도 관대하다. 노드가 블록을 수신하지 못하는 경우 다음 블록을 받아 한 블록이 빠져 있다는 사실을 알아차린 후 다시 블록을 요청해 받을 것이다.

### 인센티브

관례상 블록 내 첫 번째 거래는 블록 생성자가 소유하게 될 새로운 코인을 시작하는 특별한 거래다. 여기에 네트워크를 지원해 주는 노드에게 인센티브가 추가되고 코인을 초기에 분배해서 유통시키는 방법을 제공한다. 왜냐하면 화폐를 발행하는 중앙 기관이 없기 때문이다. 지속적으로 일정 금액의 새 코인을 추가하는 것은 금을 유통할 수 있게 광부들이 자원을 더 많이 쏟아붓는 것과 유사하다. 이 경우 CPU 시간과 전기가 소비된다.

인센티브는 거래 수수료로 자금을 충당할 수 있다. 거래의 출력값에 대한 가치가 입력값의 가치에 비해 적은 경우 발생하는 차이가 거래 수수료이며, 거래를 담고 있는 블록의 인센티브 값에 추가된다. 미리 정해진 금액이 유통된 후에는 거래 수수료만으로 인센티브가 이루어지며 인플레이션으로부터 완전히 자유로워진다.

인센티브 덕분에 노드들이 계속 정직한 상태로 남을 수도 있다. 욕심 많은 공격자가 정직한 노드 전부보다 많은 CPU 파워를 만들어 낼 수 있다면 이 상황을 이용해서 다른 사람들로부터 지불을 철회함으로써 사람들의 돈을 가로챌 수도 있고 새로운 금액을 생성할 수도 있다. 하지만 이런 방법으로 다른 사람들을 엮지 않고 시스템을 약화시켜 부를 축적하는 이기적인 방법보다는 약속대로 정직하게 시스템에 참여하는 것이 더 이득 이라는 사실을 알아야 한다.

### 디스크 공간 재확보

가장 최근 거래가 충분한 블록에 의해 묻히게 되면, 이전에 소비된 거래는 디스크 공간 확보를 위해 버려질 수 있다. 블록 해시를 온전히 유지하면서 이 작업을 진행하기 위해

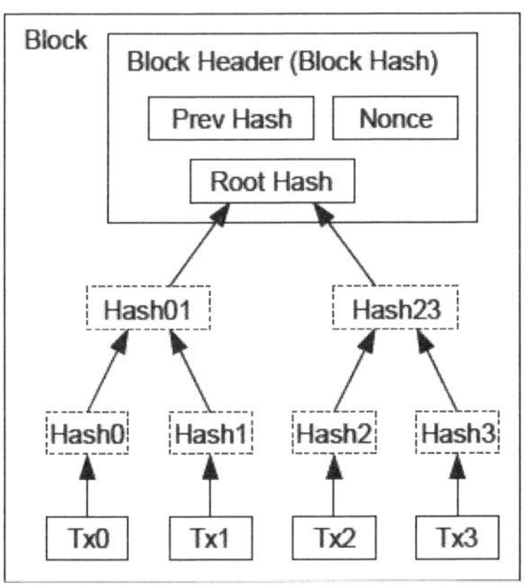


Transactions Hashed in a Merkle Tree

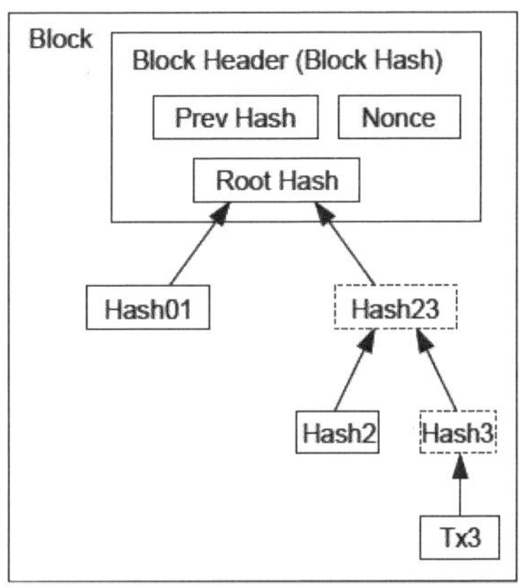


After Pruning Tx0-2 from the Block

거래들은 머클 트리[7][2][5] 형태로 해싱이 이루어지며, 이 경우 머클 트리 구조의 루트 부분만 블록 해시에 포함되면 된다. 내부에 있는 해시는 저장될 필요가 없다.

거래가 들어 있지 않는 블록헤더의 크기는 약 80바이트다. 만약 우리가 블록을 10분마다 생성한다고 가정한다면 1년에 `80byte * 6 * 24 * 365 == 4.2MB`가 된다. 2008년 기준 시중에 판매되고 있는 2GB 메모리가 장착된 컴퓨터 시스템과 매년 1.2GB가 증가할 것이라고 예측한 무어의 법칙을 이용하면 블록 헤더가 메모리 내에 있어야 할지라도 문제가 되지 않는다.

## 단순 지불 검증

네트워크 노드 전체를 가동하지 않고서도 지불을 검증하는 일이 가능하다. 사용자는 최장인 작업증명 체인의 블록 헤더 복사본만 가지고 있으면 된다. 본인이 가장 긴 체인이라고 확인할 때까지 네트워크 노드들에게 요청하고 해당 거래가 기록된 블록에 연결된 머클 트리의 일부만 받아 오면 된다. 그가 혼자 힘으로 해당 거래를 체크할 수는 없지만 체인에 연결함으로써 네트워크 노드가 해당 거래를 승인했는지 이후에도 계속 블록이 추가되어 승인되었는지 여부를 알 수 있다.

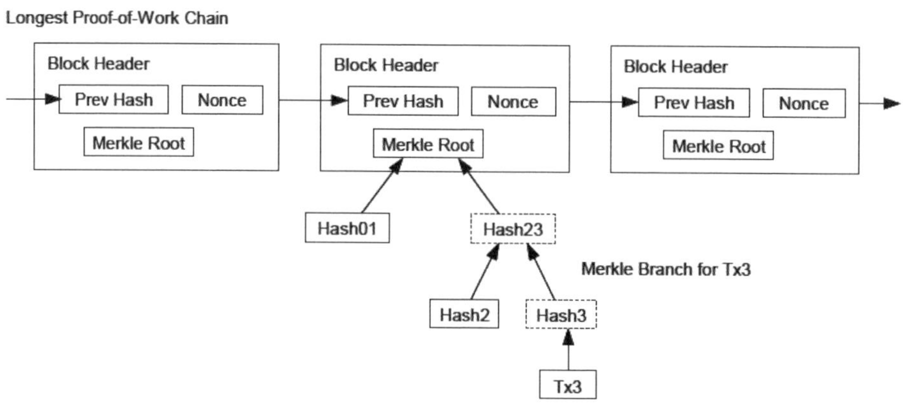


이런 방식으로 정직한 노드들이 네트워크를 통제하는 한 검증은 신뢰할 수 있다. 하지만 공격자에 의해 네트워크가 압도당하면 해당 네트워크는 더 취약해질 수 있다. 이에 맞서는 우리의 전략은 노드들이 유효하지 않은 블록을 탐지했을 때 네트워크상의

노드들로부터 경계 메시지를 받아들여서 사용자의 소프트웨어가 블록 전체를 다운로드하고 경계를 받고 있는 거래들이 불일치임을 확인하는 것이다. 자주 발생하는 지불을 수신하는 기업은 조금 더 독립적인 보안과 빠른 검증을 위해 자체 노드를 구동하고 싶을 것이다.

### 금액의 결합과 분할

돈을 개별로 관리하는 일도 가능하지만 거래에서 작은 개별 단위까지 다루는 것은 불편할 것이다. 금액을 쪼개고 합칠 수 있도록 거래는 여러 개의 입력값과 여러 개의 출력값을 포함하고 있다. 보통 이전에 발생한 큰 금액의 거래로부터의 단일 입력값이거나 작은 단위 금액을 합친 여러 개의 입력값일 수 있고 2개의 출력값인 경우 하나는 지불을 위한 출력값이고 다른 하나는 잔돈으로 수신인에게 다시 돌려보내는 출력값이다.

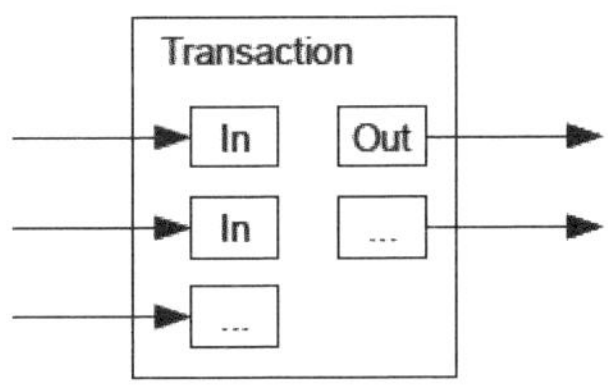


거래가 여러 거래들을 기반으로 하고 있고 기반이 되는 거래들은 또 더 많은 거래들을 기반으로 하고 있는 팬아웃(fan-out) 현상은 여기에서는 문제가 되지 않는다. 거래 내역이 담겨 있는 완전히 독립된 복사본을 추출할 필요는 없다.

### 프라이버시

전통적인 은행 모델은 당사자들과 제3자 신용기관에 정보 접근 권한을 제한하여 프라이버시를 유지하는 일이 어느 정도 가능하다. 모든 거래 내역이 공개되어야 하기 때문에 이 방법을 사용할 수는 없지만 다른 장소에서 정보의 흐름을 차단한다거나 공개 키에 익명성을 부여함으로써 프라이버시를 유지할 수는 있다. 사람들은 누군가가 다른 누군가에게 금액을 전송한다는 사실을 알 수 있지만 해당 거래가 누구에게 연결되는

지에 대한 정보는 가지고 있지 않다. 이는 증시에서 공개하는 정보 수준과 유사하다. 즉, 각 개별 거래의 시간과 크기는 공개되지만 누가 관여되어 있는지는 밝히지 않는다.

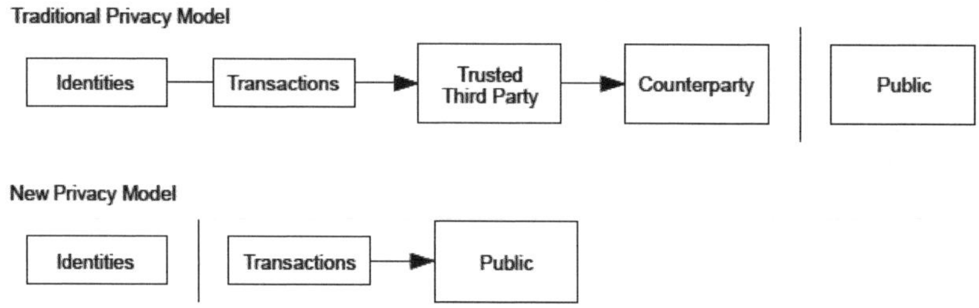


추가적인 방어벽의 일환으로 새로운 키쌍이 각 거래에 사용되어 공통의 소유주와 연결되는 것을 방지해야 한다. 다중 입력값 거래에서는 몇몇 연결이 여전히 불가피하다. 왜냐하면 동일한 소유주가 소유한 입력값이라는 사실이 드러나기 때문이다. 소유주의 암호키가 공개되면 다른 거래에서도 동일인에 의한 거래라는 것이 알려지게 되는 위험성이 존재한다.

## 계산

우리는 정직한 체인보다 빠른 속도로 대안 체인을 생성하기 위해 노력하는 공격자의 시나리오를 생각해 본다. 이 작업이 진행된다 해도 난데없이 금액을 생성하거나 공격자가 소유하지 않았던 돈을 가져가는 등의 마구잡이식 변화에 시스템이 노출되지는 않는다. 노드들은 유효하지 않은 거래를 지불로 승인하지 않을 것이고 정직한 노드들도 유효하지 않은 거래가 담긴 블록은 받아들이지 않을 것이기 때문이다. 공격자는 그저 본인이 최근에 소비했던 돈을 다시 받기 위해 본인의 거래 중 하나를 변경하려는 시도를 할 뿐이다.

정직한 노드들의 체인과 공격자의 체인간 경쟁은 '이항 랜덤 워크(Binomial Random Walk)'로 특징지을 수 있다. 경쟁에서 성공적인 경우란 정직한 체인이 블록을 하나 추가해서 리드(잠재 고객)를 하나 추가하는 것을 말하고, 실패한 경우란 공격자의 체인이 블록을 하나 늘여서 차이를 하나 줄이는 것을 말한다.

공격자가 보유하고 있지도 않은 돈을 가지고 성공할 확률은 '도박꾼의 파산 문제(Gambler's Ruin problem)'와 비슷하다. 무한대의 신용을 가진 도박꾼이 적자 상태에서 시작하여 게임을 무한대로 시도해서 손익분기점에 도달한다고 가정한다. 그가 손익분기점에 도달할 확률, 즉 공격자가 정직한 체인을 따라잡을 수 있는 확률은 다음과 같이 계산할 수 있다.[8]

p == 정직한 노드가 다음 블록을 찾을 확률

q == 공격자의 노드가 다음 블록을 찾을 확률

$q_z$ == z개의 다음 블록들을 빨리 찾을 확률

$$q_z = \left\{ \begin{array}{ll} 1 & \text{if } p \leq q \\ (q/p)^z & \text{if } p > q \end{array} \right\}$$

p > q라는 가정을 감안한다면 공격자가 따라잡아야 하는 블록의 수가 증가할수록 블록을 찾을 확률은 기하급수적으로 감소한다. 공격자에게 유리하지 않은 가능성을 가지고 공격자가 운좋게도 먼저 달려들지 않는다면 그가 성공할 확률은 뒤로 갈수록 점점 희박해진다.

이제 송신자가 해당 거래를 변경하지 않을 것이라고 충분히 확신하기 전까지 새로운 거래의 수취인들이 얼마를 기다려야 하는지에 대해 알아보자. 수취인으로 하여금 잠시 동안 송신자가 지불을 할 것이라고 믿게 한 후 어느 정도 시간이 흐른 후에 송신자에게 다시 돈을 지불하는 거래로 바꾸려고 하는 공격자가 송신자라고 가정해 보자. 그런 일이 발생하고 수취인이 경고를 하겠지만 공격자는 그 조치가 늦기를 바랄 뿐이다.

수취인은 새로운 키쌍을 생성해서 거래 직후에 송신자에게 공개키를 준다. 이를 통해 송신자가 미리 충분한 시간 전에 가짜 블록체인을 생성해 두어 가짜 거래를 성립시키는것을 방지할 수 있다. 거래가 한번 전송되고 나면 정직하지 않은 송신자는 그의 거래에 대한 대안 버전을 담고 있는 아주 유사한 체인에서 비밀스럽게 작업을 시작한다.

수취인은 해당 거래가 블록에 추가되고 그 후에 z 블록들이 연결될 때까지 기다린다.

수취인은 공격자가 진행하고 있는 거래의 정확한 금액을 알지 못한다. 하지만 정직한 블록들이 평균적인 시간 간격마다 생성될 것이고, 공격자의 잠재적 진행률은 다음과 같이 푸아송 분포(Poisson distribution)의 기댓값이 될 것이다.

$$\lambda = z\frac{q}{p}$$

공격자가 현재 따라잡을 수 있는 확률을 얻기 위해서는 공격자가 따라잡을 수 있는 금액 각각에 대한 푸아송 밀도와 해당 시점에 블록체인 생성을 따라잡을 확률을 곱한다.

$$\sum_{k=0}^{\infty} \frac{\lambda^k e^{-\lambda}}{k!} \cdot \begin{cases} (q/p)^{(z-k)} & \text{if } k \le z \\ 1 & \text{if } k > z \end{cases}$$

분포에 대해 무한대로 덧셈을 하는 것을 방지하기 위해 식을 다시 정리하면 다음과 같다.

$$1 - \sum_{k=0}^{z} \frac{\lambda^k e^{-\lambda}}{k!}\left(1 - (q/p)^{(z-k)}\right)$$

C 코드로 변환하면 다음과 같다.

```
#include <math.h>
double AttackerSuccessProbability(double q, int z)
{
    double p == 1.0 - q;
    double lambda == z * (q / p);
    double sum == 1.0;
    int i, k;
    for (k == 0; k <== z; k++)
    {
        double poisson == exp(-lambda);
        for (i == 1; i <== k; i++)
            poisson *== lambda / i;
```

```
        sum -== poisson * (1 - pow(q / p, z - k));
    }
    return sum;
}
```

결과값을 돌려보면 확률이 z값에 따라 기하급수적으로 줄어드는 것을 볼 수 있다.

```
q=0.1
z=0 P=1.0000000
z=1 P=0.2045873
z=2 P=0.0509779
z=3 P=0.0131722
z=4 P=0.0034552
z=5 P=0.0009137
z=6 P=0.0002428
z=7 P=0.0000647
z=8 P=0.0000173
z=9 P=0.0000046
z=10 P=0.0000012

q=0.3
z=0 P=1.0000000
z=5 P=0.1773523
z=10 P=0.0416605
z=15 P=0.0101008
z=20 P=0.0024804
z=25 P=0.0006132
z=30 P=0.0001522
z=35 P=0.0000379
z=40 P=0.0000095
z=45 P=0.0000024
z=50 P=0.0000006
```

P가 0.1%보다 작을 경우에 대해 살펴보면 다음과 같다.

```
P < 0.001
q=0.10 z=5
q=0.15 z=8
q=0.20 z=11
q=0.25 z=15
q=0.30 z=24
q=0.35 z=41
q=0.40 z=89
q=0.45 z=340
```

## 결론

이 논문에서는 신뢰에 의존하지 않는 전자 거래 시스템을 제안했다. 디지털 서명으로부터 만들어진 화폐라는 기본적인 프레임워크로 시작했으며, 이 시스템에서는 소유권에 대해 강력하게 통제할 수 있지만 이중지불을 방지하는 방법이 있어야 한다. 이 문제를 해결하기 위해 제시한 것이 작업증명을 이용한 피어투피어 네트워크로, 정직한 노드들이 CPU 파워의 대부분을 통제하는 경우 재빨리 계산을 복잡하게 만들어서 공격자들이 해당 거래를 변경하지 못하도록 하는 거래의 공개적인 히스토리를 기록한다. 네트워크는 구조적이지 않은 단순함으로 인해 견고하다. 노드들은 거의 조정 없이 작업을 진행한다. 특정한 위치에 메시지가 전송되지 않더라도 최선의 노력을 기반으로 전달되기만 하면 되기 때문에 정체를 확인할 필요도 없다. 노드들은 마음대로 네트워크를 떠나거나 다시 합류해서 그들이 없어진 동안 어떤 일이 발생했는지에 대한 증명으로 작업증명 체인을 수락할 수 있다. 노드들은 CPU 파워를 이용해서 투표를 진행함으로써 블록을 연장해서 유효한 블록을 승인했음을 표현하고 블록 연장을 거부해서 유효하지 않은 블록을 거절했음을 표현한다. 이러한 합의 메커니즘에서는 규칙이나 인센티브가 실행될 수 있다.

## 참고 문헌


[1] W. Dai, "b-money," *http://www.weidai.com/bmoney.txt*, 1998.

[2] H. Massias, X.S. Avila, and J.-J. Quisquater, "Design of a secure timestamping service with minimal trust requirements," In 20th Symposium on Information Theory in the Benelux, May 1999.

[3] S. Haber, W.S. Stornetta, "How to time-stamp a digital document," In Journal of Cryptology, vol 3, no 2, pages 99-111, 1991.

[4] D. Bayer, S. Haber, W.S. Stornetta, "Improving the efficiency and reliability of digital time-stamping," In Sequences II: Methods in Communication, Security and Computer Science, pages 329-334, 1993.

[5] S. Haber, W.S. Stornetta, "Secure names for bit-strings," In Proceedings of the 4th ACM Conference on Computer and Communications Security, pages 28-35, April 1997.

[6] A. Back, "Hashcash - a denial of service counter-measure," *http://www.hashcash.org/papers/hashcash.pdf*, 2002.
[7] R.C. Merkle, "Protocols for public key cryptosystems," In Proc. 1980 Symposium on Security and Privacy, IEEE Computer Society, pages 122-133, April 1980.
[8] W. Feller, "An introduction to probability theory and its applications," 1957.

## 라이선스

이 비트코인 백서는 2008년 사토시 나카모토가 발표한 것이다. 그 후 2009년에 비트코인 소프트웨어를 지원하는 문서로 추가되었으며, 2009년판도 MIT 라이선스를 가지고 있다. 이 책에는 MIT 라이선스의 조건에 따라 포맷 말고는 수정 없이 게재되었다.

부록 B

# 비트코인 백서의 정오표

부록 Bsms 사토시 나카모토의 논문 〈비트코인: P2P 전자화폐 시스템〉에서 알려진 문제점들에 대한 설명과 함께, 용어 변경 사항 및 실제 비트코인 구현이 논문에서 설명된 것과 어떻게 다른지에 대한 참고 사항을 포함하고 있다.

이 정오표는 원래 2016년에 이 책의 공동 저자에 의해 발표되었으며, 여기에 업데이트된 버전으로 재현되었다. 이 정오표의 절 이름들은 나카모토의 백서에 나오는 절과 일치한다.

## 초록

"최장 체인은 서명한 사건들의 순서를 입증해 주기도 하며 최대 규모의 CPU 파워를 가진 풀에서 생성되었음을 입증하기도 한다."

- 구현 세부사항: 만약 체인의 각 연결고리(비트코인에서는 '블록')가 동일한 양의 **작업증명**(PoW)을 사용하여 만들어졌다면, 가장 긴 체인이 가장 큰 연산 능력 풀에 의해 지원되는 체인일 것이다. 그러나 비트코인은 블록 간 PoW의 양이 다를 수

있도록 구현되었기 때문에, '가장 긴 체인'을 확인하는 것이 아니라 '가장 많은 PoW를 보여 주는 체인'을 확인하는 것이 중요해졌다. 이는 종종 '최다 작업 체인'으로 줄여 말하기도 한다.

'최장 체인'에서 '최다 작업 체인'을 확인하는 것으로의 변경은 2010년 7월, 비트코인의 초기 출시 훨씬 이후에 이루어졌다(*https://oreil.ly/XYZzx*).

```
-     if (pindexNew->nHeight > nBestHeight)
+     if (pindexNew->bnChainWork > bnBestChainWork)
```

- 용어 변경: 초기 비트코인 블록의 PoW를 생성하는 데는 일반 CPU가 사용되었지만, 오늘날 PoW 생성은 주로 특수 주문형 집적 회로(ASIC)에 의해 수행된다. 따라서 'CPU 파워' 대신 '연산 능력' 또는 PoW 생성에 사용되는 해싱을 간단히 '해시율'이라고 말하는 것이 더 정확할 수 있다.

"네트워크 공격을 목적으로 협력하지 않는 노드에 의해 CPU 파워의 대부분이 통제되는 한 노드들은 가장 긴 체인을 생성하고 네트워크 공격자를 압도하게 될 것이다."

- 용어 변경: 오늘날 '노드'라는 용어는 시스템의 모든 규칙을 강제하는 프로그램인 전체 검증 노드를 지칭하는 데 사용된다. 오늘날 체인을 확장하는 프로그램(및 하드웨어)은 논문의 6절에서 나카모토가 금 채굴자에 비유한 것을 바탕으로 '채굴자'라고 불린다. 나카모토는 모든 채굴자가 노드일 것으로 예상했지만, 그가 공개한 소프트웨어는 모든 노드가 채굴자일 것을 요구하지 않았다. 원래 소프트웨어에서는 노드 GUI의 간단한 메뉴 항목으로 채굴 기능을 켜거나 끌 수 있다. 오늘날 대다수의 노드는 채굴자가 아니며, 채굴 하드웨어를 소유한 많은 개인들이 자신의 노드와 함께 사용하지 않는다(심지어 자신의 노드로 채굴하는 사람들도 종종 새로 발견된 블록의 유효성을 확인하지 않고 짧은 시간 동안 그 위에서 채굴한다).

  논문의 초반부에서 수정 없이 주로 사용된 '노드'는 전체 검증 노드를 사용한 채굴을 지칭한다. 논문의 후반부에서 언급된 '네트워크 노드'는 주로 노드가 채굴을 하지 않더라도 할 수 있는 일에 관한 것이다.

- 출판 후 발견: 새로운 블록이 생성되면, 그 블록을 생성한 채굴자는 즉시 다음 블록 작업을 시작할 수 있지만, 다른 모든 채굴자들은 새 블록을 알지 못하고 그것이 네트워크를 통해 그들에게 전파될 때까지 작업을 시작할 수 없다. 이는 많은 블록을 생성하는 채굴자들에게 더 적은 블록을 생성하는 채굴자들보다 우위를 준다. 이는 **이기적 채굴 공격**(*selfish mining attack*)이라고 알려진 방식으로 악용될 수 있어, 전체 네트워크 해시율의 약 30%를 가진 공격자가 다른 채굴자들의 수익성을 낮추고, 아마도 그들이 공격하는 채굴자의 정책을 따르도록 만들 수 있다. 따라서 '네트워크 공격을 목적으로 협력하지 않는 노드에 의해 CPU 파워의 대부분이 통제되는 한' 대신 '네트워크를 공격하기 위해 협력하는 노드들이 네트워크의 약 30% 미만을 통제하는 한'이라고 말하는 편이 더 정확할 수 있다.

## 거래

"우리는 전자 코인을 디지털 서명의 체인으로 규정한다. 각 소유주는 이전 거래 내역에 다음 소유주의 공개키를 덧붙인 뒤에 자신의 비밀키로 암호화하는 디지털 서명을 하고 돈을 전송한다."

- 구현 세부사항: 비트코인은 이 시스템의 더 일반적인 버전을 구현하며, 여기서 디지털 서명이 직접 사용되지 않고 대신 '결정적 표현'이 사용된다. 알려진 공개키와 일치하는 서명이 지불을 가능하게 하는 것처럼, 알려진 표현을 만족시키는 데이터도 지불을 가능하게 할 수 있다. 일반적으로, 비트코인에서 코인을 지출하기 위해 만족시켜야 하는 표현을 '인컴브런스(encumbrance, 거래 제한 조건)'라고 한다. 지금까지 비트코인의 거의 모든 인컴브런스는 최소한 하나의 서명을 제공해야 한다. 따라서 '디지털 서명의 체인' 대신 '인컴브런스의 체인'이라고 말하는 것이 더 정확하다. 거래는 종종 하나 이상의 입력값과 하나 이상의 출력값을 가지므로, 구조가 그다지 체인과 같지 않다. 이는 방향성 비순환 그래프(DAG)로 더 정확하게 설명된다.

## 작업증명

"(…) 우리는 블록 해시 결과가 0비트를 갖게 하는 해시값을 찾을 때까지 블록에 논스를 증가시킴으로써 작업증명을 구현한다."

- 구현 세부사항: Adam Back의 Hashcash 구현은 필요한 수의 선행 제로 비트를 가진 해시를 찾아야 한다. 비트코인은 해시를 정수로 취급하고 지정된 정수보다 작아야 한다고 요구하며, 이는 효과적으로 분수 비트 수를 지정할 수 있게 한다.

"작업증명은 본질적으로 한 개의 CPU당 한 번의 투표를 하는 구조다."

- 중요 참고사항: 여기서의 투표는 시스템의 규칙에 대한 것이 아니라 단순히 '전자화폐'가 쉽게 이중 지출될 수 없다는 보증을 제공하기 위한 거래의 순서에 대한 것이다. 이는 논문의 11절에서 더 자세히 설명된다. "우리는 정직한 체인보다 빠른 속도로 대안 체인을 생성하기 위해 노력하는 공격자의 시나리오를 생각해 보자. 이 작업이 진행된다 해도 난데없이 금액을 생성하거나 공격자가 소유하지 않았던 돈을 가져가는 등의 마구잡이식 변화에 시스템이 노출되지는 않는다. 노드들은 유효하지 않은 거래를 지불로 승인하지 않을 것이고 정직한 노드들도 유효하지 않은 거래가 담긴 블록은 받아들이지 않을 것이기 때문이다."

"(…) 작업증명 난이도는 시간당 블록의 평균 개수를 목표로 삼는 이동 평균에 의해 결정된다."

- 구현 세부사항: 이동 평균(moving average)은 사용되지 않는다. 대신, 매 2,016번째 블록의 보고된 생성 시간을 이전 블록의 생성 시간과 비교하고, 그 차이를 사용하여 조정에 사용되는 평균을 계산한다.
  더욱이, 비트코인에 구현된 평균은 시간당(글에서 암시될 수 있는) 평균 블록 수가 아닌 2주당 평균 블록 수를 목표로 한다. 기간당 블록 생성 속도를 300% 이상 증가시키거나 75% 이상 감소시킬 수 없다는 규칙과 같은 다른 구현된 규칙들이 추가로 조정을 늦출 수 있다.

## 디스크 공간 재확보

"가장 최근 거래가 충분한 블록에 의해 묻히게 되면, 이전에 소비된 거래는 디스크 공간 확보를 위해 버려질 수 있다."

- 출판 후 가능한 발견: 이 절에서 설명된 머클 트리 구조가 특정 블록에 거래가 포함되었음을 증명할 수 있지만, 현재 비트코인에서는 블록체인의 모든 후속 데이터를 처리하는 것 외에는 거래가 사용되지 않았음을 증명할 방법이 없다. 이는 여기서 설명된 방법이 모든 노드 간에 디스크 공간을 재확보하는 데 보편적으로 사용될 수 없음을 의미하며, 모든 새로운 노드는 모든 거래를 처리해야 할 것이다.

## 단순 지불 검증

"이에 맞서는 우리의 전략은 노드들이 유효하지 않은 블록을 탐지했을 때 네트워크상의 노드들로부터 경계 메시지를 받아들여서 사용자의 소프트웨어가 블록 전체를 다운로드하고 경계를 받고 있는 거래들이 불일치임을 확인하는 것이다."

- 중요 참고사항: 이 절의 일부를 구현하고 이를 단순 지불 검증(SPV)이라고 부르는 소프트웨어가 제작되었지만, 현재 이러한 프로그램들 중 어느 것도 유효하지 않은 블록이 감지되었을 때 네트워크 노드(전체 검증 노드)로부터 경고를 수용하지 않는다. 이로 인해 과거에 소위 SPV 지갑의 비트코인이 위험에 처한 적이 있다.

## 프라이버시

"다중 입력값 거래에서는 몇몇 연결이 여전히 불가피하다. 왜냐하면 동일한 소유주가 소유한 입력값이라는 사실이 드러나기 때문이다."

- 출판 후 발명: 소유자들이 자주 자신의 입력을 다른 소유자들의 입력과 혼합한다면, 동일한 거래의 서로 다른 입력이 동일한 소유자를 가지고 있는지 명확하지 않다. 예를 들어, 앨리스와 밥이 각각 찰리와 댄에게 지불하기 위해 자신의 입력값 중 하나를 약정하는 것과 앨리스 혼자서 찰리와 댄에게 지불하기 위해 자신의 두 입력을 약정하는 것 사이에 공개적인 차이가 없다.
  이 기술은 오늘날 CoinJoin으로 알려져 있으며(*https://oreil.ly/UBEJX*), 이를 구현한 소프트웨어는 2015년부터 사용되고 있다.

## 계산

"수취인은 새로운 키쌍을 생성해서 거래 직후에 송신자에게 공개키를 준다. 이를 통해 송신자가 미리 충분한 시간 전에 가짜 블록체인을 생성해 두어 가짜 거래를 성립시키는 것을 방지할 수 있다."

- 출판 후 발견: 수신자가 발신자가 거래에 서명하기 직전에 공개키를 생성한다고 해서 발신자가 미리 블록체인을 준비하는 것을 막지는 못한다. 초기 비트코인 사용자인 Hal Finney가 이 공격을 발견하고 다음과 같이 설명했다(*https://oreil.ly/kg_Xe*). "공격자가 가끔씩 블록을 생성한다고 가정해 보자. 그가 생성하는 각 블록에는 그가 제어하는 주소 A에서 주소 B로의 이체가 포함된다."
  "여러분을 속이기 위해, 그는 블록을 생성할 때 이를 전파하지 않는다. 대신, 그는 당신의 가게로 달려가서 그의 주소 A에서 당신의 주소 C로 지불한다. 당신은 몇 초 동안 기다리지만 아무것도 듣지 못하고 상품을 전달한다. 그는 이제 자신의 블록을 전파하고, 그의 거래가 당신의 거래보다 우선권을 갖게 된다."

이 공격은 승인 횟수에 상관없이 작동하며, 때때로 Finney Attack이라고 불린다.

면책 조항: 이 문서의 저자는 여기에 설명된 문제들을 처음 식별한 사람이 아니다. 단지 이들을 하나의 문서로 수집했을 뿐이다.



이 책의 출판 이후 업데이트된 내용은 원본 문서를 참조하기 바란다(*https://oreil.ly/ygExa*).

부록 C

# 비트코인 개선 제안

비트코인 개선 제안은 비트코인 커뮤니티에 정보를 제공하거나 비트코인의 새로운 특징이나 프로세스, 환경 등을 설명하기 위한 목적의 디자인 문서이다.

BIP-1 BIP의 목적 및 가이드라인에 따르면 세 가지 종류의 BIP가 있다고 한다.

**표준 BIP**(Standard BIP)

네트워크 프로토콜에 대한 변화, 블록 혹은 거래의 유효성 규칙의 변화, 비트코인을 사용하는 어플리케이션의 상호운용성에 영향을 미치는 변화 혹은 추가되는 사항 등 비트코인 구현 대부분 혹은 전부에 영향을 끼치는 변화에 대해 설명하고 있다.

**정보 BIP**(Informational BIP)

디자인의 발행에 대해 설명하거나 비트코인 커뮤니티에 일반적인 가이드라인 혹은 정보를 제공한다. 하지만 새로운 특징을 제안하지는 않는다. 정보 BIP이 비트코인 커뮤니티의 합의나 권고 사항을 반드시 설명하는 것은 아니기 때문에 사용자들과 구현자들이 정보 BIP을 무시할 수도 있고 이들이 제공하는 충고를 따를 수도 있다.

**프로세스 BIP**(Process BIP)

비트코인 프로세스를 설명하거나 프로세스(혹은 프로세스 내의 한 사건)를 변경할 것을 제안한다. 프로세스 BIP은 표준 BIP과 그 성격이 유사하지만 비트코인 프로토콜 영역을 제외한 분야에 적용된다. 프로세스 BIP은 구현을 제안하지만 비트코인의 코드베이스에 제안하지는 않는다. 종종 커뮤니티 합의를 요구하기도 한다. 정보 BIP과는 달리 프로세스 BIP은 권고사항 이상의 제안을 제시하기 때문에 사용자들은 그들의 제안을 무시하기 어렵다. 절차, 가이드라인, 의사결정 과정의 변화, 비트코인 개발 시 사용되는 도구나 환경의 변화 등에 대해 제안한다. 메타-BIP은 프로세스 BIP으로 간주된다.

BIP(Bitcoin Improvement Proposals)는 GitHub의 버전 관리 저장소에 기록된다(*https://oreil.ly/jjO0R*). 오픈 소스 비트코인 코어 프로젝트의 MIT 라이선스 문서를 편집하여 여기에 재현한 내용은 어떤 BIP를 구현했는지, 각 BIP에 대한 지원이 추가되거나 크게 변경된 Pull Request(PR)와 비트코인 코어 버전을 포함하여 설명한다. 비트코인 코어에 의해 구현된 BIP는 아래와 같다.

- BIP-9: v0.12.1부터 여러 소프트 분기를 병렬로 배포할 수 있게 하는 변경사항이 구현되었다(PR #7575).
- BIP-11: v0.6.0부터 다중서명 출력이 표준이 되었다(PR #669).
- BIP-13: v0.6.0부터 P2SH 주소의 주소 형식이 구현되었다(PR #669).
- BIP-14: v0.6.0부터 서브버전 문자열이 사용자 에이전트로 사용되고 있다(PR #669).
- BIP-16: v0.6.0부터 pay-to-script-hash 평가 규칙이 구현되었고, 2012년 4월 1일부터 효력이 발생했다(PR #748).
- BIP-21: v0.6.0부터 비트코인 결제를 위한 URI 형식이 구현되었다(PR #176).
- BIP-22: v0.7.0부터 채굴을 위한 getblocktemplate(GBT) RPC 프로토콜이 구현되었다(PR #936).

- BIP-23: v0.10.0rc1부터 GBT에 대한 일부 확장이 구현되었으며, 롱폴링과 블록 제안을 포함한다(PR #1816).
- BIP-30: v0.6.0부터 이전의 완전히 소비되지 않은 거래와 동일한 txid로 새 거래를 생성하는 것을 금지하는 평가 규칙이 구현되었으며, 2012년 3월 15일부터 규칙이 적용되었다(PR #915).
- BIP-31: v0.6.1부터 pong 프로토콜 메시지(그리고 프로토콜 버전을 60001로 올리는 것)가 구현되었다(PR #1081).
- BIP-32: v0.13.0부터 계층적 결정적 지갑(Hierarchical Deterministic Wallet)이 구현되었다(PR #8035).
- BIP-34: 블록이 코인베이스 입력에 자신의 높이(번호)를 포함해야 한다는 규칙과 버전 2 블록의 도입이 v0.7.0부터 구현되었다. 이 규칙은 블록#224413(2013년 3월 5일)부터 버전 2 블록에 대해 효력이 발생했고, 블록#227931(2013년 3월 25일)부터는 버전 1 블록이 더 이상 허용되지 않는다(PR #1526).
- BIP-35: v0.7.0부터 mempool 프로토콜 메시지(그리고 프로토콜 버전을 60002로 올리는 것)가 구현되었다(PR #1641). v0.13.0부터는 `NODE_BLOOM`(BIP111) 피어에 대해서만 사용 가능하다.
- BIP-37: v0.8.0부터 거래 중계를 위한 블룸 필터링, 블록을 위한 부분 머클 트리, 그리고 프로토콜 버전을 70001로 올리는 것(저대역폭 경량 클라이언트 활성화)이 구현되었다(PR #1795). v0.19.0부터 기본적으로 비활성화되었으며, `-peerbloomfilters` 옵션으로 활성화할 수 있다.
- BIP-42: 블록#13440000 이후 보조금 일정이 재개되는 버그가 v0.9.2에서 수정되었다(PR #3842).
- BIP-43, BIP-44, BIP-49: v0.21.0에서 도입된 실험적 디스크립터 지갑은 기본적으로 BIP-43, BIP-44, BIP-49에서 제안된 계층적 결정적 지갑 파생을 사용한다(PR #16528).
- BIP-61: 거부 프로토콜 메시지(및 프로토콜 버전을 70002로 올리는 것)가 v0.9.0에 추가되었다(PR #3185). v0.17.0부터는 거부 메시지 전송 여부를 `-enablebip61`

옵션으로 설정할 수 있으며, v0.18.0부터는 지원이 deprecated(기본적으로 비활성화)되었다. v0.20.0에서 지원이 제거되었다(PR #15437).

- BIP-65: `CHECKLOCKTIMEVERIFY` 소프트 분기가 v0.12.0에 병합되었고(PR #6351), v0.11.2와 v0.10.4에 백포트되었다. Mempool-only `CLTV`는 PR #6124에서 추가되었다.
- BIP-66: 엄격한 DER 규칙과 관련된 버전 3 블록이 v0.10.0부터 구현되었다(PR #5713).
- BIP-68: v0.12.1부터 시퀀스 잠금이 구현되었고(PR #7184), v0.19.0부터 완전히 정착되었다(PR #16060).
- BIP-70, BIP-71, BIP-72: v0.9.0부터 결제 프로토콜 지원이 비트코인 코어 GUI에서 사용 가능했다(PR #5216). v0.18.0부터 빌드 시 선택적으로 비활성화할 수 있으며(PR 14451), v0.19.0부터는 빌드 시 기본적으로 비활성화된다(PR #15584). v0.20.0에서 제거되었다(PR 17165).
- BIP-84: v0.21.0에서 도입된 실험적 디스크립터 지갑은 기본적으로 BIP-84에서 제안된 계층적 결정적 지갑을 사용한다(PR #16528).
- BIP-86: v23.0부터 디스크립터 지갑은 기본적으로 BIP-86에서 제안된 계층적 결정 지갑 파생을 사용한다(PR #22364).
- BIP-90: BIP-34, BIP-65, BIP-66의 활성화를 위한 트리거 메커니즘이 v0.14.0부터 블록 높이 체크로 단순화되었다(PR #8391).
- BIP-111: v0.13.0부터 `NODE_BLOOM` 서비스 비트가 추가되어 모든 피어 버전에 대해 적용되었다(PR #6579 및 PR #6641).
- BIP-112: `CHECKSEQUENCEVERIFY` 옵코드가 v0.12.1부터 구현되었고(PR #7524), v0.19.0부터 완전히 정착되었다(PR #16060).
- BIP-113: 중간 시간 과거 잠금 시간 계산이 v0.12.1부터 구현되었고(PR #6566), v0.19.0부터 완전히 정착되었다(PR #16060).
- BIP-125: 옵트인 전체 수수료 대체 시그널링이 부분적으로 구현되었다.
- BIP-130: v0.12.0부터 피어 버전이 70012 이상인 경우 직접 헤더 공지가 협상된

다(PR 6494).

- BIP-133: v0.13.0(PR 7542)부터 피어 버전이 70013 이상인 경우 feefilter 메시지가 준수되고 전송된다.
- BIP-141, BIP-143, BIP-144: 분리된 서명(합의 계층)이 v0.13.0부터 구현되었고(PR 8149), v0.13.1부터 메인넷에 정의되었으며(PR 8937), v0.19.0부터 완전히 정착되었다(PR #16060).
- BIP-145: 분리된 서명을 위한 getblocktemplate 업데이트가 v0.13.0부터 구현되었다(PR 8149).
- BIP-147: `NULLDUMMY` 소프트 분기가 v0.13.1부터 구현되었고(PR 8636 및 PR 8937), v0.19.0부터 완전히 정착되었다(PR #16060).
- BIP-152: v0.13.0부터 압축 블록 전송 및 관련 최적화가 사용되었다(PR 8068).
- BIP-155: Tor V3 주소(및 다른 네트워크) 중계를 가능하게 하는 addrv2 및 sendaddrv2 메시지가 v0.21.0부터 지원된다(PR 19954).
- BIP-157, 158: 경량 클라이언트를 위한 압축 블록 필터가 v0.19.0부터 인덱싱될 수 있고(PR #14121), v0.21.0부터 P2P 네트워크의 피어들에게 제공될 수 있다(PR #16442).
- BIP-159: `NODE_NETWORK_LIMITED` 서비스 비트가 v0.16.0부터 신호되며(PR 11740), v0.17.0부터 이러한 노드들에 연결된다(PR 10387).
- BIP-173: 네이티브 세그윗 출력을 위한 Bech32 주소가 v0.16.0부터 지원된다(PR 11167). v0.20.0부터 Bech32 주소가 기본적으로 생성된다(PR 16884).
- BIP-174: 부분적으로 서명된 비트코인 거래(PSBT)를 운영하기 위한 RPC가 존재한다(PR 13557).
- BIP-176: 비트 표기법[QT 전용]이 v0.16.0부터 지원된다(PR 12035).
- BIP-325: Signet 테스트 네트워크가 v0.21.0부터 지원된다(PR 18267).
- BIP-339: wtxid에 의한 거래 중계가 v0.21.0부터 지원된다(PR 18044).
- BIP-340, 341, 342: 탭루트에 대한 유효성 검사 규칙(슈노어 서명과 탭스크립트 리프 포함)이 v0.21.0부터 구현되었고(PR 19953), v0.21.1부터 메인넷에서 활성화되었

다(PR 21377, PR 21686).

- BIP-350: 네이티브 v1+ 분리된 증인 출력을 위한 주소가 v22.0부터 bech32 대신 bech32m을 사용한다(PR 20861).
- BIP-371: PSBT를 위한 탭루트 필드가 v24.0부터 구현되었다(PR 22558).
- BIP-380, 381, 382, 383, 384, 385: 출력값 스크립트 디스크립터와 대부분의 스크립트 표현이 v0.17.0부터 구현되었다(PR 13697).
- BIP-386: `tr()` 출력값 스크립트 디스크립터가 v22.0부터 구현되었다(PR 22051).

# 찾아보기

**ㅇ**



**ㅈ**



**ㅊ**

# 비트코인,
# 디지털 화폐의 미래를 열다


초판 발행 2015년 10월 15일
개정판 발행 2018년 11월 26일
3판 발행 1쇄 2025년 2월 28일

지은이 안드레아스 M. 안토노풀로스
데이비드 A. 하딩
옮긴이 송주한 · 최은실 · 김도훈
펴낸곳 고려대학교출판문화원
www.kupress.com
kupress@korea.ac.kr
(02841) 서울특별시 성북구 안암로 145
Tel 02-3290-4230, 4232
Fax 02-923-6311
찍은곳 네오프린텍(주)

ISBN 979-11-6956-104-4 93320

값 32,000원
※ 잘못 만들어진 책은 바꿔 드립니다.